Ben Redelings

Die Bundesliga, wie sie lebt und lacht

Zum Schießen komische Momente von Ahlenfelder bis Zebec

Fotonachweis

Imago Sportfoto: Umschlag (10), S. 6, 9, 14 (u), 15 (o), 22 (o), 24 (o), 25 (u), 26 (2), 29, 32 (o), 35, 36, 38 (l), 39 (r), 43, 44, 45, 46 (o), 50, 52 (o), 53 (u), 54 (o), 55 (o), 56 (o), 59, 60, 61, 62 (o), 64, 65, 67, 68, 71, 72 (o), 73, 76, 77 (u), 80 (o), 81 (u), 85, 86 (2), 87 (o), 88 (o), 89, 91, 92 (o), 93 (o), 96, 99, 104, 106 (o), 109, 111, 112 (2), 115, 116 (o), 118, 119 (u), 120 (o), 123, 124 (o), 125, 126, 127 (u), 128 (o), 129, 130, 131, 132 (o), 135, 139, 140 (o), 143 (u), 144 (o), 145 (2), 146 (u), 150 (2), 151, 152 (u), 154 (o), 155, 158 (o), 159 (o), 164, 165 (2), 167 (2), 168 (o), 170, 171, 172 (o), 174 (o), 176 (o), 179, 181, 182, 183, 184 (o), 187, 188 (u), 190 (o), 192, 194 (2), 196 (o), 199, 200, 202 (2), 204 (o), 205 (u), 207, 211, 212 (o), 214, 216 (o), 218 (o), 219, 220, 222 (o), 224, 226 (r), 227 (o), 228 (o), 230 (r), 232, 234 (2), 235 (o), 236 (o), 237 (o), 238 (o), 239 (2), 242, 243, 244, 245, 246 (o), 251, 253, 254 (o), 256, 257 (2), 258 (o), 259 (u), 260, 262 (o), 263 (o), 264, 267, 269, 271, 272 (u), 273, 275, 276 (o), 277, 278 (2), 280 (o), 281, 282 (2), 283, 284 (o), 285 (o), 286 (2), 288 (o), 290, 294 (o), 295, 296, 298 (o), 299, 300 (o), 303, 305, 306 (r), 309, 310, 311 (o), 312 (o), 313 (o), 314 (o), 316, 319 (u), 320 (o), 321, 323, 324 (o), 326, 328 (o), 331, 332, 333, 334 (o), 336, 338, 343, 344, 346 (o), 347, 350 (o), 351 (o), 352 (o), 353 (o), 355, 356 (o), 357 (o), 358 (2), 359 (o), 360 (o), 362, 364 (o), 365, 366, 368 (2), 370 (o), 371 (2), 372 (o), 373, 374 (o), 375 (u), 376 (o), 377, 378 (o), 379 (o), 380 (o), 381 (o), 382, 383, 384 (o), 385, 387, 389, 390 (o), 392 (o), 393, 394 (o), 395 (o), 396, 397 (o), 398 (o).

Horstmüller: S. 5 (o), 18 (2), 21, 148, 213, 250, 367.

picture alliance /dpa: 102 (o).

Sascha Kreklau: S. 3, 400.

Mit Fundstücken aus den Sammlungen von **Thomas Hahn, Wolfgang Möller und Günter Strysio.**

Nicht in allen Fällen konnte die Urheberschaft an den Fotos ermittelt werden. Der Verlag bittet um entsprechende Hinweise, um berechtigte Ansprüche abzugelten.

Für meinen Vater Theo!

Bibliografische Information der Deutschen Nationalbibliothek:
Die Deutsche Nationalbibliothek verzeichnet diese Publikation in der Deutschen Nationalbibliografie; detaillierte bibliografische Daten sind im Internet über http://dnb.d-nb.de abrufbar.

Lotzestraße 22a, D-37083 Göttingen
www.werkstatt-verlag.de

Satz und Gestaltung: Mona Gaarz, Verlag Die Werkstatt, Göttingen
Druck und Bindung: Grafisches Centrum Cuno, Calbe

ISBN 978-3-7307-0219-2

DIE BUNDESLIGA
WIE SIE LEBT UND LACHT

Zum Schießen komische Momente
von Ahlenfelder bis Zebec

von
Ben Redelings

VERLAG DIE WERKSTATT

Rüdiger Abramczik

Der Flankengott

Rüdiger Abramczik. Besser bekannt unter »Abi« oder «Flankengott«. Ist in Gelsenkirchen geboren, hat aber dennoch sehr erfolgreich einige Jahre für Lüdenscheid-Nord (wie man im Ruhrgebiet gerne stellvertretend für Borussia Dortmund sagt) gespielt. Sein Bruder Volker, ebenfalls ein erfolgreicher Fußballprofi u. a. beim FC Schalke 04, hat einmal den schönen Satz gesagt: »Ich will keine Karotten, ich will Möhren.«

Wie alles begann … erzählte Rüdiger Abramczik so: »Als ich meinen ersten Vertrag auf Schalke unterschrieben hatte, bin ich mit Günter Siebert, unserem Präsidenten, zu Opel Doerpinghaus, und da wollte er mir natürlich so einen Kleinen andrehen und meinte immer: ›Ja, nimm doch den oder den da.‹ Aber da hab ich diesen Manta gesehen, 19SR oder wie auch immer, und das war ein toller Wagen. Leider hatte der keine blaue Farbe, der war orangefarben, und da sagte der Siebert immer: ›Nein, Mensch, nimm doch 'nen anderen, nimm den blauen hier.‹ Aber da habe ich gesagt: ›Nee, nee, Oskar, auf keinen Fall, ich nehm den hier.‹ Na ja, dann habe ich ihn breitgeschlagen, und dann hat er mir den Wagen doch gekauft!«

Später fragte man ihn auf Schalke nach seinem Gehalt, und Abramczik antwortete:

»Was heißt brutto oder netto? Bar auf die Hand will ich's!«

Gegenüber Bundesliga-Kollegen machte Abramczik aber klar, dass er eigentlich schon wusste, was er verdiente. Wenigstens erzählte der VfLer Heinz-Werner Eggeling von solch einer Begegnung mit »Abi«: »Wenn wir uns mit der Westfalen-Auswahl getroffen haben, waren da vier bis fünf Schalker, und ich war der einzige Bochumer. Der Abramczik hat immer zu mir gesagt: ›Na, haste wieder Pittjes-Vertrag in Bochum unterschrieben?‹ Am Anfang wusste ich gar nicht, was er wollte, bis ich dann mitkriegte, dass das diese kleinen Nüsse waren.«

Mit seinen Mannschaftskollegen hat sich Abramczik immer gut verstanden, wie eine Anekdote aus der Saison 1974/75 beweist: Rüdiger Abramczik und Helmut Kremers entdeckten in einem Hotel in der Empfangshalle einen überdimensionalen Schaumstoffhammer. Den schnappten sich die beiden, rannten in die Zimmer, knipsten das Licht an, hauten den schlafenden Opfern mit dem Hammer auf den Kopf und rannten wieder raus. Als die Polizei gerufen wurde, flüchteten die beiden unter die Bettdecke. Am nächsten Morgen beim Frühstück war Klaus Fischer ganz verwirrt: »Ich hab doch tatsächlich geträumt, ich werde mit einem Hammer erschlagen!« Abramczik und Kremers lagen lachend mit dem Gesicht im Brötchen.

Später, als Dortmunder, neckte Abramczik seinen ehemaligen Schalker Mannschaftskameraden Helmut Kremers dann allerdings selbst einmal: »Du könntest eigentlich auch mal wieder zum Friseur gehen. Du siehst ja aus wie ein Weib von hinten.«

Schalke-Trainer Max Merkel und der »Flankengott« waren keine Freunde. Besonders nach diesen Worten von Merkel war das Verhältnis nicht mehr das beste: »Unser Abramczik wird in seinem Leben nie Kopfweh bekommen, weil er seinen Kopf nie zum Denken benutzen wird. Wenn ein Mittelstürmer dauernd im Abseits steht, so kann ich das verstehen. Schließlich muss der nach zwei Seiten beobachten, und das ist manchmal zu viel verlangt. Ein Rechtsaußen aber muss nur nach einer Seite schauen. Doch noch nicht einmal das schafft dieser Junge. Eher werde ich ein Sänger an

der Metropolitan Opera als der Abramczik ein großer Fußballer bei Schalke!«

Als er 1977 dann doch sein Debüt in der Nationalmannschaft feierte, spielte »Abi« beim imponierenden 5:0 gegen Nordirland eine prima Partie. Hinterher sagte er stolz: »Hätte ich an dem Tag Lotto gespielt, hätte ich sechs Richtige gehabt!«

Unvergessen wird auf ewig der Kommentar des österreichischen Reporters Edi Finger bleiben, der Rüdiger Abramczik beim legendären Spiel 1978 in Cordoba ein Denkmal setzte. Als er bei der 3:2-Niederlage gegen Österreich in der Nachspielzeit eine Chance zum Ausgleich vergab, jubilierte Finger orgiastisch: »Und!? Daneeeeben! Also der Abraaaamczik – obbusseln möcht i den Abramczik dafür. Jetzt hat er uns gehooolfn. Allein vor dem Tor stehend. Der brave Abramczik hot daneben gschossn. Der Arme wird sich ärgern!«

1980 wechselte Abramczik schließlich zum BVB – sehr zum Missfallen der Schalker. Sie sangen andächtig voller Zorn: »Wir kommen alle, alle, alle in den Himmel, weil wir so brav sind, weil wir so brav sind, das sieht auch der Abi ein, das alte Borussenschwein … wir kommen alle, alle, alle in den Himmel«

Und als er schließlich bei einem 2:1-Derbysieg auch noch beide Buden machte, brannte sogar zu Hause der Baum: »Ich musste meinen Job machen. Aber es wäre mir lieber gewesen, wenn ein anderer getroffen hätte. Das war schon komisch, den eigenen Verein abzuschießen.« Seine Eltern waren richtig sauer und fragten ihn mit vollem Ernst: »Sag mal, hättest du nicht einfach mal danebenballern können?«

Auch Frau Abramczik war nicht mit allem einverstanden. Als die BVB-Spielerfrauen zusammen mit der kompletten Mannschaft ins vorweihnachtliche Trainingslager auf Gran Canaria reisen sollten, weigerten sich zuerst die Borussen-Akteure standhaft. Schlüssig argumentierten sie: »Vor Weihnachten müssen unsere Frauen noch Plätzchen backen.« Aber auch Abis Frau Christa Abramczik hatte keine Lust: »Wir Frauen machen sowieso lieber unseren eigenen Betriebsausflug!«

Und was machte Rüdiger Abramczik nach seiner aktiven Spielerkarriere? Im Jahr 2013 konnte man in der *Bild* die Frage: »Was macht der Flankengott beim Busen-Doc?« lesen. Und weiter hieß es dort: »Wenn einem der Busenfreund einen neuen Job besorgt – dann kommt man in die Busenklinik!« Aber was machte Abi dort eigentlich genau? Schönheitschirurg Dr. Petr Bolatzky: »Ich habe ein 40-köpfiges Team. Das will bei Laune gehalten werden. Und dafür ist Abi Spezialist.« Abramczik: »Als Trainer musst du ja auch eine Mannschaft motivieren können.« Na, dann!

★ ★ ★

ABRAMCZIK

Was macht der Flankengott beim Busen-Doc?

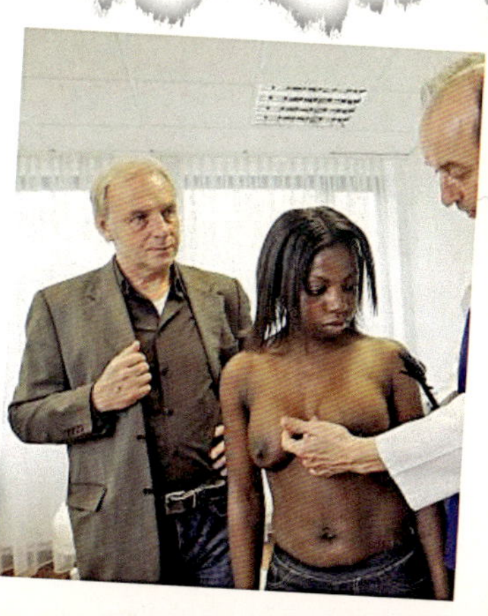

Wenn »Bild online« über die Karriere nach der Karriere berichtet …

Wolf-Dieter Ahlenfelder

Der »Blaue an der Flöte«

Selbst nannte er sich »Ahli«. Andere wählten den Spitznamen der »Blaue an der Flöte«. Dass er liebend gerne ein Kaltgetränk vorzugsweise mit Alkohol trank, war landesweit bekannt (»Wir sind echte Männer, wir trinken keine Brause«). Nach seiner Karriere trauerte er der überragenden Popularität während seiner Laufbahn nach. Er erzählte gerne die Geschichte von einem Spiel im Senegal, als die Zuschauer voller Ehrfurcht riefen: »Guck ma, da kommt Deutschlands Größter!«

Die Selbsteinschätzung des Schiedsrichters des Jahres 1984 hat immer gestimmt: »Ahlenfelder ist komplett objektiv. Ich bin blitzsauber. Der liebe Gott soll mich strafen, wenn ich das nicht bin. Bei mir kannst du nix machen. Als Frau nicht, als Mann nicht, mit Geld nicht, nix, nein! Nein! Will ich nicht, mag ich nicht, tue ich nicht!«

Blitzsauber. Immer! Auch auswärts nach den Spielen, wie sich Ahli erinnerte: »Die Tür im Hotel habe ich einen Spaltbreit aufgelassen, in der Hoffnung, da kommt noch wer. Doch das Einzige, das am anderen Morgen steif war, ist mein Hals gewesen.«

Auch sein kleines körperliches Defizit vorne herum wusste er stets geschickt zu verkaufen:

»Mit meinem Bauch habe ich immer gut gelebt. Es ist doch egal, ob ich die 100 Meter in 10,1 mit 75 Kilo laufe oder mit 100 Kilo.«

Was er für ein Mensch war und wie man ihn aus der Ruhe bringen konnte, verriet er einmal mit diesen Worten: »Was soll man den Ahlenfelder anmachen? Kann man nicht. Man kann mich auch heute in der Kneipe nicht anmachen – kann man nicht. Ich weiß nicht, wie ich mich bezeichnen soll. Ich bin so ein geradliniger Mensch, lustig und humorvoll. Meine Frau würde sagen: Das Einzige, wo du ihn anmachen kannst, ist, wenn du ihm sein Bier aussäufst!«

Ja, einem kühlen Gerstensaft war er nie abgeneigt – mit all seinen Folgen: »Von Bier kriegst du nun mal eine Fahne. Egal, ob du eins trinkst oder zehn.«

Neben dem Bier war Fußball sein Leben: »Das hat riesigen Spaß bereitet. Vor allem habe ich mich immer gefreut, wenn die Spieler in diesen Begegnungen wie Karajan aufgetreten sind. Dann habe ich meine Leistung ebenfalls gesteigert und habe versucht, wie ein Dirigent die Spiele zu leiten.«

Und er wusste, wie man ein Spiel ordentlich über die Bühne bringt: »Wenn ich als Schiri in der Bundesliga zum Einsatz kam, benutzte ich immer eine italienische Polizei-Pfeife. Wenn ich da reingeblasen habe, gingen den Spielern die Schnürsenkel auf.«

Kleinere Auseinandersetzungen blieben nicht aus, wurden aber immer humorvoll gelöst. Ahlis Motto: »Wenn einer motzt, dann motze ich zurück.« Als Paul Breitner einmal zu ihm sagte: »Du pfeifst wie ein Arsch!«, reagierte Ahli herzhaft mit einem: »Und du spielst wie ein Arsch!«

Und als Paule ihn dann bei einer anderen Partie mehrfach mit »du Affe« angesprochen hat, konterte Ahlenfelder gelassen: »Schau mal in den Spiegel, Breitner, dann weißt du Bescheid.«

Wenn sich ein Bremer Trainer zu sehr aufregte, reagierte Ahlenfelder ebenfalls sehr entspannt: »Ich habe dem Otto Rehhagel früher gesagt, wenn du nicht sitzen bleibst, kriegste Pattex unter den Hintern.«

Ahlenfelder hatte seine ganz speziellen Tricks. Als Bochums Jupp Tenhagen kurz vor einem Platzverweis stand, holte Ahli ihn zu sich und sagte: »Hömma, Jupp. Ein bissken ruhiger jetzt. Wir wollen doch gleich noch schön einen Pott Bier zusammen schlürfen, oder nicht?«

Er war immer für einen Spaß zu haben. So auch bei seinem 100. Spiel. Nach der Partie zwischen Hannover und Nürnberg (1:2) stand der Cluberer Stefan Reuter bei Journalisten, Ahli kam hinzu: »Sie unterhalten sich doch wohl nicht über den Elfmeter?« Reuter kleinlaut: »Für mich war das kein Strafstoß, aber Sie standen ja direkt daneben!« Ahlenfelder lächelte sanft: »Gut, dass Sie einem alten Mann noch etwas zutrauen!«

Oder vor einem Spiel des HSV. Als sich Ahlenfelder den Hamburger Jimmy Hartwig mal ordentlich zur Brust nahm: »Aufpassen, heute, aufpassen!« Was war passiert? Jimmy Hartwig hatte bei der Präsentation seiner neuen Platte »Ich bin immer zu früh« in der ZDF-Hitparade die deutschen Schiedsrichter als »Chaoten« bezeichnet. Treuherzig versicherte Hartwig dem fröhlichen Ahli: »Ich habe nicht gesagt, dass alle Schiedsrichter Chaoten wären!« Das wollte ihm Ahlenfelder dann auch gerne glauben!

Die Karten ließ Ahlenfelder zumeist in der Tasche. »Lass dich auswechseln, sonst wechsel ich dich aus«, hat er am 21. November 1987 dem Mannheimer Spieler Dieter Finke beim Spiel gegen den VfB Stuttgart gesagt. Trainer Felix Latzke reagierte sofort, wechselte Finke aus und bewahrte ihn so vor einer Roten Karte. Der DFB fand die Aktion nicht so toll und verpasste Ahlenfelder eine Denkpause.

Bei einem anderen VfB-Spiel holzte in der 89. Minute ein Uerdinger einen Stuttgarter brachial um. Der blieb mit schmerzverzerrtem Gesicht liegen. Doch Ahli sagte zum VfB-Spieler nur: »Steh auf, ich bin auch kaputt wie ein Hund.«

Reden, reden, reden – war das größte Credo von Ahli: »So, mein Jung, wird jetzt langsam Zeit, dass du dich verabschiedest. Sonst tu ich das für dich, und zwar mit Pauken und Trompeten. Dann kriegst du sogar noch ein Solo geblasen.«

Und als Dieter Eckstein zu Ahlenfelder meinte: »Ey, willste nicht mal pfeifen?«, sagte Ahli nur: »Ey, willste dich nicht mal auswechseln lassen?« Trainer Heinz Höher tat dies wenige Minuten später wirklich. Ahlenfelder zufrieden: »Als der meinen Spruch mitkriegte, wusste er, was Sache ist. Und hat sich hinterher sogar noch dafür bedankt.«

Und wenn Wolf-Dieter Ahlenfelder doch mal hart durchgreifen musste, hörte sich das so an: Begründung: »Dies soll eine Denkpause für Herrn Ahlenfelder sein, der seinerzeit keinen Bericht über die Vorfälle gemacht hat, obwohl er mehrfach geschlagen worden war.«

Weil es in der Kneipe nach einem Spiel so schön war, ließ er eines Tages Ulli Potofski sprachlos in seiner RTL-Sendung »Anpfiff« zurück. Eigentlich sollte Ahli dort als Gast erscheinen – doch zehn Minuten vor Beginn des Live-Spektakels sagte er ab. Als sich Potofski

»Zweimal Gelb gibt es nicht. Da geht der Hosenknopf auf, und ich muss Rot ziehen!«

Einer seiner größten Vorzüge: Er konnte mit allem Unvorhersehbaren stets tadellos umgehen. Als bei einem Spiel der Kölner gegen den FC Schalke 04 aus beiden Blöcken Leuchtraketen auf den Rasen fliegen, steht Ahlenfelder mit einem breiten Grinsen am Spielfeldrand und deutet fröhlich auf das Feuerwerk: »Wie Karneval in Rio!«

Aber nicht alle waren immer mit Ahli zufrieden. Als die Bayern einmal auswärts bei Werder Bremen mit 4:2 verloren, waren sie stinksauer auf den Oberhausener Schiedsrichter. Nur Klaus Augenthaler wollte Wolf-Dieter Ahlenfelder am liebsten einpacken und mit in die bayrische Landeshauptstadt nehmen: »Wenn wir im Münchener Olympiastadion immer so einen Unparteiischen bekommen, dann verlieren wir nie und nimmer ein Heimspiel.« Sören Lerby hatte noch etwas anderes auszusetzen: »Die Linienrichter kamen mir zuweilen so vor, als ob sie schlafen würden.« Eine Lösung für Ahlis ›Probleme‹ hatte Bayerns Fritz Scherer parat, als er im Kabinengang ein Kamerateam mit Scheinwerfern entdeckte: »Richten Sie die doch mal auf Herrn Ahlenfelder. Vielleicht geht ihm dann ja ein Licht auf!«

Als Wolf-Dieter Ahlenfelder im Frühjahr 1982 beim Oberligaspiel zwischen BV 08 Lüttringhausen und dem FC Bocholt verprügelt wurde, rief er nicht etwa die Polizei, sondern versöhnte sich mit den Angreifern anschließend beim Bier. Von seinem Heimatverband Niederrhein wurde er dennoch für sechs Wochen gesperrt. Schiedsrichterobmann Willi Hesper in seiner ein wenig gefangen hatte, verkündete er, dass Schiedsrichter Wolf-Dieter Ahlenfelder nicht kommen könne, weil er einen »Termin bei der Polizei« habe. Gut umschrieben vom Anti-Alkoholiker Potofski.

Ahli und das Bier

Eine der schönsten Anekdoten der Schiedsrichterlegende hat sich auf dem Betzenberg zugetragen, wie Ahli selbst erzählt: »Da kam dann natürlich der Einsatzleiter rein mit so 'nem Walki-Talki und wat nicht alles und sagte: ›Herr Ahlenfelder, wir haben heute einen Großeinsatz hier!‹ Ich sag: ›Ja und?‹ ›Wie wollen wir das denn händeln hier? Wie soll das denn überhaupt vonstatten gehen?‹ Ich sag: ›Mach doch kein Scheiß da. Leere Pullen sofort, puhhff, zurück.‹ ›Wat?‹ ›Ich sag, sofort zurück.‹ ›Ja, und volle?‹ ›Einsammeln. Einsammeln. In der Halbzeit werden wir uns lecker einen kredenzen.‹«

Ein typischer »Ahli«: Lothar Woelk diskutiert lautstark mit Linienrichter Manfred Grabinski (r.), während ihn Schiedsrichter Wolf-Dieter Ahlenfelder fast zärtlich zu beruhigen versucht.

(Typische Bewegung mit gespreiztem Daumen und kleinen Finger zum Mund)

Schwalbenkönige wie Hölzenbein waren Ahli ein Dorn im Auge. »Der Bernd hob sagenhaft gut ab!«, sagte Ahlenfelder – doch er ist seit der Weltmeisterschaft 1974 nicht mehr darauf reingefallen. »Als der Bernd wieder einmal wie eine TUI durch den Elferraum segelte, bin ich zu ihm hin: ›Nee, Bernd, da passiert überhaupt nichts. Die müssten dir schon das Bein abtreten, dann könnte es sein, dass ich mal auf den Punkt gehe!‹«

Ahli konnte mit den Schauspielern auf dem Platz eh nichts anfangen, viele vergaßen anscheinend auch sofort, wo sie angeblich verletzt wurden: »Rechts getroffen, links massiert.«

Ein Torwart beschwerte sich einmal lautstark über den ganzen Platz hinweg bei Ahli. Daraufhin kam Ahlenfelder zu ihm gelaufen und erkundigte sich nach dem Spielstand. Der Torwart antwortete erstaunt: »6:0. Wieso?« Und Ahli ohne Umschweife. »Für euch?« Der Keeper: »Hä? Nee, für den Gegner natürlich!« Und Ahlenfelder ganz gelassen: »Siehste! Meinste nich, dass du schon genug damit zu tun hast, nicht noch mehr Buden reinzukriegen?«

Auch zum Thema Damenfußball hatte Ahli eine Meinung:

»Böse Zungen behaupten: Ahlenfelder pfeift keine Spiele der Damen, weil er anschließend nicht mit ihnen duschen darf.«

Wolf-Dieter Ahlenfelder war nicht sauer auf die Kollegen, die in späteren Jahren über 3.000 Euro für ihren Job bekamen und er in den Anfängen nur 24 Mark. »Ich brauche nur 15 Euro für ein Pilsken und Frikadellen«, sagte er einmal verschmitzt grinsend und strich sich zärtlich über den Bauchansatz. Die leichte Wampe hatte er schon zu seiner aktiven Zeit – und sie kam nicht von ungefähr. Doch im Gegensatz zu vielen seiner Kollegen gab Ahlenfelder seine kleine Schwäche offen zu: »Ich kenne andere Schiedsrichter, die sind auch keine Waisenkinder. Die sollen mal ehrlich sein: Wer geht schon gerne in eine Kneipe und trinkt nur ein Bier?«

Als er einst gefragt wurde, ob denn heutzutage zu viel Milch getrunken würde, antwortete Ahlenfelder: »Der Ahlenfelder hat Bier getrunken. Und auch heute trinken Schiris bestimmt keine Fanta. Doch meine Kollegen werden wie Milchbubis behandelt. Sie stecken in einer Zwangsjacke und können sich nicht frei entfalten. Deshalb gibt es auch keine Typen mehr unter den Schiedsrichtern.«

Ahli und seine Vorgesetzten

Am Ende wurde der Alkohol aber schließlich sein Verhängnis. Johannes Malka, der allmächtige und gestrenge DFB-Schiedsrichter-Obmann, wollte nicht länger dabei zuschauen, wie der beleibte Schiri aus Oberhausen immer beliebter und größer wurde. Er schlug zurück und wählte Ahlis Achillesverse: »Wenn Herr Ahlenfelder seinen Spruch ›Noch'n Korn und ´nen Ahlenfelder‹ noch immer zum Besten gibt, dann wissen Sie, auf welchem Gebiet er besonders stark war …«

Die beiden mochten sich nicht. Einen »Miesepimpel« nannte Ahlenfelder seinen höchsten

Schiedsrichter

Ja, ich hatte getrunken

Wolf-Dieter Ahlenfelder: „Wir sind doch Männer . . .

Boss und urteilte hart: »Wenn er mein Vater wäre, hätte ich meiner Mutter gesagt, dass sie sich den Falschen ausgesucht hat.«

Hohe Würdenträger mochte Ahlenfelder schon aus Prinzip nicht: »Diese Funktionäre. Das ist so. Mit 50 Depp im Ruhrgebiet, mit 75 eine Karriere beim DFB.«

Manchmal hat er es in späteren Jahren bereut, dass er sich nicht etwas geschickter angestellt hatte. Manche Aktion war quasi ein Freibrief für den DFB-Schiedsrichter-Obmann Johannes Malka. Als er Ende der 1980er Jahre Ahli endgültig »das Handwerk legte«, erzählte er öffentlich: »Kürzlich hat Ahlenfelder verbreitet, er habe sich mit einem Weihnachtsbrief des Westdeutschen Fußball-Verbandes, den wir an alle Schiedsrichter geschickt haben, den Hintern abgewischt.«

Malkas Credo: »Wenn jeder nach Fingerspitzengefühl pfeift, dann brauchen wir keine Schiedsrichter mehr. Dann kann jeder so pfeifen wie Herr Ahlenfelder.«

Dabei hatte Ahlenfelder nur eine ganz spezielle Herangehensweise an seinen Zweitberuf auf dem grünen Rasen: »Der Schiedsrichter muss Designer des Regelwerkes sein.«

Die 30-Minuten-Halbzeit

Und da gibt es natürlich noch die berühmteste Schiedsrichter-Anekdote der Bundesligageschichte. Sie ereignete sich im Bremer Weserstadion. Am 8. November 1975 sollte Schiri Wolf-Dieter Ahlenfelder aus Oberhausen zusammen mit seinen beiden Linienrichtern die Partie des SV Werder gegen Hannover 96 (0:0) pfeifen.

Vorher saßen die drei gemütlich in der Vereinsgaststätte von Werder und aßen zu Mittag. Der Jahreszeit entsprechend wurde eine Gans mit Rotkohl und Klößen aufgetischt. Genüsslich speisten sie, klönten ein bisschen und vergaßen darüber die Zeit. Als um 14:30 Uhr Werders Schiedsrichterbetreuer Richard Ackerschott an ihren Tisch kam und fragte, wann die Männer in Schwarz sich denn warmmachen wollen, packten sie sich an ihre prall gefüllten Bäuche. So wird das heute nichts, dachten sie und wollten den Magen erst einmal mit ein oder zwei schnellen Bieren durchspülen. Das klappte gut. Die Gans begann zu schwimmen. Doch mittlerweile war es schon 14:45 Uhr, und noch wollten das gebratene Federvieh, der Rotkohl und die Klöße nicht richtig absacken. Man entschloss sich, das widerborstige Essen härter zu bekämpfen, und bestellte neben einer neuen Runde Pils auch einen Malteser. Und weil das so gut

Worte in den Mund gelegt . . .

funktionierte, wiederholten die drei fröhlichen Männer den Spaß noch ein, zwei Mal und gingen dann runter zum Umziehen – schließlich stand an diesem Tag die Bundesligapartie des SV Werder Bremen gegen Hannover 96 auf dem Programm.

Doch wo war nur diese verflixte Kabine? Ahli und seine zwei Begleiter irrten durch die Katakomben und fanden trotz längerem Suchen ihren Raum nicht. Erst auf Nachfragen wurden sie fündig.

Werders Präsident Franz Böhmert erinnerte sich: »Ich kam damals in die Schiedsrichter-Kabine, die war maximal zehn Quadratmeter groß, und es schlug mir schon eine Dunstglocke entgegen. Ich musste dann einen Bericht für den DFB anfertigen und habe erklärt, dass der Schiedsrichter sehr erkältet gewesen sei und unser Vereinsarzt ihm deshalb einen Hustensaft gegeben hat, und da war ein bisschen Alkohol drin. Deswegen die Fahne!«

Und auch Bremens Legende Horst-Dieter Höttges wusste noch alles von diesem legendären Tag: »Ahli kommt vorher bei uns in die Kabine mit nacktem Oberkörper. Unser Masseur hatte damals Geburtstag. Dem hat er gratuliert, und da habe ich gemerkt, dass ein bisschen Alkohol im Spiel war. Da habe ich ihn genommen, bei uns unter die Dusche, und habe ihn mit Wick eingerieben, den ganzen Körper. Dann haben wir ihn wieder rausgelassen, und da roch der ja nach Wick.« Auch Richard Ackerschott versuchte noch zu retten, was nicht mehr zu retten war, und besorgte eine Flasche Mundwasser.

Die folgenden Geschehnisse schildert Schiedsrichter Ahlenfelder am besten selbst: »Nach 30 Minuten habe ich zur Halbzeit abgepfiffen. Nicht fragen, wieso, weshalb, warum. Da hatten wir wohl einen zu viel getrunken, ich weiß es auch nicht. Ja, das ist Ahlenfelder.« Genau so war es. Die Partie wurde schon nach einer halben Stunde unterbrochen. Völliges Unverständnis bei den Spielern, Irritationen bei den Zuschauern und blankes Entsetzen bei den Offiziellen beider Vereine. Als Ahlenfelder gerade Richtung Katakomben abmarschieren wollte, stellte sich ihm der Bremer Abwehrrecke Horst-Dieter Höttges in den Weg. Freundlich wandte er sich an den Mann in Schwarz: »Schiri, sind Sie sicher, dass schon Halbzeit ist?« Nun war auch Ahlenfelder irritiert: »Warum denn nicht, Herr Höttges?« Der Bremer zeigte auf sein Jersey: »Mein Trikot, wissen Sie, ist in der Halbzeit immer klitschnass. Und schauen Sie mal, das ist ja noch fast staubtrocken!« Ahlenfelder fasste das Shirt an, nickte Höttges beinahe beschwörend zu und fragte mit trotzig-zittriger Stimme: »Und was nun, Höttges?« Der Bremer deutete zur Seitenlinie. Dort tippte einer der beiden Linienrichter intensiv auf seine Armbanduhr und zeigte dann hoch zur großen Stadionuhr. Es war erst kurz nach vier. Ahlenfelder verstand geistesgegenwärtig, was zu tun war, pfiff seine dritte Bundesligapartie erneut mit einem Schiedsrichterball an – und nach insgesamt nur 42 Spielminuten dann endgültig in die Halbzeitpause.

Findige Geschäftsleute reagierten schnell und boten in ihren Kneipen eine echte Neuerung an, die sich der Sage nach bis heute in der Werder-Vereinsgaststätte gehalten hat. Der legendäre Schiedsrichter, der es als einziger Unparteiischer bis auf den heutigen Tag schaffte, ein Bundesligaspiel bereits nach knapp 30 Minuten in die Halbzeit zu pfeifen, sagte selbst über den Kneipen-Clou:

»Wenn man in Bremen einen Ahlenfelder bestellt, bekommt man ein Malteser-Bier-Gedeck. Da bin ich stolz drauf.«

Karriereende

Es war erst das dritte Spiel von Ahlenfelder, und trotz dieses riesigen Fauxpas durfte er noch weitere 103 Partien pfeifen. Doch nach dem 106. Bundesligaspiel war plötzlich alles vorbei. Johannes Malka und der DFB haben »Stopp« gesagt. Ein Schock für Ahlenfelder: »Es hat mir wehgetan, als ich gehen musste. Es war so, als ob man Charly Chaplin den Stock weggenommen hätte.«

Auch die Spieler waren traurig, wie Frank Mill stellvertretend sagte: »Der Dicke war einer. Der wird uns fehlen.«

Vorher hatte Ahlenfelder immer gemeint, auch nach der Laufbahn bleibe das Leben lustig: »Wenn die Karriere vorbei ist, stelle ich mich auf meinen Balkon und flöte da. Und wenn meine Frau mich fragt, was los sei, sage ich: ›Abseitstor.‹«

Doch als alles vorbei war, meinte er mit Tränen in den Augen: »Fußball war mein Leben. Fußball ist mein Leben. Damit bin ich groß geworden. Ich stand in der Öffentlichkeit, das hat man mir alles genommen. Das größte, was man mir genommen hat, war der Fußball. Das ist das, was mir fehlt.«

Auch ein anderer großer Wunsch sollte sich nicht mehr erfüllen. Ahli wollte so gerne zu »Wetten, dass…?«: »Ich bin ein Kandidat nach Maß. Die Leute würden sich biegen vor Lachen.«

Abschließend Ahlis ganz persönliches Schlusswort über sich selbst: »Saufen konnte der Hund, aber auch pfeifen, vom Feinsten – da kommt keiner mit!«

★ ★ ★

Ailton

Der »Kugelblitz«

Ailton Gonçalves da Silva, kurz Ailton, ist als »Kugelblitz« bekannt, wiewohl er selbst nie ein Problem mit seinem Gewicht hatte: »Ich habe kein Gramm zu viel. Es liegt an meinem Körperbau, dass ich so füllig aussehe.« Paul Breitner fand den lustigen Brasilianer übrigens nicht so besonders: »Solche Leute wie den Ailton, die kannst du an der Copacabana im Rudel mit 'nem Lasso einfangen.« Komisch, denn eigentlich ist Ailton ein feiner Kerl, oder wie er selbst meint: »Ailton isse Tore, Ailton isse Spaß.«

Als er 1998 nach Bremen kam, fiel ihm sofort eine Sache auf:

»Vielleicht haben sich die Deutschen gegenüber Gott schlecht verhalten. Deshalb hat er sie mit der Kälte bestraft.«

Dass ihm zuerst nicht richtig warm wurde, mag aber auch an seiner einseitigen Ernährung gelegen haben. Die ersten drei Wochen in Bremen hat sich Ailton ausschließlich von Spaghetti Bolognese ernährt. »Deutsch ist schwer, ich konnte nur diese zwei Worte«, erzählte er später einmal mit einem breiten Grinsen im Gesicht.

Aber er verlor trotz eines Trainers namens Felix Magath die Hoffnung nicht: »Ich habe das doch alles in Brasilien schon mitgemacht, als ich bei Guarani war. Da brauchte ich nur den Ball zu berühren, und los ging's mit den Pfiffen und Beleidigungen. Weil ich angeblich der bestbezahlte Spieler war und nicht genug für die Mannschaft tat. Und wenn ich heute zurückkehre, fragen die Leute: Ailton, wann kommst du wieder? Ich wünsche mir, dass das in Bremen auch so wird.«

Am Anfang war dennoch zuerst einmal nur Spott: »Ailton rennt nur immer nach vorn und geradeaus. Als die technisch versierten Brasilianer das Kombinieren geübt haben, hat er wohl gefehlt.« (Andreas Herzog)

Oder: »Der ist ja fast so dick wie unser Brasilianer.« (Frank Baumanns Vergleich mit dem Hertha-BSC-Maskottchen)

Auch TV-Kommentator Werner Hansch war nicht so richtig nett: »Ailton, bisher hat er gespielt wie ein Haufen wehleidiger Quark.«

Irgendein namenloser Fernsehmann nutzte den Winter für weiteren Spott: »Ailton ist der einzige Bundesligaspieler mit einer Figur wie ein Schneemann.«

Und der Kollege Fritz von Thurn und Taxis sagte einmal in einem interessanten Um-die-Ecke-Vergleich über den Bremer: »Naldo – ganz das Gegenteil eines Ailton: ruhig, sachlich,

Smarter Werbegag: Ailton (r.) und Johan Micoud im neuen Werder-Mannschaftsbus.

Ailton mit seiner Frau Rosalie und den Töchtern Maria Fernanda (l.) und Alexandra-Roselie versuchen sich auf einem Ausflug als Bauernfamilie.

Doch Nationaltrainer Rudi Völler winkte lässig ab: »Ein bisschen was Deutsches muss man schon haben.«

Das verletzte den sensiblen Brasilianer in seiner Seele, und er lästerte schelmisch grinsend über das eigenartige Land, das er eigentlich so sehr in sein Herz geschlossen hatte:

»In Deutschland läuft der Karneval anders, als ich ihn kenne. Hier ziehen sich alle komisch an – in Brasilien ziehen sich immer alle aus.«

klug.« Ob er das eher positiv oder eher negativ meinte, ist nicht überliefert.

Doch dann, irgendwann, lief es. Und der Brasilianer war von sich selbst begeistert: »Ich mache schöne Augen, die Stuttgarter Abwehr hat keine Chance, der Torwart auch nicht. 1:0, das ist Ailton.« So richtig begeistert: »Ailton ist wie Medizin für Kranke.«

Und Ailton liebte das kalte, neue Land auf einmal so sehr, dass er gerne für Deutschland spielen wollte. Denn die hätten ihn bitter nötig, wie er selbst erkannte:

»Wenn du die Deutschen spielen siehst, denkst du nicht, dass das die früher gefürchteten Germanen sind.«

Eine Verkaufs-Sensation war die Single von Ailton nicht …

Und weil es in der Heimat doch ganz schön ist, verlängerte Ailton seine Aufenthalte nach der Sommerpause immer etwas. Trainer Thomas Schaaf sah es recht entspannt, als der Brasilianer mal wieder beim Trainingsauftakt unentschuldigt fehlte: »Das, was Toni macht, könnte man als bezahlten Urlaub bezeichnen. Er macht Urlaub und bezahlt dafür.«

In Bremen wartete man und wartete und redete. Manager Klaus Allofs: »Jetzt lernt Ailton den Teuro kennen.«

Dann wartete man wieder und redete anschließend. Thomas Schaaf: »Wenn man sieht, welche Öffentlichkeitswirkung er damit erzielt, wäre es ja fast fahrlässig von ihm, pünktlich zu sein.«

Doch dann gab es plötzlich Hoffnung, wie Mediendirektor Tino Polster aus dem Trainingslager auf Norderney verkündete: »Man hat Ailton schon in Bremen gesehen, aber er hat offenbar noch keinen Weg gefunden, das Meer zu überwinden.«

Schließlich kam er mit dem Taxi. Die Rechnung hat er angeblich bis heute nicht bezahlt.

Am Ende lief aber alles wieder richtig rund beim SV Werder. Bremen sicherte sich die Meisterschaft 2003/04 bereits am 32. Spieltag durch ein souveränes 3:1 beim direkten Konkurrenten und Verfolger Bayern München. Im Entmüdungsbecken zog Ailton vor laufenden Kameras blank und präsentierte sich der Fernsehnation in seiner vollen Pracht. Draußen auf der Tartanbahn des Olympiastadions hatte

Ailton schon zuvor überschwänglich von seinen Plänen für den Rest des Tages erzählt: »Champagne, Wasser, Bier brasilian. Musse heute alles. Alle.«

Im Hochgefühl sagte er auch noch den wunderschönen Satz: »Es ist einfacher, Tore zu schießen, als den deutschen Führerschein zu machen.«

Natürlich wird er ihn nicht genau so gesagt haben, denn wie meinte Journalist Christoph Biermann einmal in der »Süddeutschen Zeitung«: »Ailton ist die deutsche Sprache nicht viel geläufiger als dem Pinguin das Fliegen.«

Tja, und dann nahte der Abschied aus dem geliebten Bremen, und Ailton sagte: »Ich muss jetzt nach Gelsenkirchen!«

Verständlicherweise wurde er dort nicht unbedingt mit offenen Armen von den königsblauen Anhängern empfangen. Bereits im Frühjahr hatte er über seine neue Heimatstadt gesagt: »Alles, was ich bisher über Gelsenkirchen gehört habe, ist ein Desaster.« Als er dann auch noch mit einem Leihwagen mit Dortmunder Kennzeichen vorfuhr, musste er ganz schnell versprechen, sich ein Auto mit Gelsenkirchener Nummer anzuschaffen. In diesem Zuge sicherte er den Fans auch zu, die Grünfläche vor seinem Haus ebenfalls an seinen neuen Arbeitgeber anpassen zu wollen: »Den Rasen in meinem Garten färbe ich noch blau. Grün ist die Werder-Farbe, aber jetzt bin ich ein echter Schalker.« Die Schalker Fan-Initiative e.V. schrieb ihm dennoch einen offenen Brief: »Sehr geehrter Herr Gonçalves da Silva. Wir haben uns Gelsenkirchen nicht ausgesucht und Schalke auch nicht. Wir sind es! Komm ma lecker bei uns bei – und nach der ersten Meisterfeier mit uns wirst du am nächsten Morgen gar nicht mehr wissen, wo Bremen überhaupt liegt.«

Warum er überhaupt nach Gelsenkirchen wechselte, in Bremen nimmt man die Sache, wie Klaus Allofs, mit Galgenhumor: »Möglich, dass er einfach lieber in der Halle spielt. In einer Arena, in der das Dach auf- und zugeht.«

Nr. 03 · 14. Januar 2004

€ 1,- NUR

Sport Bild

www.sportbild.de

Exklusiv! Sammer zu allen Vorwürfen · DORTMUND

BAYERN MÜNCHEN
Rummenigge hilft Dortmund

SERIE: MEIN VEREIN
Elber lobt Makaay
Exklusiv in SPORT BILD: Sein Bayern-Report

SCHALKE 04
Altintop: Mutter sucht Freundin

MÖNCHENGLADBACH
Bonhof warnt: Holt Stürmer!

KAISERSLAUTERN
Abschiedsspiel für Basler

Das traurige Geheimnis von Torjäger Ailton
▸ Werder-Star lernte nie Lesen und Schreiben
▸ Meistertitel nur für den toten Bruder

SKISPRINGEN
Sven Hannawald: Neuer Seelen-Doktor für die Skiflug-WM

FORMEL 1
Ralf Schumacher: Erste Traumwerte mit über 915 PS

Zurück konnte er aber sowieso nicht mehr. Dort spielte dann jemand anderes auf seiner Position. Auf die Frage, ob er zum Bundesliga-Auftakt bei seinem ehemaligen Klub Werder Bremen in »sein« Stadion zurückkehre, sagte Ailton folgerichtig auch richtig angefressen: »Das ist verkauft – an Klose!«

Das prognostizierte »Desaster« nahm Formen an. Ailton war schon bald der Verzweiflung nahe:

»Schalke versteht mich nicht.«

Zur Meisterschaft 2004 ließ Ailton alle Hüllen und Hemmungen fallen.

Keiner mochte ihn, keiner verstand ihn. Manager Rudi Assauer: »Was Toni sagt, geht da rein und da raus. Das kannst du sofort in die Mülltonne kloppen.«

Und als Ailton beim Warmmachen in der Pause den Torwart markierte, reagierte Trainer Ralf Rangnick fast schon mitleidig: »Von mir aus kann er auch auf der Torlatte entlangbalancieren, solange er sich dabei nicht verletzt.«

Als Ailton ihm dann auch noch bei einer Auswechslung den Vogel zeigte, behandelte Rangnick den Brasilianer wie ein missratenes Kind: »So ist halt der Toni: Wenn er müde wird, kratzt er sich am Kopf.«

Das Abenteuer Gelsenkirchen war kurz darauf beendet. Anschließend ging es quer durch Europa, bis Ailton zurück in Deutschland war. Knapp ein Jahr hat die Bundesliga auf ihn verzichten müssen, dann wollte er es im Zebra-Trikot des MSV Duisburg noch einmal wissen. Und wie immer war Ailton hervorragender Dinge – auch wenn er, für alle gut zu sehen, einige Kilo zu viel auf den Rippen trug. Egal, Ailton Gonçalves da Silva glaubte an sich und gab mit vollem Körpereinsatz alles: »Totale Konzentration auf Fußball. Ohne Sex, ohne Bumbum. Orgasmus gibt es nur, wenn ich ein Tor schieße. Tor. Bumbum. Ailton ist wieder da.«

Und es galt immer noch seine alte Maxime: »Wenn ich Trainer wäre und einen Ailton hätte, würde der immer 90 Minuten spielen.«

Aber auch diese Station war nicht von Erfolg gekrönt. Volltreffer landete er, wie er selbst freimütig erzählte, nur noch im Bett: »Ich sage nur: Toni, Toni Doppelpack. Meine Frau bekommt Zwillinge!«

Als schließlich das Geld knapp wurde, hat der große Ailton Gonçalves da Silva das kalte Deutschland verlassen und ging für RTL nach Australien – in den Dschungel. In Bremen schaute man genau zu. Manager Klaus Allofs sagte: »Ich bin froh, dass er dort kein Werder-Trikot trägt!«

★ ★ ★

Klaus Allofs

Der Pferdenarr

Als er nach Bremen kam, überstand er die erste Mannschaftsrunde Schnaps zur Begrüßung nur so mittelprächtig. Aber dazu kann Uli Borowka etwas mehr erzählen. Auf jeden Fall war das Brüder-Paar Thomas und Klaus schon seit Kindheitstagen sehr ballfixiert, wie der stolze Vater einst berichtete: »Die beiden spielten sogar in der Wohnung. Das war manchmal so schlimm, dass wir ihnen die Bälle wegnehmen mussten. Dann haben sie sich eben Bälle aus Papier gemacht.«

Was wissen wir von Klaus Allofs abseits des Fußballplatzes? Nicht viel, außer dass er eine gewisse Leidenschaft für den ehemaligen Präsidenten des FC Watford und englischen Popstar Elton John hegt und der Name seines Hundes, den Allofs zu Düsseldorfer Zeiten sein eigen nannte, Merlin war.

Auch seine Begeisterung für Pferde ist bekannt. »Tucuman« & »Sturmfeder« sind die Namen der ersten Vierbeiner, die Allofs in den 1980er Jahren besaß. Was deshalb nicht uninteressant ist, weil ein Leser des »fußball magazins« Klaus Allofs tatsächlich einmal die Frage stellte: »Stimmt es, dass Ihr Sohn Pferdinand heißt, oder ist das ein Gerücht?« Allofs zuckte bei seiner Antwort noch nicht einmal mit den Mundwinkeln, als er sagte: »Wir haben lange mit dem Gedanken gespielt, uns dann aber doch für Niklas entschieden.«

Viele Jahre später weilte er als Werder-Manager in Gedanken immer noch bei seinen geliebten Vierbeinern: »Gnadenbrot gibt es nur für Pferde, im Profifußball aber wird dir nichts geschenkt. Geld gibt es nur für Leistung.«

Immer wieder gern erzählt Allofs die folgende Begebenheit: Als er von Marseille nach Bordeaux wechselte, empfing ihn sein künftiger Mitspieler Tigana voller Begeisterung. Um den französischen Nationalspieler standen eine Menge Koffer herum. Mit einem Lächeln im Ge-

Pferdenarr Klaus Allofs mit seinem Hengst Kaschin-Khan im Herbst 1984.

sicht umarmte Tigana den frisch eingetroffenen Klaus Allofs, nahm seine Koffer in die Hände und erklärte freudestrahlend: »Nun kann ich endlich nach Marseille!« Was Klaus Allofs bis zu diesem Moment nicht wusste: Marseille und Bordeaux hatten ein Tauschgeschäft vereinbart. Die beiden sollten nie zusammen spielen.

Der gefürchtete Stürmer Klaus Allofs ist sich sicher: »Ein Torriecher ist wahrscheinlich wie Fahrrad fahren – das verlernt man auch nicht.«

Und deshalb lässt er es sich auch nicht nehmen, den jungen Nachwuchs-Stürmern Ratschläge zu geben:

»Du musst dir auf die Socken hauen lassen, zurücklachen und dann deine Tore machen!«

Wie das mit dem Toreschießen im Profifußball ist, weiß er schon aus den Anfängen in Düsseldorf. In der Saison 1979/80 spielte die Fortuna erst 4:6 bei 1860 München und dann zu Hause 3:6 gegen den 1. FC Köln. Der nächste Gegner Bremen verlor zeitgleich 5:0 in Dortmund. Klaus Allofs freute sich schon Tage vorher auf das Aufeinandertreffen der beiden Schießbuden-Mannschaften in der darauffolgenden Woche: »In Bremen spielen wir am nächsten Samstag am besten auf Handballtore!« Tatsächlich endete auch diese Begegnung torreich mit 4:1 für Werder.

Die Tierwelt lässt Allofs nicht los. Und so nimmt er auch bei seinem Spruch, adressiert an das »Kommando Attacke« des FC Bayern München, Anlehnung an diese (»Hunde, die bellen …«): »Solange dort geredet wird, können sie nicht trainieren.«

Das Leben als Manager ist besonders in der hitzigen Phase kurz vor Schließung des sogenannten Transferfensters nicht immer einfach, wie Allofs weiß: »Man muss aufpassen, dass man nicht in Panik gerät und alles verpflichtet, was sich bewegt.«

Aber egal, wann und was auch sonst so passiert, man darf sich vor allem den Humor nicht nehmen lassen. Als in der Türkei die Vogelgrippe grassierte und die Journalisten im Trainingslager Panik schürten, sagte der Werder-Sportchef: »Als Vorsichtsmaßnahme haben wir unseren Spielern verboten, im Hühnerstall zu übernachten.«

Austeilen kann Allofs übrigens sehr gut. Gegen die eigene Mannschaft und auch gegen Schiedsrichter: »Es gibt drei Leute im Stadion, die das nicht gesehen haben. Und die, die am Bierstand waren.«

Ihr Fett weg bekommen meistens aber die Spieler. Direkt und indirekt: »Für Eto'o ist im Septem-

ber schon Weihnachten. Der musste in keinen Zweikampf gehen, weil wir einfach nicht nah genug am Mann standen.«

Im Ärger kann man dann schon einmal auf komische Gedanken kommen: »Vielleicht sollten wir es mal mit Stromstößen versuchen, aber das ist ja nicht erlaubt.«

In der Niederlage lernt man allerdings auch Demut: »Nach so einem Tag bin ich froh, wenn ich ohne Verletzung in den Bus einsteige.«

Und man wird sogar poetisch: »Jäger kommen manchmal ohne Beute nach Hause. Trotzdem muss es am nächsten Tag weitergehen, sonst werden sie verhungern.«

Aber eine Erfahrung macht jeder Manager – ohne Zynismus geht es nie: »War eigentlich Jogi Löw im Stadion? Oder hat heute auch Hoffenheim gespielt?« Das war als subtile Kritik am Bundestrainer, der so selten den Weg zu Werder findet, gedacht.

Oder als die Schiedsrichter einmal nicht so wollten wie Allofs: »Letzte Woche mal eine Minute mehr, heute mal früher Schluss gemacht. Alle wollen flexible Arbeitszeiten. In der Bundesliga haben wir sie.«

Und erschöpft nach zwei Spielen innerhalb von 39 Stunden: »Hoffentlich sagt es keiner der Gewerkschaft.«

Umso mehr sollte man bei all dem Stress schließlich die Erfolge auskosten. Doch Klaus Allofs genoss den Meisterschaftssieg 2004 in München zwar sehr – aber nicht, wie er es noch als Spieler konnte, in vollen Zügen: »Jetzt muss ich bei allen Feierlichkeiten schon noch den Überblick bewahren. Ich kann schließlich schlecht kurz nach Schlusspfiff irgendwo in der Ecke liegen.«

Und mit der Wahrheit – hier kurz vor seinem Wechsel von Bremen nach Wolfsburg – ist es als Manager auch stets so eine Sache. Es kann nicht schaden, wenn man sich rhetorisch gepflegt aus der Affäre zu ziehen weiß: »Das Dumme an Prognosen ist immer, dass sie sich auf die Zukunft beziehen.«

Als es dann tatsächlich passiert war, beschimpften ihn die Werder-Fans natürlich unflätig. Aber auch das muss man nur richtig zu deuten wissen – für die Umwelt und vor allem für einen selbst: »Das ist eine Auszeichnung, dass man nicht vergessen worden ist.«

Gesamtfazit von Klaus Allofs:

»Gegen uns hätten wir auch gewonnen.«

★ ★ ★

Klaus und Thomas Allofs (l.) bereiteten sich auf eigenwillige Weise auf das Europapokalfinale 1979 vor: Mit Fortuna Düsseldorf spielten sie gegen den FC Barcelona.

Marko Arnautović

»Champions-League-Sieger«

Es gibt Klischees über Fußballer, und es gibt Marko Arnautović – das lebende Klischee. Sein Kollege in der österreichischen Nationalmannschaft, Paul Scharner, hat sich über ihn einmal so geäußert: »Ja, was soll ich über Marko sagen? Der hat ja nur Stroh im Kopf.« Der »Null-Bock-Ösi« Arnautović würde so etwas über sich selbst natürlich nie äußern, aber er gibt zu, dass es auch einmal andere Zeiten gegeben hat: »Ich denke jetzt zehnmal nach, bevor ich einmal rede. Früher habe ich einmal nachgedacht und zehnmal geredet. Das war eben neunmal zu viel.«

»Match Attax«-Sammelkarte der Saison 2012/13.

Panini-Karte zur EM-Quali: Auf dem Weg zur EM 2016 eine feste Größe im Team der Östereicher.

Das muss zu der Zeit gewesen sein, die er selbst so erlebte: »Ich bin jung, ich habe manchmal meine Aussetzer, aber sonst ist alles okay.«

Damals gab es häufiger kleinere und größere Probleme mit den Ordnungshütern. Zumeist war dabei auch ein Auto im Spiel. Ein sehr teures und sehr schnelles Auto. Das hat man verständlicherweise nicht immer komplett unter Kontrolle. Ein falscher Tritt aufs Pedal, schon ist man fixer unterwegs, als man eigentlich möchte. Genau das passierte Arnautović einmal in Österreich, und prompt wurde er angehalten. Klar, dass der talentierte und hochbezahlte Fußballspieler das nicht toll fand und dies gegenüber dem Polizisten auch unmissverständlich zum Ausdruck brachte:

»Du hast mir gar nichts zu sagen. Ich verdiene so viel, ich kann dein Leben kaufen. Wenn du mich anzeigst, dann wirst du schon sehen. Ich bin etwas Höheres als du!«

Als Entschuldigung bot er dem Polizisten übrigens später VIP-Karten für eins seiner Spiele an …

So ein Leben als Marko Arnautović ist aber auch nicht einfach. ÖFB-Pressesprecher Peter Klinglmüller fand den Rummel um den österreichischen Nationalspieler schon früh befremdlich: »Ich hab zuletzt schon geglaubt, Diego Maradona ist im Kader.«

Ein schöner Vergleich. Denn auf dieser Stufe oder sogar noch etwas näher an Gott muss sich Arnautović selbst gesehen haben, als er 2010 nach Bremen in die Bundesliga wechselte. Dort soll er gleich am ersten Tag einen der wichtigsten Männer bei Werder gegen sich aufgebracht haben. Angeblich ging die Geschichte so: Nach dem Training setzte sich Arnautović in der Kabine einfach auf den Platz von Torsten Frings. Die Mitspieler reagierten irritiert. Als der langjährige Kapitän schließlich kam, bat er den Neuzugang höflich, den Platz zu räumen. Frings glaubte an ein Versehen. Doch Arnautović blieb sitzen. Als der Österreicher bemerkte, dass Frings sich damit nicht zufrieden gab, lächelte er lässig und fragte mit breitem Schmäh: »Habe ich die Champions League gewonnen oder du?«

Laut Arnautovic selbst soll sich diese Begebenheit allerdings nie so abgespielt haben. Er hat sie aber bis vor kurzem auch nie öffentlich bestritten. Was auch am Rat von Frings gelegen haben kann, er soll zu Arnautović gesagt haben: »Lass sie reden.«

Wahr ist aber auf jeden Fall, dass Arnautović zum Beginn der Saison 2010/11 vom Champions-League-Sieger Inter Mailand nach Bremen wechselte. Dummerweise hatte er selbst aber beim Gewinn des Landesmeister-Pokals nicht eine Sekunde für den italienischen Klub gespielt.

Wie war das noch mit dem Klischee Fußballprofi? Natürlich liebt Arnautović neben schnellen Autos auch die Damen. Seine Idealvorstellung, sprich Traumfrau, hat er einmal so in Worte gefasst: »Sie muss tätowiert sein, das steht bei mir an erster Stelle. Und schwarze Haare und Silikonbrüste haben.«

Genau so eine muss er schließlich ausgerechnet beim Zahnarzt gefunden haben. Denn als er wieder einmal etwas fix unterwegs war, gab er als Entschuldigung an, dass er schnell zum Zahnarzt müsse. Kurz darauf deckte eine Boulevardzeitung auf, dass diese Ausrede tatsächlich nicht gelogen war. Wenigstens nicht ganz. Schließlich arbeitete seine neue Freundin dort als Zahnarzthelferin. Und die hatte gerade Feierabend gemacht, als der Ösi Gas gab.

Wenn es nach Arnautović ginge, würde es ohnehin viel mehr Frauen im Berufsleben geben: »Ich hab schweren Muskelkater, aber Gott sei Dank haben wir ja Masseure. Lieber wäre mir aber eine Massage von einem Mädchen.«

Seine Zeit in Bremen war für alle nicht immer ganz einfach, aber stets sehr unterhaltsam. Wöchentlich sorgte der Österreicher mit ausgefallenen Aktionen für Schlagzeilen. Besonders schön ist die Geschichte, als Arnautović im Garten mit seinem dreijährigen Schäferhund Santos vergnüglich herumtollte. Zwei echte Bälle-Narren auf dem satten Grün. Beide spielten ausgelassen herum, als es passierte: Arnautović nahm den Ball in die Hand, lief vor Santos weg, blieb in einem Loch im Rasen hängen, verdrehte sich das Knie und fiel mit einem Innenband-Riss wochenlang aus. Und was sagte der liebe Tierfreund Arnautović: »Der Hund kann aber nix dafür!«

Der Mann ist alles, aber nicht auf den Mund gefallen. Einzig, er redet nicht mit jedem. Auf die Frage, was er in der Vorbereitung auf ein Länderspiel mit dem Teamchef Didi Constantini besprochen habe, antwortete Arnautović: »Hallo, wie geht's? – Mir geht's gut! –Was machst? – Nichts.«

Marko Arnautović, der vielleicht talentierteste, sicher aber umstrittenste Fußballer der Alpenrepublik, war 2015 Titelthema der Juni/Juli-Ausgabe des »ballesterer Fußballmagazins«.

Und um das Klischee abzurunden, muss man sagen: Arnautović ist aber auch ein riesiges Talent. Andreas Herzog meinte einmal: »Es gab einen Krankl, einen Herzog, einen Polster, einen Prohaska, aber Arnautović stellt sie alle in den Schatten, wenn er sein Potenzial abruft. Das ist mit Abstand der beste Fußballer, der in den letzten 30 Jahren auf dem Fußball-Platz herumgelaufen ist.«

Nur leider zeigte er dies bisher viel zu selten, wie Didi Kühbauer einmal so treffend sagte: »Wenn er sein Potenzial original nur beim Einkaufen abruft, ist das zu wenig.« Inzwischen scheint er sein Potenzial allerdings regelmäßiger abzurufen. Seit er bei Stoke City in der Premier League spielt, hört man von keinen Skandalen mehr, und die Fans feiern ihren »Arnie«.

★ ★ ★

Gerald Asamoah

»Blondie«

Rudi Aussauer taufte ihn »Blondie«. Er selbst sagte einmal über sich: »Ich bin von allen deutschen Nationalspielern bisher am schwärzesten.« Doch das ist nur die halbe Wahrheit, denn Gerald Asamoah meint: »Ich denke deutsch. Ich sehe nur ein bisschen anders aus.« Sein Lachen ist beliebt und sein Kampfgeist anerkannt, nicht nur bei Helmut Schulte: »Er kämpft um jeden Ball, als wäre er der letzte seines Lebens.« Und sein gepflegtes Äußeres sorgt allenthalben für Begeisterung. Besonders bei Kuranyi, wie Asamoah selbst erzählt: »Kevin hat gefragt: ›Asa, wie kann ich so sexy aussehen wie du?‹«

Autogrammkarte aus der Saison 2012/13, als er für Greuther Fürth in der Bundesliga spielte.

Wann hat man diesen Mann einmal nicht freundlich gucken sehen? Er selbst sagt über sich: »Ich bin so ein Typ, der immer am Lachen ist. Okay, es gibt Tage, wo man einfach nicht lachen kann.« Zum Beispiel dann, wenn man mit Schalke im letzten Moment die Meisterschaft vergeigt. Dabei hatte sich Asamoah in der Saison 2006/07 schon seit Wochen auf die Partie am 33. Spieltag beim Revierrivalen Borussia Dortmund gefreut. Er hatte genaue Vorstellungen, wie der Tag ablaufen würde: »Sollten wir den Titel in Dortmund holen, laufe ich wieder nach Hause zurück – mit einem riesigen Glas Bier in der Hand!« Ein Plan übrigens, den der damalige Manager Andreas Müller ohnehin nicht so richtig spitze fand: »Ich laufe auf keinen Fall mit. Lieber schlecht gefahren als gut gelaufen!«

Als die Meisterschaft vergeigt war, ließ es Asamoah dennoch ordentlich krachen. Auf die Frage, was man denn nun mache, antwortete Blondie: »Spontanes Frustsaufen.« Das wurde dann auch umgesetzt.

Bei einer anderen Feierlichkeit kam es in Hamburg sogar einmal zu einem Polizeieinsatz. Nach einem Spiel mit dem FC St. Pauli hatte Asamoah zwei befreundete Frauen von der Reeperbahn und eine große Tüte Sportlernahrung, sprich Burger vom Fast-Food-Grill, mit zu sich nach Hause genommen. Fröhlich setzte sich die muntere Essensgesellschaft um den Küchentisch. Das Problem: Seine Ehefrau, die er im Ruhrgebiet bei den Kindern wähnte, wartete nebenan auf ihren Mann im Schlafzimmer – und war verständlicherweise nicht begeistert von dem späten Besuch. Es eskalierte in einem Handgemenge. Die Polizei sprach später davon, dass sich »die drei Frauen in die Haare bekommen« hätten. Im wahrsten Sinne des Wortes. Haarbüschel fielen zu Boden, und Messer wurden aus einem Messerblock gezogen. Dann wurde ein Krankenwagen gerufen. Am Ende resümierte der am bunten Treiben völlig unbeteiligte Asamoah ziemlich entspannt:

»Das war alles ganz harmlos, da war nichts Sexuelles.«

Werner Hansch hat einmal gesagt: »Asamoah fällt in der Manier eines Kampfbombers.« Keine schöne Umschreibung, aber eine realitätsnahe. Das sieht Asa ähnlich: »Da krieg ich so den Ball, und das ist ja immer mein Problem.« Ein Mann mit Selbstkritik und dem nötigen Schalk im Nacken. Sehr sympathisch. Wie auch diese Äußerung: Nach einer ansprechenden Leistung bei einem Derby-Sieg gegen den BVB sagte Asamoah: »Mich unterschätzen alle. Ich spiele eigentlich immer gut.« Und nach einem Galaauftritt an seinem Geburtstag: »Ich könnte jeden Tag Geburtstag haben.«

Titel des »Schalker Kreisels«, des offiziellen Schalker Vereinsmagazins, vom 4. Februar 2006.

Aber er kann auch anders: »Asamoah steht dumm rum, weiß wieder mal nicht, wo er hin soll. Ball kommt, Kopfball, Tor.« Und nachdem er bei einem 1:1 bei Wisła Krakau eine hundertprozentige Chance verschenkte, meinte er zu Recht: »Wenn ich jeden reinmachen würde, würde ich bei Real Madrid spielen.« Dass er nicht alle reingemacht hat, lag zum Teil auch an seiner Frau, behauptete Asamoah jedenfalls: »Erst stand der Name meiner Frau auf den Schuhen. Da habe ich aber nicht viele Tore gemacht. Da musste sie weg.« Der Name natürlich, nicht die Frau.

So reichte es immerhin noch für Schalke 04 – und für die deutsche Nationalmannschaft. Nach seinem Debüt im Adler-Trikot sagte er: »Es haben alle erwartet, dass ich die Nationalhymne mitsinge. Aber das habe ich extra nicht gemacht, damit nicht alle Schalker Spieler vor dem Fernseher sitzen und mich auslachen.«

Das würde seine Frau nie tun. Sie schenkte ihm lieber die Zwillinge Jada und Jaden und sorgte für einen schlanken Asamoah: »Meine Frau ist noch in Ghana. Deswegen gibt es nicht so viel zu essen. Ich hoffe, sie bleibt noch lange«, sagte er augenzwinkernd, als das Training beim S04 unter Jupp Heynckes etwas strenger wurde.

Und weil Gerald Asamoah so ein gut aufgelegter Mensch ist, zitierte ihn sogar der damalige Ministerpräsident Jürgen Rüttgers (CDU) bei der Eröffnung der neuen nordrhein-westfälischen EU-Landesvertretung in Brüssel vor Hunderten Gästen: »Solange wir an der Spitze bleiben, kann keiner an uns vorbei.« Diesen Spruch konnte der anwesende Vizepräsident der EU-Kommission, Günter Verheugen (SPD), nicht so einfach stehen lassen und konterte: »Die Schwarzen halten zusammen.«

Übrigens: Asamoah hätte beinahe schon früh wegen eines angeborenen Herzfehlers seine Karriere beenden müssen. Gut, dass sich das alles noch rechtzeitig geklärt hat. Asamoah selbst hatte damals so seine Zweifel:

»Ich weiß nicht, ob die Ärzte uns Schwarze richtig verstehen. Die kennen sich doch nur mit Weißen aus.«

★ ★ ★

Mai 2005: Nach dem Einzug in die Champions League verpasst Gerald Asamoah Manager Rudi Assauer eine ordentliche Bierdusche.

Rudi Assauer

Der Genießer

»Mein altes Prinzip – beim Genießen nicht nach dem Morgen fragen«, hat Rudi Assauer einmal gesagt und damit die Frauen, das Bier und den Fußball gleichermaßen gemeint. Ein echter Genussmensch mit Sinn fürs Leben! In seinem Büro stand eine Kaffeetasse mit dem Aufdruck »Rudi, der Ruhmreiche« und daneben der prall gefüllte Aschenbecher. Man sagt, er habe in guten Jahren bis zu 0,5 Prozent der gesamten Auflage der Davidoff »Grand Cru No. 3« ganz alleine verraucht.

Dass Rudi Assauer bei den allermeisten Fußballfans so beliebt ist, mag neben seinen sportlichen Erfolgen vor allem an seinem Image liegen. Das befeuerte er gerne selbst mit Sätzen wie diesem: »Ich kippe gerne ein Bier, genieße das Leben in vollen Zügen. Rauche Zigarre, und dass ich schöne Frauen mag, ist auch kein Verbrechen.«

Ein Mann eigentlich ganz nach dem Geschmack des früheren Meistertrainers und späteren Lästermauls Max Merkel. Doch weit gefehlt. Anfangs verspottete er ihn sogar noch: »Sir Assauer sprach oft durch die Nase, um seine perlweißen Jacketkronen zu schonen.« Nach Assauers großen Taten bei S04 wandelte sich jedoch auch Merkels Meinung:

»Ob Zigarren-Rudi Manager ist oder Präsident oder Generaldirektor – Schalke ist Assauer. Der wird im Fernsehen noch öfter zu sehen sein als die Wetterkarte …«

Eine Zeit lang war der Glimmstängel das prägende Moment im Leben des Managers. Der Schalke-Profi Aníbal Matellán sagte 2003 angesichts des ungezügelten Rauchkonsums Assauers: »Ich gebe ihm noch fünf Jahre, wenn er so weitermacht.« Und auch Trainer und Freund Huub Stevens sprach offene Worte: »Bei ihm im Büro zu sitzen, ist kein Vergnügen. Was der wegqualmt …« Doch Assauer und seine Angestellten verstanden es, die Leidenschaft des mächtigen Managers auch mit einem zwinkernden Auge zu sehen. Anlässlich der 100-Jahr-Feier der Königsblauen wurden verdiente Mitarbeiter mit einer Skulptur des »Rauchenden Rudi« beglückt. Die war so begehrt, dass S04-Maskottchen Charly Neumann – der in der ersten Runde keine abbekommen hatte – intern so lange und heftig Rabatz machte, bis man ihm nachträglich doch noch eine Skulptur überreichte.

Weniger Respekt wurde Rudi Aussauer von seinem eigenen Großsponsor zuteil. Veltins-Chef Michael Huber sagte in launiger Runde gerne: »Wenn der Kleine mit der Zigarre frech wird, gibt´s von mir Feuer.« Nicht so nette Worte fand auch der Lauterer Manager René C. Jäggi für Assauer: »Nicht alles, was sich in einem feinen Zwirn verbirgt, ist ein feiner Mensch.« Dortmunds Sportchef Michael Meier drückte sich ebenso deftig aus:

»Ich habe Herrn Assauer nie als Kaschmirproleten bezeichnet. Ich habe Herrn Assauer Kaschmirhooligan genannt.«

Richtig sauer auf den Schalke-Manager war aber vor allem einer: Jürgen L. Born vom SV Werder Bremen. Nachdem bekannt geworden war, dass Ailton und Mladen Krstajic von der Weser ins Ruhrgebiet wechseln, kannte Born keine Zurückhaltung mehr: »Assauer und unser Aufsichtsrat Dr. Böhmert sind seit fast 30 Jahren befreundet. Und dann kommt der hierher ins Stadion, trinkt kostenlos Bier und pflügt nebenbei noch die besten Spieler ab.« Als man Born fragte, was er denn machen werde, wenn er Assauer das nächste Mal trifft, antwortete dieser: »Erst mal abwarten, wohin ich ihn treffe.«

Ansgar Brinkmann fand übrigens auch nicht alles prickelnd, was der S04-Manager so machte. Auf die Frage nach der Schiedsrichterleistung bei der Partie gegen Schalke antwortete der weiße Brasilianer: »Ich heiße doch nicht Assauer, der immer nach Ausreden sucht. Mal ist es der Schiedsrichter, mal der Rasen.«

Doch der Europapokalsieger von 1966 ließ sich von schlechten Schwingungen in seinem Umfeld nicht unterkriegen. Als die »Sport Bild« ihn einmal fragte, ob er nicht ab und zu »depressiv« sei, antwortete Assauer: »Depressiv? Ist das eine neue Weinsorte? Oder ein neuer Kaffee? Nein, toi, toi, toi!« Angriffe konterte Assauer stets souverän: »Wenn Ottmar Hitzfeld behauptet, dass ich kein Rückgrat hätte, dann können wir doch mal gemeinsam zum Orthopäden gehen.« Auch als ihm der Wind frontal aus dem TV entgegenblies, reagierte der Manager relativ gelassen. Dabei hatte ihm Moderator Jörg Wontorra im DSF-»Doppelpass« den Finger direkt in die offene Wunde gelegt: »Wenn man da so ein bisschen auf den Zungenschlag hört, die ›Bild‹ würde da sehr doppeldeutig titeln: ›Assauer voll dabei‹. Das ist vielleicht auch noch ein ganz kleines Problem, das man besprechen sollte. Inwieweit sollte ein Manager aufpassen, dass sein Grundnahrungsmittel nicht den ganzen Tag über flüssig ist?«

Wontorra musste öffentlich Abbitte leisten. Was schon ein bisschen komisch war, weil Assauer selbst bei diesem Thema verbal kein Muffensausen kannte: »Ich würde nur für Pils und Zigarren werben. Alles andere wäre unglaubwürdig.« Ihn irritierte eher, dass seine Spieler da nicht wie er waren: »Beim Mannschaftsabend darf Bier getrunken werden, aber 80 Prozent der Jungs bestellen Wasser. Was hätten wir uns früher einen gezogen.«

Außerdem stimmte das mit der Nahrung, die ausschließlich in flüssiger Form aufgenommen werden sollte, eh nicht, wie diese Anekdote aus der Werder-Stadionzeitschrift beweist: »Ein Gastwirt aus Bremen hatte in seinem Lokal eine Tafel angebracht, auf der geschrieben stand: ›Hier speiste Rudi Assauer‹. So lange, bis ein Gast darunter schrieb: ›Deshalb ist er auch nach Schalke gegangen.‹«

Assauer und die Frauen

Aber bleiben wir noch einen Moment bei den schönen Genüssen im Leben des Rudi Assauer, bevor wir ins sportliche Fach wechseln. Zigarren und Bier sind thematisiert, nun bleiben zum guten Schluss noch die Frauen. Die durften ohnehin eher nicht in den Fußball reinquatschen, wie Rudi selbst einmal offenbarte: »Meine Teilzeit-Gefährtin, Frau Schneider, hat ja absolutes Sprechverbot in Sachen Fußball.«

Über jede seiner Damen ließ sich Assauer nur in den höchsten Tönen zitieren, wie in diesem Fall über seine Begleitung mit dem schönen Namen Lisa Loch: »Die hat wirklich Klasse, ihre Eltern kenne ich auch, bester Stall.« Oder über Kerstin, die 24-jährige Le-

bensgefährtin, die als Zahnarzthelferin arbeitet: »Die Alte ist trotzdem unheimlich in Ordnung! Ich habe sie kennengelernt, als ihr Zahnarzt mir das Esszimmer neu tapeziert hat. Kerstin merkte sofort, dass ich bei der Behandlung ein bisschen Schiss hatte. Sie hielt mir ganz lieb das Händchen.«

Assauer hat einen Schuss bei den Frauen. Nicht umsonst führte die Illustrierte »Bunte« ihn einmal auf Platz vier der 50 erotischsten Männer Deutschlands. Das mag auch seine Langzeitgeliebte, die Schauspielerin Simone Thomalla, angezogen haben. Mit ihr und ihrer Tochter lebte er viele Jahre glücklich zusammen – fast eheähnlich, wie diese Worte eines Telefonats zeigen: »Heute Abend ist Fußball im Fernsehen. Also schön das Bettchen machen für den Assi.« Und weil er sich so wohl fühlte in diesem Leben, traf Assauer bereits frühzeitig weitreichende Entscheidungen:

»Ich habe beschlossen, dass ich immer im Ruhrgebiet bleibe. Also werde ich auch immer auf Schalke gehen. Vorausgesetzt, dass ich noch laufen kann. Und wenn nicht, kann mich ja auch eine Dame in die Arena schieben.«

Rudolf Assauer, 182
Abwehrspieler; geb. 30. 4. 1944; Borussia Dortmund, Werder Bremen

Doch irgendwann kriselte es zwischen Assauer und seiner großen Liebe. Anfangs wollte der starke Manager des S04 dies nicht wahrhaben. Zu den Gerüchten, dass die Schauspielerin Simone Thomalla nicht mehr bei ihm sei, sagte Assauer zu einem Reporter: »Wie? Die ist ausgezogen? Dann muss ich 14 Tage im Tiefschlaf gelegen haben. Sie geht manchmal weg zum Einkaufen. Ist aber immer wieder zurückgekommen …«

Schließlich kam sie dann aber nicht mehr zurück. In der ersten Trauer versuchte sich Assauer die Trennung von der »Tatort«-Kommissarin noch schönzureden: »Ich kann tun und lassen, was ich will, Fußball gucken satt, und es ist egal, ob ich abends nach Hause komme oder früh am Morgen. Wunderbar!« Doch die wahren Gefühle waren stärker. Es kam zu einer handgreiflichen Auseinandersetzung in Kampen auf Sylt. Tags darauf entschuldigte sich Assauer via Telefon und Boulevardpresse: »Sorry, Mucke. Es tut mir so leid. Ich möchte mich in aller Form bei dir entschuldigen!«

Die Entschuldigung wurde »ganz ruhig und sachlich angenommen«. Wie in einer echten Meg-Ryan-Schnulze verabredeten die beiden Streithähne, dass man »immer Freunde bleiben« wolle. Assauer schob noch zärtlich seinen berühmten Standardsatz hinterher: »Die Alte ist schon unheimlich in Ordnung.«

Besonders schwer fiel der damals 19-jährigen Tochter von Simone Thomalla, Sophia, die Trennung vom knorrigen Alten: »Er ist einfach ein toller echter Kerl. Deutschlands letzter Macho. Solche Typen wie ihn gibt's einfach nicht mehr. Er ist ein Original. Punkt!« Obwohl Assauer nicht gezielt auf die Straße gehen und sich was ausgucken wollte, war er sich sicher: »Irgendwas läuft mir schon über den Weg.«

Einmal hat Rudi Assauer auch im Zusammenhang mit Fußball über Frauen gesprochen. Auf die Frage einer Journalistin nach dem möglichen Erfolgsrezept in der Champions League antwortete er sehr originell: »Damen einwechseln und den Gegner erschrecken.«

Assauer und die Trainer

Assauers Wort hat Gewicht. Das liegt auch daran, dass er sich nicht nur für die Frauenwelt, sondern auch für das Fußballbusiness in Form hielt. Sein Leitspruch: »Wenn du heute als Manager jungen Leuten gegenüberstehst und eine Wampe hast, dann bist du unglaubwürdig.«

Rudi Assauer mit seiner damaligen Lebensgefährtin Simone Thomalla im Juni 2005 bei einem Fotoshooting für Veltins-Werbung.

Trotz seines smarten Auftretens ist er ansonsten aber eher der knallharte Typ. Nach einer kurzfristigen Suspendierung und schnellen Begnadigung des Nationalspielers Jörg Böhme sagte Assauer im Stile eines Sonnenkönigs:

»Das Arbeitsgericht auf Schalke bin ich.«

Und als er einmal gefragt wurde, wie es um Coach Huub Stevens stehe, meinte er: »Über Trainer rede ich nicht in der Öffentlichkeit. Es sei denn, ich stelle einen ein oder werfe einen raus.« So wie im Falle von Frank Neubarth. Als der schließlich entlassen wurde, antwortete der Manager auf die Frage, wann denn die Entscheidung zum Rausschmiss gefallen sei: »In der Nacht von Samstag auf Montag.«

Das Fußballgeschäft ist nicht immer leicht. Ständig herrscht ein Kommen und Gehen. Nicht nur auf dem Platz, sondern auch an der Seitenlinie. Da kann man den Vornamen des neuen Übungsleiters schon einmal von »Ralf« in »Rolf« Rangnick vertauschen. Vor allem dann, wenn man eh nicht so ein ganz großer Fan von dem Mann ist: »Es gibt so viele Trainer, die kommen und gehen. Irgendwann vergisst du mal die Vornamen.« Im Grunde sind Trainer von ihrem Anforderungsprofil ohnehin schwierig zu packen und dadurch auch recht austauschbar: »Wir sollten einen Professor holen. Oder einen vom Sozialamt. Und wenn es ein Balletttänzer ist, der uns nach vorne bringt, dann holen wir einen Balletttänzer.«

Assauer und die Spieler, die Fans und alle anderen

Die Trainer sind das eine, die Spieler das andere. Und da hat sich nach Meinung von Rudi Assauer in all den Jahren, in denen er dabei ist, eine Menge getan: »Zu meiner aktiven Zeit haben die Doofen Fußball gespielt, heute haben auf Schalke zwei Drittel der Spieler Abitur.«

Von seinen Profis hat der Manager stets eine sehr genaue Meinung gehabt: »Alles aus dem Norden kannst du gebrauchen. Auch der Tscheche an sich macht seinen

Job, den hörst und siehst du nicht. Absolut pflegeleicht. Polen und Russen verursachen nur Theater. Da passiert ständig etwas, mit dem Auto, mit den Landsleuten, mit der Freundin.« Auch Spieler anderer Nationalitäten haben so ihre Probleme: »Wir haben den Agali wirklich falsch behandelt. Wir hätten im Kopf anfangen sollen und nicht im Knie.« Oder sie wollen nicht immer so, wie der Assauer will: »Wenn der Büskens nur halb so gut spielen würde, wie er die Zäune hochklettert, wäre er Weltklasse.«

Aber im Grunde weiß der harte Hund schon, was er an seinen Spielern hat: »Ich dachte schon, Fußballer seien ein besonderes Völkchen. Aber gegen die Künstler ist das ja nur Pipifax. Dem einen ist das Klopapier zu hart, dem anderen die Schuhbox zu klein.« Und das zeigt er ihnen auch, wie Reporter Bernd Schmelzer einmal zu berichten wusste: »82 Minuten vorbei, dann ging Glieder, von Assauer fast krankenhausreif getätschelt.«

Hochachtung zeigte Assauer stets gegenüber den Menschen, die ihn und die anderen Fußball-Professionellen ernähren, die Fans: »Denen ist scheißegal, was das kostet. Die sagen sich: Und wenn meine Alte nix zu fressen kriegt – ich fahr mit!«

Einer anderen Bevölkerungsgruppe konnte er hingegen nix abgewinnen. Kommunalpolitikern, die sich wichtig machen wollten, entgegnete er gewohnt bissfest:

»Wir stellen hier auf dem Vereinsgelände noch ein paar Dixi-Klos auf, die können wir ja dann nach Politikern benennen.«

Eines Tages sagte Assauer nach einer Heimpleite gegen Rostock: »Wenn du die Treppe runtergehst, musst du immer nach unten schauen, sonst fällst du runter!« Eine gute Weisheit, die er offensichtlich selbst nicht immer beherzigte. Nach einem Treppensturz sah er nicht nur furchteinflößend ramponiert aus, sondern musste sich auch noch den Spott der eigenen Spieler gefallen lassen. Torwart Frank Rost: »Ich hoffe, dass es kein Selbstmordversuch war.«

Davon kann man ausgehen, denn wie sagte Assauer an anderer Stelle so schön: »Das Wort ›mental‹ gab es zu meiner Zeit als Fußballspieler noch gar nicht. Nur eine Zahnpasta, die so ähnlich hieß.«

Dass der Schalke-Manager und begeisterte Saunagänger Assauer sich selbst nicht für etwas Besseres hält, drückte er einmal so aus: »Vor dem heißen Ofen tropfen alle Menschen gleich.« Kurz vor Ende seiner eigenen Karriere sagte Assauer schließlich: »Ich bin dankbar. Und ich sage jedem Spieler, der sich heute bei mir über irgendwas beschwert: Du wirst erst das heulende Elend kriegen, wenn im Stadion die Lichter angehen, und du bist nicht mehr dabei.«

★ ★ ★

Klaus Augenthaler

Sturer Niederbayer

»Wir Niederbayern gelten vielfach als verstockt und stur. Was soll ich da noch sagen: Ich bin Niederbayer!« Das hat Klaus Augenthaler einmal über sich selbst gesagt. Und wahrscheinlich ist da viel Wahres dran. Aber wenn man sein Wesen einmal näher beleuchtet, fällt auf: der Mann hat viele Gesichter – und Humor. Denn auch der Satz »Wenn Sie glauben, Sie haben einen Blöden vor sich, dann sind Sie bei mir an der richtigen Adresse« stammt vom langjährigen Bundesligaspieler und -trainer aus Fürstenzell.

»Der Spiegel« schrieb über Augenthaler einmal folgende Zeilen: »Wie die Eiche einen Wald von Krüppelkiefern überragt der Weltmeister Augenthaler das Nürnberger Fußball-Biotop. Er ist, was der Club einmal war und gern wieder wäre: sieggewohnt, fußballverrückt, bodenständig.« Eine schöne Umschreibung für Augenthaler, der die identische Konstellation wahrscheinlich so umschrieben hätte: »Wir leben alle auf dieser Erde, aber eben auf verschiedenen Spielhälften.«

Lästermaul Max Merkel fand, dass »der Trapattoni mittlerweile besser deutsch« sprechen würde »als der Augenthaler bei der Brotzeit«. Das mag vermutlich an der niederbayerischen Herkunft des kernigen Typen mit der Lederhaut liegen. Klaus Augenthaler erinnert sich noch genau an die ersten Tage beim großen FC Bayern München. Fast die ganze Mannschaft war ein Jahr zuvor Weltmeister im eigenen Land geworden, und nun kam er daher, der Abwehrspieler vom FC Vilshofen. Zurückhaltend schaute er sich an, was da mit ihm passierte. Niemand redete ein Wort mit ihm und wenn doch, dann waren es keine Nettigkeiten, die ausgetauscht wurden. Auch der »Kaiser« Franz Beckenbauer ließ Augenthaler spüren, dass er ihn nicht unbedingt brauchte. Der spätere Nationalspieler weiß noch aufs Wort, was Beckenbauer damals auf dem Platz zu ihm sagte: »Unser erstes gemeinsames Spiel war in Graz. Wir verloren 3:7, ich wurde eingewechselt. Und Franz, der Weltmeister, der weltbeste Libero, meinte nur: ›Mit den Blinden mag ich nimmer spielen.‹ Ich hätte mich am liebsten entschuldigt.«

Auch im Training hatte Augenthaler nicht viel zu bestellen. Wenn er einmal ein bisschen härter gegen Beckenbauer, Maier oder Müller einstieg, dann schallte es ihm direkt entgegen: »Du, Wäldler, halt dich bloß zurück.« Bulle Roth haute »Auge« eines Tages aus den Schuhen raus, und Jupp Kapellmann zischte ihm zu: »Geh zurück, wo du herkommst.« Doch der Assistenztrainer der Bayern, Werner Olk, hatte ein Einsehen mit dem jungen Mann. Er bläute Augenthaler ein: »Du musst dich wehren.« Und er wehrte sich:

»Da habe ich dem Jupp Schläge angedroht und ihn zweimal rasiert. Ab da war Ruhe.«

Autogrammkarte der Saison 1990/91.

Als der damalige Jugendnationaltrainer Herbert Widmayer den jungen Augenthaler in die weite Welt des Fußballs einführte, tat er dies wie ein Entwicklungshelfer: »Der kommt aus dem Bayerischen Wald, der muss erst lernen, mit Messer und Gabel zu essen.« Lustig erscheint in diesem Sinne übrigens ein Zitat des späteren Bayern-Profis Carsten Jancker: »Klaus Augenthaler hat mir mal gesagt, dass man beim FC Bayern mit Messer und Gabel isst – nur weil ich die Kartoffeln mit der Hand von der Schüssel auf den Teller befördert habe.«

Geschäftstüchtiges Raubein

Augenthalers Teamkollege Sepp Maier prophezeite ihm damals: »Der wird irgendwann mal so weit sein, dass er eine Kuh aus 100 Metern Entfernung erschießt.« Augenthaler war zu dieser Zeit ein fescher Jungspieler. Als Dressman warb er für die Jeansfirma »Outsider« und erhielt ein Honorar von 100.000 Mark. Der damals 21-Jährige war ohnehin sehr geschäftstüchtig: Er führte zwei Sportgeschäfte mit drei Angestellten, machte Werbung für einen Elektrokonzern und war nebenbei noch Geschäftsführer einer Werbe- und Veranstaltungsfirma.

Es lief also gut – bis zu diesem spektakulären 23. November 1985. Bayern gewann zu Hause 3:1 gegen Werder, und auf dem Platz wurde geholzt wie selten zuvor. In der 16. Minute trat Klaus Augenthaler den stürmenden Rudi Völler ohne die geringste Chance, an den Ball zu kommen, von den Beinen. Der blieb erst verletzt liegen, wurde dann ausgewechselt und fiel anschließend mit einem Adduktorenanriss Monate aus. Augenthaler sagte hinterher völlig emotionslos: »Ich sah nur etwas Grün-Weißes auf unseren Strafraum zukommen.« Und sein Trainer Udo Lattek gab indirekt gar Völler die Schuld an seiner Verletzung: »Der Rudi ist zu schnell!«

Genau genommen waren die Worte nicht nur ein Hohn gegenüber dem Werder-Profi, sondern auch gegenüber Klaus Augenthaler. Was Lattek tatsächlich von ihm hielt, erfuhr er Jahre später. Der Meistertrainer war zum 1. FC Köln gewechselt und gab dort als Technischer Direktor vor der Partie des FC gegen die Bayern in der Kabine letzte Anweisungen an seine beiden Stürmer Allofs und Povlsen: »Geht Augenthaler nicht aus dem Weg, riskiert Zweikämpfe. Ihr gewinnt sie, denn er hat nichts drauf. Und dann verliert er die Nerven.« Klar, dass Latteks Duzfreund Klaus von dieser Aussage nicht begeistert war. Nach der Partie sagte er: »Das war kein Fußball, das war Krieg. Und den haben wir Lattek zu verdanken.« Das Spiel endete 3:1 für Köln.

Augenthaler war selbst aber auch kein Kind von Traurigkeit, wie weiter oben schon angedeutet wurde und er selbst näher ausführen konnte: »Wenn ich nach dem Spiel in die Kabine komme, und es braucht keiner einen Verband, dann hab ich was verkehrt gemacht.« Was

das konkret bedeutete, hat Uli Hoeneß mal erzählt. Der Bayern-Manager hatte konkret über eine Verpflichtung von Diego Maradona nachgedacht. Schließlich war er aber froh, diesen Plan fallen gelassen zu haben. Die Eskapaden des argentinischen Superstars hätten in München zu Problemen geführt: »Was glauben Sie, was der Klaus mit dem Maradona angestellt hätte, wenn der bei uns solche Sperenzchen wie in Neapel gemacht hätte!«

Weltmeister und »leidender Angestellter«

Im Sommer 1990 krönte derselbe Augenthaler, den Lattek kurz zuvor noch mit seinen Worten in alle Einzelteile zerlegt hatte, seine Karriere mit dem Weltmeister-Titel. Über die Wochen in Italien erzählte der Fürstenzeller anschließend wunderbare Geschichten. Nach dem WM-Finale habe er damals vier Stunden bei der Dopingkontrolle gesessen: »Es ging nicht. Schaut dir ein über Siebzigjähriger von der Fifa zu, und dann geht wieder nichts mehr. Erst als der eine sagte, er wolle mein Sweatshirt von der Nationalmannschaft haben, haben sie mich gehen lassen. Als ich zur Feier kam, waren alle schon gut dabei!«

Und da Augenthaler gerade frisch Vater geworden war, kam die Frau mit Sack und Pack zur Siegesfeier ins Hotel, inklusive Kind. Als Augenthaler nach einer langen Nacht am nächsten Morgen früh aufstand, schaute er vom Hotelbalkon runter und sah Torwarttrainer Sepp Maier mit dem frisch gekauften rosa Kinderwagen der Familie Augenthaler: »Ich weiß nicht mehr, welcher Spieler drin saß, vermutlich Thomas Häßler. Und der Sepp fährt mit ihm über den Rasensprenger.«

Als Augenthaler wenige Jahre später seine Karriere als Fußballer beendete, griff er schon Sekunden nach seiner Auswechselung in seinem eigenen Abschiedsspiel nach einem Weißbier und zündete sich genüsslich eine Zigarette an. In Nürnberg erzürnte er damit einen Leser des »kicker«, der das Treiben des Bayern-Spielers »unmöglich« fand und feststellte:

»Ein Vorbild kann dieser Augenthaler nicht sein!«

Kurz vor dem Ende seiner Laufbahn sinnierte der Weltmeister Anfang der neunziger Jahre über sein bewegtes Leben. Er habe schon so viel erreicht, aber eine Sache würde ihn dann doch noch reizen: »Einen Blue Marlin zu fangen, ist der Traum eines jeden Hochseefischers. Der steht noch über dem Hai. Andere träumen davon, vier Wochen lang mit dem Rucksack durch Kanada zu tingeln. Ich träume davon, einmal einen Blue Marlin zu fangen.«

Daraus wurde erst einmal nichts. Aber immerhin machten sich die Vereine, die ihn gerne als Übungsleiter für ihre Mannschaft verpflichten wollten, so ihre Gedanken: »Bei allen Trainerangeboten kam immer gleich der Zusatz, dass ganz in der Nähe ein schönes Fischwasser liege.«

Und dabei wollte Klaus Augenthaler eigentlich gar kein Coach werden. Noch als Bayern-Profi sagte er: »Als Trainer hast du 14 oder 15 Spieler, aber einsetzen kannst du nur elf. Also musst du immer drei oder vier deiner Leute enttäuschen. Ich brächte das nie übers Herz. Ich kann einfach keinem wehtun.« Hat er dann aber doch. Am meisten aber immer noch sich selbst: »Fußball auf der Bank ist Leidensgeschäft. Ich bin leidender Angestellter hier in Nürnberg.« Das war eine besondere Zeit beim Club. Damals antwortete er in einer kritischen Lage auf die Frage, ob er schon einmal so eine schwierige Situation erlebt habe: »In Nürnberg fast jede Woche.« Kein Wunder, diese Aussage. Schließlich hat Augenthalers Präsident, Michael A. Roth, nach einem Krisengespräch mit ihm den wunderbaren Satz gesagt: »Ich bin vom Trainer überzeugt. Er hat bis Sonntag volle Rückendeckung.« Am Montag war dann Schluss, und der Weltmeister von 1990 meinte: »Ich fahre jetzt zum Rathaus. Ich bekomme vom Bürgermeister die Tapferkeitsmedaille für drei Jahre Nürnberg.«

Philosoph und Hausmann

Gott sei Dank hatte Augenthaler zu seinem Job schon immer eine kritische und durchaus humorvolle Distanz: »Wenn man unter der Woche drei Purzel-

Klaus Augenthaler brauchte eine Abkühlung und ließ sich im Garten von seiner Frau Monika kalt abduschen.

bäume macht und das Spiel gewinnt, hat man alles richtig gemacht.« Seine Profikicker sieht er mit besonderen Augen: »Spieler sind wie kleine Kinder. Wenn ich meiner Tochter fünfmal etwas sage und sie macht es nicht, kann ich sie auch nicht ins Heim stecken.« Dass Spieler wirklich wie kleine Kinder sein können, belegt diese schöne Episode aus seinem Leben als Trainer: »Ob Sie es glauben oder nicht: Ich habe es schon erlebt – nicht jetzt hier in Wolfsburg –, dass nachts um halb elf ein Spieler anrief. Sein Wecker würde nicht mehr funktionieren, jemand müsse ihm Batterien besorgen.«

Gut, dass Augenthaler sich nie groß beklagte, eher hatte er einen realistischen und pragmatischen Blick auf die Dinge: »Ich kann meine Mannschaft jetzt nicht verteufeln, ich brauche sie ja nächste Woche wieder.« Ein anderes Mal erklärte er den Reportern eine Niederlage auf diese Weise: »Wenn der Kopf nicht da ist, sondern nur die Hülle, dann ist es egal, ob du mit einer Viererkette spielst oder mit einer Schneekette.« Oder: »Wir haben ganz schwach begonnen und dann ganz stark nachgelassen«. Irgendwann half dann aber wirklich nur noch der Galgenhumor: »Wir arbeiten uns in der Tabelle kontinuierlich nach hinten.«

Es gab auch Zeiten, da wurde Augenthaler sogar ein wenig philosophisch: »Egal, wie man es macht, man macht es verkehrt, also machen wir es richtig.« Das mit dem »richtig machen« klappte mal besser und auch mal schlechter. Und wenn es mal nicht so läuft, dann muss man als Trainer hoffen, dass man seinen Job trotzdem behalten darf. Als an einem Wochenende gleich mehrere Kollegen entlassen wurden, sagte Augenthaler: »Ich werde heute Nachmittag ein Gläschen Schampus trinken, weil ich nicht dabei war.« Und als es ihn dann doch traf, wurde ihm schnell langweilig: »Ich habe jetzt zwei Wochen zu Hause gesessen, das war schon zu lang. Ich kann nicht jeden Tag Rasen mähen. Die Fische beißen zwar,

Klaus Augenthaler lässt während der Nürnberger Aufstiegsfeier im Mai 2001 die Hüllen fallen.

aber das reicht mir nicht«. Er entschied, sich in der Küche nützlich zu machen, so lange, bis er wieder auf den Trainingsplatz durfte: »Der erste Teil meines Hauswirtschaftskursus mit Kartoffelschälen ist beendet.« Es ist leider nicht überliefert, wie froh seine Frau über die Aktivitäten ihres Mannes war. Ein Held der Arbeit im eigenen Haushalt war Klaus Augenthaler offensichtlich aber nie. Doch damit hatte er augenscheinlich auch kein Problem. Offen gab der ehemalige Meisterspieler der Bayern zu: »Einmal war ich mit meiner Frau im Keller und habe gesehen, wie sie die Wäsche aus der Waschmaschine holte und in den Trockner warf. Da hab ich sie gefragt: Warum wäschst du jetzt noch einmal?« Und auch handwerklich konnte Klaus Augenthaler zu Hause nicht wirklich glänzen. Kein Problem für einen echten Kerl, auch das offen zu gestehen: »Ich habe bis heute keinen einzigen Nagel in die Wand geschlagen.«

Wozu auch grämen, wenn man trotzdem als Sexsymbol durchgeht? Autorin und Sexberaterin Erika Berger beschrieb den Ex-Bayern-Profi als einen »sehr erotischen Mann mit intelligenten Augen«. Augenthaler selbst fiel auf die Frage, wie denn seine Traumfrau ausschauen sollte, so schnell keine gute Antwort ein und sagte einfach: »Zur Not wie Bo Derek!«

Ein großer Auftritt in 42 Sekunden

Augenthaler war wirklich kein Mann des vielen Klagens. Eines Tages hatte er sich schließlich auch damit abgefunden, dass das Geschäft Profifußball unbarmherzig ist: »Irgendwann muss man mal sterben, und wenn du Trainer bist, wirst du entlassen.« Und wohl auch deshalb, also weil er wusste, dass er kurz vor seiner Entlassung stand, zelebrierte er seinen letzten großen Auftritt in Wolfsburg mit einer ebenso fulminanten wie kurzweiligen Showeinlage. Genau 42 Sekunden saß er bei der Pressekonferenz auf der Bühne: »Guten Tag! Meine Herren, es gibt vier Fragen und vier Antworten. Die Fragen stelle ich, und die Antworten gebe ich auch. Stimmung der Mannschaft, wie ist die Stimmung der Mannschaft, Zustand der Mannschaft? Die Mannschaft hat hervorragend gearbeitet. Zur Taktik: Ein oder zwei Stürmer? Das hängt davon ab, wie die personelle Situation ist – es ist der eine oder andere verletzt. Wie ich den Gegner erwarte: Aachen wird sicherlich Druck machen, Aachen muss das Spiel gewinnen, darauf sind wir vorbereitet. Ist die Mannschaft dem Druck gewachsen? Was ich beobachtet habe in der Woche im Training: Die Mannschaft hat sehr gut gearbeitet und wird die Antwort auf dem Platz geben. Danke schön!«

Als er schließlich für sehr lange Zeit ohne Job nur noch zu Hause rumsaß, fragte ihn ein fleißiger Journalist: »Was schießt Ihnen in den Kopf, wenn das Telefon klingelt und Sie erkennen die Nummer nicht?« Augenthaler antwortete auf seine ganz spezielle Art: »Ohne Lesebrille sehe ich die Nummer sowieso nicht.«

Eine Frage bleibt am Ende offen. Haben wir uns durch diese Zeilen dem Menschen Klaus Augenthaler etwas angenähert? Wohl kaum. Denn wie sagte er selbst einmal:

»Mich kennt keiner wirklich. Selbst meine Frau fragt mich manchmal: Bist du wirklich so?«

★ ★ ★

Michael Ballack

»Capitano«

An Ballacks Türklingel soll im Jahr 2011 das Schild »Max Mustermann« gehangen haben. Wenn es so gewesen ist, dann wäre es sicherlich so falsch nicht gewesen. Denn auch, wenn Berti Vogts einmal meinte, »ein Spieler wie Michael Ballack sollte sich mal selbstkritisch selber hinterfragen«, so steht der Name Ballack doch auf eine gewisse Weise für den deutschen Normalo. Er ist einer, der im Übermut mal die Klappe aufmacht, dem aber ansonsten von den Boatengs dieser Welt eher übel mitgespielt wird.

Keine Frage: Michael Ballack ist ein herausragender Fußballspieler gewesen. Der ehemalige Profi Jean-Michel Larqué hat es als Co-Kommentator im französischen Fernsehen einmal sehr treffend auf den Punkt gebracht, als er bewundernd über die Eleganz des deutschen Nationalspielers sprach: »Das ist der Unterschied zwischen einem Pianisten und einem Möbelpacker, der immer auf seine Füße schauen muss.« Der deutsche Kommentator Heribert Faßbender sagte es anders, aber ebenfalls anerkennend: »Auch ein halber Ballack ist vorne immer für ein ganzes Tor gut.«

Der gebürtige Görlitzer war jemand, der schon immer hoch hinauswollte. Nicht immer zur Freude aller. Als er mitten im Wendetrubel 1990 in Chemnitz einem jungen Reporter ob seiner spielerischen Dominanz auffiel, fragte der Journalist, was denn seine Träume wären. Der Jungspund Ballack antwortete, er würde später gerne in der Bundesliga und am liebsten beim SV Werder Bremen spielen. Dem Journalisten passte das gar nicht. Er wollte das Talent lieber beim Heimatverein sehen. Und so schrieb er einen bissigen Kommentar über Ballack und riet ihm, den Kopf nicht zu hoch zu nehmen. Die Folge: Der junge Michael wollte am nächsten Tag nicht mehr zum Training und schloss sich in seinem Zimmer ein. Nichts half. In und für Chemnitz wollte Ballack nicht mehr spielen. Sein Vater versuchte daraufhin das Nachwuchstalent beim SV Meppen unterzubringen. Gelandet ist er schließlich in Kaiserslautern.

Ein wenig später wechselte er nach Leverkusen, wo er 2002 das Meisterschaftsfinale sowie die Endspiele um die Champions League und den DFB-Pokal in wenigen Tagen verlor. Als er mit der Nationalmannschaft dann auch noch das Finale der WM in Japan und Südkorea (»Ballack heißt auf japanisch Ballack-uh.« Pierre Littbarski) erreichte, war er froh, dass ihn eine Gelbsperre am Endspiel-Einsatz hinderte: »Vielleicht ist es gut, dass ich als Leverkusener im Finale fehle. Dann werden wir nicht Zweiter!« Wie wir alle wissen, hat es nicht geholfen. Und so schrammte Ballack auch am vierten möglichen Titel in einer Spielzeit denkbar knapp vorbei.

Nach der WM zog es ihn nach München. Keine einfache Zeit: »Die älteren Spieler sprechen oft so sehr bayerisch, dass ich sie nicht verstehe. Ich nicke dann einfach.« Doch sportlich lief es gut, weil er sich an seine alte Maxime hielt: »Keiner verliert ungern.« Und so ging es mit seiner Karriere und im Privatleben stetig aufwärts. Bei seiner Traumhochzeit spielte sogar Sir Elton John groß auf. Das hat eine Menge Geld gekostet, aber für gewöhnlich hofft man ja, nur einmal im Leben zu heiraten. Und Elton John hat an diesem besonderen Tag alles gegeben. Er hat sogar ein Lied gesungen, dass er sonst nie intoniert: die deutsche

Nationalhymne. Was eine Ehre!

Teuer wurde es auch, als Ballack später in seiner Laufbahn selbst ein »Lied« anstimmte. Während seiner zweiten Anstellung bei Bayer Leverkusen stieg er nach dem Bundesliga-Spiel zwischen Bayer und Schalke 04 auf den Zaun vor dem Leverkusener Fanblock und rief zweimal über ein Megafon die Worte »Scheiß 1. FC Köln«. Das hatte ihm ein Vorsänger ins Ohr geflüstert, sagte er anschließend zu seiner Entschuldigung. Aber teuer war die Sache trotzdem. Nicht so kostspielig wie Elton John – aber auch nicht ganz billig.

Glücklicherweise zeigte Ballack aber mit seiner sympathischen Äußerung nach seinem Wechsel zum FC Bayern, dass Geld für ihn nicht alles ist:

»Es ist doch egal, wo ich wie viel hätte kriegen können. Es ist doch sowieso genug.«

Vielleicht ist diese angenehme Haltung der Grund dafür, dass Bayer-Manager Reiner Calmund damals meinte: »Wir lassen ihn ungern ziehen. Doch wenn ihn irgendwann keiner mehr haben will, nehmen wir ihn als alten Sack wieder, und er kann bei uns Libero spielen.«

Ballack ist uns allen aber auch als ein bisschen nickelig in Erinnerung. Sätze wie dieser nach einer Rangelei mit Andy Möller unterstreichen diese Wahrnehmung: »Man soll sich ja nix gefallen lassen. Wenn der Schiedsrichter nicht eingreift, müssen wir Spieler uns verteidigen. Is ganz normal.« Oder auch: »Es gibt immer mal Fouls im Fußball, wo man sagt, das war nicht so schön – obwohl, schöne Fouls gibt es ja gar nicht.« Und sogar den Übungsleitern an der Seitenlinie stand Ballack allerlei gelebte Emotionen zu: »Dass die Trainer manchmal ihrer Anspannung freien Lauf lassen, ist doch ganz normal. Die können ja keinen umhauen wie wir.« Jedenfalls hatte Ballack nichts für übermäßige Spielereien übrig: »Fußball hat nichts mit Zaubern zu tun. Wenn man anfängt zu zaubern, gibt es meistens auf die Socken.«

Die bayrische Sprache lag Michael Ballack nicht so, das Bier anscheinend schon eher.

Einen der berühmtesten Sätze über ihn hat übrigens der damalige Bundestrainer Jürgen Klinsmann gesagt. Bei der WM 2006 im eigenen Land verzichtete er im Eröffnungsspiel gegen Costa Rica auf den Capitano. Seine legendäre Begründung: »Seine Wade ist noch nicht da, wo sie hinmuss.« Die Weltmeisterschaft war für ihn trotzdem ein tolles Erlebnis, genauso wie die Europameisterschaft zwei Jahre später. Kein Wunder, wenn es nach dem ehemaligen Nationalmannschaftskapitän geht: »Eine EM ist noch ausgeglichener besetzt als eine WM, weil bei einer WM auch Mannschaften vom anderen Kontingent sind.« Wie sagt Ballack doch so schön? »Im Fußball geht es manchmal komisch und schnell.« Genau.

★ ★ ★

Weitere Bonmots von Michael Ballack:

»Wir können so was nicht trainieren, sondern nur üben.«

»Ich merke, dass das Routine wird, aber gleichzeitig keine Routine ist.«

»Die Mannschaft lief auf dem Zahnfleisch, aber sie hat trotzdem gebissen.«

Mario Basler

Der Lebemann

Wahrscheinlich kann man das Leben des Mario Basler in einem einzigen Satz nicht besser zusammenfassen, als in diesem einen, den er selbst einmal über sich gesagt hat: »Eigentlich bin ich ein Supertyp. Aber ich kann wohl auch ein richtiger Arsch sein!« So ganz falsch kann der Mann dann aber eigentlich doch nicht sein, denkt man insgeheim, wenn man eine andere Wortmeldung von ihm betrachtet: »Ich hab früher schon in der Westkurve gestanden und Lothar Matthäus beschmissen.« Gut, das ist ein bisschen gemein, aber schließlich äußern sich andere auch nicht so nett über ihn. Wie Trainer Bernd Stange: »Bis zum Kopf Weltklasse, im Kopf nur Kreisklasse.«

Auch TV-Talker Harald Schmidt lästerte in seiner Show gerne über Basler: »Es ist so heiß, dass man sich auch beim Sport so wenig wie möglich bewegen soll. Das heißt: Was wir fußballerisch jetzt haben, ist das sogenannte Mario-Basler-Wetter.« Die Lauffaulheit des Nationalspielers trieb Max Merkel ebenfalls zu einer ketzerischen Bemerkung: »Basler ist die teuerste Parkuhr der Welt. Er steht rum, und die Bayern stopfen Geld rein.« Dabei war die Sache mit dem Laufen für Basler selbst eigentlich ganz einfach: »Ich habe immer gesagt, dass ich kein Dauerläufer bin, sonst könnte ich ja gleich beim Marathon starten.« Anatomisch wäre das aber etwas schwierig geworden, wenn man sich selbst, laut eigener Aussage, nur auf ein Bein verlassen kann: »Den linken Fuß habe ich nur zum Abstellen oder zum Geldabholen.«

Autogrammkarte aus seiner frühen Zeit beim 1. FCK.

In diesem Zusammenhang wundert man sich nicht, dass der österreichische Nationalspieler Toni Polster eine Seelenverwandtschaft mit Mario Basler fühlt. Er begründet dies folgendermaßen: »Am Mario gefällt mir, dass er lässig ist, ein bisserl ein Genie und ein Wahnsinniger und eben nicht so typisch deutsch.«

Apropos Genie. Da hat Basler selbst auch noch einen bekannten Bruder im Geiste für sich entdeckt: »Einstein, das war schon ein anderer Mensch als ich. Aber bezogen auf den Fußballplatz kann man uns doch vergleichen. Genie bleibt eben Genie. Wobei irgendwann bei mir auch wieder der Wahnsinn ausbrechen wird.« Übrigens dachte Oliver Kahn bei Jörg Böhme wiederum an Basler: »Sein Auftreten, seine Art, Fußball zu spielen. Da denke ich immer, das ist der Bruder von Mario Basler.«

Aber was ist der filigrane Nationalspieler denn nun wirklich für ein Typ? Auf alle Fälle ein ganz spezieller und kein ganz leichter, wie sein Trainer Otto Rehhagel einmal andeutete: »Ich wünsche allen Kollegen, mit dem Mario Basler mal eine Woche zu trainieren.« Franz Böhmert, dem Präsidenten von Werder Bremen, war das komplizierte Wesen Baslers jedoch herzlich egal, solange es Erfolg brachte: »Lieber mit

Basler Meister, als mit elf grauen Mäusen Zwölfter.« Und auch Jesús Gil y Gil, Präsident von Atlético Madrid, wollte den exzentrischen Mittelfeld-Star von Bayern München unbedingt verpflichten:

»Uns ist ein streitlustiger Spieler lieber als eine Klosterschülerin, die den Rosenkranz betet.«

Solange Mario übrigens nicht in München spielte, konnte er den Bayern gestohlen bleiben. Uli Hoeneß mochte die Art des gebürtigen Neustädters als Werder-Profi nicht besonders gut leiden: »Basler ist der größte Schauspieler in diesem Ensemble. Der bekommt demnächst den Oscar.« Basler sieht sich hingegen selbst eigentlich als sehr pflegeleicht an. Die Integration in seine Mannschaften klappte in der Regel sehr ordentlich: »Es kann nicht jeder mit jedem ins Bett gehen. Aber wir verstehen uns ganz gut.« Und auch mit negativen Stimmen hat er gelernt umzugehen: »Kritik macht mich nur noch stärker. Wenn mich in Dortmund von 55.000 Zuschauern 50.000 hassen, mir am liebsten ein Bein abhacken würden, mich mit ›Arschloch‹ begrüßen, dann fühle ich mich wie Arnold Schwarzenegger gegen den Rest der Welt. Das ist geil für mich.«

»Promi-Experte« Basler

Die Leute lieben den Exzentriker, weil er im Gegensatz zu vielen seiner Kollegen kein Blatt vor den Mund nimmt und ihm nur sehr wenige Dinge peinlich sind. Oder wie Berti Vogts es sagen würde: »Wir wissen alle, dass Mario nicht gesagt hat, was er gesagt hat, was er gesagt haben soll, dass er es gesagt hat.«

So zieht er einem Fan auch schon einmal live im deutschen Fernsehen verbal einen über die Rübe: »Hättest du was Gescheites gelernt, wärst du auch Fußballprofi geworden.« Ein Mario Basler sagt eben immer, was er denkt. So jedenfalls sein Selbstbild. Und die Journalisten wissen es sehr zu schätzen, dass der hochbezahlte Bundesligaprofi zu allem und jedem eine Meinung hat.

Als Boris Becker damals gerade wegen seiner »Wäschekammer-Affäre« in den Schlagzeilen war, befragten sie Basler eben auch zum ehemaligen Tennisidol. Und der Lauterer Profi antwortete gewohnt pointiert: »Mal ehrlich – wenn diese Russin damals genauso hässlich war wie heute auf den Fotos, dann hat es Boris nicht besser verdient. Ich weiß zwar nicht, was er alles getrunken hat – vielleicht hat er sie mit Babs verwechselt.« Eine andere Affäre von Becker, die Sängerin Sabrina Setlur, hatte aber Baslers Segen: »Tolle, attraktive Frau. Boris Becker macht keinen Fehler, falls er mit ihr zusammen ist.«

Das Bremer Vereinsmagazin vom 14. Oktober 1995.

Der ehemalige Tennisstar Becker gefällt Basler ohnehin sehr gut – sind sie doch beide wahre Lebemänner. Vom Fußballprofi Basler sind allerdings weniger Frauengeschichten im

Umlauf, dafür Storys übers Spielen, Rauchen und Trinken. Aber alles »halb so wild«, wie Basler erzählt: »Ist der Abend schön, können es schon mal sechs, sieben Bier sein, ist er mies, trink ich eben nur zwei. Und meine Zockerphase ist lange vorbei. Ich spiele allenfalls mal einen Skat mit dem Manager und dem Co-Trainer.« Er legt allerdings wert darauf, dass er auch das nicht ins Blaue hinein tut: »Ich gewinne jedes Spiel, das ich anfange.« Und natürlich »zocken wir nie um viel Geld. Höchstens um 3.000 Mark!« betonte Basler.

Rauchen und trinken

Richtig sauer wurde Mario Basler, wenn man ihn auf seinen Zigarettenkonsum im Zusammenhang mit dem Profisein ansprach. Auf die Frage eines Journalisten, seit wann er denn rauche, sagte der ehemalige Nationalspieler einmal nach kurzem Nachdenken frank und frei: »Och. Ich bin jetzt 37, seit 24 Jahren.« Der Reporter hakte betont unbeeindruckt nach: »Und nie aufgehört?« Mario Basler zeigte sich völlig entrüstet: »Nee. Ich hör auch nicht auf. Ich habe gesagt, wenn ich irgendwann mal sterbe, möchte ich Zigaretten mit auf den langen Weg nehmen. Keine Blumen, die sollen mir stattdessen Zigaretten reinschmeißen.« Lothar Matthäus findet übrigens, dass das eine völlig falsche Einstellung sei: »Für mich als Leistungssportler ist Rauchen eine Frage des Stils. Ich meine, ich rauche auch nach dem Essen eine Zigarette, aber so Leute wie der Mario Basler, die rauchen ja schon eine ganze Schachtel vor dem Essen.«

Berti Vogts machte sich hingegen lieber lustig über Basler. Als dieser verspätet und noch nicht in Südafrika eingetroffen war, meinte der Bundestrainer süffisant:

»Der ist noch nicht hier. Der Flug nach Kapstadt war ein Nichtraucherflug. Da konnte er nicht.«

Und Rudi Völler versuchte es auf die Oberlehrer-Tour: »Ich hätte mir gewünscht, dass Mario zum Ende seiner Karriere eingestanden hätte, dass es besser gewesen wäre, statt in zehn Minuten fünf Weizenbiere ex zu trinken oder eine Schachtel Marlboro zu rauchen, ab und zu einmal auf den Trainer zu hören.« Baslers Antwort auf den Part mit dem Weizenbier-Konsum: »Bisher habe ich nur zwei geschafft.«

Amüsant wurde es, als er selbst Trainer in Regensburg wurde. »Spiegel online« fragte sich damals: »Es wird spannend zu beobachten sein, ob das bisherige Rauchverbot im VIP-Raum von Jahn Regensburg nicht nur für den Bürgermeister, die Sponsoren oder sonstige Häppchenjäger gilt – sondern auch für ihn, den bekanntesten Fußballprofi unter den Rauchern.«

Das Trinken wurde in Baslers Karriere noch ausgiebiger thematisiert als der Tabakkonsum. Reporter Fritz von Thurn und Taxis meinte einmal zu Gerüchten, dass Mario Basler zum 1. FC Kaiserslautern wechseln wolle: »Kaiserslautern hat proportional zur Einwohnerzahl die größte Kneipendichte. Da kann ich verstehen, dass einige FCK-Verantwortliche sagen: ›Lieber nicht!‹«

Ganz unrecht hatte Fritz von Thurn und Taxis natürlich nicht. Als Basler bei Werder Bremen einmal verletzt pausieren musste, spielten seine Mannschaftskameraden im Europapokal gegen Glenavon Belfast – während er selbst im TV-Studio von Thomas Koschwitz' Sendung

Mario Basler auf dem Cover der »Bravo Sport« vom 28. August 1996.

Das Schöne an Meisterschaften: Das Biertrinken wird nicht bestraft.

»RTL Late Night Show« saß und genüsslich an einer Zigarette zog. Dann lehnte er sich entspannt zurück und trank einen Schluck aus seinem Kölsch-Glas. Die Werder-Offiziellen reagierten beim Betrachten der Bilder nicht ganz so entspannt.

In München setzte Uli Hoeneß lieber gleich Detektive auf Basler an. Die verfolgten den Nationalspieler auch eifrig, wie er selbst einmal erzählte: »Ich war noch keine zehn Meter aus der Garage, da fuhr mir ein blauer Golf hinterher. Ich ging mit meinen Kindern zum Eishockey nach Landshut. Nach dem Spiel war dieser Typ wieder hinter mir. Der musste angesetzt sein, das ging gar nicht anders.« Das ließ sich Basler natürlich nicht bieten und marschierte am Tag darauf ins Büro des Managers: »Ich habe nur gesagt: Das war aber ganz schlau von euch. Da hat der Uli einen roten Kopf gekriegt.« Basler schob grinsend hinterher: »Es war der falsche Zeitpunkt. Sie hätten es besser gemacht, wenn ich alleine unterwegs war. Dann hätten sie auch was davon gehabt.«

Zu seiner eigenen Verteidigung rechnete Basler auch schon einmal vor, dass er die Gratis-Lieferung des Bayern-Sponsors Erdinger Weißbräu sehr selten in Anspruch nehme: »Bei mir hat eine Kiste schon mal sechs Wochen gereicht. Es gibt Spieler, die öfter nachbestellen.«

Ein bisschen Bammel hatte der gebürtige Pfälzer (aus Neustadt an der Weinstraße), als er für viel Geld in die Wüste ging. Auf die Frage eines Journalisten, ob er denn schon einen zünftigen Mannschaftsabend bei seinem neuen Verein organisiert habe, antwortete Basler: »So etwas gibt es hier nicht. Die beten ja den ganzen Tag, viermal. Da kann man gar nicht groß weggehen.« Es mag aber auch noch andere Gründe gehabt haben, wie Uli Hoeneß damals mit einem breiten Grinsen im Gesicht verkündete:

»Ich war schon in Katar und weiß, dass man dort öffentlich keinen Alkohol trinken darf. Da wird er Probleme kriegen.«

Auf eine Zigarette mit Ehefrau Claudia.

In seiner aktiven Laufbahn haben sich nur wenige Offizielle mit dem streitbaren Nationalspieler solidarisiert. Umso überraschender, dass ausgerechnet Felix Magath auf seine ganz spezielle Weise einer von ihnen war: »Ich habe viel mit Mario Basler gemeinsam. Wir sind beide Fußballer, wir trinken beide gerne mal einen, ich allerdings erst nach der Arbeit.«

Jemand, der ein Jahr lang mit Basler auf Reisen Tisch und Zimmer teilte und so manche Geschichte erzählen kann, ist Thorsten Legat: »Auf unserem Zimmer wurde vor dem Spiel schon mal das ein oder andere Bierchen gezischt und natürlich gezockt ohne Ende.« Legat fasst mit seinen Worten noch einmal in Kürze alle wichtigen Fakten über den Lebemann Basler zusammen: »So zockten wir auch, wenn wir einmal die Woche zum Billard fuhren. Die Schachtel Marlboro war immer dabei, dazu gab es Mariacron mit Cola. Nie wieder habe ich jemanden gesehen, der davon so viel vertragen konnte wie Mario. Er soff das Zeug wie Wasser. Manchmal kamen mir Zweifel, ob es wirklich das war, wonach es aussah. Mario war ja ein Schlitzohr, wie es im Buche steht.«

Und er war jemand, der sich selbst aus einer misslichen Lage zu befreien wusste. Nach der berühmten Geschichte (bis heute weiß niemand so genau, was tatsächlich passiert ist) in einer Pizzeria in Regensburg, die zu seinem Rauswurf bei den Bayern führte, sagte der vielfache Nationalspieler: »Ich hatte mit dem Polizisten ein überragendes Gespräch.« Wahrscheinlich war Basler an diesem Abend ohnehin gerade wieder einmal auf dem Weg ins Bett. So wie es Teamkamerad Markus Babbel auch für die Feierlichkeiten nach dem Gewinn der Champions League in Aussicht gestellt hatte: »Der Mario ist ja ein Profi, der geht nicht so gerne vors Haus.«

Mensch geblieben

Aber kommen wir zum großartigen Sportler Mario Basler zurück. TV-Kommentator Jörg Wontorra hat einmal über eine der größten Fertigkeiten des Nationalspielers gesagt: »Baslers Freistöße sind wie das wirkliche Leben: mal weich und kurz, mal hart und lang.« Auch direkt verwandelte Eckbälle waren eine der Spezialitäten von Basler. Doch da musste stets alles ganz genau stimmen:

»Das Ventil des Balles muss immer oben liegen und die Markierung des Herstellers rechts – und dann haue ich drauf, fertig!«

Und war der Ball drin, war da nur noch pures Glück, wie Basler gerne erzählte: »Im ersten Moment war ich nicht nur glücklich, ein Tor geschossen zu haben, sondern auch, dass der Ball reinging.«

Wo er auch gespielt hat, die Fans haben ihn nicht vergessen. Bei einem Heimspiel des SV Werder gegen Eintracht Frankfurt waren offensichtlich auch Berliner im Stadion. Am Zaun hing ein Plakat mit dem Spruch: »Hertha – komm zurück, Mario Basler!« Der Bremer Profi reagierte launig: »Ich verstehe das Ding nicht. Meine Frau heißt gar nicht Hertha, sondern Karin.«

Als es mal mit der Karriere etwas langsamer voranging, liebäugelte der Allrounder mit einem Wechsel ins Filmbusiness. Schnell bot man ihm eine Rolle im Kinofilm »Der tote Taucher« an. Passenderweise sollte der Bayern-Profi dort einen Jogger spielen. Ein prima Gag der Leinwand-Crew. Leider konnte sich Basler die drei vorgesehenen Drehtage nicht freischaufeln, und so übernahm niemand Geringeres als Johannes B. Kerner die Rolle. Sie sollte sein endgültiger Durchbruch im Showbusiness werden.

Mit den Schiedsrichtern lag er nicht immer auf einer Wellenlänge. Hier im »Gespräch« mit Hartmut Strampe.

An Basler schätzen die Medien bis auf den heutigen Tag, dass er frei Schnauze redet. Sätze wie »Ich lerne nicht extra Französisch für die Spieler, wo diese Sprache nicht mächtig sind« oder »Ich grüße meine Mama, meinen Papa und ganz besonders meine Eltern« sind in der heutigen Medienlandschaft selten geworden. Wo alles vor der Veröffentlichung mehrfach chemisch reingewaschen wird, bleiben auch solch wunderschöne Beiträge wie »Jede Seite hat zwei Medaillen« oder »Das habe ich ihm dann auch verbal gesagt« leider aus.

Deshalb ist jedes live geführte Interview mit Mario Basler ein echter Hochgenuss. Als ein Journalist einmal wissen wollte, ob der ehemalige Nationalspieler denn nach seinem Karriereende zugenommen habe, antwortete er ohne Umschweife: »Ich habe jetzt ein kleines Bäuchlein gekriegt. Ich bin genau auf 82 Kilo, bloß die Muskulatur ist etwas weniger geworden. Ist ja klar, du machst nicht mehr das Krafttraining und, und, und. Und deshalb hängt das hier vorne ein bisschen, die zwei Kilo, die wo ich eigentlich abgenommen hatte bzw. wo Muskulatur war, ist jetzt ein bisschen schwabbeliger geworden.« Und auch eine andere Frage brachte Basler nicht aus der Fassung – im Gegenteil. Interviewer: »Die Farbe der Unterhose heute?« Basler: »Jetzt im Moment? Ich habe keine an. Zu Hause brauche ich keine Unterhose.« Interviewer: »Jogginghose? Badelatschen?« Basler: »Ja, das reicht. So fühle ich mich am wohlsten zu Hause. Da muss ich mir keinen Anzug anziehen, keine Jeans. Da kann ich mich ganz frei bewegen.«

Wie sagte Basler einmal so schön: »Ein bisschen Mensch musst du bleiben.« Es ist schön, dass er dies stets geschafft hat.

★ ★ ★

Franz Beckenbauer

»Der Kaiser«

Philipp Lahm hat einmal sehr schön gesagt: »Es muss zwei Beckenbauers geben, einen, der in der Zeitung schreibt, und den Präsidenten des FC Bayern. Der Präsident ist zufrieden mit mir.« Komiker Olli Dittrich hat viele Jahre später mit seiner »Enthüllungsreportage« über »Schorsch Aigner – der Mann, der Franz Beckenbauer war« humoristisch überhöht auf den Punkt gebracht, was viele ahnten: »Es muss diesen Mann, den alle nur ›Kaiser‹ nennen, mindestens zweimal geben!«

Selbst sein erster Trainer im Profifußball, Tschik Cajkovski, hat zu Beginn einen anderen in ihm gesehen: »Sie Bohnenstange, unten nichts, Mitte nichts, oben nichts. Sie mehr essen. Nix Frauen, nix rauchen, nix saufen. Sie aus Schlagsahne. Sie kein Kämpfer. Sie wie Strohhalm. Sie lieber gehen Schuhe putzen als spielen Fußball.« Doch plötzlich: »Franz. Sie größtes Fußballer seit Tschik. Ich mache Weltmeister aus Ihnen. Tschik und Beckenbauer bald größtes Fußballer-Gespann in Europa und in Welt.« Wobei die Welt für den jungen Franz sehr weit weg war, schließlich sagte er damals noch:

»Ich bin kein Deutscher. Ich bin ein Bayer. Das ist ein ganz großer Unterschied nach meiner Meinung.«

Sein sportliches Ansehen wuchs sprunghaft, doch immer wieder musste Franz Beckenbauer damit leben, dass die Leute in ihm eine ambivalente Persönlichkeit sahen. Münchens Nationaltorwart Oliver Kahn über den damaligen Präsidenten der Bayern: »Er hat ja Ahnung – manchmal.« Oder der Brasilianer Carlos Alberto Parreira, dem Beckenbauer als Übersetzer zur Seite stand: »Ich habe kein Wort verstanden. Aber er hat zu 100 Prozent recht.« Selbst der knorrige Niederbayer Klaus Augenthaler konnte sich einen humorigen Seitenhieb nicht verkneifen: »Von Beckenbauer habe ich sehr viel gelernt. Vor allem, dass es eigentlich egal ist, was ich gestern gesagt habe.«

Des »Kaisers« großes Ansehen

Im Grunde aber kann sich der »Kaiser« wahrlich nicht beschweren. Sein Ansehen ist von großem Respekt geprägt. Max Merkel etwa sagte bereits im Jahre 1970: »Dem Franz Beckenbauer hat's der Himmelvater gegeben wie dem Mozart.« Und viele, viele Jahre später meinte Otto Rehhagel: »Franz ist wie Marlene Dietrich. Ein alternder Star, den man nach wie vor bewundern muss.« Und der offensichtlich jemand ist, der eine ganz besondere Aura um sich hat, wie HSV-Profi Marinus Bester einmal anerkennend feststellte: »Man kann sich in diesem Geschäft nur wenige Ausrutscher leisten – bis auf Beckenbauer, der kann sagen, was er will. Und wenn er sagt, die Wand ist blau statt grün, glauben ihm die Leute auch das.« Alpha-Männchen Rudi Assauer zeigte sich ebenfalls beeindruckt: »Wenn er sagt, wir spielen künftig mit viereckigen Bällen, dann wird mit viereckigen Bällen gespielt.« Und Berti Vogts meinte sichtlich konsterniert: »Der kommt in einen Raum, und das Licht geht an. Bei mir aber passiert erst mal gar nichts.« DFB-Präsident Gerhard Mayer-Vorfelder versuchte sich übrigens einmal mit einer interessanten These an einer

plausiblen Erklärung für Beckenbauers Popularität: »Mit dem Licht, das er ausstrahlt, blendet er die Journalisten.«

Sei es, wie es ist – bis heute hören die Menschen dem ehemaligen Teamchef gerne zu. Oder wie Max Merkel einmal sagte:

»Wenn der Kaiser spricht, legen sogar die Engel ihre Harfen beiseite.«

DFB-Pressechef Wolfgang Niersbach meinte sogar: »Vom Franz sind schon Interviews veröffentlicht worden, wenn er Selbstgespräche führte.« Das klingt beim ersten Hören etwas seltsam, wird aber von Reiner Calmund ziemlich gut erklärt: »Bei Franz Beckenbauer sagen alle: Du bist der Kaiser. Auf dich hören sie. Du machst nichts falsch, und wenn du was falsch machst, sagen alle, das war richtig.«

Franz Beckenbauer, so viel kann man an dieser Stelle schon verraten, hat offensichtlich besondere Fähigkeiten. Und tatsächlich gibt es sogar eine Art »Wunderheiler«-Geschichte aus den 1980er Jahren. Damals soll der Vater von Beckenbauers Lebensgefährtin Diana Sandmann im Krankenhaus gelegen haben. Neben ihm ein Bett mit einem Koma-Patienten drin. Überliefert ist folgende Szene: Beckenbauer spricht gerade die ersten Worte mit Dianas Vater, als plötzlich im Bett nebenan der Koma-Patient erwacht, sich senkrecht aufrichtet und sagt: »Leck mich doch am Arsch, der Beckenbauer!«

Eine ähnliche Begegnung mit dem »Kaiser« hat auch der weiße Brasilianer Ansgar Brinkmann im »Aktuellen Sportstudio« des ZDF gemacht: »Ich war ganz baff. Der kannte sogar meinen Namen. Da habe ich direkt nach der Sendung erst einmal stolz zu Hause angerufen und erzählt: Ich habe mit Gott gesprochen!« Selbst Uli Hoeneß berichtet heute noch mit strahlenden Augen von einem der schönsten Momente seiner Karriere: »Ich durfte die Schuhe von Franz auftragen.«

Um an dieser Stelle den Starkult nicht zu groß werden zu lassen und auch die andere Seite bzw. den anderen Beckenbauer zu erwähnen, einmal schnell zwei Zitate. Das eine stammt von Nationaltorwart Toni Schumacher: »Wir wussten ja auch, dass der Franz eine Begabung hatte, von einem Fettnäpfchen ins andere zu springen.« Und das andere von Beckenbauers Sohn Stephan: »Ich habe meinen Vater im Fernsehen weggeschaltet, weil ich ihn nicht mehr hören konnte.«

Die Medien liebten den Kaiser aber von der ersten Stunde an. Hausbesuche mit langen, sehr privaten Fotostrecken gehören dazu. Ein Fußballmagazin berichtete einmal in seiner Serie »Zu Gast bei ... « aus den heimischen Stuben Beckenbauers. Und dabei kamen Dinge ans Tageslicht, die so sicherlich nicht für die Öffentlichkeit bestimmt waren: »Mit dem Telefon ist das so eine Sache. Die eine Nummer, 798651, steht nicht im Telefonbuch, und die andere ist absolut geheim. ›Nur drei Leute kennen die andere Nummer.‹ Einer dieser drei sei Herr Schwan, versichert Franz. Schwan

Auch in »Playboy« und Co. war Beckenbauer regelmäßig ein großes Thema.

ist Berater in allen Lebenslagen. Nicht einmal die Eltern wissen die zweite Telefonnummer. Die Mutter bat sogar darum: ›Bitte, sag mir die Nummer nicht, ich verrate sie dann doch!‹«

Die Frauen und das Essen

Und da sich Popularität auch immer gut vermarkten lässt, geht Beckenbauer schon früh unter die Buchautoren. Sein Werk »Halbzeit« gestattet einen intimen Einblick in die Privatsphäre des Kaisers: »Meine Frau kocht sehr gut, und wenn echte bayerische Hausmannskost durch die Küche duftet, dann habe ich die vielen Steaks, mit denen wir uns im Sport beschäftigen müssen, schnell vergessen. Kartoffelsuppe, Raiberdatschi, das sind Kartoffelpuffer, ein saftiger Surhaxen mit Kraut bleiben meine Leibspeisen, zumal ich keine Gewichtsschwierigkeiten mit meinen 74 kg habe. Dazu ein Glas Bier oder ein gutes Glas Wein.«

Früher waren die Ernährungsmethoden im Profifußball übrigens tatsächlich noch anders als heute, wie Beckenbauer selbst einmal berichtete: »Eine Schweinshaxe um 23 Uhr vor einem wichtigen Spiel war früher nahezu das Normalste der Welt.«

Sammelkarte der Saison 1966/67.

Doch der Franz blieb schlank und adrett, sah toll aus und hatte so natürlich nicht nur männliche Fans: »Hunderte von jungen Damen schickten mir ihr Foto, Hunderte von Fußballjungen machten das Gleiche. Weit entfernt von Eifersucht klebte meine Frau die Damen sorgfältig in ein besonderes Album und schrieb darauf: ›Der Harem des Franz Anton Beckenbauer‹. Ich musste lachen. Nur die Liebesbriefe sehe ich nie. Die beantwortet Brigitte persönlich.«

Womit wir beim Thema »Franz und die Frauen« sind. Der »Playboy« schrieb einmal gewohnt doppelsinnig: »Der Kaiser selbst trägt sein Reich in sich.« Erotikexpertin Erika Berger war sich bei ihrem »WM-Sex-Test« für die Zeitschrift »Quick« im Jahr 1990 sicher: »Beckenbauer – er ist immer eine Spur geheimnisvoll. Frauen macht das neugierig.« Und Komiker Otto Waalkes reimte beglückt: »Der Beckenbauer sagt zu seinem Schwanzl / beim Vorspiel Kaiser, später Franzl.«

Der Kaiser selbst sah das Thema zumeist betont unaufgeregt. Eines seiner Ziele als frisch ernannter Teamchef der Nationalmannschaft war es im Herbst 1984, eine spezielle Unterkunft für die Mannschaft zu suchen, um ausschweifende Damenkontakte zu vermeiden. Statt in große Hotels quartierte man sich in Sportschulen ein. Beckenbauer selbst begründete das so: »Weil Sportschulen für die intensive Vorbereitung einer Mannschaft besser geeignet sind. Man kann dort mit den Spielern ruhiger und ungestörter arbeiten.« Allerdings klappte das nur semi-gut, wie eine Leserfrage im »fußball-magazin« kurz darauf verriet. Ein junger Mann wollte wissen, wo Beckenbauer seine jetzige Frau kennengelernt habe. Schmunzelnd musste der Teamchef eingestehen: »Das passt ja: in einer Sportschule. Sie war dort Angestellte im Büro.«

Viele Jahre und viele Frauen später heiratete Beckenbauer während der Weltmeisterschaft 2006 im eigenen Land. Den ungewöhnlichen Termin wählte er ganz bewusst: »Wir wollten es geheim halten, und das ging nur während der WM. Es war sogar so geheim, dass im Standesamt zunächst kein Licht anging und alles dunkel war. ›So geheim braucht's ihr das auch nicht zu halten‹, hab ich dann gesagt, und es wurde Licht.«

Legendär ist bis heute ein folgenreicher Seitensprung auf einer Weihnachtsfeier des FC Bayern. Das uneheliche Kind verteidigte Beckenbauer später mit den Worten:

Wenn der »Kaiser« geht, ist das dem »Spiegel« sogar ein Titelthema wert (April 1977).

»Der liebe Gott freut sich über jedes Kind.«

Zudem kann der Ehrenspielführer der deutschen Nationalmannschaft für seine kleinen Sünden selbst wohl nicht allzu viel: »Ich habe mal einen Stammbaum machen lassen: Die Wurzeln der Beckenbauers liegen in Franken. Das waren lustige Familien, alles uneheliche Kinder. Wir sind dabei geblieben.« Die späteren kleinen Folgen seiner Abenteuer wollte er allerdings nie selbst beseitigen: »Wenn es anfängt zu riechen, ist das Sache der Mutter.«

Tür an Tür mit den Stars

So konservativ seine Meinung in diesem Fall erscheint, so fortschrittlich dachte er schon früh in einem anderen Bereich. Ende der siebziger, Anfang der achtziger Jahre war Cosmos New York der Place to be für alternde Weltstars. Auch für Beckenbauer. Phil Woosnam, Präsident der US-Fußballliga, sagte damals: »Wir kaufen die 120 besten Spieler der Welt, inklusive Beckenbauer. Nur müssen wir ihn hier umtaufen, vielleicht in Baker.« Schnell machte sich der »Kaiser« drüben einen Namen. Und als er einmal verletzt ausfiel, stellte der Klub-Manager des Gegners Detroit, Willi Dewald, erstaunt fest:

»Ohne Franz Beckenbauer wirkt die Mannschaft wie eine Truppe Maiskolbenpflücker.«

In New York lebte der »Kaiser« Tür an Tür mit anderen Stars, wie beispielsweise dem weltberühmten Balletttänzer Rudolf Nurejew. Und da gab es eine besondere Nummer zwischen den beiden, wie Beckenbauer einmal erzählte: »Rudolf war sechs Monate mein Zimmernachbar. Ein verrückter Hund. Bissel von der anderen Fakultät, der ich also nicht angehöre, wie man, glaube ich, mittlerweile weiß. Und ich weiß noch recht gut – wahrscheinlich ist es unhöflich, es zu erzählen, aber vielleicht ist es ganz nett –, er hat mir immer seine Ballettkar-

Hausbesuch beim
»Kaiser« im März 1969.

ten gegeben, ich habe ihm Fußballkarten gegeben; er ist aber kein einziges Mal gekommen, weil er kein Fußballer war. Aber seine Sekretäre, Italiener, die sind natürlich immer zu uns ins Fußballstadion gegangen. Und dann haben wir uns einmal verabredet. Da sind wir irgendwo auf die andere Seite rübergefahren nach, nach Brooklyn in dieses Riverside Café – super unten am East River, wo du rübersiehst zur Skyline von New York. Und dann, ja, wir sitzen hinten drin, Rudolf neben mir, und er kommt ein bisschen näher und versucht sich ein bisschen mit meinem Knie zu beschäftigen; ich mein, ich kannte ja seine Neigungen. Und da habe ich gesagt: ›Rudolf, sei mir nicht bös. Bevor du jetzt weiter oder noch näher zu mir heranrutschst, bleib drüben sitzen, ich gehöre einer anderen Fakultät an.‹ Aber der hat das hingenommen, super; wir sind auch weiter Freunde geblieben und haben uns, was weiß ich, da und dort immer wieder getroffen …« Franz Beckenbauer wurde gefragt, ob Nurejew denn nicht gewusst habe, dass er »einen besonderen Schlag bei Frauen« hatte? Und der »Kaiser« antwortete entspannt: »Mei, er hat's halt versucht. Wir haben nie wieder darüber gesprochen, ich war ihm da aber auch nicht böse. Unerwiderte Liebe ist ja ein klassisches Opernmotiv, da wollte ich nicht in der Wunde bohren.«

Ob David Beckham die Geschichte kannte, ist leider nicht überliefert, aber er sagte einmal: »Ihr habt Franz Beckenbauer, der wird nie vom Thron gestoßen. Der könnte schwul sein und bliebe doch der Kaiser.«

Amüsantes aus seiner Spielerzeit

Um die aktive Spielerkarriere des Franz Beckenbauer ranken sich viele amüsante Geschichten. Eine davon spielt in den früheren Jahren seiner Laufbahn. Mitten im kalten Dezember stellte sich der feine Herr Beckenbauer damals im Niedersachsenstadion vor die Fans von Hannover 96 und zeigte mit einer »Manneken Pis«-Bewegung »dem verehrten Publikum« (O-Ton Beckenbauer) seine innere Gemütsverfassung. Der Bayern-Star fühlte sich an diesem Tage zu Unrecht ausgepfiffen.

Sammelkarte der Saison 1968/69.

Lustig ist auch die Anekdote aus dem Jahr 1972. Ajax Amsterdam gastierte für ein Freundschaftsspiel in München und schlug die Bayern mit 5:0. Piet Keizer war an diesem Tag eifrig bemüht, dem Kaiser einen Ball durch die Beine zu spielen. Warum? Weil er hinterher gerne zu ihm sagen wollte: »Ich bin Keizer, du bist Beckenbauer!«

Nach seinem USA-Ausflug kehrte Kaiser Franz 1980 nach Deutschland zurück. Für den Hamburger SV kickte er wieder in der Bundesliga. Einer war damals jedoch nicht so begeistert von diesem Plan. Die überlieferte Reaktion von Beckenbauers Manager Robert Schwan, als ihm der Ex-Nationalspieler verkündete, er möchte gerne wieder nach Deutschland zurückkehren: »Franz, du spinnst!« Doch die Fans freuten sich. Beckenbauer wurde beim ersten Training von 5.000 Kiebitzen empfangen. Mitspieler

Januar 1972: Franz Beckenbauer während des Olympiaballs in München mit zwei Gardemädchen.

Manni Kaltz war tief beeindruckt vom Auflauf der Zaungucker: »Sonst gehen sie zu dieser Zeit immer zu Hagenbeck!« Doch das Engagement Beckenbauers beim Hamburger SV kostete natürlich eine Stange Geld. Und so schoss der HSV-Sponsor einen großen Teil des Gehalts bei. Beckenbauers Gegenleistung: Bis zu acht Tage im Monat stand er für Jugendaktionen zur Verfügung. Sein Debüt feierte er bei der 2:3-Niederlage in Stuttgart am 14. Spieltag. Die Nachrichtenagentur »Reuters« tickerte: »Am Tag, als der Papst nach Deutschland kam, kehrte der Kaiser in die Bundesliga zurück!« Und Beckenbauer selbst nach seinem ersten Spiel: »Als ich die Pfiffe hörte, da wusste ich, ich bin daheim.«

Die »Sport Illustrierte« vom 18. Juli 1968.

Teamchef und Trainer

Als Teamchef war der »Kaiser« für sein Temperament bekannt. Zwei Spiele vor dem WM-Finale 1990 (O-Ton Beckenbauer: »Damals hat die halbe Nation hinter dem Fernseher gestanden«) traf man im Viertelfinale auf die Tschechoslowakei. Schnell führte die deutsche Elf nach 24 Minuten mit 1:0, und als nach 70 Minuten auch noch Lubomir Moravcik mit Gelb-Rot vom Platz musste, schien die Sache gelaufen. Doch die deutsche Mannschaft verkrampfte, und am Spielfeldrand sah man einen wütenden »Kaiser«, der fassungslos das Ende der Begegnung herbeisehnte. Immer wieder warf er seine Hände in die Luft und winkte ab. Als Jürgen Klinsmann erneut übereifrig einen Ball an der Mittellinie vertändelte, schaute sich Franz Beckenbauer um, sah mit wegwerfender Handbewegung auf die Ersatzbank mit den deutschen Spielern und sprach dann ein vor der Bandenwerbung hockendes Kind an. »Willst spielen?«, fragte der Teamchef den Balljungen, »komm, ich wechsle dich ein!« Der junge Mann schaute ihn verdutzt an und zuckte mit den Schultern. »Der war ja ein Italiener. Der hat mich natürlich nicht verstanden. Aber ich hätte den damals gebracht«, erinnert sich Beckenbauer gerne an diese schöne Szene aus dem Horror-Viertelfinalspiel gegen die Tschechoslowakei.

Übrigens hat Hans-Josef H. aus 4980 Bünde in einer Zeitungszuschrift Franz Beckenbauer damals gefragt: »Kennen Sie den Text der deutschen Nationalhymne auswendig, und haben Sie früher mitgesungen?« Und der »Kaiser« antwortete:

»Nein, leider nicht. Mitgesungen habe ich auch nicht – ich hätte sonst meine jeweiligen Nachbarn vor dem Spiel wohl zu Tode erschreckt, bei meinen Sangeskünsten ...«

Nach der WM 1990 und einem Ausflug Beckenbauers als Trainer nach Frankreich (»Ich war an den Erfolgen von Olympique Marseille völlig schuldlos, bitte glauben Sie mir das«) spielte der VfL Bochum Anfang der neunziger Jahre im Münchner Olympiastadion. Und zur Verblüffung der kompletten Fachwelt gewann die Mannschaft aus dem Ruhrgebiet die Partie. Doch Bochums Torschütze Frank Benatelli klärte schnell auf, wie es zu diesem Überraschungserfolg kommen konnte: »Unser Trainer war ja damals der Anzugträger und Weltmeister-Assistent von 1990, Holger Osieck. Und da ist sein Freund, der Franz Beckenbauer, vor dem Spiel in unsere Kabine gekommen und hat gemeint: ›Immer nur schön über links spielen. Da steht der Ziege, der kann nichts.‹ Und was soll ich sagen: Das haben wir dann auch ganz genau so gemacht!«

Zum Ende noch schnell der Lieblingswitz von Franz Beckenbauer: »Fragt der eine Spanner den anderen: Du, was machen wir heute Nachmittag? Sagt der Kollege: Schaun mer mal.« Und ganz zum Schluss: Wir hoffen, dass diese Zeilen Franz Beckenbauer ein wenig bei der Frage helfen, die er sich immer wieder gerne selbst stellt: »Ich möchte wissen, wer ich wirklich bin!«

★ ★ ★

Im Juli 1986 während des Empfangs der Nationalmannschaft nach der WM 1986: Teamchef Franz Beckenbauer winkt in Frankfurt den Anhängern zu.

Uli Borowka

Die »Axt«

Es gibt in der Geschichte der Bundesliga mehrere Spieler, die den Beinamen »Eisenfuß« trugen, aber nur einen, den man die »Axt« nannte. Uli Borowka hat sich diese inoffizielle Auszeichnung redlich verdient. Stolz sagte er einmal: »Mein Talisman ist eine Krawattennadel mit einem Hackebeil. Ein Geschenk meiner Frau, die meint, das würde zu meinem Erscheinungsbild auf dem Fußballplatz passen.« Das scheint ja ein ziemlich harter Hund gewesen zu sein, dieser Borowka!

Autogrammkarte von 1988.

Sammelkarte der Saison 1995/96.

Und tatsächlich. Bremens Uli Borowka ist der einzige Bundesligaspieler, der bei einer Umfrage des »kicker« von 216 Profis zum größten »Treter der Bundesliga« gewählt worden ist. Seine Frau Carmen war damals etwas schockiert, als sie von der »Auszeichnung« erfuhr, und sagte der Presse mit einem zwinkernden Auge: »Jetzt weiß ich erst, mit was für einem Rüpel ich verheiratet bin. Eigentlich müsste ich mich von Uli scheiden lassen.« Borowka selbst nahm die Sache ebenfalls mit Humor. Er fand es nur schade, dass er nichts Vorzeigbares in den Händen halten konnte: »Es gibt doch immer Nadeln und Pokale. Ich bestehe jetzt auf einem eisernen Schuh!«

Seine Spielweise auf dem Platz charakterisierte der Ex-Werder-Profi einmal über einen kleinen Umweg: »Ich spiele so Golf, wie ich früher Fußball gespielt habe: Hau drauf, und dann musste gucken, wie du aus der Sülze rauskommst.« Das war in der Regel tatsächlich die Vorgehensweise von Uli Borowka auf dem grünen Rasen. Doch es gab auch andere Momente. Augenblicke, in denen der Nationalspieler seine feine Seite zeigte. Wenn auch nur notgedrungen. In der Saison 1993/94 erzielte er seinen Treffer zum 1:0 beim 1. FC Kaiserslautern mit einem eleganten Schlenzer. Die Begründung für die filigrane Schusstechnik klang einleuchtend:

»Kurz vor der Szene brach meine alte Zerrung wieder auf, da konnte ich nicht voll draufhauen – also habe ich den Ball gelupft!«

Was wissen wir noch über Uli Borowka? Angeblich wollte er seine Kinder Alfons und Thusnelda nennen. Zudem ließ er sich zur Freude seiner Kollegen nach dem Gewinn des Europapokals der Pokalsieger 1992 eine Glatze rasieren. Des Weiteren vertrug er sich so gar nicht mit Guido Buchwald. Der Stuttgarter mochte die neue Konkurrenz in der Nationalmannschaft einfach nicht. Buchwald nahm den Kampf um den Platz im Team aber sehr gelassen an: »Wenn der stärker ist als ich, dann heiße ich Hermann!« Und eine weitere wichtige Frage hat Borowka eine gewisse Sabine B. aus 2000 Hamburg 60 gestellt: »Sind Sie eigentlich romantisch?« Antwort Borowka: »Da muss ich meine liebe Frau fragen.« Darauf Carmen Borowka: »Nein!«

Romantische Geschenke wollte Uli Borowka auf dem Platz auch nicht verteilen. Der alte Haudegen wird nicht umsonst als Meister des Dirty bzw. Trash Talks bezeichnet. Seine Gegenspieler begrüßte er gerne bereits vor dem Spiel sehr handfest. Andreas Möller soll sich mal beim Gang aus den Katakomben des Weserstadions bei ihm beschwert haben, dass der Weg hinaus zum Rasen so weit sei. Borowka nahm Möller daraufhin zärtlich in den Arm, lächelte Möller liebevoll an und erwiderte: »Keine Sorge, Andy, zurück wirst du getragen!«

Auch der Schalker Olaf Thon erinnert sich genau an den alten Werder-Recken. Bei seinem allerersten Bundesligaspiel war Borowka sein Gegenspieler, und er empfing ihn mit den Worten: »Ich brech dir gleich beide Beine!«

Aus demselben Spiel gibt es übrigens noch eine andere Version der Geschichte. Erzählt von Thons Mannschaftskameraden Klaus Täuber: »Ich habe Olaf immer verteidigt, auf dem Platz und daneben. Einmal kam er im Spiel zu mir und sagte: ›Klaus, der Uli Borowka hat mir gesagt, er will mich im nächsten Zweikampf umbringen.‹ Ich kannte Uli gut, bin direkt mit Olaf zu ihm hin und meinte: ›Uli, den Olaf lässt du in Ruhe, sonst bekommst du es mit mir zu tun.‹«

Nur ein einziger Spieler konnte es mit Borowka aufnehmen, wie er selbst erzählt:

»Beim Spiel in Leverkusen haut mich Ulf Kirsten in der ersten Minute mit Karacho über die Bande. Ich denk, was ist denn jetzt los, und sag zu Ulf: ›Sag mal, spinnst du? Ich habe doch noch überhaupt nix gemacht?!‹ Da schaut der Ulf mich lächelnd an und meint: ›Das ist noch fürs letzte Mal, Uli!‹«

Uli Borowka war als Spieler nicht nur hart, sondern auch erfolgreich.

Eine Legende aus Borowkas schillernder Karriere ist der Abend, als Klaus Allofs seinen Einstand beim SV Werder feierte. Zünftig wie üblich trank man sich in einer abgeschlossenen Kneipe in Stimmung. Dazu gehörte auch, wie Uli Borowka in einer geselligen Runde in Bochum einmal erzählte, dass der neue Spieler stets mit jedem Mannschaftskameraden ein Pinnchen Schnaps trinken musste. Damals umfassten die Kader Gott sei Dank nur maximal 20 Spieler, zu Zeiten eines Felix Magath auf Schalke oder in Wolfsburg wäre dieses Ritual wohl häufig nicht gut ausgegangen. Nachdem man einige Stunden gezecht hatte, zog man schließlich in kleiner Runde noch weiter in ein nahe gelegenes Etablissement.

»Fohlenecho« vom 30. November 1984.

Dort legte man den schlafenden Klaus Allofs in der Küche ab und veranstaltete unter dem Kommando von Borowka im Whirlpool ein »Wett-Tauchen«. Als Uli schließlich genug hatte, begab er sich in die Küche. Dort war Allofs aber nicht mehr, und so öffnete Borowka auf der Suche nach seinem neuen Kollegen einige Türen, bis er schließlich auf einem Bett einen »Kerl mit schwarzer Damenstrumpfhose und Stöckelschuhen« entdeckte, den er kannte. Ein Sportjournalist. Borowka rief sogleich: »Na, du Arschloch!«, und zog die Tür hinter sich zu. In den Wochen danach konnte er sich darauf verlassen, dass, egal wie schlecht er auch spielte, samstags ab 22 Uhr im ZDF von ein- und demselben Herrn stets gesagt wurde: »Uli Borowka, wie immer einer der besten Männer auf dem Platz!«

Interessant ist am Ende noch eine Kleinigkeit: »Aus meiner Sicht sind die Biografien vieler Ex-Fußballer Micky-Maus-Hefte. Wenn ich auspacken würde, bräuchte ich zwei Millionen und eine neue Identität.« Das Buch ist mittlerweile erschienen. Und Uli Borowka ist immer noch als Uli Borowka unterwegs. Beruhigend. Nach solch einer harten Karriere.

★ ★ ★

Andreas Brehme
Weltmeister

Es war damals der Aufsichtsratsvorsitzende des 1. FC Kaiserslautern, Robert Wieschemann, der live vor einem Millionenpublikum im »DSF-Doppelpass« eine interessante Sichtweise auf den entscheidenden Elfmeterschützen des WM-Finals 1990 offenbarte: »Die Sprachlosigkeit von Andy Brehme ist eine Gesundung, nee, Entschuldigung, ist eine Fehlerhaftigkeit im Sein.« Ein Satz, den man sich immer wieder auf der Zunge zergehen lassen muss, bevor man festhalten kann: So schön er auch ist – er stimmt einfach nicht. Denn dafür gibt es viel zu viele feine Wortmeldungen des Weltmeisters, der für sich schon früh erkannte: »Von der Einstellung her stimmt die Einstellung.«

Ex-Profi Axel Roos hat die Lauterer Legende einmal so beschrieben: »Andy hat ein sonniges Gemüt. Seine Defizite liegen hauptsächlich im menschlichen Bereich.« Diese Charakterstudie verwundert, wenn man berücksichtigt, dass Brehme über sich selbst sagt: »Ich bin immer höflich. Auch zu anderen Leuten.« Klar, es gibt auch Sätze, die das Gegenteil vermuten lassen. Der Weltmeister soll nach einem UEFA-Cup-Spiel zwischen Eindhoven und Kaiserslautern, das wegen Zuschauerausschreitungen unterbrochen werden musste, auch einmal gemeint haben:

»Wir müssen die deutsch-holländische Feindschaft wieder aufleben lassen.«

Panini-Karte der Saison 1995/96.

Aber im Grunde war Brehme in seiner Laufbahn alles andere als ein Hitzkopf. Und das trotz des berühmten »mexikanischen Feuertopfs«, den ihm seine liebe Frau Pilar vor jedem Spiel kochen musste.

Für Brehme ist seine Gattin ohnehin ein echter Fixstern im aufregenden Leben abseits des Fußballplatzes. Die beiden zelebrierten ihr Glück in aller Öffentlichkeit. In seinem Karriere-Abschiedsbuch »Das war's, Freunde!« schilderte Brehme eindrucksvoll die freudigen Stunden der Heirat: »Es war ein wunderschöner, sonniger Tag, unser Hochzeitstag am 3. Juli 1987. Der Weg zum Standesamt fiel mir leicht. Stolz habe ich Pilar nach der Trauung aus dem Standesamt getragen. Die ersten Gratulanten waren selbstverständlich meine Eltern und meine Schwiegereltern. Der erste Teil der Hochzeit war geschafft. Jetzt kam noch die kirchliche Trauung am nächsten Tag. Da Pilar katholisch ist und ich evangelisch bin, haben wir uns zu einer katholischen Trauung entschlossen. Pilar trug ein tolles Brautkleid, und unser Brautzug konnte sich sehen lassen. Trauzeuge war übrigens Norbert Nachtweih.«

Auch Erika Berger kann ihr Faible für den blonden Lockenkopf nicht verbergen. Sie gesteht, dass Brehme »sehr reizvoll für uns Frauen« ist. Rolf Töpperwien fragte während der WM 1990 beim damaligen Italienlegionär investigativ nach: »Na, Andy, wie ist das denn so mit euren Frauen hier? Fällt das schwer, so lange getrennt von Tisch und Bett?« Und Brehme antwortete damals sichtlich überhitzt, aber dennoch äußerst cool: »... vom Tisch nicht ...«.

Der Elfer zum Titel

Für die breite Öffentlichkeit wurde der gebürtige Hamburger während der Wochen von Italien zu einer Legende. Auch für die Freundschaft zu Lothar Matthäus war diese Zeit prägend. Sein Zimmergenosse schwärmt noch heute von den unglaublichen Vorzügen seines Lieblingskollegen: »Der Andy hat immer schön geschlafen, wenn ich noch telefoniert oder Fernsehen geguckt habe.« Und deshalb war »der Andy« wohl auch der geeignete Mann, um den entscheidenden Strafstoß im Endspiel gegen Argentinien zu verwandeln. Damals ließ Matthäus seinem Mannschaftskameraden den Vortritt, weil ihm in der ersten Halbzeit sein Schuh kaputtgegangen war. Übrigens ein Schuh, den auch schon Diego Maradona getragen hatte, als ihm der Rekordnationalspieler bei einem Benefizspiel seine Treter lieh. Matthäus' Begründung für den Verzicht damals im Finale hört sich immer noch sehr sinnig an: »Mit neuen Schuhen geht man ja auch nicht gleich zum Opernball.«

Brehme verwandelte, wie wir alle wissen, cool und lässig, obwohl ihm kurz vor der Ausführung Rudi Völler noch einmal den klugen wie verschwörisch-gemeinen Satz »Andy, wenn du den reinmachst, sind wir Weltmeister« zurief. In diesen Minuten entschied sich also, was damals niemand ahnen konnte, auch ein Teil seiner Karriere nach der Zeit als aktiver Fußballprofi. Denn Lauterns Präsident Jürgen Friedrich sagte später einmal:

»Wer einen Elfmeter schießen kann, kann auch ein guter Trainer werden.«

Brehmes Erfolgsgeheimnis als Übungsleiter: »Ich spreche die gleiche Sprache wie die Jungs, und außerdem freuen sie sich, wenn der Papa im Training mal mitmacht und eine gute Flanke schlägt.« Zudem hatte der Weltmeister den besten Lehrmeister, den man nur haben kann: »Beckenbauer hat mir beigebracht: Fehler darf man nie zugeben.« Den Ratschlag des »Kaisers« beherzigte Brehme fortan, wiewohl Beckenbauer dem Fußballprofi Brehme einmal geraten hatte: »Spiel Halma, spiel Schach, spiel alles – aber nicht Fußball.«

Gute Freunde und andere Kollegen

Damals schrieb die »Hörzu« über das junge Nachwuchstalent: »Andreas Brehme, der lange Jahre seiner Karriere als Filigrantechniker so viel galt wie Rambo Stallone als Charakterschauspieler.« Etwa zur selben Zeit fragte ein Moderator Brehme im »Aktuellen Sportstudio« des ZDF, wie er denn beabsichtige, das Torwandschießen zu absolvieren: »Also bei mir geht das mit dem linken Fuß genauer und mit dem rechten fester!« Der Moderator hakte nach: »Und mit welchem Fuß schießen Sie jetzt auf die Torwand?« Brehme antwortete für die Zuhörer überraschend: »Ja, mit dem rechten!« Was er dann auch tat.

Einer der größten Fans des Lauterers war der Trainer Friedel Rausch: »Andreas Brehme hätte mit einem Bein besser gespielt als einige meiner Spieler heute mit zweien.« Ebenfalls begeistert zeigte sich der Volksmusikant Hansi Hinterseer: »Andy Brehme ist für mich einer der besten Sportler der Welt, ein

toller Kumpel zum Pferdestehlen (aber nicht die vom Stanglwirt) und ein guter Freund, den ich nicht missen möchte. Ich hoffe, noch so manche lustige Stunde mit ihm verbringen zu können.«

Nicht so angetan war einer der Trainer in den Anfangstagen seiner Karriere, wie Brehme selbst erzählt: »Ich war mit Norbert Eilenfeldt abends auf ein Bier unterwegs. Um 23 Uhr war Bettruhe angeordnet. Dummerweise hatten wir uns verspätet, etwa 30 Minuten. Mit dem Mannschaftsbus war schon nach uns beiden gesucht worden, als wir im Quartier auftauchten. Heimlich, still und leise wollte ich mich in mein Bett schleichen. Da lag zu meinem Entsetzen aber Kalli Feldkamp drin, der auf mich gewartet hatte. Ich hatte meinen Namen für Sekunden vergessen, so bin ich von Feldkamp zusammengestaucht worden.«

Den französischen Superstar in Diensten des 1. FC Kaiserslautern, Youri Djorkaeff, konnte Brehme nicht so gut leiden. Das lag auch an demselben Status, den beide innehatten. Doch Djorkaeff war gerade bei jüngeren Anhängern beliebter als der alternde Star Brehme, wie sich der Franzose erinnert: »Ein Fan rief: Weltmeister! Brehme drehte sich um, aber der Fan hat mich gemeint.«

Genauso schlecht, wie Brehme mit Djorkaeff auskam, war auch sein Verhältnis zu vielen Journalisten. Nach einer Niederlage antwortete er einmal auf die Frage, ob er glaube, am nächsten Tag noch Trainer des 1. FC Kaiserslautern zu sein: »Wenn Sie mich heute scheiße fragen, wissen Sie auch nicht, ob Sie morgen noch Ihren Job haben.« Manche Journalisten erlaubten sich aber auch tatsächlich nicht so schöne, aber dennoch sehr lustige Scherze mit ihm, wie NDR-Reporter Uwe Bahn:

»Kaiserslautern hat schon wieder fünf Tore kassiert. Die Zahl fünf verfolgt Andy Brehme seit der Schulzeit.«

Oder DSF-Sportkommentator Eik Galley: »Der Unterkiefer von Andreas Brehme rutscht jede Minute ein Stückchen nach vorn. Wenn's so weitergeht, kann man da in der 90. Minute 'ne Kerze reinstellen.«

Traumhochzeit
mit Pilar …

1. Juli 1986: Lothar Matthäus, Franz Beckenbauer, Andreas Brehme und OB Walter Wallmann (CDU) während des Empfangs der Nationalmannschaft im Frankfurter Römer nach der WM 1986. Andy Brehme freut sich sichtlich darüber, dass er sich ins Goldene Buch der Stadt eintragen darf.

Verbale Lattentreffer

Eine Sache wird Andreas Brehme bis an sein Karriereende begleiten: Seine verbalen Lattentreffer sind in die Geschichte des deutschen Fußballs eingegangen. TV-Komiker Harald Schmidt umschrieb diese spezielle Begabung einmal so: »Was mir ja an Andy Brehme so imponiert, ist, dass er nicht ständig den Intellektuellen raushängen lässt.« Axel Roos sagte es direkter: »Hinter Brehmes Rücken wurden immer häufiger Witze über seine schlichte Sprache gemacht. Nach einer Weile hatte kaum noch jemand Respekt vor ihm, der zuvor noch nicht einmal eine E-Jugend-Mannschaft trainiert hatte.« Als Beispiel erinnerte sich Roos an einen typischen Ausspruch von Brehme, wenn die Spieler einmal eine gute Partie gezeigt hatten: »Sie sind übern Schweinehund weggegangen.«

Was nur ganz wenige wissen: Andreas Brehme ist auch der Wegbereiter von Jürgen Wegmanns späterem, legendärem Spruch (»Erst hatten wir kein Glück und dann kam auch noch Pech hinzu«): »Tatsache ist, dass wir in dieser Saison noch kein Spiel mit Glück gewonnen, sondern lediglich Spiele mit Pech verloren haben.«

Kommen wir aber noch einmal auf den Anfang zurück. Sprachlosigkeit kann man Brehme, wie wir gesehen haben, nun wirklich nicht attestieren. Stattdessen haben wir einen willensstarken und lebenslustigen Freund von

Lothar Matthäus kennengelernt. Und genau zu den beiden Kameraden hat der ehemalige Bundesliga-Kollege Michael Krätzer noch eine abschließende Anekdote auf Lager:

»In der ›Tennis Bar‹ sind einige Bundesligagrößen ein- und ausgegangen. Und die kamen nicht nur wegen der Musik. Ich kann mich noch an einen Abend mit Andy Brehme und Lothar Matthäus erinnern. Die waren eigentlich beste Freunde, aber am Ende so besoffen, dass die sich aufm Klo gesiezt haben.«

Das Traumpaar Andy und Pilar beim gemeinsamen Bummel über den Münchner Viktualienmarkt im Juli 1987.

★ ★ ★

Legendäre Zitate:

»Schiedsrichter müssen parteiisch sein.«

»Zum Glück ist die Mannschaft nach dem Spiel besser ins Spiel gekommen.«

»Ich bin bärenstolz auf meine Mannschaft.«

»Wir haben mit einem Arbeitssieg das Spiel gewonnen.«

»Uns steht ein hartes Programm ins Gesicht.«

»Wir hatten viele Verletzte, aber das soll den Sieg der Freiburger in keinster Weise schmeicheln.«

»Der Dings ist auch in der 2. Halbzeit immer besser geworden.« (über einen seiner Spieler)

»Ich habe gesehen, dass die Mannschaft 90 Minuten auf dem Platz war.«

»Wenn der Schiri den Elfmeter gibt, dann hätten wir noch was zerreißen können.«

»Wenn der Mann in Schwarz pfeift, kann der Schiedsrichter auch nichts mehr machen.«

Paul Breitner

Selbstdarsteller

Was man Paul Breitner zugutehalten muss: Er ist kein Mensch, der andere Menschen kalt lässt. Entweder mag man ihn, oder man kann ihn nicht ganz so gut leiden. Er selbst hat einmal in einem Interview sehr viel über sein Leben, Denken und Tun in zwei knappen Sätzen preisgegeben: »Für mich war es nebensächlich, im Spiel anderthalb Stunden zu rennen. Die Hauptsache war, Schlagzeilen zu liefern, mich im Gespräch zu halten als einer von vier oder fünf Topleuten in Deutschland.«

»Die Zeit« schrieb zum selben Thema: »Breitner war ein durchschnittlicher Verteidiger, ein durchschnittlicher Mittelfeldspieler, ein durchschnittlicher Stürmer, ein durchschnittlicher Athlet. Einzig und allein war er auf einem Gebiet überdurchschnittlich: auf dem Gebiet der Selbstdarstellung.«

Nach seiner Karriere als Spieler nutzte Paul Breitner sein Talent des Marktschreiers, um bei einer großen deutschen Boulevardzeitung regelmäßig auf die Pauke zu hauen. Und das, obwohl er selbst gesagt hatte: »Schreiben ist eigentlich einfach, die Schwierigkeit besteht lediglich im Formulieren.« Und genau diese Problematik führte dazu, dass Breitner gerne zum Rundumschlag ausholte. Sehr zum Leidwesen der aktiven Kickergeneration. Als er es im Rahmen der EM 1988 wieder einmal ziemlich deftig trieb, meinte Rudi Völler stellvertretend für eine ganze Menge anderer Spieler:

War in der Bewertung Breitners anderer Meinung als die »Zeit«: der »kicker« vom 3. September 1979.

»In der Mannschaft wissen natürlich alle, dass der Paul Breitner ein Arschloch ist, nur sagt es keiner offiziell.«

Der auch nicht unbedingt wegen seiner ausschweifenden Diplomatie bekannte Nationaltorhüter Toni Schumacher hatte schon ein, zwei Jahre vorher versucht, den Ex-Bayern-Profi zur Vernunft zu bringen: »Ich habe ja Verständnis für das Bedürfnis, sich mitzuteilen, aber Paul sollte lieber in die Davidoff-No.-1-Kiste greifen, die ich ihm geschenkt habe. Eine Zigarre im Mund steht ihm besser als ein Füller in der Hand.« Ein großer Fan von Breitner war hingegen der Schiedsrichter Wolf-Dieter Ahlenfelder. Sichtlich gerührt meinte er einmal: »Der Mann schreibt die Wahrheit. Das könnte mein Bruder oder mein Sohn sein. Ich würde das genauso schreiben. Ich habe auch Kolumnen geschrieben. Ich bin ein sehr wahrheitsliebender Mensch. Er ist ein hochintelligenter

Mensch, der ist nicht doof, wie sie das immer darstellen in den Medien.« Besonders beeindruckend fand Ahli, dass Breitner ihn auch nach der gemeinsamen Karriere nicht vergessen hatte.

Nicht so gute Freunde …

In einem »Sport Bild«-Artikel aus dem Jahr 1988 berichtete das Magazin über das berufliche Treiben der Europameister von 1972 nach dem Ende ihrer aktiven Laufbahn: »Linksverteidiger Paul Breitner (36) ist Kolumnist der ›Bild‹, handelt mit Champagner, ist in der Immobilien- und Anlagenbranche, studiert in München.« Breitner selbst tat sich mit seiner eigenen Berufsbezeichnung schwerer. Auf die Frage, wie er im Hotel einchecke, sagte er: »Ich schreib Kaufmann rein. Da fragt dann keiner mehr, was ich mache.«

Noch ein Nachsatz zu seinem Job als Kolumnist. Während seiner aktiven Fußballerzeit hat Breitner selbst so manche Fehde mit Journalisten ausgefochten: »Wenn mich einer in der Zeitung ›Zigeuner‹ genannt hat, habe ich in aller Öffentlichkeit ›Schreibtischmörder‹ zu ihm gesagt!« Die Berufswahl nach der Karriere hat ohnehin viele verwundert, hatte er doch einmal indirekt gemeint, dass er sich gar nicht so sehr für den Sport an sich interessiere: »Ich will kein Sklave des Fußballs sein. Wenn der FC Bayern nicht spielt, möchte ich meine Ruhe haben.«

Seine Arbeit stand unter dem einprägsamen Motto: »Ich habe nur immer meinen Finger in Wunden gelegt, die sonst unter den Tisch gekehrt worden wären.« Den eigenen Kritikern streckte er jedoch verbal die Zunge raus: »Wer mir glaubt, ist selber schuld.« Aus diesen Tagen stammen Klassiker-Sätze wie: »Roy Keane hat gezeigt, dass er ein wunderbarer Kapitän ist: Er hat gemerkt, wie er der Mannschaft helfen kann, also ist er heimgefahren«, oder über die Dortmunder Dede und Evanilson:

»Sie sollen nicht glauben, dass sie Brasilianer sind, nur weil sie aus Brasilien kommen.«

Wie bei der Berufswahl, so ließ sich Breitner auch beim Thema Frauen nicht in ein enges Korsett zwängen: »Ich bin auf keinen bestimmten Frauentyp, blond, schwarz, braun, fixiert. Man muss flexibel sein.« Hört, hört. Das sagt ein Mann, der mit Papst Benedikt XVI. verwandt ist. Doch wo wir schon einmal bei den delikaten Dingen des Lebens sind, ein Wort zum Thema Alkohol. Bereits 1982 hatte »Der Spiegel« über Breitner einen ganzen Artikel verfasst, der diese Thematik ausführlich schildert: »Für jeden außer Paul Breitner hätte das und die folgende Krise gereicht, um ihn für den Rest des Turniers auf die Tribüne zu verbannen. Benommen ist er nach einem Zusammenprall mit Torwart Schumacher im Chile-Spiel vom Platz gehumpelt. Nach einem Schlag in den Magen muss er sich übergeben. Aber es ist wohl nicht nur deshalb. Trainer Jupp Derwall seufzt: ›Nun hat er auch noch Rotwein draufgegossen.‹« Es war die WM, als sich die Mannschaft untereinander nicht grün war. Toni Schumacher schrieb später in seinem Buch »Anpfiff« über Breitner: »Er soff wie ein Kosake.« Und auch Berti Vogts regte sich damals über den ewig nörgelnden Teamkollegen auf: »Breitner war es doch, der zu besoffen war zum Trainieren.« Die beiden wurden nach dieser Weltmeisterschaft keine Freunde mehr. Als zu Berti Vogts einmal ein Journalist sagte,

Vielseitig begabt: Paul Breitner mit seiner Frau Hildegard in der Küche.

Paul Breitner neben einer Büste seiner selbst, die von einem Braunschweiger Künstler angefertigt worden ist.

er habe mit der Wunschelf von Paul Breitner gespielt, erwiderte der Bundestrainer: »Wenn ich das gewusst hätte, hätte ich die Aufstellung geändert.«

Bei der WM raunzte im legendären Skandalspiel gegen Österreich ein sichtlich erhitzter Paul Breitner dem Jungspund Lothar Matthäus zu: »Hör auf. Willst du alles kaputt machen?« Matthäus hatte es gewagt, gerade frisch eingewechselt, zu einem überraschenden Dribbling anzusetzen. Doch das war an diesem traurigen Fußballnachmittag in Gijón im Jahre 1982 nicht vorgesehen.

Schon vor der WM hatte sich Breitner mit Bernd Schuster überworfen: »Der Paule ist ein gerissener Hund. Noch hält er zwar nicht die Mannschaftsbesprechungen persönlich ab. Noch gibt er seine Befehle über Derwall weiter. Ich würde mich nicht wundern, wenn eines Tages der Breitner dem Derwall die Aufstellung unter der Türritze durchschiebt.« Im Jahr 1975 schloss der Bayern-Profi ein Comeback in der Nationalmannschaft übrigens noch kategorisch aus: »Nochmals für Deutschland? Das kann leicht sein – bei den Windsurfern oder Seglern.«

… und gute Freunde

Doch kommen wir erst einmal zum feinsinnigen Paul Breitner. Der konservative Klubpräsident des FC Bayern München, Wilhelm Neudecker, bot den linken Verteidiger damals aus einem sehr speziellen Grund zum Verkauf an: »Sonst habe ich in Kürze Verhältnisse, wie sie an den Hochschulen herrschen«, schimpfte der Vereinsvorsitzende. Der denkende Spieler Breitner machte Neudecker damals Angst. Auch Sätze wie dieser lassen Neudeckers Sorgenfalten tiefer werden: »Wer sagt denn, dass nicht einer von uns Spielern sich in 30 Jahren als Philosoph einen Namen macht oder als Maler oder was weiß ich.«

Die Künstler liebten Breitner dafür. Er durfte in Filmen wie »Kunyonga – Mord in Afrika« eine Nebenrolle bekleiden und wurde von Musikern mit ihren Platten beschenkt. Wie 1972, als die Band »Ton Steine Scherben« ihm ihr neues Album »Keine Macht für Niemand« zuschickte. Bis auf Frontmann Rio Reiser liebten die Musiker den Fußball. Ob aktiv auf dem Platz oder vor dem Fernseher. Und so sendeten sie ihre Platte voller Stolz und mit großen Sympathien an den Europameister. Lange hörten sie nichts von Breitner, bis es eines Morgens an der Tür klopfte. Dort stand in einem roten Bayern-Trainingsanzug Paul Breitner höchstpersönlich: »Ja, Servus. Ihr habt mir hier diese Platte geschickt, gell? Und jetzt wollte ich mal wissen, was ihr für Leute seid.« – »Ja, Paul, komm doch rein.« Man setzte sich auf den Fußboden, Breitner zündete sich einen Zigarillo an, man trank Tee und redete über die unterschiedlichen Berufe – als sei es das Normalste von der Welt.

Auch mit dem Hamburger Musiker und Schauspieler Volker Lechtenbrink verstand sich der Bayern-Profi gut. 1983 brachte Lechtenbrink zum Abschied von Paul Breitner einen Song mit dem Titel »Der Paul tritt ab« auf den

Markt. Eine der zahlreichen legendären Liedzeilen lautete:

»Der Paul tritt ab, und eins ist klar, ist man auch kein Schwärmer, da geht ein Stück Zivilcourage, der Sport wird etwas ärmer.«

Mit den anderen Bundesligastars nahm der Nationalspieler 1982 eine WM-Langspielplatte auf. Sein offenes Geständnis (»Ich bin völlig unmusikalisch!«) toppte er noch mit einer eindeutigen Empfehlung: »Jungs, das ist so eine heiße Scheibe geworden – am besten lässt man die Finger davon!« Komponist Ralph Siegel und Musiker Michael Schanze werden Breitners Fazit sicherlich nicht gern gehört haben: »Blöde Texte und noch blödere Musik!«

Entertainer

Angeblich hielt Breitner nicht viel von Western, sagte er jedenfalls mal: »Ich mache mir nicht viel aus Westernfilmen. Ich lese lieber. Ich habe immer drei, vier Bücher dabei. Alles, was mir wichtig erscheint, natürlich auch Schriften von Lenin und Mao.« Das hielt ihn allerdings nicht davon ab, selbst im deutsch-amerikanischen Western »Potato-Fritz« mitzuspielen. Sein Regisseur Peter Schamoni war hin und weg vom Talent des Bayernstars: »Fußballer sind eben gute Schauspieler!« Heribert Bruchhagen war nicht ganz so angetan, jedenfalls ließ er sich zu folgender Bemerkung hinreißen: »Paul Breitner hat nur ein Mal Verantwortung übernommen. Als Korporal in ›Potato-Fritz‹«. Die Kinobesucher merkten schnell, dass da irgendwas nicht stimmte mit dem Auftritt Breitners auf der Film-Leinwand. Es war die Stimme. Paule musste in der deutschen Fassung vom Schauspieler Hartmut Reck synchronisiert werden. Sein Freilassinger Dialekt war leider völlig deplatziert.

Als der FC Bayern München einmal in Köln spielte, riefen die Zuschauer: »Breitner in den Kölner Zoo, Paule in die Muppet-Show.« Tatsächlich bewiesen sie damit ein sehr feines Gespür für Breitners Stärken. Doch nicht immer ging bei seinen Auftritten alles gut. Als der Bayern-Star bei Frank Elstners großer Samstagabendshow »Wetten, dass ...?« zu Gast war, holte er sich eine doppelte Klatsche ab. Erst verunglimpfte er den Damenfußball (»Ich finde ihn absolut unästhetisch!«), und dann verlor er noch beim Torwandschießen. Breitner traf bei sechs Versuchen kein einziges Mal. Sein Gegner dafür gleich mit dem ersten Schuss: Es war ein junges Fräulein aus München!

Doch Breitner liebt das Entertainment. Bereits 1980 hatte er seinen Traum von einem anderen Stadionerlebnis skizziert: »Fußball made in USA – das ist für uns Hollywood, Mickymaus, Glitzer und Glamour, das ist eine gut inszenierte Komödie. Darüber schmunzeln wir. Aber viele von uns haben es noch nicht kapiert, dass Fußball bei uns schon sehr bald genauso aussehen wird. Ja, unser Fußball muss so werden wie in Amerika. Die ›Operettenliga‹ – das ist unsere Zukunft!« Bemerkenswert, wie stark sich der Fußball nach der Jahrtausendwende der Prophezeiung Breitners genähert hat.

Selbstvermarktungs-Experte

Schon immer verstand es der Europameister von 1972, seine Popularität gewinnbringend zu vermarkten. Er sagte einmal: »Reklame machen für Klopapier? Bei so einem Hintern, wie ich ihn habe, könnte ich das unbedingt tun.« Kurz vor der Weltmeisterschaft 1982 in Spanien hatte schließlich eine Rasierwasser-Firma einen besonders klugen Einfall. Man verpflichtete den Mister Vollbart, Paul Breitner. Und der sagte zu dem lukrativen Deal: »1982 habe ich mir vor der WM für Pitralon den Bart abrasieren lassen. Ich weiß nicht, ob diese Aktion gut oder schlecht war, aber im Ergebnis rückte Pitralon im Aftershave-Ranking vom neunten auf den dritten Platz vor. Da frage ich doch nicht nach, ob die Werbung gut war.«

In Magazinen warb die Rasierwasserfirma übrigens mit folgendem Text: »Es gab schon viele große Titel in seinem Leben. Aber nur ein Rasierwasser. Pitralon. Als 6-Jähriger trat er seinem ersten Verein bei. Pokale, Meisterschaften und Titel waren noch keine Themen. Bis er 1971 deutscher Pokalsieger wurde. Dann ging es Schlag auf Schlag: Deutscher Meister, Europameister und Weltmeister. So viel zum Ruhm. Seit er keinen Vollbart mehr trägt, pflegt er sich mit Pitralon. Pitralon mit Zedernöl. Er kennt es von seinem Vater. ›Der wusste, was gut tut‹, sagt Paul Breitner und streicht sich zufrieden über sein gepflegtes Kinn.«

Das war das Leben des Paul Breitner abseits des Platzes. Auf dem Platz rappelte es bei ihm gerne und heftig, was er auch ohne Weiteres zugab: »Erst nach dem Training bin ich Mensch.« Als er bei Eintracht Braunschweig spielte, stimmte allerdings fast gar nichts – zwischen ihm und den Menschen dort. Breitners Abschlussurteil über Eintracht Braunschweig:

»Ein Tante-Emma-Laden, in dem alle nur über Pferdeäpfel sprechen.«

An diesem vernichtenden Fazit war er selbst aber auch nicht schuldlos. Breitner prahlte damals, dass die Leute sogar mit Bussen bei seinem Haus vorfahren würden, um den großen Meister persönlich zu sehen. Laut Mitspieler Bernd »Adler« Franke stellte sich die Situation allerdings ungleich unspektakulärer dar: »Meine Güte, das war eine ganz normale Bushaltestelle!«

Jahre zuvor hatte er in München einen regelrechten Kleinkrieg mit Trainer Gyula Lorant (»Der Breitner hat viel Hohlraum im Kopf«) geführt. Auslöser des Konflikts soll eine Trainingsszene gewesen sein: zwei Tore im Abstand von 30 Metern, dazwischen steht Paul Breitner. Flanken wurden auf ihn geschlagen. Er sollte sie direkt verwerten. Links, rechts, mit dem Kopf, Hauptsache, der Ball ging in eins der Tore rein. Was dann geschah, schilderte Lorant so: »Die Zuschauer lachten ihn aus. Er traf fast keinen Ball. Ich sah, dass er mit dem linken Fuß überhaupt nicht schießen konnte. Kopfbälle nahm er mit dem Scheitel anstatt mit der Stirn. Es war eine einzige Katastrophe!« Nach dem Training ging Lorant zu seinem Bundesligastar, klopfte

Paul Breitner vorm Champions-League-Finale 2013 während der Eröffnungsfeier in Ritteruniform.

ihm auf die Schulter und sagte: »Du musst noch viel lernen, Paul!« Fast überflüssig zu erwähnen, dass Breitner den Machtkampf mit Lorant aufnahm und ihn bis zum bitteren Ende (für Lorant) führte.

Auch sein haariges Äußeres spielte in seiner Karriere eine Rolle. Max Merkel meinte einmal: »Dem gehört eine Banane in die Hand, und dann ab auf den Baum.« Und als Breitner mehrmals zu Schiri Wolf-Dieter Ahlenfelder »du Affe« gesagt hatte, konterte der »Blaue an der Flöte« sehr gelassen mit einem Hinweis an den Nationalspieler: »Schau mal in den Spiegel, Breitner, dann weißt du Bescheid.« Aber die beiden hatten ohnehin ein besonderes Verhältnis. Wolf-Dieter Ahlenfelder reagierte einmal auf Paul Breitners Beleidigung, »Du pfeifst wie ein Arsch«, mit den Worten: »Und du spielst wie ein Arsch!«

Freunde fürs Leben

Es gibt allerdings auch Personen, mit denen Paul Breitner sich stets gut verstand. Eine besonders innige Freundschaft verband ihn

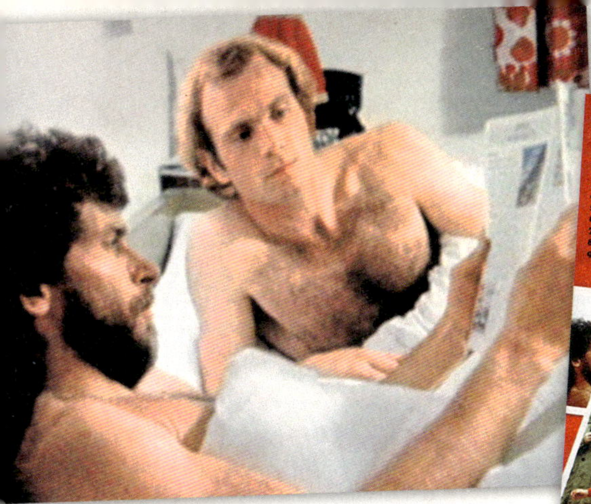

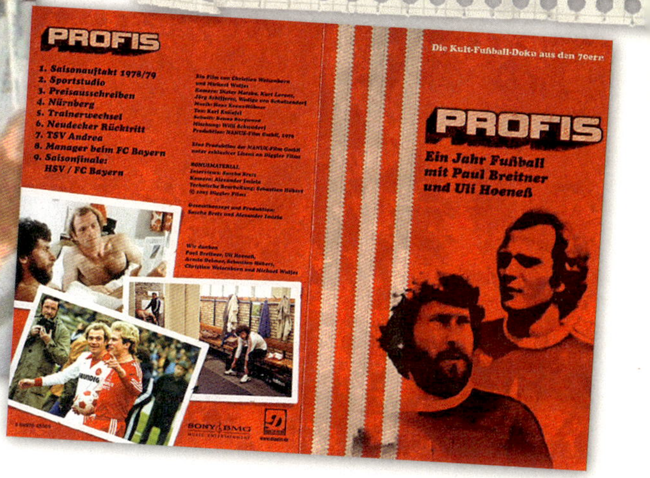

Freunde fürs Leben, die sogar gemeinsam in einem Film die Hauptrollen übernehmen durften.

schon immer mit Uli Hoeneß. Als die beiden zum ersten Mal im Profikader des FC Bayern groß aufspielten, titelte der »kicker« tief beeindruckt: »Zwei Raketen für wenig Moneten, Uli Hoeneß (19) und Paul Breitner (20)«.

Die beiden Talente wohnten in den Anfängen ihrer Karriere zusammen in einer Wohngemeinschaft und halfen sich gegenseitig aus. Das machte sich schon schnell bezahlt. 1971 erhielt Breitner einen Einberufungsbefehl von der Bundeswehr, reagierte aber nicht auf das Schreiben. Eines Tages standen dann die Feldjäger vor der Tür. Uli öffnete, erkannte sofort die Situation und wimmelte die Herren von der Bundeswehr ab. Doch die kamen nach einer kurzen Pause des Nachdenkens wieder. Mittlerweile hatte sich Breitner im Kohlenkeller versteckt. Das Gesicht und die Hände mit Kohlenstaub eingeschwärzt, sah er, wie die Feldjäger nur wenige Meter von ihm entfernt die Kellerräume durchsuchten. Sie fanden ihn nicht. Später stellte er sich jedoch freiwillig und wurde eingezogen. Hoeneß erinnert sich, dass es großartige Privilegien für verdiente Bundesligaprofis früher so noch nicht gab: »Der Paul Breitner musste sich damals in der Bundeswehr noch selbst mit einem Kasten Bier für die Spiele freikaufen!«

Die Zeit des gemeinsamen Starts in die Karriere hat die beiden für immer zusammengeschweißt. Trotz jahrelanger Funkstille haben sich die Alpha-Männchen stets aufs Neue gefunden. Dass das nicht immer einfach war, lässt ein Zitat aus dem Jahr 1980 erahnen. Hoeneß war gerade Manager beim FC Bayern geworden und Breitner sein Spieler. Eigentlich eine klare Rollenverteilung, doch nicht für den Mann mit dem Vollbart:

»Wenn der Uli als Manager Scheiße baut, geh ich rauf und schnauz ihn an. Dann bekommt er einen über die Hörner!«

Karriereende

Doch irgendwann war auch für Breitner Schluss: Am 33. Spieltag der Saison 1982/83 wurde er bei der 0:1-Niederlage gegen den FC Schalke 04 in der 72. Minute zum letzten Mal in einer Bundesliga-Partie eingewechselt. Den Schlusspunkt seiner Karriere setzte Breitner schließlich nach der Saison bei einem Freundschaftsspiel in Asien. Ohne sich abzumelden, ging er in der 70. Minute vom Platz, wurde vom Linienrichter zurückgehalten und nach einer Beleidigung vom Schiedsrichter gefragt: »Wollen Sie die Rote Karte?« Breitner antwortete lächelnd: »Jawoll, ich will sie!« Und später: »So ist es richtig, die Rote Karte war ein Symbol. Jetzt ist endgültig Schluss!« Einer seiner Gründe für den Abschied ist der Ansehensverlust der Bundesliga. Breitner: »Ich habe keine Lust mehr, mich von Achtjährigen ein Arschloch nennen zu lassen.«

★ ★ ★

Manfred Breuckmann

»Schwäche für die Schalker«

Manni Breuckmann, der Baumstammsägen für eine unterschätzte Sportart hält, absolvierte seine erste Live-Übertragung als Reporter 1972 beim Regionalligaspiel zwischen dem VfR Neuss und der SG Wattenscheid 09. Ein echter Kracher. Aber auch eine Schule fürs Leben. Denn auch später ging es nicht immer nur munter weiter, der Reporter-Alltag hielt so manch harte Probe parat, wie Manni Breuckmann einmal selbst erzählte: »Bochum gegen Cottbus, das ist eh kein Straßenfeger. Dann auch noch keine Tore – ich kenne Reporter, die wären da persönlich beleidigt.« Aber nicht der Manni!

fL-Express

Manfred Breuckmann vom WDR:

Mit 16 Jahren von Datteln nach Bochum!

GAST KOMMENTAR

Breuckmann gab den Zuhörern in seiner über 36 Jahre währenden Karriere stattdessen ein Rätsel auf. Nicht selten bezichtigten sich Schalker und Dortmunder gegenseitig, mit dem beliebten Rundfunkreporter unter einer Decke zu stecken. S04-Manager Rudi Assauer meinte einmal: »Manni, du hast zu lange aus der Wellblechbude kommentiert. Das färbt schwattgelb ab.« Assauer nannte den WDR-Rundfunkmann sogar unverblümt einen »BVB-Arsch«. Erst nach dem Ende seiner Berufslaufbahn beim öffentlich-rechtlichen Rundfunk gestand Breuckmann seine »Schwäche für die Schalker« ein.

Eine andere Schwäche offenbarte er einmal in einem Interview. Eine bestimmte Sache wäre nicht seins: »An den richtigen Stellen aus taktischen Gründen das Maul zu halten.« Nicht wenige munkeln, dass dies auch einer der Gründe gewesen sein könnte, warum sich Manni Breuckmann bereits mit 57 Jahren in die »passive Altersteilzeit« verabschiedete. Einen anderen Grund hat er so umschrieben: »Ich muss keinem 18 Jahre alten Jungspund hinterherrennen, der mit einem 180.000-Euro-Wagen vorgefahren kommt. Zu dem ganzen Drumherum sollte man große Distanz haben.« In diesen Zusammenhang passt auch sein kluger wie schöner Satz:

»Wenn die Eckfahne Nutella-Fahne heißt, höre ich auf.«

Manni Breuckmann kann aber anders. In einer WDR-Sendung intonierte der Mann aus Datteln, der jahrelang auch für ausgewiesene Pappnasen-Muffel sehr amüsant Karnevalsumzüge moderierte, einmal sehr schmissig Lieder der fünften Jahreszeit und wies dabei seinen bellenden Bearded Collie temperamentvoll in die Schranken (»Halt's Maul, Camillo!«). Zudem boxte er die Tonangel mit erhobenen Armen dem zuständigen Menschen aus den Händen. Bei dem Gassenhauer »Viva Colonia« der unvergleichlichen Höhner präsentierte sich Manni schließlich gänzlich außer Rand und Band. Mit einer äußerst gewöhnungsbedürftigen Perücke auf dem Kopf schmetterte er inbrünstig die berühmten Liedzeilen: »Da simmer dabei! Dat es prima! VIVA COLONIA! Wir lieben das Leben, die Liebe und die Lust, wir glauben an den lieben Gott und han auch immer Durst.« Zu dieser Szene passt Mannis Lieblingswitz: »Gehen zwei Radioreporter an der Kneipe vorbei.«

Verleihung des Deutschen Radiopreises 2011 in Hamburg am 8. September: Manni Breuckmann wird für sein Lebenswerk ausgezeichnet.

Mit dem Bayern-Manager Uli Hoeneß stand er gerne und häufig zusammen auf der Bühne und sagte dennoch Sätze wie diesen: »Das Einzige, was flutscht bei den Bayern, ist die Weißwurstproduktion in der Fleischfabrik von Uli Hoeneß.«

Eine seiner Lieblingsgeschichten aus dem bunten Alltag: »Ich kenne da einen zwölfjährigen Jungen, der ist auf dem Geschwister-Scholl-Gymnasium. Und der hat ernsthaft geglaubt, das seien die Geschwister von Mehmet Scholl.«

Manni Breuckmann war auch bei einer Sternstunde des Radios live mit dabei. Damals, bei der legendären Schlusskonferenz der Saison 1998/99. Im Mittelpunkt stand in diesen bewegenden Minuten der Franke Günther Koch in Nürnberg. Der Club stieg damals völlig überraschend ab. Und Koch leitete völlig am Ende seiner Kräfte rüber ins Ruhrstadion zu Manni Breuckmann: »Respekt und Anerkennung an die Adresse der anderen Vereine, der Spieler und der Offiziellen, wenn es denn dabei bleibt, und ich rufe noch einmal Manni Breuckmann in Bochum.« Der nahm den Ball auf und sprach große Worte: »Und Günther, du tust mir auch leid, erlaube mir dieses persönliche Wort an der Stelle.«

Als er mit 57 Jahren in die Altersteilzeit ging, hatten einige Kollegen die Sorge, dass Manni ohne Mikro nicht könne und Dummheiten machen würde. Doch Breuckmann beruhigte die Menschen und erzählte, dass seine Planungen nicht vorsehen würden, sich »in die Emscher (zu) stürzen«. Er hätte noch genug Ideen für die Zeit nach dem Job beim Rundfunk:

»Denn der Fußball, dat is mein Leben – die Schokoladen-Torte aber auch!«

Seine letzten Worte für die WDR-Schlusskonferenz waren diese: »Das war's für mich. Ich hab geschrien, ich hab geflüstert, ich hab gegähnt, ich hab gezittert, ich hab gefroren, ich hab geschwitzt, aber ich hab Spaß gehabt. Jedenfalls meistens in diesen 36 Jahren.« Und dann war noch einmal alles wie immer: »Der Schiedsrichter pfeift ab, ich packe ein, trinke noch ein Bier, esse eine Stadionwurst, und Feierabend.«

★ ★ ★

Weitere Bonmots von Manni Breuckmann:

»Ein Hackentrick von Jürgen Kohler – das kann ja nicht gut gehen.«

»Diego Klimowicz – ein Name wie Winnetou Koslowski.«

»Holt die Antidepressiva raus – Fortuna Düsseldorf spielt!«

»Alles Fußballelend der Nation auf einem Platz.« (zum Spiel Hansa Rostock gegen den 1.FC Köln)

Hans-Peter Briegel

Die »Walz aus der Pfalz«

Der junge Hans-Peter Briegel ist ein Berg von einem Mann. Und eigentlich Leichtathlet. Deutscher Jugendmeister im Weit- und Dreisprung. Doch dann hat er umgesattelt auf Fußball. Sehr spät und sehr erfolgreich. Als DFB-Trainer Jupp Derwall den Lauterer beobachtet, ist er begeistert: »Was er am Ball schon kann, das glaubt man nicht, nach nur zwei Jahren Fußball.« Den Koloss konnte eben nichts erschüttern – außer seiner Freundin. Die durfte ihm beim Ballspielen nämlich nicht zuschauen. Mit schüchternem Blick erklärte der baumhohe Riese Briegel: »Das macht mich nervös!«

Der dänische Nationalspieler und Mannschaftskamerad in Verona, Preben Elkjaer Larsen, sagte einmal: »Es war ein Highlight meiner Karriere, als ich Briegel zum ersten Mal unter der Dusche sah. Wie eine Statue von Michelangelo. Aber viele vergessen: Er war nicht nur stark, er war auch ein sehr guter Fußballer. Einer der besten, mit denen ich zusammenspielen durfte.« Auch Bernard Dietz schwärmte von seinem Lieblingsgegenspieler: »Sein Raketenantritt, seine Wucht und seine Zweikampfstärke imponieren mir. Wenn er bei Trainingsspielen marschiert, gibt's bei uns schon den Scherzreim: ›Da geht er, der Hans-Peter!‹«

Schnell wurde Briegel damals in Kaiserslautern ein Star. Und doch hat er nie die Bodenhaftung verloren, wie sein Trainer Kalli Feldkamp erzählte: »Peter Briegel hat sich in der Rangordnung ganz schnell nach oben gespielt, aber er nutzt das nicht aus, spielt sich nicht auf. Er weiß genau, dass zehn kleine Hühner auch einen großen Hahn umbringen können. Ein solches Bewusstsein darf ein Star nie verlieren.«

Sein rasanter Aufstieg zum Nationalspieler ist phänomenal. Tatsächlich war Briegel bis zu seinem 17. Lebensjahr Leichtathlet. Doch schnell machte er im Fußball auf sich aufmerksam. 1976 rief Erich Ribbeck DFB-Trainer Jupp Derwall an: »Jupp, ich habe da einen Spieler, der ist unheimlich schnell. Aber wenn der am Ball ist, sieht das ziemlich komisch aus. Sieh ihn dir mal an, aber lach nicht.« Fünf Jahre später sagt der Bundestrainer immer noch leicht erstaunt:

»Peter hat eine Technik, die in keinem Lehrbuch steht.«

Doch Anfang der 1980er Jahre hatte sich der Kaiserslauterer bereits die Anerkennung innerhalb der Fußballszene verdient. Bayerns Paul Breitner meinte: »Früher sagte ich, der gehört nicht auf den Fußballplatz. Jetzt zolle ich Briegel Respekt.« Und Nationalmannschaftskollege Karl-Heinz Rummenigge war regelrecht angetan von Briegels Fähigkeiten: »Wenn du denkst, du bist an dem vorbei, steht immer noch ein Stück von dem Koloss da.« Dabei war der Weg der »Walz aus der Pfalz«, wie Briegel aufgrund seiner imposanten Körperstatur und Kampfkraft gerne von der Presse genannt wurde, nicht immer ganz leicht, wie Briegel verriet: »Oft dachte ich, mach Schluss, du packst das nicht.«

Doch Komplimente, wie das vom österreichischen Nationalspieler Hans Krankl, bauten ihn in schwierigen Phasen immer wieder auf: »Er hat zwei Köpfe, zwei Herzen, zwei Lungen.« Die italienische »Gazzetta dello Sport« taufte ihn 1985 den »fliegenden Kleiderschrank«!

Ein Fußballnarr war Briegel schon von Kindesbeinen an, wie eine Anekdote von ihm beweist: »1974 starb mein Großvater. Wir alle in unserer Familie waren tief bestürzt. Am nächsten Tag spielte der FCK gegen den VfB Stuttgart. Da schlich ich mich davon zum Betzenberg. Meine Oma hat nach meiner Rückkehr die Eintrittskarte gefunden und war natürlich sehr, sehr böse.«

Jahre später besuchte ihn ein Reporter zu Hause in Rodenbach. Hier ist die Familie noch Trumpf. Die Oma von Hans-Peter Briegel hatte sich um den Haushalt zu kümmern. Auch wenn die Presse da war. Briegel: »Oma, mach uns einen Kaffee! Wollen Sie ein Brötchen mit Erdbeermarmelade oder mit Leberwurst?« Briegel kommt vom Bauernhof und hatte sich in den Anfangstagen als Profi auch einmal bei typischen Bauerntätigkeiten ablichten lassen: beim Melken, Stallausmisten oder auf einem Traktor. Ob ihm das später peinlich war? »Gewiss gibt es Leute, die sagen, jetzt hat der Bauer angefangen, Fußball zu spielen. Die haben ja recht. Aber ich würde mich wieder genauso fotografieren lassen. Ich stamme von einem Bauernhof, und?!«

Der Profi Briegel hatte einen Tick: Während des Aufwärmens schoss er nur ein einziges Mal aufs Tor – immer. Und auch sonst war er sehr abergläubisch. Nach einer verlorenen Partie gegen den Tabellenletzten Bielefeld meinte der Lauterer einmal ganz andächtig: »Ich hatte schon am Morgen ein ungutes Gefühl. Schließlich ist heute der 13.!« Auch sein Faible, stets mit heruntergelassenen Stutzen und ohne Schienbeinschützer zu spielen, ist vielen in Erinnerung geblieben.

Übrigens: Dass (Aber-)Glaube bekanntlich auch Berge versetzen kann, mussten die erstaunten Pfälzer 1984 feststellen. Zuvor hatte Kaiserslauterns Präsident und Kirchenrat Udo Sopp gemeint: »Ich habe zwar den Italienern gesagt, dass ein Verkauf Briegels einem Herauskratzen des Vesuvs aus Italien gleichkäme, doch nach der ersten Verhandlungsrunde liegen unsere Vorstellungen nicht sehr weit auseinander.« Der Koloss Briegel wechselte schließlich tatsächlich nach Italien.

Nach seiner aktiven Laufbahn mischte Briegel noch ein paar Mal beim 1. FC Kaiserslautern mit. Doch die Arbeit gefiel ihm nicht recht:

»Die Regeln der Vereinspolitik sind doch ganz einfach: Im Vordergrund spielt sich einer auf, aber im Hintergrund spielt sich alles ab.«

Sprach's und trat aus dem Aufsichtsrat des FCK zurück.

★ ★ ★

Juni 1985: Hans-Peter Briegel während seiner Zeit bei Hellas Verona mit Ingrid Vorbeck, man beachte die modischen Tennissocken.

Ansgar Brinkmann

»Der weiße Brasilianer«

»Ich habe in meiner Laufbahn schon so viele Gegner nassgemacht – aus der Anzahl kriegt ihr locker eine Lichterkette von Ahlen bis Hamburg zusammen«, sagte Ansgar Brinkmann damals beim Training in Ahlen zu seinen Mitspielern. Kurz darauf warf man ihn raus. Ein typischer Satz für den Mann, den sie anerkennend den »weißen Brasilianer« rufen und der einmal so schön sagte: »Selbstvertrauen ist mein Hobby.« Im Rückblick meinte Brinkmann: »Ich hätte heute lieber 50 Länderspiele als 50 Anekdoten. Aber ich bin kein Mensch, der rumheult. Sei's drum.«

Ansgar Brinkmann kam 1969 in Bakum bei Vechta auf die Welt und hat sechs Geschwister. Er selbst sagt über seine Kindheit: »Die Polizei erschien bei uns zu Hause häufiger als der Postbote.« Vielleicht stammt sein Satz »Das Leben ist kein bunter Teller!« aus der Erinnerung an diese Zeit. Eine innere Unruhe trieb den »weißen Brasilianer« in den 20 Jahren seiner Karriere zu 19 Vereinswechseln. Dieses Vagabundendasein und sein Lebenswandel ließen ihn immer wieder in die Schlagzeilen geraten. Anfangs wehrte er sich noch gegen allzu abstruse Geschichten. Doch irgendwann hatte Brinkmann gegenüber der Zeitung mit den vier Buchstaben kapituliert: »Schreibt doch auch noch, dass ich Bin Laden im Keller verstecke.« Seiner Meinung nach hatte er einfach nur Pech. Dreimal war er in seinem Leben betrunken, und dreimal war die »Bild« leider mit dabei. Dass das nicht ganz stimmen kann, beweisen die zahllosen wunderbaren Anekdoten, die Brinkmann den bunten Gazetten immer wieder frei Haus lieferte. Er selbst hat seinen eigenen Anspruch einmal folgendermaßen formuliert:

> **»Exzentrische Spieler sind eben nicht so diszipliniert. Es gibt Leute, die können auf einem Klavier spielen, andere müssen es tragen – Einheitsbrei haben wir doch genug in der Bundesliga.«**

Zum elementaren Standardwissen über Brinkmann gehört die Geschichte seines legendären Anrufbeantworterspruchs: »Momentan bin ich nicht zu Hause. Wer aber Taste 3 drückt, bekommt von mir einen Planetenkasper. Bei Taste 4 einen LKW voll Waschpulver. Und wer mit mir persönlich sprechen will, erreicht mich täglich zwischen 17 Uhr abends und fünf Uhr morgens in meiner Stammkneipe ›Pane et Vino‹.« Viele Jahre später schrieb er morgens um drei einmal auf Facebook: »So, mal sehn, wer noch auf der Straße ist. Schlafen wird auch überbewertet.«

Osnabrück

38 Trainer säumten seinen Weg von 1987 bis 2007. Nicht mit allen hat er sich gut verstanden. Brinkmann hat einmal gesagt, dass er mit all den Abmahnungen aus seiner Karriere sein Wohnzimmer komplett neu tapezieren hätte können. Das Positive daran: Über jeden einzelnen seiner Übungsleiter hat Ansgar eine Geschichte zu erzählen.

Dem »knallharten Hund« Rolf Schafstall hat Brinkmann damals beim VfL Osnabrück nicht nur seinen Künstlernamen »Der weiße Brasilianer« zu verdanken, sondern auch die rigorose und schnelle Kurzeinführung in ein paar wesentliche Spielregeln des Fußballgeschäfts. Brinkmann erzählte einmal, wie Rolf Schafstall eines Abends gegen 22 Uhr überraschend bei ihm zu Hause anrief. Damals war er ein junger Wilder von gerade mal 18 oder 19 Jahren. Brinkmann erinnerte sich, dass sich der Fußballlehrer nur erkundigen wollte, ob er

denn die Nachtruhe auch tatsächlich einhalte. »Klar, Trainer, ich bin gerade auf dem Weg ins Bett. Hab schon den Schlafanzug an!«

Um 23 Uhr habe das Telefon dann erneut geklingelt. Brinkmann: »Das habe ich Gott sei Dank gerade noch so gehört. Ich hatte schon die Türklinke in der Hand!« Der letzte Anruf erfolgte schließlich um Mitternacht. Doch da hatte die talentierte Nachwuchshoffnung des VfL Osnabrück bereits klein beigegeben und sich ins Bett gelegt. Als Brinkmann etwas gerädert am nächsten Morgen zum Training kam, erkundigte er sich als Erstes bei seinen Mitspielern, ob der Coach denn auch bei all den anderen des Nachts noch durchgeklingelt habe. Doch der weiße Brasilianer erntete nur ein müdes Kopfschütteln aus lächelnden Gesichtern. »Bei keinem Einzigen von denen hatte sich der Trainer gemeldet. Da wusste ich gleich, der hat ein ganz feines Näschen für seine Schäflein …«

Brinkmann spielte zwar nie für die deutsche A-Nationalmannschaft, dafür absolvierte er aber mit der Bundeswehr eine internationale Begegnung – gleich nachdem man ihn durch einen Feldjägereinsatz direkt von einem Hallenturnier mit Mainz 05 in die Kaserne abtransportiert hatte. Das Spiel fand damals in Kiew statt. »Da waren minus 28 Grad. Wir schön in kurzen Hosen und Trikots und die Bevölkerung mit Plastiktüten über den gefütterten Winterboots. Teamkollege Rydlewicz bibberte mich nach zwei Minuten an: A-a-a-a-n-n-s-s-g-a-r, w-i-i-i-eeee l-a-a-a-a-n-n-g-e i-i-i-i-st n-o-o—c-h?«

Nach dem Spiel feierte die deutsche Militärelf zusammen mit dem Gegner. Die Wodkaflaschen wurden auf den Tisch gestellt, der Inhalt großzügig in 0,2l-Gläser gegossen, und nach nicht einmal einer halben Stunde hatte die deutsche Delegation bereits kollektiv die Lampen an. Auch Ansgar Brinkmann war in einer prächtigen Stimmung: »Ich hab mich ans Schlagzeug gesetzt, kräftig drauf eingeschlagen und dann gerufen: ›Wo ist der Deinhard?!‹«

Einige Stunden später sollte die Bundeswehreinheit die Party verlassen – der Flieger zurück nach Deutschland stand bereits auf dem Rollfeld. Nur Brinkmann hatte einen solchen Gefallen an dem Fest gefunden, dass er sich trotz mehrmaliger Aufforderung weigerte, in den Bus zu steigen. Seine Begründung klang einleuchtend:

»Feldwebel, es heißt doch: Man soll gehen, wenn es am schönsten ist. Und hier geht noch einiges!«

Wie die Geschichte dann ausging, konnte übrigens nicht mehr zweifelsfrei geklärt werden.

Gütersloh

Beim FC Gütersloh traf Brinkmann auf Hannes Linßen. Die etwas piepsige Stimme des Trainers kann der ehemalige Bundesligaspieler bis heute perfekt imitieren. Und Brinkmann erinnert sich genau an eine Geschichte, die sich damals bei dem Verein in Ostwestfalen abspielte. Die Gütersloher Mannschaft hatte nach langer Zeit endlich mal wieder gewonnen. Einen Tag vor der Weihnachtsfeier. Trainer Linßen bat sein Team trotzdem, den Sieg doch bitte nicht allzu ausschweifend zu feiern – dazu

Die 35 Gebote des »Ansgar-Brinkmann-Fanclub B.V.« (ein Auszug)

1. Du sollst nicht nüchtern sein!
2. Nach dem Bier ist vor dem Bier!
3. Du sollst keinen Gott außer Ansgar haben!
7. Du sollst Benno hassen!
12. Weiße Brasilianer sind die besten!
13. Polizisten sind Spielverderber!
24. Wer ist der Geilste? Ansgar ist der Geilste!
31. Wenn du Kinder kriegst, nenn sie Ansgar!

sei am Tag danach ausreichend Gelegenheit. Die Spieler versprachen, sich daran zu halten, doch der Plan ging leider nicht ganz auf. Als die Männer um Ansgar Brinkmann in der Innenstadt aus ihrem Taxi ausstiegen, sprang Ansgar sofort auf das Dach des Autos. Von dort ging es über sechs weitere Taxidächer, bis er wieder auf den Boden sprang. Sofort öffneten sich sieben Türen und heraus traten sechs wütende Fahrer. Nur der Mann, neben dem Brinkmann gelandet war, lächelte. Er rief zu den anderen rüber: »Ist nur der Ansgar. Kein Problem!«

Brinkmann sagt heute noch, dass es für alle Beteiligten gut gewesen wäre, wenn die Taxifahrer an dieser Stelle des Abends die Polizei geholt hätten. Alles wäre glimpflich ausgegangen, und am nächsten Tag hätten alle mit voller Kraft Weihnachten gefeiert. Doch dieser Abend endete anders. Im Polizeibericht steht wortwörtlich, dass Ansgar und seine Teamkollegen eine »Straße auf 80 Metern komplett in Schutt und Asche gelegt« haben. Zwischendurch auf dieser Strecke hatte Brinkmann sogar die glorreiche Idee, in das Schaufenster eines Möbelhauses zu springen. Er war müde geworden und hatte ein Bett entdeckt. Erstaunlicherweise zog er sich beim Sprung durch die Scheibe nur klitzekleine Schnitte am Körper zu. Die Reise konnte nach einer kurzen Pause weitergehen.

Dem Polizisten, der die Truppe am Ende des Straßenzugs schließlich in Empfang nahm, schaute Ansgar Brinkmann fast schon glücklich in die Augen. Mit zittriger Stimme fragte er: »Sheriff. Is vorbei, 'ne?!« Und der Polizist antwortete mit den legendären Worten: »Ansgar, das Spiel ist aus!« Interessant übrigens, was Brinkmann im Nachhinein über diesen Abend sagt:

»Da hatte ich einen totalen Blackout – das weiß ich noch genau!«

Berlin, Osnabrück, Cloppenburg, Frankfurt

Unter Trainer Winfried Schäfer spielte Ansgar Brinkmann bei Tennis Borussia Berlin. Die nun folgende Episode konnte so wohl nur ablaufen, weil Brinkmann damals schon zu wissen glaubte, dass der Trainer »häufiger mal ein bisschen durcheinander« war. Oder wie er es noch etwas drastischer ausdrückte: »Unser Trainer kann nicht mal einen Kiosk führen.« Und so wechselte sich Brinkmann einmal selbst ein – gelernt oder abgeschaut hat er das wohl von Günter Netzer: »Irgendwann habe ich zum ›Kiki‹ (Kirjakow) gemeint, ich mach das jetzt. Hab dem Linienrichter gewunken, dem gesagt ›Auszubildender, wir wechseln!‹, und mich ausgezogen. Bei der nächsten Unterbrechung bin ich rein. Der ›Winnie‹ hat nichts gesagt. Das war der Wahnsinn, dass der da mitgespielt hat. Ich mein, das war schon unglaublich. Immerhin hab ich damals auch 10.000 Mark Auflaufprämie bekommen!« Das Geld hat in diesen Tagen in Berlin aber offenbar ohnehin niemanden besonders gejuckt. Und Brinkmann selbst hatte auch anderes vor, als das Geld auf dem Konto anzulegen: Mit seinem ersten Gehaltscheck ist er direkt in ein Autohaus gegangen. Zwei Stunden später fuhr er mit einem schwarzen Porsche Boxter nach Hause. »Das Gesamtpaket kostete 91.892,98 Mark«, erinnert sich Brinkmann sehr genau. Und vom Scheck war immer noch etwas übrig.

Die kürzeste Mannschaftssitzung aller Zeiten hatte Brinkmann in Osnabrück beim Fußballlehrer Michael Lorkowski: »Unglaublich. Das waren damals maximal zehn Worte, die er gesagt hat. ›Männer … wir … Fürth … kämpfen … viel Erfolg!‹«

Eine andere Geschichte hat sich ebenfalls während der Zeit beim VfL ereignet: »Mein früherer Teamkamerad bei Osnabrück, Stefan Holze, hat mich, nachdem er nach Braunschweig gewechselt war, mitten im Punktspiel vor einer Ecke für uns gefragt, ob ich um einen Hunderter mit ihm wette, dass er eine Tafel Ritter Sport unterm Stutzen habe. Ich sagte: ›Hast du im Leben nicht.‹ Da zog er die Schokolade raus und drückte sie mir in die Hand. In dem Moment kam die Ecke von Claus-Dieter Wollitz herein und ich sah ziemlich blöd aus.«

Im beschaulichen Cloppenburg hielt es Ansgar Brinkmann nicht lange aus. Zwei Welten prallten aufeinander. Als er auf der Weihnachtsfeier des BV als Kapitän vor sämtlichen Sponsoren und Cheftrainer Maxe Steinbach eine Ansprache halten sollte, ging die »Beziehung« in die Brüche. Ohne Hemmungen sagte »der weiße Brasilianer«: »Völlig Latte, ob unser Trainer oder der Busfahrer auf der Bank sitzt. Mit beiden gewinnen wir keinen Blumentopf.« Einen Tag später wurde er gefeuert.

In Frankfurt war Brinkmann erst einmal froh, dass Felix Magath keine Option für die Eintracht war: »Zum Glück ist Magath jetzt in Bremen gelandet. Den können wir nicht mehr bekommen.« Gemeinsam mit seinem Kumpel Thomas Zampach zelebrierte Brinkmann den Aufstieg in die 1. Bundesliga 1998. Auf dem berühmten Balkon des Frankfurter Römers ließ sich Zampach so sehr von seinen Gefühlen überrumpeln, dass er vor laufender Kamera

seiner Freundin einen Heiratsantrag machte. Als der Reporter den ebenfalls erstaunten Ansgar Brinkmann fragte, wie er das denn finden würde, antwortete dieser spontan und lächelnd:

»Es gibt viele Arten, sein Leben zu beenden. Das ist eine.«

Bielefeld, Dresden, Karriereende

Zu Bielefelder Zeiten passierte folgende Geschichte: »Ich war ein Freigeist. Ich habe vor einem Bundesligaspiel Pommes rot-weiß gegessen. Welcher Spieler macht das schon? In der Mannschaftsbesprechung, erste Reihe, vor dem Spiel gegen Bochum, vor Benno Möhlmann. Anfangs hat er es nicht gewagt, mich anzusprechen, dann hat er geschrien: ›Ansgar, bist du bekloppt?‹ Meine Antwort: ›Das ist das Benzin für gleich!‹«

In Dresden traf er ausgerechnet auf den Mann, den er schon zuvor bei seinem Ausflug nach Österreich nicht leiden konnte: Peter Pacult. Aber fast noch schlimmer fand Brinkmann dessen Co-Trainer. Als dieser ihm eines Tages eine Übung erklären wollte, konnte Brinkmann nicht länger an sich halten. Lächelnd fuhr er ihn an: »Wie bitte – ausgerechnet du willst mir den Fußball erklären? Du triffst ja selbst dann nicht das Meer, wenn du mit dem Ball am Fuß am Strand stehst!«

Als Pacult Jahre später bei RB Leipzig im Gespräch war, sprach Brinkmann den dortigen Fans vorauseilend sein herzliches Beileid aus:

»Wenn Pacult kommt, wünsch ich euch viel Glück. Der Mann hat ein Brett vor dem Kopf und kennt Kommunikation nur vom Hörensagen.«

Zum Ende der Karriere wurde Brinkmann gefragt, ob er sich einen Wechsel nach Katar vorstellen könne. Er antwortete überlegt: »Ich hab noch keinen Bock, so'n bisschen in der Wüste zu spielen. Da sitzen dann ein paar Scheichs in ihren Sesseln, telefonieren während des Spiels und essen Pommes. Dafür bin ich noch zu gut. Obwohl: Montag bei Basler grillen, Dienstag bei Effenberg und Mittwoch bei mir – das könnte lustig werden.«

Seit einiger Zeit stellt Ansgar Brinkmann sein rhetorisches Talent und seinen Sinn für Humor in den Dienst des Radios. Auf »1Live« erzählt er wöchentlich aus seinem bunten Leben mit den Stars und Sternchen der Branche. Da fallen nach einem Promi-Spiel schon einmal Sätze wie dieser: »Den Campino kannst du beim Sprinten malen!« Oder er regt sich über die technischen Fertigkeiten der heutigen Kickergeneration auf: »In der Bundesliga gibt es immer mehr Spieler mit einer Lederball-Allergie.«

Aber auch auf seine eigene Karriere blickte er selbstkritisch zurück: »Mein Talent, mich selbst in Schwierigkeiten zu bringen, habe ich oft bewiesen.« Das stimmt. Aber eins ist sicher: Ein langweiliges Profi-Leben hat Ansgar Brinkmann nicht gehabt. Und dafür sind wir ihm dankbar!

★ ★ ★

Feierbiester unter sich: Ansgar Brinkmann mit Toto Heim, Dariusz Wosz und DJ Robin Schulz auf einer 1Live-Party.

Weitere lustige Sprüche von Ansgar Brinkmann

Auf die Frage eines Reporters, wieso er denn nicht spielen würde: »Ich war diese Nacht schlecht drauf und hatte 37 Grad Fieber!«

Eine junge Frau musste sich zu früher Morgenstunde Folgendes anhören: »Ich hab heute Abend schon 800 Mark ausgegeben und noch 2 Mio. auf dem Konto. Was willst du?«

Einen Trikottausch mit Bixente Lizarazu kommentierte er so: »Seins bekommt einen Ehrenplatz bei mir. Ich weiß aber nicht, wo er meins hinhängt. Wahrscheinlich in den Abstellraum.«

»Wenn Du eine Captagon nimmst, nachts um drei Uhr nach Hause kommst – ja, da ist dein Körper immer noch aufgedreht. Die Freundin hat da natürlich auch noch was von. Halleluja!« (zum Thema Doping im Fußball)

»Wenn ich Weltmeister geworden wäre, hätte ich zu Hause beim Verein angerufen: Ich komm jetzt erst einmal nicht mehr. Ich hab mich schon für weniger gefeiert!«

Zlatko Cajkovski

»Tschik«

Der Mann war eine echte Bereicherung für die Bundesliga. Sätze wie er sprach kaum einer in den Anfängen: »Die Torhüter spinnen alle ein bisschen. Ich kannte mal einen, der schrieb einen Brief deshalb langsam, weil er wusste, dass seine Mutter nur langsam lesen konnte.« Die Journalisten liebten Spieler-Beschreibungen wie diese damals in Köln: »René Botteron – gekommen von mir als Champagner, jetzt spielen wie Mineralwasser!« Die Welt des kleinen, lustigen Jugoslawen war leicht zu beschreiben. Mit seinen eigenen Worten hörte sie sich so an: »Ball rund, Stadion rund, ich rund.«

Tschik Cajkovski war schon immer eine schillernde Persönlichkeit. Seine Ehefrau Rada erzählte einmal eine Anekdote aus dem Februar 1949. Damals stand der Nationalspieler für FK Partizan Belgrad auf dem Platz: »Im großen Kampf der Rivalen gegen Roter Stern (1:0) hatte ihn wieder einmal der Teufel geritten. Er hatte sich während des Spiels auf den Ball gesetzt und den Gegner gefoppt: ›Komm doch her, hol dir den Ball, wenn du kannst!‹ Nicht einmal der Schiedsrichter hatte an Zlatkos ›Erfindung‹ Anstoß genommen, aber den Funktionären auf der Tribüne war dieser Spaß dann doch zu viel, zumal auch noch eine ausländische Delegation anwesend war.« Der heißblütige Cajkovski wurde damals für einige Wochen »vereinsintern« gesperrt, doch sein Temperament blieb ihm später auch als Trainer erhalten. Seine Explosionen nach verlorenen Spielen waren von seinen Mannschaften gefürchtet, und so überraschte es viele, als er im September 1962 als Trainer des 1. FC Köln nach einem Europapokalspiel beim schottischen FC Dundee ruhig blieb. 1:8 hatten die Rheinländer verloren, und die selbst noch untröstlichen Spieler versuchten ihren schwer angeschlagenen Trainer zu trösten. Doch Cajkovski war nicht zu besänftigen. Still und in sich gekehrt sagte er kurz vor dem Heimflug nur einen Satz. Er wurde zur Legende: »Winschte, Maschine stirzt ab.«

kicker
DEUTSCHLANDS GRÖSSTE SPORTZEITUNG
Das Mädchen mit den roten Haaren
Eine Frage alarmiert: Verdienen die Trainer zuviel Geld?
Lesen Sie in diesem Heft:
Der Boß schlug ein Vermögen aus!
Harald Norpoths zweites Gesicht
Achim Bäse: Mann im Mittelpunkt

Kurz darauf ging er nach München. Mit ihm stiegen die Bayern in die Bundesliga auf und feierten dort ihre ersten großen Siege. Die Erfolge in München wollte sich Tschik, spitzfindig, wie er ist, gleich veredeln lassen. Er buhlte um die Ehrenbürgerschaft. Als der Oberbürgermeister neugierig bei Cajkovski nachfragte, warum ihm denn diese Auszeichnung so wichtig sei, erhielt er eine überraschende Antwort:

»Habe gehört, Ehrenbürger müssen keine Steuern zahlen.«

Tschik war für sein ausschweifendes Erzähltalent bekannt. Einmal berichtete er seinen Bayern-Profis von einem Länderspiel gegen Ungarn: »Ich spielen gegen Puskás, der bekommen keinen Stich! Leider Ungarn 2:0 gewinnen!« Als Gerd Müller vorsichtig nachfragte, wer denn die Tore geschossen habe, erklang eine sehr leise, fast beleidigt klingende Antwort aus dem Munde von Cajkovski: »Puskás!«

Ein anderes Mal erzählte er seiner Mannschaft: »Ich gespielt 22 Jahre, nie verletzt.« Wenig später stieß seine Frau Rada zur Runde hinzu. Sie setzte sich zu ihrem Mann und fragte, ohne zu wissen, was dieser kurz zuvor gesagt hatte: »Weißt du noch, Tschik, wie du deinen

Sammelbild von 1966/67 (FC Bayern).

Fuß vier Monate in Gips hattest?« Die Spieler klopften sich vor Lachen auf die Schenkel.

Eine der herausragenden Eigenschaften von Cajkovski war der Ehrgeiz. Franz Beckenbauer erzählt heute noch mit einem breiten Grinsen von den Tagen mit Tschik: »Beim abschließenden Trainingsspiel hörte er nie auf, bis die Mannschaft, in der er mitwirkte, gewonnen hatte: ›Bis in Nacht, spielen auf Sieg!‹« Auch Kölns Wolfgang Overath kann von den täglichen Übungseinheiten eine Geschichte erzählen: »Der Tschik liebte es, vor oder nach dem Training Weltauswahlen zusammenzustellen. Je nach Tagesform der verschiedenen Kandidaten wechselten dann die Namen. Nur die Position des rechten Läufers war immer fest vergeben – Tschik Cajkovski natürlich.«

Richtig zufrieden war der jugoslawische Trainer aber vor allem beim Essen. Nicht umsonst taufte ihn Torwart Sepp Maier wegen seiner übergroßen Leidenschaft für die kulinarischen Genüsse des Lebens »Mister Spanferkel«. Sepp Maier erklärte: »Niemand störte sich daran, dass er beim Essen immer etwas schmatzte. Und wenn er mit seinem Teller in Rekordzeit fertig war, prompt aufstand und wie ein hungriger Hund um unsere Teller strich, wussten wir schon, was als Nächstes kam. ›Hmm, riecht gut. Was isst du denn da? Pommes frites.‹ Und schon hatte er sich mit seinen dicken Wurstfingern eine ordentliche Portion vom Teller eines Langsamessers gefischt. ›Schmeckt das Fleisch?‹ war die nächste Frage, die er sich dann handgreiflich selbst beantwortete.«

Seine größte Leidenschaft war aber der Fußball. Als Cajkovski einmal den Coach der Sechziger, Max Merkel, zufällig im Kaufhaus traf, quatschten sie eine lange Weile angeregt über das runde Leder. Nach über einer Stunde gingen beide nach Hause – und hatten ihre Einkäufe komplett vergessen. Wolfgang Overath schüttelt grinsend den Kopf: »Mit dem kannst du sogar in der Kirche nur über Fußball reden.«

Nur eins konnte Tschik Cajkovski überhaupt nicht haben: Wenn jemand mehr redete als er selbst. Aber auch für diesen Fall hatte der lustige Jugoslawe für seine Zuhörer einen launigen Spruch parat:

»Wenn einer auf der Pressekonferenz geschwollen daherredet, sind am wenigsten seine Mandeln schuld.«

★ ★ ★

Vater und Sohn: Zlatko mit Zlatan im Trikot des 1. FC Köln (1974).

Reiner Calmund

»Bauch der Nation«

Der beliebte ehemalige Fußballmanager und heutige Allround-Entertainer hat einmal gesagt: »An erster Stelle steht Fußball, dann kommt essen, dann quatschen.« Das kann man so stehen lassen. Wiewohl sich mit den Jahren die Rangfolge möglicherweise etwas verschoben hat. »Dickes kleines Bandito«, wie der brasilianische Profi Tita ihn gerne nannte, hat das Thema Essen bewusst oder unbewusst auch medial zu seinem Steckenpferd werden lassen.

Die Selbstbeschreibungen, »positiv bekloppter Kugelblitz« und »Dampfmaschine«, passen immer noch wie die Faust aufs Auge. »Ein Prolet«, wie Trainer Hannes Linßen ihn einmal nannte, ist er aber ganz und gar nicht. Seine Frau liebt an ihm »seine Leidenschaft, seine Power, seine Großzügigkeit«. Und Calmund selbst ist mit seiner Sylvia einfach nur glücklich: »Für mich ist sie der Hauptgewinn meines Lebens, dreimal sechs Richtige mit Zusatzzahl. Bei mir hat es in der Rübe geblitzt. Alte Scheunen brennen noch besser als neue.«

Reiner Calmund zeichnet eine ausgesprochen angenehme Lust am Leben aus. Er ist ein Mann, der gerne den schönen Genüssen frönt und dies auch zugibt:

»Ich bin sehr konservativ katholisch erzogen worden, habe deshalb häufiger im Beichtstuhl gesessen. Ich hatte bei allen Zehn Geboten was zu sagen.«

So wurde Reiner Calmund einmal gefragt: »Wann haben Sie zuletzt gelogen?« Und der ehemalige Bayer-Manager antwortete ehrlich: »Als ich zu meinem achtjährigen Sohn Marcel sagte: ›Schade, dass unser Haus abgebrannt ist, sonst hättest du in Papas Zeugnissen sehen können, dass er der Beste in der Schule war.‹ Da schimpfte er: ›Ist gelogen – das Haus ist gar nicht abgebrannt!‹«

Uli Hoeneß bewunderte stets eine Sache ganz besonders an seinem Kollegen: »Der sagt zu allem irgendwas. Stoßen in Tschechien zwei Spieler mit dem Kopf zusammen, weiß er, dass das in Leverkusen 1934 auch schon passiert ist.« Doch 2004 war mit dem Fußball und Calmunds großer Liebe, Bayer Leverkusen, fürs Erste Schluss. Damals sagte er: »Nach 27 Jahren Zirkus Sarasani muss ich mich erholen und will bis Januar eine Fußballpause machen.« Die Auszeit dauert bis heute an.

Großer Taktiker

Zuvor hatte Calmund eine beispiellose Karriere hingelegt. Er machte aus dem seelenlosen Pillen-Klub Bayer Leverkusen eine Bundesligamannschaft mit Geschichte und Geschichten. Sein Motto: »Krisen? Krisen gibt es nicht. Ohren steif, Stahlhelm auf und durch die Scheiße durchmarschiert.« Und seine Devise: »Im Fußball ist es wie im Eiskunstlauf – wer die meisten Tore schießt, der gewinnt.« Ein Mann, der seine Spieler liebte und sie deshalb gerne auch

Wie Bayer Leverkusen Talente findet und bindet

Der Name dieses Mannes ist nur Eingeweihten bekannt: Rainer Calmund (Foto) gilt als der Talentspäher des Leverkusener Bayer-Klubs. Werner Schilling legt dar, wie Bayer junge Begabungen findet und an sich bindet

Die Masche des Machers

Bei Bayer aber wird zielstrebig auf mehreren Ebenen gearbeitet. Nicht nur zwischen Profisport und Berufsausbildung. Auch im Spitzenfußball laufen parallel Eliteformationen zwischen der jünger gewordenen Profitruppe, bei den Amateuren (Durchschnittsalter des Teams in der Oberliga Nordrhein 21,6 Jahre) und der Jugend.

Es ist sicher kein Zufall, daß bei Bayer immer Trainer tätig wurden, die eine enge Verbindung zum Jugendfußball besitzen oder besaßen.

„Aufstiegstrainer" Willibert Kremer gründete seinen guten Ruf als Coach des Deutschen Jugendmeisters 72 MSV Duisburg. Dettmar Cramer war viele Jahre beim Westdeutschen Fußballverband, beim DFB und in der FIFA auch für die Jugend zuständig und hat hier wesentliche Akzente gesetzt (zum Beispiel die Jugendlager in Duisburg).

Erich Ribbeck war beim DFB zuletzt mit als Koordinator im Jugendbereich eingesetzt. Um

Bitte blättern Sie um

uch vollen Einsatz und zielstrebige Grundeinstellung

besonders hart kritisierte: »Die Spieler sind heute zum Teil kleine Bratwürste. Schlafmützen, die pennen, und kommen nicht aus den Füßen. Heute schleicht sich keiner aus dem Trainingslager, früher mussten wir die Jungs mit dem Lasso einfangen. Heute holen sich die Spieler brav den Schlüssel an der Rezeption, nehmen ihr Handy, ihren Kopfhörer – dann geht es ding, ding, dumm. Den ganzen Tag: Essen, Massage, ding, ding, dumm. Früher haben die Frauen angerufen, dass die Männer nicht ausbüxen. Heute rufen die Jungs an, ob ihre Frauen noch zu Hause sind.«

Legendär war auch Calmunds Taktik bei Vertragsverhandlungen. Im wunderbaren Buch »Der Traumhüter« von Ronald Reng schildert der ehemalige Hobbykicker Lars Leese seinen Aufstieg zum Bundesligaprofi bei Bayer Leverkusen und die außergewöhnliche Vertragsverhandlung mit dem Bayer-Manager Reiner Calmund: »In seinem Büro ging Reiner Calmund um den Schreibtisch herum, öffnete eine Schublade und zog zwei Formulare heraus. Standard-Lizenzspielerverträge. ›Und, was schreiben wir jetzt hier rein?‹ Calmund unterbrach sich selbst. ›Ach, komm, machen wir es anders; machen wir ein Spielchen.‹ ›Spielchen?‹ ›Wir nehmen zwei Zettel, jeder schreibt einen Betrag auf, und dann schauen wir mal, wie weit wir auseinanderliegen.‹ Ich glaubte das nicht. Ich glaubte es nicht. Ich glaubte … zu versinken. ›Herr Calmund, das kann ich nicht machen. Da kann ich nur verlieren. Ich habe doch keine Ahnung, was so ein Profi verdient. Schreib ich zu viel auf, sagen Sie mir: Was bist du denn für ein überhebliches Arschloch. Fordere ich zu wenig, lachen Sie sich tot.‹ Calmund überlegte kurz. ›Gut, Jung. Machen wir es so: Du bekommst mindestens das, was ich aufschreibe. Abgemacht?‹ Abgemacht.«

Ähnlich spektakulär verlief der Wechsel von Andreas Thom nach Leverkusen – einen Monat nachdem in Berlin die Mauer gefallen war. Der Transfer zu Bayer kam auch deshalb zustande, weil Calli eines Mittags bei den Thoms höchstpersönlich klingelte, die Dame des Hauses mit einem Blumenstrauß und den Herrn mit einem Händedruck begrüßte und dann direkt ins Kinderzimmer durchlief. Dort packte er zusammen mit Thoms Tochter Janine das große Paket mit der Holz-Eisenbahn aus, setzte sich auf den Boden und spielte erst einmal in Ruhe eine Runde Dampflok. Den begeisterten Eltern rief er jovial und gelassen zu:

»Dat mit dem Vertrach machen wir dann nachher janz gemütlich bei einem Happen Essen!«

Damals meinte übrigens KSC-Trainer Winfried Schäfer gegen den flinken Manager anstinken zu müssen: »Ich kannte den Thom schon, als der Calmund noch das Bayer-Kreuz in die Aspirin-Tabletten drehte.«

Alles für Bayer

Und tatsächlich: Für Bayer tat Calli schon immer alles. In launiger Runde erzählte er einmal von einer Partie gegen die Bayern, bei der die halbe Werkself verletzt war. Calmund entwickelte den Plan, das Spiel ausfallen zu lassen. Mit allen Mitteln. Und wie durch ein Wunder spielte ihm das Wetter in die Karten. Es schneite. Doch das hätte für eine Spielabsage noch nicht gereicht. Also, was tun? »Da hab ich ein paar Eis-Stellen unter den Schnee auf den Rasen gehauen«, erzählte Calli lachend. Dumm war nur, was am nächsten Morgen geschah:

»Der Schnee ist geschmolzen, die Eis-Stellen waren aber immer noch da. Musste ich die alle selbst wieder abhacken. Ich konnte da ja schlecht einen fragen. Und so hatte ich Blasen an den Händen, und das Spiel fand trotzdem statt.« Dieses Mal. Doch Calmund lachte an dem Abend lauthals auf und sagte: »Aber es ist auch schon mal gelungen!«

Den Eifer, den er zeigte, forderte der Bayer-Manager auch von seinen Spielern ein. Das klappte nicht immer, doch Calmund wäre nicht Calmund, wenn er nicht auch darauf mit 100 Prozent Einsatz reagiert hätte: »Beim Spiel in Frankfurt habe ich Kästen gegen die Wand gedonnert, da waren die Jungs wach. Das hat so gut funktioniert, das wollte ich ein Jahr später noch einmal machen. Da stand so eine hohe, große Kiste. Ich denk, die trete ich jetzt mal durch die Kabine, es machte nur knack – und mein Fuß war gebrochen. Und die Kiste blieb stehen …«

So wenig, wie Calmund sich selbst schont, so knallhart ist er auch in seinen Urteilen:

»Wenn wir ins Münchner Olympiastadion kommen, stinkt es immer nach Scheiße – so voll haben wir die Pampers.«

Und als einer seiner Spieler nicht richtig in der Spur war, sagte Calli: »Zum Schluss mussten wir Markus Happe einen Kompass geben, damit er den Weg in die Kabine findet.«

Persönlich übel genommen hat er den Bayer-Profis den Abstiegskampf 2002/03. Damals war Calmund am Rand des Nervenzusammenbruchs: »Ich kann nicht einfach die Tür zu- und die Lampe ausmachen, denn das Abstiegsgespenst liegt in meinem Bett.« Elementare Dinge funktionierten nicht mehr. Das ganze Gefüge war durcheinander gewirbelt. Calli schien hilflos: »Bei uns kann jeder Spieler eine Rolex tragen, Ferrari fahren und Gucci-Unterhosen tragen. Doch wenn er sich auszieht und spielt, muss er Dreck fressen.« Kurz zuvor hatte Calmund die finanziellen Einbußen durch die Kirch-Krise noch gewohnt humorvoll kommentiert: »In der Not müssen wir alle den Gürtel enger schnallen. Da flankt eben einer für 300.000 statt für 400.000 Euro hinter das Tor.« Und woher der Spieler dann kommt, war eigentlich auch egal: »Bis zum 25. Mai werden wir uns nicht mit Personalien beschäftigen. Dann werden wir sehen, ob Willi Schmitz oder Tutti Frutti aus Südamerika zu uns kommen werden.« Am liebsten hat er in all den Jahren übrigens mit der Frau vom blonden Engel Bernd Schuster verhandelt. Als er nach den Gesprächen mit Gaby meinte, jeder Profi sollte eine Frau als Managerin haben, fühlte sich Spielerberater Norbert Pflippen zu einer Verzweiflungstat animiert: »Ich bin in den nächsten Laden und habe mir eine Perücke und einen Lippenstift gekauft.«

Calli und seine Kilos

Über sein Äußeres – man nannte ihn auch wie den argentinischen Weltmeister Menotti »El Flacco« (der Dürre) – hat der »Bauch der Nation« (Selbstbeschreibung) so manchen Satz gehört und gesagt: »Es liegt nicht an den Genen. Ich esse einfach aus Vergnügen.« Ein anderes Mal meinte Calmund: »Ich war selbst Jugendtrainer, bevor ich den Medizinball verschluckt habe.«

In den neuen Räumlichkeiten der BayArena haben sie damals mehrere Schichten Teppiche übereinander gelegt, damit Calli schön federnd in Socken direkt aus dem Büro in das hauseigene Restaurant rüberschlingern konnte oder, wie Günther Jauch einmal zu Calmund sagte, als dieser das Studio betrat und durchs Bild laufen musste:

Rosenmontags-umzug in Köln 2012.

»Einfach mal anrollen!«

In der TV-Sendung »Inas Nacht« hat Calli ausführlich über sein Leben mit Übergewicht erzählt: »Geh doch mal in ein Restaurant, Ina. Da sitzen so schöne, nette Adonisse mit ihren Frauen. Und dann gucken die da rum – äh, äh. Essen ist lecker, Wetter war schön, dann fällt den Ochsen nichts mehr ein. Wenn du mit mir Essen gehst, da ist Rambazamba, da kommt was auf den Teller, da ist Unterhaltung, und danach denkst du, bei der Mister-Germany-Wahl scheidet er in der Vorrunde aus, aber sonst ist der richtig nett, richtig gemütlich und richtig lustig.«

Seine Frau nennt Calmund Moby. Sie achtet auch bei Hotelreservierungen darauf, dass die Betten mindestens 150 Kilo aushalten können. Fliegen, erzählte Calli, wäre auch nicht immer so angenehm für ihn und seine Sitznachbarn:

Schöne Pärchen: Reiner Calmund beglückt während einer Leverkusener Feier eine Dame mit seinen Tanzkünsten. Eine mindestens ebenso hübsche Paarung gaben Manager Calmund und sein Trainer Dettmar Cramer während ihrer gemeinsamen Zeit bei Bayer Leverkusen ab.

»Ich komme in die Maschine und setze mich in die Dreierreihe. Denken die doch: Da kommt der Dicke, ich kriege keine Luft mehr. Ich schnalle mich derweil an und bitte um ein Verlängerungskabel – Extension please. Und dann quatsche ich aber mit denen und die sagen danach: Mensch, der Flug hätte aber ruhig noch 'ne Stunde länger dauern können. Morgen, das weiß ich jetzt schon, sitze ich wieder in einer Dreierreihe. Dann marschiere ich da rein und sage: Liebe Frau, Sie haben sechs Richtige im Lotto, ich sitze neben Ihnen. Und ich muss übrigens auch meinen Kaffee bei Ihnen abstellen, weil das Kläppchen bei mir nicht runtergeht …«

Über sein Gewicht wurden auch stets viele Scherze gemacht. So witzelte Max Merkel einmal: »Im Eisschrank hatte er nur noch das Nötigste: 20 Schnitzel, 33 Frikadellen.« Oliver Kalkofe meinte: »Reiner Calmund ist nicht der dickste Mann der Welt geworden, nur weil er so viel gefressen hat. Nein, er hat sich auch nicht bewegt und ist nicht aufs Klo gegangen. Und heute kann er mit einem Furz ein Schlauchboot aufblasen.« Stefan Raab ergänzte: »Fastenzeit heißt für Reiner Calmund: Mehrere Wochen werden die Knochen nicht mitgegessen …« Und natürlich darf Harald Schmidt in der Auflistung nicht fehlen: »Leverkusen hat die Bewerbung zurückgezogen, das Stadion ist zu klein. Beim nächsten Mal bewirbt sich Leverkusen dann mit dem Esszimmer von Reiner Calmund« und »Die deutsche Nationalmannschaft macht einen Nachmittag für Kinder. Die Hauptattraktion ist Calmund als Hüpfburg.«

Essen und Fußball

Leverkusens Physiotherapeut Dieter Trzolek machte sich echte Sorgen um den Bayer-Manager: »Reiner betreibt Selbstmord mit Messer und Gabel.« Spottete aber ebenfalls über Callis Diätversuche: »Seine Frau hat im Wohnzimmer gegessen, er in der Küche – so sah seine Trennkost aus.« Immer wieder gab es in der Zeit als Bayer-Manager Anspielungen auf Calmunds Gewicht. Es sind erstaunlich viele. Klaus Allofs meinte einmal:

»Die Vorsätze Leverkusens, anders zu wirtschaften, sind so ernsthaft wie die Vorsätze Reiner Calmunds abzunehmen.«

Klaus Augenthaler reagierte auf die Ankündigung des Managers, bei einer Champions-League-Qualifikation per Rad zu einem Heimspiel des 1. FC Köln zu fahren, folgendermaßen: »So ein Rad gibt es gar nicht.« Hans Meyer meinte zu den Gerüchten, er würde Sportdirektor bei Bayer Leverkusen werden: »Reiner Calmund und ich wären super Partner, um schön essen zu gehen und über Fußball zu quatschen.« Und wieder Günther Jauch: »Wenn der Nebel dick wie Calmund, sieht man nix im weiten Halbrund.«

Aber auch Calmund selbst spielt verbal gerne mit seinem Äußeren. Als Bremens Manager Willi Lemke in die Politik wechselte (Bildungssenator), kommentierte er das so: »Klar kann ich mir so etwas auch vorstellen. Aber nur in die Bun-

Reiner Calmund im September 1994.

despolitik – als Wirtschafts- und Ernährungsminister.« Als mal wieder ein neuer Übungsleiter in den Medien diskutiert wurde, sagte Calli: »Das Trainerthema ist bei uns pasta.« Selbst im Abstiegskampf kam indirekt das Thema Essen vor: »Wenn du auf dem Balkon sitzt und gehst rein, guckst in den Kühlschrank, dann sitzt da schon das Abstiegsgespenst.« Und als man schließlich gerettet war, sagte Calmund mit einer Anspielung auf seinen voluminösen Körper: »Mir ist ein Felsen vom Körper gefallen.«

Sein Aussehen ist dem ehemaligen Fußballmanager aber – anders, als man denken könnte – nicht egal. Als er sich für die Vox-Doku-Soap »Iron Calli« ausziehen musste, sagte er später: »Als ich mit nacktem Oberkörper dalag, dachte ich, da ist ein weißer Wal gestrandet, das hab ich mir echt nicht gern angeschaut.« Er nimmt sein Äußeres sogar sehr ernst: »Ich will ein abschreckendes Beispiel vor allem für die Jugend sein. Wenn man ein solches Gewicht hat wie ich, dann wird es brutal schwer, wieder davon runterzukommen. Das müssen Kinder wissen, wenn sie vorm Fernseher ihre Chips mampfen.«

Calli sorgt für Wirtschaftswachstum

Im nächsten Moment macht Calli aber auch schon wieder Scherze: »Für den Titel würde ich 20 Kilo Fett absaugen lassen!« Oder: »Für die Deutsche Meisterschaft würde ich ein halbes Jahr nix essen.« Besonders gerne nahm der Bayer-Manager die Termine mit den anderen Vereinsoberen wahr: »Am Sonntag um 13 Uhr haben wir ein Weißwurst-Wettfressen mit der Bayern-Spitze. Da bin ich gut dabei.« Und auch geschäftliche Termine legte er sehr gerne in ein Restaurant: »Wir hatten ein dreistündiges Arbeitsessen.« Sein Leitspruch dabei: »Es heißt doch immer, Geld soll in die Wirtschaft gesteckt werden. Und daran halte ich mich.«

Was Reiner Calmund gar nicht schätzte, waren spezielle Unterredungen mit seinem Trainer Christoph Daum: »Gelegentlich versaut er mir mit seinem Gesundheitsgefasel am Tisch selbst den Genuss des herrlichsten Essens!« Mit Werder-Manager Willi Lemke scherzte er hingegen ausgiebig: »Mann, Willi, du siehst ja echt aus, als sei 'ne Hungersnot ausgebrochen!« Lemkes Antwort war aber auch nicht ohne: »Und du siehst so aus, als seiest du schuld daran!«

Über den Mann, der sich selbst als Pornodarsteller den Künstlernamen »Der flinke Dicke« geben würde, hat Max Merkel einmal gesagt: »In der Bundesliga ist Big Calli berühmter geworden als die Wildecker Herzbuben mit ihrem Herzilein-Heuler.« Und als er in Leverkusen seinen Manager-Posten aufgab, meinte der ehemalige Meistertrainer traurig:

»Ohne Calli ist mir Bayer zu dünn.«

Ein Reporter wollte einmal vom Bayer-Manager wissen: »Herr Calmund, was ist wahrscheinlicher? Dass Sie eines Tages Ihr Idealgewicht erreichen oder dass Bayer Leverkusen Deutscher Meister wird?« Und Calli antwortete gewohnt ehrlich: »Dass Bayer Meister wird!«

★ ★ ★

Dettmar Cramer
»Napoleon«

Sepp Maier nannte seinen 1,65 Meter großen Trainer »Laufender Meter«, Bayern-Präsident Wilhelm Neudecker »der kleine Furz«. Von seiner eigenen Ehefrau Anne-Marie ist der Spruch überliefert: »Er redet über Fußball, bis der letzte Mann am Boden liegt.« Und Dettmar Cramer selbst sagte einmal: »Meine größte Schwäche ist meine Unfähigkeit, nein zu sagen. Meine Frau hat es mal so erklärt: ›Dettmar, wenn du ein weibliches Wesen wärst, dann wärst du schon längst keine Dame mehr!‹« Von Dettmar Cramer werden seine herrlichen Sätze ewig hängen bleiben: »Wenn ihr Kopfballduelle nicht gewinnen könnt, dürft ihr sie wenigstens nicht verlieren.«

Mit dem österreichischen Lästermaul Max Merkel verband Cramer über die komplette Zeit seiner Laufbahn ein ganz besonderes Verhältnis. Es gipfelte in einem legendären Dialog. Merkel meinte: »Der Dettmar Cramer hat doch nur den Schwarzen im Senegal beigebracht, wie man Kakteen umdribbelt.« Dettmar Cramer antwortete: »Hier ist der Kollege Merkel schlecht in Geografie: Im Senegal gibt es gar keine Kakteen.«

Wegen dieser und anderer Geschichten konnte Max Merkel Cramer einfach nicht leiden. Immer wieder stichelte er gegen den Meistertrainer: »Der Cramer, wenn er so dasteht, den halten S' doch nie für einen Fußballtrainer. Er ist ein Klassekerl, aber er sieht aus wie ein Hochschullehrer, ein Kernphysiker oder ein U-Boot-Kapitän. Der hatte einen Weltklasse-Vortrag vom Fachlichen her, aber wenn ich ihn seh, hab ich ein Armutsgefühl. Acht Pfund Papier braucht der für seine Taktik, und die Klosterschwestern beten für ihn. Zu mir ist noch nie ein Pastor gekommen, Herr Merkel: Wir beten für Ihren Erfolg.« Ein wenig später ergänzte er noch: »In der Theorie ist Cramer Weltmeister. Der Dettmar füllt zwar kiloweise Papier mit Strichen, wie die Spieler zu laufen und Bälle abzuspielen haben, trotzdem zählte der Präsident neulich 43 Abspielfehler in Frankfurt.« Und so wundert es nicht, dass der Vorsitzende des FC Bayern Bayern, Wilhelm Neudecker, ebenfalls kein gutes Haar an Cramer ließ. Er fand ihn den Spielern gegenüber zu weich: »Cramer trainiert nur ihre Hinterköpfe. Am Ende haben alle Abitur, aber der FC Bayern zu wenig Punkte.« Erst als Cramer auch internationale Titel gewann, gab Neudecker Ruhe. Cramer erinnerte sich: »Damals hat man sich eben suspekt gemacht, wenn man drei gerade Sätze am Stück formulieren konnte.« Einer seiner bekanntesten:

»Es hängt alles irgendwo zusammen. Sie können sich am Hintern ein Haar ausreißen, dann tränt das Auge.«

Tatsächlich hat sich Dettmar Cramer nach dem Zweiten Weltkrieg vieles selbst beigebracht. Er schaffte seine Fußballlehrer-Prüfung, obwohl er damals von »Schiller und Goethe mehr als vom Fußball« wusste, wie Bundestrainer Sepp Herberger lächelnd erzählte. Vor dem Weltmeister-Trainer von 1954 hatte Cramer riesigen Respekt. Er hielt ihn für den Besten. Das zeigt auch seine Antwort auf die Frage, was er zum Thema Trainer-Entlassungen zu sagen habe: »Wenn jeder Verein in der Bundesliga einen Herberger hätte, müssten zwei Herberger absteigen.«

»Der wunderbare Zufall«

Franz Beckenbauer erzählte einmal über seinen Trainer Dettmar Cramer: »Er hielt uns in der Mannschaftssitzung regelrechte Univorträge. Vor jedem Training hat er uns im Keller des Vereinsgeländes versammelt, in einem Kämmerchen, in dem wir alle gerade Platz hatten, wenn wir ganz eng zusammenrückten. Die Fenster wurden geschlossen, weil draußen immer ein paar Kiebitze lauerten, die aber nichts hören sollten. Es dauerte keine zehn Minuten, dann war der Sauerstoff verbraucht. Als Erster schlief immer Sepp Maier ein, weitere folgten. Gerd Müller raunte immer nur: ›Was erzählt der? Die Blinden, die schlagen wir 4:0.‹«

Man kann sich lebhaft vorstellen, wie die Sitzungen abgelaufen sein müssen, wenn man sich einige Sätze von Cramer vor Augen führt. Wie zum Beispiel diesen: »Die Kugel hat ihr Eigenleben: Der eine Ball ist dumpf, der andere Ball hat ›Musike‹ in sich. Darum symbolisiert der Fußball eine Beständigkeit in der Unbeständigkeit. Er ist das Symbol für den wunderbaren Zufall, den der Mensch zu beherrschen sucht.« Und: »Willst du Männer formen, musst du Jünglinge fordern.« Oder auch:

»Viele sehen den Trainer zu sehr im Vordergrund. Er ist nur der Steigbügelhalter, reiten müssen die Spieler selbst.«

Einen seiner Spieler mochte Dettmar Cramer zu Münchner Zeiten ganz besonders. Den Lippstädter Karl-Heinz Rummenigge hatte er unter seine Fittiche genommen. Auf seine ganz spezielle Art versuchte er dem Jungstürmer einige kluge Ratschläge zu vermitteln, um in gewissen Spielsituationen fixer reagieren zu können: »Versuche beim Autofahren vorherzusehen, wie dein Vordermann oder Gegenüber sich verhalten wird. Schau schneller hübschen Mädchen nach und merke dir, wie sie aussehen.« In einem anderen Fall griff Dettmar Cramer noch tiefer in die Trickkiste. Er verabreichte Rummenigge vor dem Landesmeister-Finale 1976 alkoholische Getränke. Zur Beruhigung soll er »Rotbäckchen« zwei Cognacs eingeschenkt haben. Jahre später stritt er die Geschichte zwar nicht ab, betonte aber: »Das Finale war doch in Glasgow. Das kann höchstens Whisky gewesen sein.«

Karl-Heinz Rummenigge selbst erzählte einmal eine Anekdote aus den Hinterzimmern des großen FC Bayern: »Als Dr. Spannbauer noch unser Vereinsarzt war, lud er mal die ganze Truppe in sein Landhaus ein, das über sämtliche Schikanen verfügt: Kegelbahn, Schwimmbad etc. Dort hingen auch Boxhandschuhe herum, und Dettmar Cramer schlug mir vor, mal ein paar Runden mit ihm zu boxen. Während es für mich ein unheimlicher Jux war, geriet Cramer nach und nach in Rage und bedrängte mich. Da habe ich ihm auf einmal blitzschnell eins voll auf die Nase gegeben. Das war es dann auch! Er wollte nicht mehr. Die anderen Spieler haben sich köstlich amüsiert. Aufgestellt hat mich der Trainer trotzdem wieder.« Als Rummenigge zum Bund musste, hieß sein Vorgesetzter Manfred Cramer. Rummenigge: »Mich hätte fast der Schlag getroffen, als ich hörte, wie mein Chef hier heißt. Der Name verfolgt mich direkt.«

Dettmar Cramer

DETTMAR CRAMER

»Professor« »Napoleon«

Damals entstand im Münchner Olympiastadion eine legendäre Fotoserie, die Bundesliga-Geschichte geschrieben hat. Dettmar Cramer musste sich viel Kritik für dieses ganz spezielle Shooting gefallen lassen. Dabei ist die Erklärung doch so einfach. Er selbst erzählte die Geschichte der »Napoleon«-Fotos so: »Dr. Wiede, ein alter Freund von mir und Sportchef der ›Münchner AZ‹, rief mich an und bat mich um ein Exklusivfoto mit Dreispitzhut. Da er ein alter Freund war, wollte ich nicht gleich ablehnen. Wiede bekniete mich so lange, bis ich eines Tages sagte: ›Okay, ich mache das.‹ Als ich im Stadion erschien, um das Foto mit dem Feldherrn-Hut aufzunehmen, stand Diana Sandmann, die jetzige Beckenbauer-Freundin und Fotografin, plötzlich mit einer kompletten Napoleon-Montur aus dem Kostümverleih da. Ich sagte, das wäre gegen unsere Absprache, und wollte nicht mitmachen. Da fing sie fast zu weinen an, meinte, sie stünde jetzt bei ihrem Chef als Versager da. Sie bettelte so lange, bis ich einfach ja sagen musste. Ich konnte nicht anders. Ich wusste damals nicht, dass Diana eine Agenturfotografin ist und das Foto bald die ganze Welt überschwemmen würde. Für mich als alten karnevalsgewohnten Westfalen war das Foto ein Witz, ein harmloser Kostümgag. Plötzlich war ich als Napoleon abgestempelt.«

Die fehlende Größe des 1,65 Meter großen »Fußball-Professors« hat andere Menschen schon immer in ihrer Fantasie anreget. Hans Finne, der Zeugwart von Bayer Leverkusen, fragte nach der Verpflichtung Cramers:

»Haben wir überhaupt einen so kleinen Trainingsanzug?«

Und ein Bayern-Fan dachte beim Anblick des silbernen Supercup-Pokals sofort an den Trainer: »Das ist doch eine Badewanne für Dettmar Cramer!«

Der große Rhetoriker Cramer (»Aus einem traurigen Hintern kommt eben kein fröhlicher Furz mehr«) hat nach der Karriere einen weiteren wunderbaren Satz gesagt: »Freundschaften schließen ist noch viel wichtiger als Tore schießen – mit Abstand.« In Hennes Weisweiler hatte er einen Bruder im Geiste. Als Widmung schrieb er seinem Trainerkollegen Cramer in ein Buch: »Letzten Endes sind wir doch beide Suchende.«

★ ★ ★

Napoleon Bonaparte alias Dettmar Cramer im Münchner Olympiastadion.

Christoph Daum
»Schwartlappen«

Der Mann trägt den Branchennamen »Cassius« wahrlich zu Recht: »Ich weiß: Ich bin einzigartig, ich bin einmalig, es gibt kaum Bessere. Es gibt auch andere, die gut sind, aber ich bin einer der Besten. Ich stelle mich nie infrage.« Wenn ihn mal wieder niemand lobte, dann erledigte Daum das ganz alleine: »Es gibt den schönen Spruch von mir: ›Je mehr mir die Irrationalität des Fußballs bewusst wird, umso realer sehe ich ihn.‹« Kein Wunder, dass Lästermaul Max Merkel so seine Probleme mit dem selbstbewussten Trainer hatte: »Christoph Daum ernährt sich fast ausschließlich von Makkaroni – weil er so beim Essen ungestört durch die Löcher weiterreden kann.«

Auf die Frage des berühmten »FAZ«-Fragebogens nach der gegenwärtigen Geistesverfassung antwortete Trainer Daum einmal spirituell auf Wolke sieben: »Ich empfinde eine aktive Gelöstheit!« Vermutlich handelt es sich dabei um einen Dauerzustand. »Er arbeitet wie ein Brummkreisel«, sagte Udo Lattek einmal über ihn. Es ist kaum zu glauben, dass dieser umtriebige Mann in seinen Anfängen tatsächlich über zwei Jahre auf eine Schreibmaschine, die er über die FC-Geschäftsstelle geordert hatte, gewartet haben soll. Doch diese Geschichte hat er selbst gerne in der Rückschau über sich erzählt.

Damals gingen die wenigsten davon aus, dass seine Karriere von Dauer sein würde. Als er 1988 während der Fußball-Europameisterschaft Franz Beckenbauer vorhielt, auf die falschen Spieler gesetzt zu haben, reagierte der Kaiser sehr entspannt: »Was kümmert es den Mond, wenn der Hund ihn anbellt?« Daum nutzte diese Antwort zu einem weiteren verbalen Schachzug: »Man müsse sich fragen, ob es sich um einen zunehmenden oder abnehmenden Mond handelt.« Freunde wurden die beiden bis heute nicht.

»Hilfreich ist natürlich, ein unbegrenztes Selbstvertrauen zu haben. Wenn man dich Großmaul nennt, hast du es geschafft.«

Genau nach dieser Devise lebt Daum, und so versprach der Kölner Trainer den FC-Fans an Silvester 1988, zur neuen Saison einen absoluten Kracher fürs Mittelfeld zu holen. Er wollte den Sohn des legendären Pelé nach Köln transferieren. Die Geschichte schlug ein wie eine Bombe. Ein echter Pelé im Müngersdorfer Stadion! Die erfolgshungrigen FC-Anhänger jubilierten bereits. Doch die Sache hatte einen Haken: Osvaldo spielte zwar Fußball, aber erstens nicht sonderlich erfolgreich und zweitens auch noch im Tor. Aber das wusste Daum bereits, als er den Journalisten die sensationelle Nachricht unterbreitete. Mit einem Lächeln auf den Lippen entschuldigte er sich später: »Sorry, war nur ein Werbegag. Aber ich musste doch mal wieder einen raushauen, oder?!« Alles unter dem Motto: »Ich bin für alles zu haben, was die Bundesliga interessant macht. Bei einer Flaute lässt sich auch keine Regatta fahren. Ich sorge für frischen Wind.«

Daum gegen die Bayern

Und so reizte er die Liga und allen voran die Bayern, bis es am 20. Mai 1989 zu einem der legendärsten Gespräche kam, die je im »Aktuellen Sportstudio« des ZDF stattgefunden haben. Das Rededuell zwischen Christoph Daum und Udo Lattek auf der einen sowie Uli Hoeneß und

Jupp Heynckes auf der anderen Seite ist in die Bundesliga-Geschichte eingegangen. In einem Interview sagte der FC-Trainer: »Ich habe Heynckes überall gesehen: in Venlo, in Rotterdam und im Fernsehen. Aber wir sind wie die Königskinder. Wir kommen nicht zusammen.« Nach dieser Aussage gelang es ZDF-Moderator Bernd Heller vor dem Duell des 1. FC Köln gegen den FC Bayern München am 31. Spieltag, die vier Streithähne zu sich ins Studio einzuladen.

Dort war die Stimmung spürbar angespannt. Es entspann sich eines der seltsamsten Gespräche, die bis heute im deutschen Fernsehen geführt wurden. Die besondere Dramatik ergab sich aus der Vorgeschichte. Über Wochen hatte der Kölner Trainer verbale Attacken Richtung München und dort vor allem auf den Coach Jupp Heynckes gefahren. Daum ließ sich zu Äußerungen wie »Heynckes könnte auch Werbung für Schlaftabletten machen« oder »Jeder Wetterbericht ist aussagekräftiger als ein Gespräch mit Heynckes« hinreißen. Als er auch noch sagte, die »Münchner Journalisten haben mich nach dem Unterschied zwischen Heynckes und einem großen Trainer gefragt«, war Bayern-Manager Uli Hoeneß richtig sauer: »Das Semester der Rhetorik hat der Daum wohl versäumt.«

Auch Heynckes teilte nach dem ersten Schock kräftig aus:

»Der Daum ist eine billige Lattek-Imitation. Er hat zu viel Hafenstraßen- und Kreuzberg-Niveau. Er hätte den Knopf finden müssen, um sich abzustellen, der braucht doch Medikamente gegen Höhenrausch.«

Christoph Daum hätte auch als Staubsaugervertreter eine gute Figur gemacht.

Von fern mischte sich dann auch noch Erich Ribbeck in den Streit ein und urteilte über Daum: »Dieser Schwartlappen. Ich bin schon länger als zehn Jahre im Geschäft und immer noch dabei. Daum wird in der Bundesliga keine zehn Jahre erleben.« Als ARD-Moderator Waldemar Hartmann den Kölner Coach nach der ganzen Geschichte fragte, ob er sich bei Heynckes entschuldigen würde, antwortete Daum: »Wofür? In seinem Schneckenhaus kann man sich ohnehin nicht zu zweit unterhalten!« Mit einem bisschen Abstand äußerte sich Trainerjüngling Daum etwas moderater: »Ich wollte zwei Dinge erreichen. Ich wollte Meister werden – und den Bayern-Mythos demontieren. Die haben ja immer einen Bonus, weil jeder vor ihnen Angst hat. Sogar ein Unentschieden zu Hause wird als Erfolg gewertet. Die Ansicht von Uli Hoeneß, dass alle Mannschaften gegen die Bayern besonders motiviert sind, stimmt nicht. Alle haben die Hosen voll!«

Der Motivationskünstler

Doch Daum war damals nicht nur der Dampfplauderer und ein Liebling der Medien, sondern

Immer wieder ist Daum Titelthema, egal ob im »kicker« (25. November 1996) in der »Sport Bild« (18. August 1999) oder in »Penthouse« (im Juli 1991).

auch ein Trainer der neuen Generation. Sein Spieler Pierre Littbarski schwärmte in seinem Buch »Litti. Meine Geschichte« regelrecht von ihm: »Daum war nicht nur ein Trainer, der sehr viel von Taktik verstand, er konnte die einzelnen Spieler und die ganze Mannschaft auch hervorragend motivieren, da war er ein richtiger Künstler. Er hatte jeden Tag originelle Ideen und war immer wieder in der Lage, uns mit irgendetwas Neuem zu überraschen, da besaß er eine fast unbegrenzte Energie. Er meinte, dass das beste Training ohne Abwechslung langweilig wird und die Spieler dann keine Lust mehr haben mitzuziehen. Das immer gleiche Schema frustriert. Darum ließ er sich ständig etwas einfallen: Einmal brachte er eine Aerobic-Lehrerin mit, das gab natürlich ein großes Hallo, und alle machten dann schon allein aus ›Spaß an der Freud‹ mit.«

Einer seiner großen Lehrmeister war der damalige Kölner Sportdirektor, wie Daum erzählte: »Udo Lattek hat mir psychologische Tricks beigebracht, die es in keinem Seminar zu lernen gibt. Was ich auf der Sporthochschule über Motivation erfuhr, hörte sich zwar gut und schlüssig an. Bei meiner Lehrprobe hat alles gestimmt: Katharsis gut aufgebaut, Wortwahl prima, keine Verneinung gebraucht – alles beachtet. Aber damit lockst du keine Oma hinterm Ofen hervor.« Daum hat sich damals, wie er selbst sagte, »die Sprache des Erfolgs« bei Lattek abgeschaut: »Es gibt eine ganz einfache Formel: Wenn du Spieler erfolgreich machen willst, dann behandele sie, wie du sie haben willst.«

Ulf Kirsten erzählte einmal, was Daum bei den Spielern für wundersame Dinge bewirkte:

»Wenn du einsfünfzig bist, sagt er, du bist einsachtzig. Und du legst dich mit jedem an, weil du es glaubst.«

Paulo Sergio glaubte sogar an höhere Mächte: »Ich stehe seit unserer Mitternachtsbesprechung im Bann des Zauberers Daum. Jetzt glaube ich sogar, dass unser Coach über geheimnisvolle Voodoo-Kräfte verfügt!« Die Meinungen des »Schwatten« und des brasilianischen

Daum:

Wo ist der Mann ohne Finger?

● Überraschenden Besuch erhielt Kölns Trainer Christoph Daum von einem holländischen Amateurspieler, der das Gespräch mit den Worten eröffnete: „Wir passen zusammen. Sie wollen den Erfolg – ich auch!“ Als ihn Daum daraufhin zu einem Probetraining aufforderte, lehnte der Gast ab. Ihm sei auf dem Weg nach Köln die Sporttasche bei einem Autounfall gestohlen worden. Deswegen vereinbarten die beiden einen neuen Termin. Bis heute ist er junge Mann, der vorgab, ein Stürmer zu sein, nicht beim 1. FC erschienen. Kurz bevor er Daum verließ, verriet er ihm noch seine Spezialität: „Ich mache die weitesten Einwürfe in Holland.“ Als er es demonstrierte, sah Daum, daß ihm drei Finger fehlen . . .

Weltmeisters sind kein Wunder, lautet Daums Credo doch: »Meine Spieler sollen die Power nicht nur im Fuß haben, sondern auch zwischen den Ohren.« Einer seiner Tricks: »Die Wahrnehmung des Menschen erfolgt über die Augen: Was man sieht, will man haben. Wenn ich 35.000 Mark verspreche, ist das eine abstrakte Summe. Profis müssen Geldscheine sehen. Ich bin sogar einen Schritt weiter gegangen: Woher kommt das Wort »begreifen«? Ein Kind lernt seine Umwelt kennen, indem es greift, anfasst, eben begreift. Ich habe also die Banknoten auf Pappe geklebt und die Spieler anfassen lassen. Da werden ganz andere körperliche Prozesse ausgelöst, als wenn ich nur sage: Jungs, es geht um 35 Mille.«

Immerhin blieb es spannend, auch wenn seine Ankündigungen nicht immer auch so eintrafen. So sahen es auch die Macher des »Geißbock Echos« im Mai 1989.

»Blutgruppe Sieg«

Aber auch Daum ist am Anfang seiner Laufbahn durch eine harte Schule gegangen. Cheftrainer und Vorgesetzter Georg Keßler triezte den jungen Diplom-Sportlehrer, wo er nur konnte. »Keßler«, so Daum, »hat mich gehalten wie einen Hund.« An einem Trainingsmorgen bat ihn sein Chef, nach draußen zu gehen und zu schauen, ob die Sonne scheint. Keßler wollte wissen, welche Brille er an diesem Tage aufsetzen müsse.

Als er dann 1986 selbst Cheftrainer wurde, ging alles sehr schnell. Unter seiner Leitung gewann der FC häufiger, als dass er verlor. Daum sagte Sätze wie diesen:

»Das war heute eine Mannschaft, die hatte eine Blutgruppe. Und diese Blutgruppe lautete Sieg.«

Mit Christoph Daum war der 1. FC Köln in der Saison 1988/89 ein ernsthafter Konkurrent um die Meisterschaft. Vor dem Spiel gegen die Bayern rechnete er vor, dass sein Team eigentlich punktgleich mit dem FCB war, obwohl der FC eigentlich zwei Punkte weniger auf dem Konto hatte – Daum plante den Sieg gegen die Münchner schon fest ein. Jupp Heynckes riet ihm daraufhin zu einem Tätigkeitswechsel: »Der Daum soll Lotto spielen, da kann er Millionär werden, wenn er alles im Voraus weiß!«

Für Daum sollte sich die Überheblichkeit rächen: Das Spiel gegen die Bayern wurde recht deutlich mit 1:3 verloren. Und tatsächlich zog er wohl seine Lehren aus der Geschichte, er wollte sich nach der verpassten Meisterschaft in Zukunft etwas zurücknehmen, versprach er zumindest: »Ich werde nicht mehr auf die Pauke hauen, sondern die Querflöte spielen mit leiseren Tönen. Sprüche sind Begleiterscheinungen. Davor steht harte Arbeit. 80 Stunden pro Woche. Nur wer das Handwerk beherrscht, darf trommeln.«

Aber einen kleinen Spruch ließ Daum dann doch noch verlauten: »Natürlich möchte ich Titel gewinnen. Aber wenn ich einen Geländewagen habe und die Konkurrenz einen Formel-1-Flitzer, wird es schwierig, das Rennen durch eine bessere Kurventechnik zu gewinnen.« Doch nach der Saison entzog man ihm beim FC das Vertrauen – für alle überraschend. »Der Spiegel« schrieb damals: »Der vierköpfige Vorstand des 1. FC Köln marschiert im WM-Quartier der deutschen Nationalelf im italienischen Erba auf, um Christoph Daum zu entlassen. Präsident Dietmar Artzinger-Bolten und seine Kollegen tragen schwarze Anzüge, Geschäftsführer Wolfgang Schänzler kommt mit offener Hose.«

Meister der Psychologie

Schnell schlug der VfB Stuttgart zu und verpflichtete den »Siegertyp« (Selbstbeschreibung Daum) im November 1990. Anderthalb Jahre später waren der VfB und Christoph Daum Deutscher Meister. Der Triumph wurde genüsslich ausgekostet, doch lange auf den eigenen Lorbeeren ausruhen, das gab es unter einem Trainer Daum nicht: »Wir haben im letzten Jahr viel erreicht. Aber die Meisterschale steht in der Vitrine, die Bilder kleben in den Fotoalben. Wir schlagen jetzt ein neues Kapitel auf. Noch sind da lauter leere Blätter. Aber wir werden darauf die Geschichte unserer Titelverteidigung schreiben.«

Zwar kein Meisterschaftsbier, aber immerhin durfte er mit seinem FC im Mai 2008 auf den Aufstieg in die 1. Bundesliga anstoßen.

Nach einigen Wochen der Erholung ging das Abenteuer von vorne los: »Die Zitrone hat im Sommer genug Zeit gehabt zu reifen. Jetzt ist wieder Presszeit. Ich meißele den Spielern ins Gehirn, dass wir uns nicht im Ruhm sonnen dürfen. Die Meute lauert doch nur darauf, dass wir abstürzen. Jeder will uns die Prämie klauen, unser Ansehen zerstören. Ich sage den Spielern: Dir nehmen sie deinen Mercedes weg, du musst wieder in eine Zweizimmerwohnung.« Die Profis hörten ihrem Trainer zu, denn »Fußballer sind eine besondere Gattung Mensch«, sagte Daum und ergänzte:

»Ich nenne sie Homo fußballiensis. Sie reagieren nur auf Druck.«

Mit Stuttgart wurde es nichts mit der Titelverteidigung, deshalb unternahm Daum mit Bayer Leverkusen einen neuen Versuch. Kein einfaches Unterfangen, wie Daum selbst am besten wusste: »Für so ein Ding muss ein Rädchen ins nächste greifen. Alle müssen hochkonzentriert sein. Das ist wie bei der NASA. Die haben schon zig Raketen in den Himmel geschickt. Aber vor jedem Start arbeiten alle so konzentriert, als wäre es das erste Mal.«

Und es lief richtig gut für Bayer. So gut, dass selbst Uli Hoeneß nervös wurde und sein berühmtes Kommando Attacke in München startete: »Der Daum wird in 100 Jahren nicht vor uns Meister sein!« Oder: »Platz eins ist für uns reserviert!« Und noch einer. Hoeneß über die Idee, bei einem Abendessen mit Daum mögliche Missverständnisse auszuräumen: »Dazu hätte ich nicht unbedingt Lust. Ich glaube nicht, dass mir das viel bringen würde. Das wäre ein sehr anstrengender Abend. Ich kann mir nicht vorstellen, dass man mit Daum Spaß haben könnte.«

In der Endphase der Meisterschaft griff schließlich auch Christoph Daum noch einmal ganz tief in die Trickkiste der Psychologie und verteilte Suppenlöffel an seine Spieler. Die sinnige Begründung Daums: »Es soll bewusst machen, dass alle von einem Teller essen. Die Mitarbeiter haben zwar aufgrund der unterschiedlichen Qualifikation verschieden große Löffel, aber wenn einer in die Suppe spuckt, schmeckt es keinem mehr.«

Am Ende wurde Leverkusen jedoch nur Zweiter hinter dem FC Bayern München. Das fand Kölns Trainer Peter Neururer allerdings ganz und gar nicht schade, denn vor der Saison hatte er versprochen: »Wenn Christoph Daum Meister wird, verlese ich Lobeshymnen in Gedichtform auf dem Kölner Neumarkt. Das habe ich gesagt, dazu stehe ich.«

Traumhochzeit im Stadion

Die Jahre danach wurden für Christoph Daum turbulent und abwechslungsreich. Seine Ant-

Seinen wahrscheinlich letzten Einsatz in der Bundesliga hatte Christoph Daum 2011. Frankfurts Heribert Bruchhagen verpflichtete entgegen dem Rat vieler Kollegen Christoph Daum. Besonders Uli Hoeneß war erstaunt und erschrocken über Bruchhagens Aktion: »Da muss irgendwie ein Pulver im Kaffee der Bundesliga gewesen sein, allgemein. Und er hat vielleicht auch etwas da drin gehabt.« Bei den Fans wirkte die Verpflichtung Daums eher humoristisch: »Wenn der Daum seine Linie durchzieht, hat Frankfurt im Abstiegskampf die Nase vorn.« Medial profitierte die Eintracht jedoch von Daums Engagement. Bereits die erste Pressekonferenz geriet zu einem öffentlichen Großereignis. Über 50 Fotografen, zehn Kamerateams und ca. 100 Journalisten notierten die Sätze Daums.

wort auf die Frage nach seinem Lieblingstier scheint nicht zufällig zu sein: »Es ist der Elefant. Er hat eine dicke Haut und einen breiten Rücken.« Als Franz Beckenbauer gefragt wurde, ob Christoph Daum nach den Drogenvorwürfen im Oktober 2000 noch einmal Trainer werden könne, antwortete er: »Ja, wenn Gras über die Sache gewachsen ist.« Wie immer eine sehr weise Antwort des Kaisers. Und tatsächlich kam Daum recht schnell wieder in die Spur. Schließlich kehrte er sogar nach Köln zurück. Als Trainer und als ein Mann, der auch privat den Wahnsinn gepachtet zu haben scheint. Als er heiratete, stand am nächsten Tag im »Express«: »Daums Ja-Wort im Stadion«. Daum sagte an diesem Tag den wunderbaren Satz: »Ich liebe diese Frau in jeglicher Form.« Zum Mittelkreis brachen die beiden einzeln von den gegenüberliegenden Toren auf. Der simple Grund: »So hatte jeder Zeit, noch mal zu überlegen.«

Der Standesbeamte Hartwig Reimann kam »aus dem Schwärmen nicht mehr heraus«: »Ich habe tausend Trauungen vorgenommen. Aber das war eine Märchenhochzeit. So nette Leute wie die Daums begegnen mir selten. Ich werde diese Hochzeit nie vergessen.«

Beispiele gefällig? Bitte schön:

»Es geht jetzt 25 Stunden am Tag um die Eintracht.«

»Die Familie steht jetzt erst einmal hinten an. Ich habe zu Hause Bilder von mir aufgestellt. Die kann meine Frau angucken, solange ich nicht da bin.«

»Der Kopf spielt im Fußball eine wichtige Rolle. Wenn er funktioniert, ist der Kopf wie ein drittes Bein.«

Nach dem Abstieg sagte Christoph Daum noch einen interessanten letzten Satz: »Ich bin in der Zeit etwas gescheiter geworden, aber nicht gescheitert.« Er hätte auch einfach einen legendären Satz aus den Anfängen seiner Karriere zitieren können:

»Ich bin kein Übermensch. Auch wenn mir das keiner glaubt.«

★ ★ ★

Gert »Charly« Dörfel

»Kein Kussverächter«

Nach der Karriere sagte der Hamburger Jung: »Mit einer richtigen Ausbildung im Koffer hätte ich bestimmt im Zirkus auftreten oder nach Hollywood gehen können.« Man nannte ihn den »Charlie Brown« des deutschen Fußballs oder die »kesse Motte des grünen Rasens«. Er selbst sagte einmal, »das sterbende Schwein, das ist ja mein Paradetier«. Es war die große Zeit des Uwe Seeler, die Dörfel mit bestimmte. Die HSV-Fans sangen häufig voller Inbrunst: »Charly gibt die Flanke, Uwe köpft sie rein.«

Charly Dörfel (Hamburger SV)

»Wir hatten beim HSV nur einen Ausländer: Das war Jürgen Kurbjuhn – der kam aus Buxtehude«, sagte Dörfel damals. Die Hamburger waren stolz auf ihre Mannschaft. Und die Spieler genossen ihr Ansehen. Sie waren Stars und dennoch im Herzen kleine Jungs, die einfach nur spielen wollten. Mit Charly Dörfel als Anführer des Quatschkommandos, wie er sich selbst gerne erinnerte.

Er ist stets ein großes, verspieltes Kind (O-Ton Dörfel: »Die Ernsthaftigkeit hat oft gefehlt«) geblieben: »Andere liefen seit Babytagen mit Lollis herum, wir Dörfels liefen seit der Geburt mit einem Ball durch die Gegend. Doch es gab nicht nur Fußball. Es gab die Musik, und es gab die Frauen. Ich war bekanntlich kein Kussverächter.«

Ein Lebemann, der gerne auch den Schotter mitnahm, der auf der Straße lag. Einmal gelang es ihm, einen ganz besonderen Deal auszuhandeln und dafür auch noch eine Lücke zu schließen: »Ich war der erste Fußballprofi in Deutschland, der ein Toupet trug – dafür gab's damals einen Zweijahres-Werbevertrag, der mit 20.000 Mark dotiert war.« Doch der breiten Öffentlichkeit blieb das neue Haarteil verborgen: »Ich habe mit dem Fiffi ja nur trainiert, nie gespielt. Die Zuschauer grölten dann: ›Ey, Glatze, wo sind deine Haare?‹« Dörfel litt unter seinen fehlenden Haaren so sehr, dass er richtig patzig wurde, wenn ihn einer zu sehr aufzog. Dann schlug er kompromisslos verbal zurück: »Ich erzähl doch auch keinem, dass du nur einen kleinen Pillermann hast!« Tragen durfte er das Haarteil im Spiel übrigens deshalb nicht, weil sein Trainer Georg Knöpfle es ihm verbot, und dessen Begründung klingt einleuchtend: »Wenn ein Spieler dem Charly das Toupet aus Versehen vom Kopf reißt, ist es aus mit seinem Selbstvertrauen.«

Doch davon hatte Charly ansonsten immer genug. Er erzählt gerne von dem Spiel am Rothenbaum, bei dem er vorher einem guten Freund gesagt hatte, er werde ihn schon finden – im Publikum. Er solle sich auf etwas gefasst machen. Und so kam es dann auch: »Während des Spiels schaute ich ständig auf die Zuschauerränge, konnte ihn aber nicht finden. Kurz vor der Halbzeit sah ich ihn dann doch. Ich bin also auf die Tribüne, habe ihm inmitten der johlenden Fans die Hand geschüttelt und gerufen: ›Ich habe ihn gefunden!‹ Ihm war das ziemlich unangenehm.«

Seine besondere Begabung, Sachen zu machen, die andere in Erstaunen versetzten und zum Lachen brachten, nutzten seine Mitspieler immer wieder gerne, wenn die Stimmung im Keller war. Dann hieß es: »Charly, mach mal Ente!« Und augenblicklich watschelte der Hamburger Jung schnatternd über den grünen Rasen. Die Mannschaft lachte und schon war die Laune wieder gerettet.

»Der Spiegel« schrieb einmal über ihn: »Er kletterte auf Masten, sprang in voller Montur ins Schwimmbassin und trainierte im Gala-Anzug. Während einer Island-Fahrt der Nationalelf balancierte er am Rande eines Abgrunds. Selbst der damalige Bundestrainer Herberger wagte nicht, den Tänzer am Abgrund durch Anruf zu gefährden.«

Am 30. Oktober 1968 trieb es Charly Dörfel im Hamburger Volksparkstadion dann vor 30.000 Zuschauern etwas zu bunt. Schiedsrichter Edgar Deuschel aus Ludwigshafen hatte keine andere Wahl, als ihn des Feldes zu verweisen. Der bekannte Nationalspieler und populäre Schlagersänger antwortete nach einem Foulspiel an einem Gegenspieler auf die Frage des Schiris »Wie heißen Sie?« mit der knappen, aber leider falschen Antwort: »Schulze.«

Einmal legte er sich sogar mit seinen Mitspielern an. Bei einem 5:1 gegen Tasmania Berlin schoss Dörfel das 2:0, bereitete zwei weitere Tore vor und spielte insgesamt groß auf. Als er jedoch mit Beinschüssen anfing, wurde es Seeler zu bunt:

»Zwanzig Tore kannst du von mir aus machen, Charly, aber nicht unseren Gegner verulken!«

Doch der HSV erlebte auch schon mal schwere Tage. Ohne Torwart Horst Schnoor – er wurde von einem Mitspieler so unglücklich getroffen, dass er monatelang ausfiel – und Torjäger Uwe Seeler – der nach einem Achillessehnenriss sieben Monate ausschied – blies das Team Trübsal. Als Gert »Charly« Dörfel auch noch mitten in der Krise nur an sich dachte und seinen Vertrag kündigte, rebellierte die Mannschaft. Niemand wollte mehr mit dem Linksaußen gemeinsam auf dem Platz stehen. Dörfels Motiv, durch die Kündigung mehr Geld rauszuschlagen, brachte auch die Zuschauer gegen ihn auf. Als herauskam, dass Dörfel einen Vorschuss einforderte, um eine Parfümerie zu eröffnen (»Meine Bekannte, die ich heiraten will, arbeitet in dieser Branche«), veröffentlichte eine Zeitung ein Bild Dörfels mit seinem gerade frisch erworbenen Auto, ein rotes Volvo-P-1800-S-Sportcoupé (»Neupreis: 18.300 Mark«). Am Ende blieb Dörfel nur noch ein Ausweg: Er musste seine Kündigung zurücknehmen, um reumütig in den Kreis der Mannschaft zurückkehren zu dürfen. Aus der Traum von den schönen Düften. Doch schnell fand Charly eine neue Geldquelle. Er nahm eine Single mit den einprägsamen Titeln »Das kann ich dir nicht verzeih'n« und »Erst ein Kuss« auf und befriedigte so akustische Genüsse.

Doch das ist lange her. Manche Geschichte ist mittlerweile verblasst. Andere Erinnerungen sind jedoch noch so taufrisch, dass sie all die Jahre überlebt haben. Als Dörfel vor einiger Zeit durch die Einkaufspassage in seinem Wohnort Seevetal ging, sprach ihn ein Mann an, der sich bei ihm bedanken wollte. Es war ein ehemaliger Mitspieler vom SV Polizei Hamburg. Dörfel war etwas irritiert. Er wusste partout nicht, warum sein früherer Teamkollege sich bei ihm bedanken wollte. Da sagte dieser:

»Wir haben vom HSV damals 3.000 Mark für dich bekommen. Mit dem Geld haben wir den besten Kegelabend gemacht, den ich je erlebt habe.«

Im Zirkus ist Charly Dörfel übrigens nach seiner Fußball-Karriere tatsächlich noch aufgetreten. Als Clown.

★ ★ ★

Auch im Wasser bzw. in der Luft (Februar 1970) konnte Gert »Charly« Dörfel sich sehen lassen.

Stefan Effenberg

Immer ehrlich und direkt

Manche Menschen machen sich das Leben tatsächlich nicht einfach. Stefan Effenberg zum Beispiel: »Ich habe ein verflucht großes Problem: Ich bin immer ehrlich.« Und das kann beizeiten für die Umwelt schon einmal etwas irritierend sein. Etwa dann, wenn der selbsternannte »Albtraum aller Schwiegermütter« sagt, dass er Gerhard Schröder zu den »drei klügsten Köpfen unserer Zeit« zählt – neben seiner eigenen Ehefrau Martina und dem Software-Tycoon Bill Gates. Oder wenn er mit trauriger Stimme sagt: »Manchmal wäre ich lieber Maurer.«

Stefan Effenberg einen Spezialtypen zu nennen, wäre wohl eine echte Untertreibung. Der Kabarettist Dieter Hildebrandt hat es ganz gut auf den Punkt gebracht, als er meinte: »Effenberg sagt nicht ›ich‹, sondern ›ein Effenberg‹. Er verehrt sich und trägt sich selbst jubelnd vom Platz. Eine groteske Figur.« Andere sind nicht ganz so zimperlich mit ihm umgegangen. Der Bremer Andreas Herzog sagte, nach dem gegen die Bayern gewonnenen Pokalfinale 1999, voller Abscheu und Genugtuung:

»Der Pfau, der Superpfau, der Herr Effenberg. Da stolziert er über den Platz und dann verschießt er. Es gibt doch noch einen Fußballgott.«

Auch der Literatur-Nobelpreisträger Günter Grass fühlte sich von der Figur Effenberg gereizt: »Wissen Sie, was ich schrecklich finde? Dieses Geholze vom FC Bayern. Und ich mag das Auftreten von Effenberg nicht, weil dessen Gehabe nichts mehr mit Fußball zu tun hat. In seiner Gestik drückt sich auch so ein Dummstolz aus.« Buffy Ettmayer, der Komiker auf und abseits des Fußballplatzes, fand ebenfalls deutliche Worte: »So einer wie der Effenberg, der hätte in den siebziger Jahren nicht gespielt, nicht die Koffer getragen – der hätte bestenfalls den Ball eingefettet.« Und Klaus Schlappner meldete sich damals extra aus China, um über Stefan Effenberg herzuziehen: »Dieser Fußball spielende Heino gehört nicht in die Nationalmannschaft – womit ich nichts gegen Heino gesagt haben will.«

Aber ein Effenberg ist ein Kämpfer. Damals, als sich auch noch die graue Eminenz des FC Bayern, Paul Breitner, zu Wort meldete (»Als ich neulich durchs Programm zappte, sah ich ihn am Kochtopf bei Alfred Biolek. Das sah richtig gut aus, was er da brutzelte. Vielleicht sollte er sich künftig mehr auf diesem Gebiet bewegen«), schlug der Champions-League-Sieger von 2001 auf einer denkwürdigen Pressekonferenz zurück: »Paul Breitner kann ich sagen, dass ich nie zerbrechen werde, nie im Leben. Ein Stefan Effenberg wird nicht zerbrechen … Wir sind Erster in der Tabelle, Freunde. Ist das so schwer zu verstehen? … Jaaa aber, da muss man aufpassen. Da muss man aufpassen mit dem, was man sagt, was man schreibt und wie man das rüberbringt. Damit muss man aufpassen. Weil, ich bin einer, der lässt sich das nicht gefallen, Freunde der Sonne! Nächste Frage!«

Ein Mann des Volkes

Jahre vorher hatte der Jungprofi einen Konflikt mit seinem Trainer sogar nonverbal lösen wollen: »Hey, Heynckes, gehen wir mal gerade vor die Tür!« Das Verhältnis der beiden war einfach nicht das beste. Jupp Heynckes soll einmal voller Sorge in der Mannschaftsdusche zu Effe gesagt haben: »He, pass auf, dass du nicht zu nah an den Abfluss kommst. Sonst rutschst du da noch durch …«

Aber solche Aktionen, und natürlich der berühmte Stinkefinger bei der WM 1994 in den USA, sorgten dafür, dass einige Leute Abstand von Effenberg nahmen; wie der damalige DFB-Präsident Egidius Braun: »Ein solcher Mensch hat in einer deutschen Nationalmannschaft nichts zu suchen.«

Stinkefinger für Fans – Berti warf ihn raus
Effenberg Ab nach Hause!
Aciclovir-ratiopharm
Die Creme gegen Lippenherpes
Rezeptfrei in Ihrer Apotheke!
Bild
WM aktuell
Italien Mexico 1:1
Irland Norwegen 0:0
Charles Staatskrise
Schlag in die Tas
Kaffee 3 Mark teure

Auch der große Franz Beckenbauer hielt zu Beginn der Karriere nicht viel vom großmäuligen Effenberg: »Zu meiner Zeit wäre der entweder nach zwei Wochen geheilt gewesen oder in der Versenkung verschwunden.« Dabei hatte der Gescholtene den Kaiser kurz zuvor noch geadelt:

»Sollte ich mal ein Großer werden wie Beckenbauer, dann dürfen mich die Leute überall auspfeifen, meinetwegen sogar beim Essen, das wäre mir scheißegal.«

Übrigens: Diese Meinung hat er einige Jahre später dann doch revidiert. Nach vielen, vielen Stadien voller Hass und Zorn sagte Effenberg: »Die Pfiffe gegen mich – so was kann kein Mensch vergessen. Auch in 50 Jahren nicht.« Und deshalb begann er sich zu wehren. Mit Scheibenwischergesten und verbalem Nachtreten: »Wenn ich zur Ecke gehe, das weiß jeder, dann kommen Feuerzeuge und Geldstücke geflogen. Das war ein Zeichen, dass man dies eigentlich nicht machen sollte. Zumal nach der Euro-Umstellung viele nicht mehr so viel Geld in der Tasche haben. Da sollten die Leute lieber das Geld in der Tasche behalten, anstatt es zu mir zu werfen. Nicht zuletzt wegen der Steuererhöhung und was alles noch so kommt.«

Dabei ist Effenberg eigentlich ein Mann des Volkes. Klare Kante und mitten aus dem Leben. Keiner der gehassten Fußballmillionäre, die nur zum Geldabholen vor den Ball treten: »Die meisten Spieler sehen ihren Job so: 90 Minuten Fußball spielen, umziehen, nach Hause fahren – mehr interessiert die nicht. Für mich bedeutet dieser Beruf mehr. Es gehört viel mehr Show dazu, es muss Leben in die Bude. Die Fans wollen Typen und gute Unterhaltung.« Und Leute, die Sätze für die Ewigkeit sagen: »Auch wenn es unmöglich ist, ist es noch möglich.«

Tigerkopf

Seinen ersten Verein in der Bundesliga verließ Effenberg damals mit einem riesigen medialen Hintergrundrauschen. Die Begründung für den Wechsel klang einleuchtend:

»In Gladbach stehe ich vor einem Müllberg, in München stehe ich vor dem Brenner!«

Doch schon recht bald wurde es ihm auch in der bayerischen Landeshauptstadt zu eng. Der blonde Mittelfeldspieler wechselte nach Italien und zeigte auch diesmal durchaus Kreativität, als er seinen Schritt für die Presse begründen sollte: »Weil der Garten in München zu klein ist!«

Während sich Effenberg im Lire-Paradies richtig wohl fühlte (»Hier in Italien stehen schon zum Mittagessen Wein und Bier auf dem Tisch, nach dem Motto: Wenn du zwei Bälle

Unglaublich, mit welchen Motiven man einen Fotowettbewerb gewinnen kann. Mit diesem Bild gewann der Fotograf Felix Hörhager in der Kategorie »Tagesaktualität« des Wettbewerbs »Pressefoto Bayern 2010«.

siehst, triffst du wenigstens einen«), machten sich alte Hasen der Bundesliga so ihre Gedanken. Der ehemalige Trainer des VfB, Albert Sing, meinte: »Wenn der Effenberg irgendwann Italienisch lernt, sollte er sofort nach Alaska verkauft werden. Denn wenn man ihn in Florenz erst versteht, macht er mit seinem Mundwerk auch diesen Verein kaputt.«

Als Stefan Effenberg schließlich aus Italien zurück nach Deutschland kam, war er gleich wieder der umjubelte Star der Bundesliga. Nach einer verlorenen Wette in Thomas Gottschalks »Wetten, dass..?«-Sendung ließ sich der Neu-Gladbacher in der RTL-Late-Night-Show »Gottschalk« eine aufsehenerregende

Frisur im Tigerlook verpassen. Der englische Punk-Coiffeur Collin Watkins durfte den Hinterkopf des Fußballstars scheren und einen Tigerkopf aufmalen. Ehefrau Martina wurde mit einem Rosen-Tattoo im Haar beglückt. Natürlich war ihr Mann am kommenden Spieltag der Star in der Manege Bundesliga.

Dem dauercoolen Effenberg (»Ich kaue immer Kaugummi, außer beim Essen und beim Schlafen«) wurde auch dieses Mal die Welt in Mönchengladbach schnell wieder zu eng. Er wechselte erneut nach München und traf dort auf einen alten Bekannten und Widersacher: Lothar Matthäus. Früher hatte er ihn bewundert, doch das legte sich schnell, wie Ex-Ehefrau Martina zu berichten wusste: »Ich kann mich noch erinnern, dass er nach seinem ersten Länderspiel nach Hause kam und mir ganz stolz erzählte, dass Lothar Matthäus mit ihm gesprochen hat. Darüber war er regelrecht glücklich.« Effenberg: »Heute spreche ich mit Matthäus. So ändern sich die Zeiten.«

Schriftsteller Effenberg

Als Bixente Lizarazu den Weltmeister Matthäus beim Training ohrfeigte und Trainer Ottmar Hitz-

Der neue Effenberg

- Acht Kilo mehr Muskeln
- Kürzeres Haar, weniger Sprüche
- Spezial-Training bei Frau Martina

feld nichts anderes übrig blieb, als das Vergehen mit einer Geldstrafe zu ahnden, zeigte sich Effenberg erstaunt: »Wieso Geldstrafe? Er müsste eigentlich Geld bekommen für das, was er gemacht hat. Dafür, dass einer dem Lothar mal was vor den Koffer gegeben hat.« Auch in seinem Buch kam Lothar Matthäus nicht gut weg:

»Lothar Matthäus hat ein eigenes Kapitel. Die erste Seite habe ich weiß gelassen, weil eigentlich jedes Wort über ihn zu viel ist.«

Apropos Buch: Als der ehemalige Nationalspieler und Neu-Schriftsteller Stefan Effenberg von der Bundesligabühne abtrat, sorgte er zum Abschied mit seinem Buch »Ich hab's allen gezeigt« für viel Aufregung. Der Medienrummel bei der Vorstellung seines Werks im Berliner »KulturKaufhaus Dussmann« war riesig. Begleitet wurde der scheidende Wolfsburger von seiner Freundin Claudia Strunz (der ehemaligen Frau des ehemaligen Teamkollegen Thomas). In Erinnerung geblieben ist vor allem die eine Frage eines Journalisten nach einem Buch, das Effenberg selbst richtig gut findet. Der ehemalige Nationalspieler antwortete ernsthaft und überlegt: »Hitlers Tagebuch – das hat mich dann doch interessiert.«

Der Moderator Oliver Welke wollte die peinliche Situation damals mit einem kleinen Ausfallschritt entspannen und fragte deshalb mit einem verschmitzten Grinsen im Gesicht: »Ähem, die ›Stern‹-Version der Tagebücher?« Doch Effenberg, der seine verfahrene Lage nicht erkannte, antwortete entschieden: »Nein, die niedergeschrieben wurde in dem Buch.« Übrigens, einige Jahre zuvor hat der blonde Mittelfeldspieler auf die Frage, was er denn zuletzt gelesen habe, wesentlich intelligenter geantwortet: »Die Hausaufgaben meiner Kinder.«

Nur wenige Wochen nach der Buchpräsentation ließ seine frühere Frau Martina in einem Artikel des Magazins »Bunte« wissen, dass auch sie an die Veröffentlichung ihrer Memoiren denke. Überzeugt vom Erfolg, meinte die Ex-Gattin des Fußballprofis: »Das würde ein Hit, ein Knaller!« Sie wolle, wenn sie denn einmal genügend Zeit habe, sich ohne einen Ghostwriter hinsetzen und alles niederschreiben. Von der »Scheinwelt des Fußballerlebens«, so Martina Effenberg, habe sie mittlerweile genug und würde »nicht mal mit einem Fußballer flirten«.

Stefan Effenberg hingegen hatte noch lange nicht genug vom runden Showbusiness. Einige Schlachten sollten mit der Veröffentlichung seines Buchs viel mehr in eine neue Runde gehen: »Wer mich öffentlich angemacht hat, kriegt jetzt eins vor den Latz. Zum Beispiel Breitner, Netzer und Lattek. Ich hoffe, dass sie nicht anfangen zu jammern.«

Effenberg privat und auf dem Platz

Private Themen spielten bei Effenberg nach der Karriere ohnehin eine große Rolle. Und das hatte durchaus nachvollziehbare Gründe. Als klar wurde, dass er sich die Frau seines ehemaligen Mannschaftskollegen Thomas Strunz geschnappt hatte, sagte Harald Schmidt in seiner Sendung:

»Ich hatte schon letzte Saison den Eindruck: Effe ist auswärts spritziger als zu Hause.«

Zwei literarische Meisterwerke ...

STEFAN EFFENBERG

Dabei hatte Effe selbst immer sehr positiv über seine Ehefrau Martina gesprochen: »Gibt man ihr den Schlüssel, findet sie ihr Hotelzimmer allein. Sie weiß auch, wie der Wasserhahn aufgeht.«

Im November 2008 wagte sich Stefan mit Claudia, der neuen Frau an seiner Seite, in die Primetime des deutschen Fernsehens. Allerdings nur für kurze Zeit. Denn relativ bald wurde ihre Reality-Soap »Effenbergs Heimspiel« ins Vormittagsprogramm von RTL verbannt. Aus kaum nachvollziehbaren Gründen hatten sich nicht genügend Zuschauer gefunden, die das echte Leben der Effenbergs interessierte. Dabei war es spannend zu verfolgen, wie Claudia beim Ausfall der Spülmaschine Gläser mit der Hand spülte und dafür stolz das Lob ihres Mannes empfing: »Du machst das toll!«

Sowieso scheint die Küche Claudias Revier zu sein. »Kochen ist das Beste« und »in der Küche ist das Leben« sind Sätze, die hängen geblieben sind. Vor allem deshalb, weil die Hausherrin anschließend eine Fertig-Currywurst in die Mikrowelle schob. Leider haben die Effenbergs Stefans Lieblingsdomizil bei einer ausführlich dokumentierten Villasuche schließlich doch nicht genommen. Dabei hatte die Maklerin die hauseigene Bar mit eingebauter Zapfanlage doch so nett angepriesen: »Hier können Sie sich abends ein Bier zapfen.« Und Effenberg offensichtlich einsichtig: »Da sitz ich nur noch hier.«

Auf dem Platz konnte man ihm aber nie etwas vorwerfen. Sein Zahnarzt beschwerte sich auch schon einmal bei der Münchner »Abendzeitung«, weil er gelesen hatte, sein Patient habe im Derby gegen 1860 München wie ein »zahnloser Tiger« gespielt. Das konnte der Doktor nicht auf sich sitzen lassen und versicherte Stefan Effenberg: »Sie haben nach zehn Behandlungen bei mir gute, scharfe Zähne.«

Auch sein Mitspieler Mehmet Scholl ließ auf den blonden Mittelfeldspieler nichts kommen: »Menschlich waren wir sehr unterschiedlich, aber als Kapitän war er super. Ich erinnere mich an ein Spiel gegen den SC Freiburg. Die haben in der ersten Halbzeit Jojo mit uns gespielt. Wir hatten drei Mann im Mittelfeld, und die waren zu fünft. In der Kabine frage ich: ›Effe, was machen wir denn jetzt?‹ Er: ›Mehmet, geh du weiter vor.‹ – ›Aber dann sind wir ja noch einer weniger im Mittelfeld!‹ – Sagt er: ›Egal, geh du vor, ich nehm die vier.‹ So war der Effe. Wir haben übrigens 1:0 gewonnen.« Manche Menschen wählen eben gerne den schwierigen Weg. Und deshalb war für Effenberg auch schon immer klar:

»Wenn ich nicht Fußballer geworden wäre, wäre ich Batman geworden.«

★ ★ ★

Günter Eichberg

Der »Sonnenkönig«

Der Mann hatte gleich eine ganze Reihe Spitznamen. Seine Lebensgefährtin Christa Paas nannte ihn »Kamikaze-Günter«, die »Sport-Bild« betitelte ihn als »Professor Windmacher«, »Der Spiegel« sah in ihm den »Generaldirektor Haffenloher aus der Fernsehserie ›Kir Royal‹« (»Ich scheiß dich zu mit meinem Geld«), und er selbst bezeichnete sich als »Streetfighter«. Freund und Fotograf Hennes Multhaup sagte einmal: »So viele Geschichten, wie der Günter uns geliefert hat, müsste er eigentlich eine Rente von der »Bild« beziehen!«

Mitte 1990 kursierte auf Schalke unter den Spielern folgender Witz über den »Sonnenkönig« Günter Eichberg: »Nachts in der Sahara. Ein Mann zündet sich eine Zigarette an. Drei Kilometer weiter entfernt steht Günter Eichberg und lächelt sofort. Er dachte, es sei ein Fotograf mit Blitzlicht!«

Sein Nachfolger auf dem Präsidentenstuhl auf Schalke, Bernd Tönnies, meinte einmal: »Herr Eichberg hatte Vorstellungen vom Reichsein, wie man sie aus schlechten Filmen kennt. Das ist einem westfälischen Bauernsohn wie mir sehr suspekt.« Dazu passt das Zitat von Eichberg selbst:

»Ich komme von ganz unten. Deshalb passe ich oben ganz genau auf.«

Warum das dennoch mit ihm und Schalke in die Binsen ging, beschreibt ein Spruch des königsblauen Unikums Charly Neumann über seinen Freund Günter: »Er kann nicht nein sagen. Wenn er eine Frau wäre, hätte er bestimmt schon 20 Kinder.« »Damals dachten wir«, erinnert sich der Verwaltungsratsvorsitzende Volker Stuckmann, »da kommt der Weihnachtsmann.« Das ist zwar knapp daneben gewesen, aber Kohle brachte der Mann dennoch reichlich mit: »In Schalke kaufe ich mir Lebensfreude. Nein, stopp, ich erwerbe sie – das klingt besser.«

Neben dem Geld hatte Günter Eichberg damals eine Vielzahl an Ideen und Kontakten im Gepäck. Eine dieser kuriosen Einfälle war folgender: Für 2.000 Mark durfte sich jede Gaststätte auf der Welt das Recht erkaufen, fortan unter dem besonderen Gütesiegel »Schalker Vereinslokal« zu firmieren. Den Anfang machte ausgerechnet die Stammkneipe des damaligen Präsidenten Eichberg auf Sylt. Zur Einweihung »Bei Herbert« – heute besser bekannt als »Sansibar« – wurde die komplette Mannschaft mit dem Bus aus dem Trainingslager vom Timmendorfer Strand hin zu den illustren Freunden des Sonnenkönigs gekarrt. Ein rauschendes Fest, ein zufriedener Gastwirt und ein offizielles »Schalker Vereinslokal« im hohen Norden. Später verschwand die Rabattaktion so schnell, wie sie geboren war, auch wieder in den tiefen Schubladen

Rehhagels Träume ehren Eichberg

Betr.: kicker Nr. 28 "Zaubert Otto bald auf Schalke?"

Daß ein Trainer wie Otto Rehhagel davon träumt, einmal in Schalke zu trainieren, ehrt uns natürlich sehr. Sollten wir aufsteigen und sollte in ferner Zukunft bei uns ein Trainerwechsel fällig sein, werde ich an ihn denken. Mit seiner Verehrung für Schalke steht er jedoch nicht allein.

Günter Eichberg,
Präsident Schalke 04

am Schalker Markt. Doch die »Sansibar« blieb ein Schalker Vereinslokal, und die Plakette, die an der Außenwand angebracht wurde, musste Hunderte Mal ersetzt werden, weil Touristen sie immer wieder mitgehen ließen.

Als Eichberg aufgrund geschäftlicher Turbulenzen in seinem Betrieb häufig länger nicht auf Schalke weilen konnte, wunderte er sich nach einer 14-tägigen Geschäftsreise beim ersten Blick auf den neusten Schuldenstand von S04 schon sehr: »Ich dachte zuerst, unser Schatzmeister hätte jeden Tag eine Million durchgebracht!« Nachdem er zugetreten war, sagte Bernd Tönnies auf die Frage eines Journalisten, wie Eichberg den entstandenen Schaden wiedergutmachen könne: »Er müsste zu allen Heimspielen einer Serie kommen und jedes Mal eine Million Mark mitbringen – das wäre toll.«

Kuzorras Beerdigung

Eine der bekanntesten Geschichten vom Schalker Markt hat auch Günter Eichberg zu verantworten. Doch die Hauptfigur dieser Story vom Tage der Beerdigung von Vereinslegende Ernst Kuzorra wurmt bis heute der Klang dieser Anekdote. Deshalb erzählt er sie gerne und häufig lieber selbst: »Ich gehe davon aus, dass das, was ich erzähle, nichts ändern wird an dem, was bis heute in der Welt steht und was Humbug ist – völlig verkehrt. Aber das muss es vielleicht auch nicht. Also, damals ist Folgendes passiert: Ich hatte mit Ernst als junger Präsident von Anfang an ein Vater-Sohn-Verhältnis, das von Charly Neumann, der ihm schon immer sehr nahestand, sehr gefördert wurde. Er hat mir geholfen, zu Ernst Kuzorra ein persönliches Verhältnis aufzubauen, denn ich konnte damals schon ermessen, was er für Schalke bedeutete. Und dann bin ich irgendwann in den Ferien gewesen, auf den Bahamas, glaube ich. Da kam meine Tochter, die damals gerade lesen konnte, mit der ›Bild‹-Zeitung und sagte:

›Papa, Ernest is died.‹

Da musste ich jetzt sehen, dass ich in drei Tagen von meinem Urlaubsort, der ja nun am anderen Ende der Welt lag, nach Gelsenkirchen kam. Und da habe ich wegen eines Verkehrsstaus einen Flieger verpasst. Als ich dann schließlich in Gelsenkirchen ankam – nachdem ich einmal um die halbe Welt geflogen war –, saßen die alle schon im Rathaus, im Festsaal, bei Kaffee und Kuchen, und Ernst war bereits in der Kuhle.

Die von der Presse sind sofort über mich hergefallen und haben gemeint: Wenn Ernst Kuzorra stirbt und der Präsident von Schalke ist nicht dabei, das kann nicht wahr sein. Die haben mir auch noch weisgemacht, das wäre für die Geschichtsfindung offenbar von sensationeller Bedeutung. Da habe ich gesagt, wenn ihr den Oberbürgermeister und meinen Vizepräsidenten überredet, dann gehen wir ans Grab und stellen uns nur davor – wir machen überhaupt nichts. Charly Neumann war übrigens auch noch mit dabei. Dann könnt ihr ein Foto machen und es demnächst – wegen dieser Geschichtsfindungssache natürlich – in irgendeinem Archiv aufbewahren. Das war alles, was passiert ist!

Die Jungs von der ›Bild‹-Zeitung, die eine halbe Stunde oder länger um mich herum geschwirrt waren und die mich zu diesem Blödsinn veranlassen wollten, die haben am anderen Tag natürlich nichts anderes zu tun gehabt, als zu schreiben: ›Ernst Kuzorra wurde zweimal beerdigt.‹

Dann haben die in dem Text, der darauf folgte, noch geschrieben: Wir hätten den ausgebuddelt, noch einmal hoch gehoben und runterfallen lassen. Ich schwör: Wir haben uns nur dahingestellt, es wurde ein Foto gemacht, und das war es.

Jetzt kann man darüber streiten, ob das pietätvoll war, dass man sich für die Zurschaustellung für eine Zeitung in dieser Form hergibt. Aber offenbar ist die Zeit ja darüber hinweggegangen, und die Leute sehen es heute eher lustig als unanständig. Denn an sich gehört sich das natürlich nicht, so etwas zu machen. Ich würde es auch nicht noch mal tun.«

Neururers kuriose Entlassung

Ganz vernarrt war Günter Eichberg damals in einen jungen, aufstrebenden, aber noch relativ unbekannten Übungsleiter. Peter Neururer trainierte Alemannia Aachen, als der »Sonnenkönig« ihn zu sich nach Hause einlud. Über die Gehaltsverhandlungen an diesem Tage meinte Peter Neururer einmal: »Ehe ich überhaupt eine Summe sagen konnte, hatte Eichberg schon das Doppelte geboten.« Wie sich erst viele Jahre später herausstellen sollte, hatte der Präsident Neururer sogar eine Deutsche Mark pro Zuschauer versprochen. Ein fürstliches Zusatzgehalt für den jungen Trainer.

Die Zusammenarbeit lief gut. Warum Peter Neururer Schalke dennoch am 13. November 1990 wieder verlassen musste, darüber streiten beide bis zum heutigen Tage. Eichbergs Sicht der Dinge klingt so: »Peter Neururer hatte uns zweifelsohne vor dem Absturz ins Amateurlager gerettet, und in der folgenden Saison brachte er die Mannschaft sogar wieder nach oben, verpasste allerdings den Aufstieg ganz knapp. Dann haben wir auch mit meiner finanziellen Hilfe enorm investiert und hatten eine Mannschaft beisammen, die qualitativ in der 1. Bundesliga hätte bestehen können. Folgerichtig war der Aufstieg in der Saison 1990/91 Pflicht, und wir standen auch von Anfang an mit an der Spitze. Im Herbst ging es dann um Neururers Vertrag, der am Ende der Spielzeit auslief. Ich bot ihm einen neuen an, allerdings nur für die erste Liga, denn mir war klar, sollten wir diesmal den Aufstieg nicht schaffen, würden mich die Schalker steinigen, wenn ich dem Trainer einen Vertrag auch für die zweite

Liga gegeben hätte. Neururer dagegen pokerte um einen Zweijahresvertrag ohne Einschränkung, und dafür spannte er auch die Zeitung mit den vier Buchstaben ein. Das war für die ein gefundenes Fressen: Der Präses lässt den Liebling der Schalker Massen ohne Vertragsverlängerung stehen! Die genauen Details interessierten ja niemanden. Und diese Schlagzeilen nervten. Irgendwann habe ich gesagt:

›Peter, ich kann dir keinen Vertrag für die zweite Liga geben. Jetzt hör auf damit, in der Öffentlichkeit gegen mich zu schießen, sonst schmeiß ich dich raus.‹

Das hat er mir aber nicht geglaubt. Und als ich eines Morgens wieder entsprechende Äußerungen von ihm in der Presse las, platzte mir der Kragen. Ich bestellte Neururer in mein Büro und drückte ihm die Beurlaubung in die Hand. Nur sagte ich ihm dazu: ›Damit du endlich kapierst, dass ich es wirklich ernst meine! Du kannst mir aber die Kündigung heute Nachmittag wieder zurückbringen, wenn du einsiehst, dass ich mit dir nur einen Vertrag für die Bundesliga machen kann.‹ Ich dachte, so wie er gestrickt ist, kommt er bestimmt zurück und sagt: ›O. k., Präses!‹ Mir wäre es recht gewesen, denn ich wollte ihn ja behalten. Aber das tat er nicht.«

Eigenwillige Abwicklung der Transfers

Ein anderes großes Thema von Eichbergs Regentschaft auf Schalke waren seine Transfers. Der »Sonnenkönig« hat einmal gesagt: »Ich mag ehrgeizige, willensstarke Spieler. Obwohl man natürlich auch sagen muss: Ein allzu eiserner Wille fängt leicht zu rosten an.« Leider scheiterte ein Jahr nach der WM 1990 sein großer Überraschungscoup. Kurz vor der Vertrags-

In den Dünen von Maspalomas: Günter Eichberg (l.) und »Oskar« Siebert.

unterzeichnung war der Kameruner Roger Milla leider plötzlich unauffindbar »im Busch verschwunden« (Eichberg).

Vermeintlich mehr Glück hatte Günter Eichberg mit dem Dänen Bent Christensen. Die Geschichte seines Wechsels zu Schalke ist legendär: »Bent hat in dem Jahr Eintracht Frankfurt und Bayer Leverkusen im Alleingang durch sechs oder sieben Tore aus dem UEFA-Cup geschossen. Er war begehrt bei vielen europäischen Vereinen, bei denen bestimmt viel mehr Geld da war als bei Schalke 04. Durch geschickte Taktiererei und viele Gespräche, die wir in Kopenhagen geführt haben, ist es uns gelungen, denen allen eine lange Nase zu zeigen. Ich kann mich noch genau daran erinnern, dass wir einen Vertrag hatten, den Bernd Hölzenbein bereits fix und fertig für Eintracht Frankfurt ausgehandelt hatte. Wir sind dann selbst nach Kopenhagen gefahren und haben genau diesen Vertrag in der Nacht mit den Leuten von Bröndby im Hotel durchgearbeitet. Überall dort, wo Eintracht Frankfurt stand, haben wir Schalke 04 hingeschrieben, und weil die Frankfurter nur Ratenzahlung machen wollten, haben wir das durchgestrichen und Barzahlung hingeschrieben. Und was soll ich sagen: Das hat denen von Bröndby wohl irgendwie gefallen!«

Der Transfer von Radmilo Mihajlovic zum FC Schalke 04 war fast noch eine Spur spektakulärer. Wieder aus der Sicht von Eichberg geschildert: »Da sind abenteuerliche Sachen im Umlauf. Wahr ist Folgendes – und das ist keine Geschichte, in der ich besonders gut abschneide. Ich war damals selbst in München. Niemand anderes. Und die Ablösesumme mit Bayern war relativ schnell fix. Die haben mir gesagt, du kannst den McInally kriegen oder den Mihajlovic. Bei Bayern konnte damals nur einer von beiden spielen. Ich habe mich für Mihajlovic entschieden. Und die Ablösesumme, das waren damals auch fünf Millionen, die habe ich höchstpersönlich bezahlt und – bis zum heutigen Tag – nicht einen Pfennig davon zurückbekommen. Das ist die Wahrheit, und was immer da geschrieben und von wem auch immer behauptet wird, ist totaler Stuss. Und das ist hinterher auch noch weitergegangen, weil er ein Handgeld bekam, das musste auch noch versteuert werden – das hatte er natürlich nicht getan, er hatte es nach Jugoslawien geschafft. Also musste ich dann auch noch die Steuern dafür bezahlen.

Bei den Verhandlungen war ich mit ihm nur eine Ecke auseinander, was seine eigenen Bezüge anging. Und das Gespräch hat in der Wohnung meines Bruders, der in München wohnte, stattgefunden, also im privaten Zirkel. Mic ging allerdings öfter ans Telefon, und offenbar waren auf der anderen Seite Fritz Scherer, der damals Bayern-Präsident war, und Uli Hoeneß, der schon Manager war. Und die haben ihm immer ins Ohr geflüstert, was er mir sagen soll.

Irgendwann war ich es mal leid. Da habe ich gesagt:

›Pass mal auf, Mic, gib das Formular mal her. Ich unterschreib jetzt den Vertrag und habe das Handgeld offengelassen. Ich gehe jetzt auf die Toilette, und wenn ich wiederkomme, hast du da eine Zahl eingesetzt und unterschrieben oder eben nicht.‹

Und als ich dann wiederkam, habe ich gesehen, dass er eine Zahl eingesetzt hatte, die eher in der Nähe dessen war, was ich mir in unserem Gespräch vorgestellt hatte – nicht das, was er gedacht hatte. Erst als ich mir das drei Tage später noch einmal angeguckt habe, bemerkte ich, dass dieser kleine Sausack ein Dollarzeichen davor gemacht hatte. Da war dann nichts mehr zu machen und wurde auch bezahlt und irgendwann vergessen. Vergeben aber bis heute nicht.«

»Sonnenkönig« und »Maskottchen«

Anfangs, so munkelt man auf Schalke, waren sich der neue Präsident Günter Eichberg und der Urvater aller Betreuer, Charly Neumann, nicht ganz grün. Das leicht übergewichtige Schalke-Maskottchen aus Fleisch und Blut soll sogar über eine Abspeck-Kur nachgedacht haben, weil der »Sonnenkönig« – wieselflink auf den Beinen – immer schon zum Jubeln in der Kurve war, als Neumann noch hechelnd die Laufbahn entlangwatschelte. Doch irgendwann hat es klick gemacht bei den beiden, wie das leider viel zu früh verstorbene S04-Unikum einmal auf einer legendären Schalke-Kassette aus dem Jahre 1991 erzählte: »Als der Präsident Günter Eichberg zu uns kam, war Schalke mausetot. Der Verein hatte kein Geld mehr für Waschpulver. Und dann plötzlich kam der große Guru aus Düsseldorf, wo wir dachten: Meine Güte, was ist das für einer? Mit 'nem Fahrer lässt er sich vorfahren. Von der ›High so sight‹ aus Düsseldorf, das wird nie ein Schalker. Ich selbst kann euch eins sagen: Ich hatte die größten Bedenken, Freunde. Heute, nachdem er zwei Jahre bei uns ist, muss ich sagen: Er war ein Geschenk des Himmels!«

Günter Eichberg hat damals für viel Geld auch Günter Netzer zum FC Schalke 04 geholt. Die Presse bezeichnete ihn gerne als Telefonmanager. Warum er den ehemaligen Meisterspieler unbedingt an seiner Seite haben wollte, erzählte Eichberg so: »Netzer kam auch wegen des neuen Stadions, was ich damals angedacht, vorgestellt und skizziert habe. Also, ich hatte das mal gemalt, zu Ostern, zu Hause. Auf einem Kinderschreibblock. Und die haben das dann hinterher auch genau so gebaut.«

Doch als die Sache mit dem Stadion sich immer mehr verzögerte und die Zusammenarbeit mit Netzer nicht so lief, wie gehofft, wollte man ihn wieder entlassen. Doch leichter gesagt als getan. Wochenlang stritt man sich und konnte sich trotzdem nicht darüber einigen, wer die Rolle des Buhmanns übernehmen sollte. Bis zu einem denkwürdigen Abend in einem Gasthaus im Sauerland. An einer Pinkelrinne stehend, schworen sich Eichberg und Schatzmeister Rüdiger Höffken in die Hand, es am nächsten Tage gemeinsam bei der Telefonkonferenz zu tun. Der herrliche Kommentar des Schatzmeisters in den gekachelten Räumlichkeiten soll wie folgt gelautet haben:

»Morgen, Günter, tun wir ihm vom Hof, 'ne?!«

Im Rückblick sieht Eichberg seine königsblaue Zeit übrigens durchaus positiv. Mit seinem berühmten schelmischen Grinsen sagte er einmal: »Als ich Schalke 1989 übernahm, standen wir auf dem vorletzten Platz der 2. Bundesliga, kurz vor dem Absturz ins Amateurlager. Abgegeben habe ich den Verein auf Platz acht der 1. Bundesliga und – wenn ich mich nicht irre – stehen wir da ungefähr noch heute.«

★ ★ ★

»Sonnenkönig« Eichberg und »Maskottchen« Neumann.

Walter Eschweiler

Die »Pfeife der Nation«

»Die Leistung eines Schiedsrichters ist mit irdischen Gütern nicht zu bezahlen. Die Augen sehen sowieso nicht viel. Ein guter Schiedsrichter sieht immer auch mit seinem Herzen.« Was sich liest wie ein Auszug aus dem Buch »Der kleine Prinz« von Antoine de Saint-Exupéry, sind die Worte des Mannes, der sich selbst auch gerne als die »Pfeife der Nation« oder als die »Pfeife mit der Pfeife« bezeichnete. Der Diplomat Walter Eschweiler meinte einmal: »Ich bin aus Bonn, aber sonst nicht vorbestraft.« Das Unikum der Bundesliga hielt sich auf und abseits des Platzes an folgende Maxime: »Schiedsrichter dosieren Wein, Weib und Gesang. Das beflügelt sie zu sehr guten Leistungen.«

Die Karriere und das Leben haben Walter Eschweiler zu einer der wenigen wahren Legenden des Profifußballs werden lassen. Und dabei fing alles ganz harmlos an: »Ich war ein schlechter Fußballer, hatte den Fuß gebrochen und durfte nicht mehr Fußball spielen. Und so nahm das Glück der Pfeife mit der Pfeife seinen Verlauf, und ich bin 30 Jahre durch die ganze Welt gekommen.«

Die allermeisten Fußballfans kennen die »schwarze Diva« vor allem durch eine Szene. Damals bei der WM 1982 wurde Eschweiler vom peruanischen Spieler Velasquez, »mit einer Figur wie ein Orang-Utan« (O-Ton Eschweiler), über den Haufen gelaufen. Der rheinische Diplomat machte eine Rolle rückwärts, fasste sich an seine Zähne und blieb für einen Moment benommen am Boden sitzen. Anschließend rappelte sich die »Pfeife der Nation« auf, suchte auf dem Rasen schnell seine »Buchhaltung« zusammen und stand kerzengrade auf dem Platz. »Eine deutsche Eiche wankt, aber sie fällt nicht«, meinte Eschweiler hinterher. Und außerdem habe er sich beeilen müssen, da eine Ärztin auf den Platz gelaufen sei, die sich ihm mit den Worten »Hello, I'm a doctor for animals« vorge-

Rolle rückwärts: Eschweiler während der WM 1982 nach einem Zusammenprall mit dem Peruaner Velasquez.

stellt habe. Das habe ihn dann doch etwas verwirrt. Den Beamten im diplomatischen Dienst erwartete schließlich in der Halbzeitpause sein Chef am Funkgerät. Außenminister Hans-Dietrich Genscher fragte Eschweiler besorgt, wie es ihm gehe. Doch die rheinische Frohnatur konnte Genscher beruhigen. Nur ein paar Minuten, nachdem er während eines laufenden WM-Spiels auf dem Rasen gelegen hatte, antwortete Walter Eschweiler bereits wieder gewohnt pointiert:

»Lieber Herr Minister, außer dem angeborenen Dachschaden liegt keine nennenswerte Beschädigung vor.«

Vorbeugen ist besser als bestrafen

»Der Eschweiler war mal Schiedsrichter und steckt voller Anekdoten.« So hat Bundesinnenminister Otto Schily den Konsul im Auswärtigen Amt, Walter Eschweiler, bei einem Besuch der deutschen Schule in Yokohama angekündigt. An die »Schwarze Diva« werden sich die Leute noch in Jahrzehnten erinnern, denn Eschweiler hat zwischen 1965 und 1986 in 183 Bundesligaspielen und bei drei Weltmeisterschaften nicht nur tapfer seinen Mann gestanden, sondern vor allem durch seine Wortbeiträge auf dem Platz immer wieder auch für die entsprechende Rahmenunterhaltung gesorgt. Stets akkurat, immer diszipliniert, führte Eschweiler unter einem klaren Motto durch die Partien: »Vorbeugen ist besser, als die Spieler zu bestrafen. Ein flotter, freundlicher Spruch in hektischen Situationen entkrampft das Spiel.« Beispiele gefällig?

Als sich der Italiener Bruno Conti einmal ganz spektakulär im französischen Strafraum fallen ließ, forderte Eschweiler ihn auf: »Bruno, stehen Sie bitte auf. Der heilige Vater schaut zu. Ihr Seelenheil ist in Gefahr.« Conti soll, wie von der Tarantel gestochen, sofort wieder aufgesprungen sein. Oder als der Duisburger Herbert Büssers in der 86. Spielminute vehement einen Elfmeter für seine Mannschaft forderte, schüttelte der Schiedsrichter nur mit dem Kopf:

»So spät kann man keinen Elfmeter mehr geben.«

Selbst vor Weltmeistern machte er nicht halt. Als der Frankfurter Bernd Hölzenbein nach der WM 1974 im gegnerischen Strafraum fiel, eilte Schiedsrichter Eschweiler umgehend zum gestürzten Eintracht-Profi und beugte sich zu ihm hinunter: »Bernd, stehen Sie schnell wieder auf. Das sitzt noch nicht richtig, das müssen wir noch einmal üben!«

Legendär ist auch die Geschichte mit Kaiser Franz. Noch Jahre später zeigte sich der Kölner Hannes Löhr begeistert von dieser einmaligen Szene Eschweilers mit dem Ehrenspielführer: »Der kriegt es fertig, den Franz Beckenbauer nach seinem Namen zu fragen und den auch noch buchstabieren zu lassen.« Und so unglaublich es klingt, genau das war passiert. Als der Bayern-Profi mal wieder etwas rustikaler zulangte, fragte Eschweiler den verdutzten Nationalspieler nach seinem Namen. Der Kaiser schaute den Schiri lange und irritiert an und winkte dann mit der Hand ab. Doch die »Pfeife der Nation« ließ nicht locker. Und fragte noch zwei weitere Male nach dem Namen, bis ihn der Kaiser endlich sagte: »Na, Beckenbauer, was denn sonst!?« Daraufhin nickte Eschweiler nur kurz und sagte dann: »Können Sie das bitte buchstabieren, junger Mann!« Der bayerische Nationalspieler lief kopfschüttelnd von dannen. Und Eschweiler sagt aus der Erinnerung heraus: »Da brauchte ich gar keine Karte zeigen. Der war konsterniert genug!«

Wütende Spieler und Fans

Tatsächlich galt Eschweiler in seiner Karriere als ausgeprägt besonnen. Er war kein Kartenkönig. Probleme, die er verbal lösen konnte, waren ihm die liebsten: »Wenn sich ein Spieler ein wenig danebenbenahm, dann habe ich ihm sofort angeboten, ihn in meine ›Kundenkartei‹ aufzunehmen. Aber es gab wirklich nur wenige, die Interesse an meiner Offerte hatten.« Und wenn seine berühmte Sünderdatei mal wieder keinen weiteren Eintrag verbuchte, dann hatte er einen ruhigen Nachmittag ganz nach seinem Geschmack verlebt.

Die überwiegende Zahl der Profis schätzte ihn, auch wenn Paul Breitner lästerte: »Schiedsrichter Eschweiler ist immer gut – gut für einen oder zwei Elfmeter.« Dazu passt die folgende Anekdote. Als die Bayern einmal nur 3:3 bei der Hertha spielten, suchten sie die Schuld bei Schiedsrichter Eschweiler. Dieser hatte in der 79. Minute ein angebliches Foulspiel von Rainer Zobel an Steffenhagen geahndet. Auch ein Sitzstreik von Gerd Müller (»So ein Idiot. Wäre ich schon 30 gewesen, ich hätte ihm eine Ohrfeige gegeben«) im Strafraum verhinderte den Ausgleich der Berliner nicht. Am Flughafen Tempelhof wünschten fast alle Bayern-Spieler Eschweiler zum Abschied voller Zorn nur das Schlechteste: »Ihr Flugzeug stürzt ab!« Allein Brenninger dachte raffiniert bereits einen Schritt weiter: »Es macht nichts, Herr Eschweiler. Beim nächsten Mal lass dann ich mich wieder fallen!«

Ein anderes Mal hatte sich die »Pfeife der Nation« bei der Partie des VfL Bochum in Dortmund nicht nur Freunde gemacht. Einen hatte er besonders verärgert: Gustav Sträter, den Stadionverwalter der Borussia. Als der Schiedsrichter unter der Dusche stand, rächte sich der BVB-Fan auf seine Weise: Er stellte die Warmwasserzufuhr komplett aus. Eschweiler fluchte lautstark, Sträter freute sich, drehte wieder auf warm und hatte seinen Trainer begeistert. Karl-Heinz Feldkamp: »Wenn der Sträter das mit allen Schiedsrichtern so macht, die hier schlecht pfeifen, dann lasse ich mir das gefallen!«

Walter Eschweiler stellte einmal für die Zeitschrift »Monaco-International« eine Hitliste der zehn größten »Schauspieler« unter den Fußballprofis mit ihren beliebtesten Sprüchen auf. Das Schlitzohr Manni Burgsmüller kam dabei mit dem Satz »Sie sollten die Regeln besser lernen« auf einen der vorderen Plätze. Ein namentlich nicht genannter Bayernspieler belegte den zweiten Rang, weil er Eschweiler einmal etwas empfindlich mit den Worten »Schrei nicht, ich kann's lauter« zurechtgewiesen hatte.

Sprücheklopfer

Aber auch Eschweiler selbst konnte austeilen. Den Bremer Verteidigern Höttges und Piontek rief er gerne zu:

»So wie ihr tretet, wächst hier kein organischer Rasen mehr!«

Und den koreanischen Bundesligaprofi Bum-kun Cha ermahnte die rheinische Diva mit den Worten: »Deutsch kann er noch nicht sprechen, aber fallen dafür umso besser!«

Einen Spieler liebte Eschweiler jedoch ganz besonders. Mit Willi »Ente« Lippens konnte sich der Bonner stundenlang auf dem Platz unterhalten. Wenn der frühere RWE-Stürmer Lippens über den bekannten Spielleiter der siebziger und achtziger Jahre erzählt, dann klingt das ein wenig so, als ob Lippens über einen guten alten Freund redet: »Walter, Walter. Der war ja ein bisschen dünn mit Flaschenbeinen. Latte im Kreuz. Wie man sich eben einen Stocksteifen vorstellt.« Mit dem rheinischen Diplomaten hat der halbe Holländer aus dem Ruhrgebiet immer viel Spaß auf dem Platz gehabt, wie er gerne und lebhaft erzählt: »Wir haben uns oft unterhalten während des Spiels. Eckball für uns, bin ich raus zur Fahne, kam er hinterher: ›Na, Wilhelm, wie geht es zu Hause?‹ Sag ich: ›Danke, Walter, uns geht es sehr gut. Soll ich jetzt die Ecke schießen oder möchtest du, dass ich noch was erzähle?‹ Oder wenn du gefoult worden bist und hast auf dem Boden gelegen, da kam er dann vorbei – so in seiner Art mit den strammen Beinen und dem glatt gebügelten Oberkörper – und hat zu dir nach unten geschaut: ›Jung, suchst du was, hast du was verloren?‹«

Auch die ganz persönlichen Scherze ließ Walter Eschweiler damals nicht aus, wie sich Lippens mit einem schelmischen Grinsen erinnert: »Mir hat der immer gesagt: ›Ich glaub, Wilhelm, deine Frau betrügt uns!‹«

Aber auch im Alltag ist Walter Eschweiler jederzeit für einen Spaß zu haben. Mit seinem berühmten verschmitzten Lächeln im Gesicht erzählte er einmal stolz von seiner überragenden Fitness auch im höheren Alter: »Beim letzten Belastungs-EKG bat mich der Arzt: ›Lieber Freund, hören Sie bitte auf, Sie treten mir das Rad kaputt.‹« Da denkt man natürlich auch nicht ans Aufhören. Bis heute pfeift Eschweiler gerne für wohltätige Zwecke. Warum auch nicht? »Der vorolympische Astralkörper ist noch topfit«, sagt er lächelnd.

Wenn er nicht in diplomatischen Dingen unterwegs ist, seiner Leidenschaft Volksmusik frönt oder Fußballfreundschaftsspiele pfeift, dann sitzt Eschweiler in der Jury von Miss-Wahlen. Warum? »Man meint, ich hätte einen klaren Blick«, schmunzelt Eschweiler vergnügt.

Den Mann wird man so schnell nicht vergessen. Als die schwarze Diva 2002 zur WM in Südkorea am Flughafen eintraf, empfing ihn ein Beamter mit den Worten: »Hello referee Rolle rückwärts, welcome in Korea«. Der Legende nach hat er diesen Mann an diesem Tage genauso verabschiedet wie Hunderte anderer Gesprächspartner zuvor:

»Grüßen Sie mir Ihre Frau und meine Kinder!«

★ ★ ★

Johann »Buffy« Ettmayer

Fußballer, kein Leichtathlet

Buffy Ettmayer hat schon früh erkannt, worauf es neben Toren und Siegen beim Profisport noch ankommt: »Sepp Maier, Ente Lippens und ich – wir sind Viecher. Und die Leute wollen beim Fußball halt auch was zu lachen haben.« Die Klaviatur der Unterhaltung beherrscht der ehemalige Bundesligastar bis auf den heutigen Tag perfekt. Über seine Gewichtsprobleme sagte er einmal: »Ich bin der einzige Österreicher, der seinen Rucksack vorne trägt.«

Fast das ganze Fußballerleben des Johann Ettmayer, den alle nur »Buffy« rufen, wurde von einem Thema beherrscht: seinem Gewicht. Kein Wunder, denn »Buffy« heißt auf Tschechisch so viel wie Dickerchen. Ein Spitzname, den ihm sein ehemaliger Trainer Leopold Stasny verpasst hat. Lange kämpfte Ettmayer gegen das Image des behäbigen Profis an, doch irgendwann hatte er genug und ging verbal in die Offensive: »Einen dicken Hintern werde ich immer haben, und mit dem Ruf, dass ich nicht laufen und kämpfen kann, muss ich halt leben.«

Dabei war Ettmayer in Wahrheit sogar einer der Flinksten: Vor der Saison 1974/75 lief er gegen den »schnellen Polizisten« Heinz Stickel zu später Stunde ein Rennen über 100 Meter. Die Prämie von 50 Mark holte sich der stets etwas füllig wirkende Ettmayer in einer hervorragenden Zeit ab. Nach 12,3 Sekunden überschritt er die Ziellinie. So gut der Start in die Spielzeit war, so schlecht ging sie weiter. Die Saison wurde zu Ettmayers persönlichem Debakel. Nach einem spektakulären 5:5 bei Eintracht Frankfurt richtete VfB-Trainer Hermann Eppenhoff das Wort an seinen auf die Tribüne verbannten Star: »Und wenn der Ettmayer noch so gut spielte – erst wenn er den Einsatz bringt, den heute alle meine Spieler gezeigt haben, wird er vom Publikum, von der Presse, der Mannschaft und mir wieder voll akzeptiert!«

Ettmayer war sauer. Was würde er darum geben, wenn er doch nur schon jetzt woanders spielen könnte, beispielsweise in Köln, wo Coach Tschik Cajkovski über ihn sagte:

»Es gibt dicke Spieler, die es können, und dünne, die es nicht können. Ettmayer ist ein Spieler, der einfach spielen muss.«

Eine Meinung, die der Österreicher natürlich teilte: »Ich habe keinen Revue-Körper, aber ich kann Fußball spielen. Ich kenne aber viele Spieler, die haben einen Revue-Körper und können's nicht!« Er selbst sah seine Rolle eh ein bisschen anders: »Ich bin wohl dazu prädestiniert, eine Show abzuziehen. Doch den ›King‹ will ich gar nicht spielen.« Und in einem Satz zusammengefasst: »Ich bin kein Leichtathlet, ich bin ein Fußballer.«

Singen statt spielen

Als er in dieser schwierigen Zeit um das Jahr 1975 herum plötzlich nicht mehr regelmäßig spielte, maulte er: »Ich will nicht auf die Bank, das kann ich auch auf meinem Balkon.« Ettmayer wollte seinen Spaß beim Fußball haben. In Hamburg ließ er einmal seinen Trainer in die Lüfte steigen. Als Kuno Klötzer gerade auf der Massagebank lag, stemmte Buffy sie samt Coach nach oben. Sein Kommentar: »Sehen Sie, Trainer, wie gut ich zurecht bin?« Und als Klötzer das nicht recht einsehen wollte, ließ Ettmayer die Luft aus Klötzers Fahrrad-Reifen und klaute ihm die Fahrradpumpe. Der Trainer musste nach Hause laufen. Als Ettmayer immer noch nicht spielte, fragte er Klötzer nach dem Warum. Und Klötzer antwortete: »Weil ich dich nicht aufstelle!«

Was Ettmayer neben seinen Toren beim Publikum so beliebt machte, waren seine Sprüche. Obwohl er Schuhgröße 43 hatte, trug er seine Fußballtreter stets zwei Nummern kleiner: »Ich wollte immer ein Kondom an den Füßen haben, sonst hast du ja kein Gefühl.« Und als beim VfB sein Trainer Albert Sing zu ihm sagte: »Es gibt Bilder, da warst du dünner«, konterte Ettmayer launig: »Die sind wahrscheinlich mit einer Schmalfilmkamera gemacht!«

Mit Sing verband Ettmayer sowieso ein sonderbares Verhältnis. Als der neue Übungsleiter zum VfB kam, verordnete er seinen Schützlingen im Trainingslager in Origlio im Frühjahr 1975 eine Sing-Therapie. Allabendlich wurden in der Schweiz Lieder geschmettert, bis sich die Balken bogen. Songs wie »Horch, was kommt von draußen rein« mussten die

Profis unter Sings Kommando gemeinsam intonieren. Mit einem Diaprojektor wurden deutsches Liedgut und alte Fahrtenlieder an die Wand geworfen. Witzbolde sahen in den schrägen Tönen auch eine mögliche Form der Gegnerbekämpfung: Singend sollten sie in die Flucht geschlagen werden.

Und noch eine weitere Überraschung hatte der neue VfB-Trainer in seinem Gepäck. Für die

Stuttgarter Spieler lagen 20 Taschenmesser im Kofferraum bereit. Ettmayer: »Wir mussten Stöcke anspitzen und spachteln, das heißt, die Stöckchen so fest wie möglich in den Boden werfen. Nach zwei Tagen konnten wir prima spachteln, hatten aber keinen Ball gesehen!« Das war das erste Mal, dass Sing mit seinem österreichischen Starspieler aneinanderstieß. Ab da ging es Schlag auf Schlag. Albert Sing: »Ich werde den Ettmayer jeden Tag herausfordern, ja, ihn sogar beleidigen, wenn es zum Nutzen des VfB Stuttgart ist. Privat ist das was anderes. Wenn ich zum Beispiel mit einem Spieler ausgehen würde, wäre das nur der Ettmayer.« Antwort von Ettmayer: »Aber ich würde nicht mit ihm ausgehen!« Damals sagte Ettmayer:

»Ich treffe keinen Ball mehr, kann aber sehr gut singen und habe schon einen Vorvertrag bei den Fischerchören.«

Zwischendurch vertrugen sich die beiden öffentlichkeitswirksam wieder, doch schnell krachte es erneut. So sagte Ettmayer nach der Partie am 27. Spieltag bei Eintracht Braunschweig (6:0 für die Hausherren): »Das habe ich doch gleich gewusst! Schon vor dem Spiel habe ich zehn Mark verwettet, dass ich nicht die 90 Minuten durchspiele. Das ist doch alles

Für eine Homestory öffnet Ettmayer im Dezember 1981 die Tür zu seinem Partykeller und zeigt dem Fotografen eine erlesene Auswahl alkoholischer Getränke …

Theater! In der Öffentlichkeit Bussi geben und hintenrum dann so etwas!« Später setzte Sing seinen Schützling wieder ein. Und prompt schoss Ettmayer ein Tor. Vor den Augen des begeisterten Publikums rannte er augenblicklich zu seinem Trainer und fragte: »Zählt das Tor?« Sing reagierte verwirrt: »Wieso denn nicht?« Und Ettmayer lächelnd: »Weil ich es geschossen habe, der Dicke!«

Von Stuttgart in Hamburg

Die schwäbischen Zeitungen schrieben damals von »Buffy, dem Jumbo-Jet von Stuttgart«. Sie meinten es nett, aber Ettmayer hatte die Schnauze voll: »Spiele ich gut, dann hab ich abgenommen. Spiele ich schlecht, dann hab ich zugenommen.« Er sehnte sich nach Veränderung und wechselte zum HSV. Doch in der Hansestadt angekommen, schwante ihm schon recht bald, dass es auch hier nicht besser werden würde: »Wenn ich in Stuttgart ins Flugzeug steige und daran denke, dass ich in Hamburg wieder rausmuss, dann kriege ich immer Haarausfall.« Vor allem die steife Brise in der Hansestadt konnte er auch nach einigen Monaten immer noch nicht leiden. Und um seinen Freunden im Schwabenland zu veranschaulichen, wie schlimm das in Hamburg mit dem rauen Wind war, versuchte er es ihnen an einem Beispiel aus der alten Heimat zu erklären:

»Im Volksparkstadion muss ich den Ball quasi in der Cannstatter Kurve anschneiden, damit er in der Untertürkheimer herauskommt.«

Das Durchbeißen fiel Ettmayer damals schwer. Er sagte einmal: »Grätschen, bis du eine Hornhaut am Oberschenkel kriegst, war nie meine Devise.« Er habe zwar nicht nur in der Gegend rumgestanden, aber es sei vorgekommen, dass sein Gegenspieler an ihm vorbeigerannt sei und er gedacht habe: »Viele Grüße, und mach was draus!«

Das 10.000. Bundesliga-Tor, das Buffy Ettmayer am 26. Januar 1974 mit dem VfB Stuttgart in der Partie gegen Eintracht Frankfurt schoss, schilderte er einmal auf seine unvergleichliche Art und Weise: »Ich habe links abgerotzt, genau in den Bügel. Den Ball brauchte der Goalie nicht aus dem Tor holen, der kam vor lauter Wucht alleine raus.«

Heute lästert er gerne über die aktuelle Spielergeneration. Vor der EM 2008 in Österreich und der Schweiz sagte er über einen deutschen WM-Helden von 2006: »Ein Odonkor hätte bei Helmut Schön nicht einmal den Medizinkoffer tragen dürfen.« Allgemein findet er die heutigen Fußballer nicht so prickelnd: »Jeder, der mit dem Ball einen stehenden Bus trifft, bekommt drei Millionen Euro. Wenn der Bus fährt, sind es sogar fünf Millionen.« Immer noch die gleiche freche Schnauze wie früher als Profi.

Und auch etwas anderes hat sich nicht geändert. Sein üppiges Gewicht und das Reden darüber: »Letzte Woche war ich noch ein Meerschweinchen, jetzt sehe ich aus wie eine Sau. Der Grund: Ich habe 200 Gramm zugenommen.« Auf die Frage eines Journalisten, ob er am Morgen schon auf der Waage gewesen sei, antwortete Ettmayer: »Schon aus Protest nicht. Weil ich immer noch einer der Schnellsten von null auf hundert bin – kilomäßig.« Der Journalist hakte nach: »Ihr momentanes Gewicht kennen Sie aber?« Ettmayer: »Nein, bringt ja auch nichts. 365-mal im Jahr will ich abnehmen, am 1. Januar stelle ich dann immer fest, dass wieder was dazugekommen ist.« Ein anderes Mal sagte er: »Wenn ich heute auf eine Waage steige, sagt die sofort: ›Bitte nicht in Gruppen benutzen!‹«

Buffy Ettmayer ließ es sich eben auch nach seinem Karriereende weiter gut gehen – und konnte eigentlich doch gar nichts dafür:

»Was soll ich machen? Ich habe halt daheim in meinem Kühlschrank so furchtbar schräge Fächer. Wenn ich in der Nacht aufstehe und die Tür aufmache, rutschen mir die Wurstsemmerln einfach von selber entgegen.«

★ ★ ★

Heribert Fassbender

Mister Sportschau

Wie kann man einen Mann nicht lieben, der Sätze gesagt hat wie: »Tagsüber, wenn die Sonne scheint, ist es hier noch wärmer.« Oder: » Sie sollten das Spiel nicht zu früh abschalten. Es kann noch schlimmer werden.« Seit dem 8. August 1986 begrüßte Heribert Faßbender sein »Sportschau«-Publikum stets mit einem gut gelaunten »Guten Abend allerseits«. Anschließend führte er uns gönnerhaft-jovial durch die bunte Welt des Sports. Die Zuschauer hingen an seinen Lippen, nur Reporter-Kollege Rudi Michel wurde kein Fan: »Faßbender kann alles besser, Faßbender weiß alles besser.«

»Toulouse or not to lose, das ist hier die Frage. Bitte verzeihen Sie mir diesen kleinen Kalauer«, hat der große Mann der ARD einmal bei einem Europapokalspiel des 1. FC Köln in Frankreich gesagt und die Lacher damit auf seiner Seite gehabt. Als das Fernsehen erstmals live eine komplette Bundesligapartie übertrug, war es Heribert Faßbender, der kommentierte. Es war das Nachholspiel des zwölften Spieltags, Borussia Mönchengladbach gegen Bayern München (3:2) am 11. Dezember 1984. Spätestens seit diesem Tag war der gebürtige Ratinger in der Beletage der deutschen Reportergilde angekommen. Als Ulli Potofski Anfang der neunziger Jahre mit RTL die Fußballrechte übernahm und die Show »Anpfiff« aus der Taufe hob, hatte der Lockenkopf mit der riesigen Brille nicht von ungefähr in einem Goldrahmen das Bild von Heribert Faßbender auf seinem Schreibtisch stehen.

Tips, damit Sie gut durch die Woche kommen

RTLplus-Sportchef Ulli Potofski grinst seinen goldgerahmten ARD-Kollegen Heribert Faßbender an: „Die Idee mit diesem Foto war ein herrlicher Blödsinn"

Fotos: Rolf Kosecki, Kapo

ARD-„Sportschau" und RTLplus-„Anpfiff"

Wenn Potofski seinen Heribert aus der Schublade holt…

Am Anfang seiner Karriere reagierte das Publikum häufig noch sehr ablehnend auf den Mann mit dem Vollbart. Offensichtlich waren die Leute zu sehr an seinen Vorgänger bei der »Sportschau«, Ernst Huberty, gewöhnt. Immer wieder erreichte den WDR Zuschauerpost. »Gucken Sie nicht so ernst!« oder »Quatschen Sie nicht so viel!« waren noch die freundlicheren Reaktionen.

Dabei konnte Faßbender schon immer herrlich erzählen. Einmal war er mit dem BVB in Spanien unterwegs und erlebte dort folgende Geschichte: »Ich wollte ins Prado, um mir Utrillo, Velázquez, Goya anzusehen. Plötzlich stand Lothar Emmerich im Trainingsanzug vor mir: ›Heribert, was machst du?‹ Da habe ich ihm das erklärt, was ich machen möchte, und er hat gemeint: ›Komme ich mit!‹ Sag ich: ›Habt ihr denn kein Training?‹ – ›Doch, ich habe eine leichte Zerrung. Fischken weiß Bescheid. Müssen nur um eins zum Essen da sein.‹ Wir also in den Prado. Ich mit dem Spezial-Reiseführer und las alles über Goya, Utrillo und Velázquez. Emma ging immer etwas schneller durch, saß am Ende dieser riesigen Hallen und las den ›kicker‹. Stressfrei. Nur als es dann auf ein Uhr zuging, wartete ich auf ihn. Er konnte sich von Goya nicht losreißen. Da sagte er: ›Das muss ich mir noch einmal reinziehen. Das ist ja unglaublich. Das ist jetzt die vierte Halle von dem Goya (überlebensgroße Bilder). Was die Jungens früher malochen mussten!‹«

Auf derselben Reise kommt morgens Siggi Held als Letzter beim Frühstück rein – mit

»Hier sehen sie den schottischen Schiedsrichter McCurry. Mein Kollege Gerd Delling hat vorhin schon eine gleichnamige Wurst verdrückt. Ich werde mir das bis nach dem Spiel verdrücken.«

dicken Augen. Trainer Fischken Multhaup fragt ihn: »Siggi, was ist denn mit dir los?« »Trainer, ich brauche einen neuen Zimmergenossen. Das geht nicht mehr so weiter. Der Emma spricht im Traum. Immer wenn ich gerade eingeschlafen bin, dann stand er im Bett und schrie: Siggi, steil!«

Der Mann mit dem Moderationsvorrecht

Den Höhepunkt seiner Karriere feierte Heribert Faßbender bei der Weltmeisterschaft 1990 in Italien. Zusammen mit Co-Kommentator Karl-Heinz Rummenigge schaukelte sich der alte Hase zu immer neuen Höhen hinauf. Im WM-Achtelfinale zwischen den Niederlanden und Deutschland zogen die beiden mit beeindruckender Konsequenz über den argentinischen Schiri Patricio Loustau her: »Den Schiedsrichter, den sollte man zurück in die Pampa schicken!« Später rief Karl-Heinz Rummenigge: »Ich hoffe, wir sehen diesen Schiedsrichter nicht mehr bei dieser WM.« Und Heribert Faßbender setzte noch einen oben drauf: »Höchstens als Kartenabreißer.«

Hier und da verlor sich »Mister Sportschau« aber auch in seltsam anmutenden Sätzen wie diesem: »Norwegen in Rot, die deutsche Mannschaft, das muss ich Ihnen nicht mehr sagen, und da brauche ich auch gar nicht viel zu erklären, wie so oft – wie eigentlich immer, wie fast immer, in den Farben, die Sie kennen: in den weißen Trikots und den schwarzen Hosen! Aber, meine lieben Zuschauer, das wissen Sie ja sicher auch so, da muss man keine großen Worte mehr verlieren.« Auch teil-private Meldungen wurden gerne in die offizielle Berichterstattung mit eingebunden:

Problematisch konnte es schon einmal werden, wenn versucht wurde, bestimmte Informationen ausführlich zu erklären: »Die Saudis sind übrigens Asienmeister, obwohl das ebenso wenig Asiaten sind wie die Türken Europäer. Die Saudis haben ja gar keine Mandelaugen, wie man das von Asiaten erwartet. Das sind eher Araber statt Asiaten.« Sehr gut auch zu sehen an diesem Beispiel: »Der Boden hier in Norwegen ist an der Oberfläche gefroren und darunter feucht. Das bedeutet, mit den fallenden Temperaturen wird im Laufe des Abends das Eis auftauen und der Boden ein richtig schweres Geläuf.«

Als die Redaktion der »Frankfurter Rundschau« bei der WM 1998 in Frankreich bei der ARD anfragte, warum Heribert Faßbender die WM-Spiele der deutschen Fußball-Nationalmannschaft kommentieren dürfe, lautete die Antwort: »Ihre Kritik an Herrn Faßbender ist sicherlich berechtigt, jedoch gibt es während dieser WM kaum noch Chancen, ihn auszutau-

schen. Das hängt auch damit zusammen, dass er als Leiter des WDR-Sports ein Moderationsvorrecht genießt und dieses dementsprechend ausnutzt. Wir bedauern, Ihnen keine bessere Mitteilung machen zu können. Mit freundlichen Grüßen Ihr ARD WM Service Team.«

»So, jetzt ziehen wir mal ein Fazit«, sagte Heribert Faßbender einmal bereits nach fünf Spielminuten. Man könnte vielleicht sagen: »Ein Tor muss her, soll es nach 90 Minuten nicht noch so stehen wie jetzt!« Oder: »Es steht 1:1, genauso gut könnte es umgekehrt stehen.« Doch vielleicht beenden wir den Text auch einfach und fragen uns zusammen mit Uli Hoeneß: »Was glauben Sie denn, was der Herr Faßbender ohne seine ›Sportschau‹ ist? Der gibt sich die Kugel.« Das hat er natürlich nicht getan. Doch das damalige Zitat des Bayern-Managers hat mit dazu geführt, dass der Poker um die Fernsehrechte eröffnet war. Nicht ganz fair von Hoeneß, könnte man aus der Rückschau sagen, aber legitim. Schließlich galt ja damals nicht der schöne Faßbender-Spruch:

»Dem Kampf gegen unsportliches Verhalten soll ja hier der Kampf angesagt werden.«

Nach seinem Eintritt in den Ruhestand wurde Faßbender Mitglied des Gesellschafterausschusses der Bayer 04 Fußball GmbH. Das passt, da er auch in Leverkusen lebt. Das Motto seiner Karriere hat Heribert Faßbender selbst einmal sehr schön umrissen: »Auch auf der Straße zum Erfolg gerät man bei allzu kühnen Überholmanövern leicht in den Gegenverkehr.« Seine Laufbahn klang schließlich ohne großes Aufhebens aus. Das Ende erinnerte an einen Ausruf Faßbenders bei einer Partie, als ein Spieler verletzt auf der Bahre vom Platz getragen wurde: »Der war sowieso für eine Auswechslung vorgesehen.«

* * *

Die 5 besten Sprüche von Heribert Faßbender

Jetzt sind auch die Fans begeistert. Sie singen: »Oh, wie bist du schön!«

Und jetzt skandieren die Fans wieder: »Türkiye! Türkiye!«, was so viel heißt wie: »Türkei! Türkei!«

Die Fans rufen: »Ohne Ballack ha'm wir ein Problem.« (Der Gesang lautete eigentlich: »Ohne Holland fahr'n wir zur WM.«)

Fußball ist inzwischen Nr. 1 in Frankreich, Handball übrigens auch.

Bei diesem marokkanischen Spieler lachen immer alle, wenn man dessen Namen ausspricht: Lamouchi. Wahrscheinlich weil seine Bewegungen eher hölzern und gar nicht so katzenartig sind.

Heribert Faßbender mit Berni, dem Maskottchen der EM 1988.

Jan Åge Fjørtoft

Der Retter der Eintracht

Jan Åge Fjørtoft hat recht. Leider. Er hat einmal über den Verlust der Typen in der Bundesliga gesagt: »Ich sterbe aus.« Er war tatsächlich einer der letzten Spieler in der Fußball-Bundesliga, der frei Schnauze geredet hat. Keine abgedroschenen Phrasen, sondern zum Teil hochintelligente Sätze in einer für ihn fremden Sprache. Als der Norweger mal eine schwächere Phase auf dem Rasen hatte, flüchtete er sich nicht etwa in eine platte Ausredenrhetorik, sondern antwortete mit viel Witz und Charme: »Der Castro ist ja auch müde dann und wann, man kann nicht immer revolutionär sein.«

In seinen Zitaten steckt immer ein Hauch von Schalk: »Ich habe zu allem eine Meinung. Als Angestellter des Vereins darf ich aber nicht alles sagen. Das kostet mich zu viel.« Eigentlich schade, dass er während seiner Zeit in Frankfurt (»Ich bin der ex-beliebteste Spieler der Eintracht«) nicht so viel reden konnte, wie er wollte. Aber auch so hat er jede Menge feiner Sprüche hinterlassen. Sein Motto: »Ich hoffe, wenn ich morgens aufwache, dass ich am Tag zwei- oder dreimal ordentlich lachen kann.« Es scheint so, dass er sich an schlechten Tagen selbst zu helfen weiß und die Lacher einfach in Eigenproduktion fertigt.

»Heute habe ich sicher so viel Unterstützung wie Leonid Breschnew früher bei den Sowjet-Wahlen«, sagte Fjørtoft im »Aktuellen Sportstudio«, nachdem er das wunderschöne Siegtor gegen Bayern München – mit einem Lupfer über den mächtigen Torwart-Titan Oliver Kahn – geschossen hatte. Ein großer Moment in seinem Fußballerleben: »Das spricht vielleicht für eine schlechte Vereinskarriere – aber das war ein Höhepunkt meiner Laufbahn!«

Und tatsächlich gab es nicht nur freudige Tage im Leben des Jan Åge Fjørtoft in der Bundesliga. Als ihm in den Anfängen in Frankfurt auch noch ein 18-Jähriger vorgezogen wurde, zeigte er sich bitter enttäuscht:

»Wenn man norwegisches Wasser geholt hat, kann man nicht erwarten, das es italienischer Wein ist.«

Auch wenn er sich unter Trainer Reinhold Fanz viel häufiger draußen am Seitenrand als auf dem grünen Rasen wiederfand, seine Kritik bettete er stets in einen humorvollen Zusammenhang ein: »Ich will nicht auf der Bank sitzen. Dafür könnt ihr auch meinen Sohn nehmen, der würde sich freuen, das Maskottchen spielen zu dürfen.« Und er bot sich stets mit guten Argumenten an: »Weil der Trainer jetzt Spieler mit harten Eiern braucht.« Mit etwas Abstand konnte Fjørtoft sich aber auch über unverhoffte Spieleinsätze freuen: »Die Entscheidung war zwischen mir und dem Busfahrer, aber der Busfahrer hatte keine Schuhe dabei.«

Amtssprache: »Kongodeutsch«

Damals, als er nach Frankfurt kam, hatte er gesagt: »Tore Pedersen ist ein sehr guter Freund. Ich bin jetzt hier, um für ihn eine Frau zu finden.« Zu dieser Zeit konnten ihn bei der Eintracht noch nicht alle so gut verstehen. Das lag aber weni-

Jan Åge Fjørtoft verabschiedet sich von seinen Fans.

ger an ihm selbst. Auf die Frage, welche Amtssprache momentan in Frankfurt auf dem Platz gesprochen werde, sagte der Norweger: »Kongodeutsch!«

Dass er aus einem Land zu der Eintracht kam, das nicht unbedingt als Fußball-Hochburg bezeichnet werden kann, versuchte er initiativ zu vermitteln: »Und jetzt schauen wir mal ein bisschen in die norwegische Geschichte, nur damit Sie nicht denken, dass wir fußballerisch traditionell so gut wie Brasilien sind. 1994 waren wir seit 38 Jahren erstmals für eine WM-Endrunde qualifiziert, 1998 waren wir dann wieder dabei. Das reicht schon, um noch heute von der goldenen Periode des norwegischen Fußballs zu sprechen.« Später, als er Frankfurt in Richtung seiner Heimat verlassen hatte, fügte Fjørtoft noch ein Argument hinzu, um zu belegen, dass Norwegen nicht das Mekka aller Fußballer sei:

»Ich habe als Manager von Lillestrøm SK Claus Reitmaier nach Norwegen geholt, da ist er mit fast 105 Jahren noch Torwart des Jahres geworden.«

Seine Scherze mit befreundeten Kollegen (»Horst Heldt hat anscheinend während der Sommerpause in der Sonne gewohnt. Den könnt ihr jetzt von der Gesichtsfarbe her auf eine Stufe mit Salou und Guié-Mien stellen«) und Mitspielern (»Ich halte nix von Sex vor dem Spiel, besonders weil ich mir das Zimmer mit Salou teile«) steigerten seinen Beliebtheitsgrad bei den Anhängern beständig. Auch das weitere Umfeld verstand Fjørtoft mit einzubeziehen: »Eines möchte ich noch kurz anfügen. Auf der Homepage meines Kollegen Thomas Sobotzik habe ich gelesen, dass ich seinem Sohn so ähnlich sehe. Mit Frau Sobotzik habe ich aber schmunzelnd ausgemacht, dass an dieser Geschichte nichts dran ist.«

Die Eintracht-Fans vergötterten ihn spätestens nach seinem phänomenalen Übersteiger im Abstiegskampffinale des 29. Mai 1999 gegen Kaiserslautern. Frankfurt sicherte sich damals durch sein Tor in letzter Sekunde den Klassenerhalt. Als seine Zeit bei der Eintracht schließlich abgelaufen war, versuchten sie ihn mit Plakaten zum Bleiben zu überreden. Auf einem stand: »Fjørtoft darf nicht gehen«. Und der Angesprochene reagierte wie gewohnt: »Ich habe das erst für Kritik an meiner Person gehalten. Alle sagen immer, dass ich langsam sei. Deshalb dachte ich, die Fans wollten mich zum Rennen animieren.« Später sagte Jan Åge Fjørtoft in Anspielung auf die Präsidentschaftswahl in den USA auf die Frage, ob er in Frankfurt bleibe oder schon im Winter in seine Heimat zurückgehen werde: »Einer hat mir erzählt, dass die Entscheidung so knapp ist, dass es zu einer Handauszählung kommen wird – wie in Florida!«

Fjørtoft vs. Magath

Eine Sache erfüllte sich in seinen Jahren in Frankfurt jedoch nie: »Ich hoffe, dass bei der Eintracht endlich einmal Ruhe einkehrt. Aber das ist so wahrscheinlich, wie dass Elvis in Stabæk rockt!« Und das lag nicht unwesentlich daran, dass der Norweger in einer Zeit bei der Eintracht war, in der sie eine spezielle Art von Trainern erlebte. Einer von ihnen war Horst Ehrmantraut. Über die fragwürdigen Methoden seines Übungsleiters sagte Fjørtoft einmal: »Früher war es Hitlerjugend, und jetzt ist es korrekt!«

Mit einem anderen Trainer verband der Norweger hingegen eine ausgeprägte Hassliebe. Eine schwierige Zeit für Fjørtoft: »Wenn man zurückschaut, freut man sich nur noch, ich kann mich gar nicht mehr erinnern, dass es bei Magath hart war, aber

Die Sky-Expertenrunde am 1. März 2014: Gähnt Matthäus, während Fjørtoft ihm etwas zu erklären versucht?

Die spinnen, die Norweger: Für mehr Details bitte den Begriff »Elektrosjokkfotball« bei YouTube eingeben und das entsprechende Video genießen …

ich glaube schon.« Die Zitate aus dieser Zeit sind bei vielen Fußballfans in bester Erinnerung geblieben: »Ob Felix Magath die Titanic gerettet hätte, weiß ich nicht – aber die Überlebenden wären topfit gewesen.« Oder ein anderer schöner Satz: »Magaths Training ist wie ein Zahnarzttermin. Man fürchtet sich vorher, aber danach fühlt man sich besser!« Die täglichen Übungseinheiten unter Magath hatten es Fjørtoft offensichtlich sehr angetan: »Demnächst werden wir wohl auf Alcatraz unser Trainingslager abhalten.«

Auch nach Siegen verstand es der ehemalige Meisterspieler des HSV, seine Jungs entsprechend kleinzuhalten. Nach einem 4:0-Sieg konnte sich Fjørtoft nicht vorstellen, dass es einen Grund zum Feiern gäbe: »Der Trainer wird uns schon auf den Boden zurückholen. Morgen wird es den längsten Waldlauf der Geschichte geben!«

Als Magath schließlich weg war, sagte der Norweger erleichtert: »Schön war es auch im Herbst, als ich nach zehn Monaten in der Wüste unter Magath, ohne Wasser und fast ohne Kleider es geschafft habe, wieder zu alter Klasse zu finden.« Doch solche Äußerungen gefielen dem Ex-Trainer wohl gar nicht. Magath sagte nun auch etwas nicht so Nettes über Fjørtoft. So ging es eine Zeit lang hin und her, bis der Norweger den Deckel oben draufmachte: »Wenn er sich bei Interna nicht zurückhalten kann, gibt es nur einen Verlierer. Wenn er weiter attackiert, werde ich auspacken, und das ist so wie bei Star Wars, wenn das Imperium zurückschlägt!«

Sein Abschied aus Frankfurt verlief am Ende kurz und schmerzlos. Ganz nach der alten Devise Fjørtofts: »Ich ärgere mich immer, wenn ich in der Oper bin und der Star zu viele Zugaben gibt!« Viele Jahre später kehrte der Norweger in die Bundesliga zurück – als Sky-Experte: »Das Fußballgeschäft finde ich lustig, aber Fernsehen ist noch lustiger. Das ist im Grunde ja keine richtige Arbeit, sondern Spaß.« Man darf gespannt sein, was sonst noch so kommt. Auf die Frage, was er mit 85 Jahren machen werde, antwortete er einmal:

»Dann lebe ich in Oslo, spiele immer noch Fußball und bin immer noch so langsam …«

★ ★ ★

Walter Frosch

Millerntor-Legende

Klaus Toppmöller erinnert sich gerne an ihn: »Die absolute Krönung aber war mein Kumpel Walter Frosch. Ein sehr guter Spieler, der es auch abseits des Platzes verstand, ordentlich zu glänzen. Schon damals rauchte und trank er, bis sich die Balken bogen.« Schiri Walter Eschweiler hat über Frosch einmal gesagt: »Das ist ein anständiger Junge. Ich kenne ihn jahrelang. Er hat immer versucht, sauber und fair zu spielen.« Doch das hat nicht immer geklappt: »Ich habe fast alle meine Gelben wegen Foulspiels gekriegt. Denn ich habe meine Kontrahenten oft zusammen mit dem Ball umgenietet.«

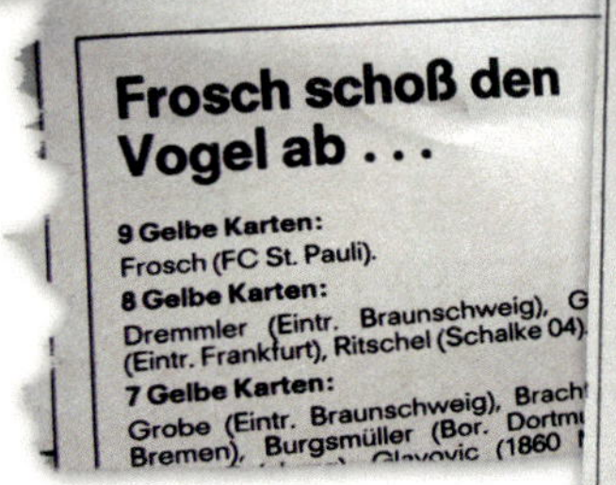

Frosch schoß den Vogel ab . . .

9 Gelbe Karten:
Frosch (FC St. Pauli).
8 Gelbe Karten:
Dremmler (Eintr. Braunschweig), G… (Eintr. Frankfurt), Ritschel (Schalke 04).
7 Gelbe Karten:
Grobe (Eintr. Braunschweig), Bracht… Bremen), Burgsmüller (Bor. Dortmu… Glavovic (1860 …

Der Frosch will sich bessern

Walter Frosch vom Zweitligaspitzenklub FC St. Pauli, ist mit fast 20 Gelben Karten in Laufe der Saison zusammen mit dem Jugoslawen Glavovic (München 1860) Rekordhalter unter unseren Lizenzspielern. Frosch staunte nicht schlecht, als ihn neulich auf dem Flughafen Frankfurt eine Gruppe norddeutscher Bundesligaschiedsrichter in ihre Mitte nahm. „Herr Frosch", sagten die Herren Unparteiischen, die gerade von einer Tagung der Bundesligaschiedsrichter zurückkehrten, „sie müssen sich auf dem Fußballplatz besser benehmen!"

Und dann erzählten sie dem rothaarigen „Nobby Stiles von St. Pauli", daß sein Name der meistgenannte auf der ganzen Schiedsrichtertagung gewesen sei.

Seitdem bemüht sich der ehemalige Bundesligaverteidiger des 1. FC Kaiserslautern um mehr Fairneß gegenüber seinen Mitspielern. Sein Trainer Diethelm Ferner verteidigt dennoch Froschs Spielweise: „Oftmals hat er nur die Gelbe Karte gesehen, weil er Frosch heißt . . ."

Walter Frosch (rechts)

Es geht die Legende um, dass einzig und allein wegen Walter Frosch vom DFB die Sperre nach einer gewissen Anzahl von Gelben Karten in einer Saison eingeführt wurde. Anhand der gängigen Statistiken ist diese These allerdings nicht nachweisbar. Dennoch behaupten Zeitzeugen immer noch, dass der beinharte Verteidiger in einer Spielzeit einmal auf 27 Gelbe Karten gekommen sein soll. Danach hätte der DFB reagieren müssen.

Angefangen hat Froschs Karriere beim Heimatverein Fritz Walters, dem SV Alsenborn. Der Weltmeister hat ihn damals auch zum FC Bayern München vermittelt, ohne zu ahnen, dass der gebürtige Ludwigshafener zu diesem Zeitpunkt bereits bei Walters großer Liebe, dem 1. FC Kaiserslautern, unterschrieben hatte. Doch das interessierte Bayerns Manager Robert Schwan nicht. Er versicherte, er werde das mit dem Vertrag schon regeln, und Frosch solle mal schnell runter nach München kommen. Die Mannschaft würde ihn schon sehnsüchtig erwarten. Einen guten Verteidiger könne man immer gebrauchen. Doch weit gefehlt. Das Team empfing den Dörfler mit der typischen Bayern-Arroganz. Walter Frosch fühlte sich sehr unwohl. Auf der einen Seite diese vielen Superstars, auf der anderen diese Kälte, mit der sie ihn empfingen. Das konnte nicht gut gehen. Als Jupp Kapellmann ihn schließlich auch noch anmachte, wurde es Frosch zu bunt. Er verpasste dem späteren Doktor eine Ohrfeige. Glück im Unglück: Der bereits unterzeichnete Vertrag mit Kaiserslautern war doch nicht so leicht aus der Welt zu schaffen, wie Schwan gedacht hatte, und so landete Frosch nach einer kurzen Auszeit – die er auf Mallorca genoss – beim FCK.

Dort lief gleich alles viel besser als bei den Bayern, doch kleinere körperliche Auseinandersetzungen waren für Frosch auch in Kaiserslautern nicht tabu. Sein Mitspieler Klaus Toppmöller erinnert sich an einen gemeinsamen Kneipenabend. Damals habe ein »ungefähr ein Meter größerer und drei Meter breiter« Typ schlecht über die Roten Teufel geredet. Das habe keinem in der Kneipe sonderlich gut gefallen, doch nur Frosch habe sich dagegen gewehrt. »Noch ein Wort, und ich hau dir auf die Fresse«, habe er gesagt. Doch leider blieb es, so Toppmöller, an diesem Abend nicht bei einer verbalen Auseinandersetzung. Am folgenden Morgen sei Frosch »völlig ramponiert« zum

Training erschienen: »Ihm hat ein Zahn gefehlt, und seine Augen waren dick geschwollen.«

Frosch und die Zigaretten

Ein anderes Mal hatte Walter Frosch die Nacht in der Kneipe einfach etwas länger werden lassen. Als er am nächsten Tag hoch zum Betzenberg fuhr, steckte er sich genüsslich eine Kippe an, die genau in dem Moment zu Ende glühte, als er in der Umkleidekabine ankam. Ohne zu schauen, nutzte er das geöffnete Fenster, um den Stummel hinaus auf die Straße zu befördern. Dumm nur, dass draußen genau in diesem Moment Trainer Erich Ribbeck vorfuhr und sein Cabrio durch Froschs Kippenwurf zum Aschenbecher umfunktioniert wurde. Frosch duckte sich weg, aber das half nichts. Ribbeck raunte ihm nur ein bitter-süßes »Warte nur, mein Freundchen!« zu.

Eine Viertelstunde später absolvierte Walter Frosch ein privates Straftraining im Stadion. Ribbecks einfache Anweisung:

»Pack dir den Briegel auf die Schultern und renn die Stufen hoch, so weit du kommst.«

Und Frosch kam unter den staunenden Augen von Ribbeck bis ganz nach oben – zweimal sogar, dann musste er sich kurz übergeben. Briegel klopfte ihm auf den lädierten Rücken und sagte: »Lass gut sein!« Doch Frosch bückte sich bereits wieder: »Spring drauf, Langer, den Spaß gönn ich dem Ribbeck nicht!« Und mit festem Schritt lief Frosch ein drittes Mal mit Briegel auf den Schultern die Stufen hinauf. Dann ließ er seinen Mitspieler absteigen, setzte sich auf eine Stufe und grüßte von oben seinen Trainer. Dabei führte er seinen Mittel- und Zeigefinger zum Mund. Ganz so, als ob er sich eine Zigarette angesteckt hätte.

Frosch hat einmal gesagt: »Die Lust auf Zigaretten beginnt, sobald ich morgens aufstehe. Ich vermisse es. Ihr könntet mir das Mädchen von Seite eins nackt auf den Bauch binden. Ich würde sie sofort gegen eine Zigarette eintauschen.« Dem Rauchen hat er ungewollt auch einen großen Teil des heutigen Ruhms zu verdanken. Ein Video mit ihm vom »Tag der Legenden« in Hamburg wurde viele Hunderttausende Male im Internet geklickt. Es zeigt ihn und einen TV-Mann am Spielfeldrand. Der Reporter fragte Frosch damals mit einem Blick hinunter an den schlanken Beinen des Verteidigers: »Was haben Sie denn da unten in Ihren Stutzen drin?« Frosch antwortete mit rauchig-knarzender Stimme kurz und knapp, als wäre es das Selbstverständlichste der Welt: »Zigaretten.« Der Reporter: »Bitte?« Frosch: »Zigaretten.« Der Reporter jovial: »Jetzt erst einmal eine durchziehen?« Frosch: »Nachher.« Der Reporter fordernd: »Warum haben Sie das dann mit auf dem Spielfeld?« Frosch logisch: »Ich bin schnell eingewechselt worden, da habe ich sie noch dabei gehabt.«

Die legendäre Kippen-Geschichte, die den raubeinigen Abwehrspieler über Nacht zu einem Star auf YouTube werden ließ, kann der ehemalige Pauli-Sportchef Helmut Schulte mit einer anderen Anekdote sogar noch toppen: »Das mit der Schachtel Zigaretten, die er auf der Bank dabei hatte, ging ja fast noch. Bei einem dieser Legenden-Turniere hat Froschi plötzlich unten auf dem Rasen einen Batzen Geldscheine in der Tasche gehabt – und wusste nicht wohin damit. Das war einer dieser berühmten Walter-Frosch-Momente!«

Walter Frosch hat seine Leidenschaft fürs Rauchen teuer bezahlt. Der Lungenkrebs hat eines Tages Besitz von seinem Körper genommen. Trotzdem konnte Frosch von seinem Laster nicht lassen. »Ich würde lieber eine rauchen als vögeln«, sagte er einmal durch eine Maschine am Hals, die ihm das Sprechen

Massiert Hermann Rieger die Waden von Walter Frosch oder sucht er die Zigarettenschachtel, die Frosch gerne mal in den Stutzen versteckte?

ermöglichte. Doch den Humor hatte Walter Frosch nicht verloren. Auf die Frage, ob er denn bald mal wieder am »Tag der Legenden« dabei sein würde, antwortete er augenzwinkernd: »Für einen Sprint einmal quer über den Platz würde es reichen. Dann muss ich aber wieder in den Rollstuhl.«

Kneipenerzählungen

Früher war das anders. Am Abend vor einer Partie seiner Lauterer gegen den FC Schalke 04 wollte der Verteidiger nur ein, zwei Bier in seiner Stammkneipe trinken, doch noch um drei Uhr nachts gewann Frosch einen 400-Meter-Lauf um zehn Liter Bier gegen einige seiner Saufkumpane. Als er am nächsten Mittag Trainer Erich Ribbeck wieder einmal mit geröteten Augen gegenübertrat, erzählte er etwas von einer Bindehautentzündung. Und seinen Gegenspieler Erwin Kremers überzeugte er mit Taten:

»Den hab ich von Anfang an dreimal über die Bande gehauen, dass da Feierabend war.«

Das Spiel war gerettet: »In den letzten zehn Minuten bin ich noch fünfmal nach vorne gelaufen, habe immer geschrien, dass ich den Ball haben wollte, und war froh, dass ich nicht angespielt wurde.« Heute ist dieser Tag ein Teil der Legende Walter Frosch.

Walter Frosch ist der Beweis, dass man auch mit einer Raucherlunge und einem kernigen Bierdurst im Sport zu einer Legende werden konnte. Bei einer Aufstiegsfeier Ende der siebziger Jahre hatte es der Jahrhundertspieler geschafft, sogar einen Reporter der Boulevardmedien mit seinem Alkoholkonsum zu beeindrucken. Walter Frosch erzählte betont nüchtern: »An einem solchen Tag trinke ich auch mal 30 oder 40 Gläser Bier.« Der gute Mann von der Presse war von allen Sinnen. Für seine Leser und sich selbst fasste er deshalb diese unvorstellbare Menge an Gerstensaft lieber noch einmal anschaulich zusammen: »In Worten: dreißig oder vierzig!«

Obwohl es ihm seit seinem Krebsbefund nicht gut ging, nahm Walter Frosch weiter rege am Fußballgeschehen teil. Mit vielen Akteuren der heutigen Spielergeneration konnte er jedoch nichts anfangen: »Alle frisch gestylt – und bei Windstärke 4 fallen sie um.« In seiner Erinnerung ist die Fußballwelt zu seinen Zeiten rauer und härter gewesen: »Wenn du früher zum Trainer gesagt hast, du hast Kopfschmerzen, hat der gesagt: ›Geh ans Kopfballpendel, dann gehen die weg.‹ Und heute? Da schickt er dich zur Kernspintomografie …«

Die ganz große Karriere ist dem kompromisslosen Verteidiger verwehrt geblieben, auch wenn er eine sehr ordentlich Laufbahn mit über 200 Spielen in der 1. und 2. Bundesliga absolviert hat. Einmal wollte ihn sogar Bundestrainer Jupp Derwall in den Kader der B-Nationalmannschaft berufen, doch der gebürtige Ludwigshafener lehnte auf legendäre Art und Weise ab:

»Ein Walter Frosch spielt nur in der A-Mannschaft oder in der Weltauswahl.«

Dass Walter Frosch nach seiner Fußballerkarriere ausgerechnet mit Kneipen seinen Lebensunterhalt verdiente, spricht für sich. Dazu zwei eher nachdenklich klingende Zitate von ihm:

»Als Aktiver habe ich vor dem Tresen gekämpft, danach dahinter.«

»Mein schwerster Gegner war immer die Kneipe.«

★ ★ ★

Schornsteinfeger wünschen Walter Frosch viel Glück für seine Zeit in Kaiserslautern.

Hermann Gerland

Der »Tiger«

Die Beliebtheit von Hermann Gerland hat sicherlich sehr viel mit seiner direkten und bodenständigen Art zu tun. So hat er einmal gesagt: »Ich bin froh, dass ich ein Arbeiterkind bin, nach wie vor. Und ich weiß, dass ich beim Kacken die Beine krumm machen muss wie jeder andere auch.« Über sein eigenes Selbstbild hat sich der »Hauptfeldwebel mit Herz« (»FAZ«) so geäußert: »Ich bin heute noch stolz darauf, wenn gesagt wird: ›Der Gerland, das ist ein Klopper gewesen, ein Treter.‹«

Wahrscheinlich rührt Hermann Gerlands später Ruhm auch daher, dass er heutzutage mit seinem Lebensstil schon fast aus der Rolle zu fallen scheint: »Ich bin ein altmodischer Trainer. 32 Jahre mit derselben Frau verheiratet, nicht tätowiert, ohne Ring im Ohr, nicht gepierct.« Eigentlich hat der »Tiger« aber auch drei Leben gelebt. Das als Fußballer beim VfL Bochum, jenes als Bundesliga-Trainer und dann die Zeit beim FC Bayern München. Stets seinem alten Motto folgend: »Hätte, wenn und aber, alles nur blödes Gelaber!« Doch eins kann auch die »Eiche« (so nannten ihn seine Mitspieler beim VfL Bochum) nicht abstreiten. Zu alldem wäre es nie gekommen, wenn er einen Spruch aus seinen frühen Jahren hätte wahr werden lassen:

»In Bochum bin ich geboren, hier will ich auch sterben. Mehr als 30 Kilometer gehe ich von da nicht weg!«

Als Spieler war Gerland mehr als unangenehm. Darüber hat Willi »Ente« Lippens gerne und ausführlich sein Leid geklagt: »Immer wenn ich Hermann gesehen habe, habe ich gesagt: ›Guck mal, da kommt Quasimodo!‹ Das war einer der wenigen, gegen den ich überhaupt nicht spielen konnte. Ich weiß nicht, woran es gelegen hat, aber der war ja so was von schnell. Wenn der seinen Buckel machte und abging wie ein Pfeil. Den habe ich an der Mittellinie umspielt, bis zum Sechzehner viermal, der war immer wieder da. Beim fünften Mal hat er mir dann den Ball abgenommen.« Vielleicht sollte die »Ente« mal mit dem ARD-Co-Kommentator Mehmet Scholl über seine Erfahrungen mit dem VfL-Verteidiger quatschen. Gerland selbst erzählte nämlich folgende Geschichte: »Mehmet Scholl sagte, ›Tiger, gegen dich hätte ich gerne gespielt.‹ ›Mehmet‹, hab ich gesagt, ›das kann ich mir nicht vorstellen.‹ Ich kann mir überhaupt nicht vorstellen, dass irgendeiner gerne gegen mich gespielt hat.«

Gerland beim VfL

Auch früher war Gerland schon ein Besessener: »Wenn ich mal im Training umspielt wurde, habe ich die ganze Woche gedacht: Hermann, wie kannst du so einen Zweikampf verlieren. Das gibt es doch überhaupt gar nicht!« Der »Tiger« redet gerne und viel über früher. Die erste Zeit seiner Karriere in Bochum hat in seinem Herzen einen festen Platz. Es waren besondere, vollkommen andere Zeiten als heute: »Wenn ein Spieler bei uns vor dem Training in die Kabine kam, dann war es selbstverständlich, dass er die anderen mit Handschlag begrüßt und nicht nur irgendwel-

1,50 Meter! Gerland sprang höher als Köpke

● Der Zweikampf im Hochsprung hieß Gerland gegen Köpke. Nürnbergs Trainer gegen seinen Torwart. Die Zuschauer tippten bei der Veranstaltung klar auf Köpke. Der muß doch Sprungkraft haben? Denkste. Köpke riß die Latte bei 1.40 Meter. Dann lief Gerland an: Im selbstgestrickten Flop übersprang er 1.50 Meter. Man nennt Gerland nicht umsonst den „Tiger". In der zweiten Disziplin war dann Köpke besser – im „Lambada"-Tanzen. Könnte ja auch an Gerlands Partnerin gelegen haben . . .

Nürnbergs Trainer Hermann Gerland

che Worte in die Runde geschleudert hat.« Auch nach einer Niederlage, so erinnert sich Gerland, konnten sich alle in die Augen sehen, weil jeder wusste, »der andere hat alles gegeben«. Und nach jedem Sieg wurde im Bus oder in der Kabine das Bochumer Jungenlied gesungen. Hatte die Mannschaft verloren, dann spielte sich häufig folgende Szene ab: »Da kam unser Präsident Ottokar Wüst in die Kabine und hat gesagt: ›Männer, ich habe viel Gutes gesehen.‹ Darauf habe ich erwidert: ›Da müssen Sie blind sein!‹«

Der ständige Abstiegskampf hätte das Team damals irgendwann zermürben müssen, doch das Gegenteil war der Fall. Er schweißte die Spieler zu einer Einheit zusammen: »Wir haben ein paar Mal gezittert, sind aber immer dringeblieben. Weil wir eine Mannschaft hatten, die an einem Strang zog – vor allem in die gleiche Richtung!«

Damals ging es – ohne TV-Kameras – bei einigen Auswärtspartien ordentlich zur Sache, wie sich Gerland lebhaft erinnert: »Als ich in Kaiserslautern gespielt habe, flogen dort Fledermäuse durchs Stadion. Und dann stand da ein Linienrichter. Einer von den Lauterern war drei Meter im Abseits, und der hat es gewagt, die Fahne zu heben. Aber nur ein Mal. Beim zweiten Mal stand einer sechs Meter abseits. Da hat der Opa mit der Krücke, der schon beim ersten Mal nicht einverstanden war, hinter ihm gesagt: ›Hebst du noch ein Mal die Fahne, Junge, ich hau dir mit der Krücke die Fahne runter!‹ Und das hat er nicht nur gesagt!«

Gerland war früher übrigens ein großer Fan von Wolfgang Overath. Davon erzählte er eines Tages noch einmal in aller Ausführlichkeit seiner Frau. Und um ihr zu zeigen, dass er mit seiner Meinung richtig lag, rief er in Bochum bei seinem Freund Ata Lameck an: »Ata, sag mal, wer war besser: Netzer oder Overath.« Und Lameck antwortete spitzfindig-überlegt: »Kein Problem. Lass es mich in einem kleinen Vergleich sagen. Ich war Overath und du warst Netzer!« Hermann Gerland bedankte sich, lächelte und legte auf. Nun wusste auch seine Frau Bescheid, welcher Fußballer damals der größere von beiden war.

Nach 14 Jahren als Spieler und Co-Trainer beim VfL Bochum wechselte Hermann Gerland 1986 auf den Posten des Cheftrainers. Als ihn der langjährige Geschäftsführer Otto Stratemeier daraufhin von einem auf den anderen Tag plötzlich mit »Herr Gerland« anredete, packte sich »Tiger« Hermann ob so viel Förmlichkeit nur an den Kopf: »Otto, sag mal, bist du bescheuert?«

Trainerfrust

Es war der Startschuss zu seinem zweiten Leben: dem des Trainers. Damals legte sich Gerland folgende Devise zurecht: »Als ich Trainer wurde, habe ich mir gesagt: Du darfst ein Spiel verlieren, du darfst auch fünf Spiele verlieren. Aber du darfst nie dein Gesicht verlieren.« Das gelang in all den Jahren mal besser, mal schlechter, aber stets blieb sich der »Tiger«

treu. Als Club-Trainer im Abstiegskampf sagte er: »Ich kann nicht verlieren. Niederlagen machen mich fertig. In dieser Saison haben wir oft verloren. Dann sitze ich im Bus, erste Reihe links, gleich hinter dem Fahrer, und rede kein Wort. Ich kann nicht begreifen, dass die Spieler ein paar Reihen weiter hinten lachen und flachsen. Die Fans weinen, die Spieler lachen – das geht nicht in meinen Kopf rein. Zu Hause angekommen, starre ich gegen die weiße Wand. Meine Familie weiß, dass sie mich jetzt nicht ansprechen darf.«

Damals hatte sich Hermann Gerland seine ganz eigene Methode zurechtgelegt, mit Niederlagen umzugehen. Hermanns Frau Gudrun erzählte einmal über die gemeinsamen Stunden mit ihrem Mann nach einer verlorenen Partie:

»Wir stehen sonntags früh auf, werfen die Sauna an und schwitzen den ganzen Frust raus. Oft fahren wir zu Freunden auf einen Bauernhof, wo mein Mann den Stall ausmistet, Traktor fährt oder sonstwie mithilft!«

Die Zeit in Nürnberg zählte sicherlich nicht zu den sportlich glücklichsten in der Karriere des »Tigers«. Mit schelmischen Blick sagte er damals: »Ich bin selten fröhlich, die Welt ist ja so schlecht. Meistens sitze ich in der Ecke und überlege, was ich falsch gemacht habe. Nach Siegen kann man mich ertragen.« Zu dieser Zeit zeigte sich aber auch, dass Hermann Gerland nicht unfehlbar ist. 1995 verhinderten erst zwei fürsorgliche Reporter des Bayerischen Rundfunks, dass ein überraschender Sieg des 1. FC Nürnberg im Achtelfinale gegen Werder Bremen von DFB-Richtern am grünen Tisch annulliert wurde. Wenige Minuten vor Anpfiff hatte FCN-Trainer Gerland den Journalisten seine Startaufstellung gesteckt. Als diese die erste Elf studierten, traf sie beinahe der Schlag. Gerade noch rechtzeitig rieten sie ihm, den gelbgesperrten Frank Baumann besser nicht auf den Platz zu schicken.

Der Frust saß häufiger mal tief. Gerland haderte dann mit seinem Job und der neuen Profigeneration, die er trainierte: »Schon in der Jugend gibt's Vitaminbomben für die Freunde. Wie die Götter kommen die sich vor. Das dicke Geld kassieren sie, kriegen Puderzucker hinten rein. Und ruf mal einen an – da meldet sich keiner mit Namen, da heißt es: Ja, hallo? Wie in der Villa Hammerschmidt.«

Aber das war nicht das Einzige, das ihn mit der Zeit nervte. Als Trainer von Arminia Bielefeld war er nicht unbedingt ein Anhänger der außergewöhnlichen Psycho-Aktionen des Leverkusener Übungsleiters Christoph Daum, der Spieler über Scherben laufen ließ: »Scherben oder heiße Kohlen gibt es auf dem Platz nicht. Vor Jahren hat ein Kollege seine Spieler mal über die Dünen von Maspalomas laufen lassen. Ich habe noch vor keinem Tor eine Düne gesehen, über die ich laufen muss, um ein Tor zu erzielen. Deshalb mache ich das nicht!«

Ein Bochumer in München

Viele Jahre später, schon als Übungsleiter beim FC Bayern München, sah Hermann Gerland einen anderen Kollegen mit eigenartigen Trainingsmethoden. Es war der Bundestrainer Jürgen Klinsmann: »Als das Gummiband-Training im Fernsehen kam, habe ich mich gefragt, ob wir den 1. April haben.« Damals konnte der »Tiger« noch nicht ahnen, dass er genau diesem blonden Sonnyboy schon bald wieder begegnen würde – in München.

Als der FC Bayern in den 1990er Jahren neue Wege ging, war Hermann Gerland mit dabei. Für die Jugendmannschaften und die Amateure verpflichtete man mit ihm und Wolf Werner zwei ehemalige Bundesligatrainer. Auch für die beiden war das anfangs ein neues, noch etwas ungewohntes Leben. Gerland zu Werner: »Mensch, Wolf, vermisst du auch dieses tolle Gefühl?« Werner schaute ihn neugierig an: »Welches Gefühl genau?« Gerland lächelnd: »Na, vor Bundesligaspielen nachts um vier Uhr schweißgebadet aufzuwachen.«

Recht bald machte sich Gerland als Entdecker von talentierten Nachwuchsspielern einen Namen. Sein außergewöhnliches Talent beschrieb er im Magazin »11 Freunde« einmal so: »Der liebe Gott hat mir ein Auge dafür ge-

geben. Ich kann übrigens auch für meine Frau einkaufen gehen, und hinterher bekommt sie Komplimente: ›Was hast du ein schönes Kleid an.‹ Ich habe mal mit meiner Frau vorm Fernseher gesessen und sie gefragt: ›Was fällt dir an Kai Pflaume auf?‹ Sie hatte keine Ahnung, und wahrscheinlich fällt es auch sonst niemandem auf, aber ihm fehlt eine Fingerkuppe.«

Eines Tages verliebte er sich in einen Spieler: »Oft bin ich vom Training nach Hause gekommen und habe zu meiner Frau gesagt: Gudrun, dem Philipp Lahm beim Training zuzusehen, ist wie Bratwurst essen. Ein richtiger Genuss.« Immer wieder aufs Neue meinte er in diesen Tagen zu Uli Hoeneß: »Wenn der kein großer Spieler wird, werde ich Wasserball-Trainer!« Einen Journalisten fragte er damals nach seinem Lieblingsessen. Als dieser »Lasagne« antwortete, erklärte er ihm die Klasse Lahms so: »Stellen Sie sich vor: Lahm war jeden Tag eine s-u-p-e-r Lasagne. Die beste Ihres Lebens! Jeden Tag! Als der weg war, war das Training auf einen Schlag um 20 Prozent schlechter. Der hat immer alles sofort begriffen, der war mit 17 schon ein Stratege.« Doch die Bayern-Bosse konnte Gerland mit seiner Leidenschaft anfangs nicht anstecken. Sie wollten Lahm verkaufen – doch es gab ein Problem: »Den wollte keiner haben. Den habe ich angeboten wie sauer Bier.« Hermann schaffte es, dass man Lahm letztendlich nach Stuttgart auslieh. Er kam zurück und wurde Weltmeister.

Gerland selbst betont übrigens etwas ganz Erstaunliches:

»Ich bin Trainer. Wenn ich je einen Cent an einem Transfer verdient habe, möchte ich auf der Stelle tot umfallen. Ich werde vom FC Bayern bezahlt, wiege zehn Kilo zu viel und kann auch nur ein Schnitzel am Tag essen.«

Als Gerland Trainer von »Bayern 2« war, dichteten die Fans eine Ode an ihn: »Wir sind schon echte Freunde, die Amateure eine Macht. Wir halten fest zusammen, auch wenn's auf dem Spielfeld kracht. Keiner kann uns wirklich was, wir supporten euch total. Wir sind schon ein starkes Team und wir holen den Pokal! Hermann Gerland, du bist wieder da. Hermann Gerland, unser Trainer. Hermann Gerland, du bist wunderbar. Hermann Gerland ist ein Freund fürs Leben. Du bist immer für uns da, egal was auch passiert. Bist ein großer Trainer, mit dem Bayern nicht mehr verliert. Hermann Gerland, bleib für immer. Hermann Gerland, Hermann Gerland, bleib für immer hier, geh nicht mehr fort!« Und Ribéry sagte einmal: »Ich mag diesen ›Tiger‹. Super Typ. Ich glaube, alle mögen den ›Tiger‹. Guter Mensch, macht immer Spaß.« Als sich Gerland in den Katakomben des FC Bayern ein Auto

Die 10 schönsten Sätze als Trainer

- Wer hat dem Dicken den Ball gegeben?
(Als er eigentlich das Kommando an Zwetschge Misimovic ausgegeben hatte, Runden zu drehen)
- Meine Mutter ist 79 und sitzt im Rollstuhl. Selbst wenn man sie ins Ahlener Tor gestellt hätte – das Resultat wäre dasselbe gewesen.
- Sicher, Reina hat das Tor erstklassig erzielt. Aber er durfte die Kugel doch gleich dreimal wie ein Artist hochhalten und dann reinhauen. Das hätte es früher nicht gegeben. Da wäre einer dazwischengefegt, und Billy wäre erst wieder vor seiner alten Haustür in Unna gelandet.
- Im Training lasse ich sie statt zehn nur neun Runden laufen.
(Auf die Frage, wie er seine Spieler belohne)
- Dicke Autos fahren, abends ins P1 rennen und Fußball spielen wie die Osterhasen. Das geht nicht …
- Wenn einer die Hosen voll hat, sehe ich das.
- Die Pferde, die sich anfangs sträuben und wehren, sind am Ende die besten. So ist es auch im Fußball. Die, die eckig und kantig sind, kannst du am besten gebrauchen.
- Es sollte sich herumgesprochen haben, dass ich Pferde züchte. Aber wenn meine Weide in diesem Zustand wäre, würde ich die Herde nicht rausschicken.
(Über die Platzverhältnisse im Berliner Friedrich-Ludwig-Jahn-Sportpark)
- Ich kann nicht rechnen, ich habe nur die mittlere Reife.
(Als Trainer von Arminia Bielefeld nach einem 3:0-Sieg, der zumindest die theoretische Chance auf den Nichtabstieg wieder ein wenig erhöhte)
- Hör mal zu, du Osterhase, als ich noch gespielt habe, da gab's dein Land noch gar nicht.
(Zum Slowenen Borut Semler)

1982/83

1988/89

1994/95

1999/2000

anschaute, rief ihm der Franzose spontan zu: »Willst du, ›Tiger‹? Ich kaufe für dich!«

Jeden Tag aufs Neue hat Gerland große Lust an der Arbeit beim FC Bayern: »Es macht mir sehr viel Freude, wenn ich zur Säbener Straße fahre. Ich bin auch oft an freien Tagen da, dann fragt Rummenigge: ›Kriegst du zu Hause nichts zu essen?‹ Und ich: ›Kalle, seh' ich so aus?‹«

Deutscher Meister

Als Bochumer Junge im Trikot des FC Bayern freute er sich ganz besonders über seine erste Meisterschaft: »Wissen Sie, ich bin ein besessener Fußballer, aber ich hatte noch nie einen Titel gewonnen. Und nun war ich dabei, als der renommierteste Verein Deutschlands einen Triumph feiert. Da habe ich an meine Bochumer Zeiten als Profi gedacht, als Mutter meine Trainingsklamotten waschen musste. Und wir Spieler, wir durften uns beim Mittagessen entweder für Suppe oder Nachtisch entscheiden. Da gab es nur entweder oder, beides kriegte keiner. In mir war immer der Wunsch, einmal sagen zu können: Einer aus Bochum war ein bisschen am Gewinn der Deutschen Meisterschaft beteiligt. Und jetzt stand ich da auf dem Balkon und war überwältigt von dem Gefühl: Junge, du hier oben – es hat sich alles gelohnt!«

In diesen Momenten erinnert Gerland sich gerne an zu Hause. Vor vielen Jahren hat sein Freund Ata Lameck einmal gesagt: »Okay, ich will die Ehe von Hermann Gerland nicht gefährden, aber wenn er zu Hause gefragt wird: Wo willst du leben, in München oder in Bochum, dann würde Hermann sofort Bochum sagen. Gar kein Thema!«

Für Ata würde er sicherlich gerne zurück in seine alte Heimat kommen. Mit ihm zusammen macht er gerne Schabernack. Bei einer Veranstaltung in Bochum riss sich Hermann Gerland einmal die Hose herunter und lächelte die begeisterte Runde an. Mit dem Zeigefinger zeigte er auf seine Unterhose: »Guckt mal, was hier steht. Hab ich zum Geburtstag bekommen!« Ata Lameck beugte sich zum Schritt seines ehemaligen Mannschaftskameraden hinunter und las zur Begeisterung der Leute vor, was auf den Boxershorts stand: »Trainer-Stab«. Ata Lameck wandte sich grinsend an seinen Freund und meinte trocken: »Hermann, aber bei dir doch höchstens Trainer-Stäbchen!«

Hermann Gerland tut dem FC Bayern gut. Ein Mann aus dem Pott, ein Mann mitten aus dem Leben, der vergnügt sagt: »Bevor man untern Torf kommt, macht man einiges mit im Leben.« Aber das sei auch gut so, denn:

»Ruhe habe ich später, wenn ich tot bin, noch genug.«

★ ★ ★

Eduard Geyer

»Ede Gnadenlos«

»Dass der Trainer etwas temperamentvoller ist als andere, das wissen wir«, hat sein Spieler Steffen Baumgart einmal über ihn, den »Ede Gnadenlos«, gesagt. Und der gebürtige Bergisch-Gladbacher Georg Koch hat nach seinem Cottbus-Ausflug gemeint: »Ich bin ja kein Wessi mehr. Wenn man acht Wochen mit dem Ede Geyer trainiert hat, dann ist man ein richtiger Ossi.« Die Paulianer ließen den ehemaligen DDR-Oberliga-Spieler während einer Partie am Millerntor hochleben. Sie riefen lautstark: »Ede Geyer, unser bester Freier«.

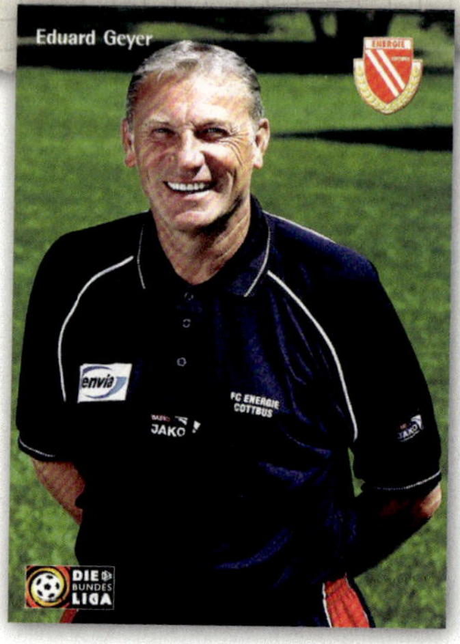

Der gebürtige Oberschlesier hat über sich selbst gesagt:

»Die Bundesliga wollte mich nicht, also musste ich in die Bundesliga kommen.«

So kam es – und wie! Es waren nur drei Jahre, die Eduard Geyer zusammen mit seinem Verein Energie Cottbus in der 1. Bundesliga verbracht hat, aber es war eine Zeit mit vielen verbalen Volltreffern. Ede Geyer hat schnell verstanden, dass ein tüchtiges Mundwerk im Fußball nicht schaden kann. Und so produzierte er knackige Rhetorik am laufenden Band: »Gegen mein Training ist die Bundeswehr wie Urlaub.«

Vor allem seine Spieler kamen nicht immer gut weg bei seinen verbalen Rundumschlägen. Einen hatte er ganz besonders auf dem Kieker: den Rumänen Laurentiu Reghecampf. Ihm attestierte Geyer schon recht bald: »Wer so doof ist, gehört nicht in die Bundesliga.« Ein anderes Mal bewertete er dessen Leistung mit den Worten: »Mehr als ein paar Arschwackler und ein paar Flanken kamen dabei nicht rum.« Und über einen kläglich vergebenen Elfmeter: »Den hätte ich auch mit Winterstiefeln nicht schlechter schießen können.«

Sein Motto im Umgang mit seinen Kickern: »Lob? Das ist nicht mein Brot. Die Spieler kriegen genug Lob von ihren Verwandten und Freunden.« Der knallharte Hund war unerbittlich. Selbst der deutsche Nationalspieler Paulo Rink bekam sein Fett weg: »Ich plane nicht mehr mit ihm, es sei denn, 100 Mann haben Grippe.« Im persönlichen Umgang pflegte »Ede Gnadenlos« den harten Ton. Ziemlich gefrustet sagte er: »Ich kann doch nicht schon jetzt die Aufstellung vom nächsten Wochenende sagen. Der eine kriegt eine Grippe, beim anderen kriegt die Oma einen Zahn.« Mit dem ihm zur Verfügung gestellten Spielermaterial war Geyer alles andere zufrieden. Der Energie-Trainer meckerte in einer Tour: »Wir haben Fehler im Abwehrverhalten gemacht – und das ist schon im Sturm losgegangen.« Die Lage schien für ihn aussichtlos. Was er auch anstellte, es war doch zu wenig: »Wir machen viele elementare Fehler. Manchmal musst du bei einigen Spielern beim Urschleim anfangen, und so viel Zeit hast du gar nicht, aus manchen Spielern noch bundesligataugliche Männer zu machen.«

Manch einer im Verein war froh, dass nicht alle Akteure die Worte des Trainers verstehen konnten. Als Ede Geyer gegen die Bayern mit elf Ausländern spielen ließ, wurde er gefragt, in welcher Sprache er denn das Training leite.

Und Geyer verzog keine Miene, als er antwortete: »In Rumänisch.« Die Sprache des Fußballs hatten jedoch alle drauf und die Verständigung klappe prima, meinte er mal. Er habe da so seine Mittel und Wege: »Wenn man in den Saal reinschreit: ›Es gibt Geld!‹ – das versteht jeder.«

Die Trainingslager unter Geyer waren legendär wie gefürchtet. Als es nach der ersten Woche schon 15 Verletzte im Kader gab, zuckte »Ede Gnadenlos« nur mit den Schultern und wehrte jede Kritik an seinen Methoden ab: »Die Vorbereitung ist zum Kotzen da und muss hart sein.« Sein Motto:

»Wenn sich jemand dehnen will, soll er nach Dänemark fahren. Bei mir wird gelaufen, da kann keiner quatschen.«

Was Geyer gar nicht leiden konnte, waren Profis, die ihren Beruf nicht ernst nahmen: »Es gibt im Nachwuchsbereich Spieler mit einer Einstellung zum Leistungssport wie die Nutten von St. Pauli – die rauchen, saufen und huren.« Und wenn die auch noch der neusten Fußballmode folgten, war seiner Meinung nach eh Hopfen und Malz verloren: »Seit es diese bunten Schuhe gibt – gold, orange, silber –, denken Fußballer, sie laufen ganz von alleine wie der kleine Muck.«

Auch was anderes konnte Ede Geyer nicht leiden: »Mich kotzen Spieler an, wenn sie drei Ohrringe tragen. Oder wenn der Spieler mit einem Pferdeschwanz ankommt und aussieht wie ein Mädchen, aber dann keinen Ball trifft.« Geyer gab den harten Hund. Nicht umsonst waren die Profis von Energie Cottbus deshalb sehr trickreich in ihrem täglichen Tun. Selten auf dem Platz, aber dafür abseits des grünen Rasens. Weil Coach Ede Geyer jeden Morgen noch vor dem Training das Gewicht der Spieler aufs Gramm genau auswog, gingen die Profis hungrig aus dem Haus und auf Geyers Waage. Sobald sie das Zimmer des Übungsleiters aber verlassen hatten, hasteten sie eilig zu ihren Trainingsbeuteln und packten die bereits fertig geschmierten Stullen aus. Dann wurde schnell der Magen aufgefüllt, bevor es mit dicken Bäuchen raus auf den Platz ging. Ihr Coach hielt es beim Essen hingegen wie beim Reden – keine Kompromisse. Auf die Frage, ob er sich neben der Bratwurst nun auch ein Freibier gönnen würde, sagte er: »Von Trennkost halte ich nichts.«

Seine Situation als Trainer von Energie Cottbus beschrieb er einmal so: »Ich komme mir vor wie ein Querschnittsgelähmter: Alle bedauern dich, aber keiner gibt dir was.« Harter Tobak. Aber dafür war er nun einmal bekannt. Als es im Stadion Randale gab, sagte Geyer hinterher: »Es ist traurig, wie sich Minderjährige eines solchen Spiels bemächtigen können. Wenn der Rechtsstaat ein bisschen mehr erlauben würde: Ich hätte die Rotznasen alleine rausgeprügelt. Am liebsten hätte ich die Rowdies per Lastwagen in den Braunkohle-Tagebau abtransportiert.«

Aber am meisten zu leiden hatten unter ihm immer noch die Spieler. Auf die Frage, welcher seiner Akteure ihn in dieser Saison überzeugt habe, sagte »Ede Gnadenlos«: »Da muss ich erst mal in mein Buch gucken.«

★ ★ ★

Ede Geyer im Juni 2012 zu Gast bei »Waldis EM-Club«, rechts neben ihm Costa Cordalis.

Kevin Grosskreutz

Echter Dortmunder

»Der Junge würde bei einer Partie Schach sicher nicht gerade haushoch gegen die Großmeister Karpow oder Kasparow gewinnen.« Diesen Satz über Kevin Großkreutz haben schlaue Leute dem Boulevard-Kolumnisten Mario Basler in den Mund gelegt. Sie vergaßen dabei, dass nicht sie selbst, sondern ihr gut bezahlter Schützling als Nachfolger von Max Merkel für diese Worte geradestehen musste. Das haben beide nicht verdient: Großkreutz nicht, und Basler ebenfalls nicht!

Denn beide stehen für einen Fußball mit Kickern aus Fleisch und Blut, nicht für seelenlose Marionetten. Auch wenn Kevin Großkreutz mittlerweile wesentlich geschulter, abgeklärter und professioneller im Umgang mit den Medien auftritt, so lässt er dennoch gerne Aussagen im Raume stehen, die den naiven Beobachter schmunzelnd zurücklassen. So antwortete er einmal auf die Frage der »Rheinischen Post«, ob er denn eine Sehenswürdigkeit in Düsseldorf kenne, ganz wunderbar mit: »Ich komme selten nach Düsseldorf. Zählt der Kölner Dom auch? Der ist doch da in der Nähe.«

Am Anfang seiner Karriere sprach Kevin Großkreutz noch sehr viel häufiger als heute frei Schnauze. Legendär in BVB-Kreisen ist seine Antwort auf die Frage eines großen Sportmagazins, was er denn tun würde, wenn sein Sohn Schalke-Fan werden würde: »Dann kommt er ins Heim!« Ungefähr zur gleichen Zeit hat er in einem Interview auch Folgendes über die königsblauen Rivalen geäußert: »Die sind mein Feindbild Nummer eins. Immer schon! Für kein Geld der Welt würde ich dort spielen. Schalker hasse ich wie die Pest!«

Kevin liebt und lebt seinen BVB. Als er zum Beginn seiner Laufbahn erst einmal den Umweg über Rot Weiss Ahlen nehmen musste, verzweifelte sein damaliger Trainer Christian Wück fast an ihm:

»Kevin war so heiß auf die Südtribüne, dass er selbst abends vor unserem Spiel noch in den Signal-Iduna-Park wollte. Mir blieb keine Wahl. Ich musste ihm ein BVB-Verbot erteilen!«

Der im Dortmunder Stadtteil Eving geborene Borusse kämpfte sich mit überragenden Leistungen zu seinem Lieblingsverein – den er in Jugendjahren verlassen musste – zurück. Dort wurde er in den erfolgreichen Meisterjahren zum unangefochtenen Helden der Südtribüne.

Eine besondere Ehre wurde ihm im November 2013 zuteil: Titelstory in »11 Freunde«.

SCHALKER DES MONATS: JUSTIN RÖNNE

Kevin G. aus Dortmund lässt normalerweise an Königsblau kein seltsam frisiertes Haar und nichts an sich ran, was mit Blau-Weiß zu tun hat. Bis Justin Rönne kam. Der Siebenjährige zog nicht nur demonstrativ sein S04-T-Shirt an, als er mit seiner Jugendmannschaft zu einem Turnier nach Dortmund fuhr. Als es darum ging, ein Foto mit dem Dortmunder zu schießen, öffnete Justin im richtigen Moment den Reißverschluss seiner Trainingsjacke. Wer weiß, wozu das einen Tag vor dem Finale um den Supercup gut war… ■

Die gelbe Wand trieb ihn an, und er stachelte sie auf. Die Bilder vom Mann mit den hochgezogenen Schultern, der mit rudernden Armen vor der Kurve steht und um Unterstützung bittet, hat jeder Fußballfan im Kopf abgespeichert. Sein unermüdlicher Einsatz machte ihn zum Nationalspieler und Weltmeister. Doch das reichte im Starensemble der Borussia nicht immer für einen Platz auf dem grünen Rasen. Als Trainer Jürgen Klopp ihn unter dem Protest der Fans im Derby gegen Schalke zunächst auf der Bank sitzen ließ, musste er sich hinterher rechtfertigen. Seine damalige Antwort klingt wie aus einer anderen Zeit: »BVB-Fan zu sein, ist kein Grund für einen Startplatz im Team.«

Vom »Döner-Werfer« zum Weltmeister

Im Zuge des Siegesrauschs sagte Großkreutz nach einem verschossenen Elfmeter von Arjen Robben gegen den BVB-Keeper Weidenfeller völlig aus dem Häuschen: »Ich hatte es im Adrenalin, dass Roman den hält.« Die Meisterschaftsparty danach zeigte der Republik einen ausgelassen feiernden Dortmunder Jungen. Selbst die eigenen Mannschaftskollegen mussten sich auf der spontanen Party bei einem Nobelitaliener gedulden, bis Kevin mit seinen alten Südtribüne-Kollegen den ersten Durst gestillt hatte. Was da genau getrunken wurde, darüber wusste Teamkamerad Mats Hummels Bescheid: »Kevin wird heute sicherlich nicht nur stilles Wasser trinken, vielleicht nimmt er eins mit Kohlensäure.«

Die TV-Nation verfolgte live und begeistert, wie Großkreutz bei der Meisterfeier an der Westfalenhalle die Bühne verlassen musste, um sich gestützt auf zwei bullige Security-

Männer in einem Dixi-Klo die Ereignisse des Tages erst einmal durch den Kopf gehen zu lassen. Selig lächelnd verließ er einige Minuten später die sanitären Anlagen wieder, um erneut die Bühne zu stürmen. Die schwarz-gelben Fans im Meisterschaftstaumel freuten sich andächtig und zu Recht über einen der ihren.

Noch vor dem Gewinn des WM-Pokals 2014 in Brasilien überraschte Großkreutz die Fußballanhänger mit einem angeblichen Fehltritt. Zusammen mit seinem Mannschaftskollegen Julian Schieber kam es zum mittlerweile legendären »Döner-Eklat«. Was genau in dieser Nacht in Köln passiert ist, darüber gibt es verschiedene Versionen. Auf jeden Fall erschien damals um 0:30 Uhr ein gewisser Marco B. in Begleitung seiner Freundin auf der Polizeiwache 1 an der Stolkgasse und klagte über ein Brennen in den Augen. Angeblich von einem Döner, der ihm ins Gesicht geworfen worden sein sollte. Wie immer die Geschichte auch gelaufen ist, für den Döner-Verkäufer hat sie sich in jedem Fall gelohnt. Stolz erzählte er den Boulevard-Zeitungen Tage nach dem Ereignis: »Bei uns heißt der Döner mit extra-scharfer Soße jetzt ›Kevin-Döner‹«. Während dieses Geschäftsmodell noch ganz witzig klingt, so trieb es Mallorca-Barde Tim Toupet anschließend grausam auf die Spitze. Er dichtete sein Lied »Ich bin ein Döner« um und sang:

»Ich hab 'nen Döner in der Hand, den tu' ich werfen, wenn mich Leute nerven. Hat Kevin Großkreutz dann mal frei, ist immer 'n Döner mit dabei!«

Die Döner-Geschichte wird Kevin Großkreutz in seinem Leben immer verfolgen. Dafür werden schon seine Nationalmannschaftskameraden wie Lukas Podolski sorgen. Via Boulevardpresse kündigte er wenige Wochen nach dem Vorfall eine Wette an. Weil Großkreutz vor der Partie seines BVB gegen Podolskis damaligen Klub Arsenal behauptet hatte, er würde den Stürmer tunneln, reagierte der in Polen geborene Nationalspieler mit einem ungewöhnlichen Konter: »Eines kann ich schon sagen: Kevin hat gar nicht die Technik, mir einen Beinschuss zu verpassen. Wenn, dann wäre es Zufall. Und sollte es dazu kommen, dann spendiere ich Kevin in Köln einen Döner.«

2010 übernahm Kevin Großkreutz die Patenschaft für einen Schabrackentapir im Dortmunder Zoo.

»Soap-Star« wider Willen

Seit den Tagen mit dem beliebten türkischen Fast-Food-Gericht meinte es das Leben zwar immer noch gut mit dem Dortmunder Jungen, aber hier und da spielte es ihm von nun an auch mal einen Streich. Als in der RTL2-Reality-Soap »Köln 50667« für einen kurzen Moment ein Smartphone mit einer Telefonnummer darauf eingeblendet wurde, war es mit der Ruhe im Hause Großkreutz vorbei. Hunderte von TV-Zuschauern wählten aus Neugierde die angezeigte Nummer. Die Fernsehmacher hatten vor dem Dreh natürlich geprüft, ob diese frei war, mittlerweile war sie jedoch vergeben worden – und zwar ausgerechnet an den vollkommen überraschten Unglücksraben Kevin Großkreutz. Sekündlich klingelte bei ihm das Telefon, bis ihn schließlich ein aufgeregter Soap-Fan aufklärte.

Beinahe wäre Kevin Großkreutz nicht mit zur Weltmeisterschaft nach Brasilien gefahren. Denn kurz vor der Abreise ins Trainingslager erfuhr die Presse von einem weiteren Fehltritt des BVB-Spielers. Die »Sport Bild« berichtete damals, dass Großkreutz in der Nacht nach dem verlorenen Pokalfinale am 17. Mai 2014 gegen den FC Bayern (0:2) im angetrunkenen Zustand »in die Lobby des Hotels uriniert« habe. Sehr zum Unwillen eines anderen Hotelgastes, der im Zuge dieser Entgleisung die Polizei rief. Großkreutz leugnete den Vorfall nicht und entschul-

digte sich geläutert über die Presse: »Ich war total frustriert nach dem Spiel, wir hatten uns so viel vorgenommen, wollten unbedingt den Pott holen. Ich hatte einen Blackout, es tut mir leid.«

Bei der WM kam Kevin Großkreutz anschließend zwar keine Minute zum Einsatz, wurde aber für seine Kollegialität von den Mannschaftskameraden sehr gelobt. Explizit erwähnte ihn Bastian Schweinsteiger vom FC Bayern in seinem finalen Tweet nach der Rückkehr: »Jungs, es war mir eine Ehre… Danke für eine tolle Zeit ohne Eskapaden. V.a. Dir, Kevin!« Kein Wunder, dass der beliebte Dortmunder anschließend bei den Feierlichkeiten vor und hinter dem Brandenburger Tor vielfach im Mittelpunkt stand. So bot er bereitwillig einer Polizistin einen Schluck aus seiner Bierflasche an. Auf der Bühne sang ihm anschließend sein WM-WG-Kollege und Rivale vom FC Schalke 04, Julian Draxler, ein eigenes Ständchen. Unter dem Jubel der Massen intonierte er mit kräftiger Stimme: »Großkreutz, rück den Döner raus, Großkreutz, rück den Döner raus, Großkreutz, rück den Döner raus!«

Zu Hause im Ruhrgebiet angekommen, konterte der Besungene via sozialer Medien, bereits schon wieder im Derby-Modus laufend, sehr humorvoll:

»Lieber Julian, ich kann zwar keinen Döner rausrücken, aber ich kann immer wieder die Schale rausholen.«

* * *

Pep Guardiola

Der katalanische Fußball-Philosoph

Überall in der Welt wird er als genialer Taktiker und großer Trainer gefeiert. Ein Mann, der weiß, wie man siegt. Doch im Grunde genommen haben wir dabei alle ein ganz falsches Bild vom Menschen Pep Guardiola im Kopf. Er selber sagt nämlich über sich: »In meinem Leben und mit meiner Arbeit strebe ich in Wirklichkeit keine Titel an, ich suche Liebe, nichts mehr.« Das ist fast schon Poesie. Aber auch »Spiegel Online« greift für den Katalanen tief in die sprachliche Trickkiste: »Guardiola ist für das Alpenvorland, was Obama 2008 für die westliche Welt war.«

Dass Pep Guardiola kein gewöhnlicher Trainer sein kann, verdeutlicht sehr schön eine Aussage seines ehemaligen Spielers Dani Alves: »Wenn mir Pep sagen würde, ich solle mich vom dritten Rang des Camp-Nou-Stadions stürzen, würde ich denken, dass bestimmt etwas Gutes daran wäre.« Guardiola hat abseits von Medienhülsen (»Ich hasse Tiki-Taka. Ich möchte damit nichts mehr zu tun haben. Es ist ein Marketingbegriff«) eine klare Philosophie:

»Fußball gehorcht den Spielern, nicht dem Trainer.«

Der katalanische Übungsleiter holt stets das Beste aus seinen Akteuren heraus. Auf einer Podiumsveranstaltung erzählte Guardiola einst eine Geschichte aus seinem Alltag: »Ich hatte einmal als Trainer einen hervorragenden Spieler, der aber nicht aufs Tor schoss. Wir sind in ein Café gegangen, um zu reden. Nicht über Fußball, übers Leben.« Dieser Spieler schoss in der folgenden Partie zwei der vier Tore für seine Mannschaft an diesem Tage, berichtete Guardiola den gespannt lauschenden Zuhörern. Das einfache Geheimnis für den plötzlichen Erfolg aus seiner Sicht: »Er hat sich als etwas Besonderes gefühlt, weil er sich geliebt gefühlt hat.«

Doch dieser Trick sei nicht immer so einfach zu praktizieren, meint der ehemalige spanische Nationalspieler: »Wenn du Spieler draußen lassen musst, ärgern sie sich, weil sie denken, dass ich sie nicht mag. Sie denken nicht, dass dies Entscheidungen aus taktischen Gründen sind, sondern bei ihnen kommt an, dass sie nicht geliebt werden.«

Von Beginn an empfand Bayern-Manager Uli Hoeneß eine große Liebe zu Guardiola. Gleich bei ihrem ersten Treffen, während des Sabbatical-Jahrs des Katalanen in New York, sei es um ihn geschehen gewesen, erzählt Hoeneß: »In bin in die Wohnung gekommen und habe nach fünf Minuten gespürt, das passt. Er hat dann seinen Computer rausgeholt – das habe ich ja nicht so gerne, aber er darf das.« Monate später bei seiner Vorstellung in München überzeugte Guardiola im Handstreich auch die versammelte Journalisten-Schar in der Allianz Arena. Einerseits mit seinen sehr ausgereiften Deutschkenntnissen (»Ich habe alles auswendig gelernt«) und andererseits mit seinen charmanten Worten an den Gastgeber: »Heute ist ein Geschenk, ist ein Glück, nicht nur hier zu sein, sondern auch dass Bayern München überhaupt daran gedacht hat, dass ich hier sein konnte.« Und gleich an seinem ersten Arbeitstag in München machte der Erfolgstrainer klar, dass er nicht zu seinem Vergnügen in der bayerischen Landeshauptstadt sei. Als er gefragt wurde, ob er denn beabsichtige, Kulturschaffende der Stadt kennenzulernen, antwortete Guardiola:

Ein bisschen Spaß muss sein – auch bei akribischen Fußballtrainern: Hermann Gerland und sein Chef Pep Guardiola im März 2015.

»Vielleicht müssen die Künstler zur Säbener Straße kommen, da werde ich die ersten sechs Monate leben.« Dass die Frage des Journalisten berechtigt war, zeigt ein anderes Zitat des Trainers noch vor seinem Amtsantritt: »Natürlich werde ich versuchen, die Bayern-Spieler für Coldplay zu begeistern. Ich hoffe, sie haben einen guten Musikgeschmack.«

Die Medien lieben Guardiola. Seine verschmitzte Art und seine Contenance. Es scheint, als bringe ihn nichts aus der Ruhe. Auch als man ihn fragte, warum er sich seine zukünftige Mannschaft in der Rückrunde nicht einmal angeschaut habe, reagierte er sehr humorvoll: »Meine Deutschlehrerin hat den BVB unterstützt. Sie hat mir nicht erlaubt, hierher zu kommen.« Dass er diese Zeit des Lernens gut genutzt hat, demonstrierte er in München sogleich seinen Landsleuten. Als ein spanischer Journalist wissen wollte, ob ihn die Dominanz der Bayern langweile, antwortete Pep galant: »No! Auf Deutsch heißt das: Nein!«

Die deutsche Kultur versucht ihm unterdessen sein Co-Trainer Hermann Gerland jeden Tag ein Stück weit näherzubringen. Als man bei Gerlands Heimatklub, dem VfL Bochum, ein Testspiel bestritt, konnte ihn der Co-Trainer zwar nicht zu einer Currywurst überreden, aber gab ihm etwas anderes mit: »Bratwurst mit Käse. Ich hab ihm gesagt: Pep, tu mir einen Gefallen, nimm die mit nach Hause und iss mal 'ne Bochumer Bratwurst mit Käse. Deine spanischen Kollegen haben alle gesagt: Oh, wunderbar.« Gerland kümmert sich nicht ohne Hintergedanken um den Katalanen:

»Ich möchte keinen neuen Cheftrainer mehr haben und habe daher großes Interesse, Pep zu halten. Der Nachfolger wird sicherlich gut sein, aber deutlich schlechter als Pep.«

Wäre da nicht Matthias Sammer, könnte man denken, dass alle Fußballer Guardiola wie einen kleinen Gott behandeln. Doch der Dresdener macht sich gerne einen Spaß mit ihm: »Schaut mal auf YouTube nach, gebt dort ›Tore Guardiola‹ ein. Dann werdet ihr sehen, was rauskommt: 404-mal not found!« Über die schlechte Torausbeute des heutigen Trainers könnte sich Sammer stundenlang beömmeln: »Nichts. Null. Du gibst Guardiola ein, und immer: Fehlanzeige.«

Die Frage ist, ob Pep darüber lachen kann. Auf die Frage der »SZ«, ob er lustig sei, antwortete er einmal: »Nein. Ich bin sehr seriös.« Aber das war wahrscheinlich nur ein Scherz. Einzig über einen Mann kann Guardiola überhaupt nicht lachen: seinen ewigen Rivalen José Mourinho. Der sagte über Pep: »Wenn einer genießt, was er macht, verliert man seine Haare nicht. Er hat eine Glatze bekommen. Guardiola genießt den Fußball nicht.« Eine Antwort auf diesen harten Tobak blieb der Katalane schuldig. Seine Sache sind ohnehin eher die poetischen Dinge des Lebens. Deshalb zum Schluss noch ein anderer feinsinniger Satz des Erfolgstrainers: »Manchmal spielst du mit Sonne, manchmal mit Schnee, aber du musst immer mit Charakter spielen.«

★ ★ ★

Auch die bayerische Kultur hat er inzwischen kennen- und lieben (?) gelernt …

Rudi Gutendorf

Ein »bunter Hund«

Es ist ein Wunder, dass Hollywood nie auf die Idee kam, Rudi Gutendorfs Leben zu verfilmen. Vielleicht liegt es daran, dass es einfach viel zu viel Stoff für 90 Minuten wäre. Alleine 54 Trainerstationen sind es in seiner Karriere gewesen. Überall hat er bleibende Spuren hinterlassen, Niederlagen beweint und Siege gefeiert. Man hat ihn hochleben lassen (»Ich kann machen, was ich will. Ich bin hier der König«, als Nationaltrainer Samoas), doch als den »größten Erfolg« seines Lebens bezeichnet er selbst einen Moment als Nationaltrainer von Ruanda. Dort war Gutendorf nach dem Völkermord engagiert worden und vollbrachte ein wahres Wunder.

Wer viel rumkommt, hat auch viel zu erzählen: Rudi Gutendorf bei der Präsentation seiner ersten Biografie.

Nahe der Verzweiflung hatte Gutendorf damals eine Idee. Er setzte Angehörige der verfeindeten Bevölkerungsgruppen der Hutu und der Tutsi abends ums Lagerfeuer zusammen. Er sorgte dafür, dass beide Gruppen genau gleich stark vertreten waren. Dann zwang Gutendorf sie dazu, sich zu umarmen. Als im darauffolgenden Spiel 40.000 Fans stolz mitansahen, wie ein Hutu flankte und ein Tutsi das 2:1 gegen die Elfenbeinküste köpfte, erlebte auch der weitgereiste Trainer einen der schönsten Momente seiner an Erlebnissen reichen Laufbahn. Doch auch in diesem politisch hochbrisanten Krisengebiet dachte der gebürtige Koblenzer zuallererst an das Sportliche. Als er vor seiner Abreise nach Ruanda gefragt wurde, wie er seine Mannschaft dort denn einstellen wolle, antwortete Gutendorf: »Nach allem, was ich über das Team weiß, werde ich wohl den Meidericher Riegel wieder einführen.«

In seinem Buch mit dem vielsagenden Titel »Ich bin ein bunter Hund« beschreibt sich der ehemalige Übungsleiter der Bundesliga so: »Für den Deutschen Fußballbund bin ich der Trainer Rudi Gutendorf mit der Lizenz-Nummer 330. Bei den Finanzämtern werde ich als ›Künstler und Artist‹ geführt. Bonns Ministerium setzt mich seit einem Vierteljahrhundert als Entwicklungshelfer in Sachen Fußball ein. Die Leute nennen mich Rudi, den Rastlosen, den Globetrotter, einen modernen Goldgräber unserer Zeit. Keiner weiß, dass ich einen einsamen Weltrekord halte. Als einziger Trainer habe ich auf allen fünf Kontinenten gearbeitet. Gelebt, geliebt und manchmal auch geweint.«

Gutendorf hat einmal gesagt: »Am Fußball zu hängen, ist eine der unbequemsten Lebenslagen.« Ein anderer berühmter Satz von ihm lautete: »Der Ball ist ein Sauhund.« Doch auch er selbst konnte ein Sauhund sein: »Ich würde sogar den Bundeskanzler stürzen, wenn das für meine Laufbahn wichtig wäre.« Den Satz sagte das CDU-Mitglied Gutendorf übrigens in einer Zeit, als sein Parteikollege Kurt Georg Kiesinger in Bonn regierte.

»Riegel-Rudi« und der »Boss«

In Duisburg fing damals im Jahr 1963 die Karriere des Koblenzers richtig an. Der Meidericher SV mit seinem Trainerfuchs Rudi Guten-

Rudi Gutendorf erklärt auch »Playboy«- und »Penthouse«-Lesern den Fußball.

dorf war in der allerersten Bundesliga-Spielzeit die eigentliche Sensation der Saison. Am Ende landete der MSV auf Platz zwei in der Abschlusstabelle und kassierte mit 36 Toren die wenigsten Treffer der Liga. Der »bunte Hund« Gutendorf wurde als »Riegel-Rudi« gefeiert und sein Spielsystem von allen Seiten ausgiebig gewürdigt. Die MSV-Spieler sahen die Sache allerdings deutlich entspannter, wie Torhüter Manfred Manglitz später einmal erzählte: »Was heißt denn schon Rollsystem? Wenn wir den Ball hatten, ging alles nach vorne. War er weg, lief alles nach hinten.« In den Folgejahren wurde diese spezielle taktische Ausrichtung auch »Riegel«-Taktik genannt.

Auch damals schon liebte Gutendorf Aktionen, die medial groß aufbereitet werden können. Mit dem Spruch »Meine Spieler sollen ruhig sehen, wie früh andere Leute arbeiten gehen müssen« ließ er seine Mannschaft morgens um halb sechs vor den Zechentoren in Meiderich joggen. Neben der harten Arbeit ist Gutendorf von Anfang an ein Verfechter des schönen Lebens gewesen. Probleme sind nicht seine Welt. Die umgeht er gerne spielerisch. Wenn er sich mal wieder nicht entscheiden konnte, wer in der ersten Elf stehen sollte, löste er die verwickelte Angelegenheit auf seine Art: Die Spieler mussten nacheinander per Abschlag vom Fünfer schießen, und wer am weitesten kam, der stand in der Startelf!

Ein Mosaiksteinchen des damaligen Erfolgs war ein ganz besonderer Spieler. Trainer Gutendorf schwor auf den Weltmeister Helmut Rahn. Man kann auch sagen: Er nahm sich seiner an. »Riegel-Rudi« kaufte ihn 1963 vor der Saison für 60.000 Gulden aus seinem Vertrag in Enschede heraus – gegen die Stimmen eines Großteils der MSV-Verantwortlichen. Rahn hatte in den Wochen zuvor eher private denn sportliche Schlagzeilen geschrieben. Mit seinem Auto war er alkoholisiert in eine Baugrube gefahren. Um eine andere Schwäche des Weltmeisters, die Unpünktlichkeit, besser in den Griff zu bekommen, kaufte Gutendorf ein gemeinsames Pferd für Rahn und ihn. Fortan kümmerten sich die beiden morgens um sieben um das Renntier und gingen danach direkt zum Training. Den Alkohol konnte der Coach Rahn jedoch nicht austreiben. Am Vorabend eines Spiels in Köln, so erzählte Gutendorf Jahre später, habe sich der »Boss« eine halbe Kiste Bier reingetan. Am nächsten Tag sei er beim 3:3 aber der beste Mann auf dem Platz gewesen.

An einem anderen Abend musste Rahn etwas zu lange im Haus seines Trainers warten. Als sich der Gastgeber auch nach über einer halben Stunde nicht blicken ließ, leerte der schon vorher nicht vollkommen nüchterne »Boss«, um des lieben Pegels willen, Gutendorfs feinste Tropfen aus dem Weinkeller. Erst einen »Domtaler Eiswein« aus dem Jahr 1949, und dann, als der Trainer immer noch keine Anstalten machte, seinen Besuch zu empfangen, öffnete Rahn auch noch eine edle Flasche der Trockenbeerenauslese »Bernkasteler Doktor«. Als Gutendorf schließlich doch noch kam, blickte er zuerst entsetzt auf die leeren Weinflaschen und dann in die glasigen Augen seines sichtlich angeschickerten Stürmers.

Im »Schlaraffenland«

Als Rudi Gutendorf Mitte der sechziger Jahre Trainer beim VfB Stuttgart war, musste er sich einmal vor dem Amtsgericht der »unverantwortlichen und gefährlichen Fahrweise verantworten«. Zuerst sollte Gutendorf vor Ge-

Gutendorf und die
Frauen – Teil 1 …

Sammelkarte Mitte der 1960er Jahre.

richt die Frage nach seinem Gehalt beantworten. Diskret schob er dem Vorsitzenden einen Zettel zu. Der las ihn und warf ihn dann weg. Dennoch schrieben die Zeitungen anschließend von einer monatlichen Vergütung in Höhe von 5.000 DM. Der Hauptbelastungszeuge, der sich als Autofahrer von Gutendorf »verfolgt« gefühlt hatte, musste sich vom Staatsanwalt »Ungereimtheiten« vorwerfen lassen. Nachdem er erst erklärt hatte, von Fußball keine Ahnung zu haben, identifizierte er daraufhin die Farben des Gutendorf'schen Wagens (Rot-Beige) als die des VfB, gab zum Besten, er würde seinen Namensvetter Otto Pfisterer in der Bundesligaelf des VfB aufstellen, und musste schließlich sogar zugeben, Mitglied des VfB-Lokalrivalen Stuttgarter Kickers zu sein. Man sollte sich eben besser nicht mit dem gewieften Trainerfuchs Gutendorf anlegen.

Auf Schalke versuchte er den Spielern Englisch beizubringen, was zu einigen lustigen Verwicklungen führte. Als es schließlich einmal nicht so richtig laufen wollte und eigentlich niemand mehr wusste, was man noch machen könne, um die Lage zu verbessern, hatte Trainer Gutendorf plötzlich einen genialen Einfall. Er bat die Mannschaft auf den Platz, schüttete zwei Berge Wäsche auf den Boden und zündete diese an. In die erstaunten Gesichter seiner Spieler sagte er:

»Ihr seid nicht schuld gewesen an den Niederlagen, die blöden Trikots waren es!«

Rudi Gutendorf stellte in den Anfangsjahren der Bundesliga zudem einen neuen Rekord auf. Er war der erste Trainer, dem zweimal in einer Saison gekündigt wurde: auf Schalke und in Offenbach. Dabei war die Stippvisite vom 27. September 1970 bis zum 23. Februar 1971 bei den Kickers von Anfang an zum Scheitern verurteilt gewesen, wie sich sein Spieler Winfried Schäfer erinnert: »Der traf uns auf dem Flughafen. Gutendorf kam direkt aus Australien, das Hemd bis zum Bauch auf, braungebrannt. Ich wusste gleich, dass der nicht zu uns passt.«

Natürlich wies Rudi Gutendorf jede Schuld am späteren Abstieg der Kickers von sich. Das habe andere Gründe gehabt, führte er wortreich mit viel Pathos aus: »Außer Bayern wird bald kein Südverein mehr in der Bundesliga spielen! Der Grund? Es ist jedenfalls kein Trainingsproblem, es liegt hauptsächlich in der Mentalität begründet. Als ich nach Offenbach kam, empfingen mich die früheren West-Spieler (wie etwa die Kremers-Zwillinge, Schäfer, Winkler) mit den Worten: ›Trainer, hier ist ein Schlaraffenland!‹ Sie spielen darauf an, dass es sich hier gut leben ließe. Fußball ohne Qual. Auch im Westen liebt man Annehmlichkeiten, doch fügen sich die Spieler den härtesten Trainingsanforderungen. Sie bringen einfach Opferbereitschaft mit. Ich möchte sie das ›Erbe der Väter‹ nennen, jener Väter, die in 2.000 Metern Tiefe mit bloßem Oberkörper, Staublunge die Kohle brechen mussten. Das machte hart. Der Spielertyp im Süden ist nicht bereit, über jene Schwelle zu folgen, hinter der mit Qual die Fitness beginnt, die Superform, die Tempo und Nehmerqualität in einem gibt. Kanalläufe morgens um fünf wie in Schalke hätte ich den Spielern in Stuttgart oder Offenbach nie anzutragen gewagt. Man kann im Fußball vieles ersetzen, Tempo und Härte nicht!«

Postkarte von den Fidschi-Inseln

Beim Hamburger SV war man im Jahre 1977 sehr optimistisch, mit Rudi Gutendorf einen richtig guten Fang gemacht zu haben. HSV-Manager Dr. Peter Krohn kündigte den neuen Trainer euphorisch an: »Wir Exzentriker werden die Fußballwelt verblüffen!« Der HSV-Manager freute sich sehr auf Gutendorf: »Dann spielen wir Fußball total.« Rudi Gutendorf selbst hatte auch schon Pläne: »Vielleicht bringe ich den Spielern als Erstes Spanisch bei. Aber im Ernst: Solche Dinge wie damals in Schalke kann man nicht zweimal machen. Ich bin auch nicht mehr der junge Springinsfeld, der krampfhaft nach neuen Gags sucht.« Die Sache wurde ein kurzweiliger Flop, der schnell wieder vorbei war.

Durchaus kurios bereitete sich Hertha BSC in den achtziger Jahren auf eine Saison vor. Der Nachfolger von Trainer Georg Gawliczek wurde öffentlich durch eine Ausschreibung gesucht. Die »alte Dame« bekam Bewerbungsschreiben von Hans Tilkowski, Jörg Berger, Friedhelm Wenzlaff, Adolf Remy, Friedel Rausch, Uwe Kliemann – und natürlich von Rudi Gutendorf. Der Auslandsglobetrotter schickte standesgemäß eine Postkarte von den Fidschi-Inseln! Trotz dieser großen Anstrengungen nahm man ihn damals nicht. Was womöglich auch daran gelegen haben könnte, dass sich Gutendorf ein paar Jahre zuvor nicht so nett über den Verein geäußert hatte:

Gutendorf und die Frauen – Teil 2 …

»Hertha gehört in keine Villa, sondern in einen Hühnerstall.«

Einige Zeit später klappte es dann aber doch noch. 1986 wurde Gutendorf schließlich für knapp dreieinhalb Monate Hertha-Trainer.

Auf seinen Auslandsetappen lernte Gutendorf viel über das Leben (»Auch in einem Land mit schlechten Astronomen regnet es mal – aber ein Land mit schlechten Gastronomen ist eine Wüste«) und den Fußball (»Wenn wir auf Unentschieden spielen, dann ist das, als wenn wir unsere Schwester zum Tanz auffordern – da ist nichts drin«). Seine Idee vom Spiel (»Wenn ihr nicht mehr wisst, wohin mit dem Ball, dann haut ihm den Gegner rein«) transportierte er in viele Länder. Er brachte auch den Chinesen den Fußball näher, obwohl sie vor seiner Ankunft »nicht mal geradeaus pinkeln, geschweige denn einen geraden Pass schlagen konnten«. In Peru meldete er seine berühmte Trainingsanlage »RR-Höfe« zum Patent an. Die 24 Übungsgeräte von Kopfballpendel bis Bleiweste hatten die geschäftstüchtige Konkurrenz bereits auf den Plan gerufen.

Während seiner Zeit als Nationaltrainer Australiens wurde er zum Hai-Experten …

Geschichten aus aller Welt

Natürlich kann Rudi Gutendorf noch heute die schönsten Geschichten von seinen Reisen erzählen. 1976 berichtete er im »kicker« über einen speziellen Abend in Chile: »Es war vor drei Jahren, als ich die chilenische Nationalelf betreute. Die sozialistische Regierung unter Allende hatte Kubas Parteichef Fidel Castro eingeladen, und ihm zu Ehren wurde im größten Fußballstadion von Santiago eine Massenkundgebung abgehalten. Doch zum Entsetzen der Veranstalter verloren sich vor Beginn nur 20.000 Teilnehmer in dem 70.000-Mann-Stadion. Was also tun, zumal die Kundgebung direkt im Fernsehen übertragen wurde? Die 20.000 wurden also alle auf eine Tribünenseite zusammengepfercht und die Kameras nur auf diese Seite gerichtet, um den Fernsehzuschauern ein prallvolles Stadion vorzugaukeln. Die Veranstaltung begann dann, ein Politiker trat ans Mikrofon und hieß Fidel Castro willkommen.

Als er aber in seinem Enthusiasmus von einem ›ausverkauften Stadion‹ sprach, griff Castro zum Mikrofon, sagte: ›Ein wahrer Kommunist lügt nicht‹, trat an eine Kamera und schwenkte mit ihr über die leeren Tribünenseiten!«

1982 sollte Gutendorf eigentlich Kamerun zur WM in Spanien führen. Als ihn das Angebot der »Löwen« erreichte, war er aber noch Coach in Tansania. Doch dort ließ er sich freistellen und regelte in kürzester Zeit auch alles mit dem DFB. Anschließend sendete er sofort ein Telegramm nach Kamerun und bestätigte den Job. Im offiziellen WM-Programm wurde Gutendorf sogar bereits als Trainer von Kamerun geführt. Doch leider kam sein Telegramm mit der frohen Botschaft nie in Kamerun an. Die 84 Dollar, die der Trainer für die Dienstleistung dem Postboten bezahlt hatte, steckte sich dieser lieber in die eigene Tasche.

Neben all den sportlichen Erfolgen dominierte ein anderes Thema Gutendorfs Leben und seine Erzählungen: die Frauen. Sie ließen ihn auf seinen vielen Auslandsaufenthalten – trotz verschiedener längerer Beziehungen, die er nebenbei zu führen schien – nie wirklich los. Ihnen gehörte sein besonderes Interesse, sie musterte er stets als Erstes, wenn er in ein fremdes Land ging, um einen neuen Job anzutreten. Doch nicht immer – wie z.B. auf den Fidschi-Inseln – fanden sie sein Wohlwollen. Auf die Frage, ob die Mädchen dort hübsch seien, antwortete der Globetrotter:

»Das ist eine Geschmacksfrage. Freunde Rubens'scher Figuren werden hier Delikatessen geboten: stämmige Gestalten. Mancher schnalzt mit der Zunge: Kathedralen von Hintern.«

Nach seiner Zeit bei Real Valladolid musste er sich der Vorwürfe erwehren, dass man ihn wegen einiger Frauengeschichten als Trainer entlassen habe. Gutendorf konterte ebenso empört wie geschickt: »Es stimmt nicht, dass ich in Spanien mit vielen Frauen poussiert habe. Es gibt viele Fotos, wo ich alleine unter Pinien stehe!«

Lustigerweise waren es ausgerechnet die US-Frauenverbände, die Gutendorf für eine bestimmte Zeit handzahm machten. Gemeinsam mit seiner Freundin Ute Pelzer, einer modelnden Fabrikantentochter, war er nach St. Louis gezogen, wo US-Manager eine vom Weltverband als illegal eingestufte Profiliga aufzogen. In acht Monaten kassierte »Riegel-Rudi« zwar 50.000 US-Dollar, musste dafür aber auch die Kröte schlucken, auf Drängen der US-Frauenverbände seine hübsche Freundin zu heiraten. Hauptsache, sie fangen nicht an, Fußball zu spielen, dachte sich Gutendorf dabei wohl, der eine klare Devise in dieser Beziehung hatte: »Im Bett kann eine Frau so herrlich sein. Auf dem Fußballplatz wird sie mir aber immer schrecklich vorkommen.«

Rudi Gutendorf hat in seiner Karriere stets gewusst, sich gut zu verkaufen. Selbst erst Mitte 40, meldete er sich Anfang der siebziger Jahre aus Chile zu Wort: »Die meisten meiner Kollegen in der Bundesliga sind zwar jung an Jahren, aber in ihrem Denken und Handeln Opas. Sie begreifen nicht, dass der Spitzenfußball zum Showbusiness und deshalb Klappern zum Handwerk gehört. Ich fliege lieber mal auf die Schnauze, als eine graue Maus zu sein.«

Als ihn im Alter von 86 Jahren ein Journalist fragte, ob es ihn noch jucken würde, antwortete Rudi Gutendorf: »Um ehrlich zu sein: Wenn mich heute ein Erst- oder Zweitligaklub bitten würde, ihn zu trainieren, würde ich ihn sofort übernehmen!«

★ ★ ★

Rudi Gutendorf mit der Australierin Belinda Green, der Miss World 1972.

Werner Hansch

»Mit der Startnummer 1 …«

Reinhold Beckmann nannte ihn einst liebevoll: »Werner Hansch, unser König der Aphorismen«. Der gebürtige Recklinghäuser liebte es aber auch handfester. Sein Ausruf »Ein geiles Tor« nach einem Treffer des Schalkers Büskens sorgte für Furore. Landauf, landab diskutierten Medien wie Stammtische, ob ein Reporter solch ein Wort im Fernsehen überhaupt in den Mund nehmen dürfe. Aus heutiger Sicht ist das natürlich eine lustige Debatte. Für Hansch war das damals jedoch eine schwierige Zeit. Am Ende entschied er sich für sein altes Motto: »Lachen ist die beste Art, dem Gegner die Zähne zu zeigen.«

Den meisten Fußballfans ist der berufliche Werdegang des Werner Hansch etwas suspekt. Ein Mann, der erst mit Mitte 30 durch einen Zufall zum runden Leder quasi gezwungen wird, kann doch nicht einer von uns sein. Und womöglich würde der sprachgewaltige Reporter da noch nicht einmal widersprechen. Von Beckenbauer hatte er damals an seinem ersten Fußballtag schon einmal gehört, aber ansonsten hatte sich Hansch herzlich wenig für diesen Ballsport interessiert. Und so wurde er am 24. Februar 1973 quasi kopfüber ins eiskalte Bundesliga-Becken gestoßen.

An diesem Tage stand die Partie des FC Schalke 04 gegen den FC Bayern München kurz bevor, da ereilte den etatmäßigen Stadionsprecher der Königsblauen eine furchtbare Nachricht: Auf der Trabrennbahn in Gelsenkirchen war ein Brand ausgebrochen. Hauptberuflich war der gute Mann nämlich Rennbahninspektor. Und so eilte er überstürzt von dannen. Doch auch in der höchsten Not dachte er noch an seinen liebsten Fußballverein und schickte als Ersatz den eigentlichen Bahnsprecher, der ja durch den Brand entbehrlich geworden war. Es handelte sich um niemand Geringeren als den ausgewiesenen Pferdeexperten Werner Hansch.

Werner Hansch (Mitte) mit Schalke-Präsident Dr. Hans-Joachim Fenne (links) und Rudi Assauer (rechts) im August 1984.

Als dieser die Glückauf-Kampfbahn – zum ersten Mal in seinem Leben überhaupt – betrat, hatte er von Fußball nicht wirklich viel Ahnung. Doch er machte seine Sache gut. Routiniert las er die Durchsagen von den Zetteln ab, die man ihm reinreichte. Alles lief wie immer – bis zu diesem einen legendären Moment, als es plötzlich ganz still wurde auf Schalke. »Mit der Startnummer 1, Norbert Nigbur…«, hatte Hansch über die Lautsprecherboxen verkündet und irritiert mit ansehen müssen, wie sich die Leute vor Lachen die Bäuche hielten. Trotz allem gab es an diesem Nachmittag nur einen Gewinner auf Schalke. Nach dem 1:1-Unentschieden klopfte der Vereinspräsident Günter Siebert dem erschöpften Neu-Stadionsprecher Werner Hansch begeistert auf die Schulter. Mit nur einem einzigen Satz hatte sich der damals 34-Jährige einen Platz im ewigen Fußballhimmel gesichert.

Viele Jahre später sollte Hansch diesen Schritt noch einmal für einen Moment bereuen. Am 12. Januar 2001 half er dem reuigen Kokain-Sünder Christoph Daum aus Gefälligkeit zurück auf die deutsche Fußballbühne. Hätte er vorher gewusst, dass er vor 30 Kamerateams, 50 Fotografen und über 200 Journalisten im Raum zum Moderator einer Comedy-Veranstaltung würde, hätte er diesen Job niemals angenommen. Beispiel gefällig? Bitte schön: »Die Haaranalyse, die ich habe machen lassen, muss man im Nachhinein sagen, war ein Fehler. (Gelächter unter den Zuhörern) Ich habe es mir auch anders vorgestellt«, gab Christoph Daum selbst zum Besten.

Unter die Medienvertreter hatten sich an diesem Tag auch der Musiker Helmut Zerlett und Stefan Raab gemischt. Die PK geriet schließlich vollkommen außer Kontrolle, als Letzterer meinte: »Ich möchte mich erst einmal vorstellen: Stefan Raab von den ProSieben-Nachrichten. Ich möchte mich auch für die beschissene Frage des Kollegen Zerlett entschuldigen. Die Dinge, wie sie sich entwickelt haben, gefallen mir besonders gut, da ich es als FC-Fan immer schon scheiße fand, dass Sie Leverkusen trainiert haben. Die zweite Sache, die ich sehr zutreffend finde, ist die, dass Sie sich als mitmoderierenden Kollegen den Kollegen Werner Hanf ausgesucht haben …«

Nach der WM 2006 ließ Werner Hansch seine Karriere langsam ausklingen. Nach über 30 Jahren am Mikrofon und vielen unvergesslichen Sprüchen verabschiedete er sich von seinen Hörern. Zu seinem Ende als Kommentator und Moderator passen am besten zwei Sätze aus seiner Zeit bei Sat.1: »Ich denke, man kann seinen Zuschauern auch dienen, indem man einfach mal die Klappe hält«, und ganz zum Schluss: »Das Beste in Kürze: Das Spiel ist aus!«

★ ★ ★

Die 10 schönsten Reportersätze von Werner Hansch

Ja, Statistiken. Aber welche Statistik stimmt schon? Nach der Statistik ist jeder vierte Mensch ein Chinese, aber hier spielt gar kein Chinese mit.

Mancher sieht Gelb vom Mann in Schwarz und ärgert sich dann grün und blau, bis er Rot sieht.

Wer hinten so offen ist, kann nicht ganz dicht sein. (Über die Abwehr von Borussia Dortmund)

Dressels Beitrag zum Mozart-Jahr: ein Foul aus dem Knöchelverzeichnis.

Wenn das keine Chance war, dann war das zumindest eine große Möglichkeit.

Und wieder nur 500 Zuschauer im Kölner Südstadion, rufen Sie an und ich gebe Ihnen die Namen durch.

Dresdner Stollen als Gastgeschenk. (Zum Foul eines Dresdener Spielers)

Nein, liebe Zuschauer, das ist keine Zeitlupe, der läuft wirklich so langsam.

Es war ein Sandwichspiel. Ein frühes und ein spätes Tor, dazwischen viel Gehacktes.

Ein Schuss, so kraftvoll wie ein flauer Darmwind.

Ernst Happel

Der Grantler

Ernst Happel hat einmal über sich gesagt: »Granteln, granteln, ich muss halt granteln in der Früh. Wenn ich das tu, ist der ganze Tag besser für mich. Wenn ich nicht granteln kann, ist es für mich ein schlechter Tag.« Diese Lebenseinstellung haben einige deutsche Medien-Vertreter leider persönlich genommen. So war das Verhältnis von Happel zu den Männern von der Presse zumeist gestört. Und tatsächlich beruhte das auf Gegenseitigkeit: »Ich bin sehr unterhaltsam, aber wenn ich ein paar Journalisten sehe, habe ich keinen Grund zu lachen.«

Auch die Spieler bauten nicht immer die beste Beziehung zu ihrem Trainer auf. Vor allem dann, wenn er sie Joker, Zauberer oder Kokosnüsse nannte. Dann wussten sie, dass er sie für die weniger begabten Fußballer im Team hielt. Andere Spieler liebte er aufgrund ihres Talents, verzweifelte aber an ihrem Geisteszustand. Ein Journalist zeigte sich dennoch sehr verwundert über Happels drastische Wortwahl (»Dem hat man ins Gehirn geschissen«) für Wolfram Wuttke. Der Österreicher überlegte einen Moment, ob man es nicht auch schöner formulieren könne, antwortete dann aber doch: »Na ja, anders kann ich das nicht ausdrücken, das ist ja Tatsache.«

Happels Einstellung gegenüber den Medien kann man am besten mit diesem Satz von ihm beschreiben: »Es ist ja sowieso alles für Arsch und Friederich.« Da verwundert es nicht, dass er Pressekonferenzen schon einmal so beendete: »Haut's eich in Schnee!« Die versammelte Reporterschar schaute anschließend etwas betreten drein. Genau wie ein Zuschauer, der sich einmal in Augsburg traute, Happel zu fragen, warum er immer so grimmig gucken würde. Der Meistertrainer verzog keine Miene und antwortete: »Bei dem Job, da hams nix zum Lachen.« Happels Gesicht wurde zur Legende und »Der Spiegel« widmete ihm den geistreichen Satz: »Der Happel sah nach dem Gewinn der Deutschen Meisterschaft so bitter drein wie Quasimodo vor seinem Schlusssprung von Notre-Dame.«

Kommunikationswunder

Lust auf ausgeprägte Kommunikation mit seinen Profis verspürte Happel auch sehr selten: »Mit Spielern rede ich nicht, mit Spielern operiere ich.« Was das konkret bedeutete, zeigt ein Zitat von Dieter Schatzschneider. Der HSV-Stürmer wurde von Journalisten gefragt, ob er denn im nächsten Spiel von seinem Trainer eingesetzt werde. Schulterzuckend antwortete der Lockenkopf: »Das wissen nur der liebe Gott und der Trainer. Und mit beiden spreche ich momentan nicht.«

Als Hansi Müller einmal zu Happel ging und sagte: »Trainer, wir müssen miteinander reden«, schaute ihn der Österreicher irritiert an und beendete die Sache anschließend mit folgendem Satz: »Wann's red'n wollen, müssen's Staubsaugervertreter werden. Ich

Rücksicht auf persönliche Befindlichkeiten kund. Nachwuchstalent Frank Neubarth war damals sicherlich nicht erfreut über die folgenden Worte Ernst Happels: »Der ist zu lang und zu langsam. Bis bei dem vom Kopf bis zum Fuß eine Idee ankommt, ist das Spiel zu Ende.« Aber auch verdiente Stammkräfte bekamen ihr Fett weg: »Was der Kaltz am Bein hat, das hoab i auf der Lungen.« An Thomas Kroth mochte er damals dessen ausgeprägten Offensivdrang nicht – und sagte es auch frei heraus: »Der spielt weiter hinten. Der schießt doch sowieso immer aus 300 Metern aufs Tor.«

Solche Sätze verstand Happel als verbalen Schuss vor den Bug. Er konnte aber auch anders. Caspar Memering ließ er einmal 30 Minuten warmlaufen, ohne ihn anschließend einzuwechseln. Der Emsländer reagierte ruhig, aber dennoch mehr als verstört. Ebenso wie die Presse, die deshalb vom Trainer wissen wollte, was die Aktion denn sollte. Happel antwortete: »Wir haben bekanntlich morgen kein Training. Deshalb habe ich ihn laufen lassen.«

Ernst Happel gönnt sich ein Bier (Dezember 1971 in Rotterdam).

brauche nur Fußballer.« Warum Happel (»Ich bin kein Freund der Spieler. Ich arbeite auf Distanz«) geneigt war, die Gespräche mit seinen Akteuren zu begrenzen, zeigt ein anderes Zitat. Es offenbart die Meinung, die der Trainer allgemein von seinen Profis hatte:

»Mein Anspruch: Die Spieler müssen 90 Minuten arbeiten, laufen. Und ich verlange Disziplin. Wir brauchen Spieler von bestimmtem Format: 80 Prozent Hirn, 20 Prozent Technik. Heute sind es oft 20 Prozent Hirn ohne Technik.«

Bei Happel kam eben auch die Ironie nie zu kurz: »Prozentual sind die Genies im Fußball weniger geworden. Viele haben schon irgendein Gebrechen, technisch gesehen.« Seine Meinung tat Happel schonungslos, ohne

Genie und Raucher

Ernst Happel konnte sich solche Dinge leisten. Die Spieler achteten ihn (»Wer den Happel als Trainer hat, hat einen Sechser im Lotto gezogen«, Franz Beckenbauer), der Respekt war riesengroß. Die HSV-Profis wussten nicht nur, dass Happel selbst einst ein Nationalspieler gewesen war, sondern auch, dass er Mannschaften besser machen konnte. Sein Ruf aus den Trainerjahren in den Niederlanden bei ADO Den Haag und Feyenoord Rotterdam war legendär. Dort feierte man ihn als modernen Trainer, der mit teils revolutionären Spielideen auch als Wegbereiter des berühmten »Voetbal totaal« gilt. Als Bondscoach zog Happel mit den Niederlanden bei der WM 1978 sogar ins Finale gegen den Gastgeber Argentinien ein. Bei seiner ersten Trainerstation in Den Haag zelebrierte er auch erstmals einen speziellen Trick im Umgang mit den Spielern. Im Training ließ er eine Dose auf die Torlatte stellen und schoss diese von der 16-Meter-Linie mit dem ersten Versuch hinunter. Anschließend forderte er seine Spieler auf, es ihm gleichzutun. Wer es schaffte, durfte duschen gehen.

In Hamburg wiederholte er die Nummer. Bei der allerersten Trainingseinheit schnappte sich Happel einen Ball, ließ eine Dose auf die Torlatte stellen und knallte diese mit einem Schuss hinunter. Danach durfte jeder HSV-Profi einmal ran. Bis auf Franz Beckenbauer scheiterten alle. Happel nahm sich erneut einen Ball, stellte sich an die 16-Meter-Linie und ballerte die Dose noch einmal hinunter. Danach blickte er in die Runde und sagte: »So, jetzt machen wir Konditionstraining!«

Den Spielern gefiel an ihrem Coach aber auch noch etwas anderes: Er war ein Mann, der mitten im Leben stand. Sein ewiger Widersacher Max Merkel, der ihm einmal den Spitznamen »König Lungenzug« verpasste, hat über Happel gesagt: »Alles was mit F anfing, gefiel ihm. Film, Frauen, Feuerwasser, Fidelitas aller Art. Aber auch bei Skat, Poker und Roulette war er dabei.« Diesen Worten hätte der österreichische Erfolgstrainer (18 Titelgewinne) wohl selbst nicht widersprochen. Happel meinte einmal: »Ich möchte 100 Jahre alt werden. Oder wenigstens 75 – dann hab ich 150 Jahre gelebt.«

Sein Spieler Horst Hrubesch findet noch heute eine einfache Formel für Happels Erfolg: »Da stimmte das Verhältnis Arbeit/Schnaps.« Auch wenn Max Merkel meinte: »Der Zebec trinkt aus dem Glas und der Happel gleich aus der Flasche.« Das andere große Laster, das Rauchen, führte übrigens zu einer kuriosen Begebenheit. Beim Finale der WM 1978 standen sich nicht nur die Niederlande und Argentinien gegenüber, sondern auch die beiden rauchenden Trainer Menotti und Happel. Und die qualmten während des ganzen Spiels Kette. So viel, dass die Organisatoren extra große Aschenbecher am Spielfeldrand für die beiden Übungsleiter aufstellen mussten.

Ordnung und Disziplin

Der Lebemann Happel offenbarte sich auch bei einem anderen Thema: »Ordnung und Disziplin müssen sein. Aber der Spieler muss auch einen regelmäßigen Sexverkehr haben. Fünf Wochen ohne Sex auskommen, das kann er nicht. Er kann es ja nicht aus dem Hirn rausschwitzen.« Jimmy Hartwig war seinem Chef für diese Einstellung sehr dankbar: »Trainer Ernst Happel versteht es auch, dass ein Spieler nach 14 Tagen Trainingslager Schweißausbrüche kriegt, wenn er eine Frau sieht.« Wie wohl der Österreicher seinem Team damit keinen Freifahrtschein ausstellte. Die Kontrolle behielt er trotzdem: »Man soll nicht gleich eine Mauer machen um das Spielerhotel. Aber ein paar Ziegel sollte man immer dabeihaben.«

Happel, der einmal seinem Nationalmannschafts-Keeper Walter Zeman bei einem Freundschaftsspiel im Jahre 1954 den Ball aus Verärgerung ins eigene Netz schoss, behauptete von sich selbst: »Ich sehe es am Hintern, ob einer das Letzte bringt.« Seine Idee vom Spiel: »Fußball ist ein intelligenter Sport, ob mit Instinkt gespielt wird, mit Kopf oder Herz, ist egal, du musst ihn beherrschen.«

Am Ende seiner Karriere hatte Happel noch einen großen Traum. Er wollte Trainer in Italien werden. Er traf sich sogar mehrmals mit dem Präsidenten Boniperti von Juventus Turin, doch es wurde nichts aus dem Plan. Die Experten fragten sich damals, ob das Land für Happels Idee vom Fußball denn überhaupt gut gewesen wäre. Der Erfolgscoach wusste aber genau, wieso es ausgerechnet Italien sein sollte: »Weil ich dort Revolution machen will – also Happel-Stil statt Catenaccio!«

Ein Teil seines beeindruckenden Selbstvertrauens erklärt sich wahrscheinlich aus diesem Zitat Happels: »Mein erster Trainerlehrer hat zu mir gesagt: Keine Angst, Ernstl! Bei nähe-

rer Betrachtung schrumpft so mancher wilde Stier auf ein harmloses Öchslein zusammen.« Vor diesem Hintergrund erscheint eine andere Anekdote aus seiner Zeit beim Hamburger SV in einem speziellen Licht. Damals reizte Happel eine Aufgabe ganz besonders. Der damalige Manager Günter Netzer erinnert sich: »Das Schlimmste war Napoli zu Maradonas Zeiten. Die haben ihn ganz verrückt gemacht, und das ging auch lange hin und her. Das hab ich nicht verstanden: Dass er da überlegt hat, das anzunehmen. Einzig und allein aus dem Grunde, weil Maradona da war.«

Laut Netzer habe der Österreicher ganz genau gewusst, dass eine Zusammenarbeit mit dem Weltstar nicht lange gut gegangen wäre. Zwei Wochen hätte er dieser Partnerschaft gegeben: »Da hätten sie natürlich den Happel rausgeschmissen, sie hätten ja nie den Maradona rausgeschmissen. Der Happel hätte sich nicht gefallen lassen, dass Maradona da allein für sich in der Garage trainiert, dass er ihn vielleicht mal zum Spiel sieht, dann aber die ganze Woche nicht.« Netzer musste mit ansehen, wie sein Trainer sich wider besseren Wissens sehr lange mit dem Thema beschäftigte.

Happel hat einmal gesagt: »Meine schlaflosesten Nächte habe ich jeden Sonnabendnachmittag am Spielfeldrand.« Doch der Fußball bot auch solche Momente wie den 25. Mai 1983. Damals spielte der Hamburger SV im Finale des Europapokals der Landesmeister gegen Juventus Turin. Im Rückblick erinnerte sich Ernst Happel immer sehr gerne an dieses besondere Spiel:

»Die erste Halbzeit in Athen – da habe ich die Arme verschränkt und hab gedacht: Es gibt nichts Schöneres. In einer Kirche ist es auch nicht schöner.«

Nach langer, schwerer Krankheit verstarb der gebürtiger Wiener im November 1992. Kurz vor seinem Tod sagte er einen besonderen Satz: »Für mich hat sich alles gelohnt, und ich bereue nichts.« Ernst Happel hat stets nach der Devise gelebt: »Ein Tag ohne Fußball ist ein verlorener Tag.«

★ ★ ★

Waldemar Hartmann

»Weizenbier-Waldi«

Manfred Breuckmann hat einmal in einer Kolumne nach einer »Doppelpass«-Sendung mit dem Gast Waldemar Hartmann geschrieben: »Hartmann gab den wildgewordenen Kleinbürger, der, von Bierdunst umnebelt, sämtliche zynischen Stammtisch-Vorurteile dieser Welt bediente.« Kurz zusammengefasst könnte man auch sagen: Waldi ist stets ziemlich nah dran an Volkes Stimme. Ein Mann, der um keine Meinung (besonders natürlich nicht um seine eigene) verlegen ist. Wie sagte er einmal so schön live im TV: »Wir haben noch ein paar Nachrichten, die ich Ihnen aus dem Bauch nahebringe.«

Es gibt da diese berühmte »Wer wird Millionär?«-Geschichte. Waldemar Hartmann sollte als Telefon-Joker bei der 64.000-Euro-Frage aushelfen. Für einen Sportjournalisten eigentlich eine machbare Aufgabe, vor allem, wenn man zwischen vier Antwortmöglichkeiten auswählen kann. Die Frage lautete: »Welche Fußballnation konnte bei den bisherigen 19 Weltmeisterschaften nie den Titel im eigenen Land gewinnen?« Dass Hartmann falschlag (richtige Antwort wäre Brasilien gewesen), hätte man ihm vielleicht noch durchgehen lassen, aber er legte sich ausgerechnet auf Deutschland fest: »Da gibt es ja nur eins. Deutschland hat natürlich im eigenen Land keine WM gewonnen. Wir haben ja einen dritten Platz im Jahr 2006 gemacht, und das war die einzige, die wir gespielt haben!« Er fügte zu allem Überfluss noch hinzu: »Noch nie im eigenen Land … kann man in ›Dritte Halbzeit‹, in meinem Buch, nachlesen.« Das Medien-Echo war gewaltig. Hartmann musste anschließend mehrmals beteuern, dass er nicht betrunken gewesen sei – wiewohl das als Ausrede wahrscheinlich sogar besser gewesen wäre.

Schließlich hat eine der denkwürdigsten Stunden der deutschen Abendunterhaltung dazu geführt, dass eine ganze Republik einen TV-Moderator unter dem Spitznamen »Weizenbier-Waldi« kennt. Der 6. September 2003 ist in die Geschichte eingegangen. Damals, nach dem Länderspiel der deutschen Nationalmannschaft in Island (0:0), lieferte sich Teamchef Rudi Völler den berühmten »Ich kann diesen Käse nicht mehr hören«-Schlagabtausch mit einem souverän-ruhigen Waldemar Hartmann. Das Ganze gipfelte im folgenden Dialog. Hartmann: »Ja, ich hab doch keine Schärfe jetzt da reingebracht.« Und Völler antwortete: »Ja, du nicht. Du sitzt locker bequem auf deinem Stuhl und hast drei Weizenbier getrunken und bist schön locker!« Obwohl Hartmann damals nachschob: »Ich bin auch kein Weizenbier-Trinker«, erhielt er kurz nach dem TV-Aufreger einen gut dotierten Werbevertrag mit einer Münchner Brauerei. Dieser hielt viele Jahre, und Hartmann frohlockte gerne offen und ehrlich: »Ich brauche keine Riester-Rente, ich habe meine Rudi-Rente.«

Eine verrückte Pokalauslosung

Ein weiteres Highlight in der langen Reporterkarriere von Waldemar Hartmann hatte sich bereits vier Jahre zuvor zugetragen. Am Abend des 11. August 1999 wurde unter der Regie des gebürtigen Nürnbergers deutsche Pokalgeschichte geschrieben. Zwar fand an diesem

Tage kein Spiel statt, aber die Auslosung zur dritten Runde des DFB-Pokals geriet zu einem unvergesslichen Schauspiel. ARD-Moderator Hartmann, der Justitiar des Deutschen Fußball-Bundes Götz Eilers, der DFB-Spielleiter Hans Georg Noack und die Losfee an der Trommel, Kugelstoßerin Astrid Kumbernuss, hatten mit einer aufgebrochenen Kugel im Müll zu kämpfen. Achtlos hatte man die von innen beschriftete Hälfte weggeworfen, als diese von Kumbernuss entdeckt worden war. Ein Fehler, wie sich rausstellen sollte, und der Anlass für amüsante Fernsehminuten mit Conférencier Hartmann.

Kumbernuss: »Jetzt haben wir zweimal schwarz …« Hartmann: »Die tun wir jetzt mal weg, äh, und was machen wir jetzt?« Kumbernuss: »Hm!« Eilers: »Äh, da muss ich die Frau Kumbernuss fragen: Wie kommt es zu diesen beiden Teilen?« Kumbernuss: »Keine Ahnung, die lagen so da drinnen.« Eilers: »Als wir sie eingefüllt haben vorhin, unter meiner Aufsicht, da waren alle Kugeln geschlossen.« Hartmann: »Da kommt Freude auf.« Eilers: »Es ist erkennbar, dass hier keine Vereinsbezeichnungen drin sind. Wir müssen allenfalls feststellen, ob sich da etwas gelöst hat in der Trommel selbst.« Hartmann: »Also, Herr Eilers, da ist keine drin, hier sind drei …« Eilers: »Es könnte allenfalls sein, dass bei den weggetanen Hälften eine beschriftet ist. Wir könnten also mal in dem Sack nachschauen. Das wäre die Rettung.« Hartmann: »Ich sehe einen Juristen sprachlos. Das gefällt mir ganz gut.« Eilers: »Wir sollten in dem Behältnis nachsehen, um die Möglichkeit zu schaffen, dass die Auslosung nicht wiederholt werden muss.« Hartmann: »Aber: Wie kriegen wir denn den Sack hier raus? Wie kriegen wir das hin? Müssen wir das jetzt auseinanderbauen?« Eilers: »Dafür bin ich nicht verantwortlich.« Hartmann: »Von hinten ist da 'ne Schublade, und die ziehen wir jetzt raus. Also, liebe Zuschauer, ich hab' da unten natürlich nichts

Mit Sohn Klaus im Fitnessstudio (Juni 1998).

gefummelt und nichts verdreht.« Eilers: »Lassen Sie mich, lassen Sie mich nachschauen.« Hartmann: »Natürlich, bitte.« Eilers: »Wir haben hier eine beschriftete Vereinsbezeichnung: Eintracht Trier.« Hartmann: »Also: Wir haben aus dem getrennten Müll hier sofort erkannt: Das war die Bio-Kugel von Eintracht Trier.«

Waldis WM-Geschichten

Immer mit aufblitzendem Schalk in den Augen spricht Hartmann, der auch einmal Bass in der Band von Roy Black spielte, auf äußerst joviale Art mit den prominenten Fußballgrößen: »Ja, meine Damen und Herren, bei uns ist jetzt Berti Vogts, der Bundestrainer! Berti Vogts – ich sag einfach mal Berti ...!« Doch das stößt nicht immer auf Gegenliebe: »Wieso, wir duzen uns doch gar nicht?«, entgegnete Berti Vogts.

Sein Handwerk hat der gebürtige Nürnberger Hartmann Ende der 1970er Jahre in seinem bei verletzten Spielern beliebten Laden »Waldy's

Pub« gelernt. Nach schweißtreibenden Einheiten bei Fitmacher Volker Kottmann ging es für die Spieler noch auf einen Absacker rüber zu »Waldy«. Dort knüpfte Hartmann auch die ersten Kontakte zum Bayerischen Rundfunk. Die kumpelhafte Art behielt er in all seinen Jahren als ARD-Mann bei. Kollege Oliver Welke sagte einmal:

»Mir wäre das jahrelange Saufen mit den Spielern zu anstrengend. Das mag dem einen oder anderen Gespräch förderlich sein, ist aber auch ziemlich teuer.«

Doch genau diese spezielle Art der Berufsauslegung hat Hartmann viele unvergessliche Erlebnisse beschert. 1990 bei der WM in Italien zog er mit Karl-Heinz Rummenigge, dem damaligen Co-Moderator der ARD, des Nachts durch Mailand. Drei Jahre hatte Rummenigge einst für Inter gespielt und sich in der Stadt eine Menge Freunde gemacht. Noch heute erinnert sich Waldemar Hartmann gerne an diese Nächte zurück: »Wir sind in jeden Club reingekommen!« Und dass das besondere Läden waren, zeigte sich auch am Publikum: »Morgens um fünf Uhr hab ich mit Pelé Lambada getanzt. Wer kann das schon behaupten?!«

Bei einer anderen WM, 1994 in den USA, spielten Hartmann und ein paar Journalisten-Kollegen ein Spielchen mit den Leuten vor Ort. Zu nächtlicher Stunde gaben sie sich als Mitglieder der deutschen Nationalmannschaft aus: »Der eine war der Basler, einer Möller – und ich war der Co-Trainer.« Das klappte so lange wunderbar, bis eines Nachts die echte deutsche Nationalmannschaft plötzlich in derselben Disko stand. Nach dem ersten Moment des Schocks entschlossen sich die Journalisten damals gemeinsam zur Flucht in die Offensive. Sie erzählten den Fußballprofis offen und ehrlich, was sie gemacht hatten. Anschließend lüfteten sie ihre Tarnung: »Der Kollege aus Berlin sagte zum Basler: ›Hör mal, Mario, ich bin der Mario.‹« In Hartmanns Erinnerung soll es noch eine wunderschöne Nacht gewesen sein.

Bei der Weltmeisterschaft 2002 in Japan und Südkorea traf Hartmann eines Abends auf Reiner Calmund. Dieser war offizielles Delegationsmitglied des DFB. Die Mannschaft wohnte damals mit allen Trainern, Betreuern und Offiziellen in Myasaki in einem Hotel, »das eine Klasse schlechter war als das Hotel der mitgereisten Journalisten«, erzählt Hartmann schmunzelnd. Einzig die hohen Preise in Japan beklagte der Moderator: »Wenn du bei uns mit einem 500-Euro-Schein bezahlen willst, jammert die Bedienung, dass sie nicht wechseln kann. In Japan brauchst du einen solchen Schein, umgerechnet in Yen natürlich, schon an der Sushi-Imbissbude.«

Das hielt »Calli« aber nicht davon ab, den ARD-Mann und drei Kollegen vom Print eines Abends ins feinste Restaurant des Hotels einzuladen. Zusammen mit einer japanischen Dolmetscherin gingen sie die Speisekarte durch. Alles wunderbar, fand Hartmann, vor allem, weil die Dame ihnen nur die Gerichte vorlas, während »Calli« auch die Preise umgerechnet bekam. Die deutschen Abgesandten ließen es sich gutgehen und auftischen, was die japanische Küche hergab. Natürlich alles nur vom Feinsten: Massiertes Koberind, kalifornischer Opus One, 40-jähriger Portwein und »noch ein paar Nebengeräusche«. Nachdem sie zum Abschluss die Bar unsicher gemacht hatten, war die Rechnung fällig. Und siehe da: Alle fünf Personen zusammen hatten für eine fünfstellige Dollarsumme gespeist. Auch der ARD-Moderator fand das Ergebnis des kulinarischen Schlemmerabends durchaus beachtlich. Aber die Bezahlung war ja nicht sein Problem. Hartmann erinnert sich: »Am nächsten Tag faxte ›Calli‹ die Rechnung an seinen Geschäftsführerkollegen Wolfgang Holzhäuser von Bayer Leverkusen, mit der Bitte um Begleichung. ›Holzi‹ wollte, er ist nun mal Kaufmann, von ›Calli‹ wissen, wer denn alles an diesem üppigen Mahl teilgenommen habe.« Und jetzt passierte es: Calmund erzählte seinem Kollegen, die Nationalmannschaft sei mit dabei gewesen. Doch das reichte Holzhäuser immer noch nicht als Antwort. Da platzte »Calli« der Kragen. Hartmann: »Er beschloss die Diskussion mit einem Donnerschlag: Die U21 und alle Betreuer hätten auch mitgegessen!«

Der Schnauzbart

Einige Jahre später sollte in Arosa eine Schneefußball-WM stattfinden, an der auch Lothar Matthäus hätte teilnehmen sollen. Die deutsche Legende war aber zu diesem Spaß-Wettkampf nicht erschienen. Darüber war nicht nur der Veranstalter sehr erbost gewesen, auch der Moderator der abendlichen Gala schien nicht gerade glücklich über die Abwesenheit des schillernden Stars. Der neue Comedy-Nachwuchskünstler Waldemar Hartmann stichelte vor versammeltem Publikum kräftig drauflos. Pointensicher spottete Waldi über das eigentlich geheime Motiv für Matthäus' plötzliche Absage:

»Ich kenne den wahren Grund. Lothar will bei der Geburt seiner nächsten Frau dabei sein.«

Über viele Jahre war der Schnauzbart in Waldemar Hartmanns Gesicht ein zuverlässiges Erkennungszeichen auch für Menschen, die nur wenig mit Fußball zu tun haben. Doch eines Tages war er weg. Abrasiert. Comedian Michael Kessler kommentierte dies später einmal so: »Waldi hätte sich nie den Schnäuzer abnehmen dürfen: Das war sein Markenzeichen, und ein Prominenter ohne Markenzeichen, das geht nicht. Stellt euch mal ZZ Top ohne Bärte vor, Gina Wild mit kleinen Titten oder René Weller mit Gehirn!«

Eines Tages wuchs es jedoch wieder in Hartmanns Gesicht. Eigentlich mit einem ehrenwerten Anliegen verbunden. Zur Aktion »Movember« ließ sich der langjährige ARD-Moderator einen Schnauzbart stehen, um damit auf die Prostata-Vorsorge aufmerksam zu machen. Im »Doppelpass« sprach ihn Jörg Wontorra auf das Anliegen an. Hartmann antwortete mit einem Schenkelklopfer: »Naja, es spielt mir ja sonst keiner mehr dran rum, verstehst du! Wenn es mir langweilig wird, gehe ich zum Arzt: Einmal Prostata, bitte!«

Einer seiner Nachfolger bei der ARD dachte noch Jahre nach Hartmanns Ausscheiden an ihn. Als Mehmet Scholl einmal gefragt wurde, ob ihm jemand seine Kleidung raussuchen würde, meinte er: »Ich ziehe einfach an, was mir gefällt. Stellen Sie sich vor, ich müsste in die Requisite und bekäme Waldemar Hartmanns Hemd. Den Geruch krieg' ich doch nie wieder weg!«

★ ★ ★

Jimmy Hartwig

Singender Fußballer

Regisseur Thomas Thieme hat einmal über William Georg Hartwig gesagt: »Jimmy hat die Kraft eines Stiers und die Seele eines kleinen Jungen.« Das trifft es ganz gut. Den Ex-Bundesligastar mit zwei Sätzen in eine Schublade zu stecken, ist unmöglich. Der Mann lebt sein Leben sehr intensiv und lässt scheinbar nichts aus. Auch keine Fettnäpfchen. So bekannte er einmal offen gegenüber einer Illustrierten: »Gern streife ich bis zum frühen Morgen durch Nachtbars, schleppe dabei aber nie wahllos, sondern nur gezielt ab. Trotzdem bin ich glücklich verheiratet.« Dazu passt Hartwigs Lebensmotto: »Der Mut ist die Hoffnung des Gedankens.«

Wie er zu seinem Spitznamen gekommen ist, weiß der HSV-Meisterspieler noch genau: »Ich habe als junger Mann gern einmal einen Whiskey getrunken, Jim Beam hieß die Marke. Daher mein Spitzname.« Das war zu der Zeit, als er sein Leben noch eine Spur wilder lebte als einige Jahre später. Was er damals so trieb, erfuhr ein Buchautor, als er wissen wollte, was Hartwig denn 1974 beim legendären Sparwasser-Tor im WM-Spiel der BRD gegen die DDR gemacht habe. Jimmys Antwort ist mittlerweile legendär:

»Keine Ahnung. Wahrscheinlich habe ich gerade eine Alte gebumst!«

Hartwigs Leben ist sehr wechselhaft: Er zog für die CDU in den Wahlkampf, pries Kondome an und wollte 1992 gar die finanziellen Probleme der Menschen im Alter lösen. Hartwig inserierte im »Hamburger Abendblatt«: »Ich biete Ihnen die Chance einer ungewöhnlichen Partnerschaft«, auf der Suche nach Leuten, die sich in Rentenfragen auskannten und für ihn arbeiten sollten: »Ich habe zuletzt Seminare in Wien und Lüneburg besucht. Ich will helfen, dass die Menschen später nicht mit 1.300 Mark Rente auskommen müssen.«

Knapp zehn Jahre später war der ehemalige Profi des Hamburger SV, des 1. FC Köln und einiger weiterer Vereine selbst pleite. Hartwig ging ins Dschungelcamp, weil er das Geld brauchte. Dem »Tagesspiegel« sagte er: »Wenn du mit dem Rücken zur Wand stehst, nimmst du halt, was du bekommst. Heute ekel' ich mich dafür vor mir.« Wenigstens konnte er sich dort erfolgreich eines seltsamen Annäherungsversuchs seiner Schauspielerkollegin Isabel Varell erwehren: »Also, wenn wir uns jetzt hier nackig ausziehen und uns hier wälzen mit den Ameisen, dann würden sie das senden. Das wären schöne Momente.«

Showtalent

Sein Showtalent präsentierte Hartwig auch schon früh auf der Bundesligabühne. Nach dem Spiel seiner Münchner »Löwen« bei Waldhof Mannheim im Oktober 1976 zeigte er den Zuschauern auf dem Weg in die Kabine sein Geschlechtsteil.

Dieser Hang zum Selbstdarsteller hilft ihm heute auch in seinem aktuellen Beruf als Schauspieler. Und auch dort hat Hartwig noch ein außergewöhnliches Ziel: »Ich will auf die Burg. Da reinzumarschieren als Offenbacher Junge aus der Kirschenallee … das wäre was!«, schwärmt der Mann, der laut Max Merkel als Fußballer ein Nichtskönner war und »aus elf Metern Entfernung keinen Möbelwagen« traf.

Zur damaligen Zeit sagte Hartwig einen interessanten Satz:

»Ich dachte immer, Berufsfußballer sind erwachsene Männer mit Hirn. Aber ich muss leider immer wieder feststellen, wie viele Idioten da rumlaufen. Je tiefer die Spielklasse, desto dümmer sind die Kerle.«

In diesen Tagen entdeckte Hartwig (»Die Leute sind doch nur sauer, dass sie erst nach Mallorca oder Teneriffa düsen müssen, um braun zu werden, während ich so herrlich braungebrannt durch mein ganzes Leben gehen kann«) sein Showtalent. Bei einem Auswärtsspiel in Kaiserslautern bewarfen die Zuschauer den dunkelhäutigen Jimmy Hartwig einmal mit Bananen. Er bückte sich gen Boden, lächelte betont zufrieden, schälte die Banane und aß sie genüsslich kauend auf. Die Fans applaudierten und Hartwig winkte zurück.

Auch mit den Schiedsrichtern pflegte der damalige HSV-Profi einen kreativen Umgang. Sein besonderer Trick: Immer dann, wenn er einen Gegenspieler so richtig kräftig umgehauen hatte, rannte er danach direkt zum Schiedsrichter, schlug die Hacken zusammen und machte einen tiefen Diener bis zum Boden. So viel preußische Demut schindete Eindruck und rettete ihn vor manch Roter Karte.

Kein Wunder, dass die Showbranche und die Medien den sympathischen Fußballer liebten. Nach einem Abend mit den TV-Stars Dietmar Schönherr und Vivi Bach im Jahr 1977 sagte Jimmy Hartwig: »Wir traten gemeinsam in einer Münchner Talkshow auf, und er sagte mir anschließend, dass ich ein wirklich sympathischer Junge sei. So etwas richtet einen natürlich auf, und nachher – als wir gemeinsam essen gingen und die Leute herblickten – bin ich fast geplatzt vor Stolz, neben einem solch prominenten Menschen sitzen zu dürfen.«

Und weil es ihm bei den Promis so gut gefiel und sich tatsächlich ein Produzent finden ließ, der mit Hartwig eine Platte aufnehmen wollte, entstand 1980 das Lied »Mama Calypso«. Experten waren sich sogar einig, dass Jimmy Hartwig ein gewisses Gesangstalent nicht abzusprechen sei. Charttechnisch lief es dann allerdings doch nicht so richtig rund.

Einer der musikalisch aktivsten Bundesligaspieler: Jimmy Hartwig.

»Ein Verrückter«

Vor allem seine Herkunft als uneheliches Kind eines farbigen US-Soldaten hat Hartwig geprägt, wie er in seinem Buch »Ich möcht' noch so viel tun« anschaulich erzählt. Besonders die Erlebnisse mit seinem ehemaligen Mannschaftskollegen zu Offenbacher Zeiten, Dieter Müller, werden dort ausführlich geschildert: »Dieter lebte schon als Kind in einer anderen Welt, er trug bereits als Jugendlicher Maßanzüge so selbstverständlich wie andere Leute Feinrippunterhosen. Heute ist er pleite. Er verlor sein gesamtes Vermögen durch dubiose Bauprojekte, so dass seine Mutter ihn letztendlich vorsichtshalber enterbte und Sohnemann gezwungen war, einen Offenbarungseid zu leisten. Inzwischen habe ich Dieter Müller längst überholt.« Doch Hartwig konnte nicht mit der Vergangenheit abschließen. Wenn er Müller später irgendwo traf, tischte er sofort wieder die Geschichten von früher auf: »Hey, Dieter, kannst du dich noch erinnern, wie du damals mit dem Mercedes abgeholt worden bist? Kannst du dich noch erinnern, wie ich mit dem Bus nach Hause fahren musste? Weißt du noch, wie sich dein Vater gerade ein einziges Mal überreden ließ, mich nach Hause zu bringen?« Aber Dieter Müllers Vater fuhr Hartwig

Jimmy Hartwig

Auf ein Gläschen Wein mit Andy Brehme ...

damals nicht bis direkt vor die Haustüre. Jimmy erinnert sich, wie der Vater des Mannschaftskollegen ihn nur in die Nähe seiner Wohnung brachte. Der zweimalige Nationalspieler glaubt noch heute, dass sich Müllers Vater »zu fein« war, ihn in die Kirchenallee zu fahren. Hartwigs Fazit: »Ich vergesse meine Herkunft nicht.«

Umso mehr genoss der gebürtige Offenbacher natürlich seine sportlichen Erfolge mit dem HSV. Dreimal Deutscher Meister und 1983 Sieger des Europapokals der Landesmeister wurde Hartwig mit den Hanseaten. Eine Sternstunde seiner Karriere erlebte er 1982. Am 29. Spieltag reichte dem HSV bei den Bayern ein Unentschieden für das Projekt Meisterschaft. Doch nach 64 Minuten lagen die Hamburger mit 1:3 hinten. Der Titeltraum drohte wieder einmal zu zerplatzen, bis Thomas von Heesen und Horst Hrubesch doch noch der Ausgleich gelang. Das Ziel schien nun bereits greifbar nahe. Als Krönung eines besonderen Tages erzielte der HSV durch ein Tor von Horst Hrubesch in der 90. Minute sogar das erlösende 4:3. Der grandiose Schlussspurt war das vorgezogene Meisterstück der Hamburger. Jimmy Hartwig erinnert sich, wie die Mannschaft das großartige Gefühl des Triumphs erlebte: »In der Woche nach dem Spiel sind wir mit so breiter Brust durch die Straßen gelaufen, dass Fußgänger vor Angst die Straßenseite gewechselt haben.«

Ein paar Jahre später war Hartwig in den letzten Zügen seiner Karriere beim saarländischen Erstligisten FC Homburg gelandet. Als er damals nach dem Unterschied zwischen Homburg und Hamburg befragt wurde, antwortete Hartwig ausweichend-pointiert:

»In Homburg können keine großen Schiffe anlegen, mehr will ich dazu nicht sagen!«

Ruhig ist es um ihn auch nach seiner Fußballerlaufbahn nicht geworden. Mit seinem 1994 erschienenen Buch sorgte er für Furore. Besonders folgende Zeilen beschäftigten die Presse: »Als ich in die Pubertät kam und selbst anfing, meinen Körper zu erkunden, wurde es besonders schwierig. Wenn einmal alle, Mutter, Oma, Opa, Onkel Werner und Onkel Karl-Heinz, aus dem Hause waren, onanierte ich unter der Bettdecke, und nicht selten musste ich aufhören, wenn es am schönsten war. Weil ich hörte, wie sich ein Schlüssel in der Haustür drehte. Gelang es mir nicht, rechtzeitig abzustoppen, gab es großes Geschrei: ›Ihhhgitt, du aal' Sau, bäh, des is' ja eegelhaft, des mescht man net! Des mescht ja Flegge‹, schrie meine Mutter angewidert. Und batsch, polierte sie mir die Glatze, wie man bei uns sagte.«

Wie dem auch sei. Hartwig ist immer wieder aufgestanden und hat sich selbst neu erfunden. Man darf gespannt sein, was man als Nächstes über ihn liest. »Ehrlisch«, hat Hartwig einmal gesagt, »isch bin'n Verrückter.« Das trifft es wohl am besten.

★ ★ ★

26. Mai 1983: Jimmy Hartwig hält den wohl größten Pokal seiner Karriere in den Händen, die Trophäe des Landesmeister-Wettbewerbs.

Siggi Held

Der »Schweiger«

Der Trainer der BVB-Europapokalsiegermannschaft von 1966, Willy Multhaup, hat Siggi Held den »geborenen Fußballer« genannt. Nationalmannschaftskollege Günter Netzer klang fast ein wenig verzweifelt, als er sagte: »Den D-Zug Held kann man nur mit der Jagdflinte erledigen.« Doch neben seinen herausragenden fußballerischen Fähigkeiten ist den Leuten auch etwas anderes im Gedächtnis geblieben: Helds Spitzname. Bis heute kennen viele Fußballfans die BVB-Legende als den »Schweiger«. Wie sagte Siegfried Held andereinst als Trainer in Dresden so schön: »Ich bin nicht als Rudi Carrell angestellt.«

Siggi Held findet die Sache mit seinem Spitznamen eigentlich Quatsch. Er rede sehr gerne und viel. Nur eben nicht immerzu und mit jedem. Als es damals anfing, dass Journalisten stets mehr Interna für Zeitungen in Erfahrung bringen wollten, da sei er eben misstrauisch geworden. Und als ihn eines Tages jemand gefragt habe, wie es ihm denn ginge, da habe er geantwortet: »Wollen Sie mich aushorchen?« Am nächsten Morgen konnte er seinen neuen Spitznamen in der Zeitung lesen. Aber so ganz leugnen kann der Dortmunder sein Image auch nicht. Der damalige Manager bei Dynamo Dresden, Udo Klug, hat über seinen Trainer gesagt:

»Der Siggi redet halt manchmal nichts, sagt dabei aber sehr viel!«

Das kann man so stehen lassen.

Denn tatsächlich hat Siggi Held im reiferen Profialter einige sehr weise Worte gesprochen: »Ich wundere mich manchmal, wenn in einem so erfolgsorientierten Gewerbe wie dem Profifußball mehr zwischen jungen und alten als zwischen guten und schlechten Spielern unterschieden wird. Das ist doch nicht wie bei der Papstwahl. Der Papst muss immer katholisch sein. Doch ein guter Fußballer muss nicht jünger als 30 Jahre sein.«

Als er mit 32 Jahren unter Trainer Otto Rehhagel spielte, präzisierte er seine Aussage: »Im Fußball gibt es keine alten oder jungen Spieler – nur gute oder schlechte.« Das ist übrigens ein Satz, den man heute fälschlicherweise eher dem langjährigen Werder-Trainer Rehhagel zuschreiben würde. In Bremen bekam dieser damals viel Lob dafür, dass er mit Spielern in der Endphase ihrer Karriere, wie Manni Burgsmüller und Klaus Allofs, Erfolge feierte. Auch Held (»Das Alter ist nur in zwei Fällen wichtig: Mit 18 darf man in jeden Film, und ab 65 bekommt man Rente«) spielte noch weiter, als der nur sieben Jahre ältere Trainer Udo Lattek bei Borussia Dortmund ihn längst aussortiert hatte. Latteks Begründung: »Ich möchte nicht dauernd mit der Luftpumpe am Spielfeldrand sitzen.«

Und so streifte sich Held im Alter von 37 Jahren das Trikot von Bayer Uerdingen über.

Einem Reporter schilderte er damals seinen präzisen Tagesablauf. Zwölf Stunden pro Nacht würde er schlafen. Eier, Butter und Fruchtsaft zum Frühstück einnehmen. Danach einen Spaziergang im Grünen machen. Nichts zu Mittag essen. Und vor der Abfahrt zum Stadion eine Tasse Tee trinken. In der Umkleide würden dann schon ganz spezielle Fußball-

Siggi Held posiert im Offenbacher Trikot mit Schornsteinfeger und Glücksschwein, das Spiel zum Saisonauftakt 1972/73 gegen Werder ging trotzdem 0:0 aus.

schuhe auf ihn warten, wie sein Trainer Horst Buhtz zu berichten wusste: »Die Töppen vom Siggi Held ähneln mehr Eishockeystiefeln. Sie umschließen die Knöchelpartien und stützen Schien- und Wadenbeine, alles hält ein Geflecht von Schnüren zusammen, als wolle Siggi ein Motorboot festmachen.«

Dass der »Schweiger« auch spontan geistreich sein kann, bewies er damals ein ums andere Mal. Auf die nervige Anrede »Opa« von weit jüngeren Gegenspielern reagierte er vornehm-zurückhaltend, aber bestimmt: »Seit wann duzen wir uns?«

Auch in seiner Zeit als Trainer konnte man sich über mangelnde Wortbeiträge nicht beklagen. Gut gelaunt rief Held in Leipzig zu seinen zaghaft agierenden Spielern auf dem Platz: »Sie wollen wohl den Ball nicht verletzen, was?« Und einem allzu eifrigen TV-Team, das sich auf dem grünen Rasen breitgemacht hatte, bot er während des Trainings rhetorisch sehr galant an:

»Meine Herren, wenn wir Sie stören, können wir auch woanders hingehen.«

Einmal übertrumpfte Held gar mit einem Satz fast ein ganzes, legendäres Spiel. Am 29. April 1978 lief Dortmunds Trainer Otto Rehhagel beim Stand von 7:0 für Borussia Mönchengladbach im Düsseldorfer Rheinstadion aufgeregt zu der Bank seines BVB. Dort stoppte er abrupt und sagte zu Siggi Held: »Siegfried, machen Sie sich warm. Sie kommen gleich.« Doch Held machte angesichts der deprimierenden Geschehnisse auf dem Rasen keinerlei Anstalten, irgendetwas zu tun, schon gar nicht aufzustehen. Nachdem Rehhagel einige Meter auf der Tartanbahn des Rheinstadions zurückgelegt hatte, steuerte er erneut auf seinen Spieler zu: »Hören Sie nicht? Sie sollen sich warmmachen, Siegfried. Ich bring' Sie gleich!« Held zupfte an seinen üppigen Augenbrauen, lehnte sich in Ruhe zurück und sah, wie die Tore acht und neun gegen seine Mannschaft fielen. Otto Rehhagel war nun endgültig bedient. Fuchsteufelswild sprintete er mit Riesenschritten zur Bank, packte sich seinen tatenlosen Spieler und raunte ihm zu: »Sie wollen mich wohl verarschen, oder?!« Siegfried Held erhob sich langsam von seinem Platz auf der harten Holzbank, schaute Rehhagel ruhig ins Gesicht und sagte: »Trainer, mal ehrlich, soll ich die Scheiße etwa noch umbiegen, oder was?!« Danach schwieg ausnahmsweise mal jemand anderes.

★ ★ ★

Siggi Held zu Hause mit seiner Frau Christel und dem gemeinsamen Sohn Axel (im September 1968).

Jupp Heynckes

Triple-Gewinner

Über den Triple-Sieger Jupp Heynckes erzählt man sich folgende Geschichte aus seiner letzten Spielzeit bei den Bayern. Im Wintertrainingslager in Dubai sollen die Führungsspieler Bastian Schweinsteiger und Toni Kroos bei einer Einheit nicht die gleichen Socken wie der Rest der Mannschaft getragen haben. Die langjährigen Nationalspieler soll sich Heynckes nach dem Training höchstpersönlich zur Brust genommen haben: »Wir haben ein gemeinsames Ziel. Wir brauchen Disziplin. Das fängt bei einheitlichen Socken an!« Ob die Geschichte tatsächlich stimmt? Man darf es annehmen!

Damals, nach der Bekanntgabe seines Rücktritts als Trainer von Fußball-Bundesligist Borussia Mönchengladbach, sagte Jupp Heynckes zu den überraschten Pressevertretern: »Der Wagen ist gewaschen und vollgetankt.« Das geliehene Auto konnte dem neuen Trainer so übergeben werden.

Einen Sinn fürs Korrekte kann man dem gebürtigen Mönchengladbacher (damals, als er geboren wurde, hieß die Stadt übrigens noch München-Gladbach) also durchaus attestieren. Oder wie es Klaus Augenthaler einmal in einem Vergleich verpackte: »Jupp Heynckes weiß genau, wer raucht, und zählt deine Bierchen. Das war bei Udo Lattek anders. Der hat selbst am meisten gesoffen.« Das brave Image hatte Heynckes auch schon als Spieler weg. Winfried Schäfer beschwerte sich einmal über das DFB-Sportgericht: »Ich falle wohl wegen meiner langen Haare mehr auf. Der Jupp Heynckes konnte einem Ordner in den Hintern treten und bekam keine Anklage.«

Dabei tritt Heynckes in der Öffentlichkeit durchaus selbstbewusst auf. Auch kernige Sprüche (»Ich traue mir auch zu, Vorwärts Honolulu erfolgreich zu trainieren«) gehören zu seinem Repertoire. Als er zu Frankfurter Zeiten die Spieler Augustine Okocha, Anthony Yeboah und Maurizio Gaudino suspendierte, rief er ihnen via Presse noch hinterher:

»In der Sowjetunion hätte man aufmüpfige Spieler nach Sibirien geschickt.«

Von 1967 bis 1970 spielte Heynckes für Hannover 96.

Seine Trainerzeit als Assistent von Udo Lattek startete Jupp Heynckes einst sehr erfolgreich und vielversprechend. Das Diplom bestand er mit einem »Gut« – und sparte sich 10.000 Mark. Denn seiner Ehefrau hatte er vorher versprochen: »Wenn ich schlechter als mit der Note Zwei abschneide, lasse ich freiwillig einen Pelzmantel im Wert von 10.000 Mark springen!« Und auch sein taktisches Verständnis war schon früh gut ausgebildet. Beim Wechsel von Lothar Matthäus zu den Bayern trieb der Gladbacher Trainer Heynckes die Ablösesumme künstlich in die Höhe. Weil er wusste, dass Matthäus bereits bei den Münchenern unterschrieben hatte und eine Konventionalstrafe von 150.000 Mark bezahlen musste, falls der Transfer doch nicht zustande kam, bot die Borussia ihrem Spieler das Wahnsinnsgehalt von 474.000 Mark an. Der besondere Clou: Jupp Heynckes griff für dieses Scheinangebot auch in seine eigene Tasche. 50.000 Mark kamen aus seiner Privatschatulle.

Erfolgreiche Zeiten in München

Einige Zeit später trieb es ihn selbst nach München. Einer der Beweggründe für Heynckes, von Gladbach zum FC Bayern zu wechseln, war allerdings etwas kurios: Er hatte Schmacht! Heynckes: »Nach jedem Titelgewinn habe ich mir eine Zigarette genehmigt. Da hat mir unser Präsident Dr. Beyer stets das Feuer gereicht. Ich hoffe, dass ich in München öfter die Gelegenheit habe, mir eine Zigarette anzustecken. Seit acht Jahren bin ich jetzt schon Abstinenzler.«

Das Problem sollte er in den Griff bekommen. Die Zeit bei den Bayern war von Erfolgen geprägt. Nur eine Sache störte Heynckes gewaltig: Immer mehr Spieler wurden ihm aus Italien weggekauft. Der Bayern-Trainer versuchte die Sache dennoch mit Humor zu nehmen: »Wir haben jetzt auch unserem Busfahrer Rudi Egerer und unserem Platzwart Berti Eichhorn Dreijahres-Verträge gegeben, damit die nicht auch noch italienische Klubs holen wollen.«

Niemand rechnete damals damit, dass die Ehe zwischen Heynckes und den Bayern irgendwann einmal geschieden werden müsste. Doch nach einer sportlichen Durststrecke entschloss sich Manager Uli Hoeneß im Oktober 1991 schweren Herzens zum Rauswurf von Heynckes. Viele Jahre später sagte sein Bruder Dieter einmal: »Mein Bruder weint heute noch, wenn er den Namen Jupp Heynckes hört.« Hoeneß bezeichnet diese Entlassung immer noch als die schwerste seiner gesamten Karriere. Das wird umso deutlicher, wenn man die Stunden dieses ereignisreichen Tages Revue passieren lässt. Heynckes erinnert sich: »Als ich mich von der Mannschaft verabschiedete, war mein Nachfolger Sören Lerby auch anwesend, Uli Hoeneß und ich hielten bewegende Reden, da war schon Trennungsschmerz zu spüren. Am selben Abend lösten wir den Vertrag in Schatzmeister Kurt Hegerichs Haus in Rottach-Egern auf. Nicht einmal fünf Minuten dauerte das. Anschließend haben wir lecker gegessen und Schafkopf gespielt bis Mitternacht.«

Für Hoeneß war die Rückkehr seines Freundes im Jahr 2009 ein besonderer Moment. Vor allem nach all den Erlebnissen zuvor mit Jürgen Klinsmann. Strahlend

verkündete er: »Jupp Heynckes braucht einen Flipchart und fünf Eddingstifte. Da kostet einer 2,50 Euro. Und da malt er auf die Tafel die Aufstellung des Gegners und sagt ein paar Takte dazu. Mit Heynckes gewinnen wir Spiele für 12,50 Euro.« Auch Heynckes war glücklich. Im Triple-Jahr 2013 gelang der Gewinn des nationalen Titels schon sehr zeitig – im Frühjahr. Schnee und Eis waren gerade erst vom Rasen gefegt worden. Heynckes frohlockte erstaunt:

»Bei so kühlem Wetter bin ich noch nie Deutscher Meister geworden!«

Februar 1972: Jupp Heynckes spielt zu Hause mit Tochter Kerstin.

Der Erfolg der späten Jahre lag auch daran, dass der »Gladbacher Jung'« sich verändert hatte. Trainer-Kollege Reinhard Saftig sagte beeindruckt: »Der Jupp Heynckes ist lockerer geworden. Der hatte früher sogar einen Rückspiegel im Bus, um auch auf den hinteren Rängen alles mitzukriegen.« Gelöst und mit lustig blitzenden Augen sah man ihn in den Pressekonferenzen. Humorvoll beantwortete er die Fragen der Journalisten: »Wenn wir Champions-League-Sieger werden, dürfen mich die Spieler für einen Tag duzen.«

Und als es dann so weit war und die Mannschaft tatsächlich in London den großen Titel geholt hatte, nutzte ein anderer die Gunst der Stunde für eine persönliche Ansprache. Hermann Gerland ergriff auf der Feier das Mikrofon: »Josef, Champions-League-Sieger, ich habe einen Wunsch. Ich möchte, dass du mal ein wenig lockerer wirst. Denn irgendwann kommt der Sensenmann. Du kommst in den Himmel, ich komme in die Hölle. Davor müssen wir noch mal richtig die Sau rauslassen!«

★ ★ ★

Ein seltenes Bild: Jupp Heynckes singt mit den Mitgliedern einer Trachtengruppe auf der Münchner Meisterfeier 1989.

Fünf unvergessliche Sprüche von Jupp Heynckes

»In Spanien gelten erst mal alle Deutschen als Kleinbürger. Aber ich bin doch kein Kleinbürger! Ein Kleinbürger ist für mich einer, der beim Anbrennen einer Suppe Selbstmordgedanken kriegt!«

»In so einer Stadt habe ich früher nur geprüft, ob das Netz für meinen Schuss stark genug ist.« (nach einer Europapokal-Blamage bei Cork City)

»Die Spieler, die sich für kritische Worte taubstellen, die dürfen sich nicht wundern, wenn man sie eines Tages auch für blind hält.«

»Der Ünlü ist ja eh ein bisschen kräftiger an den Backen. Dem dürfte der Ramadan ganz gut tun.« (über seinen jungen türkischen Ersatztorwart Volkan Ünlü)

»Meine Spieler haben heute während des Spiels die Zeit totgeschlagen und dabei leider auch einige Mitglieder der Gegenmannschaft verletzt.«

Ottmar Hitzfeld

»General« und »Gentleman«

Der Mann, den sie in seiner Karriere »General« und »Gentleman« genannt haben, soll bereits im Kindergarten gesagt haben: »Schwätze' kann ich noch nicht so gut, dafür kann ich kicken.« Ottmar Hitzfeld wusste also schon früh, wohin seine Reise im Leben gehen soll. Und gerade diese Zielstrebigkeit hat seine Laufbahn und sein Auftreten in der Öffentlichkeit geprägt. Karl-Heinz Rummenigge sagte mal: »Wenn man sich in Oberammergau einen Trainer schnitzen lassen müsste, es käme Ottmar Hitzfeld heraus.«

Und auch ein Satz von Udo Lattek spiegelt die Außenwirkung des erfolgreichen Übungsleiters sehr gut wider: »Ich habe gehört, dass Ottmar Hitzfeld gesagt hat, ich würde ihn im Biertrinken schlagen. Dessen bin ich mir sicher.« Es gab nur einen kleinen Ausrutscher, der dem Image Hitzfelds für einen Moment einen Knacks verpasste. Doch gemeinsam mit seinem Präsidenten und erfahrenen Medienmann Franz Beckenbauer schaffte der gebürtige Lörracher die Seitensprung-Affäre mit einer Brasilianerin schnell wieder aus der Welt. »Bunte«-Reporter Paul Sahner sah die Geschichte damals nüchtern aus der Sicht des PR-Profis: »Da haben sich die zwei Seitenspringer zusammengesetzt und überlegt, wie man relativ gut wieder von der Bühne runterkommt. Beckenbauer ist eben ein Libero. Der beherrscht das Spiel und hält den Gegner in Schach.«

Ein Mann, der aus diesem speziellen Themenbereich sicherlich auch die eine oder andere pikante Story auf Lager hätte, sagte einmal etwas Stimmiges über Ottmar Hitzfeld. Der Weltmeister Lothar Matthäus trainierte einige Zeit unter dem Mann, der seinen Vornamen einem anderen Weltmeister, nämlich Ottmar Walter, zu verdanken hat: »Ich werde nie das Standing eines Ottmar Hitzfeld haben, den ich als Trainer und Mensch respektiere. Hitzfeld war dafür nicht so ein guter Spieler wie ich.« Das stimmt wohl. Aber Hitzfeld hat dafür wahrscheinlich einen Hauch mehr Gespür für Ironie abbekommen. Nachdem er versehentlich seinen Wagen auf dem Parkplatz von Lothar Matthäus abgestellt hatte, meinte der Bayern-Trainer süffisant:

»Ich dachte, er kommt mit dem Hubschrauber.«

Den schmalen Grat zwischen General und Gentleman beschreiben zwei Zitate von Hitzfeld sehr gut. Einerseits die Orientierung am Glauben: »Jesus hat für mich eine wichtige Vorbildfunktion: Er ist den geradlinigen Weg gegangen und hat nie versucht, auf krummen Wegen sein Ziel zu erreichen. Offenheit und Gerechtigkeit zeichneten ihn aus. So möchte ich auch handeln.« Und andererseits der harte Disziplinfanatiker: »Von einem Profi verlange ich, dass er

sich stark fühlt. Sonst soll er sich ins Bett legen und von Omi pflegen lassen.«

Wie sich ein Verstoß gegen die Grundsätze des Trainers auswirken konnte, mussten die Dortmunder Profis im Trainingslager 1996 erfahren. Immer wieder hatten die Spieler ihrem Coach die Ohren vollgejammert, wie kaputt sie seien. Nach drei Tagen hatte Ottmar Hitzfeld schließlich ein Einsehen und schenkte dem Team einen freien Nachmittag. Alle Mann sollten sich mal tüchtig ausruhen. Doch der Plan von Andreas Möller und seinen Kameraden war ein anderer: Man ging gemeinsam zum Wasserskilaufen. Nicht gerade die Art von körperlicher Entspannung, die sich Hitzfeld für seine Spieler vorgestellt hatte. Deshalb war es gut, dass man sich heimlich auf den Weg gemacht hatte. Dumm nur, dass der Trainer irgendwann an diesem Nachmittag an den Wasserskiläufern mit einem Motorboot vorbeiraste. Möller erinnert sich: »Das Training am nächsten Vormittag war grausam!«

Über die andere Seite des Menschen Hitzfeld konnte Andreas Möller auch eine persönliche Geschichte erzählen: »Mir ging es wegen einer Magenschleimhaut-Entzündung sehr schlecht. Ottmar Hitzfeld nahm mich – meine Frau Michaela war damals bei ihren Eltern in Frankfurt – jeden Mittag mit zu sich nach Hause. Seine Frau kochte mir Haferbrei und andere Schonkost. Dabei führten der Trainer und ich sehr offene Gespräche über meine Rolle im Fußball, die mir sehr weitergeholfen haben.«

Dass Hitzfeld als Spieler selbst nicht immer ein Musterknabe war, erzählte er einmal dem Schweizer »Sonntagsblick«. Im Februar 1980 war er Profi in Lugano. Bei einem feucht-fröhlichen Polterabend eines Freundes starteten sie zu später Stunde eine verrückte Aktion. Als ein Partyteilnehmer in einen Laden ging, um Zigaretten zu kaufen, entdeckten sie plötzlich, dass der Schlüssel außen steckte. Sie drehten ihn um und amüsierten sich köstlich. Was sie nicht ahnen konnten: Nur zwei Tage zuvor war der Ladenbesitzer überfallen worden und geriet jetzt in Panik. Er rief die Polizei, die mit Maschinenpistolen im Anschlag für Ordnung sorgte. Hitzfeld erinnert sich:

»Die Polizei nahm uns nicht ab, dass wir nur einen Scherz machten. Wir wurden in Handschellen abgeführt und kamen in eine Zelle!«

Und dort kamen sie nicht mehr so leicht raus. Niemand glaubte ihnen, dass es nur eine Schnapsidee gewesen sei. Es blieb ihnen nichts anderes übrig, als den Lugano-Präsidenten anzurufen und ihm alles zu beichten. Erst kurz vor elf Uhr am nächsten Morgen traf die Polterabend-Truppe um Hitzfeld am Standesamt ein – gerade noch rechtzeitig.

Hitzfeld (»Der Erfolg ist nicht alles, aber ohne Erfolg ist alles nichts«) war in seiner Karriere ein Liebling der Medien. Seine Meinung war geschätzt und gefragt. Doch er selbst konnte sich auch an den Pressevertretern reiben. Kritischen Fragen begegnete er sehr spitzfindig: »Ein Trainer entscheidet vor dem Spiel, und ein Journalist schreibt nach dem Spiel.« Ein harmloser Satz, wenn man dagegen ein Zitat von TV-Kommentator Marcel Reif stellt: »Herr Hitzfeld, ich bin bereit, Ihnen zum Weiterkommen zu gratulieren, wenn Sie den Zuschauern Ihr Mitgefühl ausdrücken für die Art und Weise, wie es denn zustande gekommen ist.«

Ein besonders inniges Verhältnis pflegte Hitzfeld zu Uli Hoeneß, den er höchstens einmal aus gesundheitlichen Gründen an Spieltagen von sich fernzuhalten versuchte: »Ich habe mit dem Rücken ein bisschen Probleme, wenn der Uli mir bei den Toren immer um den Hals fällt.« Vor seinem tränenreichen Abschied bei den Bayern sagte Hoeneß: »Beim Ottmar Hitzfeld ist das ja nicht so wie beim George Bush, wo alle froh sind, wenn der endlich weg ist.«

★ ★ ★

Dieter Hoeness

Der mit dem Turban köpft

Wer Dieter Hoeneß sieht, sieht eigentlich auch heute noch unbewusst einen blutgetränkten Verband um seinen Kopf gewickelt. Der 1. Mai 1982 hat dem Bruder des geschäftstüchtigen Bayern-Managers Uli einen ganz speziellen Ruf verpasst. Er ist seitdem der Mann, der auch mit einer Platzwunde und einem ästhetisch zweifelhaften Turban auf dem Haupt noch Tore köpfen kann. Sein Treffer im DFB-Pokalfinale war das 4:2-Siegtor gegen Nürnberg. Dass das ein ganz spezielles Image ist, zeigt der Name einer Mannschaft der »Wilden Liga Bielefeld«: »Dieter Hoeneß Hirnverband«.

In seiner aktiven Profi-Zeit fuhr Dieter Hoeneß einmal im Jahr nach Freiburg, um seine Gehirnströme messen zu lassen. Professor Klümper sollte sicherstellen, dass die vielen, vielen Kopfbälle, die Hoeneß in seinem Leben schon gemacht hatte, seine geistige Vitalität nicht infrage stellten. Denn genau diese Frage wurde tatsächlich hier und da aufgeworfen. So konterte der Bochumer Lothar Woelk den Vorwurf von Hoeneß: »Der Woelk ist einer der größten Treter der Bundesliga«, mit den Worten: »Vielleicht hat der schon zu viele Bälle vor den Kopf bekommen!« Und um diese naheliegende Vermutung aus der Welt zu schaffen, machte Dieter Hoeneß die Ergebnisse seiner Reise nach Freiburg im »kicker« öffentlich.

Michael Rummenigge, der kleine Bruder des großen Karl-Heinz, fand die Qualitäten des jüngeren Bruders vom großen Uli übrigens nicht so herausragend. Er befand einmal, dass »der Dieter« nur ein Problem habe: »Er kann nicht Fußball spielen.« Paul Breitner stieß in dasselbe Horn. Er urteilte trocken: »Er war immer ein Antikicker und ist es noch.« Rudi Assauer fand eher etwas anderes beim Fan von Bryan Adams und Mike Oldfield befremdlich: »Der Dieter ist ein verquanteter Mensch, wie wir in Westfalen sagen, nicht so geradeheraus wie sein Bruder.« Norbert Nachtweih hingegen wusste seinen Mitspieler zu schätzen. Besonders eine Fähigkeit:

»Der springt so hoch, wenn der wieder runterkommt, liegt auf seiner Glatze Schnee.«

Dennoch lief es in München nicht immer rund für Dieter. Das wurmte ihn so sehr, dass er über die Medien einen speziellen Plan verkündete: »Ich lasse mir jetzt einen Vollbart wachsen, und der kommt erst ab, wenn ich wieder Stammspieler bin.«

Aber auch wenn er denn mal auf dem Platz stand, klappte es mit den positiven Schlagzeilen eher selten. Die »Welt am Sonntag« nannte ihn einen »Tölpel«, nachdem er im Sechzehner etwas ungeschickt gefallen war und der Schiedsrichter auf den Elfmeterpunkt gezeigt hatte. Genau mit diesem verwandelten Strafstoß setzte sich der FC Bayern im Pokal gegen den Erzrivalen aus Mönchengladbach durch. Dort war man außer sich. Der Unparteiische wurde des Betrugs bezichtigt und Borussias Torhüter Uli Sude meinte, dass der »lange Tollpatsch« mal wieder nur über seine eigenen Füße gestolpert sei. Das sei ja nun nichts Ungewöhnliches und auf gar keinen Fall ein Grund, einen Elfmeter zu pfeifen. Und um den Spott, der auf Dieter Hoeneß niederprasselte, vollständig zu machen, wünschte sich die Vogelwarte auf Helgoland ein »Exemplar der sogenannten Hoeneß-Schwalbe«. Die würde noch in ihrer Sammlung seltener Vögel fehlen.

Als die Spielerkarriere zu Ende war, rutschte Dieter irgendwie so in den Beruf des Bruders Uli hinein. Seine Zeit als Manager beim VfB Stuttgart war von Erfolgen geprägt. Gemeinsam mit Trainer Christoph Daum – ausgerechnet dem Mann, mit dem sein Bruder Uli noch Ende der 1980er Jahre so sehr aneinandergeraten war – holte er 1992 die Meisterschaft nach Stuttgart. 1997 überredete ihn dann der ehemalige Bayern-Manager Robert Schwan (»Ich leide unter meiner Intelligenz«) zu einem Engagement bei der Hertha in Berlin. Zusammen wollte man den schlafenden Riesen wecken. Doch anfangs klappte gar nichts. Am allerersten Tag in der Hauptstadt fand der Taxifahrer weder die Geschäftsstelle, noch wusste er überhaupt die Adresse. Im Büro gab es keinen einzigen Computer. Der komplette Schriftverkehr wurde auf einer Schreibmaschine erledigt. Das wurmte den ehemaligen Commodore-Repräsentanten Hoeneß natürlich sehr. Doch noch schlimmer waren die Möbel in seinem Büro. Als er sich in seinem Schreibtischstuhl niederließ, krachte die Armlehne auf den Boden. Bereits nach seinem ersten Arbeitstag bei der Hertha wollte Dieter Hoeneß damals wieder die Koffer packen.

Autogrammkarten seiner Stationen als Manager: VfB Stuttgart, Hertha BSC und VfL Wolfsburg.

Doch er biss sich durch. Nachdem der langjährige Aufsichtsrat und Übervater Robert Schwan eingesehen hatte, dass er nicht länger das alleinige Sagen bei den Berlinern hatte, kümmerte sich Hoeneß um eine weitere große Baustelle. Die Presse war stets über alle Schritte bei der Hertha gut informiert. Im Präsidium saß nicht ein einzelner Maulwurf, nein, das gesamte Team glich eher einem Maulwurfshügel. Hoeneß machte sich während der Sitzungen große Sorgen um die Mitglieder: »Alle paar Minuten mussten sie austreten. Blasenschwäche? Muss ich einen guten Arzt empfehlen? Bis ich herausfand, dass diese Herren von der Toilette der Geschäftsstelle aus mit Journalisten telefonierten.« In den folgenden Jahren räumte er kräftig auf und feierte Erfolge auch auf anderen Gebieten. Den neuen Trikotsponsoren-Deal zelebrierte Hoeneß nach alter Schule: »Als es perfekt war, bin ich nach draußen und habe gejubelt wie früher nach einem Tor. Am liebsten hätte ich mich vor Freude über den Rasen gerollt. Aber das hätte doch zu komisch ausgesehen.«

Nach seiner Berliner Zeit lief es für Hoeneß nicht mehr so richtig rund. Er selbst sagte einmal: »Ich habe mir abgewöhnt, nach dem Sinn des Lebens zu fragen. Die fürchterliche Antwort darauf lauert nämlich an jeder Ecke.« Inwieweit er in diesen Jahren seine Pläne umgesetzt hat, die er eigentlich schon in der Zeit nach seiner sportlichen Laufbahn verwirklichen wollte, ist leider nicht in Erfahrung zu bringen. Spannend hörten sie sich aber in jedem Fall an:

»Helikopter-Skifahren will ich, in Kanada eine Floßfahrt machen und einen Malkursus auf der Schwäbischen Alb belegen.«

★ ★ ★

Uli Hoeness

»The trend is your friend«

Uli Hoeneß wurde einmal von einem Journalisten vor die Wahl gestellt: »Liebe oder Fußball?« Er antwortete ohne zu zögern: »Muss ich und würde ich Fußball wählen.« Diese Antwort mag einer der Gründe dafür sein, warum die allermeisten Fans des runden Leders den langjährigen Bayern-Manager zwar nicht lieben, aber dennoch achten. Denn bei all seinem Tun spürt man vor allem eins: Die bedingungslose Leidenschaft für den Fußball. Sie macht den »J.R. der Bundesliga« (Dieter Hoeneß) zu einer der prägendsten und schillerndsten Gestalten der Fußballszene – weltweit!

Was viele über Uli Hoeneß nicht wissen: Er sei ja schon immer »Joschka-Fischer-Fan gewesen«, hat er einmal gesagt. Und auch etwas anderes überrascht viele Fußball-Anhänger, wenn sie es das erste Mal hören. Als es bei den Bayern in der Saison 1974/75 kriselte, sahen nicht wenige in Uli Hoeneß den Hauptschuldigen für die Probleme. »Es geht nicht an, dass jeder tut, was er will. Das sind bedenkliche Zerfallserscheinungen«, sagte Manager Robert Schwan damals. Zuvor hatte Uli Hoeneß unentschuldigt beim Training des FC Bayern gefehlt und deshalb auch die folgende Begegnung in Bochum verpasst. Doch wo war er gewesen, während seine Kameraden in München trainierten? Der Brief eines Bayern-Anhängers löste das Rätsel. Der geschäftstüchtige Bayern-Star (»Ich kenne keinen raffgierigeren Menschen als Uli Hoeneß«, Udo Lattek) schrieb sich in Frankfurt die Finger wund. Drei Autogrammstunden hintereinander absolvierte er, wie ein Zeitungsinserat schwarz auf weiß bewies. Die anschließende 0:3-Niederlage des FC Bayern in Bochum machte die Sache für Hoeneß nicht einfacher.

Trainer Dettmar Cramer hatte zuvor schon einmal über ihn gesagt: »Der Uli Hoeneß ist derjenige, der die meisten Entschuldigungen von allen Bayern-Spielern hat. Er ist erst 23 Jahre alt, aber darin schon ein Meister. Er hat den Spruch über seinem Bett hängen: ›Der liebe Gott erhalte mir meine guten Ausreden.‹ Und die kann er alle logisch begründen – die Presse frisst das!«

Nur sechs Jahre später war das alles vergessen. Uli Hoeneß wurde Manager des FC Bayern – nein, er wurde der FC Bayern:

»Wer Bayern München angreifen will, muss erst an mir vorbei.«

Und wenn es in den Folgejahren in bestimmten Situationen einmal brenzlig wurde, sagte Hoeneß gerne: »Leibwächter brauchen wir nicht, aber ich werde mich bei Gelegenheit selber dazwischenschmeißen. Denn meine 102 Kilo, die reichen auch aus.«

Kreativer Jungmanager

Eine der ersten Amtshandlungen des Jungmanagers war im Frühjahr 1980 eine höchst kuriose. Beim Spiel auf dem Betzenberg fiel Hoeneß etwas auf: »Die Lauterer spielten mit Bällen, die hatten einen Zug zum Tor, das war nicht mehr normal! Schon ein paarmal zuvor sah ich im Fernsehen, wie die es bei ihren Heimspielen dauernd mit Fernschüssen versuchten, herrlich den Ball trafen und eine Menge Tore auf diese Art machten.« Hoeneß ließ sich vom Lauterer Zeugwart einen dieser Wunderbälle zeigen: »Ich hielt einen von unseren Bällen daneben, die gleiche Marke, und sah, dass deren Ball einen etwas größeren Umfang aufwies als unserer, damit auch mehr Trefferfläche.« Hoeneß erwarb sofort einige Bälle und siehe da, die Münchner holten im Olympiastadion fortan einen Kantersieg nach dem nächsten. Hoeneß: »Der tolle Ball gab den Spielern Selbstvertrauen. Zuspiele, die sie früher erst abstoppten und unter Kontrolle brachten, nahmen sie jetzt volley aus der Luft und trafen.«

Gleich in seinem ersten Jahr hatte Hoeneß auch eine revolutionäre Idee, um die Besucherzahlen zu erhöhen:

»Wir wollen den Stadionbesuch für die Frauen attraktiver machen, durch Koch- und Kosmetikkurse im Stadion etwa, während die Männer dem Spiel zusehen.«

Zudem plante Hoeneß »Tage der Volkstruppen« – Folklore-Veranstaltungen mit Sirtaki, Paso doble und Essen sowie Getränken des jeweiligen Landes.

Die Bundesliga lernte den Manager Hoeneß nach und nach kennen. Einer hatte jedoch schon bald genug von ihm. Der Bremer Kollege Willi Lemke machte sich recht schnell sein Bild – und rüttelte da auch nicht mehr dran: »Ich sehe nicht, was der Bayern-Manager sagt, weil ich den Fernseher immer abschalte, wenn er auf dem Bildschirm erscheint.«

Ähnlich kritisch wie Lemke sah der Schweizer Profi Alain Sutter den Manager. Neun Kilo hatte Sutter nach der WM 1994 durch einen »verschleppten Salmonellenbefall« verloren. Er versuchte jedoch, die Krankheit, anders als vom FC Bayern gewünscht, nicht von einem Arzt mit einem Antibiotikum kurieren zu lassen, sondern von einem Homöopathen auf alternative Weise. Hoeneß war sauer, er schimpfte: »Wir haben die Marotten lange genug erduldet!« Dann setzte er ein Ultimatum für einen Arztbesuch und riet dem bekennenden Vegetarier zudem: »Der Sutter soll Schweinsbraten mit Knödeln essen und nicht das Körnerfutter.« Dass der Schweizer noch nicht alle seine Kräfte eingebüßt hatte, bewies sein schlagfertiger Konter: »Wie man aussieht, wenn man zu viel Schweinebraten isst, sieht man ja an Herrn Hoeneß.«

Essen war ohnehin immer mal wieder ein Thema in Äußerungen von Uli Hoeneß. Als die Mannschaft in die Winterpause ging und einige zu Ausschweifungen neigende Akteure dabei waren, sagte der kulinarischen Genüs-

sen ebenfalls nicht abgeneigte Manager: »Unsere Sorge ist jetzt, dass da zu viele Gänse gegessen werden.«

Emotionaler Manager

Legendär ist sein Satz nach einer 1:2-Niederlage in Hamburg beim FC St. Pauli: »30 Minuten nach Spielschluss werden schon wieder Karten gespielt und Sprüche geklopft. Sie essen Scampi und ich habe eine schlaflose Nacht.« Davon hatte Hoeneß trotz der vielen Erfolge in all den Jahren sicherlich nicht wenige. Die Gedanken kreisten ständig um das Team. In schwierigen Konstellationen setzte er sogar Detektive auf seine Spieler an (siehe Mario Basler): »Uns geht es doch heute viel zu gut. Für mich war Sport eine Chance zum sozialen Aufstieg. Wenn am nächsten Tag ein Spiel war, lagen wir um zehn im Bett. Da geht mein Sohn gerade los.«

Seine Frau Susi meinte einmal:

»Er ist sentimental, bei Filmen mit Hans Moser oder bei Sissi zum Beispiel. Sissi kennen wir auswendig, von hinten bis vorne.«

Seine emotionale Seite bekamen die Bayern-Mitglieder am 13. November 2007 im Paulaner-Festsaal auf dem Nockherberg zu spüren. Um 21:25 Uhr ergriff Hoeneß an diesem Abend auf der Jahreshauptversammlung des FC Bayern München das Wort. Zuvor hatten einige der 1.105 anwesenden Mitglieder die schlechte Stimmung in der Arena der Bayern kritisiert. Es fielen Sätze wie: »In der Tiefgarage ist mehr los«, oder: »Mit dem Sektglas in der Hand gibt es halt keine La Ola.« Mit hochrotem Kopf hörte sich Hoeneß die Kritik an. Dann brach es aus ihm heraus: »So, so etwa, so etwa kann ich mir vorstellen, als es vor zehn Jahren bei den Sechzigern übers Grünwalder Stadion ging. Da wurde auch diese alte schöne Welt – lieber geh' ich in die Regionalliga und ich geh' wieder nach Weinheim und ich will doch nicht mehr gegen Chelsea spielen! Dann gehen wir doch wieder dahin! Dann müsst ihr euch aber 'nen neuen Vorstand holen, mit uns eben nicht, denn wir … Eure Scheißstimmung! Da seid ihr doch dafür verantwortlich und nicht wir. Das ist doch unglaublich. Was glaubt ihr eigentlich, was wir das ganze Jahr über machen, damit wir euch für sieben Euro in die Südkurve gehen lassen können? Was glaubt ihr eigentlich, wer … wer euch alles finanziert? Die Leute in den Logen, denen wir die Gelder aus der Tasche ziehen. Ohne die hätten wir nämlich keine Allianz Arena. Da würdet ihr nämlich wieder, da würdet ihr nämlich jetzt wieder, da würden wir nämlich jetzt wieder im Schnee und Eis spielen, dann würden wir gegen Bolton Wanderers 12.000 Zuschauer haben. Dann müsst ihr, dann müsst ihr euch zu diesen, dann müsst ihr diesen Verein euch suchen, der demnächst vielleicht in der dritten Liga spielt. Wenn ich dann höre, bei 1860 ist das alles so toll – da ist gar nichts toll! Der Verein ist mehr oder weniger pleite und … und … und … und wir, äh, haben ihn am Leben erhalten. Und … und … und weil, wer ist schuld dafür? Fans, die von gestern leben. Ihr und wir, wir werden Ebay nicht verändern! Ja, das muss ich euch mal sagen: Ich brauche Ebay auch nicht und Google auch nicht und trotzdem werd ich's nicht verhindern.« Beckenbauer zaghaft: »Also ich …« Doch Hoeneß ließ ihn nicht zu Wort kommen: »Was glaubt ihr eigentlich, wer ihr seid?« Beckenbauer probierte es erneut: »Ja, ja …« Doch Hoeneß redete einfach weiter: »Es kann doch nicht sein, dass wir hier kritisiert werden dafür, dass wir uns seit vielen Jahren den Arsch aufreißen, dass wir dieses Stadion hingestellt haben. Aber das hat 340 Mio. Euro gekostet, und das ist nun mal mit sieben Euro in der Südkurve nicht zu finanzieren.«

Moderner Manager

Es war die Zeit des großen Umbruchs beim FC Bayern. Lange Jahre hatte man zugeguckt, wie andernorts die spektakulären Transfers getätigt wurden. Nun holte man selbst groß aus und verpflichtete auf einen Schlag und für viele Mil-

Meisterfeier 1989 im Entmüdungsbecken, auch Manager Uli Hoeneß genehmigt sich einen großen Schluck aus der Sektflasche.

lionen Luca Toni aus Italien und Franck Ribéry aus Frankreich. Dennoch galt die Devise: »Die Wahnsinnspreise zahlen wir sicherlich nicht, aber die mittleren Wahnsinnspreise könnte ich mir schon vorstellen.«

Der Fußball hatte sich gewandelt. Schrittweise. Und der FC Bayern ging unter der Führung von Uli Hoeneß diesen Weg mit. Auch wenn am Anfang von seiner Seite noch viel Kritik am neuen Medienspektakel geäußert wurde: »Wir kommen noch so weit, dass die Meldung über mein Treffen mit Anicic in der Tagesschau vor der Meldung vom Jelzin-Rücktritt gesendet wird.« Einige Jahre später legte Hoeneß noch einmal nach – mit teils deftiger Wortwahl:

»Vor zehn Jahren hat es keine Sau interessiert, wer Co-Trainer der Nationalmannschaft ist, und jetzt kommt es in der Tagesschau. Das ist doch pervers.«

Man kann Uli Hoeneß diese Sätze abnehmen, auch wenn sie nicht immer mit seinem Handeln in Einklang zu bringen sind. Für sich selbst bedauerte er tatsächlich die Entwicklung und die Veränderungen während seiner 25-jährigen Amtszeit: »Früher habe ich 80 Prozent meiner Arbeitszeit mit den Spielern verbracht. Heute verwende ich 80 Prozent darauf, das Geld einzutreiben, um sie finanzieren zu können.«

Dass sich Hoeneß mit der Welt der Finanzen und der Wirtschaft gut auskennt, konnte man schon immer an solcherart Sätzen ablesen. Die Leistungssteigerung seiner Bayern kommentierte er mit den Worten: »The trend is your friend.« Und dennoch sagte er zeitgleich auch Sätze wie diesen, die im Nachhinein natürlich etwas ›komisch‹ klingen: »Wenn ich an die Börse gehe, dann lese ich nicht mehr den ›kicker‹, sondern so was. Ich lese aber lieber den ›kicker‹.«

Kein Feierbiest

Die zwei Gesichter des Uli Hoeneß zeigte er auch einmal in einem anderen Zusammenhang auf dem Kaiserslauterer Betzenberg. Der FC Bayern hatte sich am 30. April 2005 durch einen 4:0-Sieg gegen den 1. FCK bereits am 31. Spieltag die Meisterschaft gesichert. Während draußen auf dem Rasen die Mannschaft mit ausgiebigen Weißbierduschen den Triumph ausgelassen feierte, standen im »Premiere«-Studio Bayern-Manager Uli Hoeneß, die Spieler Mehmet Scholl und Hasan Salihamidzic sowie, etwas im Hintergrund, der Moderator Sebastian Hellmann. Die Kamera lief bereits, aber noch war man nicht live drauf. Es entwickelte sich eine urkomische Szene.

Hoeneß: »Aber heute nicht. Ich habe die Hose … ich muss ins ›Sportstudio‹.« Salihamidzic: »Ich habe eine Trainingshose mit.« Hoeneß: »Ich kann nicht ins ›Sportstudio‹ mit 'ner Trainingshose. Ihr spinnt, bittschön! Seid vernünftig, ja?! Sonst kein Problem, aber ich kann heute nicht. Nee, heute geht's nicht!« Scholl: »Ich mach' doch nix. Ich habe nur mein Trinken …« Hoeneß: »Nee, heute geht's nicht! So. Ich muss ins ›Sportstudio‹, ich habe keine andere Hose. Leute, nix.« Salihamidzic: »Ich habe eine Hose dabei!« Hoeneß: »Nix. Leute, nix … (lacht hämisch) … die passt mir, he? Leute, nix!« Scholl: »Was haben Sie denn jetzt für Paras?« Hoeneß: »Ihr hört jetzt auf!« Scholl: »Ich mach' nix. Ich steh' einfach hier! Lassen Sie mein Trinken!« Hoeneß geht zum verwaisten Weißbierglas von Scholl, greift danach und schaut Salihamidzic an: »Hasan, bitte! Ich

So lässt es sich leben: Uli Hoeneß im Nationaltrikot mit seiner Frau Susi und Hund auf der Couch.

brauch' meine Hose!« Scholl kommt ins Bild zurück und reißt am Weißbierglas: »Lassen Sie mir mein Trinken! Ich brauch' mein Trinken.« Hoeneß: »Also, dann geh!« Scholl: »Ich muss hier sein!« Hoeneß: »Also, gut. Dann seid aber vernünftig, ja?! Ihr könnt das alles machen, aber bitte nicht bei mir über die Hose, ja?! Das schaut furchtbar aus, wenn ich im ›Sportstudio‹ mit so einer Scheiß-Hose sitz'.« Salihamidzic lacht herzhaft. »Premiere« zeigt Bilder, wie Scholl Magath mit einem Schwall Weißbier übergießt. Im Hintergrund redet Hoeneß: »Weißt du, was passiert ist, wie ich abgehauen bin?! Habe ich wieder einen Faserriss!« Scholl: »Beim Jubeln?« Hoeneß: »Ja, hier gerade, wegen euch zwei Trotteln da!« Moderator Hellmann: »Sie sind vor der Bierdusche weggelaufen?« Salihamidzic geht in die Knie und ballt die Fäuste. Hoeneß: »Ja, sicher. Jetzt habe ich wieder einen Faserriss.« Scholl: »Wissen Sie, was schlimmer wär'? Wenn ich den hätt'!« Hoeneß lacht und lamentiert: »Stell dir mal vor: Ich habe wieder einen Faserriss. Es ist zum Kotzen.« Salihamidzic: »Bänderriss?« Hoeneß: »Nein, ein Faserriss, glaube ich. Zum Kotzen …!«

Bayern-Vorstand Karl-Heinz Rummenigge (»Uli war der föhnempfindlichste Spieler der Welt und kämpfte permanent gegen seinen Haarausfall. Er hat 378 Mittel in die Kabine

Paul Breitner und
Uli Hoeneß (links)
bereiten sich ein
schönes Frühstück …

mitgebracht«) hat einmal über die Hilfsbereitschaft von Hoeneß gesagt: »Wer beim FC Bayern war und sich seriös verhalten hat, hat auf Lebenszeit eine Carte blanche der Hilfe.« Tatsächlich ist dieser soziale Aspekt etwas, das dem Bayern-Manager viel Respekt unter den Fußballfans eingebracht hat. Und obwohl sein Abgang nicht freiwillig war, hat er doch geschafft, was er sich immer vorgenommen hatte: »Ein Hoeneß hört nicht auf, wenn das Schiff sinkt, der hört erst dann auf, wenn es ganz oben auf der Welle ist!«

Das bunte Fußballer-Leben des Uli Hoeneß wäre Stoff für einen Roman. Leider werden wir jedoch nie die großartige Geschichte seiner Karriere aus seiner eigenen Feder lesen können. Denn schon in den 1990er Jahren hat Uli Hoeneß unmissverständlich gesagt:

»Eine Biografie? Von mir? Nein. Never ever! Wenn ich die Wahrheit über das, was ich alles erlebt habe, schreiben würde, müsste man etwa zehn Bände machen – und ich müsste nach der Veröffentlichung nach Australien auswandern.«

* * *

Fotoshooting bei der Arbeit am Schreibtisch des Managers.

Horst Hrubesch
»Kopfballungeheuer«

Bayern-Torwart Sepp Maier war von den herausragenden Fähigkeiten des in Hamm geborenen Stürmers überzeugt: »Der Hrubesch wird der erste Spieler in der Bundesliga sein, dem es gelingt, einen Freistoß aus 30 Metern mit dem Kopf zu verwandeln.« Etwas zurückhaltender, aber dennoch positiv fällt das Fazit von Hrubeschs ehemaligem RWE-Mannschaftskameraden Manfred Burgsmüller aus. Der sagte über »Hotte« zwar auch mal: »Der Lange steht nur im Weg.« Doch ansonsten fand er nur lobende Worte: »Der konnte gar nicht geradeaus laufen, aber Flanken hat der mit dem Kopf aus zwanzig Metern reingehauen.«

In der Saison 1977/78 kam Horst Hrubesch endgültig groß raus. In 35 Spielen erzielte er unglaubliche 42 Tore für Rot-Weiss Essen. Zuvor war er nach Probeeinheiten in Dortmund und Bochum weggeschickt worden, ungeeignet sei er, hieß es dort. Im Essener Volksmund wurde er damals schnell »das lange Ungeheuer« genannt. Später wurde er nach seiner Spezialität in »Kopfballungeheuer« umgetauft. Doch Horst Hrubesch konnte mit beiden Bezeichnungen anfangs nicht wirklich viel anfangen: »Ich bin erstens nur 1,86 m groß, und zweitens hat das Wort Ungeheuer etwas Negatives an sich. Und ich bin doch nun weiß Gott kein Unmensch!«

Nach dem Aufstieg schoss er gleich zwei Treffer in seinem allerersten Bundesligaspiel überhaupt. Damals gegen Bayer Uerdingen kamen noch ein Abseitstreffer, ein Lattenkopfball und viele weitere tolle Chancen hinzu. Nach der Begegnung meinte Hrubesch bescheiden: »Mir genügt es bereits, wenn ich im ersten Dutzend der Torjäger zu finden bin. Schließlich habe ich gerade erst vier Klassen übersprungen. Ich hoffe nur, dass ich nicht urplötzlich aus diesem schönen Traum erwache!« Davon ging Mannschaftskamerad Manni Burgsmüller nicht aus: »Wir schaufeln die Bälle in den Strafraum, und der Lange wird dann schon ein Ding machen.« Auch sein Ex-Trainer Horst Buhtz war trotz eines kleinen Makels stets voll des Lobes über den Langen: »Wenn Hrubesch auch noch technisch beschlagen wäre, könnte er bereits reif für die Nationalmannschaft sein.«

Es lief rund beim »Kopfballungeheuer«, und deshalb hatte Sturmpartner Willi Lippens (»Wie heißt der eigentlich? Rehbusch oder so?«, über Hrubesch nach dem ersten Training) schon vor dem Rückspiel der Essener bei Bayer Uerdingen richtig gute Laune. Den gegnerischen Kapitän Paul Hahn fragte er lächelnd: »Na, habt ihr denn auch eure ›Has', hüpf‹-Übungen im Sandkasten absolviert, um so hoch wie Hrubesch zu springen?« Offensichtlich nicht. Denn der Lange schob nach zwei Treffern im Hinspiel auch diesmal einen Ball mit dem Kopf ins Tor. Allerdings nach einem Flachpass. Woraufhin wieder die »Ente« auf den Plan trat und grinsend sagte:

»Der köpft nächstens auch noch, wenn der Ball unterhalb der Grasnarbe ankommt!«

Am 17. Spieltag, beim 3:3 von RWE in Bremen, feierte Hrubesch eine besondere Premiere. Er machte sein erstes Tor mit dem Fuß. Werder-Trainer Burdenski war dennoch nicht angetan vom Essener. Er ärgerte sich stattdessen über seine eigene Mannschaft: »Die Presse hat den Hrubesch so hochgespielt, dass unsere Leute wohl einen Komplex bekommen haben.«

Irre Transferverhandlungen

Wesentlich mehr Anerkennung erhielt der lange Essener Stürmer von einem anderen Übungsleiter. Kölns Hennes Weisweiler zeigte seine Qualitäten als Trainerfuchs, als er den guten Ruf von Hrubesch für einen kleinen Trick gebrauchte. Als sein Stürmer Dieter Müller eine Schwächephase durchlebte, hatte er einen Plan. In Köln bat der FC-Coach einen Journalisten höflich darum, zu schreiben, dass er in Essen auf der Tribüne gesehen worden sei. Der Journalist schaute Weisweiler irritiert an und kratzte sich verwundert am Kopf. Da lächelte der Kölner Trainer den Medienvertreter spitzbübisch an und erklärte: »Wenn das der Dieter Müller liest, denkt er an den Horst Hrubesch und läuft wieder ein paar Schritte schneller!«

Nach dem Abstieg von Rot-Weiss wollte Hrubesch wechseln. Und so saß er eines Tages schon im Zug nach München. 1860 hatte großes Interesse bekundet und dem Torjäger eine Fahrkarte in der ersten Klasse nach Essen geschickt. Am Bahnhof ermahnte ihn seine Frau, dass er ja noch nichts unterschreiben solle. Doch so weit kam es erst gar nicht. Kurz hinter Düsseldorf begann Hrubesch nachzudenken. In Köln stand sein Entschluss dann bereits fest und in Bonn wechselte er den Zug – und fuhr wieder zurück nach Essen. Der Presse dort sagte er den wunderschönen Satz:

»Ich bin einer für zu Hause!«

Das brachte Dortmunds Trainer Otto Rehhagel auf den Plan, der umgehend verkündete, dass man den Mann unbedingt vor Ort behalten wolle: »Es wäre Landesverrat, wenn wir Westfalen einen Westfalen nach Bayern auswandern lassen würden.« Einem Wechsel zum BVB stand nun eigentlich nichts mehr im Wege, wenn da nicht das legendäre 12:0 der Gladbacher gegen Dortmund gewesen wäre. Otto »Torhagel« wurde entlassen, und Hrubesch musste sich einen neuen künftigen Verein suchen. Doch Bewerber gab es mehr als genug.

Horst Hrubesch

So kann man sich irren . . .

Daß Talentsuche und Spielereinkauf oft ein Lotteriespiel ist, zeigt wieder einmal das Beispiel Horst Hrubesch. Vor zwei Jahren wurde der Bezirksklassenbomber nach einem Probetraining bei Borussia Dortmund von dem damaligen Trainer Otto Knefler wieder heimgeschickt. Der Befund des Fußballexperten: Untauglich für den Profifußball. Heute aber wäre die Borussia bereit, für den Essener Torjäger bis zu einer Million Mark Ablöse zu zahlen. Vor zwei Jahren war das „Kopfball-Ungeheuer" noch für 20 000 Mark zu haben . . .

Der damals bekannte und gefürchtete Spielerberater Holger Klemme schaltete sich schließlich ein und legte ein wahres Meisterstück hin. 14 Tage musste er den Essener bei sich verstecken, weil das »Kopfballungeheuer« zwar mit Hamburgs Manager Günter Netzer einig war, er sich aber von RWE zu einem Wechsel nach Frankfurt hatte überreden lassen. Als alles rauskam, tauchte Hrubesch unter und Klemme auf. Es ging hin und her. Am Ende erhielt Frankfurt eine Ablöse, der HSV musste eine Geldstrafe bezahlen, und Hrubesch wechselte – wie vorgesehen und mündlich vereinbart – in die Hansestadt. Klemme über diese Tage: »Der Günter Netzer hat damals nur noch von Tabletten gelebt!« Der HSV-Manager sagte später einmal: »Ich habe noch nie einen Spieler, den ich haben wollte, so gejagt wie Hrubesch. Manchmal bin ich in der Nacht aufgewacht und habe ›Hrubesch‹ geschrien.«

Erfolge in Hamburg

Die Zeit beim HSV war von Erfolgen geprägt. Eine tolle Truppe holte Titel um Titel. Man verstand sich auf und abseits des Platzes. Otto Rehhagel, der den Torjäger selbst so gerne verpflichtet hätte, nannte die HSV-Spieler Hrubesch und Jürgen Milewski (1,71 m) »ein Pärchen wie Pit und Klärchen«. Die beiden nahmen das Größengefälle mit Humor. Wenn Milewski mal wieder seine Leibspeise Kartoffelpuffer mit Apfelmus aß, schüttelte Hrubesch nur den Kopf und sagte: »Jürgen, hau dir lieber ein paar Steaks in den Magen, dann wächst du vielleicht noch. Du bist ja fast ein Liliputaner.« Das ließ sich Milewski natürlich nicht unwidersprochen sagen und konterte: »Langer, wenn ich noch wachse, bist du vielleicht deinen Posten los – und das möchte ich nicht!«

Auf dem Platz hatte es Hrubesch mit unerbittlichen Gegenspielern zu tun. Am meisten setzte ihm ein Bochumer Verteidiger zu. Auf den Mann mit dem Vornamen Lothar war der HSV-Stürmer nicht gut zu sprechen: »Der Woelk dürfte den Rasen normalerweise nur mit einem Waffenschein betreten. Der tritt auf alles, was sich bewegt.«

Eine Meisterfeier mit dem HSV wird Hrubesch nie vergessen. 1982 erwies sich der englische Doppeldeckerbus als altersschwach und wollte nicht anspringen. Als er dann endlich fuhr, warf ihn gleich die erste Anhöhe aus der Bahn. Also mussten alle HSV-Profis raus, um das Gefährt anzuschieben. Doch nach wenigen Metern war klar: Hier ging nichts mehr. Ein Traktor tuckerte zu Hilfe und zog den Bus durch die Straßen. Trainer Ernst Happel sagte damals gewohnt trocken: »Hätten wir während der Saison auch immer solche Schwierigkeiten gehabt, wieder übern Berg zu kommen, wären wir jetzt nie Meister!« Und als dann auch noch die Ampeln plötzlich zu tief hingen und ein besorgter Polizist die Profis warnte, meinte Horst Hrubesch nur: »Keine Angst, die köpf' ich alle weg!« Da störte es am Ende auch nicht mehr, dass einige Jacketts nach einem Eier-Bewurf durch Punker geopfert werden mussten. Eins der Eier bekam Hrubesch auch noch direkt vor die Stirn. Seine Mannschaftskollegen grinsten:

»Mensch, Horst, jetzt ist aber auch mal gut. Du musst doch nicht alles mit dem Kopf nehmen.«

Unvergessen auch der Triumph von Athen am 25. Mai 1983. Im Endspiel des Europapokals der Landesmeister traf der HSV auf die favorisierte »alte Dame« Juventus Turin. Schicke modische Anzugträger trafen auf Männer in abgewetzten Trainingsklamotten. Doch der HSV trat selbstbewusst auf. Allen voran Horst Hrubesch. Vor dem Spiel kletterte der HSV-Stürmer die Tribüne hoch, bis er im Ehrengastbereich landete. Dort fragte er die verdutzten Zuschauer: »Bin ich hier richtig, um nachher den Pokal abzuholen?« Lächelnd stieg er die Stufen wieder hinunter und rannte fröhlich winkend zur Kurve

Horst Hrubesch bei der Suche nach dem Papst auf dem Petersplatz in Rom.

der Juventus-Anhänger. Das ohrenbetäubende Pfeifkonzert, das unmittelbar einsetzte, schien Hrubesch nicht im Geringsten zu stören. Auch nach der Partie hatte er allen Grund zur Fröhlichkeit. Der HSV gewann die Partie und den Pokal.

Hrubesch und die Nationalmannschaft

Auch an die Nationalmannschaft hat der Torjäger von einst gute Erinnerungen. 1980 wurde er mit dem Team in Italien Europameister. Doch für Hrubesch war eine Sache fast noch wichtiger. Vor dem Endspiel in Rom war er in Begleitung aufgebrochen, um in die Stadt zu gehen. Er hatte sich zuvor bei seinem Trainer Jupp Derwall die Erlaubnis für diesen Trip geholt. Genau eine Stunde durfte er sich aus dem Mannschaftshotel entfernen. Derwall konnte sich später sehr gut an diesen Tag erinnern: »Obwohl ich mir nicht sicher war, dass dies irgendeinen Sinn haben könnte, stand ich schon nach einer halben Stunde da, um auf den Spieler zu warten. Dann kam er, pünktlich und locker, mit einem Lächeln, das mich neugierig machte. Schon von weitem rief er: ›Trainer, ich habe ihn gesehen! Ich habe ihn gesehen, den Papst, Trainer! Den Papst, wirklich, ganz aus der Nähe habe ich ihn gesehen.‹ Horst sah glücklich aus, zufrieden und voller Dankbarkeit.«

Von der WM 1982 ist vor allem eine Anekdote aus dem Vorbereitungstrainingslager am Schluchsee hängen geblieben. Bekanntlich wurde dieser Ort später von Presse und Spielern in »Schlucksee« umbenannt. Einfach deshalb, weil es die DFB-Elf dort ordentlich krachen ließ. Es geht die Legende, dass die Nationalspieler Horst Hrubesch, Manni Kaltz und Uwe Reinders jeden Abend 100 Spiegeleier beim Hotelkoch bestellt haben sollen. Nachdem sie ein bis zwei Stück pro Person gegessen hatten, gingen die knapp 95 anderen Eier unangerührt zurück. Sehr zur »Freude« von DFB-Delegationsleiter Egidius Braun, der die Zeche zahlen musste. In einer anderen Version der Geschichte soll es sich nur um eine einzelne Nacht gehandelt haben, als die drei morgens um vier noch Hunger verspürten und den Koch aus dem Bett klingelten. Über dem Essen sei man dann eingeschlafen. Welche Story letztendlich stimmt, darüber scheiden sich die Geister. Sicher ist: Der »Schlucksee« hat sich wohl auch durch Horst Hrubesch seinen Namen verdient.

Ivica Horvat und Horst Hrubesch werden während eines Trainings bei Rot-Weiss Essen gemessen (1975).

Erfolgreiche Trainerkarriere beim DFB

Nachdem der Stürmer 1985 zurück in die Nähe der Heimat Hamm gewechselt war, kam es bei der Partie seines neuen Vereins Borussia Dortmund gegen den Hamburger SV zu einer kuriosen Szene. HSV-Verteidiger Manni Kaltz schmiss bei einem Einwurf den Ball direkt zu seinem BVB-Gegenspieler Horst Hrubesch. Für den war der Fall damals sonnenklar: »Der Manni sagte sich bestimmt: Das Gesicht kommt mir so bekannt vor. Gib ihm den Ball. Das ist mein Freund Horst!« Ein Gesicht übrigens, über das der Comedian Oliver Welke einmal gesagt hat: »Horst Hrubesch sah ja auch an besseren Tagen nach dem Aufstehen so aus, als ob er sich mit einer Bratpfanne ins Gesicht gehauen hat.«

mieren, den Ball mit wenigen Kontakten laufen zu lassen. Und wenn es im Training einmal nicht so gut klappte, ging Hrubesch eben wie früher selbst in den Strafraum. Nachdem sich die Stürmer beschwert hatten, dass die Außen die Flanken zu ungenau schlagen würden, stellte sich der Ex-Torjäger an die Fünfmeterlinie und netzte 9 von 10 Bällen kurzerhand ein. Hinterher ging er zu seinen Stürmern: »Ich weiß gar nicht, was ihr habt. Sind doch in Ordnung, die Flanken!«

Noch Jahre nach Hrubeschs aktiver Karriere wurden Spieler mit seinem Namen als Spitznamen versehen. Marcel Witeczek riefen die Kollegen »Hrubesch«, und HSV-Stürmer Roy Präger sagte nach seinem Kopfballtor im legendären Spiel gegen Juventus Turin: »Mehr Horst Hrubesch war nicht drin.«

Die Abschiedsworte von Horst Hrubesch in Hamburg sind immer noch unvergessen:

»Ich brauche, glaube ich, nur dieses eine Wort sagen: Herzlichen Dank!«

Am Ende der Saison 1985/86 verließ Hrubesch schließlich die große Bühne Bundesliga. Bereits am 18. Spieltag wurde allen Zuschauern im Westfalenstadion klar: Die späte, große Karriere des Horst Hrubesch geht zu Ende. Nach der Pause kam Hrubesch in der Partie gegen Saarbrücken nicht wieder zurück. Das ehemalige »Kopfballungeheuer« musste einsehen, dass seine Laufbahn bald vorbei sein würde: »Der Trainer hat mich bei Halbzeit angesehen, und ich habe genickt. Ich war völlig fertig!«

Nach seiner Spielerkarriere wechselte Hrubesch an die Seitenlinie. Bisweilen mit medialem Gegenwind. Doch Teamchef Erich Ribbeck fand deutliche Worte, als Kritik an seinem Assistenten, dem gelernten Dachdecker, laut wurde: »Es ist für mich nicht wichtig, ob einer gelernter Dachdecker oder Anstreicher ist. Wichtig ist, ob er mit Spielern umgehen kann.« Und dass Hrubesch das kann, bewies er spätestens 2009, als er die U19 zum Europameistertitel führte. Manuel Neuer schwärmte nach den Wochen mit Hrubesch in den höchsten Tönen von ihm: »Dieser Trainer war wie ein Freund, er hat uns angeschnauzt und sofort wieder aus dem Dreck gezogen, so habe ich das noch nie erlebt.«

Hrubeschs Idee von Fußball setzte er mit viel Geduld und Einsatz um. Er wollte schnellen Fußball sehen. Die Europameister erinnern sich im Rückblick an keine einzige Einheit, in der Hrubesch nicht laut »patsch, patsch, patsch« über den Platz rief. Der Ausruf sollte die Spieler dazu ani-

★ ★ ★

Die fünf schönsten Sprüche von Horst Hrubesch:

»Modern ist, wenn du gewinnst.«

»Wenn wir alle Spiele gewinnen, können wir Weltmeister werden!« (vor der WM 1982 zu den Aussichten der deutschen Elf)

»Da hab' ich gedacht, ich tu ihn ihm rein in ihm sein Tor.«

»Manni Bananenflanke, ich Kopf, Tor!«

»Wir müssen das Spiel noch einmal Paroli ziehen lassen.«

Eike Immel

Pechvogel und Autonarr

Eike Immel hatte alles. Die Liga lag ihm zu Füßen, die Fans feierten ihn, das Geld stimmte und das Leben pulsierte. Schöner konnte es nicht sein. Doch der Nationaltorhüter machte einen entscheidenden Fehler: Er dachte, es würde immer alles so weitergehen. Bis eine kaputte Hüfte und einige private Probleme den Lebemann aus seinem Paradies katapultierten. Am Ende blieb ihm eine entscheidende Lehre: »Eines habe ich daraus gelernt: Wenn einer sagt, Geld spielt überhaupt keine Rolle, dann sprinte ich so schnell weg, dass ich mir einen Muskelfaserriss hole!«

Das Leben meinte es gut mit Eike Immel. Im Westfalenstadion stand 1978 am ersten Spieltag bei der Partie Borussia Dortmund gegen den FC Bayern München (1:0) ein Siebzehnjähriger im Tor der Schwarz-Gelben und hielt wahrhaft glänzend. Die »Bild« titelte am nächsten Morgen gewohnt reimfest: »Immel flog in den Himmel«. Und der junge Eike war nicht nur ehrgeizig, sondern zeigte schnell, dass er wusste, worauf es ankam: »Bälle halten, das kann jeder, doch die Nerven behalten …« Schon zuvor hatte die Boulevardpresse das Talent des jungen Torwarts ausgiebig gefeiert:

»Kickers Offenbach bot Mähdrescher für den fliegenden Bauernsohn Immel!«

Viel Lob für einen jungen Menschen, der noch als Bundesligatorwart jahrelang einen Teddybären hinter sich ins Tornetz legte. Als Glücksbringer und seelische Unterstützung.

Autos, Autos, Autos

Eike Immel kompensierte den Druck des aufregenden Fußballerlebens mit seiner Vorliebe für schnelle Flitzer. Er wurde zu einem richtigen Freak auf diesem Gebiet. Der junge Profi des BVB liebte Autos. Er liebte sie sogar so sehr, dass er sich bereits als Siebzehnjähriger einen gebrauchten Mercedes zulegte. Aber da er ja eh noch keinen Führerschein hatte, dachte sich Immel nichts weiter dabei, als er sein erstes Auto noch vor der ersten eigenen Nutzung bei seiner zweiten großen Leidenschaft, dem Kartenspiel, verzockte. »Eike Immel pokerte schon wie ein Süchtiger. Oft sah man, wie er aus seiner Brusttasche eine Handvoll Geldscheine herauszog. Oder sah ihn, wie er sich enttäuscht und völlig gerupft auf sein Bett warf. Nicht selten wurde um 20.000 bis 30.000 Mark gespielt«, berichtete Toni Schumacher einmal.

Als dann endlich richtiges Geld in Immels Portemonnaie wucherte und der Führerschein auf dem Tisch lag, stürmte er in ein Männerparadies in Unna, bezahlte den frisch erworbenen Mercedes bar und fuhr ihn in seinem jugendlichen Übereifer erst einmal souverän zu Schrott.

»Macht nichts«, muss Immel sich damals schnell eingeredet haben, »diese Dinger aus Stuttgart sind sowieso weit unter meiner Kragenweite«, und orderte deshalb umgehend für knapp 60.000 Mark, was auch in den Achtzigern nicht unbedingt Schickermoos war, ein wunderschönes Gefährt, das auf den Namen Porsche hörte. Und nun wurde das Kapitel »Eike Immel und Autos« langsam ein wenig tragisch. Denn dieses Fahrzeug wurde ihm schon einige Tage nach dem Erwerb nachts direkt vor dem Westfalenstadion entwendet. Wahrlich nicht nett. Aber eine Marke, deren Produkte so wertvoll sind, dass Leute dafür eine Straftat begehen, konnte so verkehrt nicht sein, mag Immel sich gedacht haben, als er den Einsatz auf über 100.000 Mark erhöhte und am nächsten Morgen stolz mit einem nigelnagelneuen Porsche Turbo beim Training seines BVB aufkreuzte. Die Mannschaftskameraden staunten nicht schlecht ob dieses beeindruckenden Flitzers, wunderten sich allerdings auch nicht weiter, als wenige Tage später eine dramatische Nachricht die Runde machte. Eike Immel hatte seinen Wagen mit hundertdreißig Sachen auf frostglatter Straße in die Leitplanken gesetzt. Danach überschlug sich das Auto mehrfach und landete schließlich auf einem Acker. Der Torhüter von Borussia Dortmund lag regungslos und durchgefroren unter der Kühlerhaube, als man ihn – wie durch ein Wunder – bereits eine halbe Stunde später fast gänzlich unverletzt entdeckte. Dem Gerücht, er sei mit über 200 km/h an diesem kalten Wintertag über die Autobahn gebrettert, widersprach Immel vehement: »Dann wäre ich doch mausetot gewesen.«

Um einige tausend Mark ärmer und vielleicht für eine Sekunde auch ein Stück weiser, wollte der aufstrebende Torhüter anschließend mal ein wenig auf die Bremse treten und vermied die schnelle Anschaffung eines Neuwagens. Doch ein Eike Immel ohne entsprechendes Gefährt war natürlich nur die Hälfte wert. Und so lieh er sich von einem Kumpel den Porsche, parkte diesen im Halteverbot und musste aus einem gegenüberliegenden Café leichenblass und regungslos mit ansehen, wie jemand mit Karacho seitlich in das edle Gefährt reinrauschte. Die zehn Mark Strafe für das Parken im Halteverbot waren für den Pechvogel unter den Autonarren das geringste Problem.

Autos und Frauen

Schon als Kind soll Immel übrigens auf dem elterlichen Hof den kostbaren Traktor der Familie in einen tiefen Graben gelenkt haben. Den Einsatz der Freiwilligen Feuerwehr mit schwerem Gerät und die Bewirtung der kompletten Mannschaft mit selbst hergestellten Kräuterdestillaten durfte der kleine Eike noch Jahre später bei der Kartoffelernte abarbeiten. Seine fast magische Anziehungskraft auf die Gesetzeshüter hat der Keeper von Borussia Dortmund, dem VfB Stuttgart und Manchester City aber trotzdem nie ganz verstanden: »Ich finde das unheimlich. Wenn ich mit meinem Porsche die Straße herunterfahre und ein Streifenwagen kommt mir entgegen, dann kann ich schon sicher sein, dass er gleich umdreht und mir hinterherkommt.«

Sein Ruf als Autonarr und Crashpilot war in der Bundesliga auf jeden Fall schon früh manifestiert. So setzte sich Braunschweigs Michael Geiger einmal nach einem Spiel in Leverkusen auf den Beifahrersitz des Bayer-Keepers Uwe Greiner. Gemeinsam wollten sie nach Frank-

Eike Immel mit Freundin Martina Karolczak im Juni 1979.

furt fahren. Ein Leverkusener Mannschaftskamerad winkte den beiden bei der Abfahrt zu: »Dafür braucht der Uwe 'ne knappe halbe Stunde!« Geiger antwortete relaxt: »Kein Problem, solange er nicht fährt wie Eike Immel!«

Eike Immel erscheint einem im Rückblick ein wenig wie der deutsche George Best (»Ich habe viel von meinem Geld für Alkohol, Weiber und schnelle Autos ausgegeben. Den Rest habe ich einfach verprasst …«). Und so war Immel auch den Frauen nicht abgeneigt. Er selber erzählte einmal die Geschichte, wie er bei der WM in Spanien mit Toni Schumacher auf dem Hotel-Balkon gestanden und zwei wunderhübschen Spanierinnen auf einem gegenüberliegenden Balkon zugewinkt habe. Als sich Immel und Schumacher umguckten, stand die komplette Mannschaft ebenfalls auf den Balkonen und winkte. Am nächsten Morgen riss Immel noch schlaftrunken die Vorhänge auf, schaute hinüber zum Balkon der Mädels und erblickte zwei Mannschaftskameraden nur in Shorts bekleidet. Enttäuscht stellten Schumacher und er fest: »Die waren schneller als wir und schon eingewechselt, als wir noch nachdachten!«

Weil er sich gegenüber seinen Frauenbekanntschaften stets genauso großzügig zeigte wie immer, blieb auch dort viel Geld hängen. Einer Freundin kaufte er einmal eine Jeans für 1.500 Euro – und das gleich in sechs verschiedenen Farben. Als er später gefragt wurde, warum es das gemacht habe, sagte er: »Wahrscheinlich war ich voller Vorfreude auf die Nacht!« Seine Traumfrau beschrieb Eike Immel einmal so: »Nichts Besonderes. Wie's kommt!«

Beinahe wäre übrigens alles ganz anders gekommen, denn Eike Immel kann wohl den seltsamsten Grund aller Zeiten für die militärische Ausmusterung eines Bundesliga-Profis vorweisen. Die Bundeswehr musste nämlich auf den Torhüter verzichten, weil dieser einen »Sehfehler« hatte. Man könnte es auch so sagen: Für den nationalen Dienst auf dem grünen Rasen erklärte ihn Teamchef Franz Beckenbauer bei der EM 1988 für tauglich, für den Einsatz an der Waffe hätte es aber nicht gereicht.

Als all das schöne Geld verprasst war, blieb ihm am Ende nur der Dschungel. Doch obwohl Eike Immel Ratten hasst, ließ er sich auf das Abenteuer ein. Schon als Torhüter hatte er sich als großer Realist ausgezeichnet:

»Im Großen und Ganzen war es ein Spiel, das, wenn es anders läuft, auch anders hätte ausgehen können.«

Und so überlegte er trotz seiner Furcht vor den kleinen Nagern nicht lange, als RTL bei ihm anfragte, denn er sagte sich: »16 Tage Australien, nur zweimal sechs Minuten mit Ratten.«

Ein Zitat von Eike Immel muss am Ende noch erwähnt werden. Auf die Frage, wann er zum letzten Mal für Borussia Dortmund gespielt habe, antwortete der ehemalige Nationaltorhüter so logisch wie großartig: »An einem Samstag.«

★ ★ ★

Jens Jeremies

»Wadenbeißer«

Wie jeder andere »Arsch« (O-Ton Campino von den »Toten Hosen«) habe Jens Jeremies ihnen einen Brief geschrieben, um in den Genuss eines Privatkonzerts im heimischen Partykeller zu kommen. Jahrelang habe er während seiner Zeit in München seine Liebe zur Band offensiv nach außen verteidigt, alle Schmähungen ertragen (vor allem seit dem Song mit der Liedzeile »Niemals zu den Bayern gehen«) – nun sei es Zeit, dass er etwas dafür zurückbekomme. Und tatsächlich spielte die Band vor den Freunden von Jeremies groß auf.

Ohne Gage tourten die »Toten Hosen« damals quer durch die privaten Räumlichkeiten verschiedener Fans. In Jeremies' Partykeller gesellte sich auch ein anderer ehemaliger Bayern-Spieler und Freund der Band unters Publikum. Markus Babbel befand hinterher sichtlich begeistert: »Das war eine geniale Party.« Der Hausherr trug an diesem Tage übrigens ein Shirt mit dem Aufdruck »Dynamo Dresden. Ich liebe dich«. Das passt zu Jeremies, der immer geradeaus durch sein Fußballerleben ging. So kündigte der gebürtige Görlitzer seinen Wechsel innerhalb von München vom TSV 1860 zu den Bayern damals bereits im November an. Eigentlich deutlich zu früh, doch Jeremies wollte Klarheit schaffen. Dennoch wurden die kommenden Monate in der Stadt für ihn zum Spießrutenlauf. Bei den Sechzigern hängten die Fans Plakate mit Sprüchen wie »Wir wollen keine Bayernschweine. Jeremies raus!« auf, und bei Bayern platzierten sie ein Transparent an den Zaun, auf dem stand: »Feind bleibt Feind – Jeremies raus!«

»Das Abrasierte steht ihm nicht. Dafür hat er eine zu prägnante Nase. Er wirkt ein bisschen brutal, und das ist er ja gar nicht.«

Mit dieser Meinung muss sich Münchens Prominentenfriseur Gerhard Meir eine Zeitlang sehr einsam gefühlt haben. Denn der »Wadenbeißer«, der von seinen Mitspielern »Jerry« genannt wurde, konnte wenigstens verbal ziemlich hart austeilen. Legendär die Geschichte von einem Champions-League-Spiel des FC Bayern gegen den FC

Er kann also auch zärtlich: während einer Meisterfeier mit Mehmet Scholl.

Arsenal. Die Gunners drehten gerade richtig auf, als Jens Jeremies im Mittelfeld Patrick Vieira umsenste. Mehmet Scholl erinnert sich gut an diese Szene: »Die beiden stehen wieder auf, da geht Jerry zu ihm hin und zeigt mit seinem Arm auf die Mittellinie. ›Siehst du die Mittellinie? Kommst du drüber, macht es aua! Hier drüben aua, da drüben gut!‹« In diesem Spiel habe sich Vieira anschließend nicht mehr über die Mittellinie getraut, wusste Didi Hamann zu berichten.

Als Fernsehkommentator blitzten Scholls Augen auf, als man sich gerade darüber unterhielt, wie denn die deutsche Mannschaft Cris-

tiano Ronaldo in den Griff bekommen könnte. Für Scholl gab es da nur eine Lösung. Der frühere Nationalspieler erinnerte sich an seinen Mannschaftskollegen:

»Ronaldo? Da hätte früher der Jens Jeremies gesagt: ›Dass mir den ja niemand anfasst. Der gehört mir!‹«

Bei den Bayern vermisste man Jeremies noch viele Jahre nach seinem Ausscheiden. Uli Hoeneß dachte in einer der schwärzesten Stunden der Vereinsgeschichte an ihn. Nach dem verlorenen Champions-League-Finale gegen den FC Chelsea daheim in der Arena sagte der Bayern-Manager: »Ich habe keinen Jens Jeremies gesehen, der dem Gegner schon beim Einlaufen in die Waden beißt.«

Ein anderer großer Spieler des FC Bayern fand ebenfalls lobende Worte für den Görlitzer. Lothar Matthäus meinte einmal: »Jens Jeremies erinnert mich an den jungen Lothar Matthäus.« Heribert Faßbenders Satz kann man dagegen in beide Richtungen deuten – aber stimmen tut er in jedem Fall: »Jeremies ist kein Eilts.« Marcel Reif lobte die Spielweise des Nationalspielers auf seine Art: »Ein Schuss von Jens Jeremies, unserem Abwehr-Stürmer.« Und »Löwen«-Trainer Werner Lorant verpackte sein Kompliment in einen nicht so schmeichelhaften Satz für einen BVB-Profi: »Nichts gegen Steffen Freund. Das ist ein guter Spieler. Aber dagegen ist Jens Jeremies der Maradona.«

Mit wem auch immer man ihn nun verglich, Jeremies wird es egal gewesen sein. Er war zwar ein ehrgeiziger Spieler, aber vor allem auch ein Team-Player: »Ob ich ein taktisches Opfer bin oder ob der Trainer sagt, ich sei zu blind, ist egal. Oder ob ihm mein Haarschnitt nicht gefällt. Sicher möchte ich gerne spielen. Aber wenn nicht, dann sitze ich mit der Deutschlandfahne auf der Bank und drücke die Daumen, fertig.« Doch Teamchef Rudi Völler ließ ihn spielen. Er lobte die lautstarken Kommandos von Jeremies – obgleich dieser gerne auch ein anderes Kompliment erhascht hätte: »Ich hoffe natürlich, dass ich auch wegen meiner fußballerischen Fähigkeiten spielen kann und nicht nur, weil ich sprechen kann.«

Jens Jeremies wusste den Verlauf seiner Karriere zu schätzen: »Ich als kleines Männlein aus Görlitz habe früher davon geträumt, bei Dynamo Dresden zu spielen. Aber bei Bayern zu sein und 50 Länderspiele fürs Nationalteam zu haben, dafür reichten nicht mal meine Traumphantasien aus.«

Was bleibt am Ende noch zu sagen? Vielleicht schließen wir die Ausführungen über Jens Jeremies am besten mit der herrlichen Ansage auf seinem Anrufbeantworter: »Sie können eine Nachricht hinterlassen, aber ich rufe nicht zurück.«

★ ★ ★

Ausschnitte aus der Dokumentation über das Wohnzimmer-Konzert der »Toten Hosen« bei Jens Jeremies.

Fünf typische Sätze von Jeremies

»Ich mache immer das, was mir gesagt wird. Das habe ich im Osten gelernt.«

»Wenn es einmal hart auf hart kommt, kommt es meistens ganz hart.«

»Das ist Schnee von morgen.«

»Ich weiß auch nicht, woran es liegt, dass wir immer, wenn wir führen oder zurückliegen, doch noch verlieren.«

»Ich war schon alles: Zwerg, Flasche, Wurst, Schaf. Nein, Schaf nicht, weil wir gegen die Färöer noch gewonnen haben.«

Oliver Kahn

»Immer weiter«

Dass Oliver Kahn eine Respektsperson ist, kann man nicht bestreiten. Manch einer hatte sogar richtig Schiss vor ihm. Wie zum Beispiel damals in den Karriereanfängen sein Konkurrent Alexander Famulla. Der wollte sich mit seinem jungen Herausforderer kein Zimmer teilen, weil er Angst hatte, Kahn könne ihm im Schlaf ein Kissen aufs Gesicht drücken. Auch Schiedsrichter pflegten im Umgang mit dem Nationaltorhüter besondere Verhaltensweisen. Knut Kircher stellte sich einmal einige Meter vom Keeper weg und rief aus sichererer Entfernung: »Herr Kahn, ich zeige Ihnen jetzt die Gelbe Karte. Bitte nicht beißen.«

Die Szene ereignete sich zu einer Zeit, als der Bayern-Keeper in Dortmund zuerst völlig übermotiviert Stéphane Chapuisat in Kung-Fu-Manier fast ins Gesicht gesprungen war und anschließend versuchte, Heiko Herrlich ins Ohr zu beißen. Hinterher gab Kahn den Klassenclown und sagte: »Ich habe eine meiner ruhigsten Partien gespielt, sehr sachlich.« Und weiter: »Der Trainer hat von uns verlangt, wir sollen uns am Gegner festbeißen. Das habe ich getan.« Als er merkte, dass die umstehenden Reporter immer noch geschockt waren, reagierte Kahn trotzig: »Der Chapuisat war doch einige Meter entfernt. Und wenn schon: Dann hätte ich das Bein eben weggezogen!«

Kein Wunder, dass da die Bundesliga etwas heftiger argumentierte. Dr. Robert Wieschemann, Aufsichtsratsvorsitzender beim 1. FC Kaiserslautern, meinte: »Der Kahn gehört in den Käfig und weg.« Andere, wie sein Mitspieler Mehmet Scholl, verpackten ihre Kritik humorvoll. Auf die Frage, wovor er denn im Leben Angst habe, sagte Scholl: »Vor Krieg und Oliver Kahn.« Für die deutsche Comedy-Szene war der Bayern-Keeper ein gefundenes Fressen. In manchen Wochen redete Late-Night-Talker Harald Schmidt jeden Abend über den Nationaltorwart: »Wenn der Olli Kahn aufs Feld läuft, ruft Ottmar Hitzfeld am Rand: ›Der tut nix, der will nur spielen.‹« Auch Ingolf Lück nahm die Steilvorlage Kahn (»Das einzige Tier bei uns zu Hause bin ich«) dankbar an:

»Immer häufiger bleiben bei Spielen von Bayern München die Ränge leer. Der Grund: Die Hooligans haben Angst vor Oliver Kahn.«

Sein Trainer Ottmar Hitzfeld lobte die Aggressivität des Keepers, hatte aber gleichzeitig auch eine Sorge: »Zu viele Spielertypen wie Oliver Kahn dürfen wir auch nicht auf dem Platz haben, sonst artet das in eine Schlägerei aus.« Der langjährige Nationalmannschaftstorwart liebte die 100-Prozent-Adrenalin-Spiele:

»Wir brennen darauf, nach Hamburg zu fahren. Das ganze Stadion wird gegen uns sein. Ganz Deutschland wird gegen uns sein. Etwas Schöneres gibt es gar nicht.«

Was sich allerdings niemand vorstellen mochte, war der tiefe Kern einer anderen Aussage von ihm: »Ich bin in meinem Privatleben exakt genauso wild, wie ich auf dem Platz bin. Deshalb hat mich meine Frau auch geheiratet.« Man denke nur an den geschüttelten Andreas Herzog und den armen Miroslav Klose, dem Kahn mit seinen riesigen Pranken in der Nase gebohrt hatte. Der spätere WM-Rekordtorschütze reagierte damals entsetzt ob des Kahn'schen Verhaltens: »Der Olli darf wohl alles! Das ist seine Art zu diskutieren!« Aber vielleicht ist die Sache auch gar nicht so schlimm. Rainer Schütterle meinte einmal über seinen ehemaligen Mitspieler beim KSC: »Sicher, er hat den einen oder anderen menschlichen Zug.«

Handtuch-Dieb

Auch damals schon kannte Oliver Kahn kein Erbarmen. Bei einem Benefiz-Elfmeterschießen in Karlsruhe sollten Kinder gegen ihn antreten. Für jeden Ball, den sie dem Keeper ins Netz legten, floss Geld für einen guten Zweck. Doch der spätere Nationaltorwart trieb die kleinen Dötze in die Verzweiflung. Kahn, so heißt es, habe an diesem Tage keinen einzigen Ball durchgelassen.

Der Ehrgeiz stachelte ihn bereits in seinen Anfängen zu Höchstleistungen an. Der damalige Co-Trainer von Winnie Schäfer beim KSC, Edmund Becker, beklagt noch heute gerne: »Dem Olli habe ich mein künstliches Hüftgelenk zu verdanken, weil ich so oft nach dem Training aufs Tor schießen musste.« In diesen frühen Jahren holte sich Kahn das körperliche Rüstzeug für die Bundesliga. Er ging fleißig ins Fitnessstudio. Richtig schön war es dort allerdings nicht, erinnert er sich: »Das waren keine schicken Wellness-Oasen, wo man den Mädchen auf den Hintern gucken kann. Es roch eher wie in einer großen Toilette mit ein paar Hanteln drin.«

Aus dieser Zeit stammt auch die Legende eines Flutlichttrainings um Mitternacht. In Karlsruhe erzählt man sich noch immer gerne von dieser ganz speziellen Nacht, in der Kahn nach einem schwachen Spiel zuerst eine Flasche Whiskey leerte und anschließend im Wildpark so lange Schüsse auf sein Tor parierte, bis er nicht mehr konnte. Wie weit sein Ehrgeiz tatsächlich ging, zeigt eine Geschichte aus der Saison 1993/94. Weil am Tag zuvor im Münchner Olympiastadion eine Hundeschau stattgefunden hatte, war der Rasen vor der Partie der Bayern gegen den Karlsruher SC komplett mit Hundekot übersät. Nach einer Beschwerde von KSC-Trainer Winfried Schäfer, dem die Haufen mächtig stanken, rückten einige Herren in Blaumännern mit Schippe und Eimern an und reinigten den Rasen, so gut es ging. Gäste-Torwart

FC BAYERN MÜNCHEN

OLIVER KAHN

Rückennummer 1
Geburtsdatum: 15. Juni 1969 in Karlsruhe
Position beim FC Bayern: Torhüter
Stationen: Karlsruher SC (1975–94)
Erfolge: Bundesliga-Aufstieg 1987 mit Karlsruhe, WM-Teilnehmer 1994/1998, UEFA-Cup-Sieger 1996, Europameister 1996, Deutscher Meister 1997, DFB-Pokalsieger 1998

Opel Produkt Info: 01 80/5 55 10 (DM 0,48 pro Min.)
Opel und Sport im Internet: http://www.opel.com
FC Bayern Clubcall: 01 90/24 19 00 (DM 1,21 pro Min.)

Oliver Kahn schmiss sich jedoch wie gewohnt beherzt und ohne Rücksicht auf Verluste in jeden Ball. Schließlich wollte er sich für einen möglichen neuen Arbeitgeber empfehlen und sagte: »Ich bin nicht mit dem KSC verheiratet!« Und das gelang.

Kahn wechselte zum FC Bayern und wurde dort von Torwarttrainer Sepp Maier fit gemacht – denn sein Zustand war abenteuerlich, wie sich Maier erinnert: »Er war steif und unbeweglich, er hatte so gar nichts Rhythmisches. Wie ein Elefant in der Steppe.« Kahn hat die Kritik an seiner tapsigen Spielweise stets mit Humor genommen. Als eine Zeitung berichtete, dass er in der F-Jugend bei seinem Heimatklub Karlsruher SC für ein Jahr die Libero-Position gespielt habe, meinte er: »Das merkt man doch heute noch, oder?« Ähnlich gelagert ist ein anderer Satz:

»Ich war ein perfekter Techniker, das hat man bloß nie gemerkt.«

Auch als Mensch kam er dem einen oder anderen Bayern-Mitspieler bisweilen etwas seltsam vor. Bastian Schweinsteiger erzählte einmal lächelnd: »Ich habe ihn das erste Mal im November 2002 kennengelernt. Da saß ich neben ihm. Und das erste Mal, dass er mit mir gesprochen hat – das war dann so 2005.« Der Respekt des Nachwuchsspielers war damals riesengroß. Und das nutzte Kahn vortrefflich aus, wie Schweinsteiger sich lebhaft erinnert: »Jeder Spieler hat bei uns ein Handtuch in der Kabine. Nur komischerweise war bei mir nie eines da. Ich dachte immer, wo ist nur mein Handtuch? Dann sehe ich neben mir den Olli, wie er sich seine Haare schön macht, wie er seine Handschuhe poliert und alles Mögliche – mit zwei Handtüchern!«

Auch Mehmet Scholl konnte über die gemeinsame Kabinen-Zeit mit dem Torwart-Titan eine schöne Geschichte erzählen: »Die Momente, in denen es sich wirklich lohnt, Fußball-Profi zu sein, sind, wenn man Olli Kahn beim Einseifen zusieht.« Sein Trainer Ottmar Hitzfeld achtete hingegen andere Vorzüge seines Keepers: »Ich wünsche mir, dass er wieder eine Kabinentür eintritt, die Fußballschuhe in die Ecke wirft und nicht nur die Handschuhe. Ich bin überzeugt, dass das bald wieder passieren wird.«

Übermensch und Getriebener

Kahns einfacher Antrieb war stets: »Es macht einfach saumäßig viel Spaß, sich nach dem Ball in den Matsch zu werfen.« Für ihn galt die Losung: »Jeder Gegentreffer ist für mich eine Beleidigung.« Sein Ehrgeiz trieb dabei hier und da seltsame Blüten: »Ich wollte mir heute eigentlich die Bälle selber aufs Tor schießen, damit ich mich endlich mal auszeichnen kann.« Sein Anspruch dabei: »Es geht heute gar nicht mehr, dass du absolut fehlerfrei spielst – der Einzige, der das kann, bin ich.« Solche Sätze sorgten im Kollegenkreis verständlicherweise nicht immer für Begeisterung. Frank Rost beklagte sich: »Kahn wird als Übermensch hingestellt, alle anderen sind Bratwürste.« Dietmar Hamann nahm die Sache lockerer. Zur Hierarchie in der DFB-Auswahl befragt, meinte er süffisant: »Es ist nicht so, dass beim Essen 20 Leute auf Oliver Kahn warten, und erst, wenn er sich setzt, alle anfangen dürfen.«

Wie groß Kahns Stellenwert tatsächlich war, kann man an einer Aussage von IOC-Präsident Jacques Rogge ablesen:

»Von Goethe über Gutenberg bis Oliver Kahn – es gibt sehr viel, worauf Deutschland stolz sein kann.«

Und Winfried Schäfer machte die Chancen der Nationalmannschaft bei einer Weltmeisterschaft einzig und allein am Bayern-Keeper fest: »Deutschland kann ins

Oliver Kahn, nachdem er mal wieder mit Bananen beworfen wurde.

Oliver Kahn und Willy Sagnol lassen es sich bei der Meisterfeier 2003 gutgehen.

Halbfinale kommen. Aber dann darf Oliver Kahn nicht verletzt oder entführt werden.« Michael Frontzeck hingegen ging der Kahn-Hype hörbar auf den Zeiger: »Wenn der Olli Kahn den Arm hebt, dann ist Abseits.«

Das berühmte Motto (»Wir müssen weitermachen. Immer weitermachen. Immer weiter!«) aus dem legendären Meisterschaftsfinale 2001 im Fernduell mit Schalke steht als Headline über Oliver Kahns Karriere. Er selbst hat einmal etwas Interessantes über sein Denken gesagt: »Ich war nie für den Underdog. Ich bin heute nicht für den Underdog. Ich mag das nicht. Ich will, dass der Favorit gewinnt – immer und immer wieder. Das ist es, was mich fasziniert: die Konstanz des Favoriten.«

Kahn, den seine Kollegen in Karlsruhe einst in Anlehnung an Paul Kuhn »Paul« riefen, wurde über die Jahre zu einer faszinierenden Figur, geliebt von vielen. Ob sie sich über ihn lustig machten (»Kahn – der schaut schon bei der Hymne drein wie Graciano Rocchigiani, aber nach dem Kampf«, Johannes B. Kerner) oder ihm einen Song widmeten wie die Band »Die Prinzen«: Kahn stand stets im Fokus der Öffentlichkeit. Bis es ihm irgendwann zu viel wurde. Die Berichterstattung über sein Privatleben ging seiner Meinung nach »ins Groteske«. Die »Bild«-Zeitung fragte gar: »Zerbricht Olli Kahn?«. Bayerns Vorstandsvorsitzender Karl-Heinz Rummenigge war sauer und versuchte – an das nationale Wohl appellierend – deeskalierend zu wirken: »Wenn das so weitergeht, wird er systematisch aus dem Land getrieben. Oliver Kahn ist ein großer Kämpfer. Aber er ist auch nur ein Mensch, der einen sensiblen Punkt hat. Man treibt ihn, einen der wenigen Hoffnungsträger für die WM 2006, langsam, aber sicher fort.«

Sturm-und-Drang-Phase

Doch Kahn blieb und ließ Berichte über seine Affären und Auto-Eskapaden (»Luder, Lappen, Litauen«, Bernd Schmelzer in einem ARD-Bericht) hinter sich. Auch über die Sprüche seines Torwart-Trainers Sepp Maier (»Die Zentimeter, die ihm jetzt bei manchen Toren fehlen, braucht er zurzeit woanders«) konnte er wieder lachen. Sein Entschluss stand fest: »Ich will mit diesem Diskotheken-Blödsinn nun abschließen. Ich habe von dieser oberflächlichen Lebensform endgültig genug. Ich merke, wie wenig das fürs Leben bringt: null. Was mein Leben bereichert, ist ausschließlich das, was ich kann: Fußball spielen, im Tor stehen.«

In Erinnerung bleibt eine letzte hitzige Auseinandersetzung mit Uli Hoeneß, von der der Manager einmal erzählte: »Wir hatten Weihnachtsfeier im ›Palazzo‹ von Alfons Schuhbeck. Und das war die Sturm-und-Drang-Zeit von Oliver. Um halb elf kam er plötzlich, sagte, seine Tochter sei krank und er müsse die Weihnachtsfeier frühzeitig verlassen. Wir haben alle gesagt: Wenn die Tochter krank ist, kannst du natürlich nach Hause gehen. Das Problem war nur, dass ihn irgendjemand etwa zwei Stunden später im ›Trader Vic's‹ mit einer hübschen Frau gesehen hat. Die war nicht seine Tochter und auch nicht seine Frau. Das hatte zur Konsequenz, dass Trainer Ottmar Hitzfeld ihn mit 25.000 Euro bestraft und fürs nächste Bundesligaspiel gesperrt hat. Oliver hat dann natürlich gemeint, dass ich damit auch zu tun hatte – es nicht nur auf Ottmars Mist gewachsen ist. Und dann kann ich mich noch genau an die Szene in meinem Büro erinnern. Er hat schon von vorne gerufen: ›Ist er da?‹ Und dann kam er. Er hatte an dem Tag Cowboystiefel an. Und hat mir einen Vortrag gehalten, was wir uns alle einbilden. Als er fertig war, habe ich ihn gefragt: ›Bist du jetzt fertig?‹ ›Ja, bin jetzt fertig!‹ ›Strafe bleibt bestehen!‹ Bumm! Dann ist er aufgestanden, hat die Tür geknallt, dass ich gemeint habe, wir brauchen eine neue. Und dann war er weg. Kurz darauf hat er aus dem Auto angerufen, hat sich entschuldigt: ›Können wir uns nicht in einer angenehmeren Atmosphäre demnächst treffen?‹ Und drei Tage später kam er zu uns an den Tegernsee zum Frühstück und hat meiner Frau einen Blumenstrauß mitgebracht – den größten Strauß, den sie je gekriegt hat. Das ist auch Oliver Kahn.«

Nach seinem Karriereende 2008 drehte der Titan eine Torwart-Castingshow für das chinesische Fernsehen (»Kahn – das Treffen am Drachentor«) und entdeckte die esoterische Seite an sich: »Wenn man auf dem Gipfel eines Berges steht und noch höher will – dann muss man die Fähigkeit entwickeln, sich auf seine eigenen Schultern zu stellen.« Mit wachsender Distanz zu seinem früheren Alltag als ehrgeiziger Bundesligatorwart setzte sich auch eine beruhigende Lehre bei Kahn durch:

»Es ist eine eindimensionale Sichtweise, dass von einer Karriere nur Titel bleiben. Was nützt es, wenn du 100.000 Titel gewinnst und als Mensch ein Riesenarschloch bist, ein Nichts?«

★ ★ ★

Jupp Kapellmann

»Angriff, Schuss und Tor«

Irgendwie muss man auch viele Jahre später den Eindruck gewinnen, Jupp Kapellmann rangierte bei seinen jeweiligen Mannschaftskameraden auf der Beliebtheitsskala nicht ganz so weit vorne. Schon als er damals aus Köln wegging, fragte den Bayern-Neuzugang ein neugieriger Journalist, ob er von seinen neuen Mannschaftskameraden geschnitten werde.« Kapellmanns Antwort: »Ich habe nur festgestellt, dass der Rasen des Trainingsplatzes frisch geschnitten ist.«

Als er dann das erste Mal auf seine ehemaligen FC-Kollegen traf, schallte es in den Katakomben des Olympiastadions lauthals aus der Kölner Kabine: »Kapellmann, ha ha ha!« Er war eben einer der streitbarsten Fußballer in der Bundesligageschichte. Damals bei seinem Wechsel im Jahr 1973 war Kapellmann mit 800.000 Mark der teuerste Spielertransfer der Bundesliga. Doch die Vorfreude bei seinen neuen Mannschaftskameraden hielt sich in Grenzen. Bereits im letzten Spiel vor dem Transfer bekam Kapellmann richtig was auf die Socken. Sein zukünftiger Coach Udo Lattek zeigte sich etwas erstaunt: »Es stimmt, meine Spieler sind besonders gegen den Jupp hart zur Sache gegangen.« Kapellmann selbst blieb jedoch gelassen:

»Ich komme ja nicht nach München, um mich mit den anderen Spielern zu verbrüdern, sondern um gemeinsam mit ihnen Erfolg zu haben.«

Das Problem mit seinen neuen Teamkameraden stammte noch aus der Vorjahresspielzeit. Am 12. April 1972 hatte Kapellmann in Köln beim DFB-Pokal-Rückspiel, das wegen seiner ruppig geführten Spielweise auch als »Schlacht von Köln« bekannt wurde, die Karriere des Bayern-Stürmers Wolfgang Sühnholz durch eine sehr harte Attacke beendet. Das hatten die anderen Spieler Kapellmann nicht verziehen. In München angekommen, prügelte sich Kapellmann erst einmal mit seinen Mannschaftskollegen Wunder und Torstensson.

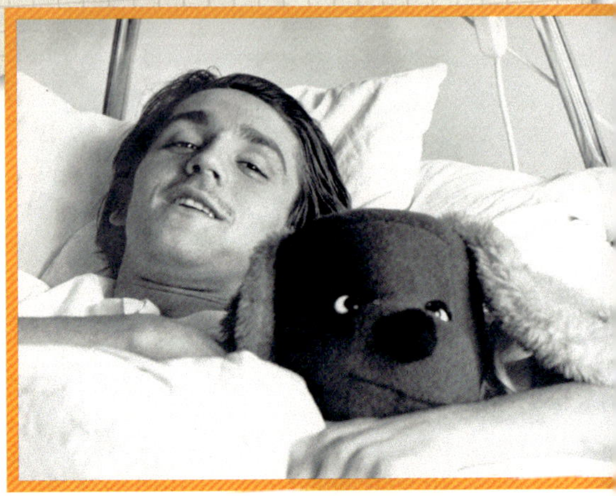

Kapellmann im Krankenhaus mit Mister Pitt. Wer von beiden behandelt werden musste, lässt sich nicht mehr klären.

Aber auch in Köln hinterließ der angehende Arzt (»Innenpfosten rein, Innenpfosten raus, darauf kann man doch kein Leben aufbauen«) verbrannte Erde. Seinen ehemaligen Mannschaftskameraden Heinz Simmet bezeichnete Kapellmann als »Pantoffelhelden« und riet, man müsse denselben wohl einmal über die »Funktion des Kleinhirns« aufklären. Die FC-Spieler reagierten so verärgert, dass sie den Vorstand baten, Kapellmann schriftlich Hausverbot für das Klubhaus »Zum Geißbock« zu erteilen.

Auch bei anderen Bundesligaprofis stieß der Münchner nicht immer auf Gegenliebe. Franz Gerber wäre am liebsten Arzt geworden, daraus wurde aber nichts. Eine Vorstellung trieb ihm jedoch noch Jahre später die Tränen in die Augen: »Stellen Sie sich mal vor: ich und der Kapellmann, wir Erzfeinde an einem Operationstisch. Das würde der Patient auf gar keinen Fall überleben!«

Musikalische Familie: Seine Frau machte unter dem Namen Ariane Karriere, und auch Jupp Kapellmann selbst nahm eine Platte auf.

Kapellmann suchte den Streit aber auch immer wieder selbst. Als er 1979 für den Stadtrivalen 1860 München spielte, sagte er über Paul Breitner: »Was soll ich mit einem Mann anfangen, dessen Frau einen Tag nach dem Lokalderby, bei dem ich ihm als Spielführer der gegnerischen Mannschaft die Hand gegeben habe, sagt: ›Mein Mann hat schon vielen Deppen die Hand gegeben, gestern auch wieder einem‹? Für mich persönlich gibt es mit Paul Breitner in Zukunft nur einen möglichen Berührungspunkt: Ich als Arzt und er als Notfall!«

Zu den Bayern brachte Kapellmann auch seinen treuen Begleiter, den Stoffbären »Mister Pitt«, mit. Mit ihm sprach der Profi gerne mitten in der Kabine vor seinen Mannschaftskollegen auf Französisch. Zudem dozierte der junge Medizinstudent (»Was, der Kapellmann wird Arzt? Der wird doch Doktor«, Manfred Kaltz) häufig über Probleme des Fußballs. Es fielen Sätze wie dieser: »Die Konzentration ist abhängig von der zerebralen Durchblutung, und wenn ich keine Kondition habe, lässt auch die nach.« An einem anderen Tag bemerkte Kapellmann: »Einigen von uns fehlt das periphere Sehen. Wenn ich sehe, dass einer steil geht, muss ich mich von meiner ursächlicheren Aufgabe lösen und mannschaftsintegriert agieren.« Man kann sich das Gesicht von Katsche Schwarzenbeck bei diesen Sätzen bildhaft vorstellen.

Und immer wieder die Gespräche mit Mister Pitt. Mitten in der Kabine. Auf Französisch. Das nervte seine Mannschaftskameraden irgendwann so sehr, dass sie den Stoffbären eines Tages unter die Räder des Mannschaftsbusses legten. Doch Kapellmann realisierte beim Betreten des Busses sofort, dass etwas nicht stimmte: Mister Pitt saß nicht auf seinem Platz. Geistesgegenwärtig rannte er aus dem Gefährt und fand den Stoffbären gerade noch rechtzeitig unter den riesigen Busreifen, bevor das Gefährt anrollte. Aber die Freude hielt nur kurze Zeit. Einige Tage später zerfetzte Kapellmanns Hund Noel das Kuscheltier schließlich aus Eifersucht und befreite den Fußballprofi endlich von der »nachpubertären Erscheinung« (O-Ton Kapellmann).

Die kindliche Ader behielt er sich Gott sei Dank dennoch bei. 1978 erschien die Platte »Angriff, Schuß ... Tor! (Erklär mir den Fußball)«. Sie startete durchaus launig mit einem Kinderchor. Im Stile früher »Roy Black & Anita«-Gassenhauer wurden die folgenden Zeilen intoniert: »Komm sag mir, wie man Fußball spielt. Angriff, Schuss und Tor. Denn wer die Regeln gar nicht kennt, dem kommt das spanisch vor. Sag mir, was ist denn bloß ein Libero, das 4-2-4-System, komm sag mir, bitte hier, wie man Fußball spielt, wir sind schon ganz Ohr – erklär mir nicht, so schwer, das Fußballspiel, Angriff, Schuss und Tor.« Sehr lustig war, dass der Bayern-Spieler mitten im Hörfunkstudio einen Ball auspackte und anfing zu kicken. »Ich mein', ich kann euch ja mal ein paar Sachen vormachen, die die Eleganz des Spiels zeigen. Das erfordert schon eine gewisse Technik«, sagte er, und man hörte deutlich das angestrengte Stöhnen und Atmen Kapellmanns, das nur unterbrochen wurde vom lauten Ticken des Balls. Die Platte nahm er damals übrigens mit seinen Mannschaftskameraden Sepp Maier und Gerd Müller auf.

Zum Schluss noch einmal der intellektuelle Kapellmann – mit einem klugen Satz über den Fußball:

»Der kleine Mann auf der Stehtribüne ist's, der mich ernährt und der eigentlich mein Arbeitgeber ist. Wir Fußballer sind halt so etwas Ähnliches wie die Gladiatoren des Atomzeitalters.«

★ ★ ★

Kevin Keegan

»Mighty Mouse«

In Hamburg verehren sie ihn noch heute. Kevin Keegan, den sie abwechselnd »Mighty Mouse« und »rasender Zwerg« nannten, wurde vom »Abendblatt« nach einer kurzen Zeit der Eingewöhnung euphorisch gefeiert: »Hamburgs Uwe heißt jetzt Kevin!« Nach dem ersten Tor des englischen Nationalspielers für den HSV war Präsident Dr. Peter Krohn völlig aus dem Häuschen: »Ich bin aufgesprungen und habe mir selbst die Hand geschüttelt.« Der Mann aus Liverpool eroberte mit seiner brillanten Spielweise und feinen Art die Herzen der Hanseaten im Sturm.

Doch ganz am Anfang seiner Zeit in Hamburg sah es erst einmal gar nicht danach aus, dass das Deutschland-Abenteuer ein Erfolg werden würde. Keegan war nach den ersten Spielen von sich und den Mitspielern enttäuscht: »Die geben mir keinen Ball, also behalte ich ihn zu lange, wenn ich ihn mal habe.« Als die Seelenpein gar zu groß wurde, überlegte er bereits, alles rückgängig zu machen. Der Grund klang allerdings etwas seltsam: »Ich gehe wieder nach England, weil beim HSV der Trainer in der Mitte steht, ich muss im Kreis um ihn rumlaufen. In England ist es genau andersherum.«

Doch auch zu Hause lief nicht immer alles von alleine – besonders er selbst nicht. Liverpools legendärer Teammanager Bill Shankly bedurfte besonderer Tricks, um den hochtalentierten Keegan anzutreiben. Als dieser vor einem Mann-gegen-Mann-Duell mit dem großen englischen Nationalmannschafts-Kapitän Bobby Moore stand, stachelte ihn Shankly mit folgenden Worten an: »Kevin, der Bobby hat heute nichts drauf. Dauernd Weibergeschichten, letzte Nacht muss er besonders einen draufgemacht haben. Der zieht einen Fuß so merkwürdig nach.« Der Legende nach hat Keegan tatsächlich ein großes Spiel abgeliefert.

Bei seinem Abschied aus Liverpool ließ Keegan auf eigene Kosten ein Foto 100.000-mal drucken. Es zeigte ihn und seine Frau in inniger Umarmung nach dem Gewinn des Europapokals. Das Bild wurde kostenlos an seine Anhänger verteilt. Keegan schien seine Fans tatsächlich zu achten:

»Kein Kind geht von mir weg, ohne dass es sein Autogramm bekommen hat. Als Kind wartete ich einmal im Regen als Einziger nach einem Spiel auf mein Idol. Keiner war da außer mir. Nach einer halben Stunde kam er und schubste mich zur Seite. Ich habe das nie vergessen. Wir sind doch auch als Erwachsene manchmal noch wie Kinder, nicht?«

In Hamburg musste sich Keegan seinen guten Ruf aus Liverpooler Zeiten erst mal neu erarbeiten. Die Mitspieler neideten ihm das viele Geld und die kostenlosen Annehmlichkeiten, die er bekam. So übernahm der HSV sechs Monate lang die Miete für ein Haus mit Swimmingpool und Tennisplatz. Als sich die Situation für Keegan im Frühling 1978 immer noch nicht gebessert hatte, sagte er: »Ich bekomme viel Geld vom HSV, aber ich verdiente es bisher nicht redlich, weil ich gar nicht oft genug den Ball bekam, um mit meiner Leistung zeigen zu können, dass ich das Geld auch wert bin. Also habe ich zu Netzer gesagt, entweder er sorgt dafür, dass ich öfter den Ball bekomme, oder er verkauft mich!«

Geld regiert die Karriere

Damals sorgte auch eine andere Geschichte für Aufregung. Kevin Keegan flog bei einem Freundschaftsspiel gegen den VfB Lübeck vom

Manager Peter Krohn mit Kevin Keegan und dessen Frau Jean. Was Keegan dort genau vorhat, weiß man nicht. Ein Foto machen?

Auch als Musiker erfolgreich: Kevin Keegan.

Platz und wurde vom DFB für zwei Monate gesperrt. Keegans Sicht der Dinge: »Mein Gegenspieler hat mich mehrmals ungestraft gefoult, und jedes Mal grinste er mich dabei frech an. Ich wusste, dieser Mann wollte mich kaputtmachen. Und da ich vom Schiedsrichter keinerlei Schutz erwarten konnte, stand ich vor der Wahl: Entweder mir von meinem Gegner das Bein brechen zu lassen oder zurückzuschlagen und einen Platzverweis zu riskieren. Ich habe ganz kühl überlegt und dann zweimal zugeschlagen. Lieber zwei Monate Sperre als drei Monate Krankenhaus!« Ob eine Auswechslung nicht auch eine Lösung gewesen wäre, erwähnte Keegan leider nicht.

Doch Manager Netzer glaubte an die »Mighty Mouse«, ließ ihn nicht im Stich und unterstützte ihn, wo er nur konnte. Es sollte sich auszahlen. Gegenspieler Ennatz Dietz vom MSV Duisburg schwärmte: »Keegan lässt sich nicht unterkriegen. Dem haut einer auf die Gräten, schon steht er wieder auf und lächelt dich an. Für einen Profi hat er noch eine unglaubliche Spielfreude. Diese Begeisterung ist mehr wert als alles andere. Dem fällt nach einem Sieg erst in der Kabine wieder ein, dass er jetzt auch noch Geld dafür kriegt. Der sagt dann: ›Ah, ja. Geld gibt's ja auch noch!‹« Und Schiri Ahlenfelder: »Der wurde gefoult, stand auf, wurde wieder getreten, aber lief immer weiter. Kein Ton, gar nichts!«

Neben dem Platz soll sich Keegan jedoch eines Tages von einem gutmütigen, netten Burschen zu einem echten Geldhai verändert haben, wie sich Spielerberater Holger Klemme erinnert: »Er hat eine prägende Erfahrung gemacht: Ein in Süddeutschland ansässiger Spielervermittler bekniete Netzer, er möge ihm Keegan für eine Autogrammstunde zu 7.500 Mark besorgen. Keegan fuhr hin. Der Spielervermittler präsentierte ihn in einem Kaufhaus, dann in einer weiteren Filiale, dann noch einer, dann bei einem vierten Termin und spät am Abend noch bei einem Tanzwettbewerb in einer Disko. Nun kam Keegan erfreut nach Hamburg zurück und verkündete überschwänglich, er habe fünfmal 7.500 Mark an dem Tag verdient. Er irrte sich, denn der Vermittler überwies schließlich nur einmal die 7.500 Mark, hatte aber wohl selbst fünfmal kassiert. Er sagte immer nur: ›So ist Deutschland! Wenn ich eines Tages wieder nach England zurückkehre, dann die Taschen so voll mit Geld, bis sie durchbrechen.‹«

Das gelang tatsächlich. Auch weil sich seine Schallplatte »Head over Heels in Love« europaweit schnell über 400.000-mal verkaufte. Für einen HSV-Sponsor schlüpfte der Engländer schließlich in die Rolle des »Super-Kevin« – ein Comic-Held, der für sparsamen Energieverbrauch kämpfte. Die Gage hierfür: »Weniger, als der Kino-Superman Christopher Reeve bekommen hat!« Meinte der Sponsor. Und vergaß zu erwähnen, dass der Filmheld über eine halbe Million Mark kassierte.

Ein Held in England

Keegan sorgte weiter für Schlagzeilen, wenn auch manchmal unfreiwillig. In der Meistersai-

»Mighty Mouse« bei Mickey Mouse in Disneyland.

son 1978/79 tobte ein seltsamer Kampf in Hamburg. Ein gewisser Gyula Pasztor gab sich als Manager von ihm aus und sagte: »Keegan ist seelisch erledigt!« Warum das so sei, wusste er auch genau zu schildern: »Zebec, der jugoslawische Trainer, hat ihn vor der Mannschaft und der Öffentlichkeit bis auf die Knochen blamiert, ihn in der Ehre verletzt. 1974 wurde Kevin auf dem Flughafen in Belgrad von jugoslawischen Polizisten blutig geschlagen. Keegan schwor daraufhin, nie mehr nach Jugoslawien zu fahren. Seit Zebec das weiß, ist Kevin bei ihm unten durch!« Die Story stimmte sogar, doch hätte der Manager vielleicht dazusagen sollen, dass sich Keegan und seine Nationalmannschaftskollegen damals in Jugoslawien alles andere als gentlemanlike aufgeführt hatten. Als ihnen langweilig wurde, sprangen sie auf das Gepäckband und führten wilde Tänze auf, die erst durch den beherzten Einsatz von einem Dutzend Polizisten unterbunden werden konnten. Englische Nationalspieler auf Reisen können anstrengend sein – das wusste auch damals schon jeder.

Kurz nach seiner Rückkehr nach England zog es ihn Mitte der 1980er Jahre bereits wieder weiter. Er glaubte, im Ausland das ewige Glück gefunden zu haben: »Falls irgendjemand jemals hören sollte, dass Kevin Keegan zum englischen Fußball zurückkommt, dann kann er so viel lachen wie ich. Es wird niemals passieren.« Schon ein Jahr später war er wieder daheim. Hochverehrt und geliebt. Besonders bei den Fans von Newcastle United. Als er dort 1997 von seinem Trainerposten zurücktrat, meinte der Fanklub-Sekretär John Regan: »Die Leute sagen, dass sein Weggang wie der Tod der Queen sei. Dabei ist es noch viel schlimmer.« Und ein Zugführer, selbst Fan von Sunderland, machte an diesem Tag die Durchsage: »Sehr verehrte Damen und Herren, wir haben aufgehört, den Tyne zu beaufsichtigen, so dass nun

Fans von Newcastle ungestört in den Fluss springen können.«

Leider hat Kevin Keegan nie so gut Deutsch gesprochen, dass man bereits während seiner Zeit beim Hamburger SV hätte erahnen können, welch großartige Sätze er zu produzieren imstande ist. Der »Guardian« hat einmal über ihn und andere englische Profis geschrieben:

»Keegan gehört, wie zuvor Glenn Hoddle, einer Generation an, von der viele junge Männer und Frauen zu früh von der Schule abgegangen sind.«

Das ist nicht so nett. Zudem trifft es eigentlich auch nicht des Pudels Kern bei Keegans Äußerungen. Sie erinnern in ihrer sonderbaren Logik häufig an Sätze von Andreas Brehme. Am besten kann man das an Beispielen wie diesem festmachen: »Ich erzähle euch nur ungern alles, was ich weiß, denn ich weiß wirklich nichts.« Oder einem anderen Klassiker: »Als ich vor zwei Jahren nach Nantes kam, war es das Gleiche wie jetzt, wenn man davon absieht, dass es total unterschiedlich ist.«

Neben seinen teils irren Sätzen sind auch sein Humor und seine Spitzfindigkeit bei den englischen Fans beliebt: »Die Brusttasche des Schiedsrichters ist wie ein Toaster. Bei jedem Tackling springt eine Gelbe Karte raus.« Mit einigen Vertretern der Presse verbrüderte sich Keegan, als er ihnen nach einer heftigen medialen Schlammschlacht verbal eine goldene Brücke baute: »Ihr Jungs schreibt wahrscheinlich die Wahrheit. Im Büro werden dann die wichtigen Sachen von den Redakteuren rausgeschnitten. Wie z. B. die Fakten.«

★ ★ ★

Zehn typische Sätze von Kevin Keegan

»Ein wunderbares Spiel. Portugal spielt Fußball, wie ich ihn gerne sehe, und als Neutraler war es toll zuzusehen. Aber leider bin ich kein Neutraler.« (nach der 2:3-Niederlage Englands gegen Portugal bei der EM 2000)

»Ich habe mich mein ganzes Leben lang für Pferderennen interessiert, ja, eigentlich sogar schon länger.«

»Luis Figo ist ganz verschieden zu David Beckham – und umgekehrt.«

»Gary wägt immerzu seine Möglichkeiten ab, vor allem, wenn er keine hat.«

»Diese Entscheidung war meiner Meinung nach fast zweifellos eindeutig falsch.«

»Argentinien ist das zweitbeste Team der Welt, und es gibt kein größeres Lob als das.«

»Ich glaube nicht, dass irgendwer größer oder kleiner als Maradona ist.«

»Ich weiß, was um die Ecke passiert, ich weiß nur nicht, wo die Ecke ist.«

»Ich bin nicht enttäuscht, sondern nur enttäuscht.«

»Der Ersatzspieler kommt gleich rein – es handelt sich um einen Spieler, der nicht in der Anfangsformation stand.«

Ulf Kirsten

»Der Schwatte«

Einer der ganz großen Torjäger der 1990er Jahre hat einmal etwas sehr Interessantes über seinen eigenen Anspruch gesagt: »Wenn bei einem Auswärtsspiel keiner ›Kirsten, du Arschloch‹ ruft, dann weiß ich genau, dass ich schlecht war.« Ein Mann mit Prinzipien, der den alten Spruch von dem Stürmer, der dahin geht, wo es weh tut, tatsächlich noch in die Tat umsetzte. Sein Motto: »Tore sind das beste Mittel gegen Schmerzen.« Sein Trainer zu Dresdener Zeiten, Eduard Geyer, sagte deshalb auch völlig zu Recht: »Dort, wo andere den Fuß wegziehen, geht Kirsten mit dem Kopf hin.«

Der beinharte Bundesligaverteidiger Uli Borowka schwärmt noch heute von den knallharten Duellen gegen den »Schwatten«. Beide haben sich in ihrer Karriere sowohl körperlich wie verbal nichts geschenkt. Borowka mochte trotz zahlreicher Blessuren, die er in den Spielen gegen Leverkusen davontrug, solche Gegenspieler wie Ulf Kirsten sehr gerne: »Wenn du bei dem mal hingelangt hast, wusstest du ganz genau, dass das keine zwei Minuten dauert, bis er zurücklangt. Das waren über Jahre hinweg richtige Kämpfe mit ihm, der hat nie aufgesteckt. Der war immer da, und meistens hab ich dann als Erstes einen abgekriegt. Das war einer, der hatte das Herz am rechten Fleck.«

Der Trash-Talk zwischen den beiden ist legendär. Aber auch sonst unterhielt sich Kirsten gerne auf dem Platz mit seinen Gegenspielern. Dem Hamburger Stefan Schnoor erzählte der Bayer-Profi so lange, wie viel er verdiene und wie wenig Schnoor hingegen beim HSV kassiere, dass dem Hamburger irgendwann der Kragen platzte: »Ich habe dem Kirsten dann gesagt, dass das ja alles sein könne, aber dafür hätte ich wenigstens nie im Osten leben müssen.« Kirsten habe daraufhin nur einen kurzen Moment geschluckt und dann wieder von vorne angefangen zu erzählen.

Das raubeinige Image sollte sich für den »Schwatten« auszahlen. Mit seinen schwarzen Haaren und seinem starken Bartwuchs war Kirsten geradezu prädestiniert für Rasierapparate-Werbung. Das dachte sich auch Panasonic und verpflichtete den Leverkusener Stürmer mit dem vortrefflichen Werbeslogan:

»Aber sonst rasiert mich keiner.«

Dass sich Ulf Kirsten im Sinne des eigenen Wettbewerbsvorteils hier und da auch mit Weltmeistern anlegte, zeigt eine Geschichte nach dem Ende seiner aktiven Bundesliga-Laufbahn. Bei einem Spiel der Weltmeisterelf von 1990 gegen eine Auswahl von DDR-Stars in Leipzig verärgerte der Mann aus Riesa den großen Weltstar Lothar Matthäus. Nach Meinung des Ex-Bayern-Profis soll Ulf Kirsten durch eine Schwalbe einen Strafstoß ermo-

Audi statt Trabi: Ulf Kirsten im Juni 1990 vor dem Leverkusener Stadion.

gelt haben. Diesen verwandelte sein Mitspieler Olaf Marschall sehr zum Ärger von Matthäus anschließend zum 1:1 für das DDR-Team. Der Weltmeister aus Herzogenaurach war außer sich. Und da Kirsten, der Schiedsrichter und alle anderen Spieler auf dem Platz für Lothar Matthäus' Reaktion nur ein müdes Lächeln übrighatten – ließ sich Lothar auf der Stelle auswechseln.

Kirstens Transfer in den Westen hatte 1990 für einigen Wirbel gesorgt. In Bochum war man sich eigentlich sicher, dass man den Spieler von Dynamo Dresden unter Vertrag genommen hatte. In der lokalen Zeitung wurde der vermeintliche Neuzugang bereits ausgiebig vorgestellt. Doch Reiner Calmund hatte offensichtlich die besseren Argumente auf seiner Seite. Kirsten selbst sagt über diese Zeit: »Ich bin sehr vorsichtig gewesen, als ich in den Westen kam. Weil ich ahnte: Unter einen gut gemeinten Rat kann man wie unter die Räder kommen.«

Und vielleicht ahnte er auch, dass ihn irgendwann eine alte Geschichte einholen würde. Es dauerte etwas, aber nach und nach erreichten die Stasi-Enthüllungen auch die Bundesliga. Sie sorgten für Aufregung in den Vereinen – vor allem bei denen im Osten. Ulf Kirsten war einer der Ersten, der »enttarnt« wurde. Er war bei der Stasi unter dem Decknamen »Knut Krüger« geführt worden. Aber der Dresdener wehrte sich damals erfolgreich gegen eine konstruktive Mitarbeit. Sein Stasi-Betreuer notierte: »Kirsten zeigt sich uneinsichtig, arbeitet nicht richtig mit. Wir müssen uns jetzt mal um seinen Vater kümmern.« Ein anderer Eintrag: »Kirsten kann Fragen nach Fluchtgefahr bei Mitspielern und mit wem sie sich unterhalten nicht beantworten. Die Vermutung liegt nahe, dass er mehr weiß, als er sagt.« Später hat man ihm noch gesagt, dass die Stasi ihn dem »Fluchtkader Nummer eins« zugeordnet hatte. Für die DDR-Behörden galt er als potenzieller Flüchtling.

Bevor Kirsten 1990 zur Werkself wechselte, spielte er in 154 Begegnungen für Dynamo Dresden und schoss 57 Tore. In Leverkusen war er in all den Jahren nahe dran am Gewinn der Deutschen Meisterschaft. Doch es sollte nicht sein. Als Bayer in der Saison 1999/2000 den Titel erst in der letzten Partie in Unterhaching verspielte, stand Ulf Kirsten weinend auf dem grünen Rasen und fragte mit Pathos in der Stimme: »Was habe ich verbrochen, dass ich nie Deutscher Meister werde?«

Trotz allem ist er »Vizekusen« die ganze Zeit über treu geblieben: »Ich hatte im vergangenen Sommer ein Angebot vom 1. FC Köln. Aber ein Wechsel kam nicht in Frage. Da hätten mich die FC-Fans umgebracht und die Bayer-Fans auch.«

Im November 2003 absolvierte er im Dresdner Rudolf-Harbig-Stadion sein Abschiedsspiel. Über 30.000 Zuschauer feierten ihr Idol aus den Zeiten der DDR. Sven Ratke sagte an diesem Abend den schönen Satz: »Der Ulf wird immer unsere Konifere bleiben.« Im Sommer 2011 wurde Kirstens Fan-Herz auf eine echte Belastungsprobe gestellt. In der ersten Runde des DFB-Pokals musste Bayer zu Dynamo Dresden. Und dort stand zu dieser Zeit bereits sein Sohn Benjamin im Kasten. Am Ende nahm Kirsten die Sache mit Humor und sagte grinsend: »Super, ich bin sicher in der zweiten Runde.«

★ ★ ★

Wolfgang Kleff

»Haar will atmen«

Wolfgang Kleff wurde nicht umsonst gerne und oft von seinen Fans »Otto« gerufen, denn nicht nur das Äußere erinnert stark an den Komiker aus Ostfriesland. Fast 15 Mio. Deutsche sahen 1985 den Bundesliga-Torwart als Friseur Herr Astrid in Waalkes erstem Kinostreifen: »Otto – der Film«. Damals sagte Kleff den legendären Satz »Haar will atmen«. Wenn die gegnerischen Schlachtenbummler im Chor »Kleff, du bist nervös« anstimmten, zitterte der Otto-Doppelgänger zur Belustigung aller mit Armen und Beinen.

Kleff hatte einen großen Traum: »Ich möchte einmal erleben, dass nicht nur die Besucher im Stadion ›Otto, Otto‹ rufen, wenn ich einlaufe, sondern die Besucher einer Otto-Show ›Wolfgang, Wolfgang‹, wenn er die Bühne betritt.«

Natürlich wäre Wolfgang Kleff auch ohne sein Aussehen ein Original der Bundesliga geworden. Doch dass er ausgerechnet dem Komiker Waalkes so sehr ähnelte, ist schon eine interessante Volte des Schicksals. Und Wolfgang Kleff machte seinem Ruf alle Ehre, auch wenn er selbst einmal über sich gesagt hat: »Den Zwang, lustig sein zu müssen, liebe ich nicht.« Wahrscheinlich deshalb hat sein ansteckender Humor für viele Fans stets etwas spontan Fröhliches gehabt.

Herrlich ist seine Schilderung von einem Tor beim Spiel seiner Gladbacher in Köln. Die Partie endete damals vor 46.000 Zuschauern mit 3:0 für den FC, und dennoch hatte Wolfgang Kleff seinen Spaß: »Der Pierre Littbarski kommt von halbrechts. Ich geh' ein bisschen raus, gar nicht mal so weit, will den Winkel verkürzen. Der sieht das, geht unterm Ball und erwischt mich. Und der Ball fliegt, wirklich, lange Ecke. Als der unterwegs war, wusste ich schon, der geht rein. Da kannst du eine Leiter in der Tasche haben. Da habe ich dagestanden, der Ball war noch nicht drin – und habe geklatscht.«

Auch als sich zwei alte Fahrensmänner der Bundesliga begegneten, regierte der typische Kleff-Flachs. Nach einem Spiel der Nürnberger gegen Gladbach sagte der Torhüter zu Georg Volkert: »Schorsch, du hast ja so gewirbelt, dass ich Angst bekam, du könntest einen Herzinfarkt bekommen.« Und Volkert konterte: »Wolfgang, ich wollte dir unbedingt noch einen reintun, bevor ich mich ins Altersheim zurückziehe.«

Kleffs unterschwellige Ironie wusste zu begeistern. Als er sich in Mönchengladbach nach einem Zehenbruch langsam wieder besser fühlte, meinte er augenzwinkernd: »Ich nähere mich schon meiner alten Form und lass' im Training nur jeden dritten Ball ins Tor. Das war früher auch nicht anders. Jetzt fällt es nur mehr auf, weil die Stürmer weniger schießen!«

»Kläff, kläff«

In Gladbach war er Mitglied einer sportlich überragenden Mannschaft. Auch das Zwischenmenschliche blieb nicht auf der Strecke.

Der Tag, als Gladbachs Coach Hennes Weisweiler seinen frisch engagierten Fitnesstrainer Drygalski in der Kabine um eine Analyse des Spiels in Bremen bat, ist Kleff noch in bester Erinnerung. Drygalski antwortete damals leicht verschüchtert: »Die Laufarbeit war eher nicht ausreichend.« Und? »Eines der beiden Tore war haltbar.« Und? »Der Kleff läuft auf dem ganzen Fuß – wie eine Frau!« Später, auf der Heimfahrt, rief Weisweiler zur Belustigung des ganzen Teams quer durch den Bus:

»Kleff! Wissen Sie, was der Drygalski sagt? Sie laufen wie ein Weib!«

Heute noch erzählt Kleff sehr gerne die Geschichte von seinem kongenialen Showpartner Sepp Maier. Der Bayern-Keeper soll einmal während eines laufenden Spiels zu Fans gesagt haben: »Ich musste meinen Hund einschläfern. Der hat immer, wenn ich ihn fragte, wer die Nummer eins in Deutschland ist, ›Kläff, kläff‹ gesagt.«.

Am Nationalmannschafts-Torhüter Maier kam Kleff damals nicht vorbei. Doch der Gladbacher nahm die Sache sportlich. Nach der WM 1974 sagte er: »Mir hat es Deutschland zu verdanken, dass wir Weltmeister geworden sind. Mein Anteil bestand darin, dass ich nicht gespielt habe.«

Kleff war jedoch nicht immer nur gut gelaunt. Besonders gerne legte er sich mit den Unparteiischen an: »Nicht alle Schiedsrichter sind schlecht, aber manche haben doch ihren Blindenhund zu Hause gelassen. Der Herr Brückner ist halt musikalisch, deshalb hat er gepfiffen. Ich dachte zuerst, er pfeift für mich. Aber bestimmt wollte er nur, dass ich mal wieder einen Elfmeter halte.« Gerne rief Kleff die Männer in Schwarz in brenzligen Situationen auch mal zur Hilfe. Bei einer 1:6-Niederlage gegen die

Wer ist wer? Otto Waalkes und Wolfgang Kleff.

Ein wahrer Gentleman,
der seiner Frau noch
Blumen mitbringt:
Wolfgang Kleff.

Bayern bat er den Schiedsrichter bereits zur Halbzeit: »Zählen Sie doch bitte noch mal nach. Ich glaube, die Bayern haben 13 Mann auf dem Platz!«

Mit Journalisten geriet der gebürtige Schwerter ebenfalls nicht selten aneinander. Nach einer 2:5-Niederlage auf dem Betzenberg wollte der Keeper einfach nur noch weg und rief den wartenden Medienvertretern im Vorbeigehen zu: »Ich habe nichts gehört, nichts gesehen, weiß nichts und will auch nichts sagen!« Dann war er auch fast schon wieder verschwunden. Ein schlagfertiger Reporter rief Kleff frustriert hinterher: »Und gehalten hast du ebenfalls nichts!« Nach einer anderen Klatsche wurde Kleff gefragt, wie er sich denn fühle. Und der Keeper antwortete in seiner ganz eigenen, feinsinnigen, ironischen Art: »Gut. Aber nur als Mensch. Als Torwart fühle ich mich natürlich eher schlecht!«

Schusseliger Keeper

Frank Mill erinnert sich sehr gerne an seinen ehemaligen Mitspieler bei Borussia Mönchengladbach: »Mit Wolfgang Kleff hattest du immer was zu lachen. Eines Mittags ist er noch kurz bei der Boutique seiner Frau vorbeigefahren und hat sein Jackett ausgetauscht. Irgendwie meinte er, am Nachmittag müsste er etwas schicker aussehen. Nur hatte Kleff vergessen, dass er am Morgen noch auf der Geschäftsstelle seinen Gehaltsscheck abgeholt und in die Innentasche gesteckt hatte. Als er am nächsten Tag frühmorgens nervös den Laden betrat, strahlte ihn die Verkäuferin schon von Weitem an: ›Herr Kleff, Sie glauben es nicht. Aber das Jackett, das Sie gestern zurückgebracht haben, habe ich noch am gleichen Nachmittag verkauft.‹«

Mit Schecks hatte es der Gladbacher Torhüter offensichtlich nicht so, wie Frank Mill in einer anderen Geschichte schmunzelnd erzählt: »Der Kleff hat seine ganze Autogrammpost von der Geschäftsstelle immer hinten in den Kofferraum seines Autos geladen. Und eines Tages war die Kiste so dicht, dass er voller Verzweiflung zur nächsten Müllkippe gefahren ist, um die ganzen Briefe auf einen Streich zu entsorgen. Dummerweise hatte ihm die Dame von der Geschäftsstelle nicht gesagt, dass sie oben drauf einen Umschlag mit dem Gehaltsscheck gepackt hatte. Aber Kleff war es natürlich zu peinlich zu erzählen, wie der Brief weggekommen war.«

Etwas schusselig war der Keeper auch bei einem Europacup-Spiel der Gladbacher. Als Kleff noch seinen Strafraum von Klopapierrollen befreite, war das Spiel schon wieder angepfiffen. Seine Mitspieler riefen energisch: »Schnell, zurück ins Tor!« Doch da krachte ein Fernschuss bereits über den Kopf von Kleff hinweg in den Gladbacher Kasten.

Ein wenig gedankenlos hat er sich nach seiner Zeit bei Borussia Mönchengladbach in Düsseldorf angestellt. Weil er Mitte der Saison 1983/84 unzufrieden mit einigen Dingen war, sprach er eines Tages den Reportern folgenden Satz in die Kameras:

»Eher züchte ich Anthurien in Afrika, als noch ein weiteres Jahr in Düsseldorf zu bleiben.«

Als es dann plötzlich besser lief und er doch gerne noch länger für die Fortuna spielen wollte, stellte sich das Düsseldorfer Präsidium quer. Und so kam es zu einer fulminanten Abschiedsshow von Kleff im letzten Spiel. Unter dem Vorwand einer Verletzung ließ er sich aus-

wechseln und drehte dann fröhlich trabend eine Runde durchs Düsseldorfer Rheinstadion. Unterwegs entkleidete er sich Stück für Stück. Trikot, Stutzen, Schuhe und seine Handschuhe hatte er bereits ins Publikum geworfen, als Kleff vor der Haupttribüne beschwingt winkend ankam. Langsam stoppte der Torhüter, drehte sich zum Spielfeld, streckte die Beine durch, beugte den Oberkörper nach unten und zog in einem Rutsch seine Hose herunter. Kleffs nackter Hintern strahlte, leicht von links nach rechts wackelnd, dem erzürnten Fortuna-Präsidenten Bruno Recht mitten ins Gesicht. Des Torwarts trockener Kommentar im Anschluss: »Für die Fans gebe ich mein letztes Hemd, für manch andere nur meinen Arsch.«

»Aushilfskellner«

Das Pech von Wolfgang Kleff wurde zum Glücksfall für den VfL Bochum. Mit 38 Jahren und nach einer längeren Pause half er dem VfL 1985 aus der Patsche. Weil in Bochum sämtliche Torhüter aus unterschiedlichsten Gründen ausfielen, sollte Kleff kurzfristig einspringen. Doch man war sich beim VfL nicht so sicher, ob der körperliche Zustand Kleffs einen sofortigen Einsatz erlauben würde. Der ehemalige Meisterkeeper verstand es jedoch, mit einem Satz alle Bedenken hinfortzuwischen: »Ich habe mich die ganze Zeit über mit Waldläufen durch die Düsseldorfer Altstadt fit gehalten.« In Bochum angekommen, trainierte Kleff (»Ich bin hier nur der Aushilfskellner«), trotz seiner intensiven Läufe durch die Altstadt, erst einmal etwas bedächtiger. Seine humorvolle Begründung klang einleuchtend: »Mit Muskelkater kann ich mich so schlecht bücken.«

Doch der alte Hase hatte schnell Spaß an seinem Job beim VfL. Nach einem 5:3 in seinem ersten Spiel gegen Düsseldorf schwärmte der Keeper: »Das war nach langer Zeit endlich wieder großer Fußball. Ich ertappe mich dabei,

2007 mit 61 Jahren zu einem Comeback auf dem Fußballplatz überreden. Beim Mittelrhein-Landesliga-Aufsteiger FC Rheinbach waren der Stammtorhüter mit einem Beinbruch und sein Stellvertreter wegen eines Trauerfalls kurzfristig verhindert. Rheinbachs Geschäftsführer sprach deshalb auch nicht von einem PR-Gag, sondern von »Rettung in höchster Not«. Doch leider konnte Kleff am 9. März 2008 nur 35 Minuten seine Klasse unter Beweis stellen. Dann musste er nach einem unglücklichen Zusammenprall das Feld verlassen. 1:0 führte seine Mannschaft zu diesem Zeitpunkt. Der Rheinbacher Feldspieler kassierte anschließend noch vier Tore. Für Kleff war es der letzte Ausflug auf den grünen Rasen.

dass ich als alter Mann, der im November 39 wird, ins Schwärmen gerate wie ein Teenager!«

Als schließlich kurz vor Ende der Vorrunde die eigentliche Nummer eins, »Katze« Ralf Zumdick, wieder fit war, lehnte sich Wolfgang Kleff lächelnd auf der Auswechselbank zurück, blinzelte zufrieden in die winterliche Sonne und sagte ruhig und gelassen: »Kein Problem. Ein älterer Herr setzt sich auch ganz gern auf eine Parkbank.«

Nach seiner Karriere probierte der Reservetorwart der 1972er-Europameistermannschaft verschiedene Berufszweige aus. Unter anderem züchtete Kleff exotische Blumen. Mit seiner Boutique, die er schon zu Spielerzeiten betrieben hatte, ging er pleite. Dabei hatte sich Kleff schon in den 1970er Jahren von einem seiner Mannschaftskollegen exklusive Ware besorgen lassen. Rainer Bonhof war Dressman für den renommierten Pariser Modeschöpfer Cacharel geworden und hatte dabei sogleich an seinen Gladbacher Kameraden gedacht: »Ich habe auch etwas für den Wolfgang Kleff tun können. Er wird künftig in seinem ›men-shop‹ in Mönchengladbach Cacharel-Artikel verkaufen.« Übrigens hatte Kleff einen ganz besonderen Kleidungstick: Kein Ersatzspieler der Borussia konnte die Nummer 15 erhalten. Abergläubisch, wie er nun mal war, trug der Keeper das Trikot stets unter seinem Pullover.

Weil Kleff das Geld nicht ausschlagen wollte und Spaß an der Idee hatte, ließ er sich

TV-Moderator Frank Buschmann fasste Kleffs Karriere treffend zusammen, als er sagte: »Verhüten ist das Leben des Wolfgang Kleff. Früher als Torwart und heute für die AIDS-Hilfe.« Und die Leute haben Kleff auf und abseits des Platzes geliebt. Das lag an seinen vielen schönen Sprüchen und seiner sympathischen Art: »Es waren immer die kleinen Gesten, die meinen Kontakt zu den Leuten ausmachten. Sich 90 Minuten zu konzentrieren, da tränen einem ja die Augen.«

Wolfgang Kleff hätte ohne Weiteres für den berühmten Komiker aus Ostfriesland auf der Bühne stehen können – ohne, dass es jemand bemerkt hätte. Vielleicht hat er es sogar einmal getan und wir haben es nicht mitbekommen. Kleffs Sprüche bleiben in jedem Fall unvergessen:

»Manchmal guck ich in den Spiegel und sage: Schön, dich zu sehen – wenn es schon kein anderer tut.«

★ ★ ★

Uwe Klimaschefski

Direkt und ehrlich

Man kann mit Fug und Recht behaupten: Uwe Klimaschefski ist der Sprüchekönig unter den Bundesliga-Trainern. Dass ihn heute dennoch viele Fußballfans nicht mehr kennen, hat damit zu tun, dass er nie die ganz großen Erfolge feiern durfte. Auch wenn er manchen Scherz und Schabernack mit seinen Profis trieb (»Meine Spieler sind Intellektuelle. Die haben Maos Tod letzte Woche noch nicht verkraftet«), haben sie ihn trotz allem geliebt und verehrt. Franco Foda sagte einmal: »Wer unter Klimaschefski ein Jahr durchhält, der ist im Leben einen großen Schritt weitergekommen und braucht sich vor nichts mehr zu fürchten.«

Schon als Spieler verstand es der Mann aus Bremerhaven, sein Schicksal selbst in die Hand zu nehmen. Als er 1963 zum Start der neugeschaffenen Bundesliga einen Verein suchte, zeigten sich gleich mehrere Klubs interessiert. Klimaschefski hatte die Qual der Wahl. Eigentlich war nach einem Angebot aus Berlin seine Entscheidung bereits für die Hertha gefallen, doch da er bereits einen Termin mit dem Präsidenten von Saarbrücken gemacht hatte, wollte er diesen auch wahrnehmen. Das einzige Problem: Die Vertreter von der Hertha (Präsident Holst) und aus Saarbrücken waren für denselben Tag angemeldet. Klimaschefski erinnert sich: »Es kam, wie es kommen musste. Plötzlich klingelte es, und der andere Verhandlungspartner stand vor der Tür. Herr Holst musste sich dann so lange im Bad versteckt halten, bis ich den Saarbrückern abgesagt hatte. Danach war ich Herthaner!«

Während seiner Karriere hatte Klimaschefski immer mit einer Fehlstellung seiner Beine zu kämpfen gehabt. Als er später als Trainer einmal arbeitslos war, nutzte er diese Zeit sinnvoll. Bei einer Operation ließ er sich die O-Beine (»Derjenige, der mich tunnelt, kriegt zwei Beinschüsse zurück«) richten. Noch als Spieler hatten ihn seine Kameraden so sehr gehänselt, dass er sich nachts die Knie mit Bettlaken zusammenband. Nach der OP war er wieder zu Späßen aufgelegt: »Wenn du jetzt einen mit geraden Beinen triffst, bin ich es.«

Gefürchtet und beliebt

Der Trainer Klimaschefski war bei seinen Spielern gleichermaßen gefürchtet wie beliebt. Seine stets gerade, offene Art gefiel aber verständlicherweise nicht allen Profis. Wenn er einen seiner Schützlinge direkt anging, musste dieser schon mal kräftig schlucken:

»Was will der? Geld? Der soll froh sein, wenn er auf unserem Platz den Sauerstoff kostenlos einatmen darf!«

Ein unbändiger Ehrgeiz stachelte Klimaschefski an, wie sich Homburgs ehemaliger Spieler, Harald Diener, erinnert: »Wenn unser Trainer mit seiner Mannschaft im Rückstand liegt, dauert ein Spiel oft drei Stunden. Wenn man dann heimkommt, sind die Filets so hart, dass man sie nicht mehr essen kann.« Niederlagen nahm der Bremerhavener persönlich. Nach einer verlorenen Partie bei einem Hallenturnier raunzte er seine Spieler an: »Jetzt zieht

Sammelbild der Saison 1967/68 (FCK).

Lecker, so eine rohe Bratwurst. Uwe Klimaschefski im Jahr 1985 beim 1. FC Saarbrücken.

euch warm an! Jetzt reiß' ich euch den Arsch auf! Bis zur Naht!« So manches Mal saß er nach einer Niederlage im Presseraum, schaute kurz die Journalisten an und eilte dann hinfort: »Weitere Fragen kann ich nicht beantworten. Ich muss jetzt zu meinen Spielern. Die sind so blind, dass sie den Weg von der Kabine zum Bus nicht finden.«

Als ein Journalist wissen wollte, wann der Trainer denn die nächsten Spieler verkaufen würde, antwortete Klimaschefski: »Wenn die Schrottpreise wieder steigen!« Mit seinen Profis ging er gerne hart ins Gericht, seine Kritik war stets von einer sehr bildreichen Sprache geprägt: »Unsere Spieler können 50-Meter-Pässe spielen: 5 Meter weit und 45 Meter hoch.«

Berühmt-berüchtigt waren auch des Trainers Scherze mit neuen Spielern. Bei einer Übungseinheit besorgte Klimaschefski eine Platzwalze und gab das Kommando aus: »So, Jungs, wir machen heute einen Härtetest. Jeder zieht die Walze 400 Meter. Dabei fahren wir die Löcher zu, die die Leichtathleten mit ihren Schuhen aufgerissen haben. Der Neue da fängt an.« Auf den ersten 100 Metern rollte die Walze gut an. Der Ehrgeiz, sich nicht zu blamieren, zog kräftig mit. Nach 200 Metern wurde der Neuling so klein, dass er die grinsenden Spieler auf der anderen Seite nicht mehr sehen konnte. Ins Ziel kam er beinahe auf allen Vieren. »Gut gemacht«, lobte ihn der Trainer, »aber ich habe gesehen, dass die Übung doch wohl etwas zu schwer ist und außerdem zu gefährlich. Die Walze hätte dich beinahe überrollt. Wir brechen ab!«

Einen spanischen Testspieler ließ Uwe Klimaschefski einmal in voller Fußballkluft unter der Dusche mit dem Ball jonglieren: »Lass mal sehen, wie du bei Regen spielst!« Und als Dieter Müller aus der Schweiz in die Bundesliga zum 1. FC Saarbrücken zurückkehrte, sah Klimaschefski noch viel Arbeit auf seinen Stürmer zukommen: »Von seinem Grasshopper-Trip hat er eine Menge Schweizer Speck mitgebracht.«

»Klima« und »Underberg«

Spieler lehnten sich gegen den Trainer eher selten auf. Doch in seiner Zeit beim FC Homburg gab es dafür einen anderen harten Brocken. Ein Unerschrockener mit dem Spitznamen »Underberg« leistete dem Trainer von Zeit zu Zeit Widerstand. Mit ihm rieb sich Klimaschefski ein ums andere Mal. Eine Geschichte toppte aber alles. An einem Rosenmontag verwehrte der Platzwart und gleichzeitige Besitzer der Vereinsgaststätte (»Underberg« genannt, weil er so gerne die kleinen Schnapsfläschchen konsumierte) dem Trainer die Übungseinheit auf dem Rasenplatz. Stattdessen sollte die Mannschaft auf den Hartplatz ausweichen, der laut

Klimaschefski »tatsächlich so hart« war, dass man dort »ohne große Probleme einen Jumbo« hätte landen können. Doch als der Trainer bemerkte, dass der Platzwart »bereits voll wie ein Eimer« war, schickte er seine Jungs dennoch auf den Rasen. Das passte »Underberg« überhaupt nicht. Unaufhörlich wies er den Trainer durch Zwischenrufe darauf hin, dass er auf dem falschen Platz gelandet sei: »Klimaaa, du Idiot! Runter vom Rasen!«

Irgendwann wurde Klimaschefski die Sache zu blöd, und er wies einen jungen Spieler an, Sprungseile zu holen. Dann versammelte er die Mannschaft am Mittelkreis und sagte: »Ihr geht jetzt runter, nehmt ihn gefangen und fesselt ihn mit den Seilen.« Der wehrlose Platzwart wurde an einen Torpfosten gebunden und mit Bällen, die man an der Strafraumgrenze positioniert hatte, beschossen. »Der hat einige Bälle vor den Sack bekommen, aber einknicken ging ja nicht, dafür hatten ihn die Jungs zu gut festgebunden«, erinnerte sich Klimaschefski.

Der ganze schaurige Spuk endete nach knapp 15 Minuten. Die Frau des Platzwarts kam mit einem Brotmesser aus der Vereinsgaststätte gestürmt und schnitt ihren Mann vom Pfosten los. Heute wohnt »Underberg« übrigens gleich bei Klimaschefski um die Ecke.

Immer, wenn Klimaschefski später einmal lauter geworden war, sagte er in Erinnerung an diesen Tag: »Ich bin etwas ruhiger geworden, werde auch nicht mehr den Platzwart beim Schusstraining an den Pfosten binden wie damals in Homburg.«

Es gibt aber noch eine andere wunderbare Geschichte mit »Underberg«. In einem DFB-Pokal-Viertelfinale gegen den HSV lagen die Hamburger in Homburg 2:1 in Führung – doch dann gab es einen Elfmeter für den FC. Den Ball parierte Torwart Rüdiger Kargus, wenn auch nur knapp. Homburg schied aus und Klimaschefski war sauer. Am nächsten Morgen wandelte er schon früh durch das leere Waldstadion. Auf dem Rasen blieb er am Elfmeterpunkt stehen. Klimaschefski schaute sich die Entfernung vom Punkt zum Tor mehrmals aus allen möglichen Perspektiven an. Dann stand für ihn fest: Hier stimmt etwas nicht! Er holte sich einen Zollstock und maß nach: 2, 4, 6, 8, 10, 12 …! Etwas mehr als 12 Meter war der Elfmeterpunkt von der Torlinie entfernt. Sofort zitierte er den Platzwart herbei. Doch »Underberg« war sich keiner Schuld bewusst. Schulterzuckend meinte er nur: »Wenn der den Ball von 12 Metern nicht reinkriegt, dann hätte er den von 11 auch nicht reinbekommen.« Über ein Vierteljahr hat Klimaschefski anschließend kein Wort mit dem guten Mann geredet!

Trickreicher Trainer

Es war damals die Zeit, als Uwe Klimaschefski in Homburg quasi Narrenfreiheit besaß und sogar ungestraft bei Rot über die Ampel fahren durfte. Wenn sich in diesen Tagen ein Spieler bei seinem Präsidenten über ihn beschwerte und meinte: »Der Klima hat uns als Arschlöcher bezeichnet!«, dann schwang der Homburger Vorstandsvorsitzende keine langen Reden, sondern sagte kurz und knapp: »Ja und? Ihr seid doch auch Arschlöcher!«

1986 als Trainer in Saarbrücken.

Als der FC Homburg damals die Bayern aus dem DFB-Pokal geworfen hatte, bat ein Pressevertreter Klimaschefski, er möge den Zuschauern doch bitte einmal erklären, wo Homburg liegt. Der Trainer musste nicht lange überlegen: »Das ist nicht nötig, das weiß man inzwischen bis in München.« Trotz solcher Erfolge rannten die Leute dem FC Homburg damals nicht die Bude ein. Um Zuschauer ins Stadion zu locken, überlegte sich Klimaschefski einen Trick. Über die Medien ließ er verkünden, dass in der Halbzeitpause ein Wettrennen von weiblichen Oben-ohne-Models stattfinden würde. Und siehe da, der Plan ging auf. Die Zuschauerzahl verdreifachte sich. Es gab nur ein Problem: Die Frauen waren frei erfunden. Und so riefen die Fans dem Trainer in der Halbzeit zu: »Klima, wo sind die Weiber?« Der sprachgewandte Übungsleiter nahm die Sache wie immer sportlich. Ebenso wie die 1:2-Niederlage seiner Saarbrücker gegen zehn Uerdinger. Auf der anschließenden Pressekonferenz gab Klimaschefski erst einmal eine zünftige Bestellung auf:

»Bitte einen achtfachen Cognac!«

★ ★ ★

Fünf Sprüche der Marke Klimaschefski

»Ich habe erst kurz vor dem Spiel erfahren, dass man nur einen ins Tor stellen darf. Da habe ich den Quasten genommen.«

»Ich hatte Kontakte nach Frankreich, aber da hätte ich als Trainer einen Dolmetscher gebraucht. Jetzt sehe ich mich in Berlin um und hoffe, dort geht es ohne.«

»Als Bundesligatrainer siehst du doch schon am Gang, ob einer Fußball spielen kann oder bei der Müllabfuhr ist.«

»Der Blättel hat sich heute Nacht im Bett verletzt. Wie er das gemacht hat, weiß ich auch nicht.«

»Ich habe meinen Spielern vorgeschlagen, barfuß und mit langen Zehennägeln zu spielen. So dürften sie den besten Halt auf dem Schneeboden haben.«

Jürgen Klinsmann

Weltmännischer Schwabe

»Ich weiß im Spiel nie, was ich gleich mache. Ich bin auch für mich selbst völlig unberechenbar. Manchmal staune ich sogar über das, was ich so alles auf dem Platz mache – aber erst, wenn ich's hinterher im Fernsehen seh'!« Wahrscheinlich sind diese Sätze von Jürgen Klinsmann insgesamt eine gute Beschreibung für das Leben des in Göppingen geborenen Schwaben. Denn auch für uns Fußballfans ist der Sohn eines Bäckermeisters nur schwer zu fassen. Uli Hoeneß meinte einmal: »Es ist fast unmöglich, Jürgen Klinsmann zu beschreiben. Ich glaube, niemand kennt ihn wirklich. Er ist ein Phänomen.«

Teamkollege Lothar Matthäus war jahrelang der ärgste Widersacher von Klinsmann und erkannte dies selbst schon sehr früh: »Der Jürgen ist ein Weltmann. Er war ja immer ein Gegenpol zu mir.« Jürgens Bruder Horst hat einmal in Anspielung auf die Bäckerlehre und den sportlichen Werdegang gesagt: »Für meinen Bruder zählte immer nur eins: Wichtig ist, was aus dem Ofen rauskommt.«

Richtig begeistert zeigte sich Erotik-Expertin Erika Berger von dem Schwaben. Im Rahmen der WM 1990 meinte sie: »Frauen fühlen sich geradezu herausgefordert, ihm zu zeigen, wie aufregend schön die Liebe sein kann.« Apropos WM 1990. Damals hatte der blonde Schwabe gerade die Partie seines Lebens gegen die Niederlande absolviert (»Der Jürgen Klinsmann hat über seine Verhältnisse gespielt«, Franz Beckenbauer), da sollte ihn der Teamchef vor der kompletten Mannschaft mit einem Zuruf ordentlich zurechtstutzen:

»Du bist der Klinsmann, nicht der Pelé!«

Da war der fulminante Start Klinsmanns in der Saison 1987/88 auf jeden Fall berauschender. In dieser Spielzeit wurde er zu Deutschlands neuem »blonden Engel«. Klinsmann rettete seinen Gegenspieler Norbert Nachtweih beim 3:0 des VfB gegen die Bayern vor einer Roten Karte. Der Stuttgarter krümmte sich nach einem Zweikampf mit Nachtweih vor Schmerzen auf dem Rasen des Neckarstadions. Als er sah, dass Schiedsrichter Pauly die Rote Karte zücken wollte, sprang er auf, rannte zum Schiri und flehte diesen an, den Bayern-Spieler nicht zu bestrafen. Mit Erfolg. Dass es zu diesem Zeitpunkt bereits 2:0 stand und Klinsmann selbst mit einem Fallrückzieher ein »Tor des Jahrzehnts« geschossen hatte, mag den Stuttgarter ein wenig in seinem Handeln unterstützt haben. So oder so hatte Deutschland einen echten Sonnyboy dazugewonnen. Und darüber freute sich nicht nur der ebenfalls hellblonde Nachtweih. Der war gar so glücklich, dass er versprach, Champagner zu schicken, »falls Klinsmann denn weiß, was das überhaupt ist«!

Als Klinsmann kurz darauf – mittlerweile war er überall in Europa heiß begehrt – über einen Wechsel von Stuttgart zu einem anderen Verein nachdachte, sagte er der Presse zwei interessante Sätze. Der erste: »Zu den Bayern möchte ich nicht wechseln, ich will lieber noch ein richtiges anderes Land kennenlernen.« Als Klinsmann dann aber zum Ende der Saison seinen Wechsel nach Italien zu Inter Mailand ankündigte, diktierte er den Medienvertretern folgenden spannenden Satz in die Notizblöcke: »Bayern München war für mich nicht möglich, schon von meinem Naturell her!«

Klinsmann und die Bayern

Die Wesensart verschob sich dann offensichtlich mit den Jahren, so dass er nach seiner Mailänder Zeit sowie Gastspielen in Monaco und bei Tottenham Hotspur das Angebot der Bayern annahm. Zusammen mit dem Italiener Rizzitelli wirbelte der blonde Schwabe für den Rekordmeister die Bundesliga auf. Trotz aller sportlichen Erfolge blieb den Fußballfans aber vor allem sein legendärer Tritt in eine blaue Tonne im Gedächtnis. Reumütig musste er hinterher Abbitte leisten und versprach: »Das wird nicht wieder vorkommen. Werbetonnen brauchen sich vor mir nicht zu fürchten.« Als Klinsmann einige Zeit danach von den Bayern wegging, nahm er zum Abschied den Meistertitel mit nach Italien zu Sampdoria Genua. Seine Schlussworte nach der intensiven Zeit bei den Bayern:

»Schön war's, verrückt war's, irgendwie!«

Viele Jahre später kam er noch einmal zurück nach München und überraschte angeblich sogar seine Mutter mit dieser spektakulären Neuigkeit. Als Pressevertreter sie fragten, ob sie schon von der Verpflichtung ihres Sohnes als Trainer des FC Bayern gehört habe, antwortete sie: »Nee, das habe ich noch nicht gewusst. Ach du scheiße!«

Zum Start in jene Spielzeit 2008/09 war bei den Bayern vieles neu. Klinsmann (»Ich werde jeden Spieler jeden Tag ein bisschen besser machen«) hatte den Verein einmal komplett umgekrempelt. Doch eines blieb beim Alten: Uli Hoeneß, der eigentlich seinen Platz auf der Bank gegen einen Sitz auf der Tribüne eintauschen wollte, wurde vom neuen Bayern-Coach Jürgen Klinsmann gebeten, diese Idee zu verwerfen. Hoeneß freute sich sichtlich über die Bitte des ehemaligen Nationaltrainers und nahm zwischen ihm und seinem Assistenten Martin Vasquez Platz. Klinsmann sagte damals zu seiner unerwarteten Entscheidung: »Uli ist mein Chef, aber auch mein Ratgeber. Das sind 30 Jahre Erfahrung neben mir. Es wäre ja dumm, darauf zu verzichten. Darum habe ich ihn gebeten, sich weiter auf die Bank zu setzen.«

Doch am Ende sollte auch Uli Hoeneß ihm nicht mehr helfen können. Als die Bayern fünf Spieltage vor Ende der Saison 2008/09 Gefahr liefen, sogar die direkte Qualifikation für die Champions League zu verspielen, handelten sie schnell und schmissen Klinsmann nach der 0:1-Niederlage am 29. Spieltag zu Hause gegen den FC Schalke 04 raus – auch wenn am darauf folgenden Tag der Bayern-Konkurrent VfL Wolfsburg in Cottbus ebenfalls mit 0:2 unterlag. Nachdem Uli Hoeneß Klinsmann die Nachricht überbracht hatte, sagte er: »Ich glaube, Jürgen war überrascht, dass wir unsere Entscheidung,

Klinsmann im Dezember 1983, als er noch für die Stuttgarter Kickers spielte.

die wir gestern getroffen haben, so konsequent durchziehen. Er hat ja das Spiel unserer Freunde in Cottbus gestern auch gesehen und vielleicht gedacht, dass die Entscheidung so aufgeschoben wird.«

Doch zum richtigen Krach mit Klinsmann – mit dem man nach dem Ausscheiden wie üblich eigentlich Stillschweigen vereinbart hatte – kam es erst nach einem TV-Auftritt des ehemaligen Bayern-Trainers in Günther Jauchs Sendung »stern TV«. Hoeneß reagierte hörbar verschnupft: »Ich habe in Latein gelernt: Si tacuisses, philosophus mansisses – das bedeutet: Wenn du geschwiegen hättest, wärst du ein Philosoph geblieben.« Und auch auf Jauch war der Manager sauer: »Der hat dem Jürgen eine Plattform gegeben, Dinge zu erzählen, die nicht stimmen, ohne kritische Fragen zu stellen.« Über des TV-Moderators Ankündigung von Jürgen Klinsmann als »Barack Obama des deutschen Fußballs« konnte Hoeneß hingegen nur lachen: »Wenn Jürgen der Obama des deutschen Fußballs ist, dann bin ich Mutter Teresa.«

Bundestrainer

Das war das Ende der Trainerkarriere von Jürgen Klinsmann in Deutschland. Damals, als die erste Zeit als Bundestrainer vorbei war, schrieb »Der Spiegel«: »Das Ende von Siegfried & Roy«. Das war nach dem Sommermärchen der WM 2006. Als auch die Überredungskünste von Franz Beckenbauer gescheitert waren, mit denen er Klinsmann vom Rücktritt als Bundestrainer abhalten sollte: »Der Kaiser hat gesagt: ›Mach ja weiter!‹ Und ich habe gesagt: ›Schau'n mer mal.‹« Damals ging Klinsmann zurück in die USA. Seinem Co-Trainer Joachim Löw zeigte er sich zuvor aber noch hilfsbereit: »Jogi kann mich rund um die Uhr anrufen. Er soll nur an den Zeitunterschied denken.«

Als er nach der EM 2004 Nachfolger von Rudi Völler geworden war, dachten viele wie Ottmar Hitzfeld: »Das ist wie Phönix aus der Asche aus dem Hut gezaubert.« Dabei hatte Klinsmann die Sache selbst von langer Hand geplant. Seinem Berater Ronald Eitel hatte er eines Tages ein Fax geschrieben, auf dem nur stand: »Bundestrainer finde ich

KLINSI WEG!
Dienstag, 28. April 2009
Bild
UNABHÄNGIG · ÜBERPARTEILICH
www.bild.de
Rummenigge sagte um 9.33 Uhr: „Jürgen, du bist nicht mehr unser Trainer!“
Jetzt geht es um rund 5 Mio. Euro Abfindung
Heynckes Nachfolger, weil Hitzfeld absagte

O.K. Was meinst du? Wie gehen wir es an?« Eine nicht unwichtige Rolle spielte schließlich Ex-DFB-Teamchef Berti Vogts bei der Umsetzung der fixen Idee. Vogts meinte später: »Ohne mich wäre Jürgen Klinsmann heute noch mit dem Surfbrett unterwegs.« Thomas Gottschalk nutzte die überraschende Neuigkeit für einen Gag in seiner Samstagabend-Show: »Ich habe im Sommer einen Schock bekommen! Als ich hörte, der neue Bundestrainer kommt aus Kalifornien und ist blond, dachte ich: Ha – muss ich denn alles machen?«

Doch anfangs lief es nicht rund für Klinsmann und sein Team. Spätestens nach der 1:4-Niederlage in Italien im März 2006 wurde die Lage für den Schwaben bedenklich. Einerseits kritisierte die Fußball-Öffentlichkeit die Trainingsmethoden von Klinsmann (»Als das Gummiband-Training im Fernsehen kam, habe ich mich gefragt, ob wir den 1. April haben«, Hermann Gerland) und andererseits sorgte sein Wohnsitz für Diskussionen. Klinsmann weigerte sich, nach Deutschland zu ziehen. Er blieb in Kalifornien wohnen (»Wenn er den WM-Titel holt, dann kann er sogar nach Hawaii ziehen«, Stefan Effenberg). Der Bürgermeister von Kalifornien, einem Ortsteil im schleswig-holsteinischen Schönberg, nutzte die hitzige Diskussion, um für seinen Ort zu werben:

»Er spart sich lange Flüge und kann trotzdem Sonne, Strand und Meer genießen.«

Die Wogen glätteten sich erst mit dem Start des Turniers. Spätestens mit dem Last-Minute-Sieg im zweiten Vorrundenspiel gegen die Polen in Dortmund war alles vergessen. In Sönke Wortmanns WM-Film sah man später, wie Klinsmann die Mannschaft vor der Begegnung heißgemacht hatte: »Die stehen mit dem Rücken zur Wand – und wir knallen sie durch die Wand hindurch! Das lassen wir uns nicht nehmen, von niemandem – und schon gar nicht von den Polen!«

Und auch die Szenen vor dem Viertelfinalspiel gegen die Argentinier zeigen einen hoch emotionalen und sehr engagierten Trainer Klinsmann: »Die haben Muffe vor euch! Die kommen mit 'ner voll defensiven Taktik, die wollen uns auskontern, weil sie sich in die Hose machen. Wenn man ihnen Feuer gibt, wenn sie den Tiger in unseren Augen sehen, verlieren sie ihre Spielweise, und dann schlagen wir zu – aber brutal! Heute sind sie fällig! Das schwöre ich euch, Jungs!«

Auch bei den »Bravo«-Lesern beliebt: Jürgen Klinsmann mit dem »Silbernen Otto« 1996.

Vom »Diver« zum »coolen Deutschen«

Seine schönste Zeit als aktiver Fußballer hat Jürgen Klinsmann in England erlebt. Dort lieben sie ihren »Flipper« noch heute. Die Zeitung »The Sun« schrieb nach seinem Insel-Abenteuer: »Er kam mit dem Ruf eines Elfmeterschinders und geht mit einem Image irgendwo zwischen Schneewittchen und Mutter Teresa.« Vor seinem Engagement bei Tottenham Hotspur hatte Klinsmann bei den Engländern tatsächlich kein allzu gutes Image. Der englische Trainer und spätere TV-Experte Ron Atkinson hat einmal gesagt: »Gary Lineker hat gerade die Hand von Jürgen Klinsmann geschüttelt. Es ist ein Wunder, dass Klinsmann nicht umgefallen ist.« Der Komiker Frank Skinner meinte über Klinsmann, der damals noch

Dezember 1983: Auch ein fußballspielender Bäcker musste damals noch zur Bundeswehr.

den Spitznamen »Diver« trug: »Ich habe mir während der WM 1994 ein Spiel von Deutschland angeschaut, und als ich aufstand, um mir eine Tasse Tee zu machen, stieß ich aus Versehen gegen den Fernseher. Klinsmann ist gleich hingefallen.« Und auch der englische Fotograf Mike Kling konnte eine Klinsmann-Geschichte erzählen. Nachdem Pedro Monzón im Finale der Weltmeisterschaft 1990 in der 65. Minute Jürgen Klinsmann an der Strafraumgrenze umgesäbelt hatte, drehte der Schwabe zur Sicherheit noch ein paar Pirouetten in der Luft, bevor er am Boden zum Liegen kam. Fassungslos kommentierte Mike Kling die Szene so: »Man kann über Jürgen Klinsmann sagen, was man will, aber ich finde es einfach unglaublich, wie er in dieser Position landen konnte, ohne sich zu verletzen.« Doch als der Schwabe Tottenham verließ, liebten die Engländer ihn. Der »Observer« war sich sicher, dass Klinsmann der »coolste blonde Deutsche seit Marlene Dietrich« sei.

Am Ende seiner aktiven Fußballkarriere hatte Klinsmann noch gesagt: »Ich habe keine Lust mehr auf Flughafen, Fußball und wieder Flughafen. Das brauche ich nicht mehr. Und ich benötige auch kein Geld mehr.« Nun ist er doch weiter im Fußballbusiness geblieben. Vielleicht hat er sich irgendwann an ein anderes altes Motto von sich erinnert:

»Ein Bäcker kann nicht von dem Brot leben, das er gestern gebacken hat. Und ein Fußballer kann nicht von seinem letzten Spiel leben. Es geht immer um hier und jetzt.«

★ ★ ★

Jürgen Klopp

100 % Leidenschaft

Natürlich sind die Aktionen von Jürgen Klopp während der 90 Minuten unten auf dem grünen Rasen zuweilen grenzwertig – aber für leidenschaftliche Fußballanhänger meistens nachvollziehbar. Auch die Trefferquote seiner Sprüche ist bei der Menge, die er raushaut, überraschend hoch. Vor allem, weil er sich selbst zwar gerne in den Mittelpunkt rückt, dabei aber niemals schont: »Mit schlechtem Fußball habe ich mich lange genug rumgeschlagen – und zwar mit meinem eigenen.«

JÜRGEN KLOPP
1. FSV MAINZ 05

Der folgende Vergleich ist so ein typischer Satz von ihm. Nach oben austeilen, sich selbst einen Faustschlag auf die Nase drücken und am Ende als sympathischer Gewinner dastehen: »Ich war fußballerisch noch limitierter als Jürgen Klinsmann. Aber immerhin habe ich es auf 325 Zweitligaspiele gebracht, ohne einen einzigen Trick zu beherrschen.«

Das führte damals häufiger zu Situationen wie dieser: »Dragoslav Stepanovic hat mich mal vor einem Hallenturnier gefragt, ob ich auch schon mal Halle gespielt hätte. Als ich das bejahte, sagte er nur: ›Gut, aber heute nicht.‹« Auch Jahre später wurde Klopp von gemeinsamen Weggefährten an sein begrenztes Talent erinnert: »Wir haben mal beim FC Homburg gespielt, da sprang einem Gegner beim Stoppen der Ball sehr weit weg. Da sagte der Heidel oben auf der Tribüne: ›Schaut mal, die haben ja auch einen Klopp.‹« Bei seinen Ausflügen zum Fernsehen fühlte sich der gebürtige Stuttgarter (»Ich war ein Kaiserschnitt. Ich habe nur die ersten zwei Wochen meines Lebens dort verbringen müssen und bin dann weggezogen«) dann schon bedeutend wohler: »Hätte ich auf dem Platz immer so konzentriert Doppelpässe gespielt wie vor der Kamera, wäre ich als Spieler garantiert erfolgreicher gewesen.«

Im Grunde war sein Weg auf die Trainerbank vorbestimmt: »Fußball habe ich schon recht früh verstanden, ich konnte es nur nicht umsetzen. Über dem Hals war ich stärker als drunter.« Manager Christian Heidel (»Der Drecksack gab mir als Spieler einen Vertrag – mit dem Geld konnte ich mir die Autos, die er verkauft hat, nicht mal leisten«) und Präsident Harald Strutz hatten eigentlich nach einem weiteren Trainer-Rauswurf die Idee, die Saison komplett ohne Übungsleiter zu beenden. Doch dann ergriff Jürgen Klopp die Chance, die sich ihm bot, im Handstreich. In kürzester Zeit erarbeitete sich Jürgen »Harry Potter« Klopp (»Harry Potter ist mir lieber, als wenn sie mich Kermit getauft hätten«) nach leichten Anfangsschwierigkeiten seinen Status als talentierter Bundesliga-Coach. Seine Methoden waren jedoch nicht immer so ganz nach dem Geschmack seiner Spieler – vor allem nicht derer, die noch mit ihm zusammen auf dem Platz gestanden hatten, wie Torwart Dimo Wache:

»Früher war er nach Testspielen immer die Nummer eins an der Wurstbude. Heute bevorzugt er diese merkwürdige Trennkost.«

Nach vielen ereignis- und erfolgreichen Jahren verließ er den 1. FSV Mainz 05 im Jahr 2008. Sein tränenreicher Abschied mündete in den Worten: »Sollte ich jemals ein schlechtes Wort über Mainz 05 verlieren, dann möchte ich sofort eins mit der Eisenstange gegen das Schienbein bekommen.«

Vollgas beim BVB

Bei seiner Ankunft in Dortmund stellte er erst einmal bescheiden fest: »Mir war es leider nie vergönnt, vor so einer Kulisse wie im Westfalenstadion zu spielen. Bei mir waren es vielleicht in der gesamten Karriere 80.000 Zuschauer.« Bei seiner Vorstellung sagte Klopp: »Ich habe Riesenlust, hier zu arbeiten. Wir werden einige Vollgas-Veranstaltungen ablaufen lassen. Rasenschach wird es bei mir nie geben. Wenn Spiele langweilig sind, verlieren sie ihre Berechtigung.« Eigentlich war Klopp lange Zeit beim HSV als kommender Übungsleiter gehandelt worden, doch das scheiterte an einigen kleinen Details, wie Klopp sich im Interview mit der »Hamburger Morgenpost« erinnerte: »Die Vorstände Bernd Hoffmann und Katja Kraus wollten mich. Aber der Sportdirektor Didi Beiersdorfer konnte sich einfach nicht entscheiden. Also hatte er einen Scout losgeschickt, damit der mal so guckt, wie ich ausschaue. Und dann war man überrascht, dass ich so aussehe, wie ich aussehe. Da hab ich dann bei Herrn Beiersdorfer angerufen und gesagt: Falls ihr noch Interesse habt – ich sage hiermit ab! Nein, das ging ja gar nicht! Wer in diesem Geschäft arbeitet, der muss wissen, wie ich arbeite. Und dann hieß es noch, ich sei immer nach der Mannschaft auf den Trainingsplatz gekommen, wäre schlecht rasiert und hätte Löcher in den Jeans. Also, diese Beurteilung war echt daneben. Wobei, halt! Das mit dem schlecht rasiert, das stimmte natürlich.«

Von Anfang an folgte die Mannschaft seiner Marschroute. In der Saison 2009/10 waren seine Spieler sogar so trainingsfleißig, dass sie zumeist noch lange nach dem Ende der Übungseinheiten auf dem Platz standen, um Freistöße und Flanken zu üben. Eigentlich ein Grund zur Freude für jeden Coach. Doch Trainer Jürgen Klopp hatte eines Tages genug. Als er nach über 45 Minuten immer noch alleine unter der Dusche auf jemanden wartete, der ihm den Rücken schrubbte, zog er sich wieder an und ging nach draußen. Dort brüllte er dann amüsiert: »So, Kinder! Ich stelle gleich das Flutlicht ab!«

Als das Team 2011 erstmals unter Trainer Klopp Deutscher Meister wurde, jubelte die ganze Stadt. Die Mannschaft spielte einen hervorragenden Fußball, mit einem sehr jungen Team (Klopp: »Bei unserem letzten Sieg in München wurden die meisten meiner Spieler noch gestillt«). Trotzdem zeigte man sich lange Zeit sehr zurückhaltend: »Wir haben uns darauf verständigt, das M-Wort nicht zu benutzen. Aber wir wollen die Tabellenführung mit in die Sommerpause nehmen«, sagte beispielsweise Stadionsprecher Norbert Dickel. Nach

Werbeangebote hat er selten ausgeschlagen, egal ob für Rasierer oder Metylan …

dem Titelgewinn sagte Klopp: »Wenn du das Glück an dem Tag eingesammelt und es in die Welt rausgeschossen hättest, dann hätte noch ganz China gegrinst.« Ein BVB-Fan war gar so aus dem Häuschen, dass er sich schon mitten im Bundesliga-Endspurt die Meisterschale auf den Rücken tätowieren ließ – gleich neben das Konterfei von Trainer Jürgen Klopp.

Auch so kennt man ihn: zähnefletschend Kopf an Kopf mit dem Schiri.

Alles erlaubt

In dieser Hochphase der Gefühle war fast alles erlaubt. Und so führte Klopp ein legendäres TV-Gespräch mit Moderator Arnd Zeigler: »Wenn man sich das Spiel angeschaut hat, ein Torwart, der weit über 29 ist. Der Altersschnitt ist sicherlich auch ein Problem. Kann sich das eine Spitzenmannschaft erlauben?« Jürgen Klopp:

»Ich fand, heute hat es Roman sogar recht ordentlich gemacht. Wenn man ihn morgens sieht, nach dem Aufstehen, ist das ein schreckliches Bild, das er da abgibt. Aber auch da muss ich sagen, keine Chance, irgendwas zu ändern. Wir müssen ihn da durchschleppen und ... ja ... wir gucken, wie lange das noch geht. Aber ich habe auch da keine Alternativen. Ich kann keinen Feldspieler hinten reinstellen. Er ist der Einzige, den wir haben, und dementsprechend müssen wir ihn uns ab und zu auch schönsaufen.«

Dass Jürgen Klopp nicht immer so humorvoll reagiert, zeigte er bei einem Interview auf dem Betzenberg. Der prägnante Unterschied zum Gespräch mit Arnd Zeigler war damals: Während bei dem pointierten Interview zwischen zwei ähnlich gestrickten Persönlichkeiten beide Seiten wussten, dass die Kamera lief, war diesmal das Vergnügen einseitig, wie BVB-Pressemann Josef Schneck hinterher entschuldigend anmerkte: »Das hat der SWR ganz offensichtlich so geplant und genau so inszeniert.«

Und so rannte Jürgen Klopp ins offene Messer, als ihn Stephan Mai für seine Auge-in-Auge-Reportage plus Kameramann mit laufendem Aufnahmegerät abfing. Hier Klopps herrlich unentspannte Reaktion im Wortlaut: »Ach, leck mich am Arsch. Wirklich, ohne Witz, dass ich dir auch noch ein Interview geben muss, da hab ich Bock drauf wie Zahnweh. Dass du vor dem Spiel auch noch so blöd lachst. Musst du hierher, oder was? Versteh' ich echt nicht. Seuchenvogel! Hab ich schon einmal 'nen Punkt geholt oder irgendwas gemacht, wenn du da warst?! Ihr habt 50 Leute beim SWR – und du kommst. Um Spaß zu haben. Und lachst mich vor dem

Spiel auch noch an: ›Tut mir leid, ich kann's ja auch nicht ändern …‹.« Stephan Mai konterte keinesfalls eingeschüchtert, sondern durchaus selbstbewusst und bestimmt: »Ich kann ja auch nichts dafür!« Klopp rigoros und abschließend: »Und deswegen gibt es ja auch kein Interview!«

Das bekamen die Kollegen bei der FIFA-Fußball-Gala im Januar 2014 in Zürich dafür gratis. Vor laufenden Kameras fiel Superstar Zlatan Ibrahimovic dem BVB-Trainer um den Hals. Der Schwede lächelte Klopp an: »Sag mal, wann holst du mich denn endlich nach Dortmund?« Klopp taumelte leicht irritiert zurück, schüttelte weiter Ibras Hand und stammelte dann: »Naja, dafür müsste ich erst meine komplette Mannschaft verkaufen.« Ibrahimovic schüttelte den Kopf: »Ach, ich komme doch umsonst. Das sollte jetzt nur nicht der Präsident von Paris hören.«

Medienprofi

Diese authentischen Momente zeichnen den Fußballlehrer Klopp aus. Locker-leicht bewegt er sich durch die Medienwelt. Und wenn ein Spiel nach dramatischem Verlauf und zwanzig Schlussminuten mit einem ständigen Auf und Ab schließlich 4:4 ausgeht, dann findet Klopp schon wenige Minuten nach dem Abpfiff als Erster die richtigen Worte. Ganz Geschäftsmann sagte er nach einem irren Spiel gegen den VfB Stuttgart:

»Jetzt wissen wieder alle, warum sie so viel blechen sollen.«

Klopp versteht es, das bunte Treiben trotz aller Ernsthaftigkeit nicht zu überhöhen. Und gerade deshalb gelingen ihm immer wieder Momente wie dieser. Nach einem Spiel zwischen dem BVB und dem VfL Wolfsburg wollte Dortmunds Pressesprecher Sascha Fligge die Fragerunde für die Journalisten eröffnen, doch Klopp ergriff selbst als Erster das Wort: »Ich will nur ganz kurz was dazu sagen, ich weiß, die Jungs müssen heim. Aber ich muss mal für kleine Trainer. Falls jemand eine Frage hat, gerne. Wenn nicht, dann ist einfach Schluss. Das Spiel hat für sich gesprochen.« Klopp schaute sichtlich bedrückt in die Runde. Weil niemand etwas sagte, fuhr er fort: »Also ich muss wirklich, sonst wird es unangenehm.« Im Raum entspannte sich die Atmosphäre schlagartig. Lächelnd meinte der Pressesprecher: »Du kannst auch noch mal wiederkommen.« Doch von diesem Vorschlag hielt Klopp wenig und machte keine Mördergrube aus seinen Gedanken: »Da, wo ich hinmuss, da komme ich nicht mehr wieder.« Wolfsburgs Trainer Hecking lächelte und blickte erwartungsfroh auf die Pressevertreter: »Ich muss noch nicht.«

Auch die Spieler lieben Klopp. Seinen ersten Eindruck vom neuen Coach kleidete der Italiener Ciro Immobile einst in folgende Worte: »Er betrachtet die Spieler als Freunde und verlangt, dass wir ihm alles ins Gesicht sagen. Er hat ein un-

Hatten sichtlich Spaß an ihrer Zusammenarbeit: Trainer Jürgen Klopp und Sportdirektor Michael Zorc.

glaubliches, ansteckendes Lachen.« Einzig seine emotionalen Ausbrüche am Spielfeldrand sorgen in der ganzen Welt für Irritationen. Der britische »Guardian« hat darüber einmal sehr schön geschrieben:

»Es ist hinreichend bekannt, dass Jürgen Klopp der einzige Bundesliga-Trainer ist, der keine Maske tragen muss, um die Kinder an Halloween zu erschrecken.«

Masken setzt Jürgen Klopp ohnehin nur privat auf – wenn er sich ungestört in der Öffentlichkeit bewegen möchte: »In Extremsituationen muss man ideenreich sein. Den Junggesellenabschied eines Kumpels haben wir im Nikolaus-Kostüm gefeiert. Voll maskiert.«

Für viele Fußballfans ist Jürgen Klopp der geborene Trainer. Da glaubt man es kaum, dass er selbst ganz früher einmal etwas anderes werden wollte: »Ursprünglich Arzt. Ich habe bis heute wohl so ein kleines Helfersyndrom in mir. Aber ich war für diesen Beruf – ehrlich gesagt – wohl nicht schlau genug. Bei der Vergabe der Abiturzeugnisse sagte der Rektor zu mir: ›Hoffentlich klappt's mit dem Fußball, sonst sehe ich schwarz.‹«

★ ★ ★

Seine besten Sprüche

»Hey Schiri, hast du das Abseits geschätzt?«

»Ich mag Jogi Löw. Ich benutze sein Deo, sein Shampoo …« (nach der Länderspiel-Nominierung einiger BVB-Spieler)

»Wie soll ich einem Blinden erklären, was Farbe ist?« (auf die Frage eines Schalkers, wie man Meister wird)

»Das ist wie im Leben. Wenn heute die Waschmaschine kaputt ist, ist morgen der Trockner im Arsch. Und dann gibt der Fernseher den Geist auf.« (über Dortmunder Verletzungspech)

»UEFA-Cup-Feeling? Ist das so was wie Sodbrennen?«

»Aufgeregt war ich nur vor dem Abitur. Da war ich aber auch scheiße vorbereitet.« (auf die Frage, ob er vor einem möglicherweise entscheidenden Spiel aufgeregt sei)

»Wir führen ein ganz normales Familienleben. Und ich werde jetzt zu Hause auch nicht zwei Meister-Sterne auf der Brust tragen!«

»Ich habe mich total geärgert. Ich hätte nach dem Spiel jemandem auf die Schnauze hauen können.«

Jürgen Kohler

»Fußballgott«

Unglaublich, aber wahr: Dieses Tier von einem »Fußballgott« wurde einst wegen »Kreuzbeschwerden« ausgemustert. Man könnte also verkürzt sagen: Nicht geeignet für die Bundeswehr, aber tauglich für den langjährigen Nahkampf-Einsatz auf dem grünen Rasen. Was auch immer die Damen und Herren damals bei der Musterung geritten haben mag, selbst Erotik-Expertin Erika Berger reichte ein Blick, um fasziniert festzustellen: »Ein Mann wie eine Eiche. Ein Mann, der nicht lange fackelt.« Und Preben Elkjær Larsen schüttelte nur ungläubig den Kopf: »Gegen den macht höchstens ein Marsmensch ein Tor.«

Der »kicker« hat einmal über den »Fußballgott« geschrieben: »Da steht Jürgen Kohler, der Münchner Manndecker, spannt seinen Oberkörper wie ein Fangnetz unter der Zirkuskuppel und fängt das Leder mit der Brust. Wie Obelix den Hinkelstein auf dem Rücken hat Kohler in diesen Sekunden den Ball auf der Brust. Wie festgeklebt, das Leder fällt nicht runter.«

In Italien haben sie Jürgen Kohler »Massino« getauft, was so viel bedeutet wie bissiger Hund oder auf den Fußball übertragen: Wadenbeißer. Der Verteidiger genoss seine Zeit bei Juventus Turin damals sehr: »Hier in Italien werde ich noch abgezockter, kann noch mehr auf die Socken hauen – ohne dass es jemand merkt.« Die Spielweise der Italiener passte zu der alten Devise des Mannes, der aus der berühmten Waldhöfer Verteidiger-Schule stammte: »Der Stürmer muss das Hecheln im Ohr haben. Das kann sehr unangenehm sein.« Während der Weltmeisterschaft 1990 in Italien wollte das Glamour-Magazin »Bunte« Kohler den Lesern mit diesen Worten nahebringen: »Deutschlands Abwehr-Ass Kohler schwört auf den Augenkontakt. Beim Aufwärmen vor den großen Spielen der WM läuft er zu seinem Gegenspieler, baut sich vor ihm auf und blickt ihm tief und drohend in die Augen. Das signalisiert: ›Du gehörst mir. Ich habe keine Angst vor dir.‹«

Jürgen Kohler (»Zu viel Denken ist immer schlecht«) als beinharten Verteidiger zu beschreiben, wäre wohl untertrieben. TV-Kommentator Jörg Dahlmann meinte einmal hörbar beeindruckt:

»Kohler köpft alles weg, der würde sogar eine Kiste Bier aus dem Strafraum köpfen.«

Für den ZDF-Mann Aris Donzelli war der »Fußballgott« quasi unkaputtbar: »Metzelder könnte einer sein, der, wenn Jürgen Kohler in 20, 30 Jahren abtritt, die Lücke schließen

Geschmackvoll gekleidet: Jürgen Kohler mit seiner Freundin Esther im April 1987.

Stürmer Fredi Bobic hat das Hecheln im Ohr.

kann.« Dabei hatte auch Kohler so seine Probleme. Nie um eine Ausrede verlegen, hatte er nach einer Niederlage die Begründung für diese gleich parat: »Gestern hat's geregnet und heute schien die Sonne – darauf muss sich der Körper erst mal einstellen!«

Wenn's ums Filigrane ging, hatte der Nationalmannschaftsverteidiger ohnehin nicht immer alle Pressevertreter auf seiner Seite. Marcel Reif kommentierte einen Pass, den Kohler über fünf Meter gespielt hatte und der im Seitenaus gelandet war, so: »Für Kohlers Verhältnisse war der Pass gar nicht schlecht.« Und Manni Breuckmann lachte ins Mikrofon: »Ein Hackentrick von Jürgen Kohler – das kann ja nicht gut gehen.« Darüber hinaus lud der Spitzname des Abwehrspezialisten Pressevertreter zu sprachlich feinen Sätzen ein. ZDF-Kommentator Wolf-Dieter Poschmann erlebte bei der WM 1990 eine Sternstunde seiner Karriere, als er sagte: »Von Jürgen Kohler, den sie alle nur ›Kokser‹ nennen, zurück zum heutigen Gegner Kolumbien – eine gelungene Überleitung wie ich finde.«

Einen ganz besonderen Moment hatte Jürgen Kohler im Sommer 2001 mit dem BVB-Trainer Udo Lattek. Über die Sitzung vor dem entscheidenden Spiel beim VfB Stuttgart hat Matthias Sammer einmal aus dem Nähkästchen geplaudert. Lattek beschwor die Mannschaft damals mit diesen Worten: »Ich erzähl' euch jetzt mal eine Geschichte. Ihr sitzt zu Hause, ganz gemütlich im Wohnzimmer, habt die Beine hochgelegt und guckt gemeinsam mit eurer Frau einen schönen Film im Fernsehen. Glas Rotwein dabei. Und plötzlich hört ihr es krachen, und schwarz vermummte Einbrecher stehen bei euch im Haus. ›Mensch, was macht ihr da?‹, fragte Udo Lattek den ›Kokser‹ und brachialen Manndecker Jürgen Kohler. Insgeheim rechnete er natürlich damit, dass der sich erregt, aufspringt und lautstark tönt: ›Trainer, ganz klar. Die musst du umhauen!‹ Doch Kohler lehnte sich entspannt zurück und sagte: ›Trainer, in so einer Situation muss man ganz ruhig bleiben!‹ Und Udo Lattek, der alte Fuchs, hielt nur für einen Moment inne und meinte dann: ›Ganz genau. Ganz ruhig bleibt man. Und so müsst ihr heute spielen. Mit viel Ruhe und Augenmaß, dann haut das schon hin!‹«

Ein Jahr später war für Kohler dann Schluss in Dortmund. Im Mai 2002 hängte er seine Schuhe an den berühmten Nagel. Der »Fußballgott« ging nach 398 Bundesligaspielen, und der »kicker« titelte ihm zu Ehren voller Pathos: »Die letzte Grätsche!« Zum Schluss verriet Jürgen Kohler noch ein Geheimnis über sein Verhältnis zu Udo Lattek: »Ich bin Halbwaise und hätte mir einen wie ihn als Vater gewünscht.«

★ ★ ★

Erwin Kremers

»Du blöde Sau!«

Man musste schon ganz genau hinsehen. Die beiden Kremers-Zwillinge waren nicht leicht voneinander zu unterscheiden. Ein Muttermal im Gesicht von Erwin war für viele der einzige Anhaltspunkt. Und dann natürlich die Spielweise auf dem Platz. Erwin Kremers wusste schon immer ganz genau, was da zu tun ist: »Einmal gehe ich rechts vorbei, dann wieder links, dann wieder spiele ich den Ball durch die Beine oder mache einen Doppelpass mit einem Schalker Mitspieler. Ich variiere ganz bewusst, so dass es meine Kontrahenten besonders schwer haben. Man muss immer wieder etwas Neues bringen im Showgeschäft.«

Einst in Gladbach musste Erwin Kremers noch Lehrgeld zahlen. Ganz frisch in der Fußballbranche unterwegs, bot ihm Trainer Hennes Weisweiler eine Prämie von 100 Mark, wenn er denn endlich einmal ein Tor mit dem Kopf erzielen würde. Das war ihm zuvor nie gelungen. Doch schon beim nächsten Spiel landete ein Kopfball von Kremers im Netz. Leichtverdiente 100 Mark, dachte er, doch Weisweiler rührte sich nicht. Als er ihn ein paar Tage später direkt darauf ansprach, reagierte der Trainer sauer: »Pass auf, du bist angeschossen worden, für so einen Scheiß kriegst du keine Mark!«

In ihrer Heimatstadt Mönchengladbach hatten die beiden Kremers-Zwillinge keine Zukunft mehr. Und so wechselten sie nach Offenbach. Bei den dortigen Kickers spielte sich vor allem Erwin in den Vordergrund. Recht bald zeigte Schalke 04 Interesse, ihn zu verpflichten. Erwin war nicht abgeneigt, bat aber eindringlich, dass man seinen Bruder Helmut bitte gleich mit transferieren solle. Schalkes Präsident Günter Siebert ließ sich nicht lumpen: »Ach, komm, hab ich gesagt, die 125.000 Mark haben wir auch noch.«

Auf Schalke erlebten die Kremers-Zwillinge ein ständiges Auf und Ab. Nach dem Meineid-Skandal war der Verein nicht mehr derselbe. Doch es reichte für beide, um sich schnell in das Notizbüchlein von Bundestrainer Helmut Schön zu spielen. Alles wäre für Erwin Kremers 1974 gut gegangen, wäre ihm nicht in allerletzter Sekunde sein Temperament dazwischengekommen. Helmut Kremers verflucht bis heute, dass er in diesen Minuten nicht mit seinem Bruder auf dem Platz stand. Er hätte ihm so gerne geholfen und ihn vor dem Unglück bewahrt.

Am 34. Spieltag musste Erwin Kremers nach einer ziemlich ruppig geführten Partie auf dem Kaiserslauterer Betzenberg nur noch die allerletzten Sekunden überstehen, dann wäre die Saison 1973/74 endgültig zu Ende gewesen, und der Europameister von 1972 hätte mit der deutschen Nationalmannschaft die Vorbereitung auf die Weltmeisterschaft im eigenen Land begonnen. Doch beim aussichtslosen Stand von 4:0 für die Lauterer konnte sich Kremers in der 90. Minute nicht mehr beherrschen. Mit hochrotem Kopf brüllte er den Schiedsrichter Max Klauser an: »Halt das Maul, du blöde Sau!« Dieser drehte ein wenig an einem imaginären Hörgerät, klopfte sich auf die Ohren und fragte anschließend in aller Ruhe bei dem

Kaum zu unterscheiden: Erwin (l.) und Helmut (r.) Kremers.

immer noch fuchsteufelswilden Schalker nach, ob er denn da gerade richtig gehört habe. Die goldene Brücke für Kremers war ausgelegt. Doch anstatt langsam wieder runterzukommen und einmal kräftig durchzuatmen, setzte Kremers noch einen oben drauf: »Und jetzt noch einmal für Doofe, du blöde Sau!« Sein Trainer Ivica Horvat kommentierte den Platzverweis bittersüß: »Jetzt hat der Erwin endlich einen Unparteiischen gefunden, der sich nicht scheut, ihn vom Platz zu schicken. Das habe ich seit Wochen vorausgesagt.« Kremers wurde daraufhin aus dem Nationalmannschaftskader für die WM 1974 geworfen und bestritt in der Folge nie wieder ein Länderspiel für Deutschland.

20 Jahre später ließ sich Helmut Kremers zum Schalke-Präsidenten wählen. Mit den drei Monaten seiner Amtszeit verbinden beide Brüder ebenfalls keine guten Erinnerungen. Helmut: »Ich war der Meinung, dem Klub viel geben zu können. Aber die ganzen Verantwortlichen waren geschockt, als ich gewählt worden bin. Alle waren gegen mich.« Er erhielt Morddrohungen und trat schnell zurück. Dass der frühere Profi überhaupt ins Amt gewählt worden war, hatte er vor allem seinem Bruder zu verdanken. Erwin flüsterte ihm vor der Mitgliederversammlung den entscheidenden Satz zu:

»Zu meiner Zeit haben wir uns vor Spielen gegen Dortmund nicht einmal umgezogen.«

Übrigens: Das erste Bundesliga-Tor im neuen Dortmunder Westfalenstadion schoss ausgerechnet ein Schalker. Am 2. April 1976 fand das Heimspiel des VfL Bochum in Dortmund statt. Und da der BVB zu dieser Zeit in der 2. Bundesliga spielte, war es Erwin Kremers vergönnt, das erste Bundesligator im neuen Westfalenstadion zu erzielen.

★ ★ ★

Axel Kruse
»Hässliches Kind«

Seine eigene Mutter Erika sagte im Fernsehen über ihn: »Als er zur Welt kam, war er ein so hässliches Kind!« Die Medien liebten ihn aufgrund seines speziellen Auftretens und seiner impulsiven Spielweise. Sie nannten ihn »Amok-Kruse«. Nicht zu Unrecht, wie ein Spruch von ihm ganz gut zeigt: »Druck erzeugt Gegendruck. In unserer Branche heißt das leider in den meisten Fällen: Dreck erzeugt Gegendreck.« Und bei diesen Schlammschlachten hat sich Kruse – ein guter Freund und zeitweilig auch Konditionstrainer von Box-Rüpel Graciano Rocchigiani – gerne in der ersten Reihe präsentiert.

Er hat aber nicht nur ausgeteilt, der Mann bewies auf dem Platz auch Nehmer-Qualitäten. In der Saison 1997/98 knallte der damalige Hertha-Profi Kruse mit voller Geschwindigkeit auf den aus seinem Tor stürzenden Schalker Keeper Jens Lehmann und blieb benommen auf dem Rasen des Parkstadions liegen. Berlins Mannschaftsarzt Dr. Schleicher: »Acht Minuten war der Axel völlig weg, denn beide sind ungebremst gegeneinandergerasselt.« Kruse wusste von der Szene nichts mehr. Aber als er wieder bei Sinnen war, wusste er immerhin ganz genau, dass er nicht ins Krankenhaus wollte. Dr. Schleicher und Hertha-Manager Dieter Hoeneß mussten ihn »sehr behutsam« überreden, doch wenigstens ein paar Untersuchungen über sich ergehen zu lassen. Am nächsten Morgen wachte Kruse im Bochumer Krankenhaus Bergmannsheil wieder auf und erkundigte sich erst einmal nach dem Knockout. Doch nicht nach seinem eigenen, sondern nach denen von Dariusz Michalczewski und Ralf Rocchigiani, die in der Nacht zuvor geboxt hatten und deren Kämpfe der Boxfan Kruse nun wegen seines eigenen Knockouts verpasst hatte.

Dass Axel Kruse ein ganz spezieller Typ ist, bewies er auch bei der Beantwortung der folgenden Frage: »Wen oder was würden Sie auf eine einsame Insel mitnehmen?« Antwort des Mannes aus Wolgast: »Meine Frau, meinen Sohn und einen Baller-Automaten.«

Axel Kruse ist häufig und gerne mit allen möglichen Personen aneinandergeraten. Doch auf einen hatte er es besonders abgesehen: Jungstar Andreas Möller. In der Saison 1991/92 brodelte es in der Frankfurter Mannschaft – trotz aller Erfolge – schon länger. Dann brach es eines Tages aus Kruse heraus. In der ersten Halbzeit des Heimspiels gegen den 1. FC Köln hatte er sich auf dem Platz ein erbittertes Rededuell mit Andreas Möller geliefert. Es gipfelte in Kruses kernigem Ausspruch: »Halt die Fresse.« Der junge Frankfurter Mittelfeldspieler lief daraufhin postwendend und mit heruntergezogenen Mundwinkeln zu Dragoslav Stepanovic und verpetzte den blonden Eintracht-Stürmer beim Trainer. In der Kabine steigerte sich schließlich der Lärmpegel zwischen den beiden Kontrahenten, und die Aggressivität, die die Mannschaft auf dem Platz über 45 Minuten hatte vermissen lassen, drohte sich in einer handfesten Auseinandersetzung zu ent-

Axel Kruse traf zum 1:1-Ausgleich im entscheidenden Spiel um die Meisterschaft 1992 gegen Rostock. Es half nichts, Rostock erzielte noch den 2:1-Siegtreffer und Frankfurt beendete die Saison auf Platz 3. Der Jubel von Axel Kruse war trotzdem schön.

laden. Erst die wieder einmal unmissverständlichen und deutlichen Worte von Axel Kruse an die Adresse des beleidigten Möller ließen Ruhe einkehren: »Halt die Fresse, du Penner. Dein Geheule kotzt mich an.«

Als die Eintracht schließlich im letzten Saisonspiel in Rostock die Meisterschaft endgültig versaut hatte, regierte der Frust bei den Spielern. In der Kabine flogen die Flaschen umher. Sie waren aus Glas. Stürmer Kruse nahm da lieber Reißaus und ging vor der Tür eine rauchen. Als er gerade in Gedanken genüsslich an seiner Zigarette zog, kam Schiri Alfons Berg um die Ecke. Er hatte kurz vor Ende der Partie einen Elfmeter an Ralf Weber nicht gepfiffen. Nach der Meinung von Axel Kruse und aller Beobachter im Stadion war das der »klarste Strafstoß, den ich je in meinem Leben gesehen habe«. Verständlicherweise waren die Eintracht-Spieler nicht gut auf den Schiri zu sprechen. Doch Berg hatte mittlerweile Fernsehen geschaut und seinen Fehler eingesehen. Das sagte er Kruse und meinte noch: »Ich gehe jetzt in eure Kabine und entschuldige mich!« Der Eintracht-Stürmer grinste nur, legte eine Hand auf des Schiris Schulter und sagte: »Alfons, ganz ehrlich, ich glaube, das ist keine gute Idee.« In diesem Moment hörten die beiden, wie wieder eine Flasche an der Kabinenwand zersprang. Berg trat erschrocken zurück, senkte den Blick gen Boden und verschwand ohne ein weiteres Wort.

Das Verhältnis von Kruse zu den Schiedsrichtern war aber nicht immer so harmonisch. Einmal wurde der Stürmer zehn Spiele lang gesperrt, als er mit Schiri Osmers aneinandergeraten war. Kruse findet nach wie vor, dass die Strafe nicht der Situation angemessen war: »Ich rannte auf ihn zu, fing an zu schimpfen und packte ihn am Arm. Er versuchte sich loszureißen, stolperte aber dabei, drehte sich zweimal um die eigene Achse und fiel hin wie der Osterhase. Heute würde ich sagen: Schiri-Schwalbe.«

Nach seiner Fußballer-Karriere wechselte Axel Kruse konsequenterweise zum Football. Berlin Thunder verpflichtete ihn als Kicker. Für den ehemaligen Bundesliga-Stürmer war das eine Aufgabe nach Maß:

»Beim Football muss man nicht ins Tor schießen, sondern oben drüber. Das konnte ich schon immer ganz gut.«

★ ★ ★

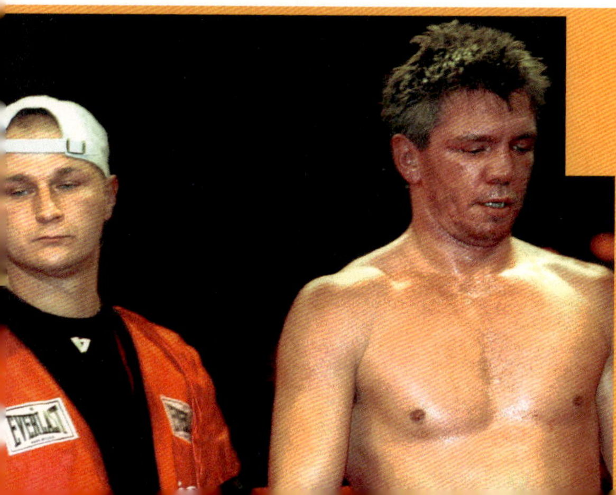

»Rocky« und sein Konditionstrainer Axel Kruse (l.).

Udo Lattek

»Augen eines Pumas«

In diesen zwei Sätzen vom »erfolgreichsten Vereinstrainer der Welt« (O-Ton Lattek) höchstpersönlich steckt so viel von und über Udo Lattek drin, wie man es wohl mit einer 400 Seiten starken Biografie nicht besser würde ausdrücken können: »Die großen Trainer haben schließlich alle gesoffen: Weisweiler, Happel, Zebec. Und ich gehöre ja auch zu den Großen.« Der ehemalige Lehrer für Sport und Englisch war eine der schillerndsten Persönlichkeiten der Bundesliga-Geschichte. Und das, obwohl Franz Beckenbauer einmal meinte: »Lattek war doch immer nur Kofferträger bei uns.«

Aller Anfang ist schwer, das hat auch Udo Lattek erfahren. Obwohl an diesem warmen Sommertag an der Sporthochschule »Theorie und Taktik« auf dem Lehrplan stand, fuhr der junge Udo lieber mit ein paar Freunden ins Schwimmbad. Das Wetter sei einfach zu schön gewesen. Später am Tag habe er seinen Lehrer getroffen – Hennes Weisweiler. Der habe ihm tüchtig die Meinung gegeigt, erinnerte sich Lattek, und da habe er dann eben »Leck mich doch am Arsch« gesagt. Weisweiler sei nichts anderes übrig geblieben, als ihn rauszuschmeißen. Einige Jahre später stand Lattek wieder vor Weisweiler. Diesmal zog er seine Fußballlehrer-Ausbildung jedoch engagiert durch.

Paul Breitner nannte seinen Trainer nicht umsonst »Gifthaferl«. Lattek, den sie in Spanien, als er in Barcelona Diego Maradona trainierte, »La Gamba« (Krebs) nannten und der einmal in einer Illustrierten über sich den Satz »Lattek hat eine rote Birne, als ob eine Peperoni Sonnenbrand hätte« lesen musste, sagte selbst über seine frühen Trainerjahre: »Da bin ich wie ein HB-Männchen durch die Gegend gesprungen. Du musstest mich nur schief angucken, und ich bin explodiert.«

Dauer-Grantler Max Merkel ließ zu dieser Zeit kein gutes Haar am Bayern-Coach: »Lattek oder Pattek, egal. Diese Bayern-Mannschaft mit Franz, Sepp und dem Gerd Müller, die könnte ich auch telefonisch trainieren. Der Müller macht ihm seine Tore, und der Uli Hoeneß zupft das Laken zurecht.« Lattek selbst sah das naturgemäß etwas anders. Seine Devise lautete: »Ich bin zu gut, um keinen Erfolg zu haben auf Dauer.« Niederlagen waren ihm ein Gräuel: »Wenn ich verliere, fühle ich mich, als wenn ich ein bisschen sterbe.« Ein »fußball magazin«-Leser wollte einmal von ihm wissen, ob er nach einem verlorenen Spiel nicht auch mal seine grimmige Miene vergessen könne. Latteks Antwort war eindeutig: »Wenn Sie einen Riesenhunger haben, und jemand nimmt Ihnen Ihr Butterbrot und die Getränke weg, lachen Sie dann?«

Christoph Daum hat über seinen kongenialen Partner beim 1. FC Köln gesagt: »Du musst den Menschen kennen und dann richtig anpacken. Udo kann das. Er sagt nur ein paar Worte,

aber die sitzen. Lattek ist mehr als die Einzeldinge, die wir hier nennen können. Zum Beispiel sein Blick: Der bringt oft mehr als großes Gerede.« Lattek wusste um diese besondere »Waffe«: »Mir hat mal eine spanische Tänzerin gesagt, dass ich die Augen eines Pumas habe!«

Titelsammler

Sein ganz großes Plus war aber stets sein Motivationstalent. Sein Motto für die Spieler: »Ihr müsst Gras fressen und in den Torpfosten beißen.« So temperamentvoll, wie er seine Mannschaft anstachelte, so heißblütig reagierte er am Spielfeldrand auch auf die Entscheidungen der Schiedsrichter. Nach einem 3:3 der Bayern in Mannheim tobte Lattek noch lange nach Spielschluss. Im Visier hatte er Schiri Berthold Schneider aus Püttlingen: »Dem hätte ich am liebsten mit der Fahne einen Scheitel gezogen.« Auch Tage später hatte er sich noch nicht beruhigt: »Mancher will einen Scheitel haben und mancher keinen. Der sah so aus, als wenn er einen bräuchte.« Und als Hans Kindermann vom DFB die Aussagen kritisierte, wurde Lattek erst richtig fuchsig: »Der kann mich mal langsam gernhaben. Ich habe nichts getan, nur gedacht. Wenn Herr Kindermann gegen mich etwas unternehmen möchte, dann müssen auch zehn Millionen deutscher Ehemänner angeklagt werden, weil die irgendwann einmal ihre Frauen verprügeln wollten.« Zum Glück beruhigte seine eigene Ehefrau die Situation mit einer erfreulichen Aussage: »Ich kenne keinen friedlicheren Menschen als Udo!«

Als Lattek der neue Übungsleiter in München wurde, war er richtig guter Dinge. Der ehemalige Assistent des Bundestrainers zeigte sich für seine zukünftige Arbeit sehr optimistisch: »Ich habe an einem 13. geheiratet und führe seit acht Jahren eine glückliche Ehe. Ich habe am Freitag, dem 13., den FC Bayern übernommen und bin sicher, dass diese Ehe auch gutgehen wird.« Der Einstand, nur einen Tag später, glückte jedenfalls. Alemannia Aachen wurde 6:0 geschlagen. Schon nach kurzer Zeit wurde den Bayern-Offiziellen der Erfolg allerdings fast schon unheimlich. Man befürchtete bei den Zuschauern eine Art Spannungsverlust. FCB-Präsident Wilhelm Neudecker meinte halb ernst, halb im Spaß:

»Herr Lattek, wollen Sie uns mit den dauernden Siegen das Geschäft kaputt machen?«

Doch der Trainer ließ nicht locker. Im Angesicht seiner ersten Meisterschaft versprach

26. April 1986, Meisterfeier nach einem Spiel gegen Borussia Mönchengladbach: FCB-Trainer Udo Lattek (Mitte) mit einer Tuba, Co-Trainer Egon Coordes (rechts) mit einer Klarinette.

Lattek im »Aktuellen Sportstudio«, beim Gewinn des Titels mit dem FC Bayern werde er zu Fuß von Nürnberg nach München laufen. Als die Bayern wenige Tage später tatsächlich die Meisterschale holten, wollten sich die Fans mit Lattek auf den Weg machen, doch der musste leider kneifen: Der Arzt habe ihm abgeraten, erklärte der Trainer. Die Bayern-Anhänger liefen trotzdem los – und Lattek spielte in München lieber einige Runden Tennis. Das kam nicht sonderlich gut an bei den Fans, wurde aber angesichts der herausragenden Saison schnell vergessen.

Der berühmte blaue Pulli

Die Jahre gingen dahin. Lattek strich Titel um Titel ein, egal, wo er auch gerade Trainer war. Doch 1987 hatte er plötzlich genug von seinem

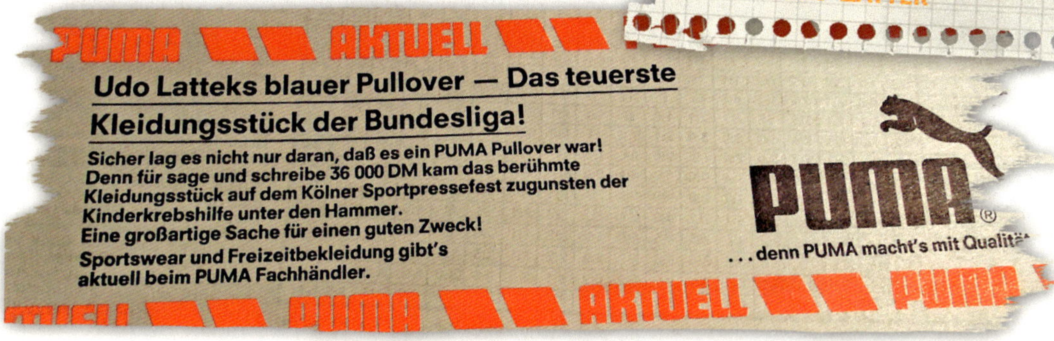

Beruf. Er wollte nie mehr Trainer sein. Nicht, weil er keine Lust hatte, nein, es habe mit den Bänken am Spielfeldrand zu tun: »Der Platz ist einfach zu hart für mich geworden.« Nach einer Pause wechselte er 1988 zum 1. FC Köln. Als Sportdirektor saß er nun in bequemen Ledersesseln. Dafür musste er länger arbeiten als zu seiner Zeit als Trainer. Aber auch das brachte Vorteile mit sich: »Meine Frau meinte schon, wir hätten nicht einmal mehr Zeit zum Streiten.«

Schon nach acht Spieltagen und einem 3:1-Sieg über die Bayern hieß der neue Sportdirektor Udo Lattek damals nur noch »Udo, der Guru«. Einen möglichen Erfolg über seinen ehemaligen Verein, so hatte Lattek einen Tag vorher angekündigt, wolle er tüchtig feiern: »Wenn wir die Bayern schlagen, liege ich morgen schon besoffen vor der ›Sportschau‹.« Doch mit den Bierchen musste er schließlich erst noch etwas warten – denn Lattek war Studiogast in der ARD-Sendung. Thema war natürlich sein mittlerweile legendärer blauer Pullover. Am 13. Spieltag in Frankfurt wollte man den ominösen blauen Glückspullover von Kölns Sportdirektor endlich waschen. Deshalb umrundete auch immer wieder eine gesponserte Waschtrommel das Feld. Da das Spiel 1:1 ausging, hielt der Mythos weitere zwei Wochen. Am Ende schloss Lattek das gute Stück sogar nachts im Tresor ein, aus Angst vor Dieben. Aber nach 15 Partien war der berühmte Pulli schließlich fällig: Werder Bremen gewann gegen den FC 2:1. Als der Pullover versteigert wurde, erlöste er stolze 36.000 Mark für die Mainzer Kinderkrebshilfe (gekauft hatte ihn »4711«). Eine Menge Geld, wiewohl Lattek eigentlich noch mehr wollte. Als ein Fan das kostbare Kleidungsstück eines Tages bei einem Spiel mit ihm tauschen wollte, sagte der Sportdirektor: »Mein Pullover kostet vier Millionen!« Der Neupreis lag übrigens bei 80 Mark.

Udo Lattek im schicken Trainingsanzug der Bayern im August 1974.

Mitten in dieser Saison wechselte Lattek plötzlich die Seiten und wurde für ein Monatsgehalt von 50.000 Mark Kolumnist der neu gegründeten »Sport Bild«. Seinen Job als Journalist stellte sich Lattek übrigens so vor: »Ich schreibe selbst oder lasse schreiben. Aber sicher ist, dass kein Wort von mir erscheint, das ich nicht kontrolliert und abgesegnet habe. Ich bin doch kein kleiner Dummer!«

Doch lange hielt es Lattek auf der anderen Seite des Fußball-Geschäfts nicht aus. Er wechselte wieder zurück zum 1. FC Köln. Dort legte der Verein im Herbst des Jahres 1991 gerade einen echten Fehlstart hin. Tabellenplatz 17 (von 20 Mannschaften) und eine Truppe auf dem Platz, die irgendwie lustlos spielte. Sportdirektor Udo Lattek wirkte ratlos, und die Medien wurden langsam unruhig. Zwischendrin wechselte Lattek für ein Spiel sogar noch einmal auf die Bank. Doch nach dem 1:1 gegen die Bayern erkannte er:

»Ich habe keine Lust mehr, den Affen zu machen. Wenn ich Trainer bin, muss ich mit den Spielern leben, leiden, schwitzen. Aber es interessiert mich nicht mehr, ob der mit rechts oder links flankt.«

Udo Lattek bei der (sinnlosen) Gartenarbeit fürs Fotoshooting.

Auch unter seinem Nachfolger Jörg Berger blieben in Köln die Erfolge anfangs aus. Der Widerstand gegen die Vereinspolitik wurde immer heftiger. Das alles musste auch die kleine neunjährige Tochter der Latteks mitbekommen haben. Denn eines Morgens zog sie los, packte einen Haufen Kreide zusammen und schrieb auf über zwei Dutzend Autos in der Lövenicher Malteserstraße, in der die Familie des Sportdirektors damals wohnte: »Lattek: JA!« Die Zeit beim FC endete schließlich kurz darauf.

Doch wieder Trainer

Nur ein Jahr später dann die große Überraschung: Udo Lattek, 57 Jahre jung, war zurück in der Bundesliga. Der Schalker »Sonnenkönig« Günter Eichberg wollte es jetzt richtig wissen und verpflichtete den alten Meistercoach, der eigentlich schon lange kein Trainer mehr sein wollte: »Obwohl ich wirklich mal geglaubt hatte, es wäre vorbei für mich. Doch dann kommt mit der Zeit die Überlegung: das Einzige, was ich im Fußball machen kann, ist Trainer – und sonst nichts. Ich bin kein Bürositzer, das ist nicht meine Welt. Ich bin ein Berufsidiot. Es wäre fürchterlich, wenn ich wieder als Lehrer in die Schule ginge. Nein, Fußball – und speziell die Bundesliga – ist wie eine Droge.« Und weil Lattek das wusste, malochte er auf Schalke fast für lau, wie Präsident Eichberg bei der Vorstellung des Erfolgscoachs freudestrahlend erklärte. Handschriftlich setzte der Besitzer einiger Krampfadern-Kliniken einen Vertrag auf und verkündete gerührt: »So etwas wie den Udo Lattek habe ich in diesem Fußballgeschäft noch nicht erlebt. Ein wirklich menschlich feiner Typ. Er arbeitet hier in Schalke quasi umsonst.« Und quasi war auch das entscheidende Stichwort. Denn Lattek bekam tatsächlich nicht das sonst übliche Monatsgehalt, sondern verschiedene Zahlungen zu bestimmten Anlässen. Erst einmal 100.000 Mark Startgeld, dann 8.000 Mark pro Punkt und eine Mark für jede verkaufte Heimspielkarte. Zusätzlich eine Suite im Maritim-Hotel, freies Telefonieren und die Nutzungskosten für den eigenen PKW inklusive. Die Prämie von 1.000.000 Mark für den UEFA-Cup-Platz und 1.500.000 Mark Erfolgshonorar

Darauf ein Gläschen Champagner: Trainer Lattek (l.) und Bayern-Präsident Scherer stoßen auf die Meisterschaft an.

für einen Platz vor Borussia Dortmund am Ende der Saison kassierte Lattek allerdings wegen anhaltender Erfolglosigkeit nicht mehr. Um den Trainer zu finanzieren, schloss Schalke einen speziellen Deal mit seinem Trikot-Sponsor ab. Fortan trug Lattek eine Mütze des Milchproduktefabrikanten und einen feschen Trainingsanzug. Die lebende Litfaßsäule Lattek prägte sich als ein legendäres Bild der Bundesliga ein.

Das Abenteuer scheiterte, weil die Spieler ihren Trainer von Anfang an nicht akzeptierten. Die Profis machten sich über ihren Coach und seine Methoden lustig (»Der behandelt Spieler, als wären das alles Menschen zweiter Klasse. Als Spieler muss man unheimlich auf die eigene Frau aufpassen, wenn er in der Nähe ist«, Max Merkel). Sie stellten den Journalisten lächelnd die Frage: »Was will der alte Mann von uns?« Die Karriere des Trainers Udo Lattek schien endgültig vorbei.

Doch 2001 erfolgte die Rolle rückwärts. Der BVB war überraschend in den Abstiegskampf gerutscht. In dieser Situation verpflichtete man als letzte Lösung den alten Startrainer Udo Lattek. Noch eine Woche vor seiner Einstellung als BVB-Coach hatte Lattek in einer Kolumne geschrieben: »Ob jetzt ein neuer Trainerwechsel etwas hilft? Eigentlich bin ich dagegen. Und es ist auch eine Frage der Alternativen. Wer ist auf dem Markt?«

Zusammen mit Matthias Sammer sollte er in den letzten fünf Spielen helfen, die Borussia vor dem Abstieg zu bewahren. Es war genau der Lattek, der im September 1991 auf die Frage, wer der beste Trainer sei, bescheiden geantwortet hatte: »Der Lattek, als er noch Trainer war.« Nun kehrte er im Jahr 2001 zu einer seiner früheren Stationen im Revier zurück. Borussia Dortmund stand kurz vor Ende der Saison direkt am Abgrund, als Präsident Gerd Niebaum die irre Idee hatte, Udo Lattek noch einmal auf den Posten des Cheftrainers zu befördern. Doch bevor er Dortmund retten konnte, musste man sich erst einmal in allen Geldangelegenheiten einig werden. Stolz erzählte Lattek später, es sei schlussendlich nicht die kolportierte eine Million gewesen, die Dortmund für diese fünf Spiele zahlte, sondern deren zwei. Und zusätzlich sollte es einen neuen Mercedes 500 (»Wir sind uns ja quasi einig über die Finanzen. Aber so einen Wagen hätte ich auch gerne«) gegeben haben, da Lattek gesehen hatte, dass Gerd Niebaum solch ein ebenso schönes wie seltenes Auto bereits fuhr. »Du Hund!«, habe der Präsident bei dieser Forderung gerufen, aber schließlich doch eingeschlagen. »Den bin ich aber nie gefahren – zu lange Lieferzeit. Also habe ich ihn mir auszahlen lassen«, erinnerte sich Lattek später grinsend. Er hatte mal wieder das Optimale herausgeholt. Frei nach seiner Maxime:

»Ich habe das Geld immer genommen. Ich wollte schließlich niemandem wehtun.«

Sportlernahrung: Bei reichlich Bier erläutert Trainer Lattek seinem Spieler Matthäus die Taktik.

»Auch die Nüsse!«

Udo Lattek hat einmal über sich gesagt: »Ich bin der Hans Albers der Bundesliga. Der konnte saufen wie ich und auch arbeiten.« Zeit seiner Karriere war der Alkohol ein großes Thema. Mal offen angesprochen (»Der Lattek hat in den beiden letzten Wochen seiner Amtszeit mit den Bayern-Spielern mehr Alkohol verkonsumiert als ein Normalsterblicher in vier Jahren«, Uli Hoeneß), mal eher im Verborgenen. Lattek meinte dazu: »Ich habe gerne Alkohol getrunken. Ich habe gerne Bier getrunken, auch mal ein Schnäpschen. Aber mir kann keiner vorwerfen, dass ich jemals irgendwo versagt habe, dass ich irgendwo mal nicht beim Training war oder irgendwo nicht topfit war.«

Trainer-Kollege Max Merkel lästerte: »Udo Lattek haben sie Blut abgenommen. Ergebnis: reiner Alkohol, verschmutzt durch rote Blutkörperchen.« Da verwunderte es nicht, dass Lattek über eine 1.000-Mark-Wette zu

Zeiten bei Borussia Dortmund kopfschüttelnd meinte: »Das war die dümmste Wette meines Lebens.« Lattek wollte damals »keinen Tropfen Alkohol mehr« trinken, ehe seine Elf »nicht dreimal hintereinander gewonnen« hatte. Das schafften weder die Mannschaft noch ihr Trainer.

Auch Franz Beckenbauer hatte eine Geschichte über Lattek zu erzählen: »Er neigte dazu, beim Trinken das Maß zu verlieren, was seine Privatsache war, solange er nicht bei Reisen mit der Mannschaft für peinliche Zwischenfälle sorgte. Aber vor einem Freundschaftsspiel warf er die Hotelbesitzerin in den Swimmingpool. Im Hotel Krummenweg bei Düsseldorf diente ihm ein Relief in der Halle als Zielscheibe. Er bewarf es mit Äpfeln, Birnen, Orangen, Bananen, es sah am Morgen danach aus wie ein an die Wand geklebter Obstsalat.« Wahrscheinlich war zu diesem Zeitpunkt bereits Latteks Bitte an den Ober nach dem zehnten Pinnchen seines Lieblingsgetränks Wodka-Feige gefallen: »Ab sofort ohne Feige – nimmt bloß Platz weg!«

Unter Journalisten-Kollegen erzählte man sich gerne eine Geschichte aus den 1990er Jahren. Damals soll Lattek bis drei Uhr in der Nacht die Hotelbar quasi leer getrunken haben. Dennoch wirkte er am nächsten Morgen beim Auschecken an der Rezeption recht fit. Der junge Mann am Empfang fragte Lattek routinemäßig, ob er denn etwas aus der Minibar gehabt habe, und der Erfolgstrainer antwortete ohne zu zögern: »Alles!« Der Hotelangestellte schaute Lattek in die Augen und fragte: »Alles?« Und der Fußballlehrer antwortete erneut: »Alles!« Der junge Mann vergewisserte sich und fragte abschließend: »Auch die Nüsse?« Und Lattek antwortete ruhig: »Auch die Nüsse!«

Latteks Spieler genehmigten sich damals ebenfalls gerne mal einen. Ihr Trainer wusste sich das zunutze zu machen: »Einmal bin ich reingekommen, am Tag vor dem Spiel, im Trainingslager, und die Spieler hatten vergessen, die Tür abzuschließen. Ich mache die Tür auf und bleibe erst einmal stehen. Die Spieler dachten, jetzt gibt's ein riesengroßes Donnerwetter … Ich bin ans Telefon, hab die Rezeption angerufen – noch vier Weißbier bitte, die Gläser sind alle leer. Da war das Eis gebrochen. Am nächsten Tag sind die gerannt wie die Hasen.« Lattek erinnerte sich: »Die hatten oft ein derart schlechtes Gewissen wegen ihres lockeren Lebenswandels, dass sie beim Spiel nur an eines dachten: Enttäuscht ja nicht den Lattek. So einen wie den kriegen wir niemals mehr!« Das Motto war damals nicht selten: »Auslaufen? Die anderen sollen auslaufen, wir gehen jetzt zum Aussaufen!«

Das war die eine Seite des Udo Lattek. Die andere beschrieb er selbst einmal so:

»Der Clown und der Trainer, sie sind eng verbunden und miteinander seelenverwandt. Innen traurig, doch nach außen spielen beide den Kasperl für die Öffentlichkeit, für die Zuschauer. Die Bundesliga ist wie ein Zirkus. Wenn ich da in die Manege muss, dann setze ich meine Maske auf, schminke mich, und wenn das Spiel auf der Kippe steht, dann lache ich den Fotografen in die Linsen. Keiner weiß doch, wie es in Wahrheit in mir aussieht. In mir, diesem armen Hund.«

★ ★ ★

Thorsten Legat

»Nur die Harten kommen durch.«

Wenn Thorsten Legat kein Fußballprofi geworden wäre, hätte er Geschichtenerzähler werden müssen. Kaum ein Bundesligaspieler kann solch herrliche Storys aus seiner Karriere erzählen wie er. Und es kommen stets neue hinzu. Als Legat einst Stress in Stuttgart hatte, rief Schalke-Manager Rudi Assauer bei ihm an. Der hatte nur ein Ziel, wie sich Legat selbst erinnert: »Thorsten, komm nach Hause. Wir alle sind nicht fehlerfrei. Wir Ruhrpottler ticken manchmal nicht richtig. Aber wir müssen zusammenhalten. Du bist ein Geschenk Gottes. Du gehörst hierher, komm nach Schalke.«

Legats Karriere kann man am besten mit einem Satz von ihm selbst beschreiben: »Es war toll, es war klasse, es war wie ein Albtraum.« Lassen wir uns »alle Welt der Zeit« (O-Ton Legat) und beginnen am Anfang.

Da Legat schon in jungen Jahren erhebliche Probleme mit seinem Rücken hatte, riet ihm ein Arzt, diesen durch Fitnesstraining zu stabilisieren. Das machte Legat fortan mit großer Freude und Begeisterung. Sein Körper sah schnell sehr beeindruckend aus, doch die wenigsten wussten, warum Legat seine Muskeln stählte. Und so fragte ihn eines Tages ein neugieriger Journalist, wie er denn in so jungen Jahren zum Bodybuilding gekommen sei. Und Legat antwortete: »Immer die Castroper Straße rauf!«

Die Bundeswehr wollte den Bochumer damals aufgrund seiner »Rückenbeschwerden« lieber nicht zum Dienst an der Waffe heranziehen. Auf die Frage, ob er diese Schmerzen denn auch beim Fußball oder Bodybuilding spüre, antwortete Legat ehrlich: »Nee, nur beim Spazierengehen.« Als er, mit sieben Stichen genäht, einmal frisch aus dem Krankenhaus kam, empfing er die wartenden Journalisten mit einem Lächeln und sagte: »Nur die Harten kommen durch.«

Doch in seiner Heimat zählte damals nicht nur der Fußball. Gegenüber einer Boulevardzeitung redete sich Legat im März 1991 seinen Liebesfrust von der Seele. Seine Flamme Tanja habe ihn »wahnsinnig belastet«. Da sie selbst Fußball spiele, habe sie ihn immer mit Fachfragen genervt. Und außerdem habe er viel zu spät gemerkt, dass »die erst 18 ist«. Voller Reue sei er jetzt zu seiner Nicol (ohne »e«) zurückgekehrt. »Sie ist meine große Liebe«, sagte Legat mit funkelnden Augen.

Der ehemalige Torhüter des VfL, Andreas Wessels, hat einmal eine kleine Sach- und Lachgeschichte über Thorsten Legat erzählt: »Als 17-Jähriger trainierte Thorsten Legat schon bei uns mit. Er war gerade dabei, seinen Führerschein zu machen. Wir mussten oft auf anderen Plätzen trainieren und sind mit unseren Autos hingefahren. »Katze« Zumdick und ich haben dann einmal zu Thorsten gesagt: Heute fährst du! Du machst bei uns eine Gratis-Fahrstunde! Der ist munter durch Bochum gebrettert. Und wir hatten unseren Spaß. Als uns am Stadion schließlich Jupp Tenhagen gesehen hat, gab es ein fürchterliches Donnerwetter!«

In diesen Anfangstagen der Karriere fragte Trainer Reinhard Saftig Legats Mitspieler Thomas Epp, warum er denn Bergläufe mache, im Spiel müsse er doch auch auf keinen Berg rauf. Legat reagierte empört und antwortete für seinen Kollegen: »Falsch, Trainer! Wir müssen doch noch auf den Betzenberg!«

Bochum und Bremen

Bochums Nachwuchshoffnung war schon als Kind ein Fußballfanatiker, wie seine Mutter erzählte: »Wenn morgens um acht Uhr in unserer Straße eine Blechdose schepperte, wussten alle Bescheid: Der Legat ist unterwegs!« Auch Thorstens Freundin Nicol war hin und weg vom gut gebauten VfL-Profi: »Von dem Tag an, als sie mich in Werne spielen sah, war sie hinter mir her.« Und Thorsten wusste bereits damals, dass er auf ewig dem runden Leder verfallen sein würde: »Ohne Fußball bräche für mich die Welt zusammen.«

Der VfL war sich des großen Talents von Thorsten Legat bewusst und wollte ihn unbedingt längerfristig an den Verein binden. Präsident Ottokar Wüst meinte entschlossen: »So dumm können wir doch gar nicht sein, einen 21-Jährigen laufen zu lassen, von dem sich der Verein in Zukunft noch viel erhofft.« Dumm nur, dass Manager Hilpert ausgerechnet den Tag der Vertragsunterzeichnung mit Legat komplett vergessen hatte. Der Jungstar saß stundenlang wie ein kleiner Schuljunge vor dem Büro des Managers und wartete. Doch Klaus Hilpert war bereits außer Haus. Ein bisschen verarscht sei er sich da schon vorkommen, sagte Legat und unterzeichnete wenige Tage später dann doch.

Kurze Zeit danach wechselte der Bochumer allerdings nach Bremen. Ein Journalist aus der alten Heimat wollte wissen, ob er denn nun noch mit seinem Ex-Verein leide. Legat antwortete trotzig:

»Was für eine Frage! Für unseren VfL würde ich sterben. Das ist mein Verein.«

Und so war Legat beim Meisterschaftsgewinn mit Werder Bremen in der Saison 1992/93 auch deshalb komplett aus dem Häuschen, weil Werder den Titel, wie er sagte, »mit zwei Bochumern« geholt hatte. Der Haken an der Sache: Der Mitspieler, den Legat meinte, war Stefan Kohn. Und der hatte für den VfL nur ganze 55 Spiele bestritten – und kam gebürtig aus Ellwangen in Baden-Württemberg! Mitten im Meistertrubel wurde Thorsten Legat schließlich von Bochums Abstieg unterrichtet. Er sackte augenblicklich zusammen: »Am liebsten könnte ich jetzt weinen!«

In Bremen traf der Bochumer Junge damals auf eine große Anzahl toller Typen. Man hatte viel Spaß miteinander. Sein Mitspieler Uli Borowka erzählte mal die folgende Geschichte über Legat: Eines Tages kam dieser schon mit schmerzverzerrtem Gesicht morgens zum Training. Coach Otto Rehhagel fragte, was denn los sei, und Legat antwortete prompt: »Trainer, ich habe mir über Nacht den Meniskus gezerrt. Ich würde schätzen, ich falle für die nächsten drei, vier Wochen aus!« Rehhagel schaute Legat etwas irritiert an: »Thorsten, das ist gut, dass Sie gleich zu mir kommen. Es ist hervorragend, dass Sie einzuschätzen wissen, was für eine Verletzung Sie haben, und fast unglaublich, dass Sie auch noch den Verletzungszeitraum eingrenzen können. Es wäre jedoch toll, wenn wir uns noch

März 1991: Thorsten Legat steht mit Freundin Nicol Krawczyk vor einem Zechenturm.

eine zweite Meinung einholen könnten. Fahren Sie schon einmal los, und wir machen unterdessen einen Termin im Ärztehaus.«

Nach zwei Stunden kam Legat gerade am Ende des Trainings auf den Platz gestürmt und schrie lauthals: »Verarschen lass' ich mich auch nicht!« Dann packte er sich ein Ballnetz, rannte zwanzig Meter vors Tor, positionierte die Lederkugeln in einer langen Reihe und drosch mit Vollkaracho und dem vermeintlich verletzten Bein auf den leeren Kasten. Sofort kamen seine Mitspieler und Trainer Rehhagel angelaufen. »Thorsten, was ist denn passiert?«

Legat schnaubte vor Wut: »Die haben mich anderthalb Stunden im Wartezimmer sitzenlassen. Nix ist passiert!« Rehhagel sprach betont ruhig: »Das geht natürlich gar nicht. Da werden wir uns direkt mal erkundigen!« Im Ärztehaus meldete sich eine nette Sprechstundenhilfe: »Ja, wir haben uns auch schon gewundert, wo denn der Herr Legat bleibt. Gerade haben wir uns im Haus erkundigt: Herr Legat war wohl da, hat aber leider eine Etage zu tief gesessen – in der Gynäkologie!«

Eine andere Story aus dieser Zeit erzählte Legat selbst: »Einmal mussten wir in Leverkusen antreten, und über meine Seite kam der Hans-Peter Lehnhoff. Vor dem hatte ich ein bisschen Bammel. Da habe ich Uli (Borowka) gefragt, ob er nicht mal was machen könnte. Und Uli hat gemeint: Gar kein Problem! Zu Hans-Peter Lehnhoff muss man wissen, dass er der legitime Vorfahre von Tim Wiese war – was die Gesichtsbräunung anging. Und da ist der Uli zum Lehnhoff hin und hat gesagt: ›Hans-Peter, wenn du einmal über links kommst, dann tret' ich dir die Bräune aus dem Gesicht!‹ Was soll ich sagen: Zur Halbzeit ist der Lehnhoff in der Kabine geblieben!«

Frankfurt und Stuttgart

Nach seinem Wechsel zur Frankfurter Eintracht (»Ich hätte auch woanders ins Ausland gehen können«) lief es bei Thorsten Legat nicht mehr so richtig rund. Nachdem er einige Wochen unbefriedigende Leistungen abgeliefert hatte, bat ihn das Präsidium zu einer Aussprache ins Büro. Dort fragte man ihn, ob er wisse, warum er denn in der letzten Zeit so schlecht spiele. Nachdem er einige Minuten herumgedruckst hatte, rückte der Eintracht-Profi doch noch mit der Sprache raus: Sein Vater sei verstorben. Die Mitglieder des Präsidiums zeigten sich schockiert und sprachen ihr Beileid aus: »Das hätten Sie uns doch sagen können, Thorsten. Das hätten wir doch verstanden.« Sofort schickte man einen Blumenkurier mit einem Beileidsschreiben nach Bochum-Werne. Schon zwei Stunden später stand er vor der Tür der Legats. Er klingelte, ging die Treppe hoch und übergab den Blumenstrauß – an den quicklebendigen Vater von Thorsten.

Danach lief es noch etwas schlechter in Frankfurt. Deshalb vermutete Legat richtig, als er meinte: »Ich glaube nicht, dass der Verein mir Steine in den Vertrag legt.« Er wechselte schließlich zum VfB Stuttgart.

Als Legat bei den Schwaben spielte, wollten die heimischen Reporter natürlich von ihm wissen, ob er denn schon die regionale Spezialität Spätzle probiert habe. Und Legat, der Junge aus dem Ruhrgebiet, antwortete

»Für unseren VfL würde ich sterben.«

Seine Karriere hing an einem seidenen Faden

Bochums Scharfschütze Thorsten Legat

Als säße er auf heißen Kohlen

An Selbstvertrauen mangelt es ihm nicht: Der junge Bochumer Thorsten Legat geizt weder mit Toren noch mit flotten Sprüchen. Sein Fernziel heißt die „WM 1994"

Bundesliga oben ohne – eine wahre Prac

Gewaltig, was sich da unter den Trikots der Fußballprofis versteckt

…sagt, gehört

…ürnbergs …aft nach …Flugzeug …ßball zog …rrung zu …e 80 000 …direktor …n. Vlado

Vlado Kasalo (links). Sein Mercedes blieb zur Reparatur in Zagreb

Mit seinem Körper wirbt Legat demnächst für Bodybuilding

Fotos: Schreyer, Köpcke, Kettler, Muhlke, Hartmann, Köseg

Legat:

10 000 Mark für die gute Figur

● Mit einer guten Figur kann man auch Geld machen. Bestes Beispiel: Bochums Mittelfeldspieler Thorsten Legat. Nach der SPORT-BILD-Geschichte über die Muskelmänner der Bundesliga meldeten sich die Chefs von drei Fitneß-Studios bei Legat, um mit seinem Alabaster-Körper auf Prospekten und in Anzeigen zu werben. Legat stimmte zu und schloß mit ihnen Werbeverträge ab. Sein Honorar: 10 000 Mark.

ehrlich: »Die hab ich noch nicht probiert, im Allgemeinen mag ich Geflügel aber sehr gerne!« Jahre später sagte er zu seiner Entschuldigung: »Ich wusste doch gar nicht, was Spätzle sind. Ich wusste, was Currywurst ist, 'nen Auflauf oder Durcheinander von der Mutter – aber doch nicht Spätzle. Dann habe ich das eben gesagt. Geh mal irgendwo nach Italien. Wenn du nicht weißt, was Sache ist, sagst du auch irgendwas.«

In Stuttgart hat sich Legat mit verschiedenen Aktionen nicht immer nur Freunde gemacht. In seiner Nachbarschaft machte er sich mit seinem lilafarbenen BMW M3 unbeliebt: Die anderen schafften natürlich alle bei Daimler und fanden die Automarke überhaupt nicht passend. Und auch in der Mannschaft kam nicht jede Aktion so richtig gut an: Eines Tages schoss Legat seinen Mitspieler Fredi Bobic beim Warmmachen so ab, dass dieser mit der Trage noch vor dem Spiel vom Feld geholt werden musste. Und weil Legat im Fitnessraum auf ein Poster, das seinen dunkelhäutigen Mannschaftskollegen Pablo Thiam mit einer Trinkflasche in der Hand zeigte, das Wort »Negersaft« geschrieben hatte, musste er die Schwaben schließlich verlassen.

Karriereende auf Schalke

Nach einer längeren Zeit der Ungewissheit verpflichtete ihn der FC Schalke 04. Hier hatte er gleich wieder nur Unsinn im Kopf. Als das offizielle Mannschaftsfoto der Schalker geknipst werden sollte, raunte ihm von der Seite sein Mitspieler Olaf Thon zu: »Legat, wenn du deine Hose bis zum Anschlag hochziehst, bekommst du von mir 500 Mark.« Aus dem Hintergrund schaltete sich Andreas Möller ein: »Ich erhöhe auf 1.000, Thorsten!« Da ließ sich Legat nicht lange bitten, schob das Hemd in die Hose und zog diese bis unter die Achseln hoch. Und tatsächlich schaffte es Legat mit dieser Aktion unbemerkt in das »kicker«-Sonderheft. Dumm nur, dass Manager Assauer, als er das Magazin in den Händen hielt, nicht viel Sinn für Humor zeigte. Legat musste bei ihm im Büro (»Das ganze Zimmer ist vollgeraucht gewesen. Ich hab den Manager fast gar nicht gesehen an seinem Schreibtisch. Ich dachte, ich bin beim Paten höchstpersönlich«, O-Ton Legat) antanzen: »Mensch, Thorsten, was haste jetzt wieder ange-

Ausschnitt aus dem legendären Schalker Mannschaftsfoto der Saison 2000/01.

Legendär sein Auftritt beim Promiboxen 2014.

stellt? 20.000 Mark Geldstrafe, 5.000 Mark in die Mannschaftskasse und noch ein Essen für alle obendrauf.« Als Legat noch kurz einwendete, dass sich das für ihn aber nicht rentieren würde, da er doch nur 1.000 Mark bekommen habe für die Wette, schmiss ihn Assauer hochkant aus seinem Büro.

Diese Geschichte muss Thorsten Legat bis auf den heutigen Tag wieder und wieder erzählen. Genau wie eine andere. Als er zusammen mit dem Ex-Bochumer Thomas Epp für Eintracht Frankfurt spielte, mussten die beiden verletzt nach München zu Doktor Müller-Wohlfahrt. Nach einer etwas längeren Wartezeit kam der große Schauspieler und berühmte Winnetou-Darsteller Pierre Brice, gestützt von seiner Frau, durch die Tür herein. Er schrie vor Schmerzen. Offensichtlich plagte ihn ein Hexenschuss. Seine Frau bat die beiden Profis inständig, ihren Mann vorzulassen. Doch Legat kannte kein Erbarmen und antwortete ohne lange zu überlegen: »Nee!« Etwas nachdenklicher schob er hinterher:

»Außerdem dachte ich, ein Indianer kennt keinen Schmerz!«

★ ★ ★

Jens Lehmann

»Oberlehrer Lehmann«

Journalisten beschrieben den deutschen Torhüter der WM 2006 mit den Worten »193 Zentimeter intelligente Arroganz«. Und aus seiner Zeit in England bei Arsenal London ist dieser Satz der Mitspieler hängen geblieben: »Mit mehr Lehmanns hättet ihr Deutschen den Zweiten Weltkrieg gewonnen.« Viel Stoff für Interpretationen also. Nur »Der Spiegel« legte sich fest und nannte ihn den »Oberlehrer Lehmann«.

Rudi Völler, den das Volk einst als »Tante Käthe« verehrte, urteilte über Lehmann: »Den Oscar der Beliebtheit wird er nicht mehr gewinnen.« Da ist was Wahres dran. Doch man hatte stets den Eindruck, dass Jens Lehmann die Meinung der anderen eh nicht sonderlich interessierte. Wer mit dem Hubschrauber zum Training fliegt, muss damit rechnen, dass er nicht von allen gefeiert wird. Nicht unbedingt sympathischer wird es, wenn man folgende Selbsteinschätzung liest: »Ich will jetzt nicht sagen, ich bin der tollste Torhüter. Aber ich habe bisher noch keinen kennengelernt, der von seinem Können her kompletter ist als ich.«

Eigenwillig war Lehmann schon zu Beginn seiner Karriere – und er hatte neben seinem großen Ehrgeiz auch immer das Glück auf seiner Seite. Auf Schalke hatte Trainer Aleksandar Ristic im Januar 1992 kein Erbarmen mit ihm. Als der Torhüter nicht rechtzeitig zum Treffpunkt erschien, ließ der Coach den Bus ohne Lehmann zu einem Hallenturnier nach Kiel aufbrechen. Der 22-jährige Keeper reagierte schnell, stieg kurzerhand in sein eigenes Auto und kam sogar früher als die Mannschaft im Hotel an. Doch Ristic gab sich keine Blöße. »Ich will dich nicht mehr sehen, fahr nach Hause«, fauchte er Lehmann an und drehte sich weg. Den anwesenden Journalisten erzählte er anschließend, dass der Torhüter schon mehrmals zu spät erschienen sei und jetzt endgültig Schluss mit diesen Eskapaden sein müsse. »Es gibt Leute, die sind nicht klar im Kopf und kommen mit ihrem Beruf nicht zurecht«, fällte der Bosnier ein vernichtendes Urteil und fügte noch hinzu: »Das ist nicht mehr die Gelbe Karte, sondern schon die Rote.«

Als vier Wochen später die Rückrunde begann, stand Lehmann, wie in allen Partien der Saison, jedoch wieder im Schalker Tor, als wäre nie etwas geschehen. Ristic hingegen musste nur acht Wochen danach seinen Hut nehmen. Im internen Votum hatte sich die

Mannschaft mit 19:0 Stimmen gegen ihren Trainer ausgesprochen.

Einen Karriereplan hatte Lehmann, der Mann aus dem gutbürgerlichen Essen-Heisingen, damals offensichtlich noch nicht. Denn auf die Leserbrief-Frage von Catrin K. aus Löhne, ob Schalker Mädchen hübscher als die aus »Doofmund« seien, antwortete der junge Torwart der Königsblauen sehr beherzt: »Na, klar. Das sieht man doch schon an den Farben: Schalker Mädels haben weiße Zähne und im Winter, wenn es kalt ist, blaue Lippen. Dortmunder haben nun mal 'nen schwarzen Hals und gelbe Zähne!«

Lehmann und Neururer

Noch 2009, in seinen letzen Spielzeiten als Keeper des VfB Stuttgart, legte Lehmann die Messlatte für kommende Torwart-Generationen sehr hoch. Vom Unterhaltungswert her wird der ehemalige Nationalkeeper kaum zu übertreffen sein. So stieg Lehmann dem Mainzer Bancé absichtlich auf die Füße, klaute am selben Tag einem FSV-Anhänger die Brille, schmiss den Schuh des Hoffenheimers Salihovic hoch auf sein Tornetz, zeigte den Fans des VfL Wolfsburg den Stinkefinger, pinkelte während eines Champions-League-Spiels hinter eine Werbebande (»Jens Lehmann ist dabei, seine Karriere zu urinieren«, Arnd Zeigler) und legte sich zu guter Letzt auch noch mit einem Balljungen an – alles in einem Jahr und alles hoch emotional, aber dabei doch im bewährten, sachlichen Lehmann-Stil. Seit der Torwart 1987 von Schwarz-Weiß Essen zum FC Schalke 04 wechselte, erlebte er eine Karriere auf Starkstrombasis.

Einer seiner ersten Trainer im Profibereich, Peter Neururer, kann ein paar Geschichten über den jungen Jens Lehmann erzählen: »In Freundschaftsspielen konntest du den nicht einsetzen.« Warum? Weil das Nachwuchstalent z.B. bei einem Hallenturnier dem Zweitligatorjäger Michael Tönnies aus Duisburg mit gestrecktem Bein gegen das Knie gesprungen war. Hastig versuchte Lehmann zwar, sich zu entschuldigen: »Ich will doch niemanden umhauen oder gar verletzen.« Doch Tönnies verweigerte anschließend schockiert und kopfschüttelnd die ausgestreckte Hand.

Etwa zur gleichen Zeit soll sich der fidele Lehmann in einem Trainingslager in Florida des Nachts im jugendlichen Übermut aus seinem Zimmer des Hotelhochhauses abgeseilt haben. Leider reichte das gespannte Tuch nicht ganz nach unten. Auf halber Strecke endete das Abenteuer auf dem Balkon des erfreut grinsenden Trainers Neururer.

Doch auf den Keeper lässt der Marler Fußballlehrer nichts kommen. Als sich Lehmann am Ende der Spielzeit 2009/10 offiziell von der Bundesliga-Bühne verabschiedete, erzählte Neururer eine fast unglaubliche Geschichte: »Kein Witz. Jens Lehmann ist der Lebensretter meines Sohnes! Zur Saison-Eröffnungsfeier war ein Podest vor dem Stadion aufgebaut, von dem mein kleiner Sohn runtergefallen ist. Unten stand Jens und hat ihn aufgefangen. Von da an war er meine Nummer 1.«

Lehmann und der Balljunge

Doch zurück zu den Vorkommnissen in seiner letzten Saison. Nachdem Lehmann am 13. Dezember 2009 im Spiel bei Mainz 05 vom Platz gestellt wurde, weil er mit seinen Stollen auf den Fuß von Aristide Bancé getreten war, eilte er, ohne den Abpfiff abzuwarten, aus dem Stadion. Unterwegs schubste er erst einen Kameramann zur Seite und legte sich dann mit Fans an. Nach einem kurzen Wortwechsel griff Lehmann schließlich nach der Brille eines Anhängers und lief damit davon. Erst nach mehrmaligem Bitten und nach fast einer Minute des Zögerns rückte der Torwart die Sehhilfe des Fans wieder heraus.

Wenige Tage später meldete sich Klaus Puderbach, Leiter der Staatsanwaltschaft in Mainz, zu Wort: »Wir haben eine Strafanzeige

Einem Streit ging Jens Lehmann selten aus dem Weg. Hier wird ein Missverständnis zwischen ihm und Giovane Elber ausdiskutiert.

Nach dem Training mit dem Hubschrauber nach Hause? Für Lehmann kein Problem.

»Ab und zu trinke ich sogar ein Bierchen, aber nur eins, weil das gesund ist.« O-Ton Jens Lehmann

gegen Herrn Lehmann vorliegen. Der Sache werden wir wie üblich nachgehen.« Der vorgebliche Jurist, der die Strafanzeige gestellt hatte und den Tatbestand des Diebstahls erfüllt sah, meinte: »Man muss dem Handeln von Lehmann endlich einen Riegel vorschieben.«

Zuvor hatte Lehmann, den der »Daily Star« einmal als »hysterische Tussi« bezeichnet hat, bei der 0:1-Niederlage der Stuttgarter in Hannover Stress mit einem Balljungen gehabt – weil dieser dem heranstürzenden VfB-Keeper die Kugel nicht wie erwartet in die Hände geworfen hatte, sondern über den Kopf. Lehmann verlor daraufhin das Gleichgewicht und stolperte gegen die Bande. Der Balljunge rechtfertigte sich anschließend schulterzuckend: »Ich habe nur meinen Job gemacht. Ich habe ihm den Ball hoch zugeworfen und er kam dann auf seinem Kopf runter. Lehmann hat mich dann gefragt: ›Was soll der Scheiß?‹« Der 40-jährige VfB-Torhüter wollte sich damals auch nach Spielschluss nicht beruhigen. Wütend stand er vor den TV-Kameras und sagte in die Mikrofone:

»Wir machen Fehler, wir werden mit Fehlern von anderen Leuten konfrontiert. Die Balljungen spielen auf Zeit. Damit muss man in der Bundesliga leben. Am meisten hat mich heute die Kultur des Zeitspielens und des Betrügens gestört. Ich muss jetzt gehen. Ich muss nach Hause, meine Kinder gut erziehen, damit die sich korrekt verhalten!«

★ ★ ★

Stan Libuda
»König von Westfalen«

Stefan Willeke hat für die »Zeit« einmal einen wunderbaren Satz über das Idol vieler Ruhrgebiets-Männer geschrieben: »Wenn Stan Libuda – was nie seine Absicht war – der Welt etwas hinterlassen hat, dann die Zuversicht, dass es sich lohnen kann, die endlosen Tage des Unvermögens auszuhalten für die zauberhaften Minuten des Glücks.« Sein Präsident auf Schalke, Günter Siebert, kleidete den unvergesslichen Ruhm des Haverkamper Jungen in Poesie: »Was die Callas im Singen war, das war der Stan für den Fußball.«

Was nur wenige wissen: Reinhard Libuda ist direkt an der Entstehung des Beinamens »Kaiser« für den großen Franz Beckenbauer beteiligt gewesen. Denn der Mythos ist damals im Ruhrgebiet und nicht, wie heute gerne noch kolportiert, in Wien entstanden. Auch Franz Beckenbauer selbst erzählt die Anekdote aus der Kaiserstadt, doch historisch betrachtet ist sie falsch. Denn seinen Spitznamen »Kaiser« hat er nicht wegen einiger Fotoaufnahmen neben einer Büste des ehemaligen österreichischen Kaisers Franz I. und des daraufhin verfassten Artikels über den »Fußball-Kaiser« erhalten, sondern anlässlich des Pokalendspiels gegen den FC Schalke 04 am 14. Juni 1969. Beckenbauer hatte an diesem Tage seinen Gegenspieler Reinhard Libuda ein ums andere Mal gefoult, was den Schalker Fans natürlich gar nicht gefiel. Als sie den berühmten Nationalspieler daraufhin heftig ausbuhten, lief Beckenbauer in die königsblaue Kurve und ließ den Ball eine halbe Minute provozierend in der Luft tanzen. Vom Oberschenkel auf den Fuß, auf den Kopf, bis die Schalker vor Wut schäumten. Und da sein Gegenspieler Stan Libuda damals im Ruhrgebiet auch von einigen Pressevertretern der »König (von Westfalen)« genannt wurde, schrieb der Journalist Hans Schiefele am übernächsten Tag als Steigerung in der »Süddeutschen Zeitung« vom »Kaiser«.

Der endgültige Aufstieg von Reinhard Libuda zum beliebten Ausnahmespieler begann mit seiner Verpflichtung durch Borussia Dortmund 1965. Eine komplizierte Angelegenheit für den damaligen BVB-Spielausschuss-Vorsitzenden Heinz Storck. Der wusste später anschaulich zu berichten, dass er bei weitem nicht der Einzige war, der an dem königsblauen Ausnahmetalent interessiert gewesen ist: »Als ich zum ersten Mal vorsprach, saßen die Herren beieinander wie Indianer am Biwak. Ich habe mich auf dem Absatz gedreht und bin zurück nach Hause gefahren.« Am nächsten Morgen kam er wieder. Diesmal fuhr er langsam in seinem Mercedes 300 SE vor, hupte kurz und ließ die Libudas das Auto ausgiebig begutachten. Storck glaubte im Nachhinein, dass dieser Auftritt der Schlüssel zur Verpflichtung des Schalker Ausnahmetalents war. Der BVB-Offizielle durfte mit den Eltern alleine sprechen. Stans Mutter diktierte nach der Unterredung den wartenden

Journalisten in die Notizblöcke: »Nach dem, was wir jetzt alles erlebt haben, bin ich froh, endlich einen Mann zu sprechen, der es mit meinem Jungen gut meint.«

Europapokalsieg mit dem BVB

BVB-Trainer »Fischken« Multhaup baute Libuda anschließend zu einem Klassespieler auf. Manchmal auch mit ganz einfachen Mitteln. Multhaup zu Libuda:

»Du hast eine nette Frau, ein gesundes Kind, du verdienst eine Menge Geld – kannst du eigentlich nicht lachen?«

Die Krönung seiner Zeit bei der Borussia war schließlich der 5. Mai 1966 – und der Tag danach. Nach dem Gewinn des Europapokals der Pokalsieger im Hampden Park von Glasgow jubelten die Massen in Dortmund. Die Menschen standen am Straßenrand Spalier für die siegreiche Mannschaft, die vor Glück strahlend in Cabrios durch die gelb-schwarz beflaggte Stadt gefahren wurde. In einem Auto saßen Lothar Emmerich, Aki Schmidt und Stan Libuda zusammen und reckten stolz den Europapokal nach oben. Lachend drehte sich Aki Schmidt irgendwann an diesem herrlichen Tag zur Seite. Er schaute ins tränenüberströmte Gesicht von Stan Libuda. Mann, dachte sich Aki, der ist ja voller Emotionen. Den hat es richtig gepackt. Und er beugte sich zu Libuda hinüber und wollte ihm gerade etwas ins Ohr flüstern, da raunzte dieser ihm durch die nur spaltbreit geöffneten Zähne zu: »Halt bloß die Schnauze, Aki. Der Emma hat mir in die Eier gezwickt!«

Vier Jahre später verdankte Deutschland die WM-Teilnahme 1970 zu großen Teilen dem inzwischen wieder königsblauen Kicker. Der rechte Außenstürmer Libuda sicherte Helmut Schöns Elf mit seinem entscheidenden 3:2 im Qualifikationsspiel gegen eine überraschend starke schottische Mannschaft die Flugtickets nach Mexiko.

Sein Schalker Teamkollege aus den Anfangstagen, der gebürtige Wattenscheider Willi Schulz, schnalzt noch heute mit der Zunge, wenn er an den quirligen Jungen auf Rechtsaußen denkt: »Libuda hat alle schwindelig gespielt. Gegen Schottland hat der gegen den Tommy Gemmell gestanden. Der fuhr zurück auf die Insel und hat sich am nächsten Tag mit dem Rasenmäher einen Zeh abgeschnitten, weil er sich immer noch wie ein Kreisel drehte. Denkst du an Stan, ist der Zeh weg – ja, so war das damals.«

Auch der heutige FC-Bayern-Vorstandsvorsitzende Karl-Heinz Rummenigge kann sich an eine Geschichte aus den Zeiten der Glückauf-Kampfbahn erinnern. Damals reiste Kalle als neutraler Fan zum Spiel nach Gelsenkirchen und erlebte einen Libuda in Galaform: »Ich habe damals ein Spiel gegen Mönchengladbach gesehen, bei dem der Stan gegen Berti Vogts gespielt und Berti dabei sein Waterloo erlebt hat. Der Stan hat ihn dermaßen schwindelig gespielt, dass man den Berti nach dem Spiel fast mit einem Schäferhund aus dem

Jürgen Grabowski und Stan Libuda begrüßen nach der Rückkehr von der WM 1970 in Mexiko ihre Frauen.

Stan Libuda

Stadion führen musste.« Auch Friedel Rausch schwärmte: »Ich habe noch nie einen Spieler gesehen, nie davor, nie danach, der so oft seinen Gegner per Beinschuss vernatzt hat. Aber nicht, dass er sich das vorher überlegt hatte, das kam bei ihm spontan, intuitiv.«

»An Gott kommt keiner vorbei«

Doch es gab auch den anderen Libuda. Mal spielte er Weltklasse, mal Kreisklasse. Nicht selten hat ihn an den schlechten Tagen der Mut verlassen oder der Gegner geschickt abgelenkt. Noch heute erzählen sich ehemalige Spieler gerne ein und dieselbe Geschichte in leicht abgewandelter Form. So zogen die gegnerischen Akteure Libuda mit dem Satz auf: »Was denkst du, was deine Frau jetzt zu Hause gerade macht!?«

An anderen Tagen hatte Stan Libuda schon vorher keine Lust mehr zu spielen. Zu Schalker Zeiten zeigte er seinem Coach Ivica Horvat einmal den Vogel: »Nee, Trainer, da brauch' ich gar nicht erst mitfahren!« Die Mannschaft guckte damals ihren Stan wissend an, nur Horvat schaute etwas verdutzt. Libuda sah sich genötigt, es dem Coach zu erklären: »Mensch, Trainer, da geht es gegen den Höttges. Da seh' ich den Ball genau zweimal: beim Anstoß und wenn die das Tor geschossen haben!« Und damit war die Diskussion für Libuda beendet – nach Bremen fuhr er nicht mit. Das hatte keinen Sinn.

Auf Libudas Beerdigung 1996 erinnerte Pfarrer Goldmann in der Dreifaltigkeitskirche in Gelsenkirchen in theologisch korrekter Abwandlung an die berühmte Sentenz: »An Gott kommt keiner vorbei, auch nicht Reinhard Libuda.« Sechs lange Jahre kam aber auch kein Besucher des Grabs an einer ungeheuren Peinlichkeit vorbei. Von 1996 bis 2002 stand auf Libudas Stein »Rainhard Libuda«. Bis Schalke 04 – in Person des damaligen Managers Rudi Assauer – endlich für das »e« in Libudas Vornamen sorgte.

Dass Libuda auf ewig unvergessen bleiben wird, zeigte am 31. August 1993 Sat.1-Reporter Jörg Dahlmann in der Sendung »ran«. Als er Jay-Jay Okochas unglaubliches Slalom-Tor feierte, rief Dahlmann laut ins Mikrofon:

»Ekstase im Waldstadion! Das haben wir seit Libuda nicht mehr erlebt. Das ist das Beste, was der Fußball bieten kann. Oh, wie ist das schön, oh, wie ist das schön!«

★ ★ ★

Fußball-Star Libuda

Einsamer Tod mit 52

Er starb gestern früh – Herzschlag! **Reinhard „Stan" Libuda, ehemaliger Fußballstar von Schalke 04 und Borussia Dortmund, lebte einsam und zurückgezogen. Er wurde nur 52 Jahre alt.**

In der Bundesliga wurde er als größter Dribbelkünstler aller Zeiten gefeiert. Libuda machte 26 Länderspiele, schoß die deutsche Nationalmannschaft zur Weltmeisterschaft 1970 nach Mexiko, schaffte mit Dortmund den Europacup-Sieg. **Wie er lebte – SPORT.**

Bild

UNABHÄNGIG · ÜBERPARTEILICH

Bayern 4:0

Schumi peitscht Ferrari zum Sieg

Auf diesen Augenblick haben wir so lange gewartet! Ein jubelnder Michael Schumacher (28) auf dem Siegespodest in Spa-Francochamps! Jaa, Schumi hat die böse Serie von 7 Ausfällen gestoppt! Trotz Schmerzen (starke Knieprellung nach Trainingsunfall) peitschte der Weltmeister Ferrari zum 2. Saisonsieg vor Villeneuve (Williams-Renault) und Häkkinen (McLaren-Mercedes). **Schumi: „Ich fühle mich wie ein König." SPORT**

Ab heute täglich

3 Super-L…

15 000 Ma…

Ab heute wird aus dem Superrätsel von BILD ein Super-Super-Rätsel.

DIE NEUEN GEWINNE:

● **Drei Super-Lottoscheine** – jeder mit 5005 Tips, Superzahl

Arzt folte…

Ewald Lienen

»Öko, du bist ein Schatz!«

Die Wahrsagerin Medusa beschrieb den damaligen Kölner Coach Lienen so: »Der wird früher oder später überall scheitern. Ein großer Kämpfer zwar, doch er steht sich oft selbst im Weg. Dieser Mann findet keine Ruhe, weil er alles 1.000 %ig machen will. Er gibt sich nie zufrieden, schafft sich dadurch viele Feinde. Er kann einfach keine Fehler verzeihen.« Dass Lienen Trainer ist, wusste Medusa, die Alfred Biolek und Michail Gorbatschow zu ihren Kunden zählte, angeblich nicht. Denn von Fußball verstehe sie »leider gar nichts«.

Das ist bei Ewald Lienen schon immer ganz anders gewesen. Er sagte einmal über sich selbst: »Manchmal denk' ich, was da auf meinem Hals sitzt, ist nur ein riesiger Fußball.« Sie nannten ihn »Papiertiger«, den »Pfarrer Albertz des Fußballs« oder »Zettel-Ewald«. Sein Kollege Felix Magath verweigerte bei der Analyse nach einem Spiel sogar die Auskunft, weil er meinte: »Ich werde einen Teufel tun und Ewald widersprechen. Er hat sich ja alles ganz genau notiert.« Max Merkel konnte da selbstredend noch einen oben draufsetzen, als er den Mann aus Schloß Holte-Stukenbrock so beschrieb: »Der Ewald Lienen saß früher auf der Trainerbank mit Bleistift, Block und einem Gesicht wie bei einer Vollbremsung.«

Die älteren Fußballfans erinnern sich vor allem an einen jungen, begabten Fußballspieler mit einer auffälligen Gesichtsbehaarung und einer langen Mähne, der allerdings nicht nur durch sein Äußeres schon immer aus dem Rahmen fiel. Sepp Maier beschrieb dies einmal so: »Ewald Lienen von Borussia Mönchengladbach hat immer einen Hang nach links gehabt. Nicht, weil er Linksaußen spielt. Lienen kämpfte gegen Berufsverbote, gegen Menschenhandel im Fußball.«

1985 zog Lienen sogar in den Wahlkampf. Die Kollegen interessierte aber weniger, welche politischen Ziele ihr Mannschaftskamerad vertrat, sondern mehr die Verdienstmöglichkeiten als zukünftiger Landtagsabgeordneter. Sein damaliger Trainer Jupp Heynckes sah die Sache schon etwas differenzierter. Einerseits wollte er natürlich nicht, dass sein Schützling in seinen Leistungen auf dem grünen Rasen nachließ, andererseits unterstützte er Lienen bei dessen Ambitionen. Mit dem Blick auf die USA, wo Ronald Reagan vier Jahre zuvor an die Macht gekommen war, sagte Heynckes:

»Wenn ein Cowboy und Schauspieler Präsident der Vereinigten Staaten sein kann, dann kann ein politisch so engagierter Mann wie Ewald Lienen ja wohl für den Landtag kandidieren.«

Die Frau des Vereinspräsidenten Beyer wusste Lienen ohnehin auf seiner Seite. Als er durch ein Tor in letzter Minute die Mannschaft vor einer Heimpleite bewahrt hatte, kam diese

Lienen im Mai 1998 in Rostock, hinter ihm die Cheerleader von Hansa.

nach dem Spiel zu ihm und bedankte sich auf herzliche Art und Weise mit einem Kosenamen: »Öko, du bist ein Schatz!«

Der etwas andere Profi

Auch sonst schien ihn die politische Arbeit eher zu beflügeln. Nach einem 3:2-Sieg der Gladbacher in Stuttgart hatte Lienen (»Sie können mich alles fragen über den Ostermarsch«) eine gute Begründung für seine ansprechende Leistung: »Bei der Landtagswahl hat meine Friedensliste 0,7 Prozent der Stimmen bekommen, ich in meinem Wahlkreis 1,2. Dafür musste ich mich doch bedanken.« 0,7 bzw. 1,2 sind im Grunde ja keine ganz so üppige Ausbeute. Doch auch hierfür hatte Lienen einen lockeren Spruch auf den Lippen: »Auch die Grünen haben mal klein angefangen.«

Sein Engagement war nicht überall gut gelitten. Als Lienen im Herbst 1985 bei der UEFA-Pokal-Partie der Gladbacher gegen Lech Posen das »Tor des Monats« Oktober schoss, wollte die Redaktion der »ARD-Sportschau« vorab wissen, was er denn bei der Übergabe der Medaille anziehen werde. Lienen reagierte irritiert. Wollten die Männer vom Fernsehen ihm tatsächlich seine Kleidung vorschreiben? Und warum eigentlich? Schnell stellte sich heraus, dass die Sorge groß war, dass Lienen, wie kurz zuvor bei einem anderen Anlass geschehen, seinen Pullover mit der Aufschrift »Sportler gegen Atomraketen – Sportler für den Frieden« anziehen könne. Der WDR-Redakteur erzählte dem Gladbacher Profi von den heftigen internen Diskussionen, die es nach der Live-Sendung gegeben hatte. Er versicherte Lienen, dass die allermeisten Kollegen überhaupt kein Problem mit seinem Pullover gehabt hätten, doch die Anweisung vom Intendanten sei eindeutig: Politische Werbung auf Kleidung oder sonstwo habe in öffentlich-rechtlichen Sendungen nichts zu suchen. Und Friedenswerbung sei nach WDR-Auffassung politisch. Ob er denn in diesem Sinne bitte vorab zusichern könne, dass sein Pullover diesmal im Kleiderschrank bleibe, wollte der TV-Redakteur abschließend wissen. Lienen legte wütend auf. Für ihn war die Sache nun eine Stufe höher angesiedelt: Es ging ihm ums Prinzip. Er argumentierte, dass der TV-Sender kein Theater gemacht hätte, wenn sein Pullover mit Werbebotschaften zugekleistert gewesen wäre (»... mit dem Kommerz hat das Fernsehen ja keine Probleme«).

Man einigte sich schließlich darauf, dass Lienen einen neutralen Pullover tragen würde, an dem ein Button für die Friedensbewegung befestigt wäre. Zudem sollte der Moderator Lienen explizit auf sein politisches Engagement ansprechen. Der Gladbacher Schütze des »Tores des Monats« war zufrieden – vor allem, als er hörte, dass Adi Furler ihn interviewen sollte:

»Wäre es der stramm rechte Hans-Joachim Rauschenbach gewesen, wären sicher die Fetzen geflogen.«

Jahre zuvor wollte Lienen eigentlich schon komplett mit dem Fußball aufhören, um endlich sein Pädagogikstudium fertigzustellen. Doch so ganz konnte er noch nicht vom runden Leder lassen, und so schlug er seinem Verein vor: »Wenn Borussia mir mehr Geld bietet, könnte ich mein Studium etwas hinausziehen, da ich keine Regelstudienzeit habe.« Und tatsächlich bemühte sich der Klub, Ewald Lienen mit unge-

»Frieden schaffen ohne Waffen« – Ewald Lienen hält eine Rede bei einer Demonstration während der »Friedenswochen« 1981.

wöhnlichen Ideen auch über die Saison 1980/81 hinaus an sich zu binden. Trainer Jupp Heynckes hatte sich eine spezielle Argumentation für den angehenden Sozialpädagogen überlegt: »Wenn du noch drei, vier Jahre spielst, hättest du genug Geld, ein Haus zu kaufen und dort mit Behinderten zu arbeiten. Wir sollten vom Verein aus mal überprüfen, welche Voraussetzungen gegeben sein müssen, damit du die Heimleiterfunktion erfüllen kannst. Selbstständig arbeiten jedenfalls könntest du dann!« Zu dieser Zeit fuhr der Profi im Sommer mit einem Campingbus und 20 behinderten Kindern an die Ostsee. Die Kosten für den Bus bezahlte er zum Teil aus der eigenen Tasche.

Einigen Spielern in der Bundesliga erschien das Engagement Lienens zunehmend sonderbar. Werner Lorant, der beinharte Verteidiger der Frankfurter Eintracht, konnte das »Gewäsch« des Gladbachers nicht mehr hören: »Der Depp, dieser Hippie. Der soll bloß den Mund halten. Schließlich verdient er wie wir alle sein Geld mit Fußball!«

Wie ernähre ich mich richtig?

Als Lienen sich einmal im Kölner Strafraum »theatralisch fallen« ließ und einen Elfmeter

bekam, war er bei Nationaltorhüter Toni Schumacher unten durch: »Nach dieser Szene hätte er beweisen können, dass er ein Saubermann, ein Vorbild, ein ehrlicher Kerl, ein prima Kamerad ist. Er hat es nicht getan, und deshalb ist er für mich auch um keinen Deut besser als die anderen. Im Gegenteil: Er ist schlimmer. Er gaukelt der ganzen Welt etwas vor, wie rein und klar er den Fußball haben möchte, und wenn es drauf ankommt, denkt er auch nur an sich, an seinen Profit, an seinen Erfolg.«

Ewald Lienen wusste damals über den eigenen Seelen-Spagat selbst sehr gut Bescheid. Er äußerte dies einmal in einem anderen Zusammenhang, als er etwas zu der besonderen Atmosphäre bei den Derbys zwischen Gladbach und Köln sagte: »Wenn mich der Konopka zu sehr geärgert hat, ist der Berti über die Mittellinie gekommen und hat mich gerächt. Das war zwar gegen meine pazifistische Grundeinstellung, aber tief drinnen habe ich eine leichte Genugtuung gespürt.«

Auch das Thema Ernährung spielte damals im Hause Lienen eine große Rolle. Als seine Frau einen Reporter bei sich im heimischen Wohnzimmer sitzen hatte, klingelte plötzlich das Telefon. Nach einigen Minuten kam Lienens Frau zu ihrem Gesprächspartner zurück: »Das war Ewald, der macht sich Gedanken um seine Kohlenhydrate. Er geht jetzt ein Steak essen.«

Mannschaftskamerad Uli Borowka schilderte in seinem Buch »Volle Pulle« noch einen anderen Ernährungstick von Ewald Lienen: »›Müsli-Ewald‹, wie wir ihn nannten, fühlte sich berufen, vor allem uns jüngere Spieler von den angeblich unschlagbaren Vorteilen eines frisch gemahlenen Müslis zu überzeugen. Gesunder Ernährung war ich als Leistungssportler natürlich nicht generell abgeneigt, aber Ewald ging mir damals doch ziemlich auf den Keks. Während wir anderen versuchten, ein kleines Mittagsschläfchen zu halten, röhrte aus Ewalds Zimmer die mitgebrachte Müsli-Maschine. Wie viele schlechte Träume das Teil ausgelöst hat, möchte ich gar nicht wissen.« In Duisburg verpassten die Profis der Müsli-Maschine sogar einen eigenen Namen, wie Michael Tönnies verriet: Sie hieß »Susi«.

Personenkult ist nicht sein Ding

Schon in den Anfängen seiner Spielerkarriere war Ewald Lienen durchaus ein Spezialtyp. Seine Frau Rosi versuchte in einem Interview die Außenwirkung ihres Mannes geradezurücken: »Viele Fans wollen nicht begreifen, weshalb mein Mann keine Autogramme schreibt. Die halten das für Arroganz. So ein Unsinn. Der Ewald setzt sich halt lieber hin und quatscht mit den Leuten ihre Probleme aus.« Seine Meinung damals, die immer wieder für heftige Kontroversen sorgte: »Ich werde nicht für Fotos posieren, für widerwärtigen Personenkult, den ich hasse wie die Pest.« Und auch mit den Medien wollte er am liebsten nichts zu tun haben: »Nicht ich will was von den Zeitungen, sondern die Zeitungen wollen was von mir. Ich bin auf sie nicht angewiesen. Wenn ich also Journalisten Rede und Antwort stehe – weshalb soll ich dann nicht Einfluss nehmen?«

Immer wieder musste er seine Sichtweise erklären und für seine Meinung geradestehen: »Ich habe nichts gegen Fußball, ich spiele dieses Spiel gerne. Ich wende mich nur gegen dessen Pervertierung. Ich habe Spaß an der individuellen, freiwilligen Leistung. Ich will nicht in einer Gesellschaft leben, die sich im Fußball spiegelt und deren Spiegelung das Zerrbild einer menschlichen Gesellschaft ist. Ich möchte in einer Gesellschaft leben, die mich als mickrigen, kleinen Menschen achtet, anerkennt, akzeptiert, und nicht wegen meiner Leistung als Fußballer. Ist das denn nicht verständlich?« Sein Trainer Jupp Heynckes mutmaßte damals:

»Der Ewald ist schließlich niemand, der nach seiner Laufbahn mit einer Sportartikelvertretung zufrieden wäre.«

Es konnte noch niemand ahnen, dass Lienen sein ganzes Leben lang dem Profi-Fußball treu bleiben würde. Und obwohl er immer mittendrin war, sollte er seinen kritischen Blick

Nachts kaufte sich Lienen den Erfolg

Wie der MSV-Trainer durch gezieltes Nachdenken den schönsten Konterfußball der Bundesliga entwickelte

Ewald Lienen denkt an alles. Nach dem Auslaufen am Sonntag drückte der Trainer seinem Stürmer Peter Közle zwei Flaschen Mineralwasser in die Hand. Drei, besser sogar vier Liter Wasser soll der Stürmer täglich trinken. Denn Közles Blut, so haben die Ärzte jetzt festgestellt, ist zu dick. Deshalb kann es leichter zu muskulären Problemen kommen, und die Erholungsphasen nach dem Spiel können länger dauern. Közle, der Bayer in Duisburg: „Weißbier wär' mir lieber. Aber das geht ja leider nicht." Also macht der Stürmer, der in jedem Spiel mehr als zehn Kilometer rennt, die Wasserkur.

Ewald Lienen führte den MSV Duisburg in die Bundesliga

auf das Geschäft behalten: »Wenn du heute in die Fußgängerzone gehst, musst du aufpassen, dass dich nicht jeder Dritte anspricht und dir einen Spieler andrehen will.«

Eine besondere Pointe gab es noch in seiner anschließenden Laufbahn als Bundesligatrainer. Und die hatte etwas mit einem ehemaligen Konkurrenten auf dem Platz zu tun: »Als ich in Duisburg war, war Friedhelm Funkel in Uerdingen. Dann war er in Duisburg und ich in Rostock. Jetzt ist er in Rostock und ich in Köln. Ich hoffe nur, dass er nicht bald nach Köln kommt.« Genau dieses Szenario wurde kurze Zeit später Wirklichkeit.

Viele Jahre danach traf man sich in der 2. Liga wieder. Lienen war Bielefeld-Trainer und Funkel Coach des VfL Bochum. Zwischen Ernsthaftigkeit und Ironie äußerte sich Lienen in der Pressekonferenz nach dem Spiel. Es ist ein wunderbares Zeitdokument mit viel Raum für Interpretationen zwischen den Zeilen: »Ich denke, das hat man ja gesehen, dass es eine sehr aufgeheizte Stimmung war. Wenn der Friedhelm nicht ein langjähriger Kumpel von mir wäre, dann würde ich ihm jetzt wahrscheinlich an die Gurgel gehen, weil er sich sehr unsportlich verhalten hat während des Spiels. Aber das kennt man ja von ihm, dass er die Mannschaft aufputscht und 17-mal hochspringt, wenn ein Foul vor der Trainerbank passiert, um die Schiedsrichter auf seine Seite zu ziehen. Und in der heutigen Zeit ist es

Fühlt sich heimisch am Millerntor: Ewald Lienen.

ja auch einfacher als früher. Früher hat man da gestandene, erwachsene Männer gehabt, im Alter zwischen 45 und 50. Heute hast du da Jungs, die unter 25 sind und frisch aus der Plattenpresse kommen. Die lassen sich schon einmal von solch einem theatralischen Verhalten beeinflussen. Davon sind wir natürlich Lichtjahre entfernt, den Schiedsrichter beeinflussen zu wollen. Wir gehen da ganz ruhig mit um und nehmen das hin.«

Kuriose Pressemeldung

Warum niemand vorher auf die Idee gekommen war, ist schwer zu ergründen, aber im Dezember 2014 wurde Ewald Lienen Trainer des FC St. Pauli. Eine Kombination, die man besser nicht erfinden konnte. Und nachdem Lienen den Klub vor dem Absturz in die Drittklassigkeit bewahrt hatte, lebte der alte Schalk bei ihm wieder auf. In der Sommerpause sendete Lienen seinem Präsidenten eine SMS, nachdem ihn dieser – gegen seinen Willen – in den Urlaub geschickt hatte. Die nun folgende, von Lienen selbst formulierte Agenturmeldung wurde glücklicherweise dem Magazin »11 Freunde« zugespielt: »Pressemitteilung SID. In einem Exklusivinterview bestätigte St.-Pauli-Trainer Ewald Lienen die Gerüchte, nach denen es zu Unstimmigkeiten zwischen ihm und der Vereinsführung gekommen sei. Insbesondere beklagte der 61-jährige Fußball-Lehrer drei Fälle von klarer Nötigung. Nachdem der Präsident ihn nach dem Spiel in Darmstadt unter Einsatz körperlicher Gewalt für alle ersichtlich vor dem Mikrofon des TV-Senders ›Sky‹ weggezogen habe, so Lienen, ›zwang er mich gestern zu einem Friseur seiner Wahl zu gehen sowie unmittelbar danach zur Heimreise nach Mönchengladbach, um meinen Urlaub anzutreten, obwohl ich noch viel Arbeit zu erledigen habe.‹ Es bleibt abzuwarten, wie sich die Vorfälle auf die weitere Zusammenarbeit auswirken werden. SID/eigener Bericht«.

★ ★ ★

Willi Lippens

»Ich danke Sie!«

Willi »Ente« Lippens hat sich selbst einmal als »Muhammad Ali des Fußballs« bezeichnet, der seine Gegenspieler zur Verzweiflung brachte und die Zuschauer in Begeisterung versetzen konnte. Seine berühmteste Anekdote kennt jeder Fußballfan. Damals in Herne sagte der Schiedsrichter: »Herr Lippens, ich verwarne Ihnen.« Und die »Ente« antwortete: »Ich danke Sie!« Es war der Anfang eines Fußballerlebens voller wunderbarer Geschichten!

Willi Lippens weiß, wem er seine Karriere zu verdanken hat. Mit Pathos in der Stimme sagt er auch heute noch: »In jedem Zuschauer habe ich meinen besten Freund gesehen.« Am liebsten würde er noch einmal einen großen Auftritt hinlegen und vor seinen »Freunden« gegen den Ball treten: »Ich würde sogar 20.000 Euro dafür geben, in einem solchen Tempel vor 80.000 Zuschauern mal so richtig aufzuziehen.« Und eigentlich hindert ihn auch nichts daran. Denn wie hat er damals, in den letzten Zügen seiner Karriere, so schön gesagt: »Je älter ich werde, desto größer trumpfe ich auf. Wenn das so weitergeht, bin ich in einigen Jahren überhaupt nicht mehr zu bremsen.«

Bei RWE fing 1965 für den halben Niederländer aus dem Kreis Kleve alles an. Schnell machte er sich einen Namen. Seine Spielweise (»Ich habe nie eine Torchance überhastet vergeben. Lieber habe ich sie vertändelt«) begeisterte die Leute. Und seine Füße wurden von der Presse gefeiert und von den Fans bewundert. Damals wurde der junge Willi Lippens gerne gefragt, seit wann er denn diese Senk-, Spreiz- und Plattfüße habe? Und der RWE-Profi antwortete lächelnd:

»Seit ich in Holland die Berge plattgetreten habe.«

Die WDR-Stimme Dietmar Schott hat für sein Buch »Ich Danke Sie!« einen Anfang 1969 erschienenen Leserbrief aus der »NRZ« gefunden. In dem Schreiben tat ein Fan den neuesten Witz über RWE kund. Er zeigt, welchen Ruhm sich Lippens innerhalb kürzester Zeit in Essen erspielt hatte: »Rot-Weiss muss zum Regionalligaspiel nach Oberhausen. Wegen des Schnees auf den Straßen bleibt der Bus mit den Spielern auf der Strecke stehen. Nur Fred Bockholt und Willi Lippens, in einem Privatwagen gefahren, erreichen rechtzeitig das Stadion und nehmen allein den Kampf gegen die elf Oberhausener auf. Nach zehn Minuten heißt es nach einem Alleingang der ›Ente‹ 1:0 für RWE. Eine Minute vor der Pause gelingt Lippens sogar das 2:0. Beim Gegenzug der Oberhausener prallt Bockholt mit Krauthausen zusammen und muss vom Platz geführt werden. Bei Halbzeit steht es jedoch weiterhin 2:0 für RWE. Als Fred nach einer Weile aus seiner Ohnmacht erwacht, erblickt er Willi Lippens in der Umkleidekabine. Gespannt fragt er ihn, wie denn das Spiel ausgegangen sei. ›5:2 für Oberhausen‹, muss Willi gestehen. Bockholt starrt ihn entgeistert an: ›Was, wir haben doch

2:0 geführt.‹ ›Ja, weißt du‹, antwortet Willi enttäuscht, ›in der Halbzeit ist der Mannschaftsbus eingetroffen.‹«

»Es lief nicht so«

Das Leben bei Rot-Weiss war schön. Der Klub spielte in der Bundesliga, Lippens hatte sich zum Topverdiener hochgeschossen und die Fans strömten an die Essener Hafenstraße. Doch dann fällten die Vereinsoberen eine folgenschwere Fehlentscheidung. Willi »Ente« Lippens lacht sich noch heute ins Fäustchen, wenn er an seinen alten Trainer Horst Witzler denkt. Der wollte den kleinen »Onkel Willi« im Sommer 1973 nämlich ordentlich gegen die Wand fahren lassen. »Doch nicht mit mir«, dachte sich der halbe Holländer und erfand mal eben so nebenbei den VHS-Grundkurs 1 für Neuanfänger in »Arbeitsverweigerung von Bundesligaprofis«. Als Lippens guten Mutes aus dem Spanienurlaub zum ersten Training an der Gruga fuhr, stand dort bereits das schicke VW-Cabriolet des neuen Fußballlehrers auf dem Parkplatz. Willi erinnert sich genau an diesen Augenblick: »Da sitzt ein braun gebrannter, schwarz gekleideter Typ drin und hat den Arm lässig raushängen. Ich komm vorgefahren mit meinem BMW, stell mich daneben und denk: Ach, guck mal, der neue Trainer. Ist ja wunderbar. In dem Moment steige ich aus, nehme mein Täschken, da ruft der auf einmal: ›Wilhelm, kommen Sie mal!‹ Ich denk mir nichts dabei und latsch da rüber. ›Setzen Sie sich mal neben mich hier.‹ Der beugt sich runter, macht die Tür auf – wär fast rausgefallen – ich hops rein. Das Erste, was mir der neue Trainer sagt: ›Lippens, ich brauch Sie nicht!‹«

Der Stürmer war natürlich baff: »Ich habe gar nichts mehr gesagt, ich war fertig. Das ist ja klar. Du kommst dahin voller Erwartungen, und der haut dir direkt eine rein. So, habe ich nur gedacht, warte, mein Freundchen!»

Lippens, der zu der Zeit mit verbundenen Augen erbsengroße Goudastücke von der Latte knallen konnte, verlernte urplötzlich von einer Sekunde zur nächsten das Fußballspielen wie Schulkinder das Stricken und Häkeln einen Tag, nachdem die Zensuren im Fach »Textiles Gestalten« vergeben wurden. Mit einem verschmitzten Lächeln schildert die »Ente« die dramatische Situation: »Ja, wie der Teufel es will, es lief nicht so. Das kann passieren. Einfach keine Hütten mehr geschossen, war irgendwie verrammelt, da ging nichts mehr. Ich war völlig fertig.«

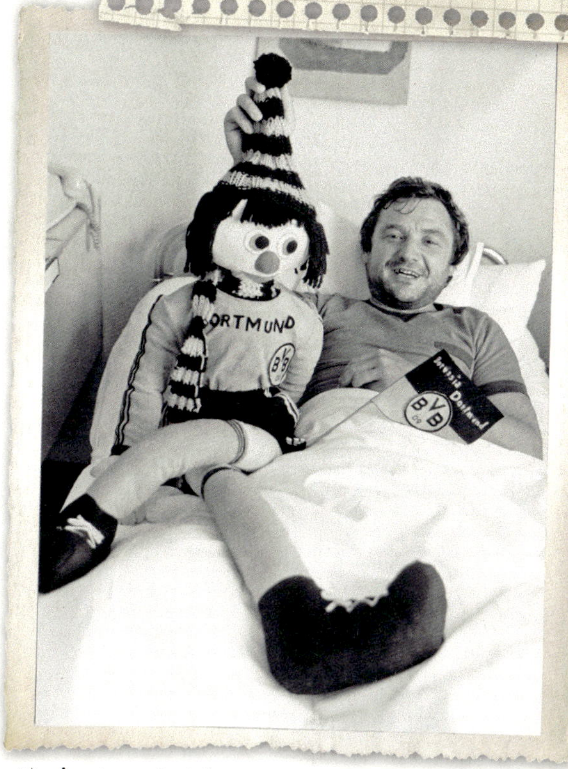

Nach einer Leisten-OP im Krankenhaus und trotzdem gute Laune: Willi Lippens mit BVB-Puppe zur Erheiterung.

Der Plan funktionierte. Rot-Weiss Essen legte einen katastrophalen Start in die Saison hin, und schon bald geschah das, was in solchen Momenten immer passiert: Trainer Witzler sollte hoch zum Vorstand! Willi Lippens war am Ziel seiner bösen Träume: »Ich wusste ja, jetzt ist er weg. Ich denk, was machst du nun? Hab ich mich in mein Auto gesetzt, Scheibe runtergedreht, Arm lässig raus, einen ganz auf cool gemacht. Nach 'ner halben Stunde kommt mein Freund runter. Ich: ›Trainer, Trainer, kommen Sie mal kurz.‹ Witzler ist natürlich schön angepisst, kommt aber trotzdem. Und ich: ›Trainer, wissen Sie was: Ich brauch Sie auch nicht mehr!‹«

Der Nachfolger von Horst Witzler bei Rot-Weiss Essen war damals übrigens Diethelm

Ferner. Eigentlich ja nur eine Randnotiz. Doch der Wechsel bekam eine delikate Note. Denn Ferner hatte zusammen mit Willi Lippens die ersten acht Spiele, in denen die rot-weißen Rackerer überraschenderweise nicht so richtig viel auf die Kette bekamen, selbst mit auf dem grünen Rasen gestanden.

»Sirenen-Willi«

Die »Ente« erzählt auch heute noch gerne auf wechselnden Bühnen Geschichten aus der damaligen Zeit. In seinen Erinnerungen spielen auch längst vergessene Protagonisten eine Hauptrolle, die niemals auf dem grünen Rasen gestanden haben – aber für den Verein als Mythos dennoch prägend waren. So wie »Sirenen-Willi«, ein buntes Essener Fan-Original in den sechziger und siebziger Jahren. Mit einem Zylinder auf dem Kopf und ganz in Rot-Weiß gekleidet begleitete Willi Schick seine Mannschaft von der Hafenstraße quer durch Deutschland. Wo immer die Essener antraten, »Sirenen-Willi« war schon vor Ort.

So auch bei einem Auswärtsspiel der Rot-Weißen in Hamburg. Als das Team nach der Begegnung am Hauptbahnhof eintraf, wartete dort bereits ein sichtlich bedröppelt dreinschauender Willi Schick auf sie. Nach einigen ausgiebigen Besuchen der Reeperbahn und dem einen oder anderen Gläschen alkoholischen Inhalts musste »Sirenen-Willi« sich eingestehen, dass er keinen Pfennig mehr für die Rückfahrt in der Tasche hatte. Als Willi Lippens den treuen Fan einsam und verlassen am Bahnsteig stehen sah, entschloss er sich spontan, den Edel-Anhänger der Rot-Weißen mit in sein Abteil zu nehmen. Zusammen mit Hansi Dörre teilte er sich einen Drei-Betten-Raum, und so hatte man genug Platz für einen weiteren Fahrgast. »Sirenen-Willi« legte sich nach oben, Dörre in die Mitte und Lippens nach ganz unten. Der Zug fuhr an, man schloss die Augen und schlummerte langsam ein. Bis Willi Schick auf die Idee kam, es sich ein wenig gemütlicher zu machen. Das Essener Stürmeridol Lippens erinnert sich lebhaft an diesen Augenblick: »Auf einmal hat der seine Schuhe ausgezogen. Leute, Leute, Leute. Sofort waren die Scheiben beschlagen. Unvorstellbar. Das ging dann nur noch wie beim Röntgenarzt: ›Tief einatmen. Nicht mehr atmen.‹ Da war natürlich die Frage, was machen wir jetzt hier? Das wäre nie und nimmer gutgegangen. Da sagt der Hansi: ›Wir schieben das Fenster auf, der Willi hält die Mauken raus, und dann müsste das irgendwie schon gehen.‹ Genauso ist es gekommen. Wir haben das Ding aufgezogen, der hat seine Füße rausgelegt, und dann ist der bis Essen so gefahren. Die Käsemauken immer schön im Fahrtwind. Vom Feinsten. Aber er hat wirklich tapfer durchgehalten.«

Von RWE zum BVB

Eines Abends erzählte Lippens eine Geschichte, die bei genauerer Betrachtung auch im Nachhinein für Furore gesorgt hätte – wenn sie sich denn verifizieren ließe. Doch das klappt nicht. Und so bleibt sie eine der zahllosen Anekdoten, die einfach schön zum Anhören sind. Lippens im Original-Wortlaut: »Rot-Weiss war immer groß im Schieben. Wir haben mal versucht, ein Dingen in Gladbach zu kaufen. Wunderbar. Trainer hat uns auch vorm Spiel schön eingestellt: ›Regt euch nicht auf, die Sache läuft! Ist alles okay, geht alles glatt.‹

Der Berti hat aber wie immer schön von hinten getrommelt. Ich habe gerufen: ›Berti, fass.‹ Auf jeden Fall habe ich mich gewundert, weil der weiter wie gewohnt auf die Hacken gegangen ist. Ich sag: ›Berti, wat is'?‹ Berti guckt mich blöd an: ›Wie? Wat is'?‹ Es ist nichts passiert. Wir haben verloren. 2:1. In der Kabine Totenstille. Ich sag: ›Trainer, wat war denn jetzt?‹ ›Ja‹, sagt er, ›scheiße.‹ Ich sag: ›Wieso scheiße?‹ Da sagt er: ›Der ist jetzt mit den 25.000 auf Mallorca. Der ist nie in Gladbach angekommen.‹ Dat is Rot-Weiss – clever wie immer. Die schicken einen los, der fliegt erst einmal ab. Und wir haben auf die Stäbe gekriegt und verloren. Schönen Dank auch! Da wollten die mal ein Spiel kaufen. Super Sache. Nee, die waren zu ehrlich. Typisch Ruhrgebietler. Immer ehrlich. Sieht man ja an Schalke in den Siebzigern…!«

Nachdem sich Lippens und RWE nicht auf eine vernünftige Fortführung des Arbeitsverhältnisses einigen konnten, wechselte die »Ente« in die Nachbarschaft zum BVB. Dort

Hatte immer Spaß, wenn ein Ball in der Nähe war: Willi »Ente« Lippens.

brachen für die Profis gerade harte Zeiten unter Trainer Otto Rehhagel an. Abends, wenn die Mannschaft vor einer Begegnung im Gelsenkirchener Hotel Maritim bei einer kalten Platte zusammensaß, mussten die Kameraden um Willi Lippens schon zweimal kräftig schlucken. Statt des gewohnten leckeren Bierchens als Gute-Nacht-Trunk gab es nun eine Vitamintablette mit einem Schluck Wasser drauf. Das war nicht immer leicht zu ertragen. Als aber eines Abends auf der anderen Seite der Tafel die Spieler des kommenden Gegners, die Mannschaft von Borussia Mönchengladbach, Platz genommen hatte und im Kreise ihres Trainers Udo Lattek lecker ein Bierchen nach dem anderen trank, war das Fass für die Schwarz-Gelben endgültig übergelaufen. Willi Lippens erinnert sich genau: »Und dann haben die uns immer schön zugeprostet, ihre Späße gemacht und uns am folgenden Nachmittag 5:1 vom Rasen gefegt. Die Woche danach durften wir dann endlich auch unser Pilschen trinken. Herrlich!«

Die »Ente« in den USA

Zum Ausklang seiner Karriere wollte Lippens noch einmal etwas erleben: »Ich geh jetzt nach Amerika, denn da gibt es einige Verteidiger, denen ich noch keine Knoten in die Beine gespielt habe.« Der junge Dortmunder Präsident Reinhard Rauball ließ Willi Lippens in der Saison 1978/79 vorzeitig in die USA ziehen. Fast wäre die Sache jedoch für den BVB schiefgegangen, wie sich Rauball erinnert:

»Das war eine sentimentale Handlung, die man sich in diesem knallharten Geschäft Bundesliga nicht erlauben dürfte. Wehe, wenn wir abgestiegen wären. Ich hätte den Rest meines Lebens um jede Ente einen weiten Bogen gemacht.«

Lippens erkannte sofort, dass sein Showtalent in den USA ganz besonders gefragt war: »Wenn ich mich mal auf den Ball setze und dem Gegner zuwinke, ist hier Karneval!« Er präsentierte bei den Dallas Tornados die ganze Palette seines Repertoires. Gerne zeigte er dem Publikum und dem Gegner mit dem Finger an, dass er rechts vorbeigehen würde, und zog dann links vorbei. Oder er stoppte den Ball mit dem Hintern. Schon nach kurzer Zeit war Lippens von seiner neuen Heimat restlos begeistert: »Jetzt weiß ich auch, warum Dick und Doof aus Amerika kamen.«

Seine Anekdoten seien alle wahr, sagte der Entertainer des Fußballs mal mit einem breiten Grinsen im Gesicht, schränkte das allerdings ein wenig ein: »Das ist alles Realität. Das ist nicht geflunkert. Das eine oder andere wird ein bisschen ausgebaut, das ja, aber sonst …«

Die »Ente« mit einer Ente auf dem Kopf.

Und so wusste er auch von seinem Wechsel in die USA Unterhaltsames zu berichten: »Mitten in der Nacht klingelte das Telefon. ›Hier ist Gert Trinklein. Hömma, dein Vertrag (beim BVB) läuft doch auch aus und hier in Dallas gibt es 'ne schöne Marie zu verdienen, ganz wunderbar. Aber lass dir das schriftlich geben, dass du ablösefrei bist!‹ Anfang der Achtziger waren wir ja alle drüben. In Deutschland war ja kaum noch einer, der gespielt hat. Cruyff, Neeskens, Beckenbauer. Müller, Hölzenbein ... alle. Die waren 1979 alle drüben. Dann habe ich mir das geben lassen von der Borussia und bin rüber nach Dallas. Gert hatte schon alles vorbereitet, und dann kostete ich auf einmal soooo einen Klotz Ablösesumme. Das Geld lag auf der Bank, und der Gert hat dann gesagt, sie regeln das mit der Freigabe. Die haben uns ja alles geglaubt. Und dann haben wir geteilt. Eins für dich und eins für mich. Gut, weg.

Und dann fiel mir ein, Mensch, da ist doch noch der Wolfgang Rausch, der spielt ja jetzt bei den Bayern. Der war von Rot-Weiss nach München gegangen, aber spielte da nicht so richtig. Da habe ich gedacht, ruf den mal an. Ja, wunderbar, dann saß der auch im Flieger. Und kostete auch wieder richtig Geld. Da haben wir dann zu dritt gesessen. Eins für dich, eins für dich und eins für mich. Sehr schön.

Da sagte der Wolfgang, och, den Ede Wolf, den habe ich noch letzte Woche gesehen, der will auch aufhören bei der Borussia. Ja, gut, haben wir gesagt, dann rufen wir den an. Einmalig. Der kam, kostete 'nen Klotz Ablöse. Einer für dich, einer für dich, einer für dich, einer für mich. Wunderbar. Und dann kam der Flemming Lund, der bei Rot-Weiss und der Fortuna gespielt hatte, da waren wir zu fünft. Für dich, für dich, für dich, für dich, für mich.

Als Letztes kam schließlich die Bombe. Klaus Toppmöller. Der kam zu uns nach Dallas und kostete einen R-i-e-s-e-n-klotz. Das war praktisch das Ende für den Verein. Da waren wir zu sechst. Da musstest du schon einen schönen breiten Tisch haben, um das alles nebeneinander zu kriegen. Ja. Nur der Klaus Toppmöller war verletzt und hat nie wieder gespielt. Aber, wie gesagt, wir hatten es drin und das war gut.«

Bodenständiger Typ

Was für eine besondere Marke Lippens war und welche Entertainer-Qualitäten sein Spiel auszeichneten, zeigen drei Geschichten ganz be-

sonders anschaulich. Sein Gegenspieler von Werder Bremen, Jürgen Röber, erinnert sich an eine Story, die seinem Mannschaftskameraden Karl-Heinz Kamp widerfahren ist: »Ich werde nie vergessen, wie der Willi Lippens dem Kamp aus drei Metern anzeigte: Da kriegste ihn hin! Und dann schob er dem ohnmächtigen Kalli vergnügt den Ball durch die Beine.« Auch Frankfurts Keeper Dr. Peter Kunter kann so eine Story erzählen. »Komm doch, komm doch!«, rief Willi Lippens dem Torwart der Eintracht zu. Nach einem Steilpass stand der Essener alleine am Strafraumeck und lockte den Torhüter aus dem Kasten. Und Kunter tat ihm den Gefallen. Er lief der »Ente« drei, vier Schritte entgegen und musste mit ansehen, wie der »Knicker schön oben im langen Eck« versenkt wurde. Es war das Tor zum 2:1 für Rot-Weiss Essen. Spektakulär erzielt. Aber noch interessanter ist: Am Ende stand es 6:3 für RWE, doch dem Eintracht-Keeper war es fast egal. Er konnte Lippens nicht böse sein. Kunter schwärmte von dem wendigen Essener:

»Der war die halbe Bundesliga wert!«

Eine andere Geschichte hat damals nicht geklappt. Lippens ist noch heute enttäuscht, dass sein Kumpel Sepp Maier ihm nicht vertrauen konnte: »Wir haben mal gemeinsam eine Tennishalle eingeweiht, gegeneinander gespielt und abends beim Bier festgelegt, dass wir beim nächsten Spiel, wo wir aufeinandertreffen, Folgendes machen: Da gibt es einen Torabstoß von Sepp, ich stell mich an den Sechzehner, er spielt mich an, ich spiel ihm den Ball zurück, lauf mich noch einmal frei und dann wirft er ihn noch einmal hinter mir her. Und alle im Stadion hätten sich gewundert, was passiert ist. Aber dann haben wir in Essen gespielt, und ich habe dagestanden und gerufen: ›Sepp, was ist denn jetzt los hier? Komm, komm.‹ Aber da hat er gesagt: ›Nix, du haust mir den rein.‹ Da war das Ding gelaufen.«

Auch wenn er damals zu Borussia Dortmund ging und später in die USA wechselte – im Herzen ist Lippens RWEler geblieben. Den Großteil seiner Karriere widerstand er der Verlockung des ganz großen Geldes und blieb Rot-Weiss Essen treu: »Ich habe Angebote gehabt aus ganz Mitteleuropa. Das dickste Ding habe ich erlebt, als es gegen halb acht an meiner 2,5-Raum-Wohnung, wir waren damals frisch verheiratet, schellt und da ein Kerl von einem Baum vor der Tür steht und sagt: › Kennst du mich?‹ Ja, sicher, sag ich, du bist der Holz von der Hertha. ›Wir möchten unbedingt, dass du in Berlin spielst.‹ Ich sag, komm doch erst einmal rein, brauchen doch nicht draußen stehen bleiben. ›Ja‹, sagt er, ›ich hab wenig Zeit, ich bin gerade in Düsseldorf gelandet, muss aber den letzten Flug nach Berlin wieder erwischen‹ – weil es damals ja den Korridor gab –, ›deshalb will ich nicht lange drumherum reden.‹ Er macht den Koffer auf und sagt: ›Alles für dich, was da drin ist. Unterschreib mal zwei Jahre!‹ Ja, und dann war da sehr viel Geld. Da waren Pakete drin. Und meine Frau sagt: ›Unterschreib doch.‹ Aber ich konnte mich nicht entscheiden, und da hat er gesagt: ›Ich muss jetzt weg, ich fahr zum Anwalt König, gegenüber vom Hauptbahnhof in Essen, deponiere da das Geld im Safe, und dann hast du drei Tage Zeit, kannst den Vertrag unterschreiben, kannst das Geld mitnehmen, und wir sehen uns nach der Sommerpause.‹ Ja, dann bin ich drei Tage um den Bau rum – gehst du hoch, gehst du nicht hoch oder was machst du? –, und zum Schluss bin ich doch wieder geblieben, weil ich ja sehr bodenständig war. Und das war auch so: In Essen war ich wer. Wenn ich über die Kettwiger Straße gegangen bin, sind 200 Leute hinter mir hergelaufen. Ich habe mich wohlgefühlt, im Ruhrgebiet sowieso, auf viel Kohle verzichtet, aber es nie bereut. Alles gut!«

★ ★ ★

Hans Dörre, Willi Lippens und Manni Burgsmüller in verschiedenen RWE-Trikots im Mai 1974.

Pierre Littbarski

Kein Deutscher, sondern Brasilianer

Der »Kobold mit den krummen Beinen« hat über sich selbst gesagt: »Ich spiel nun mal lieber mit zehn fröhlichen Menschen zusammen als mit zehn verbissenen.« Seinen Hund nannte Pierre Littbarski in den achtziger Jahren »Gante vom Nahetal«, und bei der WM 1990 hob er zusammen mit seinem Mannschaftskameraden Thomas Häßler den fiktiven Sender »Deutsches Nationalelf-Fernsehen« aus der Taufe. Man darf vermuten, der Mann hat einen Sinn für Humor.

Und so wird der gebürtige Berliner sicherlich über die Worte der »Berliner Zeitung« geschmunzelt haben: »Dass Japan bei der WM 2006 mitmachen darf, gebietet der Anstand; immerhin waren die Japaner so freundlich, eine Ehefrau für Pierre Littbarski zu finden.« Ob das allerdings tatsächlich so schwierig war, kann im Wissen um die Worte der Erotik-Expertin Erika Berger wenigstens mit einem Fragzeichen versehen werden. Sie sagte dereinst über den jungen Kölner Nationalspieler:

»Sex mit so einem Mann ist wie ein Rausch, ein Ausbruch aus allen bürgerlichen Zwängen.«

Auch Littbarski selbst kann zu diesem Thema eine heitere Anekdote beisteuern. Er erinnert sich gut daran, wie er nach seiner ersten WM 1982 in Spanien immer kuriosere Fanpost erhielt: »Nicht selten schrieben mir junge Frauen, die ich noch nie in meinem Leben gesehen hatte, dass sie ein Kind von mir erwarten würden. Mit dem Zusatz: Es könnte aber auch von Thomas Kroth oder Stephan Engels sein, da bin ich mir nicht so sicher.«

Von Westberlin nach Köln

1978 verließ Littbarski als junges Talent Berlin und heuerte beim 1. FC Köln an. Das sorgte für Aufregung in der Spree-Metropole. Denn wieder einmal hatte sich Hertha BSC nicht mit Ruhm bekleckert und einen hoffnungsvollen Nachwuchsspieler in den »Westen« ziehen lassen. Der Präsident seines Heimatvereins aus Zehlendorf erzählte: »Lediglich auf einer Geburtstagsfeier wurde ich einmal so nebenbei auf ihn angesprochen.« Beim FC war Littbarski herzlich willkommen. Trainer Hennes Weisweiler war von seinem Nachwuchsspieler so begeistert, dass er ihm nur sagte:

»Pack dir den Ball, Pierre, und lass sie tanzen. Mach was Schönes!«

Viele Jahre später traf Littbarski auf den damaligen brasilianischen Nationaltrainer Felipe Scolari. Der nahm den ehemaligen Nationalspieler in den Arm und sagte: »Du bist kein

Extrem lässig: »Litti« auf der Motorhaube seines Autos im August 1983.

Pierre Littbarski und Toni Schumacher senden den Fans Neujahrsgrüße, verkleidet als Schornsteinfeger (Dezember 1981).

Deutscher. Du bist ein Brasilianer. Schau dir nur an, wie du Fußball gespielt hast!«

Littbarskis Devise war von Anfang an: »Wir sind doch als Fußballer in erster Linie Künstler, die mehr vom Applaus leben als vom Geld.« Und er riss die Zuschauer zu Standing Ovations hin. Mit seiner Art wirbelte er die Bundesliga durcheinander. Doch als er kurz vor dem ganz großen Durchbruch stand, bremste ihn vorerst das Leben aus. Nach einer Galavorstellung zu Hause gegen Braunschweig (8:0) wollte DFB-Beobachter Berti Vogts den jungen Kölner direkt befördern: »Ich hätte Littbarski dem Bundestrainer für den Kader der Nationalmannschaft zum Argentinienspiel vorgeschlagen, doch er bat mich, davon Abstand zu nehmen, da er am Montag heiratet.« Manchmal geht das Private eben vor. Doch aufgeschoben war im Fall von Pierre Littbarski nicht aufgehoben.

Er zeigte weiter sein Spiel – auch wenn ihn nicht jeder Trainer dafür liebte. Für den Niederländer Rinus Michels übertrieb es Littbarski etwas mit dem Fummeln: »Sag mir, wenn du Geburtstag hast, damit ich dir rechtzeitig einen eigenen Ball schenken kann.« Und auch Max Merkel merkte kritisch an: »Dem Litti muss man die eigenen Füße nummerieren, damit er nicht dauernd darüber fällt.« Das lag natürlich vor allem an seinen legendären O-Beinen. Nach seiner Karriere ließ sich Littbarski das rechte Bein begradigen. Die O-Beine sind Geschichte.

Macht auch beim Bauchtanz eine gute Figur: Pierre Littbarski mit Sportschützin Silvia Sperber beim Sportpressefest 1988.

Die »Süddeutsche Zeitung« nannte ihn »eine Mutter Teresa, die den 1. FC Köln gesundbeten will«, und der »Stern« analysierte während der WM 1990 messerscharf: »Einen Ausnahmefußballer wie Pierre Littbarski, den Beckenbauer für gottbegnadet hält und heimlich liebt, hat er inzwischen umgeschult zum lebendigen Rasenmäher im deutschen Mittelfeld.«

»Space Invaders« und Wolf Maahn

Doch neben seinen außergewöhnlichen fußballerischen Fähigkeiten liebten die deutschen Fans vor allem den lebenslustigen Menschen Pierre Littbarski. Einer, der sich für keinen Scherz zu schade ist: »Ich habe alles ausprobiert. In einem Trainingslager ließ ich mir mit Frank Ordenewitz jeweils einen halben Bart stehen. Er die rechte Gesichtshälfte behaart, ich die linke. Sah überragend aus.« Und jemand, der auf jede noch so exotische Frage eine Antwort weiß. Als Tanja aus Ellwangen von ihm

wissen wollte, was er beim Friseur sage, »um diese starke Frisur zu bekommen«, antwortete Littbarski: »Ich sag' zum Friseur, mach die Augen zu und schneid' drauflos.« Natürlich war das in der Realität ganz anders. Da saß jeder Schnitt genau. Denn ohne ein gepflegtes Äußeres ging es nicht, wie Littbarski Jahre später verriet: »Damals musstest du dir so ein Teil zulegen, sonst warst du einfach raus.« Gemeint war natürlich der Vokuhila.

Für die Kameraden schleppte er riesige Koffer in die Trainingslager – randgefüllt mit einer Soundanlage und einem Amiga 500 »samt ›Space Invaders‹«. Seine bevorzugte Musik in den achtziger Jahren: Klaus Lage, Wolf Maahn, Electric Light Orchestra (ELO), Queen und Bruce Springsteen.

Für die CDU ließ er sich als Wahlmann aufstellen und zeigte sich irritiert, als die Wiederwahl von Richard von Weizsäcker länger dauerte als gedacht: »Um 15 Uhr ist doch Training!« Littbarski war damals der Rädelsführer in Köln. Sein Wort hatte Gewicht, auch wenn er nicht immer glaubte, dass alle so dachten wie er. Gegen Ende seiner Karriere verstand er die nachfolgende Generation nicht mehr: »Viele von denen denken doch nur ans Geld, an den nächsten Vertrag. Sie spielen egoistisch, denken nur daran, selbst gut auszusehen. Ich habe mich früher bei TV-Interviews nach dem Spiel noch ungeniert geschnäuzt. Die Jungs heute aber föhnen sich erst mal die Haare, bevor sie ihre Sprechblasen absondern, und denken schon auf dem Spielfeld nach, was sie gleich Kluges zur Entschuldigung in die Kameras sagen.« Sein Mitspieler Rico Steinmann reagierte übrigens besonders originell auf Littbarskis Kritik: »Ich fühle mich durch Littbarski an der Entfaltung meines wahren Könnens gehindert.«

Der schönste Satz, den Pierre Littbarski vermutlich je in seiner Karriere gesagt hat, datiert vom 16. November 1989. Als gebürtiger Berliner kommentierte er die bewegenden Ereignisse in seiner Heimatstadt:

»Wenn jetzt die Kinder beim Spielen einen Ball über die Mauer schießen, können sie ihn wenigstens wiederholen.«

★ ★ ★

Gyula Lorant

»Intellektallergisch«

»Der Spiegel« schrieb einmal über den Ungarn: »Er war der geübteste Wegwerf-Trainer der Fußball-Bundesliga.« Er selbst verfolgte die Maxime: »Kein Spieler darf klüger sein als der Trainer.« Vielleicht warf ihm der streitbare Profi Jupp Kapellmann auch deshalb vor: »Ich habe mal den Begriff konstruiert, dass Herr Lorant in gewisser Weise intellektallergisch reagiert, und auf dieser Ebene ist mit ihm ziemlich schwer auszukommen.«

EM-Auslosung

Nr. 97 / 49. Wo. 1,20 DM

sportmagazin

kicker

DEUTSCHLANDS GRÖSSTE SPORTZEITUNG

Sensation: Lorant tauscht mit Cramer den Posten!

Stars vertragen sich nicht mehr

In Schalke gibt's mal wieder Krach

Losglück für die Nationalelf in der Europameisterschaft

Malta, Wales und die Türkei als Gegner

Eine Schweizer Entscheidung läßt den VfB Stuttgart aufatmen:

Sundermann darf doch noch bleiben

Nach einem Jahr in Frankfurt führt Lorants Weg weiter nach München. Ob er die Bayern wieder nach oben führen kann?

Dass Lorant mit dem angehenden Arzt Kapellmann aneinandergeriet, verwundert eigentlich nicht. Da hatten sich einfach zwei gefunden. Schließlich meinte der ungarische Finalspieler der WM 1954 (gegen Deutschland) einmal sehr selbstbewusst: »Ich bin so klug, dass ich meine Worte so wählen kann, dass ich immer Recht habe.«

Doch die Wahrheit sagte Lorant dabei nicht immer, das jedenfalls bezeugt eine Geschichte, die Frankfurts Charly Körbel mal erzählte. Laut dieser Erzählung wurde Lorant jeden Morgen von seinem Co-Trainer Pal Csernai zum Training gefahren. Lorant behauptete, er habe morgens immer so schreckliche Kopfschmerzen, die ihm das Fahren unmöglich machten. Irgendwann bekamen Körbel und seine Mannschaftskameraden aber den wahren Grund für Lorants Fahrunlust heraus: Der Trainer hatte seinen Führerschein verloren, nachdem er das Kunststück vollbracht hatte, auf der Autobahn rückwärts zu fahren.

Mit Fug und Recht kann man wohl sagen: Gyula Lorant war der härteste Trainer, den die Bundesliga je gesehen hat. Als Verletzungen gingen bei ihm einzig und allein glatte Brüche durch. Und dann auch nur die, die man sofort als solche erkennen konnte. Der Verteidiger Amand Theis hatte sich einmal bei einem Pressschlag ein dickes Knie zugezogen. Humpelnd kam er zum Training, zeigte Lorant sein geschwollenes Körperteil und meinte, er könne leider nicht mittrainieren. Lorant ignorierte die Worte seines Spielers: »Amand, zieh dich um!« Verdutzt ging der Verteidiger los und kam wenige Minuten später auf den Sportplatz zurück. Dort erwartete ihn der Trainer bereits: »Amand, zieh die Hose runter!« Erstaunt und überrascht befolgte er Lorants Anweisungen. Der Trainer zeigte auf das Knie: »Amand, was hast du da?« Ehe Theis antworten konnte, schlug der Coach mit voller Wucht gegen das dick angeschwollene Knie. Theis schrie vor Schmerzen. Am folgenden Samstag spielte er.

Bei einem anderen Profi spuckte Lorant während einer laufenden Bundesliga-Partie auf das verletzte Knie, rieb die Spucke mit den eigenen Händen ein, hob den Spieler hoch und schob ihn zurück aufs Feld: »Jetzt ist wieder alles in Ordnung. Spiel – sonst bist du tatsächlich Invalide!«

Diese und andere Geschichten kursierten in der Bundesliga zuhauf. Jeder Spieler hoffte, dass der Kelch Lorant in seiner Karriere an ihm vorüberging. Doch irgendjemanden musste es ja treffen. Und so spielte der Eintracht-Profi

Charly Körbel acht Wochen mit einem Bänderriss im rechten Knöchel, weil er sich nicht traute, seinem Trainer Gyula Lorant etwas zu sagen. Als der Mannschaftsarzt schließlich die Initiative ergriff, antwortete der Ungar nur:

»Boxer kämpfen auch mit Platzwunde, soll Charly Zahnpasta auf Fuß schmieren.«

Als sich der spätere Rekordspieler der Bundesliga irgendwann doch seinem Trainer anvertraute, war das Ergebnis höchst zweifelhaft: »Einmal war mein Knöchel so dick, die Schmerzen so groß, dass ich wirklich nicht spielen konnte. Lorant nahm mich zur Seite: ›Charly, kannst du essen mit Zahnschmerzen?‹ Als ich nickte, stand für ihn fest: ›Also kannst du auch spielen mit Schmerzen im Knöchel.‹ Ich habe tatsächlich gespielt.«

Die Final-Niederlage 1954 gegen die Deutschen konnte Lorant, hier im Duell mit Fritz Walter (links), nicht vergessen.

Harte Münchner Zeiten

Während Lorants Münchner Zeit herrschte Stunk abseits des Platzes. Vereinsarzt Dr. Müller-Wohlfahrt plauderte damals aus dem Nähkästchen: »In der Bundesliga gibt es Vereine, bei denen der Trainer und nicht der Arzt entscheidet, wann ein verletzter Spieler den Gips abgenommen bekommt.« Der Bayern-Doktor kehrte in diesem Moment vor der eigenen Haustüre – ohne den Namen Lorant direkt auszusprechen. Jahre später wurde Dr. Müller-Wohlfarth konkret:

»Wegen Gyula Lorant hätte ich beinahe aufgehört. Er hat mir mal erklärt, dass man einen herausgesprungenen Meniskus am besten mit der Eckfahne wieder reinhaut.«

Es war eine wilde und harte Zeit damals beim FC Bayern. Dies musste auch das junge Talent Karl-Heinz Rummenigge am eigenen Leib erfahren. Bei einem Trainingszwischenfall zog sich »Rotbäckchen« ein paar Monate vor der WM 1978 einen Daumenbruch zu. Ein Reporter erinnert sich: »Als Kalle am Freitag beim FC Bayern vorbeischaute, lachte ihn Trainer Lorant aus. Er hatte ja vorher sogar beim schwerer verletzten Branko Oblak (Zehenbruch) angeordnet, dass der Gips sofort entfernt wird. Er selbst hatte sich zeitlebens nie operieren lassen. Obwohl in beiden Beinen der Meniskus total kaputt war. ›Also‹, sagte er verächtlich: ›Was willst du mit dem gebrochenen Daumen viel Theater machen. Du spielst morgen gegen Saarbrücken.‹ Rummenigge war so verwundert, dass es ihm die Sprache verschlug. Er packte seine Tasche und stieg ein in den Bus, der ins Trainingslager fuhr, und Kalle spielte tatsächlich gegen Saarbrücken.«

In München legte sich Lorant am Ende jedoch mit dem Falschen an. Zuvor hatte der Kleinkrieg zwischen ihm und seinem Star Paul Breitner bereits filmreife Züge angenommen.

Gyula Lorant im Gespräch mit Gerd Müller (Dezember 1978).

Anerkannter und geschätzter Fachmann

Auch verbal forderte Lorant seinen Spielern immer wieder einiges ab. Nach einem siegreichen Spiel seiner Offenbacher in Hannover leistete sich der Trainer einmal einen Fehltritt der besonderen Sorte – gegen seinen eigenen Mann: »Wir hatten Hannover so herrlich im Griff, als Hickersberger durch blöden Leichtsinn das 1:1 produzierte. Ich hätte ihm mehr als die Prellung gewünscht, die er sich dabei zugezogen hat.« Dragoslav Stepanovic demütigte er zu seiner Zeit in Frankfurt. Auf die Frage, wo Lorant denn die Zukunft des zweifachen jugoslawischen Fußballers des Jahres sehe, antwortete er trocken: »Ich glaube, neben mir auf der Bank!«

Auch einen anderen Eintracht-Profi traf es damals: »Es geht nicht, dass in solchen Spielen Trinklein als langsamster Spieler der Bundesliga ganz alleine hinten bleibt.« Kurz vor seinem eigenen Rauswurf folgte dann noch der komplette Rundumschlag:

»Wenn einige meiner Spieler nicht spuren, schmeiße ich sie raus!«

Auslöser des Konflikts soll eine Trainingsszene gewesen sein: Zwei Tore im Abstand von 30 Metern, dazwischen stand Paul Breitner. Flanken wurden auf ihn geschlagen. Er sollte sie direkt verwerten. Links, rechts, mit dem Kopf, Hauptsache, der Ball ging in eins der Tore rein. Was dann geschah, schilderte Lorant so: »Die Zuschauer lachten ihn aus. Er traf fast keinen Ball. Ich sah, dass er mit dem linken Fuß überhaupt nicht schießen konnte. Kopfbälle nahm er mit dem Scheitel anstatt mit der Stirn. Es war eine einzige Katastrophe!« Nach dem Training ging Lorant zu seinem Bundesligastar und Weltmeister, klopfte ihm auf die Schulter und sagte: »Du musst noch viel lernen, Paul!« Seitdem war die Vernunftehe der beiden Bayern-Angestellten geschieden. Präsident Neudecker: »Breitner fragte mich, ob Lorant einen neuen Vertrag bekommen würde. Ich antwortete mit Ja, falls er Meister oder Pokalsieger werde.« Das nächste Pokalheimspiel gegen den zweitklassigen VfL Osnabrück verlor Bayern München sensationell mit 4:5. Lorant wurde entlassen. Sieg für Paul Breitner!

1979 auf der Schalke-Bank.

Als Lorant später als Schalke-Trainer auf seine ehemaligen Frankfurter traf, sorgte er wieder für einen Eklat: Der Königsblaue Manfred Drexler hatte in dieser Begegnung den am Boden liegenden Wolfgang Kraus bewusst in den Rücken getreten. Nach dem Spiel sagte Lorant: »Den Kraus kenne ich noch aus Frankfurt. Der ist immer so müde, dass er mit der Trage vom Platz gebracht werden muss.« Es sollte ein Scherz sein, behauptete Lorant später, als die Medien die verbale Frechheit anprangerten. Seine Entschuldigung: Fußball bestehe für ihn zu 60 Prozent aus Flachs und nur zu 40 Prozent aus Arbeit.

Gyula Lorant war trotz seiner irritierenden Methoden und Aussetzer in Deutschland ein anerkannter und geschätzter Fachmann. Doch eine Sache konnte er dem Land, in dem er als Fußballlehrer Erfolge feierte, nie verzeihen: Die WM-Pleite 1954, als Lorant Stopper der ungarischen Nationalmannschaft war, hatte er einfach nie verwunden. Und so trabte er eines Tages als Bayern-Trainer mit Pal Csernai auf den Platz und flüsterte seinem Landsmann zu: »Pal, lass uns rausgehen, die Deutschen quälen!«

Was er von seinen deutschen Profis hielt, veranschaulicht gut eine Anekdote, die sein Spieler Erwin Kostedde zum Besten gab: »Gyula Lorant kam eines Tages zu mir und sagte: ›Erwin, du bist doch kein Deutscher?‹ ›Na, klar‹, hab ich gesagt, ›ich bin Deutscher.‹ Lorant: ›Aber dein Vater war doch keiner. Soll ich dir zeigen, was ein richtiger Deutscher ist?‹ Lorant sagt zu Herbert Meier, der damals auch in Offenbach spielte: ›Meier, laufen Sie.‹ Und Meier lief. ›Siehst du‹, feixte Lorant, ›ein Deutscher macht genau das, was man ihm sagt.‹«

★ ★ ★

Werner Lorant

Löwenbändiger

Der Mann war schon immer geradeheraus. Wenn ihm was nicht passte, dann sagte er es auch: »Der Schiri kann froh sein, dass ich ihm keine geschmiert habe.« Max Merkel beschrieb Lorants Äußeres so: »Seine Frisur sieht aus, als sei sie mit der Trompete geföhnt.« Das trifft es sehr gut. Man könnte noch hinzufügen: Wie auf Krawall gebürstet. Für Lorant galt auf dem Platz das Einbahnstraßen-Prinzip: »Spieler haben vielleicht ein Problem mit mir, aber ich nicht mit ihnen.«

Was er von seinen Profis hielt, sagte der Löwen-Coach Lorant auch frei heraus: »Die junge Generation ist total versaut, die können sich ja nicht mal allein eine Wohnung suchen oder am Landratsamt anmelden.« Er konnte mit den »Wohlstandsjünglingen« nichts anfangen: »Nicht mal eine Wohnung müssen sie sich suchen, das macht der Verein. Und sie möchten ein Haus mit Garten, aber bitte ohne Rasen, weil Rasenschneiden wollen sie nicht.«

Ein anderes Mal meinte er: »Schlimm ist dieses Gejammer. Tut hier weh, tut da weh. Aber solange sie das Handy halten können, muss ja noch genug Kraft da sein.« Weil Lorant auf den ganzen neumodischen Schnickschnack keine Lust hatte, sprach er ein umfassendes Handyverbot aus. Auch bei den Heimfahrten von Auswärtsspielen:

»Wenn das Handy klingelt, kann man aus dem Bus aussteigen – und wir fahren weiter. Der hat ja ein Handy und kann sich ein Taxi rufen.«

SPORT

LORANT Neue Liebe, neuer Job

Vielleicht waren die Spannungen zwischen ihm und den Spielern auch nur ein einziges großes Missverständnis, und ein wenig Kommunikation hätte Abhilfe schaffen können – doch davor stand Lorants ehernes Gesetz: »Warum soll ich mit den Spielern reden? Ich bin doch kein Pfarrer.« Und so war es letztendlich auch nur eine Vermutung von ihm, als er sich über seine eigenen Spieler die Frage stellte: »Die meinen, ich bin doof, oder was?«

Profi unter dem Trainer Lorant muss kein Zuckerschlecken gewesen sein. Gefühlte Kälte im Binnenverhältnis. Als sich Daniel Borimirov einen Muskelfaserriss zuzog, winkte sein Coach nur angewidert ab: »Unbegreiflich, ich habe keinen Spurt von ihm gesehen!« Und als in der Münchner Presse über einen Transfer von Taifour Diane aus Guinea diskutiert wurde, tippte sich Lorant an die Stirn: »Der soll doch in seinem Busch bleiben.«

Schon als Spieler genoss Werner Lorant einen speziellen Ruf. Sein Kollege aus Frankfurter Zeiten, Bernd Hölzenbein, erinnert sich: »Seine Härte war gefürchtet. Wenn mich mal ein Gegenspieler nervte, drohte ich ihm mit Werner. Nach dem Motto: Ich hetz' den Lorant auf dich. Schon war Ruhe.« Dieses Prinzip von damals schien Lorant als Trainer übernommen zu haben. Für ihn galt als Spieler auf dem Platz und als Coach an der Seitenlinie: »Mit kleinen Blessuren muss man immer aus dem Spiel kommen, sonst hat man nicht richtig gespielt.« Als Fußballlehrer verfeinerte er diese Sichtweise sogar noch um eine Nuance:

So zahm wie hier beim Autogrammeschreiben zeigte sich Werner Lorant seinen Spielern gegenüber eher selten.

»Ich wechsle nur aus, wenn sich einer ein Bein bricht.«

Und da ein unsensibler Chef sich vor allem dadurch auszeichnet, dass er komische Sprüche reißt und einen auf dicke Hose macht, formulierte Lorant einige ganz kluge Sätze zum Thema Alkohol und Fußballprofi: »Meine Spieler können saufen, so viel sie wollen – solange sie am nächsten Morgen auf dem Platz stehen und im Training Top-Leistungen bringen. Da beides aber nicht geht, können sie eben doch nicht saufen.«

Lorant selbst war dafür bekannt, dass er gerne einmal eine Schachtel Zigaretten während eines Spiels vernichtete. Als der DFB dies nicht mehr so gerne sah, versuchte der Coach der Münchner Löwen sich das Rauchen abzugewöhnen. Natürlich nicht irgendwie, sondern medial groß in Szene gesetzt. Er arbeitete mit Nicotinell®Kaugummi zusammen, einem Kaugummi zur Rauchentwöhnung. Aus dieser Zeit stammt auch der wunderbare Spruch von Lothar Matthäus: »Ich hab keine Probleme, mit Werner Lorant mal ein Bier zu trinken – oder auch mal ein Kaugummi zu kauen!«

Über sein Buch »Eine beinharte Story« sagte Lorant einen anderen feinen Satz: »Vieles, was darin geschrieben wurde, ist auch wahr.« Anders als bei der folgenden Geschichte: Zwei Reporter hatten einmal die Idee, Lorant hinters Licht zu führen. Und so erfanden sie einen finnischen Spieler namens Lapin Kulta von HIK Poropata. Live in der TV-Sendung »Blickpunkt Sport« fragte man Lorant, ob was dran sei an den Gerüchten, dass dieser Mann zu 1860 kommen würde. Und

Kein Fußballer, sondern Bier: Lapin Kulta.

anstatt offen zuzugeben, dass er diesen Spieler gar nicht kenne, antwortete Lorant: »Das ist in der Tat ein interessanter Mann, den wir im Blick haben.« Lapin Kulta ist übrigens eine bekannte finnische Biermarke.

Jahre später tauchte Werner Lorant wieder im Fernsehen auf. Diesmal in der ProSieben-TV-Show »Auf der Alm«. Nachdem er sich dort etwas gehen ließ, mutmaßte seine Mitbewohnerin Charlotte: »Der hat, glaube ich, beschlossen, dass Hopfen und Malz eh verloren sind. Und ach, da muss man nicht mehr Unterhosen wechseln, ist alles egal.« Das wäre Lorant zu seiner Zeit als Bundesliga-Trainer nicht passiert. Da achtete er sehr auf sein Äußeres:

»Es kommt auch ein wenig Gel ins Haar, das ist in der heutigen Zeit ja normal. Und ab und zu lasse ich mir ein paar graue Strähnchen färben. Meist im Winter, denn im Sommer bleichen meine Haare durch die Sonne von selbst. Aber das entscheidet mein Frisör.«

★ ★ ★

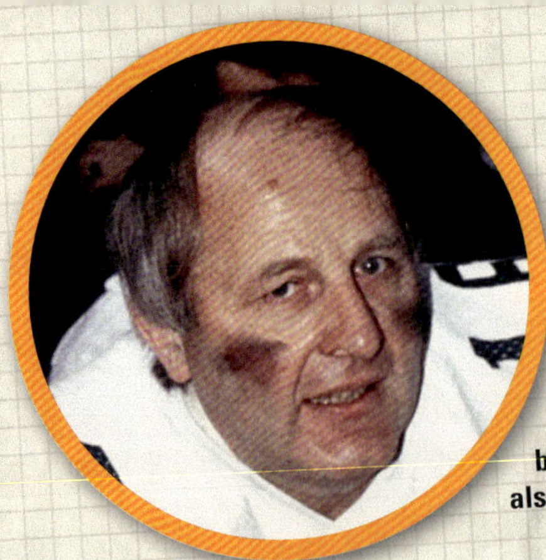

Jean Löring

Der Präsident

Jean Löring war Fortuna Köln. Der Präsident und Handwerker hat zwar nur ein Jahr mit seinem Verein in der 1. Bundesliga erlebt, dafür aber zeitlebens für viele bunte Geschichten gesorgt. Manfred Simon, vom Sponsor »Lidl«, hatte Löring großzügig angeboten: »Sie bekommen eine Million von mir, wenn Sie Fortuna Köln als Präsident übernehmen.«

Der Mann sorgte für Furore. Mit Jean Löring hatte Fortuna Köln einen Vorsitzenden, der mit seinem Charisma den Verein größer erscheinen ließ, als er tatsächlich war. Die Medien liebten ihn vor allem aus einem Grund: »Jedes Jahr habe ich drei- oder viermal Mist gebaut. Ich habe auch schon mal einem gegnerischen Spieler die Schuhe ausgezogen, weil er zu lange Stollen hatte. Doch ich ändere mich nicht. Ich entschuldige mich dann immer beim lieben Gott, nicht beim DFB.«

Der Legende nach soll Jean Löring kurz nach Ende des 2. Weltkriegs eine Annonce im »Kölner Stadtanzeiger« aufgegeben haben. »Akkordeon gegen Fußballschuhe zu tauschen gesucht. Größe egal«, lautete der Text des Inserats. Der Beginn einer im wahrsten Sinn des Wortes legendären Karriere als Fußball-Fanatiker und später als Vorsitzender des kleinen Klüngel-Klubs Fortuna Köln.

Die Anekdoten, die sich um die Erlebnisse dieses Mannes ranken, sind in ihrer Anzahl wie inhaltlich spektakulär. Der häufig aufbrausende, immer emotional statt rational agierende Präsident spuckte nie in eine geöffnete Flasche alkoholischen Getränks (»Morgens denke ich nicht, da nüchtere ich höchstens meinen Kater aus«).

Fortuna Köln war sein Klub, wie er bei der Entlassung des Trainers Toni Schumacher in der Halbzeitpause einer Partie selbst so schön sagte: »Ich als Verein musste reagieren!« Dieser 15. Dezember 1999 war ohnehin ein besonderer Augenblick in der Geschichte der Stadt. Zur Halbzeit des Spiels gegen den SV Waldhof Mannheim stand es 0:2. Löring war außer sich. Beim Gang in die Katakomben fragte er die Ordner, was er denn jetzt tun solle? Einstimmige Antwort: Du musst den Toni entlassen. Und das tat Löring dann auch. Sein Wortlaut vor der versammelten Mannschaft in der Kabine: »Hau ab in die Eifel. Du machst meinen Verein kaputt. Du hast hier nichts mehr zu sagen, du Wichser!« Die Partie endete übrigens 1:5. Natürlich hatten die Ordner eigentlich gemeint, dass man den »Kölner Jung'« Schumacher wie gewöhnlich *nach* dem Spiel entlässt und nicht mittendrin.

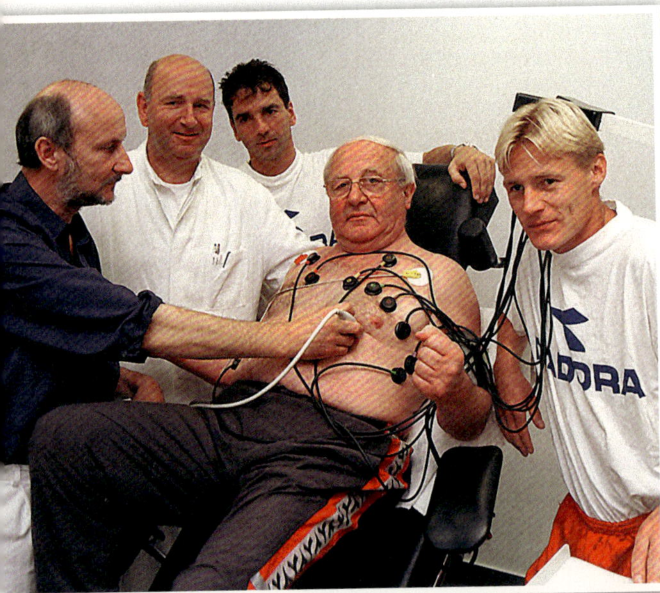

3. September 1998: Löring unterzieht sich einem Gesundheitscheck mit kardiologischer Untersuchung im Herz- und Diabeteszentrum.

Auch für einen anderen Trainer setzte sich der impulsive Präsident lieber selbst auf die Bank. Zuvor hatte er seinen Übungsleiter Volker Kottmann entlassen. Dessen Verhalten erschien ihm suspekt: »Ich kann keinen Trainer gebrauchen, der am Freitag die Sterne fragt, wen er am Samstag aufstellen soll. Nach dem Motto: Wenn der Jupiter schlecht steht, dann spielt der nicht, bei der Venus darf der mal ran!«

Für seine geliebte Fortuna tat Löring einfach alles. Als bei einem Spiel der Rot-Weißen wenige Minuten vor Schluss der Begegnung das Flutlicht ausfiel, soll der gelernte Elektriker angesichts einer deutlichen Führung seines Klubs die Behebung des Kurzschlusses im wahrsten Sinne des Wortes selbst in die Hand genommen haben: Mit bloßen Arbeiterprangen hielt er zwei Starkstromkabel bis zum Schlusspfiff zusammen.

Doch selbst der charismatische Präsident und seine spektakulären Aktionen änderten nichts am mangelnden Zuschauerinteresse in der Südstadt. Der Verein war häufig dem Gespött der Fußball-Öffentlichkeit ausgesetzt. Werner Hansch meinte einmal süffisant:

»Und wieder nur 500 Zuschauer im Kölner Südstadion, rufen Sie an und ich gebe Ihnen die Namen durch.«

Und dann verscherzte es sich Jean Löring Anfang der neunziger Jahre auch noch höchstpersönlich mit einer Zuschauergruppe – den Beamten. Als seine Spieler mal wieder nicht so agierten, wie er sich das vorstellte, warf er ihnen mangelnde Berufsauffassung und »Beamtenmentalität« vor. Er verglich ihr Verhalten mit dem seines Briefträgers: »Kommst du heute nicht, kommst du morgen.« Die Beamtenverbände liefen natürlich Sturm. Aber im Grunde war der Protest auch ganz praktisch. Die notorisch unter Zuschauermangel leidenden Südstädter hatten endlich einmal eine plausible Erklärung für die wenigen Anhänger. Und als kurz nach Lörings Aussage gegen Bayreuth nur noch rund 450 Menschen den Weg ins Fortuna-Stadion fanden, erklärte Kölns Vorstandsmitglied Rudolf Fähnrich das mangelnde Interesse ganz einleuchtend: »Ist doch kein Wunder. Die Briefträger sind allesamt nicht gekommen.«

Auch mit einer anderen Berufsgruppe hatte es Löring nicht so. Die Männer in Schwarz waren für ihn oftmals ein rotes Tuch:

»Nachdem die größte Witzfigur, die ich seit 35 Jahren kennengelernt habe, das Fußballspiel Fortuna Köln gegen Hertha BSC abgepfiffen hat, eröffne ich die Pressekonferenz.«

Ein anderes Mal war er sogar so wütend auf die Leistung des Schiedsrichters, dass er hinterher in die Schiri-Kabine lief und auf den offiziellen Berichtsbogen »Alles gelogen!« schrieb. Löring wurde vom DFB mit einem Stadionverbot bestraft. Doch da es kurz vor Weihnachten war, schnappte er sich ein rotes Kostüm, einen Rauschebart und dicke schwarze Winterstiefel und stellte sich unerkannt in die Kurve seiner Fortuna.

★ ★ ★

Fortuna Kölns Präsident Löring verärgerte die Briefträger

Warum die Briefträger nicht zu Fortuna kamen

● Das hat der Jean Löring nun davon. Der Präsident von Fortuna Köln hatte

Felix Magath

»Quälix«

Sein Spieler Bachirou Salou hat einmal über ihn gesagt: »Felix Magath ist der letzte Diktator Europas.« Dazu passen seine Spitznamen »Saddam« und »Quälix«. Das sind tolle Marketingbegriffe, aber positiv besetzt sind sie nicht. Deshalb hat sich Magath in die Hände einer Vermarktungsagentur begeben, und siehe da: »IMG hat eine Analyse machen lassen, die besagt, dass ich sehr sympathisch, beliebt und sehr werbewirksam sei. Ich hoffe, dass das noch lange so bleibt.«

Als er 2014 nach England ging, mag ihm der alte Ruf noch etwas stärker angehaftet haben als die neuen Marktforschungsergebnisse. Die Zeit beim FC Fulham erinnerte in der Außendarstellung sogar an finsterste Magath-Zeiten in der Bundesliga. Der »Daily Mirror« atmete mit seiner Leserschaft zusammen auf, als die »Terror-Herrschaft« des »Kontroll-Freaks« (»Sun«) nach sieben Monaten endlich vorbei war. Die Zeitung berichtete sogar von ganz alten Geschichten aus der Mottenkiste, die Magath angeblich wieder zum Leben erweckt haben sollte. Diesmal allerdings ganz ohne Teebeutel. Die Rede ist von der Nummer, bei der Magath einen Spieler zu sich ins Büro bittet, sich ihm gegenübersetzt, aber minutenlang kein einziges Wort sagt. Der gebürtige Aschaffenburger bestreitet, dies je in seiner Karriere gemacht zu haben. Demzufolge auch nicht beim FC Fulham.

Genüsslich griffen die deutschen Medien Berichte aus England auf, die besagten, dass Magath eine Oberschenkelverletzung seines Spielers Brede Hageland mit einem Stück Käse behandeln lassen wollte, anstatt den Anweisungen des Arztes zu folgen. Herrlich die Aussage, die man Magath im Zuge der Meldung unterjubelte: »Das ist Käse!« Magath stellte klar, dass es sich um eine Entzündung im Knie gehandelt und er dem Spieler lediglich den Ratschlag gegeben habe, es mit dem »alten Hausrezept Quark« zu versuchen.

Bei Felix Magath musste man schon immer ein wenig zwischen den Zeilen lesen:

»Wenn mein Vater da gewesen wäre, hätte sich mein Leben vollkommen anders entwickelt. Viel zielgerichteter. Dann wäre meine Mutter zu Hause gewesen. Ich hätte vernünftig für die Schule gearbeitet, einen normalen Beruf erlernt und wäre nicht in den Fußball abgedriftet.«

Dann wäre ihm auch der Spruch seines ehemaligen Mannschaftskollegen Franz Beckenbauer erspart geblieben: »Da schau her, wie der Magath läuft, wie eine Kuh.«

Schachspieler »Quälix«

Der Vater von sechs Kindern (»Ich kann und möchte mich da nicht auf einen besonderen Typ festlegen«, O-Ton zum Thema Frauengeschmack) würde auch für eine Gage von 100.000 Mark nicht »ein Jahr lang als Punker umherlaufen«. In den achtziger Jahren hörte Magath gerne Musik von Stevie Wonder, Elton John und Simply Red, hatte einen Hund, der auf den Namen Popsy hörte, und entdeckte seine

Cup-Pl
schaft?
tern.
Tochter
konnte.
füttern
ten ma-
rn oft im
aus mei-
at.
dlich Ruhe
ht:
nicht für die

MAL EHRLICH
Felix Magath
(Manager von Bayer Uerdingen)

Sind Sie als Dressman besser geeignet wie als Manager?

Der Hut steht mir gut. Das kann jeder sofort erkennen. Die Leistungen eines Managers lassen sich erst im nachhinein erkennen.

Leidenschaft für das Brettspiel: »Schach ist für mich neben Fußball der schönste Sport, weil es aufgrund der Figuren auch ein Mannschaftssport ist.« An manchen Tagen bevorzugte er sogar das königliche Spiel gegenüber dem Fußball, weil es den Faktor Mensch (Fußball-Profi) ausschließt: »Einer Schachfigur verspringt kein Ball, bloß weil sie schlecht geschlafen hat.«

Seinen bekanntesten Spitznamen (»Mit Quälix kriegt Bayern wieder dicke Eier«, Max Merkel) hat sich Felix Magath in all den Jahren redlich verdient. Schon immer leitete er die Zeit der Vorbereitung mit markigen Sprüchen wie diesem ein: »Der Lake Michigan ist so groß, der drängt sich als Trainingsoption förmlich auf.« Während der Übungslager folgten dann Einheiten zu nachtschlafender Zeit, Endlos-Läufe durchs Gelände (»Wenn die Spieler im Urlaub etwas getan haben, dann können wir uns in Dubai Waldläufe ersparen«) und natürlich vielfältige Manöver am und mit dem Medizinball.

Als Felix Magath zur Saison 2009/10 zum FC Schalke 04 kam, eilte ihm sein Ruf schon voraus. Von »Quälix« erwarteten die Zuschauer gleich beim ersten Training das volle Programm. Als das irgendwie ausblieb und es eher nach einer ruhigen Übungseinheit aussah, beschwerte sich ein Trainingsplatzkiebitz lautstark: »Hömma, es hat noch kein Spieler gekotzt! Und wo sind überhaupt die Medizinbälle?« Magath reagierte gelassen und beruhigte den aufgebrachten Fan souverän: »Alles zu seiner Zeit. Das kriegen wir hier schon hin.«

Das Thema Medizinball verfolgt Magath bei jeder seiner Stationen. Als er vom S04 zum VfL Wolfsburg zurückkehrte, erlaubte sich der Techniker beim Soundcheck im Presseraum vor der Vorstellung des neuen Trainers Magath einen gelungenen Scherz. Er hauchte lächelnd in das Mikrofon: »Eins, zwo, drei, eins, zwo, drei, Medizinball!«

Über den Scherz konnten auch die VfL-Profis lachen. Ein paar Tage später war aber bereits wieder Schluss mit lustig. Nach

Ungewöhnlicher Anblick: Normalerweise sieht man Magath eher mit Tee als mit Bier.

einer 0:3-Niederlage bei Bayern München hatte Magath höchstpersönlich die allermeisten Mineralwasserflaschen am Trainingsplatz ausgegossen. Als die Mannschaft nach einem Waldlauf zurückkam, gab es nicht für alle Spieler wie gewöhnlich eine eigene Flasche. Die Profis reagierten verdutzt. Magath zuckte gegenüber den Pressevertretern nur mit den Schultern und erklärte, es habe sich lediglich »um eine pädagogische Maßnahme gehandelt«. Die Mannschaft solle lernen zu teilen.

Zuckerbrot und Peitsche

Die einen Spieler akzeptierten das intensive Programm von Magath (»Wir verdienen so viel Geld, da können wir uns auch mal richtig auskotzen«, Eintracht-Profi Ralf Weber), die anderen waren froh, wenn sie nicht dran teilnehmen mussten (»Ich war die ersten drei Wochen nicht da. Ich glaube, das war auch besser so«, Roy Makaay). Der Zeugwart des VfB Stuttgart, Jochen Seitz, freute sich sogar richtig, als Magath bei den Schwaben anheuerte: »Es lohnt sich wieder, die Trainingsklamotten zu waschen, sie sind wieder nass.« Und als Magath danach zu den Bayern wechselte, jubelte Boulevard-Kolumnist Max Merkel:

»Nix mehr mit Zerrungen nachts in der Disco. Nix mehr mit Nasebohren am Mittelkreis. Jetzt wird wieder marschiert!«

Das alte Prinzip von Zuckerbrot und Peitsche galt aber auch bei Felix Magath. Nach einem großen Sieg seiner Mannschaft wollten die Reporter wissen, ob er dem Team denn nun etwas freie Zeit schenken würde, und »Quälix« antwortete grinsend: »Ja, bis morgen früh um acht.« Ansonsten gab es auch an Feiertagen keine Auszeit: »Die Spieler können so lange Ostereier suchen, wie sie wollen. Vor lauter Training werden sie keine finden.« Doch im Grunde fand Magath seine Übungseinheiten gar nicht so besonders schlimm: »Wenn ich als 48-Jähriger noch mithalten kann beim Konditionstraining, dann kann ich das auch von meinen Spielern verlangen.«

Seine beste Zeit als Trainer hatte Magath beim FC Bayern München – sein persönliches Ziel der Träume, auf das er sich stets und überall vorbereitete. Als sein Team einmal am letzten Spieltag in München spielte, blieb er anschließend auf dem Platz und beobachtete die Bayern bei der Übergabe der Meisterschale. Der erstaunten Presse sagte er hinterher: »Ich habe geguckt, wie man so eine Meisterschaft feiert. Ich wollte das mal wissen für später.« Dieses Gefühl kostete er anschließend als Bayern-Trainer intensiv aus. Als der Klub noch auf drei Hochzeiten – Champions League, Bundesliga und Pokal – tanzte, antwortete Magath auf die Frage, für welche »Braut« er sich am liebsten entscheiden würde, entsprechend gierig: »Ich überlege, ob ich konvertiere und vom christlichen Glauben wechsele. Es gibt ja Religionen, in denen man mehrere Frauen heiraten kann.« Uli Hoeneß fand damals natürlich vor allem das Training von Magath lobenswert: »Unsere Spieler sind abends etwas müder und gehen nicht mehr gerne ins P1.«

Auf Schalke lief es später nicht ganz so gut. Udo Lattek riet schließlich zu folgender Maßnahme: »Felix Magath und Clemens Tönnies sollten eine halbe Stunde in einen Raum gehen, das Licht ausmachen und sich gegenseitig aufs Maul hauen. Dann wäre das Thema durch.« Das war es dann auch – aber anders als vorgeschlagen. Uli Hoeneß mutmaßte:

»Als der Clemens Tönnies Magath in Schalke entlassen hat, sagte er zu ihm: Wenn Sie so weitermachen mit Ihrem Kader mit 45 Mann, dann brauchen wir für die Mannschaft einen Gelenkbus. Da entlasse ich Sie lieber!«

Zum Schluss noch eine Geschichte, die eine andere Seite von Felix Magath zeigt. Er wollte zwar nie als Punk verkleidet herumlaufen, aber einmal präsentierte er sich doch als echter Rebell. Beim Nachholspiel des HSV in Rostock in der Saison 1995/96 ereignete sich Folgendes: Trainer Felix Magath wechselte in der 83. Minute seinen Spieler Daniel Stendel aus und dafür den Torwart Holger Hiemann ein. Nun standen zwei Torhüter auf dem Platz. Doch nur für einen Moment. Keeper Nummer eins, Richard Golz, schmiss die Handschuhe hinter seinen Kasten, entblößte seinen Oberkörper, streifte ein Feldspieler-Trikot über und orientierte sich gleich Richtung gegnerischer Strafraum. Aushilfsstürmer Golz: »Der Trainer hat mich am Tag vor dem Spiel gefragt, ob ich es mache. Leider konnte ich in den knapp zehn Minuten nicht so viel zeigen.« Weil der HSV über eine lange Verletztenliste klagte, hatten die Hamburger beim DFB beantragt, drei Amateure einsetzen zu dürfen. Dies wurde dem HSV verweigert. Die Aktion war deshalb ein stiller Protest vom »punkigen« Coach Felix Magath gegenüber dem DFB.

★ ★ ★

Die zehn besten Sprüche von Felix Magath

»Ich wurde dafür bezahlt, hier zu arbeiten. Nun werde ich dafür bezahlt, dass ich gehe.« (Nach seiner Entlassung bei Eintracht Frankfurt)

»Grundsätzlich ist es mir egal, was meine Spieler essen und trinken. Hauptsache sie nehmen mir bei McDonalds keinen Platz weg.«

»Ich habe schon einmal für ein halbes Jahr Spanisch gelernt. Dann wurde die Lehrerin schwanger. So wurde ich um die Chance gebracht, Trainer bei Real Madrid zu werden.«

»Es wird nicht ganz zur Routine, weil ich ja mittlerweile auch die Mütter gewechselt habe!« (Auf die Frage, ob Geburten ab dem fünften Kind schon zur Routine werden)

»Ich habe ihn beim Warmmachen beobachtet. Er war heiß.«

»Um was soll ich mir alles Gedanken machen? Ich habe hier genug zu tun und mittlerweile sechs Kinder.« (Zum Dopingskandal bei Juventus Turin)

»Ich rate jedem Spieler, mehr Karten zu spielen. Das fordert das strategische Denken und wirkt sich positiv auf die Kreativität auf dem Platz aus.«

»In England putzen die Talente den Stars die Fußballschuhe. Hier putzen sie nicht mal ihre eigenen.«

»Sie machen sich Gedanken, wie sie Tore bejubeln, und keine, wie man ein Tor schießen kann.«

»Wir dürfen alles in den Mund nehmen – außer Alkohol.«

Sepp Maier

Showtalent

Bundestrainer Helmut Schön war voll des Lobes. Sepp Maier sei ein Mann mit »eminenter Begabung und ungeheurer Energie«. Das stimmt. 442 Bundesliga-Partien stand der Torwart des FC Bayern München ununterbrochen im Kasten des Rekordmeisters. Das sind 13 komplette Spielzeiten am Stück für ein und denselben Verein. Eine unglaubliche sportliche Glanzleistung. Und doch erinnern sich die meisten Fußballfans vor allem an eins: an Sepp Maier als spaßigen Entertainer und Karl-Valentin-Double auf dem grünen Rasen!

Bei Empfängen nach Länderspielen soll der Nationalkeeper Maier gerne einmal die Schuhbänder der Gäste unter dem Tisch zusammengebunden haben. Und zwar so, dass die feinen Damen und Herren beim Aufstehen ihr blaues Wunder erlebten. Seine Streiche waren auch bei den Kollegen legendär wie gefürchtet. Doch den größten Schrecken verbreitete Maier einmal völlig unschuldig im Schlaf (»Ein Torwart muss Ruhe ausstrahlen, er muss nur aufpassen, dass er dabei nicht einschläft«). Es war die Nacht vor dem Triumph im Europacup 1967. Trainer Tschik Cajkovski hatte die Mannschaft vor dem Zu-Bett-Gehen noch einmal richtig heißgemacht. Beim Einschlafen überlegte der Bayern-Torhüter angestrengt, was in der morgigen Partie gegen die Glasgow Rangers alles passieren könnte. Maier: »Und dann hab ich geträumt: Eine Flanke fliegt in meinen 16er, ich spring hoch, die Schotten fliegen nur so rechts und links von mir weg, und ich pack mir den Ball.« Sepp Maier erinnert sich genau. Er zeigt, wie er seine Hände in der Nacht gehalten hat. Genauso wie auf dem Rasen, wenn die Kugel zwischen seinen Handschuhen klebte. Sein Traum ging noch weiter: »Ich hab den Ball fest, die Fans jubeln, und ich zeig ihnen den Ball, halt ihn hoch: Schaut her – ich hab ihn … da schreit einer: ›Sepp, Sepp – willst mich umbringen?!‹ Ich wach auf: Da hab ich den Kopf vom Hans Rigotti (Maiers Zimmergenosse) in den Händen. Ich hätt' ihn fast erwürgt.«

Sepp Maier hat im Vorwort zu einem seiner Bücher geschrieben: »Die größten Lieblinge beim Publikum sind meistens die Torschützen. Die werden dann, wenn sie dem Torhüter mal wieder ein Ei in den Kasten gelegt haben, so richtig abgebusselt. Und wer küsst mich? Doch ehrlich gesagt, bin ich ganz froh, dass das beim Keeper anders ist. Möchten Sie etwa von einem nass geschwitzten und matschverschmierten Spieler umarmt werden? Ich nicht! Ich bin doch kein Tor.«

Doch gerade die Gemeinschaft war genau Maiers Sache. Sein Mannschaftskamerad Paul Breitner hat gesagt: »Der Sepp war der Einzige, der sich auch um die Kleinen kümmerte, um die ganz unten, die Nobodys, um uns junge Spieler. Wenn der Seppl uns damals mit seinen Witzen nicht immer aufgeheitert hätte, wäre die ganze Gesellschaft nicht mehr zu ertragen gewesen.« Und so lustig er war, so kollegial ging er auch mit seinen Teamgenossen um. Bei der Weltmeisterschaft 1970 in Mexiko sagte er zu seinem Konkurrenten Horst Wolter aus Braunschweig: »Wir können Freunde sein, wenn du darauf verzichtest, aufgestellt zu werden.« Der Eintracht-Keeper war einverstanden: »Wir wohnten ja in einem Zimmer, und ich wollte meine Ruhe haben.«

Lausbubenstreiche

Maier war sicherlich einer der verrücktesten Spieler, die die Bundesliga je gesehen hat. Im Winter baute er auf dem Platz Iglus, und im Frühling pflanzte er in seinem Kasten Osterglocken an, versehen mit einem kleinen Hinweisschild: »Bitte nicht knicken!« Sein liebstes Hobby war das Zaubern, und so hatte er im Kofferraum seines Autos immer die kompletten Magierutensilien liegen. Sepp Maier war eben ein Spaßvogel, wie sich auch in dieser Geschichte zeigt: Am 12. Dezember 1970 spielten die Bayern bei Hessen Kassel und logierten im vornehmen »Hotel Reiss«. Die attraktive Empfangsdame nahm einen Anruf entgegen: »Nein, haben wir leider nicht … was?« Erregt legte sie den Hörer auf die Gabel. Dann rief sie den Portier und die Boys zu sich: »Wisst ihr, was eben los war?«, fragte sie immer noch empört. Portier und Boys traten näher. Die Dame entrüstete sich: »Da rief doch der Sepp Maier an und beschwerte sich, dass er kein Radio habe. Wir seien doch schließlich ein erstes Hotel, sagte er. ›Schicken Sie mir ein Radio rauf‹, verlangte er. Und als ich ihm sagte, wir hätten kein Radio da …« Die Empfangsdame, Sekunden vorher noch ärgerlich, musste plötzlich laut lachen. »Da sagte Sepp Maier: ›Dann schicken Sie mir halt jemanden rauf, der mir was vorsingt!‹«

Eine Verletzung beim Namen nennen und über Schmerzen klagen? Nicht mit Sepp Maier. Nach einem Tritt mit der Stiefelspitze eines gegnerischen Stürmers in die Rippen erzählte der

Vielseitig begabt: Sepp Maier fühlt sich auch auf Rollschuhen sichtlich wohl. Kann aber auch an seiner Begleitung (Ariane Kapellmann, die Frau seines Teamkollegen) liegen.

Bayern-Tormann lieber munter drauflos: »Kennt ihr den Witz von einem Krieger, der einen Speer in die Brust bekommt? Ein anderer fragt den Verletzten: ›Tut's weh?‹ Er antwortet: ›Nur beim Lachen.‹ Und so ähnlich geht's mir auch.«

Vermutlich hat sein sonniges Naturell mit seiner glücklichen Kindheit zu tun. Als der

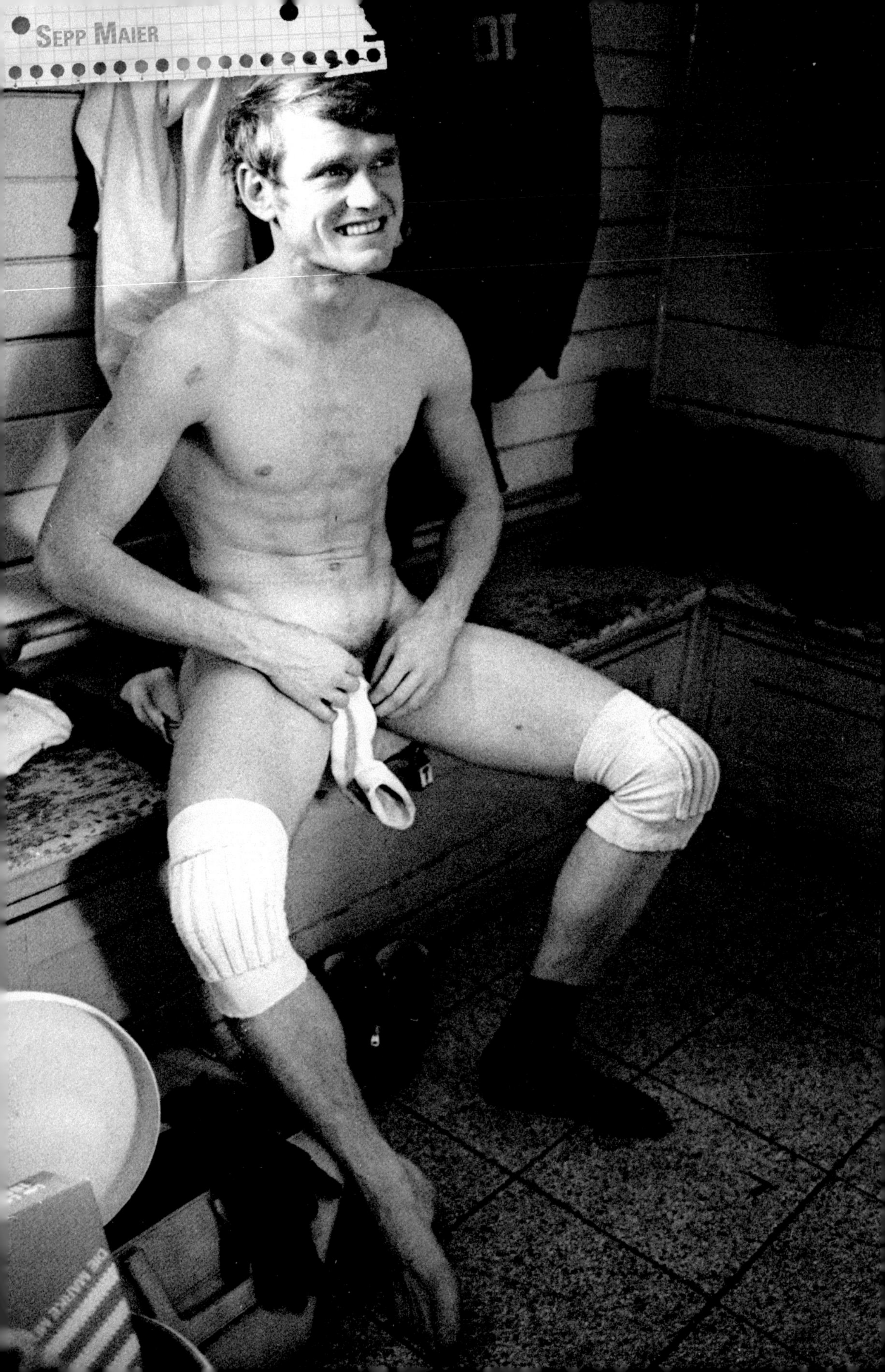
Sepp Maier

kleine Sepp mit einigen Kameraden Hölzer bei einem nahe gelegenen Sägewerk entwendete, um ein Tor zu bauen, erwischte ihn sein Vater. Doch richtig böse konnte er auf die Jungs nicht sein. Er hob ihnen auf den letzten Metern sogar die Bretter über den Gartenzaun. Weil dies jedoch ein Nachbar sah und ihn bei der Polizei anzeigte, verlor der Vater seinen Job.

In einer anderen Geschichte aus seiner Kindheit wurde der Schuldige nie gefunden: »Der größte Blödsinn, den ich gemacht habe: Ich habe als Sechsjähriger einen ganzen Lkw mit Glühbirnen umgekippt, genau vor dem Elektrogeschäft in Haar, wo mein Vater arbeitete. Sie mussten gleich die Feuerwehr holen. Passiert ist das so: Der Lkw stand am Gartenzaun, und da sah ich unter der Ladefläche so einen komischen Hebel hervorschau'n. Ich also nichts wie hin und runtergedrückt. Plötzlich hob sich die Ladefläche und die ganzen Glühbirnen flogen in den Garten. Ich bin sofort abgehauen. Am Abend kam mein Vater heim und erzählte der Familie von dem Vorfall. ›Irgend so ein Saubub soll's gewesen sein!‹, schimpfte mein Vater wie ein Rohrspatz. Er hat nie erfahren, dass ich der Lausbub war. Bis heute weiß es noch keiner. Ich kann mich nur daran erinnern, dass ich in der Schule immer eine Heidenangst hatte, wenn es an der Klassentür geklopft hat. Ich dachte monatelang: Siehst', jetzt kommt die Polizei und verhaftet dich.«

Waghalsiges im Bayern-Tor

Seine Freude an waghalsigen Manövern und außergewöhnlichen Aktionen hat sich Maier auch später als Bundesliga-Torwart erhalten. Und was er Willi Lippens verweigerte, zog er mit einem anderen Kollegen durch. Bei einem Zusammentreffen des FC Bayern zu Hause gegen den 1. FC Köln zelebrierten Hannes Löhr und der Bayern-Keeper einen Showact, den sie schon lange ausprobieren wollten. Abgemacht war: »Ich werde dir einmal während des Spiels den Ball hinwerfen, und dann spielst du ihn mir zurück!« So Maier zu Löhr. Wohlgemerkt: Der Münchner Torwart wollte vor seinem eigenen Kasten das Spielgerät zum Kölner Stürmer schmeißen – in der Hoffnung, dass dieser die Situation nicht ausnutzen und das Leder

direkt zu ihm zurückpassen würde. Doch genau das tat Löhr nicht – wenigstens nicht sofort. Sechs Meter vor dem Kasten wollte der Kölner erst noch Maier umkurven, bevor er ihm den Ball zurückspielte. Doch da wurde die Lage selbst dem ansonsten immer so lustigen Bayern-Torwart etwas zu unübersichtlich. Wütend schnappte er seinem Freund das Leder vom Fuß und ballerte die Kugel weit in die Kölner Hälfte. Die Zuschauer waren dennoch sehr angetan von diesem inszenierten Spektakel.

Ansonsten galt für Sepp Maier: Ehe er selbst in die Irre geführt wurde, machte er es lieber bei anderen. Im Frühjahr 1976 veräppelte er einen Journalisten vor einem Europapokalspiel bei Real Madrid mal so richtig. Weil der Nationaltorhüter seine Sonnenbrille vergessen hatte, kaufte er sich auf dem Flugplatz eine neue, setzte diese auf und auch während des Fluges nicht mehr ab. In Madrid fragte ihn ein Reporter ganz aufgeregt, seit wann er denn schon eine Brille trage, er habe bisher noch gar nichts davon mitbekommen. Der Spaßvogel Maier witterte seine Chance und band dem Journalisten ein erstklassiges Lügenmärchen auf die Nase: »Ja, weißt du das noch gar nicht? Die Brille hat mir ein Doktor verschrieben. Vor ein paar Tagen war ich beim Augenarzt. Er hat festgestellt, dass ich eine Brille tragen muss.«

Aber mit einer Brille könne er doch nicht spielen, entgegnete der Reporter atemlos. Nein, nein, beruhigte ihn Sepp Maier, natürlich würde er Haftschalen benutzen. Die kämen aber leider erst am Donnerstag. Der Journalist lief kreidebleich an. Donnerstag? Das Spiel sei doch bereits am Mittwoch, merkte er an und sah dem Bayern-Keeper tief in die Augen. Maier versuchte ihn zu beruhigen: »Das wird schon gehen. Hoffentlich haben die Spanier ein helles Flutlicht. Im Training werden wir schon mal ausprobieren, ob es ohne Brille klappt.«

Musikalisch war er also auch ...

dacht haben, die mir Filmangebote machten. Was wird meine Agi sagen, wenn sie mich einmal als Filmschauspieler auf der Leinwand bewundern kann? Nur wenn sie mir meine Leibspeise, Schweinsbraten mit Knödeln und Salat, kocht, wird sie zur Belohnung vom Filmschauspieler Sepp Maier ein Autogramm bekommen.« Der Film hieß schlussendlich »Wenn Ludwig ins Manöver zieht« und wurde am 19. Dezember 1967 uraufgeführt. Hinterher gab sich Sepp Maier selbstkritisch: »Im Tor bin ich ein besserer Schauspieler.«

Das Erfreuliche für den Bayern-Keeper: Seine Frau kochte trotzdem. Und wie: »Der Sepp weiß schon, wie er es anfangen muss, um seinen fleischlichen Gelüsten frönen zu können. Da lobt er recht scheinheilig den Braten, den er im Bürgerbräukeller gegessen habe. Da sei die Soße dazu, der Salat ein wahres Gedicht gewesen, nein, eine Symphonie des Geschmacks, der Gerüche. Und welche Frau verspürt da nicht den Ehrgeiz, dem Liebsten zu beweisen, dass das nur Stümpereien gegenüber den heimischen Kochkünsten seien? Also kriegt er

Sofort rief der Reporter in der Heimatredaktion an und übermittelte diese sensationelle Exklusivgeschichte an seine Zeitung. Im Hintergrund standen Maier und seine Mannschaftskameraden und grinsten. Einen Tag später schlugen die Spieler einige Stunden vor der Partie schließlich das Münchner Boulevardblatt auf und lasen mit vor Lachen nassen Augen: »Blinder Torwart im Bayern-Tor. Sepp Maiers Haftschalen werden erst am Donnerstag fertig.«

Das Halbfinalspiel im Europapokal der Landesmeister ging übrigens 1:1 aus. Das Rückspiel gewannen die Bayern mit 2:0 und holten anschließend durch einen Finalsieg gegen St. Étienne den Cup nach München.

Noch mehr Talente?

Bei so viel Talent fürs Humorige abseits des grünen Rasens lag eine Frage nahe, die sich Sepp Maier selber stellte: »Könnte es ein aussichtsreicher Berufswunsch sein, Komiker zu werden? Ja, ich glaube, das würde mir ganz gut liegen. Ähnliches müssen die Filmleute ge-

Sport Magazin

Lebenslängliche Sperre für Haller?

Club mit neuen taktischen Ideen

Seite 15
Billige Karten für die Arbeitslosen

Seite 15
Hohes Lob für Helmut Schön aus Moskau

seine Schweinshaxe, und ich vertröste mich auf einen Tag, wo ich allein bin. Wenn er dann so genüsslich die Riesenportion vertilgt, dann weiß ich, dass die Liebe wirklich durch den Magen geht.«

Der Sepp und die »Haserln«

Der Pferdebesitzer und Hundefreund Maier konnte ohnehin sehr gut mit Frauen:

»Ja, außer den genannten Viecherln mag ich auch noch sehr die zweibeinigen Haserln, von Caroline bis Stefanie.«

Sepp Maier mit seiner Frau auf dem Sportlerball 1969.

Vom Frauenfußball hielt er dagegen weniger: »Zuschaun tu i net, aber beim Duschn geh i mit …«.

Sepp Maier verriet einmal ein Geheimnis über seine Aktivitäten an Wettkampftagen: »Eine Stunde vor dem Spiel noch mal Sex – das macht schön locker, zack-zack, da geht's viel besser.« Vor diesem Hintergrund erscheint eine andere kuriose Anekdote ein wenig logischer. Nach der Niederlage der BRD-Elf gegen die DDR bei der WM 1974 spielte sich Folgendes ab, wie sich Maier erinnert: »Der harte Stamm, so um die 16 Spieler, war bei der Sauferei dabei, auch Beckenbauer. Bei wichtigen Dingen hat der Franz nie gefehlt. So zwischen zwei und drei Uhr hab ich dann gesagt: Los, Uli (Hoeneß), wir fahren zu unseren Frauen nach Hamburg. Einen Sicherheitsbeamten habe ich überredet, uns sein Auto zur Verfügung zu stellen. Er sagte, er müsse aber unbedingt dabei sein, denn wenn etwas passiere mit dem Auto, sei er dran. Aber er sei zu müde zum Fahren. Also hab ich zu ihm gesagt: Leg dich auf den Rücksitz und schlaf. So sind Uli und ich ausgebüchst. In Hamburg ging die Bremse kaputt. Mit der Handbremse hab ich das Auto immer wieder zum Stehen bringen müssen. Im Europäischen Hof haben wir an der Bar unsere Frauen getroffen – aber auch einige Journalisten. ›Wenn ihr eine Zeile schreibt‹, habe ich gedroht, ›könnt ihr was erleben.‹ Alle haben dichtgehalten.

Den Sicherheitsbeamten haben wir morgens losgeschickt, die Bremsen reparieren zu lassen. Aber Sonntag früh war keine Werkstatt offen. Also sind wir mit der Handbremse die 70 Kilometer zurückgefahren. Für zehn Uhr war Training angesetzt. Als wir zurückkamen, waren die meisten schon auf dem Platz. Der Beamte musste ans Steuer, Uli und ich haben uns flachgelegt, damit uns keiner sieht. Unbemerkt sind wir auf unsere Zimmer geschlichen. Unser nächtlicher Ausflug blieb für den Rest der Weltmeisterschaft unentdeckt.

Helmut Schön wunderte sich nur, warum ich beim Torwart-Training nur mit der linken Hand nach dem Ball griff. ›Was ist los?‹, fragte er. ›Ich weiß nicht, die rechte tut mir heut' weh‹, log ich. Vom vielen Handbremsen hatte ich lauter Blasen in der rechten Hand.«

Sepp Maier wusste schon immer, dass das Leben als Fußballstar ein gutes war: »Ich denke gern an meine Zeit als Fußballer zurück. Damals – das ist immer das Paradies.« Trotzdem war ihm schon früh klar: »Der Sepp Maier kommt wieder. Womit? Weiß ich noch nicht. Aber irgendwas wird mir schon einfallen.« Und so ist es ja dann auch gekommen.

★ ★ ★

Lothar Matthäus

Superstar und Frauentyp

Im Alter von 21 Jahren sagte Lothar Matthäus über sich selbst: »Ich bin ordentlich, meine Frau meint manchmal: pingelig. Früher habe ich auch gerne im Mittelpunkt gestanden, aber das hat sich gelegt, finde ich.« Naja, das stimmt wohl nur, wenn man die Sache so betrachtet wie Matthäus seine eigene Existenz: »Ich lebe in einer Seifenblase.« Wie dem auch sei. Das, was Egidius Braun einst sagte, ist auf jeden Fall richtig: »Der Lothar kann den Fußball gut rüberbringen. Ihm ist von Gott die Gabe der Rede gegeben worden.«

Uli Hoeneß wusste diese spezielle Fähigkeit des Mannes aus Erlangen allerdings nicht zu würdigen: »Seine Leistungen sind nur noch im Reden erstklassig. Manchmal glaube ich, er ist der Pressesprecher des FC Bayern.« Frauen hingegen hingen seit jeher an Lothars Lippen. Erika Berger befand, dass Matthäus »ein bodenständiger Mann mit einer animalisch sinnlichen Ausstrahlung« sei.

Der Duisburger Nationalspieler Ennatz Dietz kann wohl eine der ersten Fußball-Frauen-Geschichten des jungen Lothar Matthäus erzählen. Nach einigen DFB-Lehrgängen wurde der gerade 19-jährige Gladbacher bereits für die EM 1980 in Italien nominiert. Doch Matthäus wollte aus irgendwelchen Gründen gar nicht mit. Dietz erinnert sich noch lebhaft an diese seltsamen Momente: »Der Lothar hat am Tag der Nominierung bitterlich geweint. Ich stand neben ihm und war völlig hilflos. Erst habe ich gedacht, der würde Freudentränen vergießen, aber dann hat der gar nicht mehr aufgehört. Ich habe ihm den Arm um den Hals gelegt und ganz behutsam gefragt, was denn los sei. Da hat mich der Lothar mit geröteten Augen angeguckt und geschluchzt: ›Aber meine Freundin hat doch für die Zeit der Europameisterschaft schon unseren Urlaub gebucht.‹«

Ohne den fürsorglichen Kapitän Dietz hätte der Gladbacher sein erstes Länderspiel wahrscheinlich erst viel später bestritten. 3:0 stand es 1980 bei der Europameisterschaft gegen die Niederlande, als niemand aus der Mannschaft freiwillig seinen Platz für den jungen Debütanten räumen mochte. Niemand außer Dietz. Der täuschte eine Verletzung vor und ermöglichte Lothar Matthäus so sein Debüt im Nationalmannschaftsdress. Dass das Spiel am Ende und nach zittrigen Schlussminuten nur noch 3:2 für Deutschland ausging, lag nicht unbedingt am unbedarften Nationalmannschaftsneuling Matthäus, wie Dietz schmunzelnd betont.

Man kann sagen: Das Leben des Lothar Matthäus ist die Schnittmenge aus öffentlicher Person des Boulevards und dem überragenden Fußballer, der maßgeblich dafür verantwortlich war, dass Deutschland 1990 Weltmeister wurde. Auf alle Fälle ist er ein Bälle-Narr, wie sein Entdecker Hans Nowak einmal so schön sagte:

»Wenn in Herzogenaurach ein Ball aufgepumpt wurde, war der Lothar schon in der Nähe.«

Lothar und Silvia

Sein erster Profitrainer in Mönchengladbach, Jupp Heynckes, erinnert sich genau an die ersten Tage mit dem Jungtalent: »Ich ließ sie fünf gegen zwei spielen, im Kreis. Da kam der Lothar und haute denen auf die Socken. Die Älteren haben natürlich geschimpft. Da hat der Lothar sich hingestellt und gemeint: ›Mensch Jungs, ihr müsst doch merken, dass ich hier bin!‹«

Ein Haudrauf und ein Pedant war Matthäus auf und neben dem Platz: »Als ich in der Nationalmannschaft immer wichtiger wurde, habe ich mir teilweise Sorgen gemacht, ob meine Mitspieler auch die richtigen Socken zu ihren Ausgehanzügen tragen.« Sein größtes Manko: Er konnte den Mund nicht halten. Und so gelangten auch private Dinge an die Öffentlichkeit, die sie besser nie erfahren hätte: »Ich war von frühester Jugend an ganz verschossen in sie. Ich habe sogar meine täglichen Trainingsläufe so gelegt, dass ich stets am Haus von Silvias Eltern vorbeikam.« Und eine andere private Offenbarung: »Meinen Beruf als Fußballprofi übe ich sehr gern aus, aber meine Frau liebe ich. Privat muss bei mir alles stimmen. Noch heute kann ich sicher sein: Wenn ich mich vor einem Spiel einmal mit Silvia streite, spiele ich garantiert schlecht. Zum Glück kommt das selten vor.«

Auf der anderen Seite konnte sich Matthäus auf seine erste Ehefrau verlassen. »Längst hat sie sich daran gewöhnt, dass Ehemann Lothar von weiblichen (meist minderjährigen) Fußballfans mit hingebungsvoller Liebe überschüttet wird«, wusste das »fußball-magazin« zu berichten. Sie war stets für ihn da, wie sie selbst ausführlich erzählte:

»Er braucht mich nach jedem Training, vor allem aber nach einem verkorksten Spiel. Da möchte er am liebsten nichts mehr hören und nichts mehr sehen, sondern sich nur noch in irgendein Eckchen verkriechen. Aber er rappelt sich immer wieder auf – und zieht uns auch aus dem tiefsten Schlamassel wieder hoch.«

So machte sich Matthäus bereits in den Anfängen seiner Karriere beliebt beim Boulevard. Eine Falle, in die er da hineintapste und aus der er bis heute nicht mehr herausgekommen ist. In einer seiner ersten großen Personality-Storys für das »fußball-magazin« berichtete der Nationalspieler von der EM 1980 und ließ die interessierte Leserschaft dabei auch an den intimsten Nebensächlichkeiten teilhaben: »Ich telefonierte jeden Tag zweimal mit meiner Verlobten Silvia, und da habe ich mich dann zum ersten Mal geärgert, denn das Hotel hat so

hohe Telefongebühren verlangt, dass ich nach der ersten Rechnung bald umgefallen wäre vor Schreck. Kaum eine Minute hatte ich mit Silvia telefoniert, da wollten die mir über 6.000 Lire aus der Tasche ziehen, das waren etwa 14 Mark. ›Bin ich denn ein Multimillionär?‹, fragte ich den an der Rezeption. Von dem Augenblick an habe ich überall Münzen gesammelt und es vom öffentlichen Fernsprecher aus versucht. Nur hat der meist nicht funktioniert. Das hat mir dann ganz schön gestunken. Irgendwie habe ich es aber doch geschafft, jeden Tag zweimal mit Silvia zu telefonieren.«

Kurz vor der Hochzeit trennte sich Matthäus jedoch erstmal wieder von eben dieser Verlobten Silvia. In der »Bild« stand: »Jungstar Matthäus warf Verlobte raus!« Und was sagte der junge Mann? Kein Kommentar? Nein, Matthäus gab genauestens Auskunft über sein Seelenleben: »Früher habe ich sehr oft gemacht, was die Silvia wollte. Aber ich bin älter geworden und habe mich entwickelt. Dann hat es eben nicht mehr geklappt.« Er lernte Rosi aus Augsburg kennen. Gleichwohl: »Aber wenn die Silvia, mit der ich ja über 15 Monate zusammen war, ein Problem hat, dann helfe ich ihr selbstverständlich.« Das ist in der Tat eine noble Einstellung, die vielleicht auch dazu geführt hat, dass Silvia schließlich doch noch seine erste Ehefrau wurde.

Dass der Ehrenspielführer der Nationalmannschaft auch die weniger liebevollen, sprich deftigen Worte kann, bewies er am Münchner Flughafen. Als er dort mit seinem kolumbianischen Mitspieler Adolfo Valencia auf die Basketballnationalmannschaft der Damen traf, rief er: »Ey, Mädels, unser Schwarzer hat den Längsten!«

Die Macht der Sprache nutzte ebenfalls Lothar Matthäus' Ex-Freundin Kristina Liliana für einen Satz mit intellektuellem Tiefgang. Wichtig war ihr dabei wohl vor allem das kleine, unschuldige Wörtchen »eigentlich«. Liliana trat mit diesem bösen Foul auf Kopfhöhe weit nach Spielschluss ihrer Ehe gegen ihren Ex-Mann nach:

»Nicht lachen, aber ich stehe eigentlich total auf intelligente Männer!«

Ehrgeizig selbst in Freundschaftsspielen

Eine eher humorvolle Geschichte über Lothar Matthäus weiß auch ein bekannter deutscher Schauspieler zu berichten. Vor der WM 2006 sollte in England zum zehnjährigen Jubiläum der Europameisterschaft 1996 ein Benefizspiel stattfinden. England gegen Deutschland hieß die Paarung, und beide Seiten fuhren aus

Im Prinzip frisst Lothar Matthäus Lolita aus der Hand.

ihren Ländern Promis auf, dass das Herz eines jeden showbegeisterten Fußballfans schneller schlug. Unter den deutschen Stars war neben vielen anderen auch der Schauspieler Peter Lohmeyer, der diesen Tag für immer in besonderer Erinnerung behalten sollte. Und das lag gleich an einer ganzen Reihe von sehr speziellen Vorkommnissen, wie er einmal in einer launigen Runde auf einem Fußballabend in Gelsenkirchen erzählte.

Es fing damit an, dass am Morgen des Spiels der Kapitän der Mannschaft, Lothar Matthäus, die Freundschaftsbegegnung für einen guten Zweck absagen lassen wollte. Seiner Meinung nach sei das deutsche Team viel zu schwach besetzt und hätte gegen die Engländer keine Chance. Nach einigen Stunden intensiver Beratung konnte der ehemalige Star des FC Bayern schließlich doch noch durch einige ältere Mannschaftskameraden davon überzeugt werden, dass es bei einer Benefizveranstaltung natürlich schon sehr wichtig sei zu gewinnen, aber man auch die gute Sache nicht gänzlich aus den Augen verlieren dürfe. Matthäus gab schließlich immer noch meckernd nach.

Und dann lief das Spiel wider Erwarten richtig gut an für das deutsche Team. Nach einer wunderbaren Vorarbeit von Maurizio Gaudino schoss Peter Lohmeyer nach nicht einmal sechs Minuten bereits das 1:0 und schob auch nach 27 Minuten das Leder zum 2:0 ins englische Tor. Doch der Schiedsrichter gab den Treffer nicht. Lohmeyer reagierte entspannt, merkte allerdings an: »Ich hoffe nicht, dass es ein zweites Wembley war. Aber ist schon okay, es ist mein Geschenk an England!«

Nach 50 Minuten hieß es trotzdem 2:0 für Deutschland, doch dann ließen die Kräfte nach und man fing sich zwei schnelle Gegentreffer. An der guten Laune der Spieler auf dem Platz konnte das allerdings nichts ändern. Nur Lothar Matthäus war außer sich. Er schnappte sich Lohmeyer und rief ihm mit hochrotem Kopf zu:

»Keine Angst, Peter. Das Ding kriegen die nicht durch. Ich habe mich gerade erkundigt. Man kann bei klaren Fehlentscheidungen im Nachhinein auch bei Freundschaftsbegegnungen das Ergebnis noch anfechten. Die FIFA wird das korrigieren, das regle ich schon!«

Lohmeyer wankte zurück, fasste sich an den Kopf und überlegte in einer schlaflosen Nacht, ob er diesen Tag mit seinen Toren, den Fußballstars und dem ehrgeizigen Franken nur geträumt habe. Einige Wochen später schickte man ihm die TV-Aufzeichnung des Spiels, und der Schauspieler Lohmeyer wusste: Das hier war kein Film. Das war das reale Leben!

Eine andere kuriose Geschichte mit Lothar Matthäus in der Hauptrolle spielte sich am Abend dieses ereignisreichen Tages ab. TV-Koch Tim Mälzer wollte beim Bankett im Anschluss an die Begegnung unbedingt ein original unterschriebenes Trikot von Pelé ersteigern. Da er gerade beabsichtigte, in Hamburg ein neues Restaurant zu eröffnen, malte er sich bereits aus, wie schön sich das Souvenir in die Dekoration einfügen würde.

Und es sah gut aus. Mälzer hatte alle Mitbewerber abgeschüttelt – bis auf einen. Lothar Matthäus saß mit seiner ungarischen Lebensgefährtin am selben Tisch wie der TV-Koch und zeigte sich ebenfalls sehr interessiert. Die Bieterschlacht war eröffnet. Beide trieben das Gebot abwechselnd mit den Scheinen wedelnd immer weiter in die Höhe. Als man bei einer stolzen Summe angelangt war, fragte der Rekordnationalspieler seinen Tischnachbarn: »Moment einmal! Sag mal, Peter, das sind Pfund, oder? Wie viel sind denn das überhaupt in Euro?« Als Matthäus die Summe hörte, verschlug es ihm die Sprache. »So viel? Nee, dann bin ich raus. Das ist ja Wahnsinn«, meinte er erstaunt lächelnd und überließ Mälzer das völlig überteuerte Trikot. Der guckte Matthäus grimmig an, bezahlte den Betrag aber sogleich. Schließlich war die Sache ja auch für einen guten Zweck.

Kaum war Mälzer an den Tisch zurückgekehrt, beugte sich Matthäus zu seiner Lebensgefährtin hinüber und sagte, für alle Sitznachbarn gut zu verstehen: »Weißt du was? Da ruf ich gleich morgen den Pelé an. Der soll mir mal so ein Trikot schicken. Dann krieg ich das für umsonst.« Augenzeugenberichten zufolge soll der TV-Koch erst im allerletzten Moment daran gehindert worden sein, über den Tisch hechtend dem ehemaligen Bayern-Star an die Gurgel zu gehen.

Gesprächig war er immer schon

Kommunikativ war Lothar Matthäus schon seit jeher. Als einer der ersten Kunden in Deutschland ließ sich der Rekordnationalspieler sogar ein Telefon in sein Auto bauen. Immer mobil, immer erreichbar. Bereits als Jugendnachwuchsspieler besetzte er stundenlang den einzigen Fernsprechapparat in der Sportschule Wedau. Ein Kollege erinnert sich: »Manchmal reichte die Schlange den ganzen Flur hinunter. Es konnte dauern, bis der Lothar alle Probleme mit seiner aktuellen Freundin besprochen hatte.«

Das kostete natürlich auch Geld. Schon in den neunziger Jahren merkte der KSC-Spieler Michael Harforth süffisant an: »Mein Grundgehalt ist so hoch wie die monatliche Telefonrechnung von Lothar Matthäus.« Doch erst Waldemar Hartmann kam dem Weltstar minutiös auf die Schliche. Als Matthäus 2006 seinen brasilianischen Klub Atlético Paranaense überstürzt verließ, vergaß er leider, seine Handyrechnung zu begleichen. Und weil er es auch ein paar Monate später noch nicht getan hatte, veröffentlichte sein Ex-Klub die genauen Details der Kostenaufstellung. Matthäus hatte für umgerechnet 5.153 Euro telefoniert. Und wie Waldemar Hartmann anhand der Preisliste von TIM Brasilien errechnen ließ, waren dies genau vier Stunden und neun Minuten, die der Franke pro Tag übers Handy nach Deutschland telefonierte.

Mit Reportern (»Ein Wort gab das andere – wir hatten uns nichts zu sagen«) kam Matthäus bekanntermaßen schon immer gut aus. Und da diese Berufsgruppe nach Spielen den Tag gerne bei einem Analyse-Getränk an der Hotelbar ausklingen lässt, gesellte sich der Bayern-Profi hier und da einfach dazu. Bei dem einen oder anderen Glas lieferte Matthäus dann auch gerne gleich noch eine Entschuldigung ab, warum er denn zu so später

Echte Freude: Lothar Matthäus mit der Meisterschale 1994.

Matthäus plauderte auch in der Zeitschrift »Playboy« gerne über sein Liebesleben.

Lothar Matthäus genießt die Aufmerksamkeit zweier Hostessen.

Stunde als Profi noch am Tresen stehen dürfe. Die schönste Begründung hat einmal ein Journalist nach einer langen Nacht im Morgengrauen aufgeschrieben. Als Matthäus sich in einem Spiel eine schwere Verletzung zugezogen hatte, erklärte er in der Hotelbar den Männern von der Presse: Der Arzt habe ihm gesagt, dass er mit seinem Bein »nicht so lange im Bett liegen« bleiben solle.

Als Spieler verehrt – als Trainer …

Ende der achtziger Jahre ließ sich der Italien-Legionär von dem Psychologen Arnd Stein beraten. Dieser hatte sich in der TV-Sendung »Donnerlippchen« gerade mit unglaublichen Tricks präsentiert. Im Auftrag des DFB fertigte Stein Entspannungs-Kassetten für die Nationalspieler an. In »Urlaubssituationen« sollten die Spieler durch seine mit Musik und Texten versehenen Klangerlebnisse versetzt werden. In einer bunten Illustrierten sah man eine Meerlandschaft und einen Lothar Matthäus mit geschlossenen Augen und einem Walkman in der Hand. Darüber die Schlagzeile: »Matthäus: Im Schlaf ist er der Größte«.

Mit diesem neuen Selbstbewusstsein wurde Matthäus kurz darauf der König von Deutschland. Mit seinen fulminanten Auftritten schoss er die DFB-Elf 1990 zum Weltmeistertitel. Lothar Matthäus war der unangefochtene Star der Mannschaft. Und diesen Status lebte er aus. Stefan Effenberg plauderte einige Jahre später einmal aus dem Nähkästchen: »Ein paar andere Dinge am ›Menschen‹ Lothar Matthäus gingen mir aber schnell ganz gewaltig auf den Keks. Allein seine Auftritte im Kreis der Nationalmannschaft! Lothar war garantiert der Lauteste. Er war ein absoluter Experte darin, seine Klappe immer und überall aufzureißen. Wenn Fritz Westermann, der damalige Koch der Nationalmannschaft, sein wunderschönes Büfett aufgebaut hatte, war es für alle Spieler selbstverständlich, aufzustehen, sich einen Teller zu nehmen und sich zu bedienen. Auch Berti Vogts und die anderen Trainer luden sich selbst was auf den Teller. Nur für den guten Lothar war alles ein bisschen anders. Er schrie quer durch den Raum: ›Hör mal, Fritz, mach mal was fertig für mich!‹«

Man kann verstehen, dass Matthäus bei solch einem Wohlfühlleben das Ende seiner Spielerkarriere so weit wie möglich nach hinten hinauszögerte. Als es schließlich irgendwann doch vorbei war, blieb der DFB-Ehrenspielführer dem Fußball treu. Er wechselte nur die Seiten und wurde Trainer. Als er bei Rapid Wien startete, sagte sein ehemaliger Coach Franz Beckenbauer: »Für mich hat Lothar die idealen Voraussetzungen, ein großartiger Trainer zu werden. Ich bin froh, dass er das macht, was er kann, und nicht etwas anderes.« Und Matthäus ging das Projekt auch gleich sehr ehrgeizig an. Sein Team versammelte er schon fünf Stunden vor dem Spiel um sich herum und begründete dies folgendermaßen: »Nur so kann ich die Mannschaft aus ihrer Ekstase holen.« Doch schnell entstanden erste Frustrationen (»Einmal bringe ich einen um«), und das Abenteuer war recht bald schon wieder vorbei. Ladislav Maier, der Torhüter von Rapid Wien, äußerte sich nach dieser Zeit über Matthäus: »Als Spieler war er fantastisch, aber gäbe es ihn nur als Trainer, würde ich sagen, dass ich keinen größeren Tölpel gesehen habe. Alle bei Rapid – von der Putzfrau angefangen – atmen auf, weil er verschwunden ist.« Und auch Rudolf Edlinger, Präsident von Rapid Wien, fand im Nachgang keine positiven Worte: »Ich habe gedacht, dass man mit einem 40-Jährigen einen reifen Mann auf die Trainerbank setzt. Aber er ist nicht geeignet für eine Mannschaft mit einer Jugendabteilung.«

Besonders Uli Hoeneß kommentierte die nächsten Trainer-Schritte von Matthäus stets sehr argwöhnisch. Als der ehemalige Star des FC Bayern einen Klub in Israel fand, merkte Hoeneß an:

»Hoffentlich hat die Frau Merkel demnächst nicht zu viel Arbeit damit, die diplomatischen Beziehungen zu verbessern.«

Und als kurzfristig der Name Matthäus in der Diskussion um den Bundestrainer-Posten aufgetaucht war, unkte der Bayern-Manager: »Wenn Matthäus Bundestrainer geworden wäre, das wäre, wie wenn der Chefspion des KGB Bundeskanzler geworden wäre.«

Auch in Frankfurt wehrte man sich mit Händen und Füßen gegen den Trainer Lothar Matthäus. »Wenn Winnie Schäfer gekommen wäre, hätte er hier den dritten Weltkrieg ausgelöst. Was soll da erst bei Lothar Matthäus passieren?«, meinte Eintrachts Fanshop-Geschäftsführer Joachim Pflug. Heute hat Matthäus eingesehen, dass ihm eine große Karriere als Fußballlehrer wohl verwehrt bleibt. Genauso wie die als preisgekrönter Sänger. Dabei hatte er bei seinem Abschiedsspiel so wunderbar das Lied »Muss i denn zum Städtele hinaus« intoniert. Es war der Tag, an dem Kommentator Jörg Dahlmann mit trauriger Stimme rief:

»Da geht ein großer Spieler. Ein Mann wie Steffi Graf!«

★ ★ ★

Hans Meyer

Trainer mit Humor

Der Mann hat offenbar ein geordnetes Leben: »Ich gehe in keine Spielbank, kaufe keine Schweinefarm, wo mir die Schweinepest später alles kaputtmacht. Ich mache keine Weltreisen, gebe keine Party für 50.000. Ich gehe alle vier Jahre mal für 5.000 Mark Klamotten einkaufen, das war's.« Und auch in seinem Beruf scheint alles am rechten Platz zu sein: »In schöner Regelmäßigkeit ist Fußball doch immer das Gleiche.« Wären da nicht die Fans: »Ihr wisst ja, beim Geschlechtsverkehr dürft ihr mich immer stören, aber bei der Fresserei ist es einfach scheiße!«

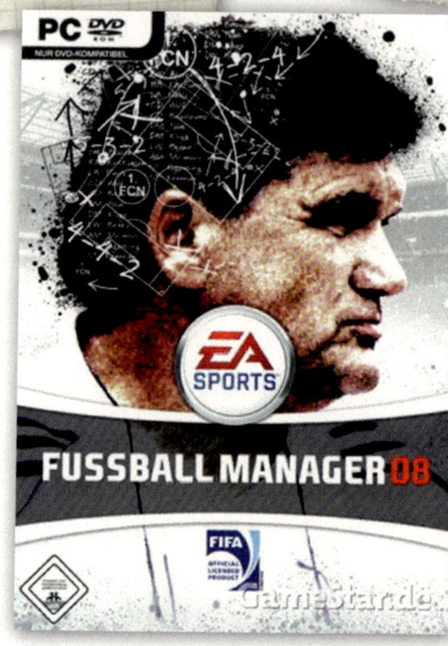

Dabei bringt Hans Meyer sonst eigentlich wenig aus der Fassung: »Ich bin geduldig. Ich kann auf Siege warten. Mit meinem Geduldsfaden kann man Tauziehen veranstalten.« Doch am liebsten mag er es bequem: »Wenn kein Gegner mehr da ist, ist Fußball richtig schön.« Und spritzig: »Luka Modric macht Dinge mit dem Ball, da fängt mancher Trainer vor Freude an zu onanieren.«

Die Trainerlaufbahn von Hans Meyer begann zu Zeiten der DDR. Als er viele Jahre später mit einem Verein nach Düsseldorf kam, dachte er zurück an das Jahr 1981. Damals spielte sein Team Carl Zeiss Jena gegen Dinamo Tiflis: »Ich bin heute noch nicht darüber weg, dass wir damals das Europacup-Finale in Düsseldorf verloren haben. Aber zum Glück reißen sie ja das Rheinstadion jetzt ab.«

In jener Saison waren die Jenenser im Europapokal auch bei Benfica Lissabon angetreten. Hans Meyer besorgte sich ein paar portugiesische Zeitungen, in denen Artikel über Carl Zeiss Jena standen: »Dann habe ich so getan, als hätte ich sie übersetzt: ›Die Roboter aus dem Osten – können zwar rennen, aber fußballerisch sind sie blind. Wer in so einem System aufwächst, kann keine Kreativität entwickeln.‹ Solche Sachen. Nichts davon stand wirklich da, aber es war eine schöne Zusatzmotivation. Wir haben gewonnen und standen im Europapokalfinale.«

Eine tolle Zeit damals in Jena. Seine Trainerstation bei Rot-Weiß Erfurt würde er hingegen im Nachhinein lieber vergessen:

»Die Fußballer in Jena haben immer gewürfelt oder Karten gespielt. In Erfurt komme ich in den Speisesaal, da spielen zwölf Spieler Schach. Die waren zu klug für Fußball.«

Seinen Wechsel nach Erfurt hatten ihm zudem die Jena-Fans übel genommen. Sie demolierten seinen Wartburg und pinselten ihn mit Parolen wie »Meyer, du wirst sterben« voll. Als ein Journalist wissen wollte, wie man denn erkennen konnte, dass es sich um sein Fahr-

Hans Meyer (links) und der Trainer von Dinamo Tiflis bei der Pressekonferenz vor dem Europapokalfinale 1981 in Düsseldorf.

zeug handelte, antwortete Meyer: »Ich hatte damals draufgeschrieben: ›Ich bin dem Hans sein Auto.‹«

Nach der Wende kehrte Meyer mit einem Team nach Portugal zurück. Trainingslager in der Sonne. Unter einem Apfelsinenbaum stehend, lächelte er seine Spieler an: »Vierzig Jahre keine Südfrüchte – und jetzt das!« Dabei war das neue Leben für alle gewöhnungsbedürftig: »Das Profigeschäft ist hart, und die Umwandlung des DDR-Sports geschieht wie in der Wirtschaft. Aber zum Glück haben wir keine Treufußanstalt!«

Ein Sprücheklopfer im positiven Sinne

Nach drei Jahren in den Niederlanden bei Twente Enschede wechselte Meyer 1999 zu Borussia Mönchengladbach. Endlich angekommen in der Bundesliga – wenn auch nur in der zweiten. Doch die Verhältnisse, die Meyer vorfand, waren ohnehin alles andere als erstligareif: »Unser Trainingsplatz lag so weit draußen – wenn du da angekommen bist, musstest du erst mal mit ein paar Stöcken die Wölfe verjagen!« Damals sagte Meyer den schönen Satz: »Ich bin auch nur ein Passant, der den Verein ein Stück begleitet.«

Als sich die Erfolge einstellten, wollte die Presse von ihm wissen, warum es denn im Moment so gut bei der Borussia laufe. Meyer antwortete: »Seit drei, vier Wochen haben die Spieler keine Angst mehr vor mir.« Er verlängerte seinen Vertrag und verkündete hinterher: »Wir mussten das Training abbrechen, weil einige Spieler in Tränen ausgebrochen sind.«

Er genoss das neue Leben und vergaß dabei nicht, wie gut es seine Profis und er in der Wohlfühloase Fußball haben:

»Die Spieler kommen morgens um neun, trinken Kaffee, halten ein Schwätzchen, danach eine kleine Mannschaftsbesprechung, 90 Minuten Training, eine Stunde Nachbereitung. Und nachmittags gehen sie dann mit der Mutti auf die Kö nach Düsseldorf. Die können einkaufen, während andere noch an der Maschine stehen. Als Fußballprofi hat man eine herrliche Zeit.«

In diesen Jahren stieg Hans Meyer zum Kulttrainer auf. Die Gladbach-Anhänger feierten die gemeinsamen Erfolge, aber fast ebenso die originellen Sprüche ihres Trainers. Auf der Pressekonferenz nach einem Spiel in Hamburg bedankte sich Meyer für die Unterstützung auf seine Art: »Bemerkenswert finde ich die Tatsache, dass 3.000 unserer Fans in St. Pauli waren, und davon waren höchstens 2.000 wegen der Reeperbahn da.«

Die Medien lernten Meyer in dieser Zeit lieben, auch wenn es immer wieder Reibereien mit der Boulevardpresse gab. Als diese eskalierten, ging Meyer lieber auf Nummer sicher: »Ich habe einen Zahnarzttermin, bekomme ein neues Gebiss. Ich werde nicht beim Training

Hans Meyer mit Klaus Augenthaler (l.) beim Besuch eines Testspiels von Borussia Mönchengladbach im Jahr 2012.

sein. Schreibt deshalb nicht, ich wäre gefeuert.« Offen kritisierte er Journalisten, die ihn mit Standardfragen aus dem Presse-Satz-Baukasten nervten: »Stellen Sie sich vor, Sie sind Trainer, haben ein Spiel gewonnen und werden gefragt: Herr Schäfer, was geht jetzt in Ihnen vor? Ehrlicherweise müssten Sie dem doch sagen, dass Sie mit dem Gedanken spielen, ihn zu erwürgen.« Dennoch liebte er das Spiel mit den Medien. Nach einem 1:0 gegen Bayern München im ersten Saisonspiel sagte er: »Wenn ich mit dem System Weihnachten im gesicherten Mittelfeld bin, dann können wir drüber reden. Aber nach einem Spieltag werde ich mich hüten, meinen Kopf so weit aus dem Fenster zu halten. Doch wenn Sie schreiben, Hans Meyer hat ganz alleine gewonnen, dann haben Sie natürlich Recht.«

Den Sieg gegen die Bayern zelebrierte Meyer auf seine Weise: »Jetzt gehe ich erst einmal nach Hause und mache ein Fläschchen von dem Sechs-Mark-Sekt auf. Wir sind nämlich arme Leute und kaufen bei Aldi.« Wobei eigentlich weniger das Geld das Problem war, sondern etwas anderes: »Wenn ich eine ganze Flasche Rotkäppchen getrunken habe, wurde meine Frau danach regelmäßig schwanger.«

Bei einem anderen Spiel gegen die großen Bayern fragte man ihn, ob ein Punkt bei den Münchnern das schönste Weihnachtsgeschenk sei: »Das kann ich jetzt nicht sagen. Sonst bekomme ich Probleme, wenn meine Frau an Heiligabend mit dem Päckchen mit der Feinripp-Unterwäsche ankommt.« Auch an die Frauen seiner Profis dachte Meyer, doch das ging nicht immer gut: »Ich habe versucht, sechs Spieler-Ehen zu retten. Eine gibt es noch. Die anderen fünf wollten mich töten, weil ich das Elend verlängert habe.«

Nach der Saison 2008/09 beendete Hans Meyer seine Karriere als Trainer – ein gut überlegter Schritt: »Wenn du Fußball machst, dann lässt dich der Beruf nicht mehr frei. Man entwurzelt sozial ein bisschen. Geh mal abends ins Theater, wenn du dreimal verloren hast. Da bist du ein Laune-Schreck.« Im Nachhinein kam für ihn der Schritt, mit 66 in Rente zu gehen, fast zu spät. Aber das konnte er erst hinterher wissen: »Ich habe aufgehört, als ich eigentlich noch ein Jahr Vertrag hatte. Dann habe ich eine Weltreise gemacht und bin mit einem Schiff von Tahiti nach Französisch-Polynesien gefahren. Nicht so ein Luxusdampfer, auf dem alle schon den Totenschein in der Tasche haben, sondern ein ganz normales Versorgungsschiff. In meiner Kabine habe ich in den Spiegel geschaut und mich gefragt: Mensch, Hans, warum nicht eher?«

Seinen Humor hat Meyer auch als Rentner nicht verloren. Als 2011 Gerüchte aufkamen, er würde noch einmal einen Verein übernehmen, antwortete Meyer auf seine typische Art:

Eine Geste, die man häufiger von ihm sah, hier 1999 auf der Gladbacher Trainerbank.

»Ich kehre nur dann noch einmal auf die Trainerbank zurück, wenn der FC Barcelona anruft und mich Otto Rehhagel verlässt.«

★ ★ ★

Ernst Middendorp

Klosterschüler

Rüdiger Lamm, der ehemalige Manager von Arminia Bielefeld, hat einmal über Ernst Middendorp gesagt: »Verrückt bin ich, aber er ist wahnsinnig.« Eine punktgenaue Charakterisierung des »wilden Handfegers«, die sicherlich deutschlandweit alle Fußballfans sofort unterschreiben würden. Ein ganz spezieller Mensch scheint dieser ehemalige Klosterschüler zu sein.

In Bielefeld wurde Middendorp trotz großer Konkurrenz von den Fans zum »Jahrhunderttrainer« gewählt. Die Arminia würdigte ihren Coach mit diesen Worten: »Ernst Middendorp baute Ende der 80er aus dem Nichts eine völlig neue, identitätsstiftende Mannschaft auf und führte Arminia in seiner zweiten Amtszeit von der Regionalliga in die Bundesliga. 2007 kehrte der brillante Motivator ein drittes Mal zurück nach Bielefeld und erreichte den nicht mehr für möglich gehaltenen Klassenerhalt, womit er sich wohl endgültig unsterblich gemacht hat.«

Ernst Middendorp ist einer der ganz wenigen Bundesligatrainer, dem eine eigene, umfassende Webseite gewidmet wurde. Wer unter www.jahrhunderttrainer.de ins Internet geht, erfährt von der Schuhgröße über jede einzelne Anekdote bis hin zur aktuellsten Neuigkeit alles, was er über Ernst Middendorp je erfahren wollte – und noch jede Menge darüber hinaus.

Der Betreiber der Seite, der Bielefelder Stefan Hübner, hat offensichtlich einen echten Narren an dem Mann gefressen, der sich im April 1988 bei einer Pressekonferenz so vorstellte: »Mein Name ist Middendorp! M-i-d-d-e-n-d-o-r-p! Ich sage dies ausdrücklich, weil es bereits dreimal Schwierigkeiten gab.«

Die Alkoholfahrten des Trainers, die auch schon einmal auf Straßenbahnschienen gegenüber dem Bielefelder Landgericht oder halb auf einer Kreuzung parkend endeten (»Ich kann mich nicht erinnern, wie ich dahin gekommen bin. Ein riesiges Rätsel«), sind in aller Ausführlichkeit dokumentiert. Und auch die berühmten Sätze gegenüber einem Reporter von Radio Bielefeld werden dort noch einmal entsprechend gewürdigt.

Als die Arminia am 22. November 1997 beim 1. FC Köln gewann, riss Middendorp – emotional äußerst aufgeputscht – dem armen Medien-Mann das Aufnahmegerät zur Seite und schrie: »Hauen Sie ab, Sie Arschloch, Sie Schwein, nehmen Sie das Mikro weg!« Und weil Middendorp gerade so schön in Fahrt war, fügte er abschließend die mittlerweile zum geflügelten Wort gereifte Sentenz hinzu:

»Knien Sie nieder, Sie Bratwurst!«

Auf der anschließenden Pressekonferenz lief das Fass dann beim Bielefelder Trainer endgültig über, als er sich einmal richtig »auskotzte« und dabei die versammelte Journaille verbal und frontal anging. Damit leistete er sich den Ausraster der Saison.

Sein »verrückter« Freund und damaliger Manager der Arminia, Rüdiger Lamm, versuchte Middendorp noch aus der Schusslinie zu nehmen, als er meinte: »Solche Geschichten entstehen nur dadurch, dass man ihn nicht kennt.« Doch das war leider ein äußerst verzweifelter Versuch. Denn Lamm selbst hatte nur wenige Wochen zuvor einer Reporterin von Radio Bielefeld die wenig nette Aufforderung zukommen lassen: »Lecken Sie mich doch da, wo Sie es am liebsten haben!«

Als Trainer hatte Ernst Middendorp die Arminia ab 1994 aus der dritten Liga in die Bundesliga geführt. Mit alternden Stars wie Thomas von Heesen, Fritz Walter, Stefan Kuntz, Armin Eck, Peter Hobday und dem bereits 41-jährigen Torwart Uli Stein wollte er nun in der Saison 1995/96 unbedingt die Klasse halten. Ein schwieriges Unterfangen, aber Middendorp tat alles für den Erfolg. Als beim Mannschaftstraining zwei Kinder mit ihren Fahrrädern eine Abkürzung über den Rasen nahmen, rastete der junge Bielefelder Coach richtig aus: »Seid ihr denn komplett verrückt? Sofort runter mit euch!«

Ein paar Jahre später landete Middendorp beim VfL Bochum. Dort hatte er die nervenaufreibende Qual der Wahl zwischen den Torhütern Thomas Ernst und Rein van Duijnhoven. Wochenlang konnte sich der Coach des VfL nicht wirklich für einen der beiden entscheiden. Bis der »kicker« es irgendwann leid war und in einer der schönsten Überschriften eines Fußballmagazins ketzerisch-philosophisch überlegte:

»Tut Ernst Ernst rein? Oder tut Ernst Rein rein?«

Bielefelder Humor …

Als Middendorp 2007 nach Bielefeld zurückkehrte, gelang ihm das Wunder: Die Mannschaft schaffte mit ihm den Klassenerhalt. Der Mann, der schon immer den Hang zur Formulierung komisch anmutender Sätze hatte (»Ich habe rechts einen gebrochenen Mittelfußknochen mit einem Tumor und was weiß ich noch alles«), sagte nach einer Niederlage auf Schalke: »Wir Arminen sind auch Deutscher Meister, allerdings nur in Ostwestfalen.« Und als es gegen die Bayern gehen sollte, versuchte Middendorp mit folgendem Satz der Mannschaft Mut zu machen: »Das ist wie VW Beetle gegen Porsche. Wir sind aber nicht auf der Autobahn, sondern im Stadtgebiet unterwegs und müssen gucken, ob der Beetle nicht hier und da einen Vorteil hat.«

Von Kindheit an ist der Chefredakteur des Magazins »11 Freunde«, Philipp Köster, Fan der Bielefelder Arminia. Er hat sämtliche Höhen und Tiefen mit dem Jahrhunderttrainer durchlebt und sagt deshalb über Middendorp: »Ein Vollblut-Armine. Er würde auch nach einem Champions-League-Triumph mit Real Madrid direkt nach dem Schlusspfiff fragen: ›Wie hat Arminia gespielt?‹«

★ ★ ★

Andreas Möller

»Heulsuse«

Sie nannten ihn »Heintje«. Und bei der WM 1998 meldete Michaela Möller ihrem Mann Andreas, dass sie von der Trainerbank eindeutig die Titulierungen »Heulsuse« und »Blinder« vernommen habe, als sich ihr Gatte warmmachte. Sie reiste sofort aus Frankreich ab – und riet ihrem Mann, es ihr gleichzutun. Andreas Möller selbst sagte mal: »Wer sein böses Image weghat, kann strampeln wie ein Maikäfer auf dem Rücken. Keiner hilft einem auf die Beine. Dabei bin ich doch ein ganz normaler Junge.«

An Spott ist Andreas Möller in seinem Leben wahrhaft gewöhnt. Max Merkel meinte: »Der Bengel ist so empfindlich, der holt sich sogar einen Schnupfen, wenn er zu nah an der Drehtür steht.« Und TV-Kommentator Rudi Brückner ließ sich einmal zu folgender Frage an den Schalker Olaf Thon verleiten:

»Spielt ihr gegen Dortmund mit Andreas Möller oder wollt ihr gewinnen?«

Wobei man Brückner eigentlich keinen Vorwurf machen kann – er sprach nur aus, was in der Branche eh schon lange bekannt war. Frankfurts Trainer Dragoslav Stepanovic konnte dazu eine Geschichte erzählen: »Letztes Jahr haben wir in Bremen 3:6 im Pokal verloren. Ein Spieler von Werder hat Möller am Anfang gekniffen und gesagt: ›Heute bringe ich dich um.‹ Den Andreas habe ich in der ersten Halbzeit nicht gesehen.«

Selbst Erotik-Expertin Erika Berger, die ansonsten stets ein gutes Wort für unsere Nationalspieler übrighatte, meinte: »Er hat Probleme, dem anderen Geschlecht seine Gefühle zu zeigen.« Das Image des Andreas Möller lag am Boden. Wie weit genau, zeigte Stefan Raab in seiner Sendung »TV total«: »Wenn das mit Birgit Prinz in Perugia etwas wird, wäre das die zweite deutsche Frau, die in Italien Fußball spielt – nach Andreas Möller!«

Als Franz Beckenbauer seinem Erfolgsteam nach dem Gewinn des WM-Pokals 1990 das »Du« anbot, wählten die Mannschaftskameraden natürlich ausgerechnet Möller aus, als es um eine kleine Mutprobe ging, wie Pierre Littbarski erzählte: »Zuerst konnten wir uns nicht daran gewöhnen. Wir schickten Andi Möller zu Beckenbauer und sagten ihm, er solle ihn doch einfach mal mit ›Franz‹ ansprechen. Er hat es nicht geschafft.«

Dabei hatte alles so gut angefangen. Selbst Münchens Manager Uli Hoeneß wollte Möller verpflichten, doch er kam zu spät: »Bei einem Nachwuchslehrgang in Duisburg erzählte mir Berti Vogts von einem Andreas Möller. Um den sollte ich mich mal kümmern. Das war Sonntag. Bis ich am Montag die Telefonnummer herausbekommen hatte, war es schon Nachmittag. Ich rief an, doch Andreas Möller erzählte mir, dass er eine halbe Stunde zuvor einen Vertrag bei Eintracht Frankfurt unterschrieben habe.«

Immer gut beraten?

Doch dann machte der gebürtige Frankfurter einen Fehler, der nicht nur für ihn langfristige Folgen haben sollte. Denn mit Andreas Möller begann eine neue Ära im deutschen Profifußball. Spieler wurden nun extra für die Medien geschult. Möller und sein Beraterteam um seinen Ziehvater Klaus Gerster hatten sich auf das Leben als Fußballprofi richtig gut vorbereitet. Bereits 1987 soll ein Rechtsanwalt ein Papier mit dem Titel »Vorschläge für Antworten gegenüber der Öffentlichkeit« ausgearbeitet haben, wie die »SportBild« im März 1992 enthüllte. Darin standen typische Standardfloskeln, die man von nun an immer wieder und überall hören würde: »Ich spiele seit meinem … Lebensjahr für Eintracht Frankfurt. Ich bin Frankfurter und Eintrachtler. Ich fühle mich Eintracht Frankfurt und seinen Anhängern sehr eng verbunden.«

Fragen zum Thema Geld sollte Möller am besten so beantworten: »Entscheidend ist für mich die sportliche Fürsorge durch meinen Verein. Geld ist für mich nebensächlich.« Und »Fragen zu Verhandlungen mit anderen Vereinen« wären nach Meinung des Rechtsanwalts am günstigsten mit einer Floskel wie dieser zu begegnen gewesen: »Ich will in Frankfurt bleiben. Ich möchte meinen Vertrag mit Eintracht Frankfurt um mehrere Jahre verlängern.« Möller zeigte sich als guter Schüler, als er schon kurze Zeit später Handzettel im Waldstadion verteilen ließ, auf denen er treuherzig versprach, dass er natürlich bei der Eintracht bleibe. »Zwei Monate später spielte er für Dortmund«, erinnert sich sein damaliger Trainer Kalli Feldkamp immer noch genau.

Legendär auch Möllers Auftritt vor der Dortmunder Südtribüne im September 1989. Per Stadionmikrofon ließ er die schwarz-gelben Fans wissen, dass er niemals innerhalb der Bundesliga wechseln würde. Mit süß-weicher Stimme verkündete er entschieden: »Meine Gedanken gehören nur Borussia.« Die Füße allerdings waren zu diesem Zeitpunkt fast schon wieder in Frankfurt.

Als Möller schließlich kurz vor seinem Transfer von der Eintracht zu Juventus Turin 1992 im Duktus des Antwortkatalogs erneut alle Wechselabsichten kategorisch abstritt, platzte bei Uli Stein endgültig der Kragen: »Er hat uns, den Verein und die Fans, wie bereits zuvor Borussia Dortmund, das ganze Jahr hindurch verarscht mit seinen Lügen und Intrigen.«

Mannschaftskamerad Heinz Gründel war sich – trotz aller Möller'schen Treueschwüre zur Eintracht – vorher bereits sicher gewesen, dass der Mittelfeldspieler zur neuen Saison im Lire-Paradies spielen würde: »Darauf würde ich sofort 100.000 Mark setzen. Doch ich finde kein Wettbüro, das die Wette annimmt.«

Wenigstens einer war schließlich richtig glücklich: Andreas Möller. Er hatte in Turin neben ganz viel Geld endlich auch seine fußballerische Heimat gefunden: »Wenn du in Italien

St. Paulis Duve

Nur eins verkauft – Andys Auto läuft noch nicht

● 15 Audi 80, dunkelblau, 90 PS, Preis 39 900 Mark, gelten als Andy-Möller-Modelle mit seinem Signum auf der Motorhaube. Der Käufer erhält einen von Andy signierten Ball und eine Karte zum letzten Lauf um die Tourenwagen-DM auf dem Hockenheimring als Zugabe. Der Werbevertrag Audi/Andy läuft ein Jahr. Möller selbst fährt ein Audi Coupé S2 Turbo mit 220 PS (Spitze: 248 kmh). Bisher verkaufte Andy-Audi: einer.

Frankfurts Star Möller mit dem Andy-Audi

Fotos: Köpcke, Witters, Czech, Bergmann, Pohl

Andreas Möller und der richtige Schauspieler Peter Lohmeyer auf dem Sportpresseball 2006.

eine gute Aktion gehabt hast, reden die Fans eine Viertelstunde davon – du kannst dich gemütlich zurücklehnen. Das kommt meiner Spielweise sehr entgegen.«

Doch in Deutschland zerrissen sich Fans (»Wenn Möller spricht: ›Ich bleib' euch treu‹ – wissen die Fans, es ist bald vorbei«, Maik H., 3300 Braunschweig) und Spieler die Mäuler. Stuttgarts Andreas Buck antwortete damals auf die Frage »Was wäre, wenn Sie Andreas Möller wären?«: »Dann würde ich versuchen, ab und zu ein bisschen ehrlicher zu sein.« Der Spott unter Kollegen ließ in dieser Zeit nicht nach. Als Möller verkündete, dass er und seine Frau bald eine Tochter erwarten würden, meinten die Mannschaftskameraden: »Nenn sie doch Berta – nach deinem Freund Berti!« Auch dieser Spruch kam nicht aus heiterem Himmel. Kurz zuvor hatte Möller auf die Frage nach seiner gegenwärtigen Geistesverfassung im legendären »FAZ«-Fragebogen vor der WM 1994 geantwortet: »Das muss Berti Vogts beantworten!«

Und schon Anfang der Saison 1989/90 hatte plötzlich genau über dem Platz von Andreas Möller ein Messer in der Dortmunder Kabine gehangen und darunter ein Zettel. Wie sich später herausstellte, waren es nicht irgendwelche frustrierten »Fans« von außerhalb, wie anfangs von der Polizei vermutet wurde, nein, es war Mitspieler Michael Schulz, der sich diesen »Streich« erlaubt hatte: »Ich war wieder einmal gesperrt, und Andy hatte diese Phase, wo er beim Publikum wenig gelitten war, weil er trotz aller Beteuerungen zum BVB einen Wechsel anstrebte. Und ich bin ja für meine Späße bekannt geworden. Da habe ich ein Brotmesser mit einem Tape an seinen Kabinenhaken gehängt, mit einem Totenkopf drauf und dem Spruch: ›Wir kriegen dich auch noch!‹ Was ihn dazu veranlasste, erstens nicht zum Training zu gehen und zweitens nicht spielen zu wollen. Das hatte wiederum eine Geldstrafe für mich nach sich gezogen!«

Die »Schutzschwalbe« und erneutes Wechseltheater

Immer noch legendär und unvergessen ist Möllers Aktion in der Saison 1994/95. Am 26. Spieltag flog Andreas Möller damals seine berühmte »Schutzschwalbe« im Spiel des BVB gegen den

Karlsruher SC. Es stand 0:1 an diesem Tag, als der Dortmunder im Strafraum des KSC spektakulär abhob. Sein Gegenspieler Dirk Schuster war meterweit entfernt, dennoch zeigte Schiri Habermann auf den Strafstoßpunkt. Zorc verwandelte, und in der 86. Minute schoss Sammer den BVB sogar noch zum Sieg. Wenige Wochen später wurde die Borussia Meister – mit einem Punkt Vorsprung vor Werder Bremen. Die Aufregung in Fußball-Deutschland war riesig. Möller wurde für zwei Spiele gesperrt (»Ich bin auch nur ein Mensch«) und musste 10.000 Mark Geldstrafe zahlen. Dirk Schuster meinte abschließend:

»Als Schwalbe würde ich es mir verbitten, mit Möller verglichen zu werden.«

Der gebürtige Bochumer Thorsten Legat schäumte über 15 Jahre später immer noch vor Wut, wenn er an die Szene aus dem alten Westfalenstadion dachte: »Wenn ich damals sein Gegenspieler gewesen wäre, dann hätte ich dem ins Gesicht gespuckt. Als Strafe hätte ich dann wohl acht Jahre keinen Fußball mehr gespielt. Aber das hätte ich in Kauf genommen.«

Und dann kam das Jahr 2000. Im Ruhrgebiet war der Paukenschlag zu Saisonbeginn nicht zu überhören. Andreas Möller wechselte von Borussia Dortmund zum Reviernachbarn Schalke 04. Ein Transfer, der weit über das gewöhnliche Maß hinaus für Furore sorgte. BVB-Manager Michael Meier meinte mit einem verschmitzten Lächeln: »Möller hat mit seinem Berater bei uns um mehr Geld gepokert, gleichzeitig gesagt, er stünde bei einem anderen Klub im Wort. Dann hat er offenbart, dass er nach Schalke gehen will. Wir haben ihm nicht gesagt, dass er bekloppt ist. Aber gedacht haben wir es schon.« Meiers Worte waren der allgemeine Bundesliga-Tenor. Campino von den »Toten Hosen« ätzte bei einem Konzert in den

schäft. Ein Schadensfall wiegt im Grunde die Gesamtprämie aller Spieler pro Jahr auf." Gerling versichert einen Profifußballer nur noch bis zu einer Höchstsumme von einer Millionen Mark. Unter dem Eindruck, daß viele Profis am Ende der Karriere einfach noch einmal abkassieren wollten.

Ob Berti Vogts oder Heinz Flohe, ob Georg Schwarzenbeck oder Klaus Toppmöller, ob Otto Rehhagel oder Jürgen Friedrich, ob Hannes Bongartz oder „Schwedenpfeil" Roland Sandberg, sie alle sind als „Sportinvalide" registriert, sie alle sah man nach der Profikarriere weiterhin bei Prominentenspielen im Einsatz. Oder sogar im Vereinsfußball. Toppmöller etwa als Torschützenkönig der Saison 1983/84 in der Oberliga Südwest.

Für den Gerling-Konzern ist das „Profifußballer-Geschäft" im Grunde nur noch eine goodwill-Aktion, der vor allem dann zugestimmt wird, wenn man mit Vereinen oder ihnen verbundenen Konzernen auf anderer Ebene kooperiert. Die Albinga mit Sitz in Hamburg drängte nach Gerling auf den Markt. Sie ist heute noch Versicherer der Nationalmannschaft – vor allem aus Prestigedenken. Den Gruppenvertrag mit der 2. Liga hat das Unternehmen längst aufgekündigt. Das zeichnet ein klares Bild: Je tiefer die Klasse, desto schwerer für Verein und Spieler, sich ordentlich zu versichern.

In Sachen Nationalelf läuft die Albinga nicht volles Risiko. Muß ein Nationalspieler wegen einer Verletzung aus einem Länderspiel seine Karriere beenden, so zahlt nur die Versicherung, die den Akteur am höchsten versichert hat. Zweimal abkassieren, also über die Albinga sowie die Vereins- oder Privatversicherung, ist in fast allen Fällen ausgeschlossen.

Keineswegs unglücklich sind die deutschen Unternehmen über die Konkurrenz aus dem Ausland. Lloyds London zum Beispiel erfreut sich zunehmender Beliebtheit unter Spielern und Vereinen, bietet günstige Prämien und versichert höhere Summen. Neben Eintracht Frankfurt und dem VfB

die Eintracht zahlen pro Jahr fast

Schatzmeister Günter Kling-

Rainer Franzke

Teurer als die Beene von Marlene

Die Beine der Dietrich waren mit 1,8 Millionen Mark versichert. Die von Andreas Möller sind 9,5 Millionen wert. Wer zahlt eigentlich wieviel für wen?

Andreas Möller als „Blauer Engel". Seine echten Beine sind die teuersten der Liga.

kicker-Montage

FALL MÖLLER:
Millionen-Klage von Dortmund Seiten 6/7
Entdeckt: Andys Lügen-Fibel Seite 7

Dortmunder Westfalenhallen zu den anwesenden BVB-Fans: »Endlich seid ihr die Schwuchtel los.« Und der künftige Mannschaftskollege Olaf Thon reagierte mit einem Schmunzeln auf die Verkündung des überraschenden Transfers: »Nein, das machen wir nicht. Das machen wir wieder rückgängig.«

Natürlich war sich auch S04-Manager Rudi Assauer sehr genau bewusst, was er da tat: »Ich gehe keinen einfachen Weg, ich weiß, dass viele Fans sagen: ›Nun holt der diese Heulsuse.‹ Aber ich mache keine Fanbefragung, bevor ich jemanden verpflichte. Sonst könnte ich den Laden schließen.« Der ehemalige Nationalspieler Möller nahm die Sache selbst erstaunlich gelassen. Er versuchte sich bei seiner Vorstellung sogar an einem Scherz: »Mein Lieblingswort heißt ab sofort Attacke.« Beim ersten Auftritt von Möller im Parkstadion hingen die beiden Plakate »Zecke Möller – willkommen in der blau-weißen Hölle« und »Kampfschwein Möller« im weiten Rund. Für viele überraschend erkämpfte sich der Ex-Dortmunder jedoch recht schnell den Respekt der Schalker. Seine guten bis überragenden Leistungen und der hervorragende Start der gesamten Mannschaft halfen hierbei natürlich sehr. Schalke spielte groß auf und gewann bereits bis zur Winterpause dreimal auswärts mit 4:0 (Berlin, Rostock, Dortmund). Während Assauer dies alles als »Momentaufnahme« gewertet wissen wollte, schrieben die Zeitungen die kommende Meisterschaft herbei. So weit kam es am Ende, wie wir alle wissen, dann aber doch nicht.

★ ★ ★

Legendäre Zitate

»Mailand oder Madrid – Hauptsache, Italien!«

»Mein Problem ist, dass ich immer sehr selbstkritisch bin, auch mir selbst gegenüber.«

»Ich hatte vom Feeling her ein gutes Gefühl.«

»Ich habe mit Erich Ribbeck telefoniert, und er hat zu mir gesagt, ich stehe für die Maltareise nicht zur Verfügung.«

»Ich denke, dass ich auch jemand bin, den man sehr gut anfassen kann.«

Gerd Müller

Der »Bomber«

Als der VfB-Vorstopper und spätere Nationalspieler Karlheinz Förster in der Saison 1977/78 beim 3:3 am ersten Spieltag gegen Bayern München sein Bundesligadebüt feierte, war sein Gegenspieler gleich der »Bomber«. Ein Albtraum: »Ich musste gegen den großen Gerd Müller ran, ging gleich kräftig auf ihn drauf. Da kam ein Steilpass, er streckte sein Hinterteil raus. Während ich zu Boden stürzte und ›Foul‹ schrie, machte er bumm und Tor. Dann schoss Hoeneß an den Pfosten. Während ich noch schaute, hatte Müller schon geschaltet und den Ball über die Linie gedrückt.«

1964 sollte sich das Schicksal des FC Bayern München für die nächsten 15 Jahre entscheiden. Abseits der Bundesligabühne wurde ein Transfer mit großer Tragweite getätigt. Gerhard Müller hatte sich beim TSV 1861 Nördlingen einen Namen gemacht und sollte von 1860 München unter Vertrag genommen werden. Für 12:30 Uhr hatten sich an einem Frühjahrstag die Vertreter des Vereins bei seiner Mutter angesagt – doch es kam anders als gedacht, wie Gerd Müller später erzählte: »Als ich kam, waren gleich zwei Herren da, die ich in meiner jugendlichen Naivität für die beiden Herren von den Sechzigern hielt. Ich wunderte mich zwar anfangs, als sie sich als Herr Fembeck und Herr Sorg vorstellten, doch nach einer knappen Stunde waren wir klar: 5.000 Mark Handgeld und 500 Mark Monatsgehalt. Das war wie ein Lottogewinn für mich. Ich saß also da und dachte, ich hätte bei 1860 München unterschrieben. Die Herren verabschiedeten sich und wollten komischerweise durch die hintere Gartentür gehen. Da kam meine Mutter und sagte: ›Du, Gerd, da sind zwei Herren aus München gerade vorne zur Tür reingekommen, die wollen dich sprechen!‹« Doch da hatten die Herren des TSV 1860 München Pech. Der FC Bayern hatte den Müller-Gerd bereits unter Vertrag genommen. Jahre später sollte Franz Beckenbauer sagen:

»Vielleicht wären wir ohne Gerd Müller und seine Tore noch immer in unserer alten Holzhütte an der Säbener Straße.«

Mit dem »Kaiser« verstand sich der »Bomber« von Beginn an prima. Er war der Mann, an dem sich Müller orientierte. Auch in optischen Fragen. Als Monika Bleicher aus Rottenacker von Franz Beckenbauer wissen wollte, wie es dazu kam, dass er sich zeitgleich mit Gerd Müller einen Schnauzbart wachsen ließ, da antwortete der Franz: »Unmittelbar nach dem Türkenspiel stand für mich fest, dass ich mir einen Schnauzbart wachsen lassen würde. Als wir im Flugzeug saßen, sagte ich zu Gerd Müller: Ich lasse mir jetzt einen Schnauzbart wachsen. Darauf antwortete Gerd Müller: ›Ich lasse mir auch einen Schnauzbart wachsen.‹« Und das hatte auch auf dem Platz Auswirkungen, wie Journalist Oskar Klose damals festhielt: »Gerd Müller dürfte Torwart Abramyan wohl mehr durch seinen Bart erschreckt haben als durch seine Leistung.«

Wo das Verhältnis besonders innig ist, da kann es natürlich auch schnell zu kleinen Reibereien kommen. Und so war

Gerd Müller genießt den
Urlaub mit seiner Frau Uschi.

Gerd Müller im Kreise der Nationalmannschaft eines Tages auf einmal mächtig geladen. In der Kabine tobte er: »Ich hör auf mit dem Fußball. Ich lass mir das vom Franz nicht länger gefallen!« Irritiert fragte Uwe Seeler den Stürmer: »Wieso denn, Gerd? Der Franz hat doch überhaupt nichts gesagt!« Der Torjäger guckte den Hamburger lange an, schüttelte mit dem Kopf und antwortete dann: »Nee, gesagt nichts. Aber wie der immer schaut, der Franz. Wie der immer schaut!«

Ein »Bomber« auf Diät

Zwölf Pfund hatte der »Bomber« (»Ich find vielleicht, dass der Titel net das Richtige ist, weil ich bomb ja meine Tore net, ich mach sie ja aus 16 Metern«) in der Saison 1968/69 unter seinem neuen Trainer Branko Zebec abgenommen und wog nur noch 78 Kilo. Nichts war mehr zu sehen von dem fülligen Mann, den Dettmar Cramer Jahre zuvor beim DFB-Lehrgang lieber wieder direkt nach Hause schicken wollte. »Was soll ich mit diesem Kugelstoßer?«, hatte der damalige DFB-Nachwuchstrainer gefragt. Nun war Müller gertenschlank und verriet sein Diät-Geheimnis: »Kartoffeln kenne ich jetzt überhaupt nicht mehr. Früher konnte ich Riesenmengen fressen. Heute kann ich's nicht mehr. Ein bisschen zu viel … und es kommt mir oben wieder raus.« Zu verdanken hatte der »Bomber der Nation« dies alleine seinem neuen Coach, wie sein Mitspieler Peter Kupferschmidt mal erzählte, als er etwas über den Unterschied zwischen Tschik Cajkovski und Branko Zebec sagen sollte: »Unter Tschik hatte Gerd Müller 84 und unter Zebec 78 Kilo.« Doch das allein war nicht das ganze Geheimnis von Müllers neuer, alter Stärke. Der Bayern-Stürmer rasierte sich vor Spielen nun auch nicht mehr. Abergläubisch sei er natürlich nicht, erzählte er den Journalisten, aber nützen tue es schon: »Ich habe unrasiert schon ein paar Mal recht gut gespielt!«

Wird der „König der Torjäger" jetzt gestürzt?

Sturm auf Müllers Thron

Die Torjägerkanone mußte er in der abgelaufenen Saison zwar an den Oberhausener Kobluhn abtreten, aber für seine vielen Anhänger ist Gerd Müller immer noch der „Bomber der Nation".

Der „Bomber der Nation" fand sich zwar am Saisonende zu seiner eigenen Überraschung nur auf dem zweiten Platz der Bundesligatorschützenliste wieder, aber für die große deutsche Fußballgemeinde blieb er dennoch der „König der Torjäger". Mit Recht, wenn man bedenkt, wieviel Volltreffer Gerd Müller neben seinen 22 Meisterschaftstoren noch im Pokal und im Dreß der Nationalelf landete.

Und nicht erst seit den Tagen, da seinem frischen Ruhm der Makel möglicher gekaufter Tore anhaftet, bekennt daheim in Oberhausen Lothar Kobluhn: „Trotz meiner 24 Tore habe ich mir nie eingebildet, Deutschlands Torjäger [illegible] zu sein. Der heißt [illegible] immer noch Müller. [illegible]

Fortsetzung auf Seite 8

Der Name Gerd Müller wurde größer und größer. Ganz Deutschland kannte den torhungrigen Bayern-Spieler nun. Und das hatte Auswirkungen auf einen ganz anderen Bereich. Denn als 1971 ein gewisser »Mon Thys« die Charts mit seinem Hit »Hot love« stürmte, hätte es eigentlich »Gerd Müller« sein müssen. Warum? Ganz einfach, wie »Mon Thys« erklärte: »Nicht, dass ich mich meines Namens schäme – Müller ist ja gar nicht so schlecht, nur eben sehr häufig –, sondern eben, weil es den ›Bomber‹ Gerd Müller gibt. Wäre ich als Gerd Müller aufgetreten, hätte sicher jeder sofort an den Bayern-Bomber gedacht.«

Sichtlich stolz hängt Gerd Müller den Wimpel des »Europapokalmeisters« 1967 auf.

fen? Sie gehören doch hinter den Kochtopf. Meiner Frau würde ich nicht erlauben, Fußball zu spielen.«

Am 3. Februar 1979 wurde Gerd Müller von seinem Trainer Pál Csernai vorzeitig ausgewechselt. Ein Eklat, der sich seit Wochen angebahnt hatte. Müller bat nach der Partie um die sofortige Freigabe. Am 10. Februar stand er zum letzten Mal für die Bayern in der Bundesliga auf dem Platz. Müller enttäuscht: »Schau, wie meine Füße aussehen. Und ich Trottel hab für die Bayern meine Haxen hingehalten, nur damit sie mich jetzt beleidigen und wegschmeißen wie ein Stück Schrott. So lass ich mich nicht behandeln.«

1976 wurde Gerd Müller dann endgültig unsterblich. In einem Schulbuch für den Unterricht an Grundschulen diente der Bayernstar als Deutschlehrer. So mussten die kleinen Lehrlinge Sätze bilden wie: »Gerd Müller schießt den Ball in, neben, über, hinter das Tor!« Was für eine Frage!

Frauen und Fußball

Bei den Frauen ist Gerd Müller immer schon sehr beliebt gewesen, und das änderte sich auch nach dem Ende seiner Karriere nicht. Allerdings favorisierte ihn da mehr die Generation, die ihn noch live hatte spielen sehen, wie er etwas zerknirscht zugab:

»Vor allem für die alten Weiber bin ich der Größte.«

Seine Frau Uschi fand das aber gar nicht so schlimm: »Besser die alten himmeln dich an, Gerd, als die jungen.« So sehr Müller die Frauen übrigens liebte, so schlecht war seine Meinung über den Frauenfußball: »Ich glaube nicht, dass dieser Sport genauso populär wird wie unser traditioneller Fußball. Warum sollen auch Frauen hinter dem Ball herlau-

Als Gerd Müller die Bayern verließ, stand der beste Abgesang auf den unrühmlichen Abschied in der tief mitfühlenden Ostberliner »Fußball-Woche«: »Nicht, dass seine Familie und er hungern müssten. Sicher geht es ihm besser als anderen dort, die arbeitslos und hoffnungslos ins neue Jahr treten mussten. Doch ein Haus an der Peripherie der Stadt und zwei Sportgeschäfte, die ›nicht als große Renner‹ gelten, sind nach Ansicht von Branchenkennern nicht viel für einen Weltstar. Er lernte den Beruf des Webers, bevor er ins Profigeschäft einstieg. Das große Glück hat er sich wohl nicht weben können – jener Müller aus München.«

Und als er weg war? Da suchte die Bundesliga händeringend nach neuen Torjägern, oder wie es der »kicker« ausdrückte: »Einen Knüller wie Müller«.

★ ★ ★

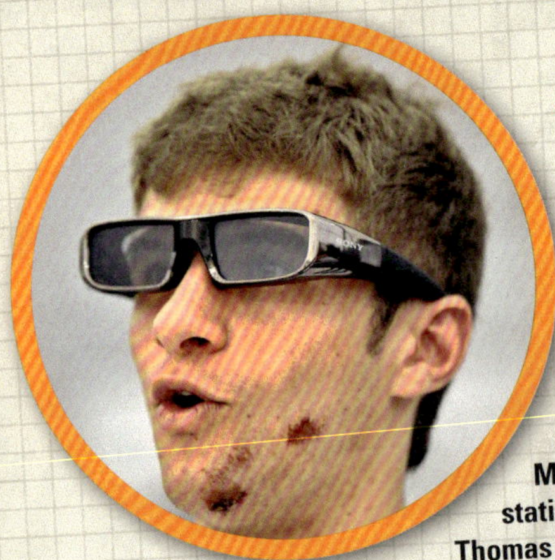

Thomas Müller

Der »Raumdeuter«

Reiner Calmund hat den Bayern-Star einmal sehr gut beschrieben: »Müller ist authentisch, sympathisch, intelligent, witzig. Er ist ein Weltstar zum Anfassen. Ich sehe ihn als Bayern-Anführer und Leistungsträger in einer Reihe mit den Legenden Sepp Maier, Gerd Müller, Franz Beckenbauer, Oliver Kahn und Co.« Thomas Müller ist auch der Name des Durchschnittsdeutschen – also der statistisch gesehen am häufigsten vorkommende Vor- und Nachname. Thomas Müller ist demnach einer von uns. Und das lieben wir an ihm!

In Thomas Müller kann sich auch der Zuschauer auf der Couch wiederfinden. Seine Spielweise wirkt nicht selten ungelenk und erinnert damit den normalen Fußballfan entfernt an dessen eigene Fußball-»Karriere«. Müller macht nichts, was man nicht auch machen könnte – wenigstens so ungefähr. Der Nationalmannschaftsspieler sieht dies selbst sogar ähnlich: »Ich definiere mich eben über die Effizienz und Geradlinigkeit. Wenn ich mal irgendwo bin und ein kleines Kind fragt mich: Zeig mir mal ein paar Tricks, muss ich sagen: Ich kann keine Tricks. Die wollen dann immer irgendwelche Zaubereien sehen, Ball hochhalten, viermal um die eigene Achse und so was. Aber das war noch nie mein Fachgebiet.«

Balljunge Müller

»Da schau her, Frau Stachelbär«, wird Thomas Müller mit seinem Lieblingsausspruch wohl gedacht haben, als der große Diego Maradona ihn für einen Balljungen hielt. Es war im März 2010, als Argentinien mit dem Trainer Maradona zu einem Länderspiel nach München kam. Der argentinische Weltmeister hatte schon Platz genommen und wartete nur noch auf den Beginn der Pressekonferenz, als sich Thomas Müller auf den Stuhl neben ihn setzte. Maradona fühlte sich in seiner Ehre verletzt. Er erkannte Müller schlicht nicht, obwohl dieser kurz zuvor noch genau vor seinen Augen rechts außen die Linie rauf und runter gerannt war. Maradona stand pikiert auf und verließ den Presseraum. Müller schaute dem Weltmeister irritiert hinterher. Als der Argentinier wenige Minuten später zur Rückkehr überredet werden konnte, rechtfertigte dieser sein Verhalten folgendermaßen: »Entschuldigung, ich wusste nicht, dass das ein Nationalspieler war. Ich bin es gewohnt, dass hier nur die Trainer sitzen.« Müller lernte er vier Monate danach noch etwas ausführlicher kennen. Mit 4:0 warf Deutschland Maradonas Team aus dem WM-Turnier. Thomas Müller wurde Torschützenkönig. Als man ihn nach dem Eklat von München fragte, wie er Diego Maradona als Fußballer erlebt habe, antwortete der 1989 geborene Müller:

»Ich habe Maradona aus zeitlichen Gründen nicht mehr so erlebt.«

Das Jahr 2010 war ohnehin ein verrücktes Jahr für Thomas Müller. Innerhalb weniger Monate gelang dem jungen Mann aus Weilheim in Oberbayern der Durchbruch in der Bundesliga und im Nationalteam. Kurz vor der Weltmeisterschaft sagte Müller: »Ich merke, was auf mich einprasselt. Doch schon seit August höre ich ständig das Wort vom Aufstieg. Ich habe ein Jahr lang darauf gut reagiert. Ich versuche mir nicht einzubilden, dass ich jetzt schon der Größte bin. Per Mertesacker ist auf jeden Fall größer.« Und das, obwohl Müller selbst auch schon stolze 1,86 m misst.

Die WM wurde zu einem rauschhaften Ereignis – in Südafrika und in der Heimat. Auf die Frage, wie sich Thomas Müller denn die Stimmung zu Hause vorstelle, antwortete er grinsend: »Traurige Gesichter bei schlechtem Wetter – und kein Grillfleisch.« Nach dem Achtelfinale gegen England fragte Müller den Fernsehreporter sehr höflich: »Darf ich noch jemanden grüßen?« Der damals 20-Jährige hatte zuvor zwei Treffer in einem WM-Spiel erzielt. Nun winkte er in die Kamera und grüßte seine beiden Omas und seinen Opa: »Das ist schon lange mal überfällig.« Damit hatte er endgültig die Herzen nicht nur aller Fußballfans gewonnen.

Interviews mit ihm sind ein Erlebnis

Seine lockere Art kommt an: »Langsam habe ich das Gefühl, dass ich mit meinem linken Fuß mehr anfangen kann, als nur Bier zu holen.« Müller lässt sich nicht verbiegen. Der Umgang mit den Medien blieb auch vier Jahre später bei der WM 2014 in Brasilien spielerisch. Ein Journalist fragte ihn damals: »Thomas, die Argentinier haben eine Geheimwaffe, die sie einsetzen wollen: Franziskus. Also mit dem eigenen Papst in der Tasche und Fußballgott Messi auf dem Rasen. Welche irdischen Kräfte werdet ihr dagegensetzen?« Thomas Müller: »Ich müsste jetzt keinen sehen, ich könnte mir denken, die Frage kommt von RTL, oder?« Journalist: »Ja.« Thomas Müller: »Alles klar!« Ein anderer Reporter riet ihm: »Wenn Sie nicht aufpassen, werden Sie noch eine Legende.« Thomas Müller antwortete schlagfertig: »Dann pass ich besser nicht auf.«

In Brasilien wusste Müller neben seinen Toren auch mit weiteren schönen Sprüchen zu begeistern. Nach dem Viertelfinale gegen Frankreich sagte er über die Temperaturen im Estádio

do Maracaña: »Es war schon wie in einer Grillbude. Da merkt man erst einmal, was für ein faszinierendes Gebilde so ein Kaktus ist, da nicht einzugehen.« Als nach dem Finalsieg eine kolumbianische Journalistin Schweinsteiger und Müller zu einem Interview vors Mikrofon bekam, wollte sie von Thomas Müller wissen, was er dazu sage, nicht den »Goldenen Schuh« für den besten Torschützen gewonnen zu haben. Den hatte ihm der Kolumbianer James Rodríguez weggeschnappt. Eine Steilvorlage für Müller, der die Frage auf »Bairisch« beantwortete: »Des interessiert mich ois ned. Weltmeister samma! Den Pott hamma!« Damit ließ er die ratlose Reporterin mit Schweinsteiger allein und verschwand. Man fühlte sich an einen Ausspruch von Müller erinnert, den er einige Wochen zuvor – damals tatsächlich auf Englisch – gemacht hatte: »We have a big breast.«

Als ihn ein Journalist auf das Fehlen seiner Frau in Brasilien ansprach, dachte Müller nicht lange nach: »Ja gut, sie ist ja keine Handtasche, ich habe sie ja nicht mitgenommen, sondern sie hat auch einen eigenen Willen und ein eigenes Leben.« Auch zur bevorstehenden Hochzeit mit

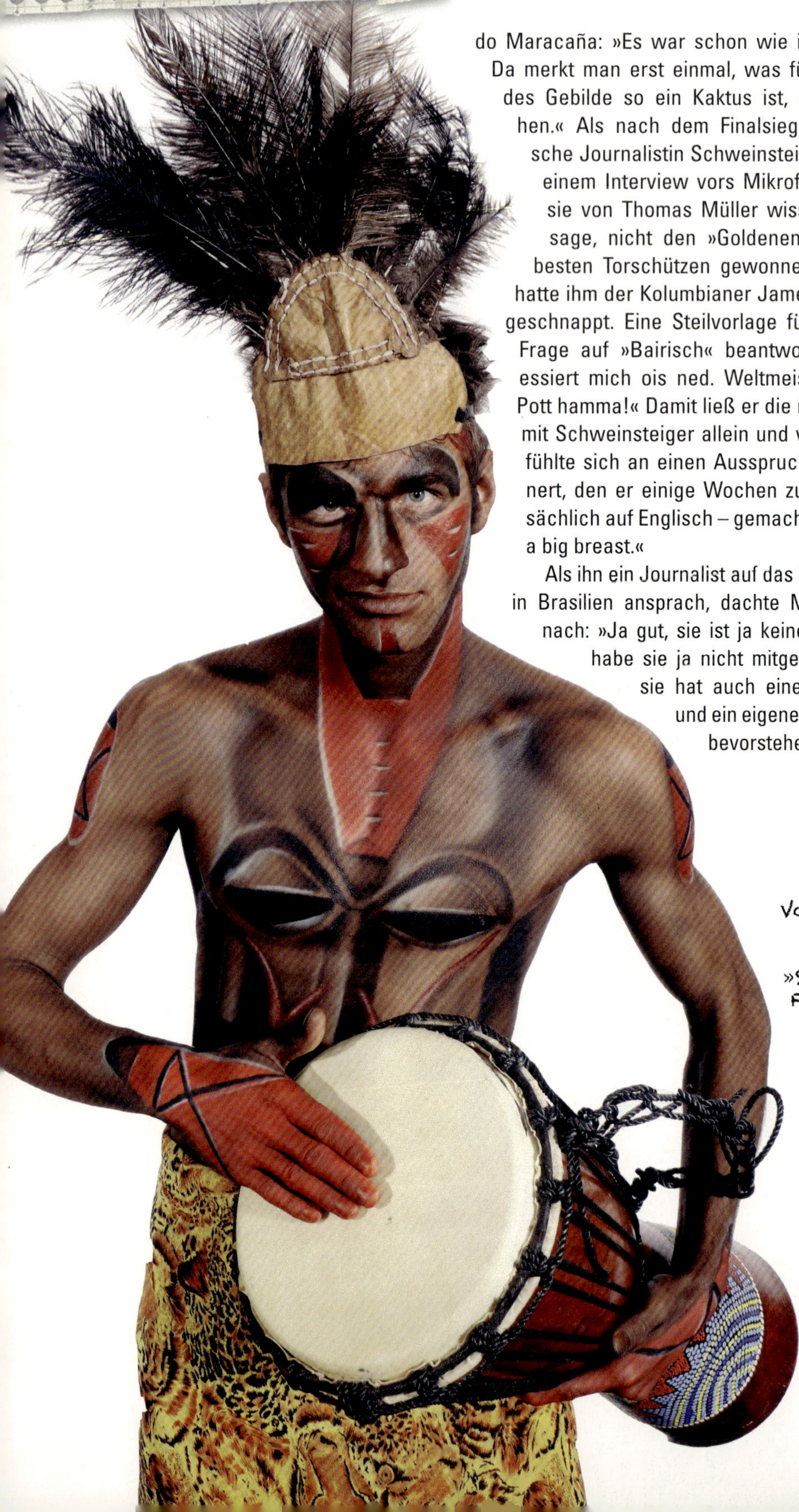

Vor der WM 2010 in Südafrika wurde für die »SportBild« eine Fotostrecke der Nationalspieler mit Bodypaintings gemacht ... Was Müller darstellen soll, weiß man nicht. Einen Ureinwohner Südafrikas?

seiner damaligen Noch-Freundin Lisa hatte er bereits einen schönen Spruch parat gehabt:

»Den Antrag habe ich letztes Jahr an Weihnachten gemacht. Aber auf die Knie musste ich nicht. Auf die Knie geht man nur beim Torjubel.«

Mit seiner Frau verbindet ihn die große Leidenschaft für Pferde. Statt Fußball gibt es für ihn in seiner Freizeit eine andere spezielle Beschäftigung: »Ich schaue mir Hengstvideos an. Ich muss ja die bestmögliche Anpaarung für meine Stuten finden. Ich muss einen richtigen Hengst aussuchen, der gut auf meine Stute draufpasst. Es passt nicht alles auf alles.« Ein Hobby, das ihn übrigens auch mit Hermann Gerland verbindet: »Wir züchten ja beide Pferde. Wir haben beide unsere Fohlen in Passau bei einem Freund vom ›Tiger‹ stehen. Und immer wenn der ›Tiger‹ da zu Besuch war, sagt er: ›Thomas, meine Pferde sind die besten. Aber deine sind auch ganz okay.‹«

Dass Thomas Müller trotz seines schnellen und steilen Aufstiegs in den Fußball-Olymp die Bodenhaftung nicht verloren gegangen ist, bewies er, als Manchester United im Sommer 2015 eine abenteuerliche Summe für ihn aufrief: »Es ist grundsätzlich verrückt, welche Zahlen aktuell im Fußball rumgeistern. Das ist halt das Geschäft. Aber es ist ja nicht der Mensch, der 100 Millionen Euro wert ist, sondern bloß eine Handelssumme. Deshalb sehe ich das ganz relaxt. In Dresden hat mich zuletzt ein Fan mit einem Megafon angesprochen: ›Hey, 100 Millionen-Mann, was ist dein Trikot wert?‹ Da musste ich schon schmunzeln.«

★ ★ ★

Fünf typische Sprüche von Thomas Müller

»Hm. Tja, was bin ich? Raumdeuter? Ja, ich bin ein Raumdeuter.«

»Ich fühle mich heute topfit. Nun gut, aber das nützt mir morgen nichts.«

»Das Mikrofon verbiegt sich auch schon, weil ich so stinke.«

»Es macht Spaß, uns zuzuschauen, auch wenn ich selbst nicht zugeschaut habe.«

»Die haben Leute dabei, die mehr Haare am Rücken haben als auf dem Kopf. Da ist natürlich mehr Erfahrung da.«

Günter Netzer

Fußballer und Medienunternehmer

Franz Beckenbauer hat es auf seine bekannte, schelmisch-verschmitzte Art auf den Punkt gebracht: »Der Günter Netzer war nie ein Fußballer im eigentlichen Sinn. Der ist nach Las Vegas geflogen, hat seinen Nachtklub gehabt und lauter solche Sachen. Die paar Jahre, die er sich konzentriert hat, ist er schon gelaufen. Danach konnte er halt nicht mehr. In Las Vegas, da kriegst' halt keine Kondition.«

Karl Oberholzer, Präsident von Grashopper Zürich, meinte einst 1976 nach der Verpflichtung des alternden Stars: »Was ich so gehört hatte, kam es mir vor, als würde ich die Marlene Dietrich des Fußballs einkaufen.« Günter Netzer war eben schon immer eine gleichermaßen herausragende wie schillernde Persönlichkeit. Einer, der einfach das gemacht hat, was er für richtig hielt. Frei nach seiner ganz speziellen Devise: »Bei mir wusste man immer, woran ich war.«

Wie das aussah, zeigte er in der Saison 1966/67. Da hatte Günter Netzer nämlich einfach mal die Schnauze voll. Vier Wochen durch Südamerika, sieben Spiele unter sengender Sonne, und das alles nach einer harten Saison. Nee, nicht mit einem Netzer, dachte sich Günter, und trat nach 14 Tagen die Rückreise an – ohne jemanden zu fragen: »Ich hatte damals einfach Heimweh. Ich war noch nicht reif für solch einen langen Trip mit einer Fußball-Mannschaft. Die Rückreise war übrigens ein Abenteuer für sich. Ich hatte ja kein Ticket, kaum Geld. Ich weiß nur noch, dass ich irgendwie den Panama-Kanal überquert habe, um nach Hause zu kommen.« Die Gladbacher Mannschaftskameraden waren verständlicherweise stinksauer. Sie forderten noch vor Ort eine sofortige Erhöhung der Prämien, schließlich mussten sie für den heimgereisten Netzer Mehrarbeit verrichten, und drohten mit Abreise. Präsident Beyer und Manager Grashoff gaben klein bei und erfüllten ihnen fast jeden Wunsch. Ein Aufmucken der Mitspieler hätte es ein paar Jahre später so nicht mehr gegeben. Da hatte man die kleinen Macken des langen Blonden akzeptiert. Berti Vogts: »Günter Netzer war der alleinige Chef, nicht nur auf dem Spielfeld. Wir zehn anderen haben uns ihm völlig untergeordnet. Wir wussten ja, was er für unser Spiel bedeutete.«

Der »Terrier« hatte damals noch eine Sonderaufgabe, wie sich Vogts selbst erinnert: »Wenn es schlecht lief, dann musste ich Günter immer anfeuern, sonst hätte er aufgesteckt.« Und Netzer sagt:

»Ich hatte immer genug mit mir selbst zu tun, ich konnte mich nicht auch noch um andere kümmern.«

Das waren spezielle Jahre in Mönchengladbach. Nicht zu vergleichen mit den heutigen Wohlfühloasen, die die Klubs ihren Profis schaffen. Vogts kennt sie noch gut, die alten Zeiten, in denen sein Mannschaftskamerad

Netzer natürlich auch schon eine besondere Rolle spielte: »Wir sind früher mit der Bahn zu Auswärtsspielen gefahren, mussten immer in Köln oder Düsseldorf umsteigen, das Gepäck umladen. Wenn wir verloren hatten, durften wir auf der Rückfahrt zur Strafe nicht in den Speisewagen, und wir haben in der Anfangszeit häufig verloren. Ich erinnere mich mit Grausen an die Spiele in Kaiserslautern, wenn wir die Koffer mit unserer Ausrüstung vom Bahnhof bis auf den Betzenberg schleppen mussten.« Rückfrage eines Reporters: »Günter Netzer hat seine Koffer getragen?« Berti Vogts lächelnd: »Natürlich nicht. Der hat einem Ersatzspieler fünf Mark in die Hand gedrückt und tragen lassen.«

Medienstar

Unter Trainer Hennes Weisweiler lernten die jungen »Fohlen« das Traben. Das Verhältnis von Günter Netzer zu seinem Trainer war allerdings von Anfang an schwierig und wurde immer komplizierter. Damals prägte Weisweiler einen schönen Leitsatz, bei dem Netzer eine Hauptrolle spielte: »Abseits ist, wenn dat lange Arschloch zu spät abspielt.«

Und dann kam das legendäre Pokalfinale 1973 zwischen den rheinischen Rivalen Köln und Gladbach. Für Netzer, der nach dieser Saison nach Spanien ging, wäre es ohnehin die letzte Partie für die Borussia gewesen – wenn er denn gespielt hätte. Aber er musste auf der Bank Platz nehmen. Als er es beim Stand von 1:1 in der Verlängerung dort nicht mehr aushielt, wechselte er sich selbst ein. Der Kölner Heinz Simmet ist noch heute erstaunt über Netzers Willenskraft: »Und dann knallt der uns mit seinem falschen Fuß dat Ding in den Giebel. Wenn der drübergegangen wäre, hätte er auf der Tribüne einen Menschen erschossen.«

Günter Netzer hat die Zeit so in Erinnerung: »Ende der sechziger, Anfang der siebziger Jahre waren wir Mönchengladbacher in der Bundesliga das Real Madrid. Die Bayern waren wie immer die Bayern.« Mönchengladbachs Oberbürgermeister Wachtendonk genoss die sportlichen Erfolge des städtischen Vorzeigeklubs ebenfalls. Dennoch hatte die Sache für ihn einen Haken, wie er ohne Groll zugab: »Von 100 Gladbachern kennen 80 Netzer und nur 20 mich.«

So fit und talentiert Netzer auf dem Fußballplatz war, so raffiniert und geschickt zeigte er sich auch bei den Geschäften abseits des grünen Rasens. Wo früher wie heute die Profis landauf, landab gerne sagen, dass sie neben dem Fußballspielen immer so wenig Zeit für andere Dinge haben, lenkte der Geschäftsmann Netzer bereits als junger Mann eine komplette Elf. Er gab das Stadionheft der Borussia heraus, führte eine Diskothek und ein kleines Versicherungsunternehmen. Seine Angestellten: »Zwei Barkeeper, ein Versicherungsfachmann, zwei Servierfräuleins, ein Prokurist, drei Werbefachleute, ein Portier und der Chef – ein komplettes Team«, wie Peter Bizer in seinem 1971 erschienenen Buch »Günter Netzer. Rebell am Ball« schrieb.

Das Leben ihres Mitspielers interessierte Netzers Kollegen sehr. Eines Tages sah der lange Blonde seinen Kameraden Rainer Bonhof im Trainingslager mit einem Buch über die High Society sitzen. Auf Netzers Frage, was er denn damit mache, antwortete Bonhof süffisant:

»Ich wollte nur mal wissen, wie das so zugeht in deinen Kreisen.«

Und Netzer war nicht für Kleingeld zu haben. Bei einem Vertragsgespräch 1971 mit Helmut Grashoff meinte der Manager nach einer weiteren Erhöhung seines Angebots, dass Netzer nun doch langsam mal zufrieden sein solle. Eine Runde Champagner wäre angesichts des großzügigen Vertragsinhalts angebracht. Der Mittelfeldstar ging, ohne ein Wort zu sagen, aus dem Raum, direkt zu einem nahe gelegenen Supermarkt, und kehrte mit einer Flasche des billigsten Erdbeerschaumweins zurück. Grashoff verstand und legte zähneknirschend noch eine Mark oben drauf.

Was kaum bekannt ist: 1972 wurde Günter Netzer für die Wolfenbütteler Spirituosen-Firma Mast gar als Public-Relations-Manager tätig – mit einem Jahresgehalt von 100.000 Mark. So viel erhielt damals auch die Braunschweiger Eintracht für das Trikotsponsoring. Doch Mast hatte mit dem Gladbacher Fußballstar Großes vor: »Man muss sagen: Netzer? Aha! Jägermeister! Da braucht er gar nicht mit der Pulle in der Hand rumlaufen.« Geld war die Antriebsfeder von Günter Mast. Er sagte selbst über sich, dass er keine Ahnung vom Fußball habe. Und: »Ich bin kein Mäzen, kein Freund des Sports. Ich will Geschäfte machen!«

Geld musste Günter Netzer nach seiner aktiven Karriere eigentlich nicht mehr verdienen. Vor allem weil er fast nahtlos in den Job des Managers beim HSV wechselte. Aber das Sprichwort, dass der Teufel auf den größten Haufen scheißt, bewahrheitete sich auch bei Netzer. Ein Fan schenkte ihm zum Geburtstag einen Lottoschein. Eine nette Geste – doch der ehemalige Fußballnationalspieler hatte noch gar keinen Geburtstag. Und so zerriss Netzer den Lottoschein und warf ihn weg. Gott sei Dank leerte niemand in dieser Zeit den Mülleimer, denn ein paar Tage später stellte sich heraus: Netzers Zahlen hatten gewonnen. Woher er das wusste? Der nette Fan, der ihm den Schein geschenkt hatte, tippte seit vielen Jahren dieselben Zahlen. Sie hatten beide zusammen gewonnen. Knapp 300.000 Mark. Netzer war so lieb und gab dem Fan die Hälfte seines Gewinns ab. In der Zahlenreihe soll auch Netzers ehemalige Schuhgröße dabei gewesen sein: die 47. Heute sind Netzers Füße übrigens deutlich geschrumpft.

Netzer und Delling

Die »Bild am Sonntag« schrieb einmal: »Zu Potofskis größten Leistungen zählt sicher, Günter Netzer vor laufenden Kameras zum Lächeln gebracht zu haben – ohne Gewaltanwendung.« Das war Anfang der neunziger Jahre, als der Fußball langsam zum Unterhaltungsevent auch in den Medien wurde. Einige Jahre später stürzte sich Günter Netzer in das TV-Abenteuer mit Gerhard Delling. Die beiden sollten als Moderatoren-Doppelgespann Geschichte schreiben. Ihre Dialoge erreichten Kultstatus. Ihre Neckereien entschädigten für manch mittelmäßiges Spiel. Wortwechsel wie dieser gehörten zum Standard: Netzer zu Delling: »Ich sag ja, Sie hören mir nie zu!« Delling: »In Ihrem Alter merken Sie gar nicht mehr, ob Ihnen jemand zuhört.« Als der

Netzer mit seinem
Ferrari Dino 246 GT.

Dezember 1972: Sänger Heino zwischen Jupp Heynckes und Günter Netzer beim Anstoß zum Freundschaftsspiel zwischen einer Kombination von Fortuna Düsseldorf und Borussia Mönchengladbach gegen Ajax Amsterdam.

»Kaiser« Franz Beckenbauer sich einmal zu den beiden ins Studio gesellte, frotzelte Netzer über Delling: »Franz, ich freu mich, dass du ihn auch nicht verstehst. Ich versteh ihn auch nicht, aber ich bin daran gewöhnt.«

In seiner Autobiografie »Aus der Tiefe des Raumes. Mein Leben« beschrieb Günter Netzer mit einem Augenzwinkern die kleinen Spitzfindigkeiten von Gerhard Delling in ihrem beruflichen Alltag: »Vor der Sendung wird immer eine Stellprobe gemacht, damit die Ausleuchtung korrekt eingestellt werden kann und die Tontechniker ihre Geräte ausrichten können. Bei der Stellprobe war etwas anders, mir hätte das eigentlich auffallen müssen. Delling steht meistens rechts von mir. Diesmal stellte er sich auf meine linke Seite und begründete das mit irgendwelchen technischen Problemen. Gut, dachte ich, wenn die Technik, von der ich keine Ahnung habe, es so vorschreibt, bitte, mir ist das doch egal, ob Delling links von mir steht oder rechts. Wind kam auf. Die Sendung begann. Der Wind wurde stärker. Dellings Frisur hielt. Er stand im Windschatten. Ich stand im Zug. Ich konnte kaum reden, weil ich nur damit beschäftigt war, meine Haare aus dem Gesicht zu streichen. Delling streitet es zwar ab, ich bin mir aber sicher, dass Absicht hinter der Aktion stand. Denn hinterher hatte ich den Spott Dellings und der gesamten Redaktion zu erdulden. Drei-Wetter-Taft, riefen sie mich und amüsierten sich köstlich.«

Nach der Weltmeisterschaft 2010 endete ihre gemeinsame Zeit vor den Kameras der ARD. Doch ihre Freundschaft wird weiter bestehen, auch wenn diese schon das eine oder andere Mal auf eine harte Probe gestellt worden ist. In einem Interview mit der Wochenzeitung »Die Zeit« vom 7. April 2004 erzählten sie über ihre Beziehung:

Interviewer: »Herr Netzer, würden Sie Herrn Delling als Ihren Freund bezeichnen?«

Netzer: »Aber natürlich.«

Interviewer: »Das sagt sich so leicht.«

Netzer: »Überhaupt nicht. Wenn ich Delling als meinen Freund bezeichne, dann ist das das größte Kompliment, das ich zu vergeben habe. Freundschaft verlangt mir ein Maximum an Höchstleistungen ab.«

Interviewer: »Zum Beispiel?«

Netzer: »Was Delling angeht, muss ich vieles sein: Seelsorger, Kindermädchen, Aufpasser.«

Interviewer: »Hatten Sie schon einmal richtig Streit?«

Delling: »Ja, aber dazu ist nichts weiter zu sagen, als dass ich natürlich die Situation durch meine Besonnenheit gerettet habe (lacht).«

Netzer: »Ich erinnere mich an einen Streit. Aber ich weiß wirklich nicht mehr, worüber. Wir haben danach ein paar Tage nicht miteinander telefoniert.«

Delling: »Da war ja auch nichts weiter. Ich weiß aber noch, wo es war.«

Netzer: »Jetzt fällt es mir auch wieder ein! Es war während der WM 2002, vor einem Abendessen. Da habe ich mit der Autotür geknallt und gehofft, dass die Scheibe rausfliegt.«

Nach seinem Ausscheiden als TV-Moderator wurde es merklich ruhiger um Günter Netzer. Sein Schritt wurde von vielen Fernsehzuschauern bedauert, für den langen Blonden war er aber unausweichlich:

»Ich hatte immer einen Horror vor Menschen, die man mit einem Lasso von der Bühne holen muss.«

Er hatte für sich den richtigen Zeitpunkt zum Aufhören gefunden: »Ich spüre, dass es genug ist. Ich habe genug geredet. Ich kann mich selbst kaum noch sehen und hören.« Eine Sache hat sich indes auch nach seinem Abschied aus den Medien nicht erfüllt. Schon früh als Spieler hatte er von diesem einen Moment in seinem Leben geträumt. Doch eins ist klar: Für einen Günter Netzer wird dieser Moment nicht mehr kommen. Wiewohl er sich wenigstens ein Stück weit diese Idee zusammen mit seinem TV-Partner Gerhard Delling erfüllt hat: »Aber ich bin froh, wenn ich als Privatperson endlich einem Zeitungsmann sagen kann: Stellen Sie eigentlich immer so blöde Fragen?«

★ ★ ★

Für seine Fans hatte Günter Netzer immer Zeit, gerade auch für die Kleinen, die noch nicht in seine Diskothek »Lover's Lane« durften.

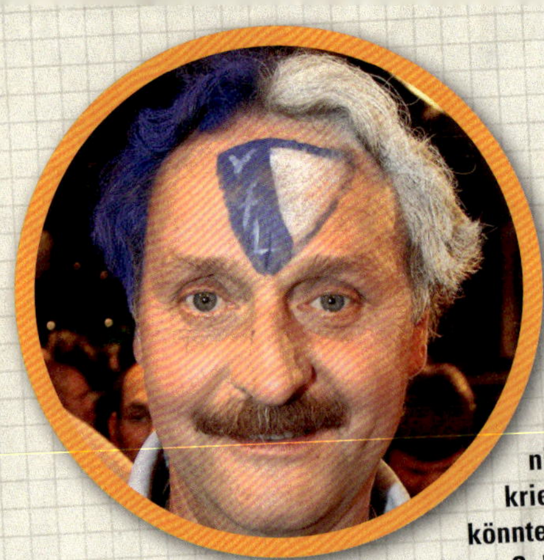

Peter Neururer

Der »Verbalerotiker«

Es ist ein typischer Neururer-Gedanke, der ziemlich viel von dem zusammenfasst, was wir über Peter Neururer wissen und wie wir über ihn denken: »Wenn wir ein Quiz machen würden unter den Trainern in Deutschland, wer am meisten Ahnung hat von Trainingslehre, Psychologie, und der Trainer mit den besten Ergebnissen kriegt den besten Klub – dann wäre ich bald bei Real Madrid.« Man könnte auch sagen: »Bei mir kommt immer was raus. Und wenn es der letzte Scheiß ist.«

Der ehemalige Fußballspieler und heutige Social-Media-Star Hans Sarpei sagte mal: »Wenn ich der schwarze Chuck Norris bin, dann ist Peter Neururer der weiße Hans Sarpei.« Der Mann verkauft sich fast so gut wie das Original mit dem Schnäuzer. Peter Neururer hat eines Tages für sich erkannt, dass er eine große Stärke hat: »Besonders sexy bin ich ja bestimmt nicht, aber seit ich als Trainer arbeite, beherrsche ich zumindest die Verbalerotik.« In der Regel lieben die Fans seine Sprüche – jedoch nicht immer. Als der VfL Bochum im Abstiegskampf steckte, reckten die verzweifelten Anhänger ein Plakat in die Lüfte, auf dem stand:

»Labern ist Peter – Siegen ist Gold.«

Ein ehemaliger VfL-Spieler hat über das Motivationswunder Peter Neururer, der seine Diplomarbeit zum Sportlehrer unter der Themenstellung »Einflussnahme der Zuschauer auf die Emotionslage der Profifußballer mit leistungsbezogenen Determinanten« ablieferte, einige interessante Gedanken geäußert. Sie helfen, das Phänomen Neururer zu verstehen: »Der holt dich zu sich und erzählt dir eine halbe Stunde lang, was für ein überragender Fußballer du bist. Stärken ohne Ende hättest du. Wenn das so weitergeht, und er wüsste bei bestem Willen keinen Grund, warum nicht, sei die Nationalmannschaft nur noch eine Frage von Stunden, maximal Tagen. Du gehst von ihm weg und glaubst tatsächlich, dass du einer der ganz Großen bist – im deutschen Fußball ohnehin und eigentlich auch im Weltfußball. In dem Bewusstsein spielst du dann in den kommenden Wochen. Bis zu dem Tag, an dem du dich zu wundern beginnst, warum eigentlich noch nicht Real Madrid oder wenigstens der FC Barcelona bei dir angerufen hat. Ab diesem Moment fängst du an nachzudenken. Stimmt das eigentlich, was der Coach da über dich gesagt hat? Bist du wirklich so ein überragender Fußballer? Und kaum, dass du dich versiehst, zweifelst du unbewusst an den Worten deines Trainers. Und irgendwann ist es dann vorbei!«

Schalke

Den Fall des Job-Verlustes hat Peter Neururer angeblich so häufig erlebt wie kein anderer Trainer in Europa. Die meisten Entlassungen

auf seinem Karriere-Konto zu haben, ist aber auch eine Leistung. Nur die Phasen zwischen den Anstellungen empfand der gebürtige Marler verständlicherweise als nicht so angenehm. Doch auch sein Warten auf einen neuen Job konnte Neururer sehr originell schildern: »Wenn das Telefon klingelte, hechtete ich zum Hörer wie Toni Schumacher, nur ohne Torwarthandschuhe. Meistens waren aber nur Bekannte dran.«

Als Schalke damals bei ihm anrief und ihm einen unglaublichen Vertrag offerierte (u. a. eine Mark für jeden Zuschauer im Parkstadion), musste Neururer nicht lange nachdenken – er sagte sofort zu. Dass das kleine Fußballmärchen schließlich so abrupt endete, hat er bis heute nicht verwunden. Die Schuld gibt er dem ehemaligen Präsidenten und »Sonnenkönig« Günter Eichberg: »Erst neulich habe ich den Eichberg im VIP-Bereich auf Schalke wiedergesehen. Da hat der mich umarmt und in mein Ohr genuschelt: ›Ah, da ist ja mein Lieblingstrainer.‹ Was ein Hammerwerfer!«

Immer noch kokettiert Neururer damit, dass er im Grunde nicht wüsste, warum er am 13. November 1990 Schalke verlassen musste. Günter Eichberg hat einmal versucht, die Lage der Dinge aus seiner Sicht zu schildern: »Peter Neururer hatte uns zweifelsohne vor dem Absturz ins Amateurlager gerettet, und in der folgenden Saison brachte er die Mannschaft sogar wieder nach oben, verpasste allerdings den Aufstieg ganz knapp. Dann haben wir auch mit meiner finanziellen Hilfe enorm investiert und hatten eine Mannschaft beisammen, die qualitativ in der 1. Bundesliga hätte bestehen können. Folgerichtig war der Aufstieg in der Saison 1990/91 Pflicht, und wir standen auch von Anfang an mit an der Spitze. Im Herbst ging es dann um Neururers Vertrag, der am Ende der Spielzeit auslief. Ich bot ihm einen neuen an, allerdings nur für die erste Liga, denn mir war klar, sollten wir diesmal den Aufstieg nicht schaffen, würden mich die Schalker steinigen, wenn ich dem Trainer einen Vertrag auch für die zweite Liga gegeben hätte. Neururer dagegen pokerte um einen Zweijahresvertrag ohne Einschränkung, und dafür spannte er auch die Zeitung mit den vier Buchstaben ein. Das war für die ein gefundenes Fressen: Der Präses lässt den Liebling der Schalker Massen ohne Vertragsverlängerung stehen! Die genauen Details interessierten ja niemanden. Und diese Schlagzeilen nervten. Irgendwann habe ich gesagt: ›Peter, ich kann dir keinen Vertrag für die zweite Liga geben. Jetzt hör auf damit, in der Öffentlichkeit gegen mich zu schießen, sonst schmeiß ich dich raus.‹ Das hat er mir aber nicht geglaubt. Und als ich eines Morgens wieder entsprechende Äußerungen von ihm in der Presse las, platzte mir der Kragen. Ich bestellte Neururer in mein

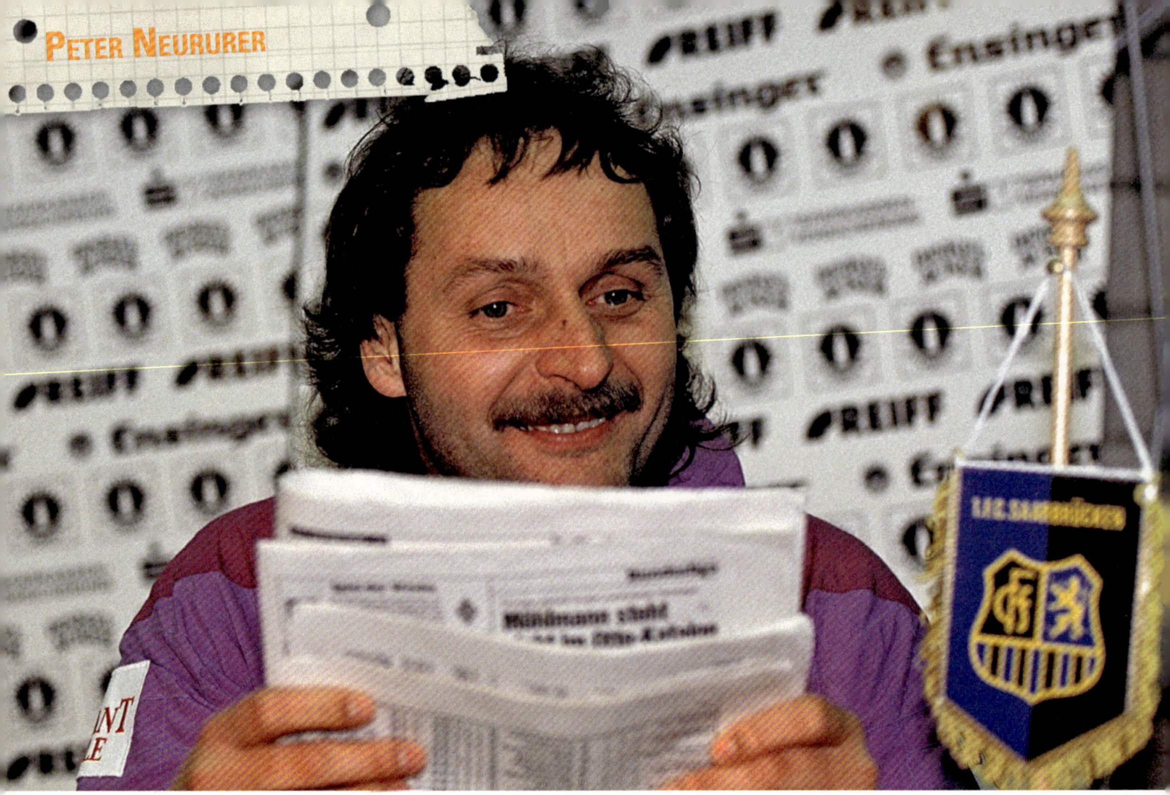

Peter Neururer während seiner Zeit in Saarbrücken.

Büro und drückte ihm die Beurlaubung in die Hand. Nur sagte ich ihm dazu: ›Damit du endlich kapierst, dass ich es wirklich ernst meine! Du kannst mir aber die Kündigung heute Nachmittag wieder zurückbringen, wenn du einsiehst, dass ich mit dir nur einen Vertrag für die Bundesliga machen kann.‹ Ich dachte, so wie er gestrickt ist, kommt er bestimmt zurück und sagt: ›O. K., Präses!‹ Mir wäre es recht gewesen, denn ich wollte ihn ja behalten. Aber das tat er nicht.« Und so war Peter Neururer plötzlich weg!

Saarbrücken

Nach einem kurzen Ausflug zur Hertha nach Berlin landete der Junge aus dem Ruhrgebiet bei einer seiner kuriosesten Trainerstationen. Die Elf des 1. FC Saarbrücken, die Neururer in der Saison 1992/93 betreute, gehört sicherlich zu den bizarrsten Teams, die es in der Bundesliga je gab. Alles fing mit dem Sektempfang zum Aufstieg an. In geselliger Runde traf man sich beim Ministerpräsidenten des Saarlands, Oskar Lafontaine. Der Klub hatte in der Euphorie für die komplette Führungsriege einen neuen Ausgehdress springen lassen, und so präsentierten sich die Herren einheitlich mit bunten Krawatten im Schredder-Look und dazu einem pinkfarbenen Jackett, das Peter Neururer bis heute als »Frühstücksjackett« bezeichnet:

»Damit kannst du Eier abschrecken!«

Als Neururer damals an seinem ersten Tag in Saarbrücken etwas knapp in der Zeit mit quietschenden Reifen in seinem Porsche vorfuhr, sprach ein anwesender Reporter den legendären Satz: »Peter Neururer fährt kein Auto, Peter Neururer schleudert Auto!«

Diese Erkenntnis führte einige Monate später in der Tristesse des Abstiegskampfs zu einem kurzen heiteren Moment, als man dem Coach während einer laufenden Pressekonferenz einen Brief aus Flensburg hereinreichte und Peter Neururer Sekunden später jubelnd die Arme hochriss und rief: »Yippie, endlich mal wieder zwei Punkte geholt!«

Zu feiern gab es in dieser Bundesligasaison so wenig, dass sich Neururer während eines Jubelsprungs sogar einen Bänderriss zuzog. Sein Körper war auf ein Tor einfach nicht mehr vor-

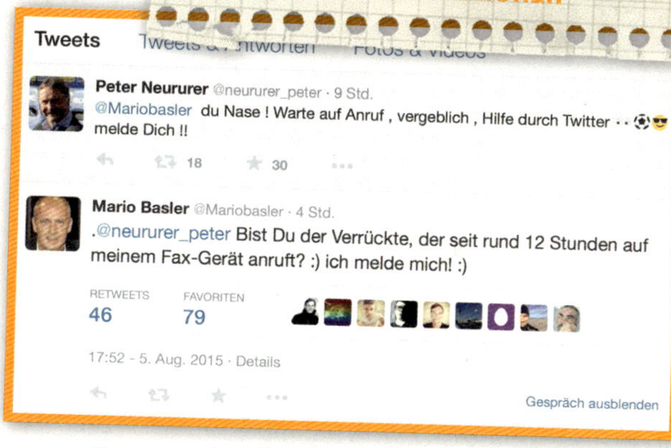

bereitet gewesen. Es war aber auch ein zu verrücktes Jahr – und das lag vor allem an den unglaublichen Typen, die der »Verbalerotiker« Neururer um sich geschart hatte.

Wolfram Wuttke, Stefan Brasas, Thomas Stickroth, Arno Glesius, Stephan Beckenbauer, Michael »Balu« Kostner und den ersten US-Amerikaner in der Bundesliga, Eric Wynalda, muss man erst einmal in einem einzigen Team unterbringen. Dazu gesellte sich noch der Co-Trainer Rüdiger »Flankengott« Abramczik, den Neururer während einer Pressekonferenz mit den Worten losschickte: »Abi, geh mit der Mannschaft in den Wald, 'ne Runde laufen. Aber immer schön im lockeren aeroben Bereich bleiben!« Als die Truppe über eine Stunde später wieder am Vereinsheim ankam, übergaben sich einige Spieler direkt vor Neururers Füßen. Abramczik lächelte den kopfschüttelnden Chef-Trainer an und sagte zufrieden: »Die hab ich mal richtig schön langgemacht!« Anschließend sollen sich die beiden Übungsleiter kurz, aber heftig über aerobes und anaerobes Training ausgetauscht haben!

Wolfram Wuttke sorgte damals in Saarbrücken ebenfalls für viel Heiterkeit. Neururer erzählt mit Vergnügen von dem Trainingslager in Guatemala. Naiverweise hatte der Coach vor den Übungseinheiten gesagt, wer den Fitnesstest nicht bestünde, der könne auch nicht in der Anfangsformation beim Bundesligastart stehen. Seine Leistungsträger Michael Kostner und Wolfram Wuttke fielen aber beim ersten Versuch durch. Einige Kilos zu viel auf den Rippen wogen offensichtlich zu schwer. Und so zog Wuttke seine berühmte Schwitzjacke über und rannte sich in einer einzigen Einheit bei Temperaturen um die vierzig Grad fünf Kilo herunter. Der Test wurde bestanden, und beim anschließenden Rückflug schlief der ansonsten immer so quirlige Wuttke erschöpft, aber glücklich durch. Dass er dann hier und da doch in der Startformation fehlte, lag an anderen Dingen, wie Neururer es damals so schön formulierte:

»Ich muss erst abwarten, wie er drauf ist. Vielleicht hat er sich eine Gehirnzerrung zugezogen.«

Es war eine launige und vor allem sehr sprachbegabte Runde damals in Saarbrücken. Über seinen Torwart Stefan Brasas sagte der Trainer etwa: »Der ist so lang, der kann aus der Dachrinne saufen.« Und auch der US-Amerikaner Eric Wynalda wusste mit dem einen oder anderen Spruch zu begeistern. Zu Reinhard Klimmt, dem Saarbrücker SPD-Vorsitzenden, sagte er: »Ah, du bist also der Indianer-Häuptling. Wo ist deine Feder?« Und dem Ministerpräsidenten Oskar Lafontaine schlug er bei der ersten Begegnung jovial auf die Schulter und meinte: »Na, was machen Sie denn so beruflich?«

Alles übertroffen hat aber damals ein Mann: Arno Glesius. Mit Tränen in den Augen erzählt Neururer noch heute von dem Morgen, als Glesius zu ihm in die Kabine kam und meinte: »Trainer, ich muss mal eben für drei Stunden weg: von 8 bis 10!« Kurz darauf war Neururer so sehr von seinem Team enttäuscht, dass er vor dem Auswärtsspiel in München anordnete: Jeder muss sich selbst um seine Schuhe kümmern!

Das taten auch alle. Doch als der Bus vor dem Olympiastadion an einem herrlich warmen Frühlingstag vorfuhr, erwachte Glesius gerade aus dem Schlaf, schaute aus dem Fenster und blickte auf riesige Eisberge. Sofort lief er zu Neururer nach vorne und schrie verzweifelt: »Trainer, ich Idiot habe nur Sommerschuhe eingepackt!« Neururer schaute hinaus und sah verzweifelt auf die Arbeiter, die gerade die Eisbahn am Olympiastadion für den Sommer abtauten. Die Partie ging übrigens 0:6 verloren. Nur Trainer Neururer schaffte es, sich auch nach dieser Begegnung etwas von seinem Galgenhumor zu erhalten: »Ausgesehen haben wir wie die Brasilianer, gespielt haben wir wie Barfuß Kairo.«

Modisch wie immer (die Schuhe!!):
Peter Neururer am 2. Dezember 1994.

Drei seiner schönsten Sprüche überhaupt hat Arno Glesius damals übrigens innerhalb einer Woche geäußert. Am Montag: »Ich habe mein Übergewicht bisher immer gehalten.« Am Mittwoch: »Ich habe mir gerade eine Eigentumswohnung mit Einmachküche gekauft.« Und am Freitag dann die Nummer 3: »Ey, Masseur, hast du mal was zum Infizieren für mich!?«

Kurz vor Ende seiner Zeit im Saarland ließ Trainer Peter Neururer die zurückliegenden kuriosen Ereignisse einmal sehr treffend Revue passieren: »Wenn neben mir eine Bombe einschlägt, zucke ich nicht einmal zusammen. Immerhin bin ich schon eineinhalb Jahre beim 1. FC Saarbrücken.«

Köln

Nach einem kurzen Abstecher über Hannover landete Neururer bei seinem Herzensverein: »Ich war schon FC-Fan, als Overath noch als Quark im Schaufenster ausgestellt war.« Eine erlebnisreiche Zeit folgte, die auch den FC-Anhängern im Gedächtnis geblieben ist. So wollte bei einer Fragerunde mal ein Kölner Fan von Peter Neururer erfahren, ob die Anekdote stimme, dass sich der Coach vor der ersten Begegnung die Mannschaftsaufstellung von einem Anhänger habe diktieren lassen, weil er nicht recht wusste, wen er da genau vor sich hatte: »Dass ich, als ich damals Trainer vom FC geworden bin, die Spieler nicht kannte, kann ich mir nicht vorstellen. Aber es ist durchaus richtig, dass ich – ich weiß nicht mehr, wer es war – einen Beteiligten gefragt habe: ›Wenn du die Verantwortung hättest und ihr meckert immer rum, dann sag du mir doch mal, wer soll denn in Leverkusen spielen. Nenn mir mal die Aufstellung.‹ Das gleiche Spielchen mache ich übrigens auch immer gerne mit Präsidenten, wenn die beginnen, Kritik auszuüben, dann sag ich: ›Was stellen Sie sich eigentlich vor? Machen Sie mal für morgen die Aufstellung, dann haben Sie aber auch die Verantwortung. Da wird kein Präsident dieser Welt etwas sagen.‹ Dieser Fan hat mir ein paar Namen genannt, und es ist durchaus möglich, dass davon auch einige in Leverkusen gespielt haben. Aber wenn es so war: wunderbar! Wir haben, glaube ich, in Leverkusen damals gewonnen, 2:1. Ich glaube, der Herr war Gemüsehändler aus Köln. Kennt jeder. War jeden Tag am Geißbockheim.«

Als Neururer schließlich auch beim FC entlassen wurde, konnte er der zurückliegenden Zeit dennoch eine Menge Positives abgewinnen:

»In Köln rauszufliegen, ist keine Schande. Ich habe meinen Vertrag sogar zweimal verlängert – wer hat das denn in Köln sonst noch geschafft. Einen Fußball-Nobelpreis gibt es ja nicht. Aber eigentlich hätte ich ihn verdient!«

Bochum

Seine erfolgreichsten Jahre erlebte Peter Neururer ohne Zweifel beim VfL Bochum. Nachdem die Blau-Weißen damals nacheinander Schalke und Dortmund geschlagen hatten und auf dem Weg in den Europapokal waren, meinte BVB-Manager Michael Meier: »Bochum sollte den Antrag stellen, das Ruhrgebiet in Neururergebiet umzubenennen.« Einmalige Erlebnisse für die Fans, die Mannschaft und den Trainer sollten folgen. Und eines Tages gab Neururer ausgerechnet vor einem Spiel gegen den großen FC Bayern München in der Kabine seine legendäre Donald-Duck-Nummer – Quatschen wie die beliebte Disney-Figur im TV – zum Besten. Einfache Begründung von Neururer: Er wollte seinen Spielern die Nervosität nehmen. Anschließend sagte er in der Kabine noch: »Wenn wir heute in der 89. Minute das 1:0 schießen, müssen wir als VfL Bochum das Selbstbewusstsein haben, nicht groß zu jubeln.« Als Peter Madsen an diesem denkwürdigen Tag bereits nach wenigen Minuten das erste Tor für den VfL schoss, ging er locker-lässig, ohne zu jubeln, zur Mittellinie. »An der Seitenlinie hat der Uli Hoeneß getobt«, erinnert sich Neururer. »Der hat geglaubt, wir hätten es jetzt nicht einmal mehr nötig, uns bei einem Tor gegen die Bayern zu freuen.« Dabei hatte Peter Madsen seinen Trainer einfach nur nicht richtig verstanden. Vielleicht war er auch noch etwas von Donald Duck abgelenkt. Sei es, wie es ist. Das Endergebnis lautete 1:0.

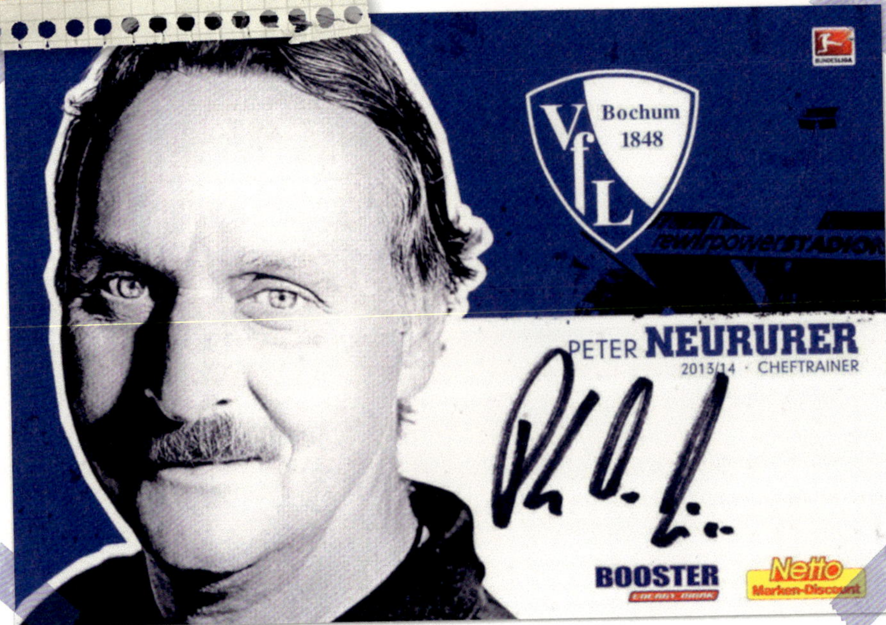

Seine Spieler mag und verteidigt Peter Neururer im Grunde bis zum Äußersten. Doch als ein Journalist einmal von ihm wissen wollte, ob der Intellektuellste in der Mannschaft stets auch der Kapitän sein solle, platzte es aus ihm heraus: »Um Gottes willen! Ich habe mal einen Spieler gehabt, einen Kapitän, der war so was von dumm, der war dumm wie … dumm wie … (Einwurf des Interviewpartners: ›Brot?‹) Ach, der hatte einen IQ, der so einzuordnen war wie die Temperaturen, die wir im Moment draußen haben, der war fast schon debil. Aber ein ü-ber-ra-gen-der Fußballer! Dem musste ich nichts erklären, der hat alles immer richtig gemacht. Intuitiv. Seine Fußballintelligenz war sensationell. Aber vom normalen Intellekt: katastrophal. Der hat gehupt, wenn er gegen einen Baum gefahren ist.«

Eigentlich kann Peter Neururer nichts aus der Ruhe bringen (»Wenn ich darauf reagieren würde, müsste ich wie ein Zitteraal durch die Gegend laufen«), doch eine Sache regt ihn immer wieder aufs Neue auf. Wenn er damit konfrontiert wird, dass frühere Profis die besseren Fußballlehrer seien, geht ihm die Hutschnur hoch:

»Das ist doch der größte Humbug aller Zeiten. Ich muss doch auch kein Schwein gewesen sein, um zu wissen, wie ein Kotelett schmeckt!«

In einer seiner legendärsten Anekdoten kommen ein Blaulicht und ein Schreckschuss-Revolver vor. Als Trainer des MSV Duisburg wurde Neururer damals auf einer Landstraße kurz vor dem luxemburgischen Machtum von der Polizei gestoppt. Wie er selbst nicht müde wird zu betonen, soll er »angeblich« mit 153 km/h von einer Laser-Anlage geblitzt worden sein. Erlaubt waren schlappe 90. Doch die Geschwindigkeitsübertretung sollte an diesem Tage zu seinem kleinsten Problem werden. Denn bei der anschließenden Kontrolle seines Fahrzeugs fanden die Luxemburger Beamten ein Blaulicht auf dem Beifahrersitz und einen Schreckschuss-Trommelrevolver samt Munition im Handschuhfach. Als man sich freundlich bei ihm erkundigte, ob er vielleicht ein deutscher Kollege sei, überkam den Marler Schimanski ein Moment der Schwäche und er bejahte die Frage. Die kurze telefonische Kon-

trolle der Personendaten Neururers endete schließlich mit erhobenen Händen und einer intensiven Leibesvisitation des Trainers am Kofferraum seines Flitzers.

Das Blaulicht ist damals übrigens ein Geschenk seiner Spieler beim VfL gewesen. Die hatten ihrem Coach eine besondere Freude machen wollen und dabei voll ins Schwarze getroffen. Denn immer dann, wenn Peter Neururer über die vollgestopfte A40 zum Training eilen wollte und ihn ein Stau am pünktlichen Erscheinen hinderte, packte die Marler Kultfigur ihr Blaulicht aufs Dach und wartete, was passierte. »Das dauerte nur Sekunden, und dann teilte sich die Autoschlange wie bei Moses in der Bibel das Wasser in der Mitte auf, und ich konnte mit meinem Wagen hindurchstechen wie mit einem warmen Messer durch kalte Butter«, plauderte Neururer einmal aus dem Nähkästchen und strahlte. Nur ein einziges Mal hielt ihn die deutsche Polizei wegen dieses Vergehens an. Doch die TV-Kommissare Toto & Harry drückten noch einmal ein Auge zu. Schließlich sei Neururer zwar kein Berufskollege, aber wenigstens vom selben Verein.

Nachdem auch seine zweite Amtszeit in Bochum 2014 zu Ende gegangen war, widmete sich Neururer wieder verstärkt seiner neuen Berufung – auch wenn er eigentlich nie beim Fernsehen landen wollte: »Bei meiner versteckten Hasenscharte und den ganzen Sprachfehlern bleibe ich lieber in dem Metier, in dem ich mich auskenne.« Einen Job im Profi-Fußball gäbe es aber ohnehin nur noch auf einem Wege:

»Ich? Mich bewerben? Ich muss gefunden werden.«

★ ★ ★

Lukas Podolski

»Prinz Poldi«

Reiner Calmund hat nicht nur den Blick für das Geschehen auf dem grünen Rasen, sondern auch gleich fürs restliche Leben: »Lukas Podolski ist ein Muskelpaket mit einem Schuss wie ein Pferd, dazu ein lieber, gemütlicher Typ, der Harmonie und Ruhe mag. Lukas wird kein dicker Brummer, aber vielleicht so ein kleiner, gemütlicher Dicker. Die wunderbare Küche seiner schlesischen Heimat könnte dazu einiges beitragen.«

Ein Foto aus »Poldis« Kindheitstagen zierte die Verpackung von »Kinder-Schokolade« zur WM 2014.

Die brasilianische Fußball-Legende Pelé hat den Liebling der Kölner Fans einmal geadelt: »Er ist neben Ballack der Einzige, der auch in der brasilianischen Nationalmannschaft spielen könnte.« So viel Lob ist auch für Lukas Podolski nicht immer selbstverständlich. Der ehemalige Fußballnationaltorwart und heutige Experte Uli Stein hat bei Podolski ein großes Manko ausgemacht: »Ich habe jetzt die Trainer alle gesprochen, unter denen er gearbeitet hat. Jeder Trainer hat mir bestätigt, dass er der faulste Spieler ist, den sie je hatten.« Und auch die englische Zeitung »Daily Mail« hatte etwas an ihm auszusetzen. Nachdem Podolski bei Deutschlands 0:1-Niederlage gegen Serbien bei der WM 2010 in Südafrika in die Fußstapfen von Uli Hoeneß getreten war und einen Strafstoß vergeben hatte, zeigte sich das Blatt verwundert: »Der kann doch kein Deutscher sein! Podolski verpatzt einen Elfmeter … aber er wurde auch in Polen geboren.« Der ehemalige Stürmer und heutige Trainer-Pensionär Jupp Heynckes lässt hingegen nichts auf den Kölner und dessen größte Stärke kommen: »Wenn ich so einen linken Fuß gehabt hätte wie Lukas Podolski, hätte ich nicht 220 Bundesligatore gemacht, sondern 500.« Seine Bälle verwandelt Podolski stets nach seinem Lieblingsmotto:

»Fußball ist einfach: Rein das Ding – und ab nach Hause.«

Am 16. Spieltag der Saison 2003/04 wurde der junge Nachwuchsspieler des FC erstmals einer größeren Öffentlichkeit vorgestellt. Nach der Partie von Hansa Rostock gegen den 1. FC Köln (1:1) gab Podolski dem Premiere-Reporter Christian Sprenger ein bemerkenswertes Interview: »Das erste Tor von dem jungen Mann neben mir. Herzlichen Glückwunsch dafür, im vierten Spiel, kann man eigentlich nicht meckern?!« Podolski: »Ja, aber, natürlich,

Karneval in Köln – da darf »Poldi« nicht fehlen.

der Sieg hat gefehlt, ne! Wenn man so knapp davorsteht, dann will man auch schon gewinnen, ne!« Sprenger: »Warum hat es dann letztlich nicht geklappt? Durch den Elfmeter? Ist da ein bisschen Unruhe entstanden?« Podolski: »Ja, ich glaub, erst hat man den Elfmeter und dann kriegen wir das Gegentor – das ist natürlich scheiße, ne! Muss man drauf aufpassen.« Sprenger: »Waren gerade einmal 19 Sekunden dazwischen. Haben Sie damit gerechnet, dass Sie heute wieder von Beginn an dabei sind?« Podolski: »Ja, ich denk mal, im Training will man sich zeigen, und dann sieht man auch, wenn ein Trainer einen aufstellt, ne!« Sprenger: »Wenn wir jetzt auf die Tabelle gucken, nach ganz unten. Dieser eine Punkt, so richtig viel bringt der ja nicht, wie…« Podolski: »Wir haben uns vorgenommen, aus den zwei Spielen sechs Punkte zu holen, das ist natürlich scheiße heute, ein Punkt, zu wenig.« Sprenger: »Das heißt jetzt, gegen Hertha müssen fünf her!« Podolski lacht: »Hä, ha, natürlich wollen wir gegen Hertha auf jeden Fall gewinnen, ne! Also, das ist das nächste Ziel, drei Punkte gegen Hertha.«

Lukas läuft falsch

»Der FC ist immer mein Verein und wird es immer bleiben«, hat »Prinz Poldi« gesagt, als er 2006 zum FC Bayern München ging. Als er drei Jahre später zurückkehrte, meinte Franz Beckenbauer: »Er muss nun nur aufpassen, dass sie in Köln die Stadt nicht einreißen, wobei, die Häuser stürzen bereits ein …« Damals war gerade das Historische Stadtarchiv eingestürzt. In der Domstadt genoss Podolski alle Sonderrechte, die ein Star für sich einfordern kann. Das brachte den TV-Talker Udo Lattek zu folgendem humorigen Ausspruch:

»Wie merkt man, dass in Köln Donnerstag ist? Lukas Podolski kommt zum ersten Mal in der Woche zum Training.«

Podolski ist ohnehin daran gewöhnt, dass nicht immer alles eitel Sonnenschein in seiner Karriere ist. Aber er weiß sich gegen das Leben und seine Mitspieler zu wehren. 2009 watschte er seinen Kapitän in der Nationalmannschaft, Michael Ballack, sogar vor laufenden Kameras während eines Länderspiels ab. Auch verbal

Selbst beim Werbedreh für Mercedes hat »Poldi« Spaß vor der Kamera.

versteht es Podolski, dem Gegner selbstbewusst entgegenzutreten. Während sich die halbe Mannschaft bei der WM 2006 auf dem Platz noch mit den Argentiniern in die Haare kriegte, lächelte der Kölner bereits am Spielfeldrand: »Mir ist egal, ob die schlechte Verlierer sind. Die fahren jetzt nach Hause.«

Vier Jahre später wollte es Podolski nach einem anderen Spiel gegen Argentinien allerdings nicht nur bei Worten belassen. Er hatte sich nach der Niederlage mit einem Journalisten angelegt und wollte die Sache vor der Tür austragen. Immer wieder rief Podolski: »Komm! Komm! Komm raus!«. Gott sei Dank gab es genügend helfende Hände, die den Nationalspieler aus der Gefahrenzone brachten. Denn dass Lukas Podolski ein echter Hitzkopf sein kann, hatte auch schon Harald Strutz, der Präsident von Mainz 05, erkannt und bemängelt: »Poldi erinnert mich an Boris Becker zu seinen schlechtesten Zeiten. Becker hat sich auch immer aus dem Rhythmus gebracht, wenn er zu viel gemeckert und seinen Schläger geschmissen hat. Dann hat er auch immer verloren.«

Ansonsten kennen wir Lukas Podolski alle aber eher als lebenslustigen Strahlemann, der gerne einmal einen Streich spielt und lustige Sachen sagt. Als er nach seinem letzten Spiel in München ein fast lebensgroßes Action-Foto von sich von der Wand im Kabinengang nahm und es einsteckte, sagte er lächelnd: »Ich komm aus Polen, die klauen alles.« Vielleicht war das Foto aber auch einfach nur eine Entschädigung für einen der skurrilsten Momente, die Podolski je erleben musste. Bei einem Gespräch in der Saison 2006/07 soll ihm der damalige Bayern-Trainer Felix Magath gesagt haben: »Lukas, du läufst falsch.« Dann habe der Coach angestrengt in seiner Teetasse gerührt und minutenlang geschwiegen. Schließlich habe er noch einmal nachdenklich gemeint: »Lukas, du läufst falsch.« Auf Podolskis Nachfrage, was er denn besser machen könne, schickte der Trainer den Nationalspieler aus dem Raum. Magath rief ihm dabei noch hinterher: »Lukas, du läufst halt einfach falsch.«

Mit gerade einmal 20 Jahren hatte Podolski schon einen unglaublichen Rekord inne. Achtmal hatte er zu diesem Zeitpunkt bereits das »Tor des Monats« erzielt. Als Jahre später sein Kölner Teamkollege Christian Clemens für einen Treffer ebenfalls die Auszeichnung einheimste, sagte Podolski schelmisch grinsend zu Clemens: »Ich habe ihm schon mal zu seinem ersten ›Tor des Monats‹ gratuliert. Jetzt braucht er nur noch zehn, um mich einzuholen.«

Was viele an Lukas Podolski bis heute verkennen: Er hat einige sehr interessante und bemerkenswerte Standardsätze über den Sport mit dem runden Leder geäußert. Seine geniale Sentenz »So ist Fußball. Manchmal gewinnt der Bessere« wurde im Jahr 2006 sogar von der »Deutschen Akademie für Fußballkultur« als »Fußballspruch des Jahres« ausgezeichnet. Zudem sind »Ich denke nicht vor dem Tor – das mache ich nie« und »Doppelpass alleine? Vergiss es!« mittlerweile in den Sprachschatz vieler Freizeitkicker übergegangen. Podolskis Lebensmotto auf dem Fußballplatz wird ebenfalls ewig bleiben:

»Ich muss nicht blöde rumlabern. Ich mach das Ding rein, und fertig.«

★ ★ ★

Toni Polster

»Mister Doppelpack«

Der Mann kann seine Geburtsstadt nicht verleugnen. Mit dem berühmten Wiener Schmäh zieht Toni Polster durchs Leben: »Ich bin Optimist. Sogar meine Blutgruppe ist positiv.« Er hat einmal gesagt: »Für mich gibt es nur Entweder-Oder. Also entweder voll oder ganz!« Deshalb war es eigentlich auch nie ein Thema, wozu Polster bei der lebensentscheidenden Frage, die man ihm in Österreich stellte, »Entweder Arsch oder Held«, tendierte. Er ist der geborene Gewinner, auch wenn er auf dem Platz nicht immer der Fleißigste war.

Eines Tages zeigte sich Toni Polster nach einer Bundesliga-Partie echt verwundert. Seine Mannschaft hatte gerade verloren, und ihm war etwas Sonderbares bewusst geworden: »Das ist Wahnsinn! Da gibt's Spieler im Team, die laufen noch weniger als ich!« Das hörte sich im ersten Moment nach Koketterie an, war aber in der Karriere des Österreichers durchaus die Realität. Als er später ins Management bei Borussia Mönchengladbach wechselte, wurde Polster gefragt, was er denn da so genau mache. Und auch hier bewies der Wiener seinen Schmäh und einen gesunden Hang zur Wahrheit: »Das, was ich schon die letzten 20 Jahre gemacht hab: Mich wichtig machen und deppert reden!«

Beim FC in Köln gewann er einst schnell die Herzen der Fans für sich. Polster trat als echter Spaßvogel auf, der jederzeit für einen guten Spruch zu haben war. Nur mit seinem Trainer Peter Neururer lief es nicht ganz so gut. Der Österreicher wurde des Öfteren auf das schwierige Verhältnis zu seinem Coach angesprochen, doch Toni wusste gekonnt zu kontern: »Wir lassen uns beide von unseren Frauen scheiden und ziehen zusammen!« In Wahrheit hätte Polster seine Frau natürlich nie hergegeben, schließlich hatte er sie sich hart erkämpft, wie er einmal in lauschiger Runde erzählte:

»Elisabeth hat in der Wiener Disco ›Jack Daniels‹ an einer Miss-Wahl teilgenommen. Obwohl sie die Hübscheste war, wurde sie nur Dritte. Da habe ich mich als Reporter vom ›Rennbahn-Express‹ ausgegeben und um ein Interview gebeten. So kamen wir ins Gespräch, und nun sind wir schon seit fünf Jahren glücklich verheiratet.«

Als seine Zeit in Köln zu Ende zu gehen drohte, verlängerte er im letzten Moment doch noch einmal seinen Vertrag. Der Presse gegenüber begründete er seinen Schritt anschließend so: »Teamkollege Horst Heldt hat mich jeden Tag umarmt und gesagt: ›Lass uns jede Stunde genießen.‹ Diesem Treiben musste ich

Große Begeisterung löst die Umarmung von Toni Polster bei Schiri Hartmut Strampe nicht aus.

Und ich habe die Daumen gedrückt, dass es der Michael Frontzeck ist. Leider Gottes war ich es dann!« Hans Meyer zeigte sich übrigens auch im Nachhinein noch amüsiert über den damaligen Transfer vom FC nach Gladbach: »In Köln haben sie vier Tage lang die Geschäftsstelle abgeschlossen und jede halbe Stunde eine Flasche Sekt entkorkt, als sie den Toni Polster für 1,8 Mio. Mark nach Gladbach verkauft hatten.«

Neben dem Fußball verstand es Toni Polster schon immer, sein Unterhaltungstalent zu klingender Münze zu machen. Das führte zwar hier und da zu Stress mit seinem Arbeitgeber, finanziell lohnte es sich aber für ihn. Nur einmal wurde die Sache richtig brenzlig, als sich Polster nach einer Niederlage über das Verbot des Vereins hinwegsetzte und mit seiner Band »Die Fabulösen Thekenschlampen« den Hit »Toni, lass es polstern« auf einem Fest intonierte. Doch Polster sah die ganze Angelegenheit hinterher betont gelassen: »Ich habe den Auftritt vor dem Spiel zugesagt, und ich stehe zu meinem Wort. In jedem Fall war diese lächerliche Aufregung die beste Werbung für meine CD mit den Schlampen. Sie hat sich schon 80.000-mal verkauft – für ein Fußballerlied ist das sensationell.«

ein Ende setzen.« Nachdem die Kölner in die zweite Liga abgestiegen waren, wechselte Polster nach Gladbach. Bei einem 6:1-Sieg seines ehemaligen FC saß er wenige Wochen nach seinem Transfer auf der Tribüne. Er konnte nicht recht glauben, was sein Ex-Verein da für eine beeindruckende Leistung bot: »Warum habt ihr bloß nicht so gespielt, als ich noch da war?«

Seinen Wechsel vom 1. FC Köln zu Borussia Mönchengladbach kommentierte Toni Polster damals so: »Ich habe es mir sehr genau überlegt und dann spontan zugesagt.«

Ein Wiener Fohlen

Bei den »Fohlen« gefiel es dem Wiener Stürmer von Anfang an richtig gut: »Ich fühle mich fast wie in Österreich. Es gibt viele Berge: den Bökelberg, dann war der Effenberg hier. Unser Trainingsplatz heißt Alm, unser Trainer Rausch. Also Almrausch.« Die Probleme traten erst auf, als es einen Trainerwechsel gab. Polster ahnte damals schon, was ihm blühte: »Als Hans Meyer als Trainer zu Gladbach gekommen ist, wussten wir, dass er einen älteren Star aussortieren wird. Weil er das immer so gemacht hat.

Wiener Schmäh

Der Hang zum Quatschmacher war schon früh bei Polster ausgeprägt, wie er einmal in seinem Buch »Doppelpack. Fußball mit Herz und Schmäh« erzählte: »Da fällt mir eine Anekdote aus meiner Jugend ein. Ein Austria-Mitspieler, der schon mit Gelb belastet war, beging zum wiederholten Mal ein derbes Foul. Ich habe gesehen, wie der Schiri die Gelbe Karte zückt, die Rote wäre gefolgt. Also nix wie hin und schnell intervenieren: ›Schauen Sie‹, habe ich gesagt, ›das war Pech, das war nicht so arg.‹ Laut war ich halt, habe mich echauffiert. Da hat mich der Schiri angeschnauzt: ›Na, wollen Sie vielleicht pfeifen?‹ Ich weiß nicht warum, aber ich habe ihm das Pfeiferl weggenommen, bin hin zum ›Sündenbock‹ – und hab ihn angebrüllt: ›Hör auf, so hineinzuhauen. Das war das letzte Mal, das nächste Mal fliegst!‹ Dann habe ich dem Schiri das Pfeiferl wiedergegeben, mich verbeugt und artig bedankt. Dem hat das gefallen. Er hat ein Auge zugedrückt, und wir haben bis zum Schluss zu elft gespielt. Mein Schmäh eben.«

Während seiner Karriere scheute Polster auch nicht vor klaren Ansagen an seine Teamkollegen zurück:

»Ich sag oft zu meinen Mitspielern: Super, Junge, du hast einen Spitzenlaktat, aber du hast trotzdem ein Problem – dein größter Feind ist der Ball.«

Gegner hatten sich sogar vor ihm in Acht zu nehmen. Jörg Neun gab er mal über die Presse mit auf den Weg: »Ich habe ihn liquidiert. Wenn er etwas will, soll er sich vorher seinen Ausweis anhängen, damit seine Mutter ihn nicht nur an der Blutgruppe erkennt.« Wie ernst man diese Drohung nehmen sollte, zeigt vielleicht der Anrufbeantworter-Spruch des Wieners: »Ich bin im Keller und putze meine Waffen.«

Der Mann, der immer für eine Schlagzeile gut war (»Polster raucht Kette und beim FC ist Feuer unterm Dach«), wurde mal gefragt, wohin er mit einer Zeitmaschine reisen würde. Antwort: »Ich würde zurück ins Paradies, den guten alten Adam weggrätschen, Eva den Apfel aus der Hand reißen und so allen Menschen das Paradies öffnen.« Mit Journalisten hatte der österreichische Nationalspieler eh immer seinen Spaß. Reporter: »Warum haben Sie Ihren Vertrag in Köln eigentlich noch immer nicht verlängert?« Polster: »Das Problem ist, dass mir der Verein mehr zahlen möchte, als ich verlange.« Reporter: »Das war aber jetzt ein Scherz, oder?« Polster: »Na hallo, Sie sind ja, wie man bei uns in Wien sagt, ein richtiger Blitzgneißer.«

Ausgewiesene Schlaumeier waren damals auch beim FC aktiv. Als Polster wegen Nachtretens gegen Paulo Sergio mit Rot vom Platz flog, wollten die Kölner die sehr lange Sperre reduzieren. Sie hatten extra ein Video anfertigen lassen, das Polster vor dem Sportgericht entlasten sollte. Doch als man in Frankfurt gemeinsam die Kassette einsteckte, sahen alle zusammen ein Video der kölschen Band »Bläck Fööss«. Die Kapelle sang begeistert ihre Lieder, und im Saal herrschte Totenstille. Nur Toni Polster soll sein berühmtes Lächeln im Gesicht gehabt haben.

★ ★ ★

Petar Radenkovic
»König Radi«

Sein Trainer beim TSV 1860 München nannte ihn einen »serbischen Eseltreiber«. Max Merkel haderte damals ein wenig mit Radenkovic: »Vielleicht ist der Radi ein bisserl zu schnell groß geworden und glaubt deshalb manchmal, es müsse sich eigentlich alles nurmehr um ihn drehen. Sonst müsste ich ihn nicht von Zeit zu Zeit wieder auf den Teppich zurückholen.« Bevor der Jugoslawe 1962 über seinen Vertrag verhandeln wollte, sagte er zu Merkel: »Zuerst zeige ich Ihnen, was ich kann. Dann wollen wir darüber reden, was ich verdienen kann.«

Eigentlich hätte gerade Max Merkel großes Verständnis für den geschäftstüchtigen Petar Radenkovic haben müssen. Schließlich hatte der Trainer 1964 gerade selbst erst frisch eine Tankstelle eröffnet. Einer seiner ersten Kunden war übrigens Bayern-Coach Tschik Cajkovski. Obwohl auch Merkel selbstständig war, fand er den Plan seines Torhüters Radenkovic, Gastronom zu werden, nicht besonders toll: »Ich habe Angst, dass Radenkovic dann im Tor steht und nachrechnet, wie viel Schaschlik er hätte verkaufen können.«

Der Jugoslawe war einer der ersten Fußball-Profis in der Bundesliga, der seinen Namen und seinen guten Ruf sehr professionell ausschlachtete. Als Erstes gründete er damals die Firma »Radenkovic Industrie-Werbung«. Der eingetragene Geschäftszweck: »Verkaufe ich Radi an Leute, die Radi wollen.« In Umfragen unter Kindern im Alter von 5 bis 17 Jahren gehörte der Keeper vom Deutschen Meister TSV 1860 München neben John F. Kennedy, Winnetou und Albert Schweitzer zu den großen Vorbildern.

Geschäftstüchtig: Für die Werbekampagne zum neuen Motorrad der Firma Victoria erhielt Radenkovic ein Jahressalär von 40.000 Mark.

Petar Radenkovic war ein echtes Multitalent und ein Geschäftsmann vor dem Herrn. Der Torwart sang und schrieb, dass es nur so eine Freude war. Nachdem er mit seiner Schlager-Single »Bin i Radi, bin i König« einen veritablen Charterfolg landen konnte, veröffentlichte der immer für einen Scherz zu habende Keeper rechtzeitig zum Weihnachtsfest 1965 das Buch »Bin i Radi«. Der Copress-Verlag ging mit einer Startauflage von 80.000 Exemplaren gleich tüchtig in die Vollen. Süffisant verglich »Der Spiegel« die Erstauflage des Radenkovic-Buchs mit der des Max-Frisch-Romans »Mein Name sei Gantenbein«. Der Suhrkamp-Verlag druckte davon erst einmal nur verhaltene 20.000 Exemplare. Ein Leser des Fußballbuchs ermunterte den Torhüter: »Nur weiter so, Radi. Du wirst noch ein zweiter Thomas Mann!« Lieber nicht, wird sich der Torhüter da gedacht haben: Im Moment laufen die Bücher von Sportstars einfach besser!

»König Radi« war sehr musikalisch, was auch der Dame im Hintergrund links zu gefallen schien.

Aufgrund der als Profi zeitlich begrenzten Gewinnmaximierung übte Radenkovic gleich mehrere Berufe auf einmal aus: Plattenstar, Buchautor, Autogrammschreiber und Night-Club-Sänger. Für die Firma Götzburg warf sich »König Radi« sogar als Dressman in Hemden aus »Bani-Lon« in Pose. Der Werbeslogan hatte es damals in sich: »Tun Sie, was Ihnen Spaß macht, im Götzburg-Hemd mit Achselstretch!«

Immer wieder überraschte Radenkovic auch seinen Klub mit pfiffigen Ideen. Als bei 1860 das Geld knapp wurde, hatte der Keeper einen prima Vorschlag für die Akquise weiterer Einnahmen:

»Jeder Spieler soll dem Verein für das nächste Heimspiel 1.000 Eintrittskarten abkaufen und die Karten dann auf eigenes Risiko absetzen. Vielleicht mit einem Autogramm versehen.«

Sein Vorbild war die Box-Ikone Max Schmeling. Schmeling hatte es geschafft, seinen Namen auch nach der Karriere schlau zu vermarkten: Als Repräsentant von Coca-Cola hatte er ein sehr gutes Auskommen. Radenkovic plante, einen Slibowitz in Flaschen auf den Markt zu bringen – natürlich mit seinem Konterfei und Namen und möglichst noch während seiner aktiven Karriere.

Denn Radenkovic (»Ist schön, aber sehr schwer, berühmt zu sein«) wusste, dass seine Zeit als Werbefigur nicht endlos andauern würde: »Solange ich bin gut, ich kann alles machen. Wenn ich werde schlecht, alles ist vorbei.« Auch die Konkurrenz im eigenen Verein durch den sieben Jahre jüngeren Wolfgang Fahrian machte dem Jugoslawen immer stärker zu schaffen. Und als Radenkovic mehrere Wochen in einem Formtief steckte, wurde einer seiner Sponsoren hektisch und verbannte das Radi-Konterfei aus seiner Werbung. Die Begründung: »Der Kerl schlägt uns sonst die Marke kaputt.«

Doch noch hatte der Ausnahmetorhüter in Reihen des TSV 1860 München genügend Fans. Münchens Oberbürgermeister Hans-Jochen Vogel schwärmte vom Jugoslawen. Im persönlichen Gespräch offenbarte er Radenkovic: »Besonders beeindruckt war ich, als Sie den Ball erst mit der Faust abwehrten und dann im Fallen noch einmal mit dem Fuß klärten.« Der jugoslawische Keeper lächelte den Stadtvorderen schelmisch an und radebrechte gekonnt: »Ja, ja, Herr Oberbürgermeister, müssen wir Gastarbeiter eben arbeiten mit Händen und Füße!«

Radi ackerte weiter fast rund um die Uhr, auch wenn sein Trainer Max Merkel immer noch so seine Probleme mit des Torwarts privatem Zeitvertreib hatte: »I werd noch narrisch mit dem Radi sei Geldverdienen.«

★ ★ ★

Otto Rehhagel

»Rehakles«

Der gebürtige Essener hat sich einem staunenden Journalisten mal so vorgestellt: »Ich, Otto Rehhagel, ein Produkt made in Germany«. Und auf Nachfrage ergänzt: »Ein Spruch gehört zum Fußball, aber ich bin kein Sprücheklopfer. Ich verkaufe Fußball made in Germany. Das heißt, bei mir wird anständig trainiert, gearbeitet und erzogen.« Das war 1984. Genau zwanzig Jahre später feierte ihn das Magazin »Goal« nach dem Gewinn der Europameisterschaft mit Griechenland so: »Der neue Zeus heißt Otto.«

Dabei wollte Otto Rehhagel eigentlich immer nur eins: Raus aus der Arbeitersiedlung mit Etagenklos. Denn für den ersten »Feuerwehrmann« der Bundesliga (»Red Adair des Fußballs«, »kicker« im Jahr 1978) stand fest: »Ich wollte nie wieder zum Scheißen aus der Wohnung rausgehen.« Dafür tat Otto Rehhagel fast alles. Der »Stern« betitelte eine Story über ihn mit den Worten:

»Keule kloppt sich hoch«.

Schon als Spieler kannte der Essener Junge keine Freunde auf dem Platz. Herthas Zoltan Varga beschwerte sich nach einem Spiel seiner Berliner auf dem Betzenberg bitterlich über den Kaiserslauterer Verteidiger Rehhagel: »So etwas habe ich noch nie erlebt. Härte soll sein, damit muss jeder Stürmer rechnen. Aber Rehhagel hatte es nur darauf abgesehen, mich zu foulen. Sollte ich mich revanchieren? Das liegt mir nicht. Ich habe den Schiedsrichter fast angefleht, etwas zu unternehmen und nicht nur Freistöße zu verhängen. Er hat mich ermahnt, den Mund zu halten. Rehhagel nannte mich ›ungarisches Schwein‹ und sagte, ich wäre nur nach Deutschland gekommen, um Geld zu kassieren. Ich kann gar nicht alles wiedergeben, was er mir an den Kopf warf. Fünfmal hat er mich angespuckt. Der Schiedsrichter stand daneben, aber er unternahm nichts.«

Das lag vermutlich an dem guten Verhältnis, das Rehhagel zu dieser Zeit mit den Männern in Schwarz pflegte. Otto Rehhagel kann sich gut an eine Geschichte von damals erinnern: »In einem Heimspiel am Betzenberg hatte ich mir schon einige Fouls erlaubt. Als ich meinen Gegenspieler erneut von den Beinen holte, dachte ich: Jetzt fliegst du vom Platz. Doch zum allgemeinen Erstaunen gab Ohmsen nur Freistoß gegen uns. Wenige Minuten später kam er zu mir und flüsterte mir leise ins Ohr: ›Otto, das kostet aber drei Bier und drei Korn.‹ Die habe ich ihm nach dem Spiel gerne ausgegeben.«

»Schiedsrichter-Liebling« Rehhagel

Die Anfänge als Trainer waren anschließend nicht ganz so glücklich, obwohl sein Spieler Erwin Kostedde schon damals voll Pathos verkündete: »Unter Otto ist mir auf dem Spielfeld kein Weg zu weit!« Doch mit den Schiedsrichtern lief es nicht mehr rund. In der Saison 1975/76 verlor Otto Rehhagel sogar einmal richtig die Nerven. Der junge Trainer der Offenbacher Kickers litt unter den Misserfolgen seines Vereins. Nach drei hohen Niederlagen in Folge – 2:6 in Duisburg, 0:4 gegen RWE und 1:5 beim VfL Bochum – traf man auf den Lokalrivalen aus Frankfurt. Zwar bezwang Offenbach die Eintracht am Ende mit 2:1, doch nach einem Platzverweis für Manfred Ritschel in der sechsten Spielminute war Rehhagel während der gesamten Begegnung nicht mehr zu beruhigen. In der Halbzeitpause rannte er bereits zu Schiedsrichter Walter Eschweiler und fragte ihn wütend, ob er bestochen sei. Eschweiler meldete den Vorfall nach Spielschluss in seinem Bericht an den DFB, und der lud Rehhagel wenige Wochen nach seiner ersten Sperre (ein Monat Pause, weil er seinem Abwehrspieler Armand Theis, ebenfalls in einem Spiel gegen die Eintracht, zugerufen hatte: »Tritt dem Hölzenbein doch in die Knochen«) erneut vor. Eigentlich verlief der Prozess günstig für den Offenbacher Trainer, bis sein eigener Vizepräsident vor dem DFB aussagte. Waldemar Klein erklärte, dass ihm der Linienrichter Porta nach dem Spiel erzählt habe: »Wenn ich alles zur Anzeige bringen würde, was der Rehhagel gesagt hat, dann würde das eine Sperre auf Lebenszeit bedeuten.« Nun musste auch Porta aussagen, und schnell stand das Urteil fest: Rehhagel wurde zu einer zweimonatigen Sperre verurteilt und musste 5.000 Mark Strafe zahlen. Das war zu viel für die Kickers, und sie kündigten ihrem überengagierten Trainer fristlos.

Rudi Völler (l.) und Otto Rehhagel im Jahr 1983.

Damals sagte Günter Netzer über Rehhagel: »Ich sehe ihn auf der Trainerbank so, wie er auf dem Spielfeld aufgetreten ist. Er ist wohl nicht für die Feinheiten des Fußballs empfänglich, die im Grunde erst die großen Mannschaften ausmachen.«

Otto Rehhagel: Sein Lieblingsplatz ist im Café

„Ich kenne alle Cafés in Deutschland“, sagt Otto Rehhagel. Damals in Düsseldorf saß er bei „Hemesath“ an der Kö, jetzt in Bremen genießt er im Café Jakobs an der Knochenhauerstraße den Blick auf die Fußgängerzone (Foto unten). Dort nimmt er jeden Tag ein zweites Frühstück, studiert die Zeitungen und freut sich über Autogrammjäger. Wie bei dieser Mädchengruppe aus Lemförde in Niedersachsen, die ihn im Café erkannte. „Herzlichst, Otto Rehhagel“, schrieb der Trainer auf die Servietten

Als Trainer-Neuling hatte Rehhagel noch gesagt: »Ich gestatte jedem Spieler gewisse Freiheiten im Privatleben und auf dem Spielfeld, um seine Persönlichkeit zu entfalten. Nur so kann er seine Fähigkeiten auch optimal zum Ausdruck bringen.«

Otto und Beate

Davon wollte er später aber nichts mehr wissen. Als Thorsten Legat vom VfL Bochum zu Werder Bremen wechselte, hatten Rehhagel und seine Frau und ständige Beraterin Beate beschlossen, dass der junge Mann zu heiraten habe. Rehhagel: »Herr Legat, wenn Sie sich hier durchsetzen wollen, dann müssen Sie kühlen und klaren Kopf bewahren. Um keine Probleme zu kriegen, müssen Sie sich nur auf Fußball konzentrieren. Das heißt: Sie müssen heiraten!« Legat dachte an einen Scherz. Er war ja schließlich erst 23 Jahre jung und wollte eigentlich noch gar nicht den Bund der Ehe eingehen. Doch Otto und Beate kannten kein Pardon. Und Legat heiratete.

Der Ex-Bochumer hatte noch mehr Geschichten über das Vorzeige-Ehepaar der Liga (»Jeder denkt, ich gehe wegen Otto Rehhagel zu Kaiserslautern – aber eigentlich ist es wegen seiner Frau«, Wynton Rufer) zu erzählen. So durfte Beate Rehhagel als einzige Frau in die Umkleidekabine der Werder-Profis. Eines Tages hatte sich Legat gerade gebückt, als Ottos Frau den enthüllten Hintern entdeckte und ihm einen kräftigen Klaps verpasste. »Knackig, knackig«, soll sie zu dem Fitness-Freak Legat noch gesagt haben.

Mario Basler genoss eine ganz andere Sonderbehandlung zu Bremer Zeiten. Weil er ein Loch in der Leiste hatte und eigentlich operiert werden musste, ordnete Rehhagel spontan ein Spezialprogramm an: »Sie trainieren ab sofort nur freitags. Samstags spielen Sie. Den Rest der Woche haben Sie frei.« Praktischer Nebeneffekt dieser speziellen Extrawurst für Basler: Jeder im Team wusste ab sofort immer genau, wann Freitag ist – und das ohne in den Kalender schauen zu müssen.

Der heutige Manager Klaus Allofs erinnert sich noch gerne an seine Bremer Zeit als Aktiver unter Trainer Rehhagel: »Der hat immer zu den Spielern gesagt: ›Jungs, wenn ihr Tabellenführer seid, gibt's nur eins: rauf aufs Sofa, Bier auf, Fernseher an, ARD-Videotext Tafel 253, die Tabelle angucken und den ganzen Abend anlassen – und dann nur noch genießen.‹«

Die Werder-Fans ließen ihren Coach nach 14 erfolgreichen Jahren nur ungern nach München zu den Bayern ziehen. Sie schrieben traurige Verse an ihren scheidenden Trainer:

»Otto bleib in deinem Revier / die Lederhose passt nicht zu dir! / Wie konntest du dich nur verkaufen / und zu den Bayern überlaufen? / In Bremen warst du dein eigener Herr / in München bist du das nicht mehr.«

Ein besonderes Verhältnis pflegte Rehhagel schon immer zu Journalisten. Legendär die Pressekonferenz, auf der der gelernte Maler Rehhagel angesäuert gemeint hatte, er würde nur noch auf Fachfragen antworten, und ein Zeitungsredakteur geistesgegenwärtig fragte: »Herr Rehhagel, mit welcher Farbe muss ich zu Hause bei mir die Wände streichen?«

Als Rehhagel am Ende der Saison 2011/12 noch für einige Partien bei der Berliner Hertha als Trainer aushalf, schrieb »Der Spiegel«: »Vor seinem ersten Spiel, kürzlich in Augsburg, tippelte er mit schwarzer Aktentasche und halb geschlossenen Augen durch die Katakomben, er fand anfangs die Kabine der Hertha nicht. Er strich den Ballkindern über den Kopf, wie das Opis mit ihren Enkeln machen. Dabei sah er nicht aus wie jemand, der kommende Woche den Bundespräsidenten wählen darf. Er sah aus wie der Präsident selbst.«

★ ★ ★

Liebevoll pflegt Beate ihren Mann Otto, als dieser nach einer Meniskusoperation im November 1971 auf dem Sofa liegen muss. Mit dabei: Hund Jackie.

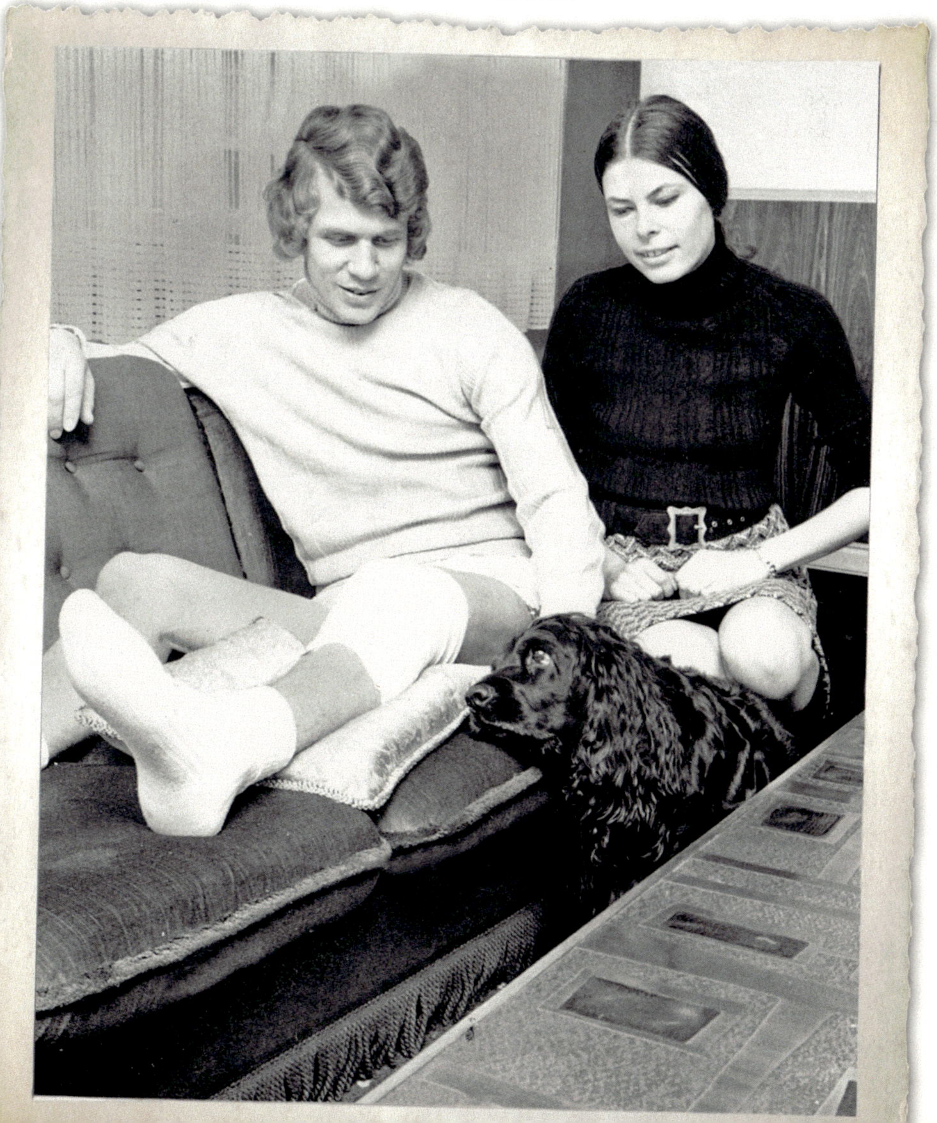

Erich Ribbeck

Bundestrainer

Nach dem Aus der deutschen Nationalmannschaft bei der EM 2000 ätzte Mario Basler: »Jetzt weiß man, dass Erich Ribbeck wirklich keine Ahnung hat.« Das ist natürlich harter Tobak, aber so ganz daneben vielleicht dann doch nicht. Immerhin meinte auch Ribbeck (»Ich bin nicht sehr fleißig«) einmal etwas kryptisch: »Es gibt Trainer, die machen alles richtig und haben nie Erfolg. Und dann gibt es Trainer, die machen alles falsch und werden zweimal Deutscher Meister.«

Gut ausgesehen aber hat der ehemalige Bundestrainer auf jeden Fall schon immer, wie Rudi Gutendorf sehr anschaulich feststellte: »Erich Ribbeck ist die Claudia Schiffer unter den Trainern.« Doch nicht nur um sein Aussehen machte sich Ribbeck stets Gedanken, sondern auch um die Außenwahrnehmung an sich: »Im ›kicker‹ stand über mich, der hatte soundso viele Oberligaspiele. Damit kann ja keiner mehr etwas anfangen. Da sagen die Leute: ›Oje, noch so 'n Amateur.‹«

Am Anfang seiner Trainerkarriere lief beim gebürtigen Wuppertaler alles in ruhigen Bahnen. 1.826 Tage war er Trainer bei Eintracht Frankfurt. Kein anderer Fußballlehrer hat es in Bundesliga-Zeiten länger bei den Hessen ausgehalten als er. Seine Zeit beim 1. FC Kaiserslautern wird auch immer unvergessen bleiben, da Ribbeck der Trainer der Mannschaft war, die Bayern München legendär mit 7:4 schlug. Er ging im Guten. Als er 1978 den Betzenberg verließ, grillte die Familie Ribbeck einen ganzen Ochsen. Den hatte sie zum Abschied geschenkt bekommen. Die Party war rauschend, es wurde gesungen, getanzt und gelacht, aber leider nicht ausreichend gegessen – es blieb eine Menge an kulinarischen Genüssen übrig. Als am nächsten Tag bereits früh am Morgen der Möbelwagen vor der Tür stand, fackelte man, noch leicht beschwipst, nicht lange und packte die Reste des guten Essens einfach hinten zwischen die Wohnzimmerleuchte und die Couchgarnitur – schließlich wartete im neuen Haus bei Köln schon der neue Kühlschrank. Noch am Abend fuhren die Ribbecks weiter in den Urlaub. Zwei Tage später riefen die Schwiegereltern von Erich an, die inzwischen im Haus nach dem Rechten gesehen hatten. »Ich glaube, ihr habt eine Leiche im Keller«, vermeldeten sie hörbar schockiert, »es stinkt bestialisch bei euch!« Nach gutem Zureden trauten sie sich schließlich in den Keller und bemerkten schon beim Drücken des Lichtschalters, dass etwas nicht stimmte. Der Strom war ausgefallen. Eine Katastrophe – vor allem für leicht verderbliche Lebensmittel. Erich Ribbeck: »Jede Hausfrau und jeder Hausmann kann sich vorstellen, was mittlerweile im Kühlschrank los war!« Das Kind war in den Brunnen gefallen.

Das erinnert an den Zustand, den Ribbecks Karriere 1993/94 bei den Bayern am Ende an-

Erich Ribbeck (li., Eintracht Frankfurt) und Gyula Lorant (Kickers Offenbach) duellierten sich 1973 auch im Tennis.

genommen hatte. Fünf Jahre zuvor hatte er noch mit Bayer Leverkusen den UEFA-Pokal gewonnen, und nun sprach man ihm auf einmal jede Fachkompetenz ab. Werner Lorant meinte damals: »Erich Ribbeck ist vom Fußball so weit weg wie die Erde vom Mars.« Als er seinem Team vor einem Auswärtsspiel in Bremen mit Hilfe von Milchdöschen und Kaffeetassen eine Viererkette erklären wollte, musste Kapitän Jan Wouters unterstützend eingreifen. Er ordnete die Hilfsmittel auf dem Tisch neu an und erklärte: »Trainer, Sie haben die Absicherung nach hinten vergessen.« Auch aus seiner Zeit bei Bayer Leverkusen hörte man nichts Gutes. Heiko Scholz soll während einer Trainingseinheit einmal gerufen haben: »Künftig spielen wir mit dem berühmten Doppellibero, einem Libero und einem Absicherungslibero.« Bei Bayern endete Ribbecks Tätigkeit schließlich damit, dass Jan Wouters bei einer Mannschaftssitzung kopfschüttelnd meinte: »Trainer, Sie sind der Einzige hier im Verein, der von Fußball nichts versteht.«

Und dann kam das Jahr 1998. Ein Journalist hatte noch warnend geunkt: »Man muss verhindern, dass Präsident Egidius Braun in Aachen an seinem Schreibtisch sitzt und wahllos durch die Gegend telefoniert.« Doch zu diesem Zeitpunkt war es schon zu spät. Ribbeck, den alte Weggefährten »Robinson Crusoe« nannten, weil er sich komplett auf die schöne Insel Teneriffa zurückgezogen hatte und dort die Bundesliga nur noch per Satellitenfernsehen verfolgte, wurde zum Bundestrainer ernannt. Er begann seine Amtszeit mit einem legendären Zitat: »Grundsätzlich werde ich versuchen zu erkennen, ob die subjektiv geäußerten Meinungen subjektiv oder objektiv sind. Wenn sie subjektiv sind, werde ich an meinen objektiven festhalten. Wenn sie objektiv sind, werde ich überlegen und vielleicht die objektiven subjektiv geäußerten Meinungen der Spieler mit in meine objektiven einfließen lassen.« Es war der Beginn eines einzigen Missverständnisses und das ereignisreiche Ende einer Karriere unter Ribbecks genialem Motto:

»Wo ich bin, klappt nichts – aber ich kann nicht überall sein.«

★ ★ ★

Franck Ribéry

Französischer Spaßvogel

Udo Lattek war nicht mehr zu halten. Live im »Doppelpass« überschlugen sich seine Gedanken und Worte: »Ich bin kein Nazi, aber diesem Mann, der den Ribéry entdeckt hat, dem muss man ein Ritterkreuz mit Eichenlaub und Brillanten geben.« Der legendäre französische Nationalspieler Just Fontaine fand einmal fast gegensätzliche Worte für den Bayern-Spieler: »Ribéry? Da hat jemand irgendwann einmal Mist gemacht und behauptet, dass er das Hirn des Teams sei. Und er hat es geglaubt.«

Irgendwo zwischen diesen beiden Äußerungen reiht sich Louis van Gaal ein. Ribérys ehemaliger Trainer fand die Forderung seines Spielers nach mehr Freiheiten auf dem Spielfeld zwar nicht besonders gut, ging aber betont humorvoll mit ihr um: »Wenn er alleine spielen will, muss er Tennis spielen gehen.« Im Grunde schätzte der Niederländer die Leistungen seines Franzosen sehr. Was auf Gegenseitigkeit beruhte. Nach einem Jubelsprung Ribérys in die Arme seines Übungsleiters meinte ein lachender Bastian Schweinsteiger:

»Es war lustig, weil so ein kleiner Zwerg an so einem großen Trainer hing.«

Die emotionale Seite des Franck Ribéry zeigte sich auch nach dem Gewinn der Champions League 2013. Damals stieg der französische Nationalspieler mit Frau und Pokal ins Bett. Fest umschlungen hielt er die Silberschüssel noch am nächsten Morgen glücklich im Arm.

Besonders seine Schnelligkeit wird von den Gegnern gefürchtet. Manuel Friedrich riet nörgelnden Journalisten einmal: »Ihr könnt euch da ja mal hinstellen, und wenn dann Ribéry mit 180 km/h an einem vorbeigelaufen kommt, gibt's wenige, die den stoppen können.« Sein ehemaliger Mitspieler Christian Lell wusste damals genau, woher die überragende Qualität Ribérys kam: »Franck ist nur ein einziger Muskel, ich hatte keine Chance.«

Doch der Franzose ist auch für seine Heißblütigkeit bekannt. Nach einer Tätlichkeit gegen den Karlsruher Andreas Görlitz rechtfertigte er sich zudem äußerst originell und schlagfertig: »Ich wollte nur den Ball schützen!« Ein anderes großes Talent des Franck Ribéry ist sein Hang zum klassischen Streich. Er hat sich schon als lebende Ribéry-Puppe in ein Schaufenster gestellt, vorbeilaufende Passanten erschreckt und sich selbst am meisten über seinen Spaß beömmelt.

In David Alaba hat er dabei einen kongenialen Partner gefunden. Zusammen hecken sie so manchen Streich aus. Nichts ist dabei zu simpel oder infantil. Gerne stehen die beiden Freunde

Der Inhalt von Ribérys Hose scheint aufregend zu sein, jedenfalls für Medhi Benatia und Robert Lewandowski.

einfach nur an den Fenstern der Säbener Straße und leeren den Inhalt von Wasserflaschen und Gläsern über Journalisten und Mitspielern aus. Wichtigstes Utensil dabei: Das Smartphone. Mit diesem posten sie ihre Streiche direkt in den sozialen Medien. Immer unter dem Motto: »Always having fun with my big bro!«

Im Jahre 2009 sorgte aber Franck Ribéry höchstpersönlich für einen speziellen Streich. Weil er gehört hatte, dass Bastian Schweinsteiger einen neuen Werbevertrag mit einem Salami-Hersteller unterschrieben hatte, orderte Ribéry umgehend eine Großbestellung und ließ diese in die Bayern-Kabine schaffen. Als Schweinsteiger morgens seinen Spind öffnete, rasselten Hunderte kleine Salami-Verpackungen auf ihn nieder. Ribéry bog sich hinter ihm vor Lachen.

Bei den Bayern hatte der Franzose in den Jahren zuvor nur einen echten Widersacher in der Mannschaft: die Kölner Spaßkanone Lukas Podolski. Und der war es auch, der es schaffte, Ribéry im großen Stile reinzulegen. Als der französische Nationalspieler im »Aktuellen Sportstudio« auf die Torwand schoss, brach aus dieser ein Stück heraus. Natürlich war die ZDF-Torwand zuvor extra präpariert worden – auf Anweisung und nach einer Idee von Lukas Podolski. Die Zuschauer im Studio und an den Fernsehgeräten zu Hause hatten ihren Spaß.

Immer wieder sorgte der Franzose in den letzten Jahren auch mit seinem Äußeren für Furore. Ein besonders kurzer Kurzhaarschnitt veranlasste seinen Mitspieler Thomas Müller zu der Vermutung: »Vielleicht holt er damit noch ein paar Zehntel raus.« TV-Kommentator Wolff-Christoph Fuss fand die neue Frisur hingegen ohne verbale Umschweife gewöhnungsbedürftig: »Da hat der Figaro nach Gehör geschnitten.«

Und auch Ribérys Schuhfarbe fand nicht überall Anklang. Franz Beckenbauer redete Klartext: »Pink ist die Lieblingsfarbe von meiner Tochter. Sie ist fünf. Das wäre zu meinen Zeiten undenkbar gewesen.« Der »Kaiser« überlegte jedoch noch weiter:

»Man stelle sich vor, der zieht jetzt auch noch richtige Fußballschuhe an.«

Wie es ausschaut, fühlt sich Franck Ribéry in München sehr wohl. Im Januar 2015 reagierte der Franzose bei einem Fanklubtreffen auf die Frage, wie lange er denn noch beim FC Bayern bleiben werde, mit der unmissverständlichen Antwort: »Bis 2080!«

★ ★ ★

Karl-Heinz Rummenigge

»Rotbäckchen«

In München jubelte die Presse einst euphorisch über einen neuen Star am Stürmerhimmel: »Wenn man den Rummenigge mit seinem Gegenspieler in eine Telefonzelle sperrt, käme der eine Viertelstunde nicht an den Ball.« Aufgrund seiner Gesichtsfärbung wurde er schnell »Rotbäckchen« genannt. Sein zweiter Trainer, Dettmar Cramer, sagte über ihn: »Der konnte alles umspielen, den Gegner zweimal, sich selbst und die Eckfahne. Aber seine Kopfballversuche und sein Passspiel waren eine Katastrophe.«

Nach kurzer Zeit hatte Rummenigge noch einen zweiten Spitznamen in München weg. Sein erster Übungsleiter beim FC Bayern, Udo Lattek, nannte ihn »Rummelfliege«, weil das Talent bei einer 0:1-Niederlage gegen den Hamburger SV Latteks Meinung nach mit offenem Mund auf dem Platz gestanden und nur zugeschaut habe, wie sein Gegenspieler das Tor schoss. Dabei sei es ein Wunder gewesen, dass ihm keine Fliegen in den Mund geflogen seien. Das schüchterte den jungen Mann aus der Provinz zusätzlich ein, denn Rummenigge siezte seine Mitspieler hartnäckig. Bis eines Tages Gerd Müller genug hatte, auf den Tisch haute und die Nachwuchshoffnung anpflaumte: »Junge, hör endlich auf mit der Scheiße!«

Karl-Heinz Rummenigge musste damals auch noch seinen Dienst an der Waffe absolvieren. Die Zeitungen spotteten: »Rotbäckchen im Oliv-Jäckchen«. Keine einfache Zeit also für den Jungstar der Bundesliga. Und auch eine andere Sache wurmte ihn. Bei den Bayern hieß sein damaliger Trainer ja Dettmar Cramer – und beim Bund war ein gewisser Manfred Cramer sein Vorgesetzter. Rummenigge: »Mich hätte fast der Schlag getroffen, als ich hörte, wie mein Chef hier heißt. Der Name verfolgt mich direkt.« Nicht immer ließen ihn seine Kameraden in Ruhe. In der Kantine riefen sie schon einmal: »Hey, Rummenigge, du Abseiler vom Dienst«, oder: »Du, Millionär, stell mal an Humpen Bier her!« Rummenigge schwieg und ließ Freikarten verteilen.

In der Saison 1978/79 verzweifelte der junge Stürmer fast. »Du, Karl-Heinz, sag mal, warum kannst du denn kein Tor schießen?«, fragte Ehefrau Martina ihn. Ja, warum eigentlich nicht? »Als auch noch Martina mit den fehlenden Toren anfing, da hatte ich genug. Ich sagte mir: Jetzt arbeitest du am Abschluss wie ein Berserker!« Und fortan lief es. Dank seiner Frau – seiner Traumfrau, wie er auf Nachfrage eines Journalisten verriet:

»Sie ist relativ groß, hat braune, große Augen, hellbraune Haare und ist sehr schlank! (Pause) Zurzeit trifft das Letzte allerdings nicht zu, weil sie schwanger ist.«

Dribbelkünstler

Die Karriereleiter nahm Rummenigge dann im Sprinttempo. Und so verlor die Bundesliga am Ende der Spielzeit 1983/84 einen ihrer ganz großen Stars. Karl-Heinz Rummenigge ging zu Inter Mailand. Lange Zeit hatte man vor allem in München gehofft, dass es sich der Bayern-Stürmer trotz des Millionenangebots noch einmal anders überlegen würde. Und als dann urplötzlich die »Abendzeitung« verkündete, Rummenigges fünfjähriger Sohn André habe gemeint: »Mama mia, ich mag doch keine Spaghetti«, jubilierte man bereits. Umsonst. Eine sehr hohe, zweistellige Millionensumme wurde an den FC Bayern überwiesen. Ein Rekordtransfer für viele Jahre. Doch Rummenigge ging mit einem weinenden Auge aus München weg: »Das ist wie mit der ersten Liebe – die vergisst man auch sein ganzes Leben nicht!« In Mailand empfing ihn sein zukünftiger Trainer Ilario Castagner mit offenen Armen: »Es gäbe für mich nur einen denkbaren Fall, wo ich Rummenigge auf der Bank sitzen ließe: wenn er Grippe hätte!«

Doch zuvor spielte der blonde Star der Nationalmannschaft bei der EM 1984 in Frankreich. Die einheimische Zeitung »L'Équipe« schrieb damals: »Sein bestes Dribbling zeigte Rummenigge auf dem Weg von den Umkleidekabinen zum Bus. Wie er da Dutzende von Journalisten aussteigen ließ, indem er die ganze Breite des Flures nutzte und, ohne einen Ton gesagt zu haben, den Bus erreichte, das war gekonnt.«

Schon auf dem Platz hatte Rummenigge das Talent aufzubrausen und witzige Sachen zu sagen. So soll sich der gebürtige Lippstädter einmal bei einem Spiel in Hamburg so fürchterlich über den Schiedsrichter aufgeregt haben, dass er nach einer wiederholten vermeintlichen Fehlentscheidung des Mannes in Schwarz zu diesem hingerannt sei und ihn mit knallroter Birne anschrie:

»Entweder sind Sie zu klein oder der Rasen ist zu hoch, Sie Blindfisch!«

Später als Co-Kommentator im Fernsehen ließ er sich auch zu Aussagen wie der fol-

Wem steht die bayerische Landestracht besser? Dem Lippstädter Rummenigge oder dem aus Oberbayern stammenden Breitner (r.)?

genden hinreißen. Wolf-Dieter Poschmann hatte gemeint: »Und hier sehen wir Platini …« Woraufhin Karl-Heinz Rummenigge ergänzte: »Wir sehen vor allem, dass er dringend einen Friseur braucht!« Und als Bayern-Verantwortlicher drehte Rummenigge endgültig auf. Als es Streitereien bezüglich der neuen Arena gab, meinte er: »Wissen Sie, wann 1860 München hier erstmals urkundlich erwähnt wurde? Im Alten Testament. Da stand nämlich: Sie trugen seltsame Gewänder und irrten planlos umher.« Es fällt auf, dass Bayerns Vorstandsvorsitzender auf fast jede erdenkliche Situation eine kluge Antwort weiß: »Jetzt stecken wir in der Scheiße, jetzt müssen wir aus der Scheiße wieder rauskommen.« Oder auch der schöne Satz, als der Niederländer Arjen Robben eine WM-Verletzung verschleppte: »Wenn ich ein Auto miete, muss ich das ja auch in ordentlichem Zustand zurückgeben – man hat uns, wenn ich das so sagen darf, Arjen Robben enteignet und dann demoliert wieder in die Garage gestellt.«

Das große Ganze im Blick

Auf der Jahreshauptversammlung am 27. November 2009 wollte der ehemalige Bundesligaprofi dem scheidenden Präsidenten Franz Beckenbauer mit einem Gedicht für dessen Arbeit danken. Das ging gleich doppelt daneben. Rummenigge wurde für seine dargebotenen Zeilen zuerst belächelt und schließlich auch noch verklagt. Der Vorsitzende des FC Bayern hatte das Gedicht nämlich zu großen Teilen aus dem Internet von einer gewissen Anette Pfeiffer-Klärle (»Als ich es schrieb, musst' ich schon lallen – egal – dem Karl-Heinz hat's gefallen«) kopiert. Über sie steht auf einer Webseite geschrieben: »Ihr Stil, in der heutigen Zeit reine Reime zu schreiben, bedarf immer größerer Beliebtheit.« Was immer dieser Satz auch bedeuten mag, er muss Karl-Heinz Rummenigge dazu bewogen haben zu glauben, dass er damit einen Volltreffer bei seinem guten Freund Franz und dem rot-weißen Auditorium landen könnte. 1.000 Euro Strafe sind Rummenigge diese Zeilen am Ende wert gewesen: »Lieber Franz, ich danke Dir. Ich danke Dir, ich danke Dir sehr. Ich danke Dir, das fällt

uns nicht schwer. Ich danke Dir, danke Dir ganz doll. Weiß gar nicht, was ich alles sagen soll. Ich danke Dir, Du bist ein Schatz. Dies sage ich Dir in diesem Satz. Ich danke Dir, das fällt nicht schwer. Danke, danke, danke sehr. Und ein spezielles Dankesehr an 1860 für die Watschn an Dir.«

Ewald Lienen meinte einmal: »Die Probleme der Leute auf der Straße sind dem Rummenigge egal. Den interessieren seine Millionen, und da ist er bei der CSU bestens aufgehoben.« Und deshalb interessierte den Kicker in den kurzen Hosen auch schon früh das große Ganze des Fußballs. Dem Magazin »Der Spiegel« erzählte Rummenigge 1989 von seinen Zukunftsvisionen: »Warum könnte man nicht ein Siemens-Zentrum oder ein Karstadt-Einkaufszentrum in ein Stadion mit einbauen? Es kann ein Einkaufszentrum mit großen Geschäften, Läden, Boutiquen und Kinos sein. Sie können die Familie mit einbeziehen: Die Frau, die überhaupt kein Interesse am Fußball hat, geht in der Zeit einkaufen, guckt sich Geschäfte an, macht, tut, was sie will. Das Kind, das auch kein Interesse hat, geht ins Kino. Und der Vater geht zum Fußball und trifft sich um 17:30 Uhr mit der Mutter wieder am Punkt x und fährt nach Hause. Und alle drei sind glücklich und zufrieden und haben einen wunderbaren Samstag ohne Streit.«

★ ★ ★

Rolf Schafstall

Harter Hund

Sein ehemaliger Konditionstrainer Erich Klamma beschrieb ihn einmal so: »Der Schafstall war ja auch nicht besonders groß, aber wenn der ein bisschen was getrunken hatte … Mein lieber Mann, dann war der plötzlich nicht mehr ein Meter fünfundsechzig, sondern über zwei Meter.« Und als Schafstall in Dresden seinem Spieler Torsten Gütschow mitteilte: »Ihre große Zeit ist vorbei«, antwortete dieser: »Das unterscheidet mich von Ihnen, Trainer. Sie haben nie eine große Zeit gehabt!«

Tatsächlich hebt auch der Fußballlehrer selbst einen Moment aus seiner Karriere heraus, der bei manch einem sicherlich für Verwunderung sorgt. Schafstall war damals Trainer des VfL Bochum: »Als wir 1985 wieder drinblieben, gab mir (Max) Merkel in seiner Bewertung sechs Bälle für den Trainerjob. Das war die höchste Auszeichnung.«

Mit Fug und Recht kann man sagen, dass Rolf Schafstall ein Fußball-Besessener ist: »Wir hatten ein Pokalspiel gegen Schalke 04 – ausgerechnet am Tag meiner Hochzeit. Hochzeit hin, Hochzeit her, ich habe heimlich meine Tasche mit den Fußballschuhen gepackt und mitgenommen. Weil ich dachte, ich könnte mich vielleicht für einige Zeit von der Feier abseilen.« Das klappte natürlich nicht – aber alleine der Versuch sagt viel über Schafstall aus. Vor allem, wenn man weiß, dass er schon den Tag seiner Verlobung ausfallen ließ, obwohl bereits der Kuchen gebacken und alle Gäste eingeladen waren. An diesem Tag stand aber auch ein Freundschaftsspiel in Berlin auf dem Plan: »Verlobt haben wir uns kurz danach. Aber man, das war natürlich hart.«

Von den Spielern verlangt Uerdingens Trainer Schafstall Disziplin – selbst wurde er zweimal wegen Trunkenheit am Steuer verurteilt

Rolf Schafstall, der Mann von Gleis 3

Als Trainer pflegte Schafstall einen sehr direkten Umgang mit seinen Spielern. Thorsten Legat erinnert sich: »Ich weiß es noch ganz genau, so etwas vergisst man nicht mehr. Ich hatte Freitagnachmittag Abschlusstraining mit der A-Jugend. Da kam Trainer Rolf Schafstall auf mich zu und sagte zu mir: ›Hör zu, du Vogel, du fährst heute nicht nach Hause. Du sitzt bei den Profis gegen Borussia Mönchengladbach auf der Bank.‹ Genau so war der Wortlaut.«

Ansgar Brinkmann spielte unter Coach Schafstall beim VfL Osnabrück. Eine Zeit voller schöner Anekdoten: »Als wir mit Osnabrück mal schnell 2:0 führten, hat die Mannschaft aufgehört zu kämpfen, und Pele Wollitz und ich haben uns gedacht, alles Weitere lösen wir hier mal schön locker spielerisch.« Und so stand es zur Halbzeit plötzlich 2:2. Schafstall war außer sich, fuchsteufelswild. In der Kabine faltete er Wollitz nach allen Regeln der Kunst zusammen. »Peeeele, Peeeeele«, rief der Trainer, »ab sofort heißt du wieder Claus-Dieter!«

Die Ersatzbank des VfL Bochum im Mai 1984: Trainer Rolf Schafstall, Co-Trainer Hermann Gerland, Konditionstrainer Erich Klamma, Masseur Jaroslav Janca, Ersatztorwart Ralf Zumdick, Stefan Kuntz und Frank Benatelli (von rechts).

Und noch etwas hatte es Brinkmann bei Rolf Schafstall angetan. Ehrfürchtig erzählte er einmal von den »stahlblauen Augen« seines ehemaligen Trainers: »Da haste lieber weggeguckt, wenn der dich fixiert hat!« Doch der harte Hund konnte auch weinen. Eines Tages wischte sich Schafstall vor versammelter Mannschaft die Tränen aus dem Gesicht. Tief getroffen hatte er seinem Team beichten müssen, dass er wieder einmal von der Polizei bei einer seiner alkoholisierten Fahrten erwischt worden war. Leise stammelte Schafstall vor sich hin, er wüsste gar nicht, wie das passieren konnte. Das Vorbild wankte, doch Brinkmann beeindruckten die Tränen weitaus mehr als das Fehlverhalten seines Trainers. »Wenn der in der Kabine was gesagt hat, bist du mit dem Kopf runtergegangen. Ja nicht angucken, ja nicht angesprochen werden.«

Allein unter Anti-Fußballern

Schafstalls Kabinenansprachen sind legendär. Am 22. August 1981 beehrte der große 1. FC Köln mit Spielern wie Toni Schumacher, Rainer Bonhof, Tony Woodcock oder Klaus Fischer den VfL. Damals filmte ein TV-Team des ZDF die Pausenansprache des Bochumer Trainers: »Hömma, habt ihr das schon gemerkt, dass wir im Moment dran sind, uns selber zu schlagen? Mit langen Pässen und Schnibbeln und machen den Gegner stark, indem wir hier sagen, da hast 'n doch, spiel doch mit, Köln. Wer seid ihr schon? Die hauen euch in der zweiten Halbzeit, hauen die euch den Laden voll. Das ist Köln! Schlimm ist das mit anzugucken. Leute, eins kann ich euch sagen: Die sind kaputt, und ich habe den Eindruck, die sind kaputter als wir. Die haben die Reise, Barcelona, haben die drin, da geht kein Weg dran vorbei, das müssen wir

Schafstall am 25. Februar 2001 als Trainer des VfL Bochum.

nur ausnutzen, indem wir konzentrierter sind als Köln, weil wir mehr draufhaben, müssen wir konzentrierter sein.« Das Spiel endete 3:1!

Der spätere Europameister Stefan Kuntz holte unter Schafstall die Torjäger-Kanone nach Bochum. Auch er erinnert sich schmunzelnd an seinen ehemaligen Trainer: »Das war ein echt harter Hund. Aber im Grunde hatte der auch was Soziales. Der hat allen Spielern erlaubt, selbst Vorschläge zu machen, wer uns als Mannschaft weiterhelfen könnte. Und so haben wir munter Bekannte und Familienangehörige zum Training mitgebracht. Einmal war dann auch ein Cousin von Heinz Knüwe da. Der schien allerdings nicht seinen besten Tag erwischt zu haben. Zum Ende hin spielten wir noch elf gegen elf. Eigentlich lief alles super, doch Schafstall war mal wieder mit irgendwas überhaupt nicht einverstanden und pflaumte gerade Zumdick an. Das Spiel war unterbrochen. Jedenfalls dachten das alle – bis auf den Cousin. Der trabt munter weiter rechts die Linie entlang, versucht eine Flanke zu schlagen und schießt den Ball im hohen Bogen hinters Tor. Wir bleiben alle wie angewurzelt stehen und schauen der Kugel hinterher. Dann hörst du plötzlich nichts mehr, und der Ball donnert Schafstall genau an den Hinterkopf. Im nächsten Moment: 22 Spieler auf dem Boden beim Schuhbinden. Wir haben uns kringelig gelacht. Nachher kam Gerland zum Cousin und hat ihm seinen Arm um die Schulter gelegt: ›Da kannst du nichts für, Junge. Dat Gras ist ein bisschen hoch gewesen, was?!‹«

Filmemacher Lucas Maria Böhmer drehte damals eine Dokumentation unter dem Titel »Fußball über alles«. Er erzählte vom Alltag der Spielerfrauen in den 1980er Jahren und gab dabei einen tiefen Einblick hinter die Kulissen des VfL. Vor allem Rolf Schafstall wurde aus allen Blickwinkeln beleuchtet. Vormittags auf dem Trainingsplatz, Coach Schafstall sprach an der Kamera vorbei:

»Hier bist du jeden Tag verzweifelt. Weil so viele Antifußballer dabei sind. Wenn ich das manchmal sehe, was wir hier für schwache Fußballer haben. Mann, Mann, Mann!«

Die Stimme aus dem Off fragte nach: »Aber woran liegt das denn?«

»Warum? Weil sie sich keine Mühe geben, Herrgott noch mal! Das ist das doch hier. Zwei, drei sind dabei, die können das. Alle anderen können es nicht, ne! So eine Scheiße ist das hier. Da kannst du alles trainieren. Jede zehnte Flanke kannst du gebrauchen. Ende, ne!«

Während Schafstall mit Trikot in der kurzen Buxe und verzweifelt ausgebreiteten Armen seine Tiraden weiter rausschrie, lief er inmitten der trainierenden Spieler über den Platz. Als von rechts der Ball an die Strafraumgrenze gespielt wurde, rief der VfL-Trainer mitten in die Szene hinein: »Ja, und jetzt?!« Ein Bochumer Spieler nahm den Ball wunderschön volley, traf ihn optimal und ballerte ihn mit einer vorbildlichen Schusshaltung – an die Latte. Schafstall hatte endgültig genug. Mit einem letzten Blick voll angestautem Ekel schaute er knapp an der Kamera vorbei und rief quer über den Platz: »Siehste?! Mann, Mann, Mann!« Der Reporter fragte mutig nach: »Und wo schöpfen Sie dann Ihre Hoffnung her?« Schafstall antwortete trotzig: »Ich hoffe, dass ich heute Abend ein vernünftiges Abendessen kriege. Das kann ich Ihnen sagen.«

★ ★ ★

Rolf Schafstall mit seiner Frau Hildegard im Jahr 1985.

Klaus Schlappner

»Menschenfeind«

Für einige Jahre war der Mann mit dem Pepita-Hut nicht aus der Bundesliga wegzudenken. Bei Waldhof Mannheim war der Trainer der Star des Teams. Ein Mann, der sich stets betont volksnah gab: »Zwischen den Spielern auf dem Rasen und den Fans hinterm Zaun darf menschlich keine Distanz herrschen.« Der »bunte Hund der Liga« war manch Alteingesessenen jedoch etwas zu vorlaut. »Pumuckl der Bundesliga«, »Micky Maus« und »Clown« schimpften sie ihn – und verschafften ihm damit ungewollt noch mehr Popularität.

Ohne Frage, Klaus Schlappner war ein ganz spezieller Charakter und ein »ziemlicher Menschenfeind«, wie sein ehemaliger Spieler Michael Krätzer einmal erzählte. Wenn die Mannschaft Torschusstraining machte, habe Schlapper den Kasten immer in der Nähe von einigen Kiebitzen aufbauen lassen. Klare Ansage des Übungsleiters: »Wer einen Rentner trifft, hat Feierabend!«

Der Elektriker führte seine Firma, die er parallel zum Job als Bundesliga-Coach betrieb, wie den SV Waldhof Mannheim mit einer knallharten Maxime im Kopf: »Ich habe schon oft betont, dass ich den Klub wie meinen Betrieb sehe. Da gibt es eine permanente Leistungskontrolle, ohne Sentimentalitäten. Randfiguren, die nicht mitziehen, werden verramscht, weg damit.« So unzweideutig er in Verein und Unternehmen agierte, so direkt war auch seine Ansprache auf dem Platz. Einmal setzte er einem Linienrichter sogar eine Brille auf die Nase und fauchte ihn anschließend an: »Kannst du nicht richtig gucken, muss ich dir erst eine reinhauen?«

Klaus Schlappner regierte mit seinem berühmten Pepita-Hut auf dem Kopf und Schnauzbart im Gesicht beim badischen SV Waldhof ganz so, wie es ihm gefiel. In den Jahren von 1983 bis 1987 war Schlappner quasi der Verein. »Mit Erfolg gegen den Strom« (so der Titel seiner Autobiografie) hatte sich der mit dem »Sepp-Herberger-Preis« ausgezeichnete Trainer nach vorne in die Eliteliga und in das Scheinwerferlicht der Öffentlichkeit gekämpft. Der Verlag pries Schlappners Werk damals mit diesen Worten an: »Der Ball ist rund. Klaus Schlappner, Senkrechtstarter und Enfant terrible des deutschen Fußballs, hält sich an die Weisheit des ehemaligen Bundestrainers Sepp

Mai 1983: Der SV Waldhof feiert den Aufstieg in die 1. Bundesliga, v.l.: Paul Linz, Oskar Bauer und Trainer Klaus Schlappner.

Herberger und legt ein rundum gelungenes Buch vor.«

Schlappner, der während seiner Zeit beim 1. FC Saarbrücken seinen Spieler Anthony Yeboah als »meinen Schwarzwälder« bezeichnete und einmal gesagt haben soll: »Der Schwarze ist undiszipliniert, verträgt den Winter nicht und hat Malaria«, machte aus seiner Gesinnung und seiner besonderen Liebe zum Vaterland keinen Hehl. Auch seinen Ausflug und Fehltritt in die Politik beschrieb er in seinem Buch aufreizend nüchtern und ohne einen Hauch von Reue: »Um die Politik habe ich mich auch gekümmert. Es gab da so verschiedene Dinge, die mir einfach nicht einleuchten wollten. 1967 stellte die NPD Lampertheim mich, den politischen Dickkopf, als Kandidat auf. Ich glaubte, mit dem Schädel durch die Wand gehen zu müssen, Ratschläge von Älteren, von meinem Vater und meiner Familie ignorierte ich. Meine Entscheidungen traf ich spontan und direkt, oft unüberlegt. Bis mir dämmerte: Davon verstehst du nichts, lass die Finger davon.« Und gerechnet hatte sich dieser Ausflug ins Politische für ihn ebenfalls nicht: »Ich schrei' mir doch nicht um null und nix Prozent die Lunge aus dem Hals«.

Bei dieser Vita verwunderte es dann schon so manchen Fußballfan, dass Schlappner 1992 zum Nationaltrainer von China berufen wurde. Die Chinesen waren bereits Jahre zuvor auf ihn aufmerksam geworden. Zwei chinesische Trainer, Lin und Jen, waren extra aus Fernost mit einem Dolmetscher im Gepäck zu ihm in die deutsche Provinz gereist. Schlappner nahm sie zu allen möglichen privaten, geschäftlichen und sportlichen Veranstaltungen mit, »so dass sie nicht nur unsere Trainingsmethode studieren, sondern auch die Mentalität der Deutschen kennenlernen konnten«. Täglich machten sich die beiden chinesischen Trainer Notizen in ihre dicken Blöcke. Schlappner war ganz begeistert: »Ich glaube, die schreiben sogar meine Witzchen mit!« Als er schließlich als Nationaltrainer ins Reich der Mitte ging, verkündete er schon bald sehr stolz nach Deutschland: »Es gibt hier schon T-Shirts mit meiner Birne.«

★ ★ ★

Fünf Sprüche fürs Leben von Klaus Schlappner

»Ich komme kaum noch zum Lesen. Aber das liegt daran, dass auch die Literatur an einer typischen Zeitkrankheit leidet: Die Bücher sind alle viel zu dickleibig.«

»Mich wundert überhaupt nicht, dass die Frauen so wenig Zeit haben. Man muss sich ja nur ihre kleinen Uhren angucken.«

»Manche bekommen Kopfweh vom Denken, manche Kreuzweh vom Arbeiten. Die zweite Sache ist mir sympathischer.«

»Der Zweck heiligt zwar manchmal die Mittel, aber nicht die Mittelmäßigkeit.«

»Ab und zu muss man schon mit zwei Zungen reden – damit man sich die eine nicht verbrennt.«

MEHMET SCHOLL

Ein Profi mit Humor

Er ist einer der größten Geschichtenerzähler und Sprücheklopfer der Bundesliga-Historie. Mal spontan, mal überlegt, aber immer humorvoll liefert Mehmet Scholl Zitate für die Ewigkeit. Einer seiner bekanntesten Sprüche sorgte einst für einen riesigen Eklat: Scholl hatte gesagt: »Hängt die Grünen, solange es noch Bäume gibt!« Die Reaktion eines Grünen-Abgeordneten war aber auch nicht schlecht: »Zieht dem Scholl die Vorderzähne, solange es noch Nagetiere gibt!«

Der gebürtige Karlsruher hatte seinen Satz eigentlich »als Plädoyer für vernünftigen Umweltschutz gedacht«, aber die Sache ging nach hinten los. Ein grüner Politiker zeigte Scholl wegen »Anstiftung zum Mord« an. Scholl räumte die Sache schließlich mit einer Spende aus der Welt. Als ihn später ein Journalist fragte, was er denn wählen würde, antwortete der Europameister von 1996 (»25 Jahre alt und schon keine Ziele mehr«) mit einem typischen Scholl-Satz:

»Grün natürlich, ich kann sie ja nicht hängenlassen.«

Dass er einen feinen Sinn für Humor hat, beweist er immer wieder. So erzählte er mal, dass er im nächsten Leben als »Hund von Uli Hoeneß« wiedergeboren werden möchte. Und falls es jemals dazu kommen sollte, dass er begönne, für eine Zeitung Kolumnen zu schreiben, dann dürfe man ihm die Frage stellen: »Braucht der Mann Geld?« Als ihm auf einer Pressekonferenz zwei Fragen auf einmal gestellt wurden, schob er seine eigene Unaufmerksamkeit einfach auf den Job: »Wie war noch die zweite Frage? Das ist nicht so einfach, ich bin schließlich Fußballer!«

Dabei reflektierte er wie kaum ein zweiter Fußballer den Sport und das Geschäft. Als ihn ein Reporter fragte, wie sich ein seit Wochen verletzter Fußballprofi fühle, der tagelang mit Ehe- und anderen Privatproblemen die Schlagzeilen in den deutschen Boulevardzeitungen beherrsche, antwortete Scholl: »Wichtig. Immerhin habe ich vergangene Woche die Süssmuth-Affäre und das Flüchtlingselend in Afrika locker verdrängt.«

Seine angenehme Distanz zum Fußball-Business mag auch an seinem eigenen Schicksal liegen. Immer, wenn es gerade richtig losgehen sollte in seiner Karriere, stoppte ihn das Leben (»2000: Da werd' ich von den Bundesligaprofis zum Spieler der Saison gewählt – und beim Spiel, bei dem ich meine Urkunde kriege, sitze ich natürlich nur auf der Bank. Am Tag der Ehrung«) oder noch viel häufiger: eine Verletzung. Deshalb sorgte er sich um sein körperliches Wohl stets ganz besonders. An den berühmten Montagabend-Spielen ehemaliger Bayern-Größen nahm er lieber nicht mehr teil: »Ich hab da ja schon mal mitgespielt, und da wäre Uli Hoeneß beinahe auf mich draufgeflogen – fast wäre also das passiert, was man an der Börse Kapitalvernichtung nennt. Uli Hoeneß ist ein sehr netter Fußballer, aber das Bremsen ist nicht mehr so seine Sache. Da ist mir meine Gesundheit zu wichtig.«

21. August 1992: Mehmet Scholl mit seiner damaligen Freundin Susanne Pfannendörfer und Hund Amadeus.

Mehmet Scholl mag den Humor und ist immer wieder für ein paar außergewöhnliche Sprüche gut: »Ich hatte noch nie Streit mit meiner Frau. Bis auf das eine Mal, als sie mit aufs Hochzeitsfoto wollte.« Das eine oder andere mag er sich dabei sogar von seinen Vorbildern abgeschaut haben: »›Prinzessin Fergie möchte an einem Kamelrennen teilnehmen. Nicht entschieden ist, wer sie reitet.‹ Das ist Harald Schmidt, das sind Meilensteine guten Humors.«

Auch auf dem Platz hörte Scholl genau hin – und erzählte hinterher die Geschichte umso pointierter nach, beispielsweise diese von seinem Mannschaftskameraden Willy Sagnol: »Wir spielen in Stuttgart, Schiedsrichter ist Markus Merk. Irgendwann steht Willy mal neben dem und sagt: ›Schiri, wir wechseln.‹ Merk schaut zum Spielfeld und antwortet: ›Da steht aber keiner.‹ Und Willy sagt: ›Nee, wir wechseln dich!‹ Normalerweise hätte der Merk da erst einmal unterbrechen müssen, bis sich jeder wieder vor Lachen beruhigt hatte.«

Als Fußballexperte der ARD hebt sich Mehmet Scholl mit seinen feinen Bemerkungen wohltuend von einigen eher hölzern wirkenden Kollegen ab. Als einmal der damalige Trainer des frisch qualifizierten Pokalfinalisten MSV Duisburg, Milan Sasic, nach einer Bierdusche ins Studio kam und Reinhold Beckmann leicht die Nase rümpfte, meinte Scholl spitzbübisch: »Ich kenn das auch. Ich arbeite beim Fernsehen, da riechen alle so.« Seine Spontanität bewies er auch 1996. Als der damalige Nationalspieler gefragt wurde, wie es denn nach dem EM-Titelgewinn in der Kabine mit Kanzler Helmut Kohl gewesen sei, antwortete Scholl: »Eng.«

Nach der Saison 2006/07 beendete der Mittelfeldspieler von Bayern München seine Karriere und verabschiedete sich standesgemäß mit einem Spruch von seinen Fans: »Wir heulen heute Abend alle. Wir werden was trinken, und dann heulen wir alle. Und dann tauschen wir die Frauen, und dann geht's weiter.« Eins versprach er der interessierten Öffentlichkeit schon Jahre vorher für die Zukunft:

»Ich werde nie Golf spielen. Erstens ist das für mich kein Sport, und zweitens habe ich noch regelmäßig Sex.«

★ ★ ★

April 2003: Mehmet Scholl schaut mit Sohn Lucas ein Spiel seiner Bayern.

Willi Schulz

»Chefreinhauer«

Beim HSV nannten ihn die Kollegen »Chefreinhauer«, weil Schulz in seiner Zeitungs-Kolumne kein Blatt vor den Mund nahm. Er selbst sagte einmal über sich: »Ich bin kein Typ für Blumen.« Das bekam auch die große Legende Pelé zu spüren: »Das Leben könnte so schön sein, wenn es den säbelbeinigen Schulz nicht gäbe.« Und heute? »Ich liege meist auf dem Sofa, esse ein Stückchen Kuchen und gucke Bundesliga im Fernsehen. Meist ist es ja immer dasselbe: Vorne eins machen, hinten zu null spielen, schon hast du gewonnen. Da hat sich nix geändert.«

Willi Schulz kommt aus dem Ruhrgebiet – genauer aus Wattenscheid-Günnigfeld. Da ist er aufgewachsen und groß geworden. Als Sohn eines Gastwirts betrieb er am Anfang seiner Spielerkarriere selbst auch ein Bierlokal, aber nachdem er 1965 zum hanseatischen Vorzeigeklub Hamburger SV gewechselt war, erschienen ihm das ehemalige Leben und die alte Heimat offensichtlich nicht mehr fein genug: »Weisse, im Pott gehse inne ordinäre Kneipe. Anne Theke stehnse sich die Füße platt und saufen Pils und Korn. Hier abba sitzte schön auffe Wildledersofa und trinks Tschinn und Tonnick.«

In Hamburg kaufte sich Schulz in ein bekanntes und geschätztes Etablissement auf der Reeperbahn ein. Der Werbespruch des »Hotels Lausen« war damals: »Die internationale Damenwelt erwartet Sie!« Dorthin lud der HSV-Mannschaftskapitän gerne ein. Unten gab es in angenehmem Ambiente Tanz und Torten und oben die offerierte internationale Damenwelt. Anfangs verstanden einige Teamkameraden die Einladungen von Schulz noch falsch – sie ließen es sich auch oben auf Kosten ihres Kapitäns gutgehen. Doch diesen Zahn zog ihnen der geschäftstüchtige Junge aus dem Ruhrgebiet schnell. Er selbst beehrte seine Lokalität allerdings nur selten: »Ich betrete sie nur zum Abkassieren.«

Bei Willi Schulz sollte es von Anfang an ständig nach vorne, nach oben gehen. Bereits vor seinem Wechsel von Union Günnigfeld zum FC Schalke 04 im Jahr 1960 streifte er dreimal das Trikot der deutschen Nationalmannschaft über. Fast unglaublich, wenn man bedenkt, dass sein Verein damals in der drittklassigen westfälischen Staffel 2 spielte. Dass er später nach seinem Transfer zum HSV überhaupt noch laufen konnte, muss wahrscheinlich all jene verwundert haben, die damals noch jedes Wort eines Bundesligaprofis auf die berühmte Goldwaage legten. Denn als seine Wechselabsichten bereits in den Sportzeitungen der Region standen, posaunte der kesse Willi Schulz mit aufgeblasenen Backen ein unvergessliches Zitat in die Welt hinaus:

»Ehe ich von Schalke weggehe, lasse ich mir beide Beine abhacken.«

Die Fans nahmen ihrem Willi den gebrochenen Treueschwur sehr übel. Man entschloss sich, es ihm gehörig heimzuzahlen. Und so machten sich die Anhänger zu Dutzenden auf den Weg nach Wattenscheid-Günnigfeld, zur Kneipe ihres rechten Außenläufers. Dort angekommen, setzen sie sich demonstrativ mit der aufgeschlagenen Zeitungsmeldung über den Transfer zum HSV auf die Stühle in und vor der Gaststätte. Doch anstatt ihr Bier an Ort und Stelle zu ordern, gingen die Fans immer wieder geschlossen hinüber auf die andere Straßenseite zu einer Trinkhalle und versorgten sich dort in rauen Mengen mit den benötigten Getränken. Mit der flüssigen Nahrung in der Hand machten sie es sich nun, wie gewohnt, in den Räumlichkeiten ihres Idols breit und freuten sich diebisch über ihre gelungene Aktion. Man jubelte, tanzte und sang einen Schalker Evergreen nach dem nächsten. Von überall her strömten die Leute herbei, erwarben ihre Getränke in der gegenüberliegenden Trinkhalle und feierten ein riesiges Fest. Es dauerte nicht lange, und die alarmierte Presse rannte sensationslüstern zu Willi Schulz, um ihm die dramatische und finanziell sicherlich nicht unerhebliche Situation in allen Einzelheiten unter die Nase zu reiben. Doch der Schalker Außenläufer und ausgebuffte Geschäftsmann reagierte überraschend gelassen. Willi Schulz zählte nämlich gerade fröhlich pfeifend die üppigen Tageseinnahmen. Denn über den Kneipenboykott der Schalker Fans konnte er nur müde lächeln: »Dat war mich egal. Die Trinkhalle gehörte doch auch mir.«

Viele Jahre später ging es um ein anderes Stimulationsmittel als Bier. Knapp 45 Jahre nach der Weltmeisterschaft 1966 in England wurde behauptet, drei DFB-Spieler seien damals positiv auf Ephedrin getestet worden. Schulz reagierte launig auf diese Meldung: »Als ich das gestern im Autoradio gehört habe, wäre ich vor Lachen fast gegen den Baum gefahren. Dass bei uns einer im Team Schnupfen hatte, das glaube ich auch nicht. Nur nach dem Endspiel waren wir etwas verschnupft, weil wir verloren hatten.« Geistig immer noch topfit, hapert es schon seit Ende der Karriere körperlich hier und da beim Bundesliga-Original:

»Wenn ich morgens aufstehe und ins Bad gehe, knackt und knirscht es. Ich denke immer, es läuft einer neben mir.«

★ ★ ★

März 1967: Willi Schulz präsentiert stolz seinen BMW 1800 TI.

Toni Schumacher

Stürmerschreck

Toni Schumachers Gründe, Torhüter geworden zu sein, klingen interessant: »Oben im Himmel gibt es den lieben Gott – und sein Stellvertreter auf Erden ist jede Mutter! Und diese Mutter sagte: Ach, Harald, schaust du erschöpft aus und müde, sag mal, stell dich doch lieber ins Tor, such dir einen ruhigeren Posten.« Seine Gegner auf dem Platz werden seine Mutter dafür wohl eher weniger lieb gehabt haben. Frankfurts Ronald Borchers meinte: »Wenn du in Tonis Strafraum kommst, wird das Tor immer kleiner. Du glaubst kaum an deine Chance und passt vor allem auf deine Knochen auf!«

Der Medienmanager Hans Rudolf Beierlein wusste Ende der achtziger Jahre sehr genau, wie er den Fußball zu einem Event machen konnte und wer sich als Zugpferd dafür am besten eignete: »Jeder Sport kann die Menschen faszinieren, wenn es gelingt, Stars aufzubauen. Sehen Sie sich doch einmal Toni Schumacher an! Der ist doch eine Figur, die regelrecht nach Entertainment schreit. Das ist nicht nur ein schlagfertiger Junge. Der hat auch Humor – und er ist ein Frauentyp. An den müsste einfach einer rangehen und etwas draus machen; nach dem Motto: Fußball ist Entertainment.«

Toni selbst hat die Sache mit dem »Frauentyp« 1993 bei Karl Dall in dessen Sat.1-Sendung »Jux und Dallerei« ein wenig korrigiert: »Mädels fielen mir erst auf, als ich schon 18 Jahre alt war. Vorher hielt ich immer nur Bälle für die einzig runden Sachen!« Und recht bald danach war er auch schon fest vergeben, wiewohl er die Pirsch noch nicht ganz aufgegeben zu haben schien: »Geheiratet habe ich eine Frau mit kurzen blonden Haaren, obwohl mein Typ immer die Frau mit langem dunklem Haar war. Es kommt ganz drauf an, eine Bo Derek würde ich zum Beispiel nie verachten …«

Dass er den Ratschlag von Frau Doktor Schreckling, Psychologin aus Köln (»Sie befahl mir: Sie sind ein Raubtier und jeder Ball, der kommt, ist Ihre Beute. Den fressen Sie«), überhaupt als unumstrittene Nummer eins beim 1. FC Köln umsetzen konnte, verdankte der Mann aus Düren dem Missgeschick eines Bundesliga-Kollegen. Denn eigentlich war das Schicksal von Toni Schumacher Mitte der siebziger Jahre schon besiegelt. Fünf lange Spielzeiten hatte man sich in Köln seine schwankenden Leistungen ratlos angeschaut und still und leise gehofft, es würde irgendwann der große Durchbruch kommen. Doch nichts geschah. Schließlich kam der Tag, an dem Trainer Hennes Weisweiler entnervt aufgab und endgültig entschied: »Den Schumacher verschenk' ich jetzt. Ich will ihn nicht mehr sehen!«

Schumacher sackte in sich zusammen. Sein Traum von der großen Torhüter-Karriere schien ausgeträumt, ehe sie richtig begonnen hatte: »Ich lag im Bett und sagte mir dauernd: Mein Gott, keiner nimmt dich mehr.« Innerlich aufgewühlt erinnerte er sich an die Zeit, als ihn seine Eltern bei den ersten Torwart-Einheiten mit Kissen und Sofa im heimischen Wohnzimmer liebevoll ermunterten: »Liebchen, mach mal den Herkenrath.« Der war in den fünfziger

Jahren Deutscher Meister und Pokalsieger geworden, und diese Triumphe sollte das kleine »Liebchen« Harald nach dem Willen der Eltern auch erringen.

Den erfolgshungrigen, vor Energie und Selbstvertrauen strotzenden Keeper der achtziger Jahre gab es damals noch nicht. Fast fahrlässig war Schumacher all die Jahre mit seinem Talent umgegangen. Doch das Schicksal meinte es gut mit dem kölschen »Tünn«. Da sich in Berlin kurz vor Ende der Spielzeit 1976/77 der für die neue Saison auserkorene Torwart Norbert Nigbur beim Mittagessen (!) den Meniskus einklemmte und Schumacher plötzlich groß aufspielte, besann sich Weisweiler überraschend eines Besseren und klopfte dem Kölner Torhüter anerkennend auf die Schulter: »Jung', du bleibst, du bist jetzt mein Mann!«

Wenn Schumacher sich an diese Zeit erinnert, wird ihm immer noch bewusst: »Bis dahin war ich eine Wurst!« Von nun an aber rackerte der Kölner Keeper wie ein Wilder. Sein Motto lautete: »Schmerz ist Einbildung!« Zum Beweis ließ er sich auch schon einmal von seiner Frau eine brennende Zigarette auf dem Unterarm ausdrücken. Natürlich ohne das Gesicht dabei vor Schmerzen zu verziehen.

Schumacher trainierte wie ein Besessener. Unten im Keller hing ein Boxsack von der Decke, auf den er so lange einhaute, bis die Hände blutig waren. Hatte er einen Fehler gemacht – wie beispielsweise im WM-Finale 1986 in Mexiko –, dann klebte er sein eigenes Konterfei an den Sandsack und prügelte unerbittlich auf »sich« ein. Denn einer Sache war sich der große Toni Schumacher immer bewusst: »Irgendwann gebe ich mal den Löffel ab und hab nur eines gekonnt: Bälle fangen!«

Der Mann, der ab 1988 nach seinem Wechsel zu Fenerbahçe auch am Bosporus für Furore sorgte und Sätze sagte wie »Der Deutsche ist der ideale Türke« oder »Türkei ist wie Schalke«, verabschiedete sich schließlich mit diesen feinen Gedanken in den Ruhestand:

»Vielleicht ist unser Sport so etwas wie eine verlängerte Pubertät. Profis sind wie Kinder mit zu viel Taschengeld. Aber wir ermöglichen den Zuschauern an jedem Wochenende eine Rückkehr in ihre eigene Kindheit. Mit dem Risiko, dass wir Profis selber immer große Kinder bleiben.«

★ ★ ★

April 1980: Toni Schumacher mit seinem Opel Kadett Irmscher.

Bastian Schweinsteiger

Bodenständiger Weltmeister

Nach dem WM-Finale 2014 sagte Franz Beckenbauer: »Er wurde getreten, geschunden, krümmte sich schmerzverzerrt und blutend auf dem Rasen, hat sich stets wieder zurückgekämpft – wie ein Löwe, der sein Rudel verteidigt.« Acht Jahre zuvor in Deutschland hatte bereits Brasiliens Fußball-Idol Pelé sein Herz an den Jungen verschenkt, »der so heißt wie eine Whiskey-Marke. Swines Tiger«. St.-Pauli-Trainer Holger Stanislawski ordnete den Stellenwert des Weltmeisters ebenfalls richtig ein: »Wir brauchen keinen Schweinsteiger. Der ist zu gut. Der würde sich bei uns nur verschlechtern.«

Nach dem Champions-League-Halbfinale 2012 in Madrid meinte Schweinsteiger männlich gereift: »Ich hab zum Spaß gesagt: Ich hab kurz vor meinem Elfmeter meine Eier vergessen oder verloren, aber sie dann rechtzeitig wiedergefunden.« Neun Jahre liegen zwischen diesem denkwürdigen Tag in Spanien und einer Sommernacht in München, die ebenfalls zur Legende wurde. Damals stieg Schweinsteiger nachts mit einem Mädchen in den Whirlpool des FC Bayern an der Säbener Straße. Sicherheitsleute entdeckten die beiden Teenager im Wasser. Die Ausrede von Schweinsteiger kennt noch heute jeder Fußballfan: »Das war meine Cousine, der ich den Profi-Trakt zeigen wollte.«

Damals schlug Uli Hoeneß Alarm: »Dem Schweini wurde zu viel Puderzucker in den Hintern geblasen. Den klopfe ich nun wieder raus.« Die Maßnahmen des Managers scheinen in den Folgejahren Wirkung gezeigt zu haben. Eines Tages stellte Hoeneß zufrieden fest: »Er ist ein sehr nachdenklicher junger Mann geworden, der alle Flausen aus dem Kopf hat: der nicht mehr morgens darüber nachdenkt, mit welcher Frisur er abends in welche Disco geht.« Dass »Schweini« das Feiern aber nicht gänzlich verlernt hat, merkte der Vorstandsvorsitzende Karl-Heinz Rummenigge im Sommer 2013 an: »Bastian hat nach dem DFB-Pokalsieg einen Club in Berlin aufgetan. Dort haben wir ausgiebig gefeiert. Einige hatten da sicher mehr als 1,8 Promille. Bastian hat zu später Stunde seinen nackten Oberkörper präsentiert, die Mädels waren begeistert.«

Weniger begeistert waren die Dortmund-Fans nach der WM 2014. Auf einem Video aus einer Kneipe sah und hörte man vor allem einen ziemlich fröhlich wirkenden Schweinsteiger, der lautstark den Klassiker »Ladiladiladioh BVB Hurensöhne« intonierte. Als das Filmchen im Netz kursierte, meldete sich der Nationalspieler via Videobotschaft schnell zu Wort: »Ich möchte mich dafür bei den Fans von Borussia Dortmund, Verantwortlichen und Spielern entschuldigen. Ich möchte nichts schönreden. Es ist ein bekannter Fan-Song, aber mit dem Schimpfwort möchte ich niemanden beleidigen.«

Wer Späße über andere macht, muss selbstverständlich auch Späße über sich selbst ertragen. Und die finden bei dem Mann aus dem oberbayerischen Kolbermoor vor allem über den Namen statt. Komiker Guido Cantz hat im Karneval einmal folgende Pointe ausprobiert: »Schweinsteiger. Heute ist das ein Nationalspieler. Früher war das ein Hobby im Hunsrück.« Und ebenfalls in der fünften Jahreszeit erzählte ein Comedian folgenden Witz auf der

November 2003: Bastian Schweinsteiger und seine damalige Freundin Daniela bei einem Fotoshooting.

Bühne: »Der Name Schweinsteiger wurde aus Rücksicht auf den Islam verbannt – er wird jetzt Nutztierkletterer genannt.«

Schweinsteiger scheint bei all dem Trubel um seine Person ein recht normaler Mensch geblieben zu sein. Sein Förderer Hermann Gerland war einmal ganz gerührt von einer Aktion des Nationalspielers: »Nach dem Finale in der Champions League kam Bastian Schweinsteiger an und wollte mir seine Medaille schenken. Und warum? Weil er dachte, ich würde als Co-Trainer keine eigene bekommen.«

Der Vater eines kleinen Jungen bedankte sich via Facebook überschwänglich bei ihm: »Lieber Bastian Schweinsteiger, meinem 5-jährigen Sohnemann haben Sie am Freitag einen wunderschönen Moment geschenkt: Als der Mannschaftsbus zur Abfahrt bereitstand, gaben Sie noch freundlicherweise Autogramme und bemerkten den kleinen Raphael an der Schranke, wie er zu Ihnen aufschaute. Sie strichen ihm über den Kopf und fragten, ob es ihm gut geht. Er war natürlich zur Salzsäule erstarrt und konnte nichts entgegnen. Er hat sich aber unendlich darüber gefreut und weigert sich seitdem strikt, sich die Haare waschen zu lassen. Ihnen auf jeden Fall ein großes Vergeltsgott, dass Sie trotz aller Erfolge so ein lebensfroher, sympathischer und bodenständiger junger Mann geblieben sind!«

Ein brasilianischer Journalist war einmal sehr angetan von dem Beinamen »Fußballgott«, den die Fans Schweinsteiger verpasst hatten. Doch der Mann aus Kolbermoor wusste die Sache richtig einzuordnen:

»Die Südkurve in München nennt immer mal wieder einen anderen Spieler Fußballgott. Vor mir war das Carsten Jancker. Ich weiß nicht, ob Sie den kennen.«

★ ★ ★

Uwe Seeler

Hamburger Held

Es war die Saison 1969/70. Der Hamburger SV gewann zu Hause gegen Rot-Weiß Oberhausen mit 2:1. Zweifacher Torschütze und überragender Mann des Spiels war Uwe Seeler. Gästecoach Adi Preißler meinte voll des Lobes: »Wenn ich meine jungen Spieler betrachte und diesen Uwe Seeler, verstehe ich die Fußballwelt nicht mehr. Seeler ist 34. Er sprang höher als alle anderen. Er schießt mehr. Er läuft sie alle tot. Er spornt in den letzten Minuten seine Leute an. Ich weiß nicht, wie er es macht. Ein toller Bursche!«

Uwe Seeler
vom Hamburger SV, Deutschlands Mittelstürmer Nr. 1

Die »Hamburger Morgenpost« war sich schon im Jahr 1960 sicher: »Es gibt niemanden in unserer Stadt, der ihn nicht kennt.« Und wenn man Franz Beckenbauer über den ewigen Star des HSV sprechen hört, klingt immer ein Gefühl der tiefen Zuneigung aus seinen Worten:

»Der Uwe ist ein Schatz. Ich weiß nicht, ob es einen perfekten Menschen gibt. Den Papst vielleicht. Aber dann kommt gleich Uwe Seeler.«

Der spätere Bundestrainer Jupp Derwall schilderte in seinem Buch »Fußball ist kein einfaches Spiel« das Gespräch mit einem kollegialen Uwe Seeler vor der WM 1970: »›Ich habe den Auftrag von Helmut Schön, für Mexiko, für unser Quartier-Hotel Comanjilla in León, die Zimmereinteilung vorzunehmen. Jetzt muss ich dich fragen, in einer Situation, wo die Medien und die Presse dich und den Gerd (Müller) am liebsten auseinander dividieren möchten und auch niemand glaubt, dass ein Zusammenspiel zwischen euch beiden möglich sein könnte, weil ihr beide den typischen Mittelstürmer verkörpert, ob es nicht möglich wäre, wenn du und der Gerd in einem dieser Parterre-Bungalows zusammenwohnen würdet.‹ Uwe schaute mich ungläubig und voller Erwartung an, grinste verstohlen und sagte dann plötzlich: ›Also, wenn der Gerd das möchte, dann wäre ich sofort dabei, das ist überhaupt keine Frage.‹ So war er eben, ›uns Uwe‹, immer bereit, alles für die Mannschaft zu tun, und immer auf Harmonie und Erfolg bedacht.«

Der ehemalige Bundesligaspieler Dieter Schatzschneider erzählte von einer besonderen Begegnung mit der HSV-Legende: »Ich absolvierte kürzlich einmal ein Prominentenspiel in Hannover, da waren von 4.000 wohl 3.000

Seeler-Moden: Uwe Seeler präsentiert die neue Kollektion seiner Modelinie (1975).

nur gekommen, um Uwe zu erleben. Zunächst dachte ich: Der mit seinem Bäuchlein geht doch gar nicht mehr. Plötzlich aber stieg er kerzengerade hoch zur Torlatte und machte einen tollen Fallrückzieher. Der ist ein Idol, so was möchte man selbst auch mal werden.«

Die Presse liebte »Uns Uwe«. »Welt«-Redakteur Hans-Jürgen Usko meinte: »Über Uwe Seeler müsste man fässerweise Honig ausschütten.« Und »kicker«-Herausgeber Dr. Friedebert Becker schrieb nach einem spektakulären Seeler-Tor 1960 gegen Westfalia Herne: »Jede Varietébühne der Welt zöge volle Häuser, wenn sie ihrem Publikum dieses Uwe-Tor, das entscheidende Uwe-Tor, möglichst in Zeitlupe, allabendlich vorführen könnte. Aber dieses wahrhaft akrobatische Rückzieher-Tor im Liegen war noch viel wertvoller als ein für Bühnen einstudierter Trick. Weil es jene Tugend des kleinen Hamburgers lohnte, die mindestens ebenso kostbar ist wie das technisch Artistische: Uwes blitzartiges Erfassen der Lage …«

Eberhard von Wiese verfasste im »Hamburger Abendblatt« nach einem Gespräch mit Ilka Seeler 1960 den wunderbaren Aufsatz »Mein Mann: Uwe Seeler«: »Der ›Dicke vom Rothenbaum‹, wie ihn seine Freunde nennen, liebt die Bequemlichkeit. Und deftige Hausmannskost. Ilka muss ihm ›Zusammengekochtes‹ auf den Tisch bringen. Dann strahlt er. Uwe nimmt … den Sport … so ernst, dass er vor einem Spiel überhaupt nicht ansprechbar ist. Aber das Reden, das ist überhaupt seine schwache Seite. Was er zu sagen hat, das sagt er mit den Beinen. Und das haut denn ja auch hin. ›Man hat dem Uwe schon als Kind jedes Wort mit der Kneifzange herausholen müssen‹, lächelt Frau Ilka vergnügt. Aber ihr reicht die Konversation mit ihrem Uwe völlig aus. ›Wo er hinfährt zu einem Spiel, das erfahre ich meist erst aus der Zeitung.‹ Nach einem großen Spiel ist allerhand ›gefällig‹ bei Seelers. Uwe hat dann einen Bärenhunger … Ja, eine Sportler-Frau muss dann einiges Verständnis dafür haben, dass auch der siegreichste Stürmer nach Geschäft und Training nicht mehr so stürmisch ist … Denn Ilka war vorher eine perfekte Fußballer-Braut, die hingerissen zusah, wenn ihr Uwe ›schoss‹ … Ilka hat auch ohne mit der Wimper zu zucken ihre Hochzeitsreise geopfert. ›Uwe musste ja spielen.‹«

Uwe Seeler meinte einmal: »Ich entscheide die großen Dinge und meine Frau die kleinen. Welche Dinge groß und welche klein sind, entscheidet meine Frau.« Und im Jahr 1968 verriet er: »Schluss ist erst, wenn meine Frau sagt: Uwe, hör auf.« Vier Jahre später beendete Seeler seine Karriere – mit der tröstenden Gewissheit: »Keine Angst, im Himmel wird auch Fußball gespielt.«

★ ★ ★

Günter Siebert

»Zirkusdirektor« auf Schalke

Dauergrantler Max Merkel hat einmal gesagt: »Herr Siebert hatte im Gelsenkirchener Parkstadion das Monopol auf den Würstchenverkauf… Ich korrigiere mich: Es war seine Ehefrau! Heute handelt Präsident Siebert mit Cevapcici. Er muss in Jugoslawien eine Großmutter haben. Er kauft Jugoslawen, lässt sie in Gelsenkirchen a bisserl aufwärmen und gibt sie dann weiter.« Geschäftstüchtig war Siebert tatsächlich schon immer – und ein echter Schalker: »Die Leute sagen: Wenn ich ins Gefängnis muss, ist der Gefängnisdirektor noch am gleichen Tag Schalke-Mitglied.«

An dem Tag, als der gelernte Zimmermann Günter Siebert auf Schalke seinen ersten Vertrag unterschrieb, holte er sich von seiner Mutter eine Ohrfeige ab. Er war zu spät nach Hause gekommen. Damals war Siebert 20 Jahre jung. Viele Jahre später setzte ihm eine andere Frau schwer zu. Es war seine eigene. Der Schalke-Präsident hatte ihr gebeichtet, dass er für eine Vereinsschuld von über 400.000 Mark gebürgt hatte: »Auweia, hat die mir einen Tanz gemacht.«

Ähnlich heiß ging es im Februar 1976 zu. Auf Schalke wollte man dem amtierenden Präsidenten Siebert an »sein Würstchen«. Genauer gesagt: an sein Monopol, die heißen Fleischstängel im Gelsenkirchener Parkstadion exklusiv an den Mann zu bringen. Schon länger hielt sich hartnäckig das von der Opposition gestreute Gerücht, dass der ehemalige Meisterspieler des S04 die eine oder andere schnelle Mark mehr in sein persönliches Säcklein packte, als es vertraglich mit ihm vereinbart war. Die schwachen Attacken des von der Opposition in die vorderste Linie getriebenen, hypernervösen Bäckermeisters Josef Wittinghofer schob Siebert an diesem Abend jedoch unter dem tosenden Gelächter der Mitglieder souverän beiseite: »Was wollt ihr? Ich komm mir langsam so vor, als ob wir hier ein Würstchenverein wären!«

Die Veranstaltung im Hans-Sachs-Haus wurde kurzerhand total auf den Kopf gestellt. Vom geplanten Umsturz blieb nichts mehr übrig. Stattdessen bejubelten die Schalker ihren alten und neuen Präsidenten. Mit überwältigender Mehrheit wurde »Oskar« Siebert im Amt bestätigt. Auch als ihn der letzte Einäugige unter lauter Blinden als »Zirkusdirektor« beschimpfte, lächelte Siebert nur erhaben in die Kameras:

> **»Zirkusdirektor? Ja, da bin ich stolz drauf, weil mein Zirkus immer ausverkauft ist…«**

Im Überschwang des eigenen Erfolgs beging Siebert dann aber im Winter 1976 einen folgenschweren Fehler. Eigentlich sollte er am 1. Januar 1977 eine mit 62.000 Mark dotierte Managerstelle bei Schalke 04 antreten. Doch auf der Weihnachtsfeier einige Tage vor Dienstantritt beschwerte er sich massiv über die Verhältnisse beim S04 und bot an, dass man doch besser sein Geld einsparen solle.

»Schalke zum Anfassen«: Präsident Günter Siebert (l.) und Manager Rolf Rüssmann haben die Saisoneröffnung 1987 organisiert.

Sein noch amtierender Vorgänger Karl-Heinz Hütsch fand den Vorschlag so prima, dass er sofort akzeptierte und einen späteren Widerruf ignorierte. Denn als Siebert wieder nüchtern war, fand er die eigene Idee zur Sanierung des Vereins plötzlich doch nicht mehr so klasse und versuchte sich kleinlaut rauszureden: »Ich war so betrunken, dass ich nicht mehr wusste, was ich tat.« Doch nichts half.

Zehn Jahre später wollte Siebert nach einer Auszeit, die er als Kneipier auf Gran Canaria (»Ich weiß immer nur ganz genau, wann Dienstag ist. Dann kommt das Bier aus Deutschland«) verlebt hatte, erneut Präsident auf Schalke werden. Auf der Jahreshauptversammlung duellierte er sich verbal mit dem ehemaligen Manager Rolf Rüssmann. Es entbehrte nicht einer gewissen Ironie, dass der damalige Bildungsminister Jürgen W. Möllemann die völlig außer Kontrolle geratene Mitgliederschaft mit seinem Appell an Werte und Gewissen erfolgreich zur Ordnung rufen musste. Die anschließende Wahl gewann der braungebrannte Kneipenwirt mit der knappen Mehrheit von 37 Stimmen vor seinem Gegenkandidaten Volker Stuckmann. Siebert ignorierte angesichts dieses Wahlausgangs großzügig seine eigenen Vorgaben (»Mindestens 60 Prozent brauche ich«) und verkündete schnell: »Ich, euer Oskar Siebert, nehme die Wahl an!«

Warum alles so fix gehen musste? Vielleicht weil die Geschichte ein Nachspiel hatte. Wenige Tage nach der Jahreshauptversammlung riss ein Hund mit dem schönen Namen Hasso auf dem Gelände der Gelsenkirchener Mülldeponie herumliegende Säcke auf. Und was kam da zum Vorschein? Neben abgenutzten Pilstulpen und halben Fleischfrikadellen quollen auch ungezählte Abstimmungskarten der letzten JHV aus den Müllsäcken heraus. Damit war der Skandal perfekt. Eigentlich. Denn Schalke wäre nicht Schalke, wenn man nicht unbürokratisch und ohne viel Aufhebens, die Sache schnellstmöglich gelöst hätte. Wie? Ganz einfach. Man kaufte neue, deutlich reißfestere Säcke und packte die Kärtchen – diesmal wirklich für immer – zurück in den Müll.

Der feine Rhetoriker Siebert berauschte sich stets selbst an seinen flammenden Ansprachen (»Zwei Piccolo, und ich rede jeden in Grund und Boden«). Wenn er dann zu später Stunde in die Runde fragte: »Wo wohnt Günter Siebert?«, und seine Zuhörer antworteten: »Im Herzen aller Schalker«, gab es Freibier für alle.

★ ★ ★

Klaus Täuber

»Boxer«

Ein Mann, der seine Hunde »Rocky« und »Rambo« nennt, kann auf dem Platz eigentlich nicht handzahm agieren. Und so war es auch. Fritz Walter vom VfB Stuttgart klagte über seinen härtesten Gegenspieler in der Bundesliga: »Gegen den Täuber war mein Stammplatz auf der Aschenbahn!« Den bekanntesten Spruch diktierte der Mann aus Erlangen den Reportern im Sommer 1988. Da hatte er gerade den entscheidenden Elfmeter zum UEFA-Cup-Gewinn von Bayer Leverkusen geschossen: »Heute sauf ich, bis mir das Bier zu den Ohren rauskommt.«

Schießt Täuber 15 Tore, gibt Assauer Spanferkel

Dass Klaus Täuber im Rückspiel überhaupt noch eingewechselt werden konnte, verdankte er seinem großen Ehrgeiz. Denn eigentlich hätte er mit einem Muskelfaserriss ausfallen müssen. Doch er wollte unbedingt dabei sein: »Trainer, auch wenn mein Bein gebrochen wäre, würde ich spielen!« Und so war er zusammen mit seinem ebenfalls eingewechselten Mitspieler Herbert Waas maßgeblich daran beteiligt, die 0:3-Niederlage aus dem Hinspiel gegen Espanyol Barcelona auszugleichen. Die Feier hinterher würde er heute gerne noch einmal erleben. Unvergesslich!

Eine andere legendäre Anekdote erzählt Klaus Täuber ebenfalls immer wieder gerne. Unter Trainer Diethelm Ferner dümpelte Schalke zu Beginn der Spielzeit 1983/84 mal wieder in den Niederungen der zweiten Liga herum. Ferner war maßlos enttäuscht und setzte zur Strafe im Trainingslager drei knüppelharte Einheiten pro Tag an. Vor allem der morgendliche Waldlauf um Punkt sieben kam bei den Spielern riesig an. Um Routine zu vermeiden, entschloss man sich wenigstens, jeden Tag aufs Neue eine andere Route für die schweißtreibenden Einheiten zu wählen. Und so trabte man gemächlich und geschlossen los. Und trabte und trabte und trabte, der eine etwas schneller, der andere etwas langsamer, und schon bald hatten sich drei, vier Grüppchen gebildet, die sich aus den Augen verloren. Klaus Täuber war damals etwas lauffaul und hielt sich deshalb – und um Kräfte zu sparen – an seinen in die Jahre gekommenen, ebenfalls nicht sonderlich fitten Trainer. Und so trabten die beiden locker zu zweit einsam durch den Wald. Mittlerweile war man schon über 50 Minuten unterwegs, hatte manche Steigung und nicht wenige Weggabelungen passiert, als Diethelm Ferner regungslos, ohne das kleinste Anzeichen von Ironie fragte: »Klaus, du kennst doch den Weg, oder?!« Hätte Täuber ein Gebiss in seinem Mund gehabt, es wäre ihm in diesem Moment ganz sicher herausgefallen. Völlig entsetzt blickte er seinem Trainer ins Gesicht und stammelte mit hochrotem Kopf nur ein einziges Wort: »NEIN!«

Ferner lief weiter, als wäre nichts gewesen. Ein paar hundert Meter später stoppte er plötzlich, stemmte die Arme in die Hüften, schaute auf den Boden und sagte atemlos: »Ich nämlich leider auch nicht, Klaus!«

Als beide nach einer 30 Kilometer langen Schleife über die Landstraße 743 gegen 12:30 Uhr mit allerletzter Kraft am Hotel ankamen, wurden sie von der Mannschaft bereits voller Sorge empfangen. Doch noch war die Katze nicht im Sack. Eine dreiköpfige Ausreißergruppe um Volker Abramczik hatte sich ebenfalls tief in den Wäldern des Sauerlands verirrt. Erst die Aussendung des Mannschaftsbusses und einiger Privatfahrzeuge ermöglichte schließlich die glückliche Rettung der drei Kameraden. Völlig ausgepumpt und ausgedörrt

Klaus Täuber (ganz rechts) bewies beim Feiern mehr Kondition als beim Laufen. Hier nach dem Gewinn des UEFA-Cups mit Bayer Leverkusen 1988.

wie ein Kamel in der Wüstensteppe hingen die blassen Schalker über einer Leitplanke.

Warum Klaus »Boxer« Täuber damals konditionell ein wenig in den Seilen hing, erzählte er in einem anderen Zusammenhang. Frei von der Leber weg berichtete er, dass für ihn früher die Vorbereitung auf ein Bundesligaspiel am Wochenende zumeist schon am Mittwoch angefangen habe. Denn da habe er begonnen, ganz intensiv zu probieren, nur noch die Hälfte zu rauchen. Das Laster verfolgte den Profi schon seit den Anfängen seiner Karriere. Als junger Spieler beim 1. FC Nürnberg stand er einmal im Winter draußen auf dem Balkon des Spieltagshotels und rauchte. Als er seinen strengen Trainer Horst Buhtz im Augenwinkel aus dem Eingang kommen sah, schmiss er nicht etwa seine Zigarette auf den Boden, sondern schwang sich mit der Kippe im Mund über die Reling seines eigentlich ebenerdigen Balkons und landete ein Stockwerk tiefer in einem eiskalten und teilweise zugefrorenen Teich. Oberhalb des Grabens hörte Täuber seinen Trainer verzweifelt rufen: »Klaus, wo bist du denn?«

Zu Leverkusener Zeiten lag er mit Bum-Kun Cha im Zimmer und qualmte munter eine nach der anderen. Sehr zum Leidwesen seines Zimmergenossen. »Kann nix schlafen«, habe Bum-Kun Cha gejammert. Doch Täuber kannte kein Erbarmen: »Mensch, Bummi, reg dich doch nicht auf.« Klaus Täuber war eben kein Kind von Traurigkeit.

Nach einem Spiel seines S04 gegen den 1. FC Nürnberg sollte am nächsten Morgen eine Freundschaftsbegegnung in der fränkischen Umgebung stattfinden. Allerdings ohne die Stammspieler wie Klaus Täuber. Als der beinharte Schalker nach einer durchzechten Nacht jedoch direkt zum Frühstücksbüffet ins Hotel torkelte, platzte Rolf Schafstall der Kragen. Drei Stunden später stand Klaus Täuber auf staubiger Asche und musste mit ansehen, wie sein Körper willenlos vom unterklassigen Gegner durch die Gegend geschüttelt wurde. »Das waren die härtesten 90 Minuten meines Lebens. Ich glaube, ich habe nicht einmal den Ball gesehen!«

★ ★ ★

Giovanni Trapattoni

»Ich habe fertig«

Sind Sie bereit? Die »Abendzeitung« nannte ihn in seinen besten Münchner Zeiten »Don Giovanni«, und Bremens Manager Willi Lemke adelte ihn als »Broadway-Star in der Provinz«. Giovanni Trapattoni waren Lobpreisungen solcher Art immer etwas unangenehm: »Ich bin weder Lollobrigida noch Monroe, ich verdiene all diese Aufmerksamkeit nicht – ich bin ja nicht so schön.« Der schöne Schein aus Worten interessierte ihn nicht: »Wenn ich jemanden von Image reden höre, denke ich unmittelbar an schöne Zitronen, die beim Öffnen komplett ohne Saft sind.«

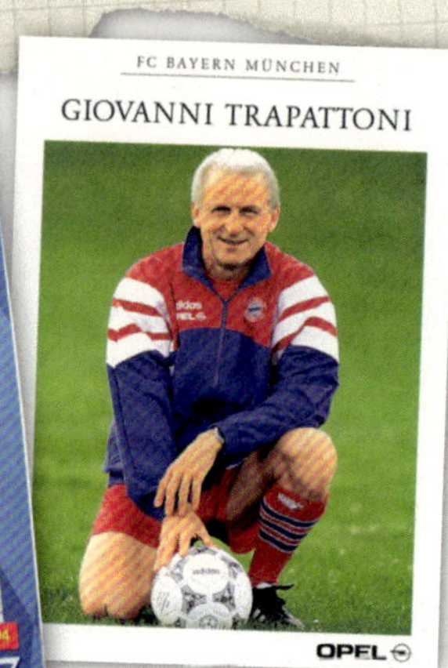

Der Mann ist ein Poet. Und das nicht nur auf Italienisch, sondern in fast allen Sprachen der Welt. Seine Zuhörer sind stets aufrichtig begeistert. Wie der damalige Hertha-Trainer Falko Götz, der, unter Zeitdruck stehend, auf einer Pressekonferenz lächelnd meinte: »Giovanni, du bist so gut, dafür verpasse ich gerne meinen Flug. Ich bleibe bis zur letzten Minute.«

Als Trapattoni am 10. März 1998 auf dem Weg zu einer anderen Pressekonferenz war, ahnte nur einer, was für ein historischer Moment möglicherweise unmittelbar bevorstand. Es war der Mediendirektor des FC Bayern München. Markus Hörwick meinte auch viele Jahre später immer noch, dass er das Spektakel habe kommen sehen. Normalerweise habe sich der italienische Cheftrainer der Münchner nämlich nur zwei, drei Sätze von einem Dolmetscher ins Deutsche übersetzen lassen, doch an diesem Tage sei er gleich mit einem Stapel Zetteln erschienen. Hörwick erinnert sich lebhaft an seine Gefühle damals: »Ich schwöre: Wenn die Trainerkabine einen Schlüssel gehabt hätte, ich hätte Giovanni eingeschlossen und den Schlüssel weggeworfen.« Doch so blieb dem Mediendirektor nur einer der besten Plätze an diesem denkwürdigen Tag – in direkter Nähe des spektakulären Geschehens.

Was nach dem knapp dreiminütigen Wortrausch blieb, waren Sätze für die Ewigkeit. »Ich habe fertig« oder der Ausruf »Flasche leer« sind in die deutsche Umgangssprache eingegangen. Was aber kaum einer weiß: Giovanni Trapattoni wollte noch einmal in den Presseraum zurückkehren. Schon beim Rausgehen hatte er angeboten, falls es Nachfragen gäbe, könne er seine Worte gerne wiederholen. Doch nun stand er draußen vor der Tür und sagte zu Hörwick: »Habe ich was vergessen!« Der Mediendirektor beschwichtigte den Bayern-Trainer und ging mit ihm in die Kabine. Dort meinte er, dass er erst einmal schauen wolle, ob überhaupt noch jemand da sei. Als er die Türe zum Presseraum nur einen Spaltbreit öffnete, blickte er in einen aufgeregten Ameisenhaufen. Er eilte zu Trapattoni zurück und meinte entschuldigend: »Du, die sind leider schon weg!«

Kurz nach dem legendären Wutausbruch schaltete eine Fluggesellschaft Anzeigen mit folgendem Spruch: »Besser fliegen mit Flugzeug voll, als spielen wie Flasche leer.« Viele Jahre später machte sich zudem jemand anderes ein berühmtes Zitat aus der Pressekonferenz des Maestros zunutze: Auf N24 startete die Sendung des Journalisten Claus

Eine TV-Show ganz nach dem Geschmack des Italieners Giovanni Trapattoni: Chiambretti Night.

Strunz unter dem schönen Titel »Was erlauben Strunz?«.

In Spielerkreisen kursiert aus der damaligen Zeit noch eine andere feine Geschichte, die mit Sprache zu tun hat. Nachdem Bayern eine empfindliche Niederlage erlitten hatte, bei der Trapattoni aufs Neue die geringe Gegenwehr seiner Spieler bemängelt hatte, wollte er ihnen ein bisschen Dampf machen. Sie müssten endlich »Cojones« (Eier) zeigen, wollte er ihnen sagen. Und das auf Deutsch. Und so fragte er seinen Spieler Giovane Elber, was denn Cojones übersetzt heiße. Der Brasilianer sagte ihm etwas, Trap holte die komplette Mannschaft zusammen und rief energisch und laut: »Wir musse de Fans Muschi zeigen! Muschi, Muschi, Muschi, ich will Muschi sehen!« Das Team lag geschlossen vor Lachen am Boden und hielt sich die Bäuche. Elber marschierte grinsend zu seinem Trainer und klärte ihn auf. Trapattoni stutzte und stimmte dann freudig lachend mit ein.

Der Fußballlehrer Trapattoni nimmt sich eben selbst nicht so wichtig. Er vertritt die These:

»Ich glaube, Trainer sind wie Fisch. Wenn sie frisch sind, sind sie gut, aber nach einer Weile fangen sie an zu stinken.«

★ ★ ★

Sprüche, wie in Stein gemeißelt

»Wenn ich mit dem Druck nicht fertig werden würde, wäre ich Lokführer geworden.«

»Spannen wir den Karren nicht vor die Ochsen, sondern lassen wir die Ochsen hinter dem Karren.«

»Aus dieser Mannschaft ist noch reichlich Erdöl zu fördern.«

»Wenn du dich an Zucker gewöhnt hast, willst du kein Salz mehr.«

»Es gibt nur einen Ball. Wenn der Gegner ihn hat, muss man sich fragen: Warum!? Ja, warum? Und was muss man tun? Ihn sich wiederholen!«

»The cat is in the sack, but the sack is not closed. The cat is in it, but it's open. It's a wild cat.«

»Calcio ist Liebe, Calcio ist Leben.«

Louis van Gaal

»Feierbiest«

»Der Spiegel« nannte ihn in der Hochphase seines Schaffens bei Bayern München: »Gott van Gaal«. Fast folgerichtig, dass Manager Uli Hoeneß damals meinte: »Van Gaal erinnert mich an mich!« Da verwunderte es schon ein bisschen, dass die niederländische Fußball-Ikone Johan Cruyff verbal dazwischengrätschen musste. Sein Fazit über Louis van Gaal: »Er hat nicht die geringste Ahnung von Fußball.«

Am Anfang seiner Zeit in München dachten genau das nicht wenige bei den Bayern und in Fußball-Deutschland. Im Herbst 2009 schien für einen langen Moment die Welt beim »Stern des Südens«, dem ruhmreichen FC Bayern München, aus den Fugen geraten zu sein. Ein völlig indiskutabler siebter Platz in der Liga, enttäuschende Niederlagen gegen Bordeaux in der Champions League und ein holländischer Trainer, der sich in einem locker-jovialen Spruch scheinbar selbst übertraf, als er sagte: »Ich bin wie Gott. Ich werde nie krank, und ich habe immer Recht.« Später wurde das Zitat von Louis van Gaal höchstpersönlich korrigiert. Selbstkritisch, bescheiden und voller Demut meinte der liebenswerte General, er habe lediglich gesagt, er würde in »Lederhosen aussehen wie ein Gott«. Eine andere Modifikation lautete schließlich so:

»Ich habe einen Körper wie ein Gott, aber nicht wie Mario Gomez.«

Wie dem auch sei, die Gewöhnungszeit zwischen der Mannschaft und dem Trainer Louis van Gaal dauerte für alle Beteiligten gefühlt zu lange. Nur einer zeigte Verständnis. Bastian Schweinsteiger zog in dieser brenzligen Lage einen interessanten Vergleich: »Wenn man eine neue Freundin hat, klappt auch nicht immer gleich alles perfekt.« Und er sollte Recht behalten. Plötzlich lief es bei den Bayern. Am Ende holte man sogar noch das Double. Ganz München machte Party – und einer ganz besonders. Louis van Gaal verkündete glücklich und stolz: »Ich bin ein Feierbiest!«

Und so ließ man es in München richtig krachen. Der Trainer präsentierte sich von seiner lustigen und entspannten Seite, Fans und Presse beteiligten sich am rot-weißen Fest. Louis van Gaal zeigte sich begeistert: »Ich finde es schön, wenn ich mit Rudi Carrell verglichen werde! Es ist das erste Mal, dass ich von den Medien so positiv bewertet werde. Das war in Holland und Spanien nicht so.«

Seine Bayern-Meisterrede an einem Muttertag auf dem Rathaus-Balkon in München ist inzwischen legendär: »Okay, zuerst. Ich habe gesehen, viele Frauen sind hier. So, auch, viele Mutti. Ein dicke Kuss von den Trainer von der Meister. Und, wer hat die beste Verteidigung? FC Bayern. FC Bayern. Wer hat die beste Angriff? FC Bayern. Und deswegen sind wir Meister. Und nicht nur von München, nicht nur von München, auch von Gel-sen-kir-chen, auch von Bremen und auch in Hamburg. Wir sind die Beste von Deutschland! Und, vielleicht, Europas, jaaaaaa!«

Die Erwartungshaltung war nach den ausufernden Partys nun natürlich riesig. Auf der Jahreshauptversammlung richtete Vorstandsvorsitzender Karl-Heinz Rummenigge ein persönliches Wort an den niederländischen Trainer: »Louis, du bist unser Feierbiest. Und als Feierbiest hat man die Verantwortung, dass auch im nächsten Jahr die Feiern gefeiert werden. Dementsprechend: Leg los!«

4. Juli 1973: Louis van Gaal heiratet Fernanda Obbes.

Streitlustiger Trainer

Doch all das, was in der Rückserie 2009/10 plötzlich so lockerleicht ausgeschaut hatte, ging nun daneben. Van Gaal bemühte sich um originelle Ausreden: »In der ersten Halbzeit war Nürnberg nicht Nürnberg. In der zweiten Halbzeit war Nürnberg Nürnberg.« Wenn doch einmal wieder etwas wie zuvor gewohnt gelang, war auch Glück dabei: »Wir haben in dieser Saison nicht oft geduselt, aber heute schon.« Der niederländische Trainer begann langsam die Schuld an der Entwicklung von sich wegzuschieben: »Ich hoffe, dass das Verlangen größer ist als die Müdigkeit, aber wir haben auch Weicheier.«

Einige Akteure beim FC Bayern mussten erfahren, dass Louis van Gaal nicht immer ganz einfach im Umgang ist. Eine Anekdote, die das belegte, kursierte bereits nach dem Gewinn des Doubles rund um die Säbener Straße. Bei einer Partie soll der Niederländer fünf Minuten nach Spielbeginn Hermann Gerland angefaucht haben: »Hermann, Sie müssen sofort in die Kabine!« Und als der Co-Trainer aufgeregt fragte, ob man etwas vergessen habe, antwortete van Gaal todernst: »Ja. Sie haben die falschen Socken an!«

Immer mehr Geschichten sickerten aus dem Inneren des Klubs nach draußen. Ein Spieler, der im Sommer gehen musste, erzählte einer großen Sportillustrierten, dass der Coach in der letzten Spielzeit vor versammelter Mannschaft untenherum blankgezogen habe. Luca Toni: »Der Trainer wollte uns klarmachen, dass er jeden Spieler auswechseln kann – egal, wie er heißt –, weil er Eier hat. Um das zu demonstrieren, ließ er die Hosen runter. So etwas habe ich noch nie erlebt, das war total verrückt. Ich habe aber nicht viel gesehen, da ich nicht in der ersten Reihe saß!« Eine herrliche Anekdote. Wobei man erwähnen sollte, dass Toni und van Gaal bereits in der besagten Vorsaison hier und da aneinandergeraten waren. Die »Süddeutsche Zeitung« damals über den Italiener: »Er trainierte tagsüber ein wenig in München und verzichtete bis zum Redaktionsschluss auf erneute Kritik an van Gaal. Vorbildlich.«

Doch man merkte, dass van Gaal langsam der Rückhalt im Klub fehlte (»Es hat bei uns keinen Sinn, dem Trainer reinzureden – dann macht er genau das Gegenteil«, Uli Hoeneß). Der Niederländer legte sich auch mit seinem Präsidenten an. Bei der Präsentation seines mehrere Kilo schweren Buchs »Biographie & Vision« reichte van Gaal am Ende auch Uli Hoeneß ein Exemplar. Nachdem er darauf hingewiesen hatte, wie viele entscheidende Dinge in seinem Werk stünden, sagte er gönnerhaft zu Hoeneß: »Für Sie ist das auch wichtig zu lesen!« Der Satz des Abends war jedoch ein anderer. Stolz verkündete van Gaal: »Es geschieht nicht häufig, dass jemand, der noch lebt, eine Autobiografie schreibt.« Über Hoeneß sagte er noch: »Er ist eine Ikone. Ich kann einer Ikone nicht widersprechen. Aber ob es die Wahrheit ist, ist etwas anderes.«

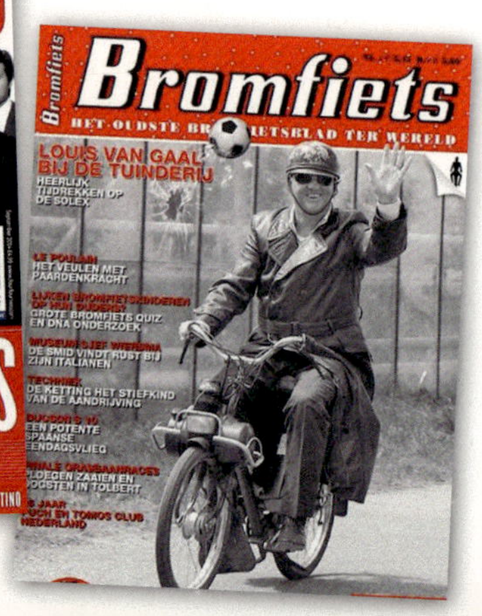

Mit Edmund Stoiber von der CSU auf dem Oktoberfest:
Der Holländer van Gaal war ein Vorbild in Sachen Integration.

Dass die Stimmung endgültig gekippt war, hätte der Niederländer sogar anhand der Inhalte im deutschen Fernsehen merken können. Stefan Raab griff die aktuelle Debatte rund um die Plagiatsaffäre um Karl-Theodor zu Guttenberg auf und meinte nach einer 1:3-Niederlage der Bayern gegen den BVB: »Man bekommt immer mehr den Eindruck, Louis van Gaal hat seine Trainerausbildung an der Uni Bayreuth absolviert.«

Richtig in die Wolle bekam sich der scheidende Trainer des FC Bayern schließlich mit Mehmet Scholl. Der ehemalige Nationalspieler meinte über van Gaal: »Wenn er Postbote wäre, würde er meinen Hund beißen oder gleich auffessen.« Für die Antwort bediente sich auch der Niederländer in der Tierwelt: »Sie wissen, dass Sie einem Papagei erst vorsprechen müssen. Sie sagen ›Lore‹, dann sagt er ›Lore‹. Wenn Sie dann sagen: ›Van Gaal ist ein Schwanz‹, dann ruft er auch: ›Van Gaal ist ein Schwanz‹.«

Erst vier Jahre später schlug Mehmet Scholl noch einmal verbal zurück. Nachdem die Niederlande mit Bondscoach Louis van Gaal im Halbfinale der WM 2014 gegen Argentinien ausgeschieden waren, meinte der ARD-Fußballexperte: »Ich glaube, da will ein Trainer das ganz große Taktik-Ding drehen. Van Gaal wollte zeigen: ›Ich habe nicht nur den Fußball-Keks gegessen, sondern ich habe den allergrößten Fußball-Keks gegessen.‹ Und dann kommt der Fußballgott oder die Argentinier und sagen: ›Nee, warte mal, bleib mal hier.‹«

Vermutlich hat sich der Niederländer auch von dieser Kritik nichts anhaben lassen. Denn bereits 2001 antwortete er auf die Frage, was er denn noch von den Engländern lernen könne, mit dem schönen Satz: »Louis van Gaal hat ausgelernt.«

★ ★ ★

Berti Vogts

»Wadenbeißer«

Bernd Cullmann war nicht so richtig angetan von Berti Vogts', Umgangston bei der WM 1978 in Argentinien: »Der glaubt, durch sein Geschrei zur Persönlichkeit zu werden.« Klaus Toppmöller zeichnete sich ohnehin nicht dadurch aus, dass er ein Berti-Fan ist: »Wenn ich so Fußball gespielt hätte wie Berti Vogts, so als reiner Wadenbeißer, dann hätte ich mit 18 Jahren meine Fußballschuhe verbrannt.« Und selbst ein TV-Moderator wie Erich Böhme konnte nur begrenzt etwas mit ihm anfangen: »Ich halte Vogts für einen Pflichtklopper. Wenn der nur ein Bein hätte, würde er weiterlaufen.«

Berti Vogts selbst wusste um die Schwierigkeiten, die andere mit ihm hatten: »Wenn ich übers Wasser laufe, dann sagen meine Kritiker: ›Nicht mal schwimmen kann er.‹« Dennoch kam er zu folgendem Schluss: »Meine Kritiker mögen ja alle recht haben; ich glaube trotzdem, dass ich etwas rechter habe.«

Berti Vogts war eindeutig Hennes Weisweilers Lieblingsschüler. Im Trainingslager zog der kleine Berti stets voll mit und war im Gegensatz zu seinen Mannschaftskameraden der Einzige, der die Übungen schweißfrei absolvierte. Weisweiler lobte: »Kein Wunder. Der besteht ja nur aus Muskeln. Musterbeispiel dafür, was man sich alles erarbeiten kann. Wenn ich daran denke, wie er mich vor drei Jahren, als wir grad in die Bundesliga gekommen waren, jeden Morgen weinerlich fragte: ›Gegen wen muss ich denn am nächsten Samstag spielen? Ist der schnell?‹ Und wenn ich antwortete: ›Ja, der Nafziger ist schnell‹, dann bat Vogts sofort um einen neuen 100-m-Lauf, um sich von 11,9 auf 11,8 zu verbessern. So einer ist das. Ein hundertprozentiger Profi!«

Seine Sternstunde erlebte Vogts im Finale der WM 1974 im Münchner Olympiastadion. Bereits nach sieben Minuten bat ihn sein Gegenspieler Johan Cruyff: »Spiel Fußball, hau doch nicht immer auf die Knochen.« Und Vogts antwortete: »Tut mir leid. Anders kann ich dich doch nicht halten!« Hinterher war die Weltpresse voll des Lobes. »Tuttosport« meinte: »Er drehte Cruyff das Wasser ab, und alle Tulpen neigten die Köpfe.« Und das schwedische »Aftonbladet«: »Der lebende Rasenmäher Vogts schaffte das Unmögliche und brachte Cruyff aus dem Gleichgewicht.« Der aus Büttgen stammende »Terrier« staunte nach dem Finale selbst am meisten über diesen Erfolg:

»Ich kann den Ball keine dreimal hochhalten, aber ich bin Weltmeister.«

Die WM in Deutschland war ohnehin ein einziger Glücksfall für Berti Vogts: »Nach dem Spiel Deutschland gegen Polen bei der WM 1974 saßen wir am Flughafen. Ich war unansprechbar, hatte Schmerzen in der Leiste. Da kam eine nette

blonde Stewardess: ›Herr Vogts, essen Sie doch eine Kleinigkeit.‹ Ich antwortete recht grob: ›Ich möchte meine Ruhe haben.‹ Und – aß dennoch ein wenig. Wir tauschten die Telefonnummern aus. Ein paar Wochen später trafen wir uns. Es war ein vernünftiges Treffen.« Aus diesem »vernünftigen Treffen« wurde eine Ehe.

Nach der WM 1990 wurde Berti Vogts der Nachfolger von Franz Beckenbauer als Chef der Nationalmannschaft. Doch anfangs stimmte die Chemie zwischen dem Trainer und den Spielern ganz und gar nicht. Thomas Berthold meinte: »Berti ist zu verbissen. Selbst unser Torwart-Trainer Sepp Maier macht keine Witze mehr.«

Dafür lachte kurze Zeit später ganz Deutschland über einen skurrilen Auftritt des Bundestrainers. Passend zur Weihnachtszeit 1993 überraschte Berti Vogts auf einer Pressekonferenz die versammelte Journalisten-Schar mit einem literarischen Erguss der besonderen Art. Mit weihevoller Stimme trug er vor: »Ein bisschen mehr Freude und weniger Streit, ein bisschen mehr Güte und weniger Neid, ein bisschen mehr Liebe und weniger Hass, ein bisschen mehr Wahrheit, das wäre doch was.«

Kurz nach der Veröffentlichung dieser Zeilen meldeten sich die ersten Zeitungsleser und erzählten erstaunt, dass sie dieses Gedicht in ihrer Jugend schon einmal gehört hätten. Und tatsächlich hatte Peter Rosegger (1843–1918), wie »Der Spiegel« berichtete, bereits 1891 sehr ähnliche Verse verfasst. In Roseggers Version hieß es nur »Friede« statt »Freude« und das »doch« am Ende gab es nicht. »Der Spiegel« schrieb süffisant: »Vogts schiebt nun eine Bildungslücke vor. ›Ich bin doch nicht so blöd und kupfer' fremde Texte ab‹, ließ er den ›Express‹ wissen. Er habe nur seine ›eigenen Gedanken aufgezeichnet. Rosegger kannte ich gar nicht.‹«

Das Talent, kein noch so kleines Fettnäpfchen auszulassen, scheint dem ehemaligen Weltklasse-Verteidiger (»Berti Vogts hatte vor jedem Spiel gegen mich Dünnschiss«, Willi Lippens) in die Wiege gelegt worden zu sein. Zu seiner Zeit als schottischer Nationaltrainer (»Bitte nennt mich Berti McVogts, wenn wir gegen Deutschland spielen«) trat sein Team gegen seine ehemalige Mannschaft an, die er 1996 zum Europameistertitel geführt hatte. Aufgrund seiner vermeintlich nicht so ausgereiften Englischkenntnisse wollte er sich vor der deutschen Presse keine Blöße geben und veranstaltete zwei separate Termine: Eine PK für die Schotten und eine für die Deutschen. Als die deutsche zu Ende war, bat man die Pressevertreter in einen Nebenraum, damit sie nicht mitbekamen, wie Vogts Englisch redete. Manni Breuckmann war damals dabei und berichtete später: »Wir kamen in einen großen Saal – und was stand da? Ein Fernseher. Und auf diesem wurde live im TV die Pressekonferenz aus dem Nebenraum gezeigt!«

★ ★ ★

Rudi Völler

»Tante Käthe«

»Er ist ein Typ wie Beckenbauer. Der kann irgendeiner Frau ein Kind machen – und es wird ihm in der Öffentlichkeit verziehen«, sagte einmal der 1860-Torwart Michael Hofmann schwer beeindruckt. Und wen wundert's: Der Mann, den alle gerne »Tante Käthe« nennen, ist zufrieden mit seinem Leben: »Es gibt schlimmere Schicksale, als beliebt zu sein.« Nur wenn sie ihn mal wieder zu doll gefeiert hatten, dachte er über seinen Status nach: »In solchen Nächten habe ich mich manchmal im Bett gefragt, was eigentlich so besonders an mir ist.«

Rudi Völler hat viel erlebt, aber die Weltmeisterschaft 1990 in Italien war der absolute Höhepunkt seiner Karriere. Dieses wahnsinnige Duell mit dem Spucker Frank Rijkaard und sein herausgeholter Elfmeter im Finale gegen Argentinien. Über ein weiteres Beinahe-Highlight damals in Rom berichtete im Anschluss an das Turnier der »Stern«: »In der Kabine wäre es Rudi Völler beinahe gelungen, Herrn Kohl, der in der Pause zweimal vom Platzlautsprecher gebeten worden war, sich zusammen mit Frau Weber wieder auf der Ehrentribüne einzufinden, mit einer gezielten Champagnerfontäne zur Strecke zu bringen.«

Was für ein Typ Rudi Völler ist, zeigt eine Szene aus der Saison 1995/96 ganz gut. Im Bundesliga-Keller kam es am letzten Spieltag zu einem denkwürdigen Abstiegsendspiel zwischen Bayer Leverkusen und dem 1. FC Kaiserslautern. Acht Minuten vor Schluss schoss Markus Münch, in seiner letzten Partie für die Leverkusener, das wichtigste Tor seiner Karriere. Es war der 1:1-Ausgleich, der Bayer rettete und Lautern in die zweite Liga beförderte. Nach der Begegnung kam es im TV-Studio von »Premiere« zu herzzerreißenden Szenen. Lauterns Andreas Brehme weinte in den Armen seines Weltmeister-Kollegen Rudi Völler live vor einem Millionenpublikum bittere Tränen des Abstiegsschmerzes. Er war untröstlich. Erst als sein Trainer Eckhard Krautzun eintraf, schnäuzte sich Brehme und sprach mit verstopfter Nase und tränenerstickter Stimme einige schwer verständliche Worte ins Mikro-

fon. Rudi Völler, der an diesem Tag das letzte Spiel seiner Karriere bestritten hatte, hielt Brehme die ganze Zeit über tröstend im Arm.

»Fußballprofi sein ist doch wie Kino: Guckst einen Film an, schön mit Popcorn und Cola – aber irgendwann ist der Film zu Ende, und du musst raus in die Wirklichkeit«, hat Rudi Völler einmal gesagt. Ein interessanter Gedanke. Wahrscheinlich ist der in Hanau geborene Weltmeister deshalb auch lieber gleich im Fußballbusiness geblieben. »Für mich ist Rudi Völler die größte Fußball-Persönlichkeit überhaupt. Schade, dass er nicht Trainer wird«, sagte kein Geringerer als Bundestrainer Berti Vogts höchstpersönlich beim Abschied des großen deutschen Nationalstürmers. Rechtzeitig zum Ende von Völlers Fußballerleben erschien das Buch »Ruuuuudi. Mein Leben, meine Karriere, meine Geheimnisse«. Dort erzählte auch Völlers Mutter Ilse etwas über den kleinen Rudi: »Wie der Vater und er auf dem Boden gesessen haben und den Netzer zusammengeklebt haben. Für den hat er nämlich früher geschwärmt – und also musste er auch in Lebensgröße in seinem Zimmer hängen. Eine Kultfigur als Vorbild, an die der Rudolf nie etwas kommen ließ. Mein Bruder, also Rudolfs Onkel, konnte den Netzer wegen seiner langen Haare nie leiden. Darum hat er immer gesagt: ›Häng den Kerl da runter …‹ Und der Rudolf hat zurückgebrüllt: ›Nein, der bleibt hängen, wo er ist.‹ Er konnte schon stur sein. Wenn es früher Eintopf gab, wollte er den nie essen. Da habe ich ihm mal erzählt, dass das der Eintopf vom Beckenbauer aus der Werbung ist. Und plötzlich wurde der ›Beckenbauer-Eintopf‹ zu seinem Leibgericht.«

Er konnte stur sein und brüllte zurück, verriet die Mutter. Zwei Dinge, die viele Millionen Fußballfans mit der netten »Tante Käthe« viele Jahre nicht in Einklang bringen konnten – wiewohl Völler selbst sogar aktiv gegen dieses Image ankämpfte:

»Man hat mich halt in diese Schublade gesteckt. Ich kann ganz anders sein.« Manchmal nervte es ihn regelrecht, als »netter Kerl tituliert« zu werden. Doch es sollte bis zum 6. September 2003 (siehe auch Waldemar Hartmann) dauern, bis die Fußballnation tatsächlich die andere Seite des lieben Herrn Völler kennenlernte. Das berühmte »Scheißdreck-Käse«-Interview des damaligen Teamchefs der deutschen Nationalmannschaft wurde in der Presse ausgiebig besprochen. Hier nur ein kleiner Auszug aus dem Blätterwald:

»Frankfurter Allgemeine Zeitung«: »Führungskräfte anderer Branchen hätten nach so unflätigen Ausfällen gar nicht mehr zum Rücktritt aufgefordert werden müssen; nach ein paar Minuten des Abstands wäre ihnen klar geworden, dass sie untragbar geworden sind.« +++ »Süddeutsche Zeitung«: »Aber Völlers Wut ist kein Beleg einer charakterlichen Doppelexistenz, sondern nur eine fällige Reaktion, nachdem einer lange über seine Bedrückungen geschwiegen hat.« +++ »Bild«: »Rudi Rambo.«

Für die restliche Zeit auf Erden hat sich Rudi Völler noch etwas vorgenommen: »Ich kann ja nicht mein ganzes Leben lang sagen: Ich bin Weltmeister, sonst kann ich nix, aber das kann ich gut!«

★ ★ ★

Hennes Weisweiler

Ein Leben für den Fußball

Der große Trainer Hennes Weisweiler hat auch große Sätze über die Fußball-Bundesliga gesagt: »Wer sich in dieses Geschäft begibt, muss aufhören zu träumen. Selbstverständlich muss der Mensch träumen. Aber das soll er bitte nachts tun. Das gilt auch für Fußballprofis. Wobei ich allerdings hinzufügen muss: Die sollen nachts lieber schlafen!« Als er Gladbach damals, 1975, Richtung Barcelona verließ, meinte er zum Abschied: »Die Borussia wird wieder Meister, das wird auch der Udo Lattek nicht verhindern können.«

Hennes Weisweiler bezeichnete sich in seiner aktiven Zeit als Fußballer selbst als »Klopper«. Andere nannten ihn auch den »Holzer«. Und als ein Journalist fragte, was er denn für ein Spielertyp gewesen sei, meinte der Meistertrainer: »Ich war ein Mittelding zwischen Luggi Müller und Berti Vogts.« Daraufhin soll Luggi Müller gesagt haben: »Das muss ja fürchterlich gewesen sein.«

Von Sepp Herberger war Hennes Weisweiler zu seinem Nachfolger an der Kölner Sporthochschule auserkoren worden. Das bedeutete auch, dass der Weltmeistertrainer ein besonderes Auge auf ihn warf. Man könnte auch sagen: Er schaute sehr genau hin. Und als eines Abends Weisweiler verbotenerweise eine Freundin mit auf die Stube brachte, zischte ihm Herberger am nächsten Morgen zu: »Bringen Sie Ihre Frauengeschichte in Ordnung!«

Die harte Hand der Führung übernahm Weisweiler, als er später Herberger beerbte. Bundesliga-Coach Uwe Klimaschefski wusste darüber eine spezielle Geschichte zu erzählen: »Ein fantastischer Trainer, aber als Mensch unberechenbar. Wenn der dich nicht mochte, aus welchem Grund auch immer, dann hat er dich fertiggemacht. Gyula Lorant, einer aus der ungarischen Wundermannschaft von 1954 und später ein Weltklassetrainer, wagte es einmal, Hennes an der Taktiktafel zu korrigieren. Weisweiler hat Lorant daraufhin durch die Prüfung fallen lassen.«

Weisweilers Motto an der Sporthochschule:

»Wir dürfen es im Fußball nicht so weit kommen lassen, dass die Praktiker aussterben. Mit einer Eins in Mathematik und einer weiteren Eins in Chemie, aber mit einer Fünf in Sport kann niemand Sportler ausbilden.«

So konsequent und unnachgiebig er als Trainer sein konnte, so pointiert und lustig war er in seinen Anmerkungen: »Das Leben ist ja manchmal komisch. Ich habe schon Bekannte auf der Straße nicht gegrüßt, weil ich sie nicht erkannte; dafür grüßte ich Unbekannte, von denen ich annahm, ich müsse sie kennen. Ich hoffe nur, die Leute tauschen sich untereinander mal aus.« Auch schön sein Satz über die »Herren Poeten« (Ernst Happel) von der

August 1971: Weisweiler blättert zusammen mit Netzer in dessen Autobiografie »Rebell am Ball«.

Presse: »Manchem Journalisten möchte man mitunter zwar für seine Erscheinung, nicht aber unbedingt für sein Erscheinen danken.«

Wolfgang Kleff kann stundenlang über seinen ehemaligen Trainer erzählen. Für die Spieler sei immer höchster Alarm gewesen, so der frühere Gladbach-Keeper, wenn Weisweiler eine Sonnenbrille trug. Dann habe er zumeist schlechte Laune gehabt. Wahrscheinlich, weil er den Abend vorher wieder etwas zu tief ins Glas geschaut hatte. Weisweiler gab Udo Lattek für das Training am Morgen danach mal folgenden Tipp mit auf den Weg: »Wenn du auf den Platz rausgehst und die Mannschaft aufstellst, muss der Wind gegen die Spieler kommen, damit die dich nicht riechen können.« Eines Tages hatte der Coach wieder einmal eine Sonnenbrille auf, so Kleff, doch um den Platz herum lag über einen Meter Schnee, es war kalt und diesig. Weisweiler trug eine kurze Hose. Als ihn ein Spieler vorsichtig auf seine unpassende Kleidung angesprochen habe, sei er fuchsteufelswild geworden und habe den Zeugwart zur Schnecke gemacht, was er ihm denn da für einen Unsinn rausgelegt habe.

Günter Netzer und Weisweiler verband eine regelrechte Hassliebe, meint Kleff: »Wenn der Günter mal wieder seine Zerrung hatte, gab es verschiedene Versionen Weisweilers. ›Weißte was, fahr zwei Wochen nach Gran Canaria‹, hieß es, wenn Hennes den erneuten Versuch machte, ohne ihn auszukommen. Kaum dass der Günter weg war, da hat der Weisweiler uns heißgemacht, als ginge es um alles. Wenn er aber den Netzer nötig hatte, hat er alles versucht, um den wieder gesundzusprechen.« Weisweilers Lieblingsspieler Berti Vogts musste häufig zwischen ihm und Günter Netzer vermitteln. Das lief dann ungefähr so ab. Weisweiler: »Sagen Sie dem Langen, er spielt nicht!« Wenige Minuten später kam Vogts von Netzer zurück und übermittelte dem Trainer: »Sag dem Alten, er kann mich mal!«

Irgendwann im Jahr 1972 ging es dann mit den beiden nicht mehr weiter, wie Netzer sagte: »Weisweiler ist der beste Trainer, den man sich wünschen kann. Aber wir kommen immer wieder an den Punkt, wo ein Arrangement nicht mehr möglich ist.« Da halfen auch keine Versöhnungsbierchen mehr. Dabei erlaubte Weisweiler im Trainingslager im Parkhotel Süchteln seinen Spielern vor dem Zubettgehen immer noch ein Glas Bier. Weisweiler selbst bestellte stets ein Alt. Ein besonderes. Denn während die Gläser der Spieler 0,2 Liter fassten, gingen in das Glas des Trainers 0,3 Liter hinein. Bis heute kann man im Parkhotel ein »Trainer-Alt« bestellen!

★ ★ ★

Wolfram Wuttke

»Zwischen Genie und Weinfass«

Sein früherer Mannschaftskollege Dieter Schatzschneider hat einmal gesagt: »Die Leute wollen doch gern Typen wie Wolfram Wuttke, Dieter Schatzschneider oder Mario Basler. Typen entstehen aber dadurch, dass sie Fehler machen und dann auch dazu stehen. Das zeichnet einen echten Typen aus. Und das war der ›Dicke‹ auf jeden Fall.« Der »Dicke« wurde vom »kicker« »Wolfram Wahnsinn« genannt und von der »Süddeutschen Zeitung« mit der Überschrift »Zwischen Genie und Weinfass« beglückt. Ernst Happel sagte über ihn: »Er ist eine Biene, die keinen Honig gibt!«

Wolfram Wuttke hatte mehrere Laster und war sehr geschickt. Als er einmal von seinem Klub, dem 1. FC Kaiserslautern, bestraft werden sollte, weil er zu später Stunde beim Weintrinken gesehen worden war, argumentierte der gebürtige Castrop-Rauxeler: »Ein Wolfram Wuttke geht auf keine Weinfeste. Er ist Biertrinker.« Dass er jedoch gerne einmal ein Glas Alkohol zu sich nahm, verriet sein populärer Spruch: »Immer, wenn ich breit bin, werde ich spitz!«

Das zweite Laster war das gute Essen. Folgender Dialog zwischen einem Journalisten des »kicker« und dem damaligen Bundesligaprofi vom 1. FC Kaiserslautern entspann sich 1989 im Hinblick auf die Weltmeisterschaft ein Jahr später in Italien. Reporter: »Der Teamchef sagt, Sie seien zu schwer.« Wuttke: »Dem kann ich nicht zustimmen, das ist eine reine Vermutung von ihm.« R: »Hans-Peter Briegel vermutet dasselbe.« Wuttke: »Na gut, ich habe zwei Kilo mehr als früher. Aber nur, weil ich mit dem Rauchen aufgehört habe.« R: »Briegel spricht von mindestens vier Kilogramm, Beckenbauer gar von fünf.« Wuttke: »Okay, es sind zweieinhalb. Aber die sind kein Problem, die trainiere ich in ein paar Tagen ab. Und ich habe mit diesen zweieinhalb Kilo schon Weltklasse gespielt, zum Beispiel in Köln. Da haben mich alle gelobt.«

Über sein Äußeres sagte Wuttke einmal diese fabelhaften Sätze:

»Ich bin ganz zufrieden mit meiner Figur, auch wenn manchmal ein Pfund zu viel drauf ist. Das macht mir nichts aus. Im Gegenteil, das stabilisiert.«

Über das dritte Laster meinte er selbst: »Ich rauche gelegentlich 'ne Zigarette. So nach dem Spiel kann das nicht schaden, das mindert die Leistung überhaupt nicht. Man muss ja nicht gleich hundert Stück paffen.« Peter Neururer, sein Trainer beim 1. FC Saarbrücken, sagte zum selben Thema: »Wutti hatte vor den Spielen immer eine Zigarettenpackung im Stutzen versteckt. Dann ging er auf die Toilette und schmauchte eine. Er war ein göttlicher Kicker. Aber er stand sich auch selbst im Weg.« Dazu gehörte sicher auch sein persönliches »Erfolgsgeheimnis«: »Eine Stunde vor dem Spiel eine Tasse Kaffee und eine eiskalte Cola, dann läuft's wie geschmiert!«

Wuttke war dümmer als die Post erlaubt

Seoul – Wolfram Wuttke kaufte 30 bunte Ansichtskarten, ließ alle Kollegen unterschreiben und klebte auf jede Karte eine Briefmarke. Als Frank Mill Post in den Briefkasten warf, schmiß Wutti seine 30 Karten hinterher. Und ärgerte sich: „Mann, bin ich doof. Ich hab' ja gar keine Adressen draufgeschrieben."

Wolfram Wuttke steht im Wald. Fotoshooting für den 1. FC Kaiserslautern (1990).

Wuttke war stets für einen feinen Streich zu haben. Zusammen mit seinem Gladbacher Teamkollegen Frank Mill entdeckte er in einem Container vor dem Mannschaftshotel eine Schaufensterpuppe. Und da Wuttke mit seinem Trainer Jupp Heynckes, dem er auch den Spitznamen »Osram« verpasst hatte, eher ein gespaltenes Verhältnis pflegte, entschloss man sich, dem Coach die Puppe ins Bett zu legen. Der fiel auf den Schabernack tatsächlich rein. Heynckes dachte, es handele sich um eine echte Frau, die sich da in seinen Laken räkelte, und rannte sofort mit hochrotem Kopf zur Rezeption. Dort hatten sich schon Wuttke und Mill positioniert und lachten bei der Ankunft ihres Übungsleiters Tränen.

Im Herbst 1982 hatte Wuttke schließlich keine Lust mehr auf Borussia Mönchengladbach und vor allem nicht auf seinen Trainer Jupp Heynckes. Der Streit eskalierte, doch der Verein hielt zu seinem Übungsleiter. Wuttke verzweifelte: »Andere Klubs hätten ihren Trainer in einer solch brenzligen Situation sicherlich entlassen, Heynckes wurde gehalten. Ein Radioreporter sagte mal völlig zu Recht, Heynckes habe keinen Trainerstuhl, sondern einen Beamtensessel.«

Zoff mit seinen Trainern gehörte für Wuttke zum Standardprogramm. Beim 1. FC Kaiserslautern redete er sich einmal um Kopf und Kragen. Im Radio erzählte er freimütig, dass er extra seinen Sohn Benjamin mit zu einer Mannschaftssitzung genommen habe, um ihm einmal hautnah zu vermitteln, »mit was für dummen Menschen ich es hier zu tun habe«. Natürlich waren seine Teamkollegen von diesem Spruch nicht sonderlich begeistert und stellten ihn zur Rede. Wuttke beteuerte sofort, dass er mit »dummen Menschen« natürlich nur den wenig beliebten Trainer Sepp Stabel gemeint habe. Doch nur wenige Wochen später ging ein erneuter Besuch seines Sohns auf dem FCK-Gelände abermals nach hinten los. Als die Spieler nach dem Training in die Kabinen trotteten, trafen sie auf den wenig erfreuten Benjamin Wuttke, der die überraschten Profis lauthals anblaffte: »Was wollt ihr Arschlöcher denn hier?«

Leider ist sie nie erschienen, aber der talentierte Fußball-Nationalspieler aus Castrop-Rauxel hatte sich schon einen Buchtitel für seine Autobiografie ausgedacht: »Das verdammte Fußballleben des Wolfram Wuttke.«

★ ★ ★

Branko Zebec

Kontrollfreak

Branko Zebec erklärte kompliziertere Fußballfragen gerne einfach: »Stichwort Raumdeckung: Ist wie bei Flasche. Wenn Spieler in Nähe von Tor kommen, wird Raum immer enger – wie bei Hals von Flasche.« Den Typ des mitdenkenden Profis hat er bevorzugt: »Ich will keine Spieler mit Glasaugen, ich will Augen, die sprechen.« Da ist es eigentlich kein Wunder, dass in Dortmund Mirko Votava nur in den höchsten Tönen von ihm sprach: »Zebec hat mir die Erleuchtung gebracht!«

Auch HSV-Profi Caspar Memering fand die Fähigkeiten seines Trainers mehr als bemerkenswert: »Der Zebec hat an den Schweißtropfen bei uns im Nacken ablesen können, wie viel Bier wir am Vorabend getrunken hatten. Das hat uns mächtig beeindruckt und unsere Disziplin gestärkt.« Den Ritterschlag verpasste Zebec der »Kaiser« Franz Beckenbauer höchstpersönlich: »Wenn ich alle meine Trainer durchgehe, dann war Zebec der Beste unter den Besten. Was ist schon dabei, wenn er mal trinkt, Anlässe dazu gaben seine Erfolge doch genug.«

Doch Zebec trank gerne alleine. Ein Einzelkämpfer, der selten kommunikativ war. Sein Lehrer Hennes Weisweiler ließ ihn beim ersten Versuch an der Deutschen Sporthochschule durchfallen: »Hat mich Hennes dabei angeguckt wie eine Bulldogge, hat nicht gelacht und nicht geschimpft, hat gesagt: Nicht ausreichend.«

Als Bayern-Trainer meinte Zebec: »Ich versuche den Spielern beizubringen, dass Fußball nicht nur mit den Beinen gespielt wird. Wenn bei mir ein Spieler vom Platz geht, darf er nicht sagen, dass ihm die Beine weh tun, sondern er muss über Kopfschmerzen klagen, weil er während des Spiels so viel denken musste.«

Zebec war ein Kontrollfreak, der von sich selbst überzeugt war. Das ging zu seinen Zeiten beim FC Bayern München so weit, dass er seine Profis beim Poker-Spiel unterbrach. Er sagte ihnen, dass sie etwas falsch machen würden und er ihnen nun mal zeigen würde, wie man es richtig macht. Franz Beckenbauer erzählt noch heute gerne, wie sein Trainer zwei Stunden später mit leeren Taschen den Tisch mürrisch abwinkend wieder verließ.

Doch das Kontrollgen blieb. Wolfgang Grzyb von Eintracht Braunschweig verfolgte Zebec sogar mal bis in die Kneipe »Zum gemütlichen Conny«. Sein Verteidiger arbeitete dort als Kell-

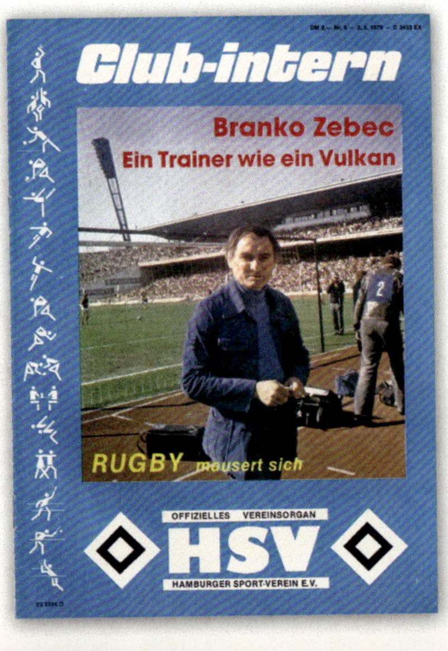

ner. Zebec warf ihn aus der Mannschaft – und wurde selbst zum besten Kunden in der gemütlichen Gastwirtschaft.

Obwohl seine Spieler wussten, dass ihr Trainer dem Alkohol zusprach, deckten sie ihn. Für sie zählte, dass sie mit ihm und durch ihn gewannen. Doch am 29. Spieltag der Saison 1979/80 bei der Partie des HSV in Dortmund konnte die gesamte Fernsehnation erstmals sehen, was längst so viele wussten: Branko Zebec hatte ein Alkoholproblem. Völlig abwesend verfolgte der volltrunkene Zebec die erste Halbzeit auf der Bank des Westfalenstadions. In der zweiten Hälfte blieb sein Platz leer. HSV-Präsident und Anwalt Dr. Wolfgang Klein wählte seine Worte mit Bedacht, und dennoch benutzte er erstmals bewusst und öffentlich das Wort »Alkohol« in seiner Stellungnahme: »Es ist bekannt, dass Herr Zebec seit langem unter einer Erkrankung der Bauchspeicheldrüse leidet. Deshalb ist jeder Tropfen Alkohol für ihn besonders schädlich.« Da er am Freitag die Hinfahrt im Bus verpasst hatte, war Zebec im Leihwagen dem Team gefolgt. In der Nacht stoppte ihn die Polizei in der Nähe der Autobahnausfahrt Ascheberg bei Münster und behielt seinen Führerschein sofort an Ort und Stelle ein. Die Blutprobe ergab einen Promillewert von 3,25. »Der Spiegel« schrieb damals: »Der Jugoslawe Branko Zebec (Spitzname: Fernet-Branko) trainierte zwar Bayern München zur Deutschen Meisterschaft. Doch der Diabetiker benötigt Blutzucker senkende Insulinpräparate und ist bei Alkoholgenuss bis zum komaartigen Rausch doppelt gefährdet.«

Dieser Tag änderte in Hamburg alles. Von nun an ging es schrittweise bergab. Schließlich soff die Mannschaft des HSV nach dem verlorenen Europapokalfinale in Madrid gegen Nottingham Forrest 1980 entgegen dem Verbot des Trainers bis morgens um sechs an der Bar. Magath danach: »Endlich sind wir eine richtige Mannschaft.« Und Kaltz: »Wir sind die beste Thekenmannschaft Deutschlands.« Ob er in Hamburg nach der Rückkehr ein Training mache, wurde Zebec von Journalisten gefragt und sagte: »Nein, mit Betrunkenen trainiere ich nicht.« Kaltz:

»Wenn wir jedes Mal nicht trainiert hätten, wenn Herr Zebec gerade mal voll war, dann wären wir im letzten Jahr so gut wie nie zur Arbeit gekommen.«

Im Dezember 1980 wurde der Trainer schließlich entlassen. Hrubesch über Zebec: »Er redet eine ganze Nacht mit jemandem, ist freundlich, offen und witzig. Am nächsten Tag grüßt er den gleichen Mann kaum noch.«

Als BVB-Coach sagte Zebec mal: »Ich höre neuerdings immer, ein Trainer muss Kumpel sein. Was heißt Kumpel, wenn es um Millionen geht? Kumpel hat man in der Bundesliga nicht nötig. Kumpel sind ganz schnell weg vom Fenster. Und überhaupt: Als ich Deutsch lernte, habe ich gelernt, Kumpel seien Leute, die in der Grube unter Tage sehr schwer arbeiten müssen. Fußballprofis scheinen was anderes darunter zu verstehen. Sie meinen, man bräuchte nicht schwitzen. Aber vielleicht kann ich schlecht Deutsch …«

★ ★ ★

Ben Redelings ...

... ist Deutschlands erfolgreichster Fußball-Komiker, Bestsellerautor, Filmemacher und »der ungekrönte Meister im Aufspüren kurioser Fußballgeschichten« (»Deutsche Akademie für Fußballkultur«). Regelmäßig schreibt er für das Magazin »11FREUNDE«, »Reviersport« und »Spiegel Online«. Nach Meinung der »Jungen Welt« tut er dies sogar »um Längen besser als Nick Hornby«.

1975 in Bochum geboren, studierte er Deutsch und Sozialwissenschaften auf Lehramt. Nach dem ersten Staatsexamen siegte jedoch die Liebe zum runden Leder. Seine Fußballabende SCUDETTO sind deutschlandweit bekannt, regelmäßig ausverkauft und genießen mittlerweile Kultstatus.

Ben Redelings hat in den letzten Jahren zahlreiche Bücher und Filme veröffentlicht. Sein Buch »Fußball ist nicht das Wichtigste im Leben – es ist das Einzige« war der erfolgreichste Fußballroman 2008 und wurde für das »Fußballbuch des Jahres 2009« der »Deutschen Akademie für Fußballkultur« vorgeschlagen.

Termine und Blog: www.scudetto.de

... Bundesliga-Alben

ISBN 978-3-7307-0110-2

ISBN 978-3-7307-0111-9

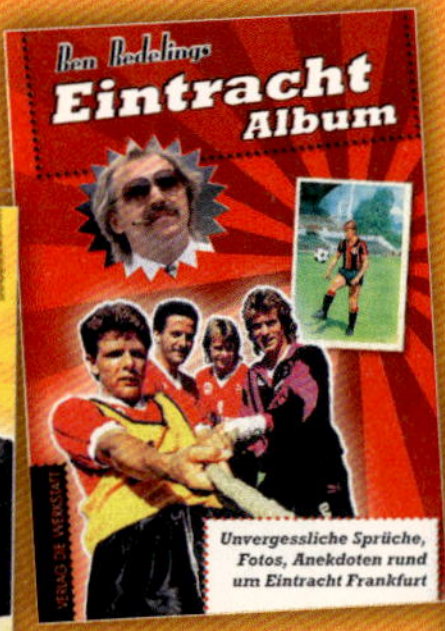

ISBN 978-3-7307-0104-1

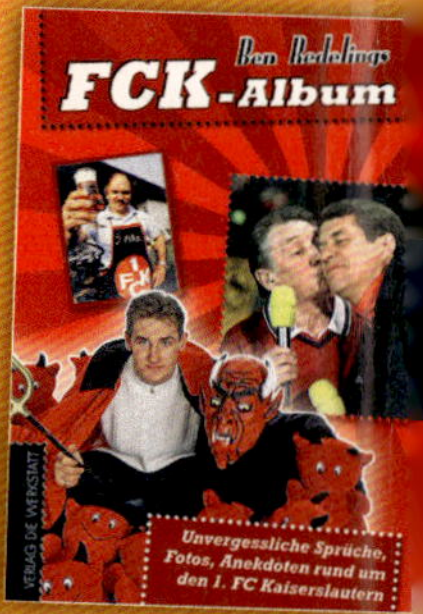

ISBN 978-3-7307-0102-7

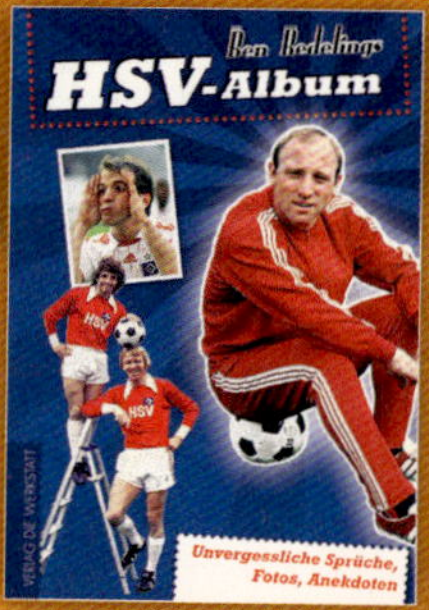

ISBN 978-3-7307-0106-5

ISBN 978-3-7307-0105-8

Je 160 S. mit vielen Fotos, Paperback
9,99 €

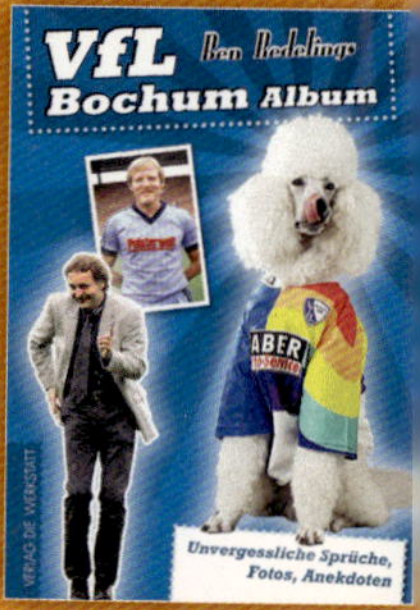

ISBN 978-3-7307-0101-0

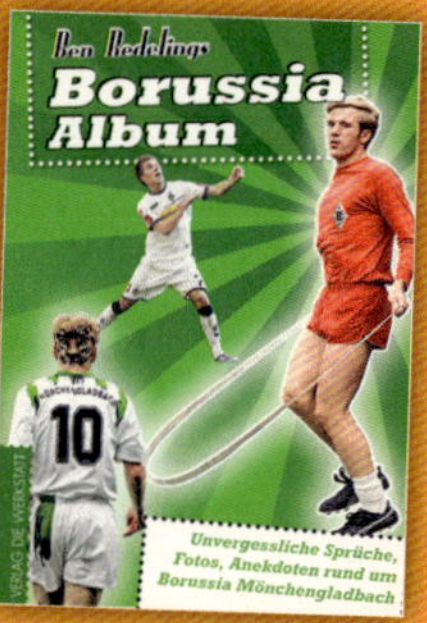

ISBN 978-3-7307-0107-2

ISBN 978-3-7307-0202-4

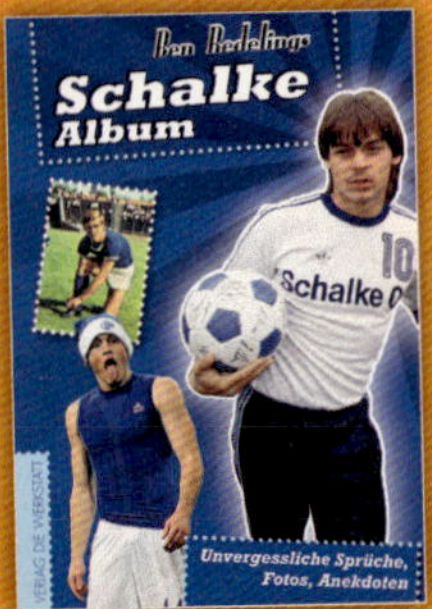

ISBN 978-3-7307-0108-9

ISBN 978-3-7307-0109-6

www.werkstatt-verlag.de | www.scudetto.de